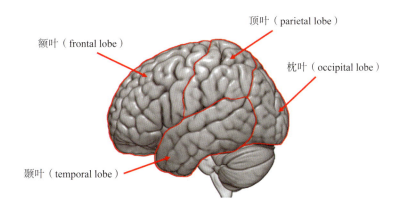

图 2-2 大脑皮层

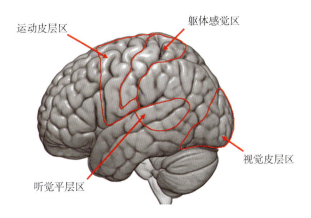

图 2-3 大脑功能分区

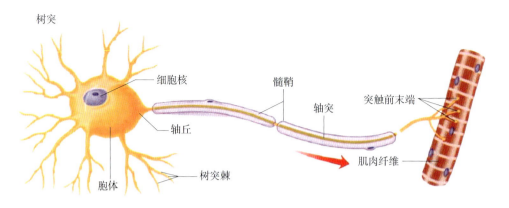

图 2-4 脊椎动物的运动神经元

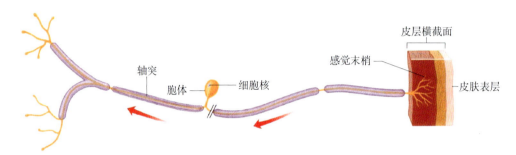

图 2-5 脊髓动物的感觉神经元

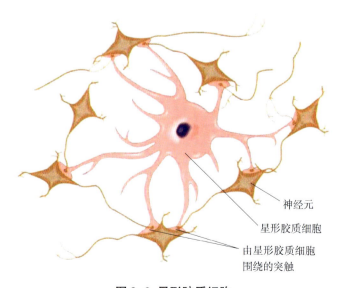

图 2-6 星形胶质细胞

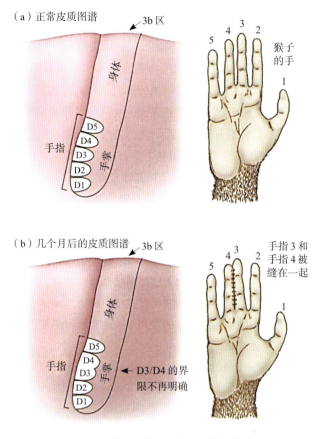

图 2-7 猴子手指对应脑区的可塑性

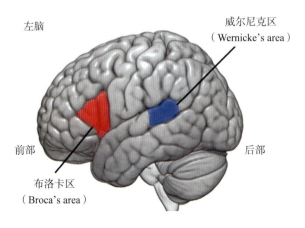

图 2-10 负责语言加工的两个脑区

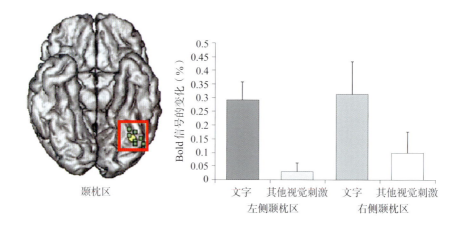

图 2-11 颞枕区对文字的激活强度显著高于其他视觉刺激

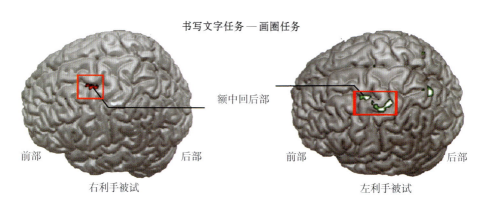

图 2-12 额中回后部在书写文字任务中的激活强度显著高于画圈任务

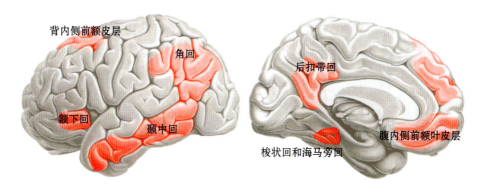

图 2-13 元分析得出的大脑语义网络

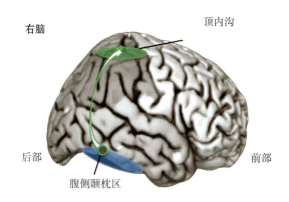

图 2-14 大脑视空网络负责数学加工的两个核心脑区

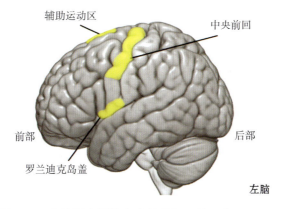

图 2-15 大脑语音网络负责数学加工的三个核心脑区

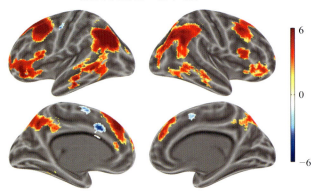

图 2-16 数学问题解决能比算术计算加工更强地激活大脑语义网络（红色部分）

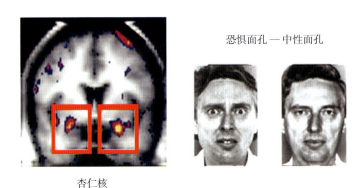

图 2-18 注视恐惧面孔比注视中性面孔能更强地激活杏仁核

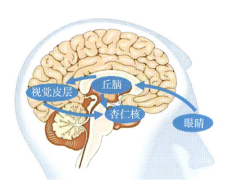

图 2-19 杏仁核对视觉恐惧的两条通路

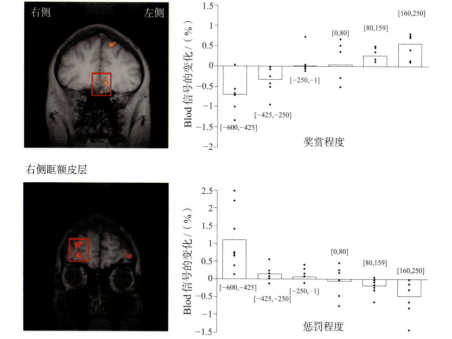

图 2-20 左、右侧眶额皮层激活分别与奖赏和惩罚程度呈显著相关

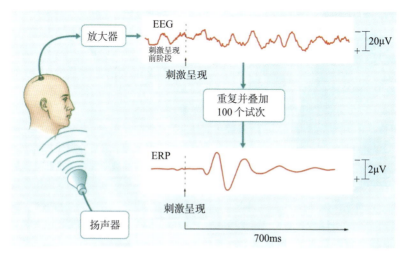

图 2-23 EEG 与 ERP 的联系

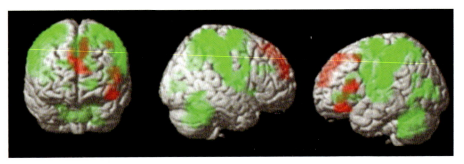

图 2-26 被试真实作答（红色）和说谎（绿色）时显著激活的脑区

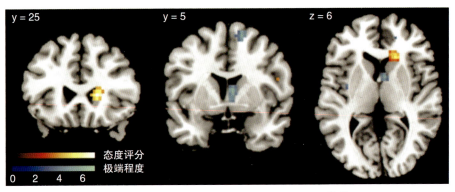

图 2-27 纹状体的激活程度与被试态度之间的关系

图 11-17 课堂话语分析与可视化工具界面图

教育部教育学类专业教学指导委员会推荐教材

主任委员

谢维和　　清华大学

副主任委员

张斌贤	北京师范大学	柳海民	东北师范大学
张民选	上海师范大学	戚万学	山东师范大学
陈时见	西南大学	司晓宏	陕西师范大学

秘书长

李曼丽　　清华大学

委员

胡　娟	中国人民大学	石　鸥	首都师范大学
刘全礼	北京联合大学	闫广芬	南开大学
杨宝忠	天津师范大学	郭　健	河北大学
董新良	山西师范大学	刘文霞	内蒙古师范大学
张宝歌	牡丹江师范学院	范国睿	华东师范大学
汪　霞	南京大学	田良臣	江南大学
顾建军	南京师范大学	徐小洲	浙江大学
秦金亮	浙江师范大学	朱家存	安徽师范大学
余文森	福建师范大学	何齐宗	江西师范大学
李　喆	聊城大学	刘志军	河南大学
黄明东	武汉大学	涂艳国	华中师范大学
靖国平	湖北大学	黄甫全	华南师范大学
孙杰远	广西师范大学	张学敏	西南大学
陈久奎	重庆师范大学	巴登尼玛	四川师范大学
董云川	云南大学	刘　凯	西藏民族学院
胡卫平	陕西师范大学	孟凡丽	新疆大学

学习科学导论

尚俊杰 主编

图书在版编目(CIP)数据

学习科学导论/尚俊杰主编. —北京:北京大学出版社, 2023.5
ISBN 978-7-301-33613-7

Ⅰ.①学… Ⅱ.①尚… Ⅲ.①学习方法－研究 Ⅳ.①G791

中国版本图书馆CIP数据核字(2022)第221495号

书　　名	学习科学导论
	XUEXI KEXUE DAOLUN
著作责任者	尚俊杰　主编
责任编辑	周志刚
标准书号	ISBN 978-7-301-33613-7
出版发行	北京大学出版社
地　　址	北京市海淀区成府路205号　100871
网　　址	http://www.pup.cn　　新浪微博:@北京大学出版社
微信公众号	通识书苑(微信号:sartspku)　科学元典(微信号:kexueyuandian)
电子邮箱	编辑部 jyzx@pup.cn　　总编室 zpup@pup.cn
电　　话	邮购部 010-62752015　发行部 010-62750672　编辑部 010-62753056
印 刷 者	天津中印联印务有限公司
经 销 者	新华书店
	787毫米×1092毫米　16开本　40印张　彩插4　740千字
	2023年5月第1版　2024年5月第3次印刷
定　　价	118.00元

未经许可，不得以任何方式复制或抄袭本书之部分或全部内容。
版权所有，侵权必究
举报电话: 010-62752024　电子邮箱: fd@pup.cn
图书如有印装质量问题，请与出版部联系，电话: 010-62756370

本书编委会

主编

尚俊杰　北京大学

委员（按拼音排序）

胡若楠　北京大学

江丰光　上海交通大学

梁林梅　河南大学

刘哲雨　天津师范大学

缪　蓉　北京大学

裴蕾丝　香港大学

夏　琪　北京大学

詹　艺　上海市虹口区教育学院

张宝辉　陕西师范大学

郑勤华　北京师范大学

郑旭东　华中师范大学

周新林　北京师范大学

代　序

加强理论供给，深化学科改革

时光飞逝，转瞬三年就过去了。还记得2015年教育部教育学类专业教学指导委员会在海南海口市召开教指委的年会时，与会委员们讨论后决定组织编撰和推荐出版一套教育学本科专业教材，即"教育部教育学类专业教学指导委员会推荐教材"。2016年5月，这套教材的编写筹备委员会在清华大学进一步讨论确定了第一批拟编写的教材清单，并且成立了教材编写委员会，拟订了教材编写的宗旨、原则与方案，提出了教材编写的基本原则和若干建议。同年10月，教指委又在宝鸡文理学院召开编写讨论会，进一步讨论教材编写工作。同年11月，教指委正式面向全国普通高等学校，启动了第一批教育部教育学类专业教学指导委员会教材编写基金重点项目的申报工作。2017年2月，第一批教育部教育学类专业教学指导委员会教材编写基金重点项目评审会在清华大学召开。经过各位委员和专家的认真评审和充分讨论，确定以下教材通过立项：《教育学原理》（柳海民），《德育原理教程》（戚万学），《外国教育史》（张斌贤），《课程与教学论》（马云鹏），《创业教育通识教材》（李越等），《跨学科教育研究方法》（钟周等），《教育文化学概论》（孙杰远），《教育学原理》（李政涛），《学习科学导论》（尚俊杰），《教育神经科学：一门新的学习科学》（周加仙），《教育管理学》（司晓宏），《职业技术教育学》（闫广芬），《新世纪教育技术开发与应用》（尹睿）等。时至今日，这批教材很快就要与大家见面了。这是中国教育学科建设的一件非常重要的工作，是教育学教指委的责任，也是所有教材编写者对中国教育学的贡献。

也许有人会说，中国现在教育学类的教材已经很多了，为什么还要编写这些教材？可能还会有人质疑，眼下教育学的理论可谓是"遍地英雄下夕阳"，难道这套教材能够有什么新鲜感吗？或许还有这样或那样的问题。我想告诉大家的是，这套教材在充分吸收目前各种相关教材的成果的基础上，的确有它的新意，包括在选题的设计、领域的开拓、视野的选择，以及内容的安排等方面，都有令人耳目一新的感觉；我也想说明的是，这套教材在编写特点上，力图兼顾历史积淀与时代要求，本土特色与国际视野，以及教学多样性和学习有效性，等等，反映了编写者多年研究的成果，以及在原有基础上的新发展；我还想表达的是，这套教材并不是随意出版和编写的，它是配合由教育部组织研究制定，并且即将公开出版的《普通高等学校本科教学质量国家标准（教育学类）》而进行的一项具有规范性的教材建设，与国家教育学质量标准是一致的；当然，我不能不承认的是，这套教材也一定会有编写者及其团队自身的学术角度，或者存在一定的不足，也期待各位同仁和教师建设性的批评指正，等等。然而，我在这里必须要特别指出，这套教材的编写出版更是着眼于中国教育学科的深化改革所需要的理论建设与理论供给，是适应中国教育学科深化改革的需要的一种努力，是跟随中国教育改革发展实践的步伐不断前进的一种努力。

中国教育的深化改革面临着一系列挑战，包括体制机制的改革、教师队伍的建设、学科专业的调整、资源经费的保障，以及评价标准的更新，等等，但我认为，中国教育的理论研究与供给是一个至关重要的瓶颈。虽然近年来教育研究已经取得了很大的成绩和进步，产生了一系列的成果，但从新时代教育深化改革和发展的要求看，仍然存在不充分和不平衡的问题，进而在一定程度上制约和影响了教育实践。教育理论的供给存在严重不足的问题。这种供给不足至少表现在以下三个方面。

第一，概念供给不足。

即教育理论研究不能为教育改革和发展提供必要的具有时代性和现实性，同时也非常严谨的具体概念，而不是随意地提出一些所谓的新词；或者说，对教育学已有的各种概念缺乏能让它们获得新生命力的新的阐释与更新。例如，在我国建设小康社会的过程中，究竟小康社会中的教育应该达到什么状态，具备什么样的特点，学人们常常说不清楚，也没有提出一个相应的"小康教育"的概念。又如，近年来政府对农村教育改革的重视程度与日俱增，国家也出台了乡村振兴行动计划，可是，究竟什么是现代社会中的农村教育，我们好像也缺乏一个能够得到大多数人认可的"农村教育"的概念。显然，这对于小康社会教育的发展和农村教育的改革推进都是不利的。同时，对于教育学中某些传统的概念，如"学习""成绩"以及"班级"等等，也缺乏根据教育实践的不断发展而进一步更新。相反，在教育学的学科领域中，仍然是一些非常笼统、抽象，永远正确而从不准确的名词充斥在各种各样的文献和讲话中，让实践领域的教师感到似乎没有错，可也没有用，进而对教育学产生一种敬而远之的态度。

第二，模式供给不足。

即把各种不同的教育概念、活动、因素等整合起来，进而能够帮助教师与管理者提高认识，拓宽视野，更新观念，以及认识、解释与解决实际问题的系统的教育理论供给不足。例如，立德树人的任务应该如何完成？简单地说，我们必须说清楚立德与树人的关系，讲清楚立德是通过什么方式和途径来树人的，以及它在学校教育的实践中的工作思路。又如，核心素养的培养模式应该是怎样的？虽然不同的学者对核心素养进行了理论的诠释，但它还需要真正落地，成为学校教师在实践中实施的具体路线，而不能仅仅是一种单纯的政策或者理论。类似这样的问题和需求还有很多。例如，我们能否真正建构和提出若干种创新人才成长和培养的实施模式；而高等教育强国的建设模式也是一个有待进一步梳理的问题，等等。

第三，方法供给不足。

方法是理论建设中非常重要的部分，是理论与实践相结合的基本机制，也是理论成熟的一个体现。所谓方法供给不足，一方面指的是理论研究本身的方法供给不足，另一方面则是指对教育实践中教师解决实际问题的方法指导不足。就前者而言，目前教育学科中的研究方法大多是借鉴其他学科的方法，甚至就是某些学科方法的机械复制，包括统计的方法，定量分析的方法，等等。在一些研究生的论文中，方法及方法论的部分往往是非常薄弱的。就后者而言，教育理论本身在解释和解决现实问题方面常常或者是天马行空，高谈阔论，或者是支支吾吾、王顾左右而言他，显得苍白无力，以至于经常被第一线的校长、教师和教育工作者瞧不起，而感到失落。例如，从大的方面说，大家都知道目前的教育评价制度和办法存在不合理的现象与问题，也能够从理论上说明教育评价的某些基本原则与指标，但往往不能把这些原则与指标适当地嵌入实际的教育评价活动之中，也很难提供某些能够具有操作性的具体建议；从小的地方讲，如何处理学校中存在的霸凌现象似乎也不能得到理论的实际支持和有效指导，等等。

这里，请允许我稍微武断地做一个判断，可能在相当一部分教育管理部门和学校管理中，甚至是教师的教学中，经验主义仍然居于主导定位，有些人甚至不知道还有相关的教育理论，甚至自以为是地看不到教育理论的价值。科学的教育理论没有能够充分发挥其应有的作用，或者说，教育理论存在不到位或者供给不足的现象。

当然，教育理论供给不足的现象，首先应该检讨的是我们能够拿出什么样的教育理论。实事求是地说，教育理论本身也需要不断的创新和发展，教育学科同样需要进一步的深化改革。这种创新、改革和发展，同样包括三个方面的要求。首先，是对一系列教育活动进行重新的定义，这是教育改革发展的实践以及所取得的成绩与进步所提出的要求。这些实践、成绩与进步如果得不到理论的肯定与提升，则常常是不能巩固和积淀的。例如，究竟现代社会的大学是什么？如果说以前的大学是一座"象牙塔"，那么，与社会经济科技文化之间的联系越来越密切，功能日益分化拓展，对国家和社会发展具有越来越重要贡献的大学，又应该是一种什么样的社会存在呢？又该如何重新定义现在的大学呢？其次，是教育理论的形态问题。我们当然需要有一些抽象的理论、范畴和概念，但同时我们也需要更多深入浅出的具体理论，特别是需要那种能用生动鲜活的案例与形象的比喻去表达教育的理论。尤其是实践性如此之强的教育学科，缺乏这种通俗易懂和能够接地气的教育理论，是很难得到教育实践的欢迎的。最后，我们还需要有中国特色的教育理论。中国的教育正在走向世界，各种各样更加广泛的教育国际交流也日益开展，我们应该积极回应中国教育在走向世界过程中所面临的各种评论、看法与质疑，我们应该积极地对世界教育发展所面临的各种问题提出中国的方案和理论见解，我们还应该为全球教育发展和人类的共同进步贡献中国的教育理论，等等。

所以，如果说本套教材还有什么特别之处的话，就是希望能够加强教育理论的供给，深化教育学科的改革。我们的主要初衷与目标就是：能够为中国教育的深化改革尽可能地增加一点点理论供给，推动教育学科的不断进步。习近平总书记在哲学社会科学工作座谈会上的讲话中指出："当代中国正经历着我国历史上最为广泛而深刻的社会变革，也正在进行着人类历史上最为宏大而独特的实践创新。这种前无古人的伟大实践，必将给理论创造、学术繁荣提供强大动力和广阔空间。这是一个需要理论而且一定能够产生理论的时代，这是一个需要思想而且一定能够产生思想的时代。"中国的教育改革发展需要理论，中国教育改革发展的实践也已经提供了大量丰富和鲜活的成果，中国的教育理论工作者也正在进行着深刻的理论探索，一批新的教育理论即将应运而生。我们教指委只是顺应这个时代的大势，做了一点点应该做的工作。也许我们的这套教材还不能完全实现这个目标，但我衷心地希望它能够在这个方面发挥一点点作用。

教材编写是一项庞大的系统工程，在有序推进教材编写工作的过程中，教指委努力搭建相关利益群体的协同合作平台，充分发挥教指委的引领和服务职能，调动相关院校、出版机构、学科专家的参与积极性；成立了以教指委为基础的教材编委会领导小组，由全体委员构成编委会，引导和组织课程标准制定和教材编写工作；充分发挥教指委的组织和协调职能，积极组建编写工作组，科学制定灵活招标规则，全面汇聚多元智力资源，遴选优秀编写团队。从编制招标要求、公布招标公告，到组织投标和评审，最后商定教材大纲，整个过程凝聚着各编写团队的心血。在组织、编撰和出版"教指委推荐系列教材"的过程中，我们得到了教育部高等教育司、高等教育出版社、北京大学出版社、教育科学出版社和各有关高校与科研机构的领导和同志们的大力支持。在此，谨向他们表示最衷心的感谢！当然，我还要特别感谢教指委秘书处的李曼丽秘书长和张薇老师等，她们尽心竭力、默默无闻地为教材的编写和出版做了大量非常辛苦的工作，奉献了许多的心血。

谢维和
2018年5月底于清华大学强斋

前　言

习近平总书记在党的二十大报告中指出，要"推进教育数字化，建设全民终身学习的学习型社会、学习型大国"。总书记曾经还强调："学习是文明传承之途、人生成长之梯、政党巩固之基、国家兴盛之要。"在知识大爆炸的时代，要想实现更好的学习，就需要研究学习的本质，在把握规律的基础上建设学习资源、构建学习环境和优化学习机制。显然，这些都离不开学习科学的支持。

学习科学（Learning Sciences）是 20 世纪 90 年代发展起来的，是涉及认知科学、心理学、教育学、脑科学、信息科学、人类学、社会学等众多学科的跨学科研究领域，它研究各种情境下的学习——不仅包括学校课堂里的正式学习，也包括发生在科技场馆、工作地点、家庭等场所的非正式学习。学习科学的研究目标，首先是更好地理解认知和社会化过程，以产生最有效的学习，其次便是用学习科学的知识来重新设计已有的课堂及其他学习环境，从而促使学习者更有效和深入地进行学习。简而言之，学习科学主要就是研究"人是如何学习的，如何才能促进有效学习"。

学习科学自诞生以来备受重视。2004 年起，美国国家科学基金会（NSF）就在全美建立了 6 个国家级跨学校的学习科学研究中心，并给予了为期 10 年的巨额经费支持。近年来，欧美发达国家已经将学习科学确立为新的教育政策的关键基础，将人类学习的重要研究成果作为课程决策与行动的基础。在我国，东南大学、北京师范大学、华东师范大学、北京大学和清华大学等高校已经建立了学习科学研究机构。此外，我国国家自然科学基金委员会也于 2018 年设立了教育信息科学与技术申请代码 F0701，致力于推动以科学方法研究学习和教育问题，此举为我国学习科学未来的快速发展提供了新的有力支持。

然而，学习科学研究内在的跨学科属性，给高校相关方面的人才培养带来了不小的挑战。在此过程中，大家深感需要有一本全面、系统的学习科学基础教材，作为高校学习科学人才培养的起点。面对这一迫切需求，教育部教育学类专业本科教学指导委员会秘书长、清华大学李曼丽教授邀请我们，希望我们能积极协调各方面力量，发动海内外优秀学者完成这一基础教材的编写工作。在此背景下，我们联络了一批优秀学者组成本书编委会，对学习科学进行了全面的调研，构建了学习科学课程的内容体系，在北京大学等高校进行了多轮试讲，并广泛参考了哈佛大学等名校的相关优秀教材，历经5年时间，终于完成了本教材。

本书特点

本书在注重内容的科学性和正确性的基础上，努力将思政教育融入其中，还兼顾了基础性、全面性、系统性、学术性和趣味性。希望读者能够通过本书精心设计的内容和组织方式，更科学、更快乐、更有效地了解和掌握学习科学的相关知识。

• **基础性**。本书的定位是为教育学、认知科学、学习科学等相关学科的本科生和研究生，以及一切对学习科学感兴趣的研究者和实践者提供入门性的基础教材，所以本书特别强调基础性。事实上，现在也有不少优秀的学习科学著作，比如脑科学、人工智能等方面，但这本教材侧重讲解学习科学的基础知识，以期为学习者打下坚实的理论和实践基础。当然，强调基础性并不意味着不讲前沿知识，我们努力把前沿知识和基础知识有效地整合起来，构建起这个领域的知识体系。

• **全面性**。作为基础教材，自然要追求全面介绍相关内容。但是，对于学习科学这样一个比较年轻、跨度又比较大的跨科学研究领域来说，"讲什么，不讲什么"是一个非常困难的问题。所以，经过长期的调研和思考，我们将最重要的基础知识和前沿知识进行了梳理和重新整合，以尽量覆盖当前学习科学方方面面的发展，让学习者具有比较宽阔的学术视野。

• **系统性**。对于一本内容比较广的基础教材，"先讲什么，后讲什么"也是一个非常困难的问题，因此我们也花费了大量时间和精力来考虑学习科学的课程体系、教学内容的编排顺序和组织方式，尽量使其更具系统性。以第七章学习环境与学习技术为例，该章基本上涵盖了学习环境与学习技术几十年的发展史，从计算机辅助教育一直到如今比较新的虚拟世界中的学习，它不是一个线性发展过程，实际上是一个螺旋式发展的过程。这样就需要仔细梳理，使得它能够符合技术发展的内在逻辑和教材编写的规范要求。

• **学术性**。本书是给大学生、研究生等人编写的基础教材，旨在让大家了解学习科学的基础知识，不一定要求大家马上开展学习科学研究；但与此同时，本书也非常注重学术性。因为我们相信，要想培养一流的学生，一定要把教学和研究结合起来，而对于优秀的一线教师来说，能够开展基于学习科学视角的研究对其职业发展也有着重要意义。所以，本书在写作过程中特别注重这一点，将研究的理念渗透到了每一部分内容中，同时介绍了一些重要的研究，也给出了详细的文献引用。这些都是为了方便读者掌握基于学习科学视角的学术研究能力。

• **趣味性**。各种学习理论都告诉我们，学生的学习主动性、内在学习动机非常重要，因而趣味性比较强的教材或许更能激发学生的学习动机。所以本书在编写过程中广泛参考了一些优秀的教材，通过文字、图片、案例以及编写形式，尽可能让教材更具趣味性。

本书结构

本书分为概论、脑与学习心理、学习技术、课堂教学、学习评价与学习分析等模块，共11章。

第一章是一个概论章，首先讲述了学习科学的理论渊源和发展脉络，重点讲授了学习的三种隐喻，让我们对一百多年来学习的科学化的研究历程有一个全面的了解，然后讲授了当前学习科学的研究内容与研究方向、研究方法与技术，最后展望了学习科学的未来发展趋势。

近年来，快速发展的脑科学研究对学习科学研究也产生了重要影响，所以第二章就主要围绕脑科学与学习的内容展开。本章首先讲述了脑的结构和功能，包括脑的发育和可塑性等；其次是基础认知、高级认知与学习，如感知觉、注意、记忆等；最后讲授了当前比较前沿的脑电图、事件相关电位、功能核磁共振等研究方法、技术和设备。

第三章全面介绍了行为主义、认知主义、建构主义、人本主义等学习理论，并简要介绍了现在比较受大众关注的联通主义学习理论、社会情绪学习理论。一般来说，学习科学的研究离不开扎实的学习理论的支持。对于教育学、教育技术学、认知科学等相关学科的研究者来说，掌握扎实的学习理论对深入理解和有效实践学习科学的内容非常重要。

第四章在第三章的基础上，对学习动机、知识的表征与组织、问题解决与创造性、元认知、学习风格等内容进行了介绍，这些内容是当前学习科学研究的基础和核心内容。

第五章全面介绍了自主学习、社会性学习（合作学习、协作学习等）、探究学习、项目学习、体验学习、设计学习、深度学习等学习方式。本章试图在学习科学中的各种学习理论和教育实践中的各种学习方式之间建立联系和桥梁，将理论和实践结合在一起，因为学习科学研究最终要落实在以学习方式为载体的教育实践中，这样才能真正发挥其应用价值。

第六、七章主要探讨技术与学习环境。其中第六章从比较微观的角度谈技术如何促进认知和学习，重点探讨了认知负荷理论、多媒体学习认知理论，并简要介绍了具身认知、嵌入认知、延展认知等前沿知识。第七章则从学习环境和设计的角度，对学习相关技术进行了全景式的扫描，从计算机辅助学习讲起，以学习为主线，依次介绍了人工智能支持下的学习、技术支持下的协作学习、移动学习、游戏化学习、虚拟世界中的学习，最后介绍了技术赋能的学习空间。希望通过这两章，大家对学习技术这个方向能有全面的认识。

第八、九章主要探讨学习科学与课堂教学。其中第八章从学习科学的视角，探讨了教学设计模式，对每个步骤中如何应用学习科学给出了具体的建议，最后还简要介绍了以脑为导向的教学模式、学习的通用设计模式、综合学习设计等教学设计模式。第九章则按课前、课中、课后等教学阶段，重点讲解了一批具体的教学设计策略，这些策略可以直接应用到课堂教学设计中。此外，还介绍了一些基于教育神经科学的学科教学策略。

第十、十一章主要探讨学习评价和学习分析。在第十章中，我们首先全面介绍了学习评价的含义、要素、目的、分类、方法和技术，然后重点探讨了促进学习的课堂评价。第十一章是本书的重头戏，我们对学习分析进行了全面系统的介绍。随着个性化和自适应学习等概念逐步被社会各界接受，如何借助学习分析更好地实现个性化自适应学习成为新的研究热点和难点。然而，学习分析的内涵十分复杂，因此我们在对学习分析进行全面梳理的基础上，将其所涉及的内容拆分成三个主要部分进行讲解：首先介绍了学习分析的基础技术——教育数据挖掘，接着介绍了学习分析中常用的社会网络分析、话语分析、内容分析等方法，最后介绍了学习分析的主要研究内容及未来发展方向。

除了本书的主体内容外，我们还在附录中给大家推荐了一些相关图书、期刊、学会和会议，供学有余力的同学参考。

学习建议

如果大家希望取得比较好的学习成效，我们有如下建议。

第一，要高度重视"学习科学"课程。从本书第一章的讲述中大家就可以看出，学习科学对于教育发展非常重要，未来大家如果要从事教育教学或研究工作，肯定会用到学习科学的知识。即使大家将来从事其他工作，学习其他课程其他知识，掌握学习科学也同样重要，例见第四章讲到的元认知能力。其实，学习科学对于每一位学生、工作者乃至老年人都非常重要，因为在瞬息万变的信息时代，终身学习已经成为一种社会趋势。

第二，要夯实基础。常言道"九层之台，起于累土"，对于任何事情，基础都很重要。学习科学是一个比较新的研究领域，涉及具身认知、嵌入认知、虚拟现实、数据挖掘等各种新知识、新技术，让人目不暇接。虽然了解这些内容也都很重要，但是大家一定要牢牢地掌握这些概念产生的底层逻辑和基础。

第三，要注意追踪前沿知识。我们不仅要注重基础，而且也要注意追踪前沿知识，让自己具备比较宽阔的学术视野。在本书中，很多地方我们都会介绍比较前沿的研究或案例，一般都提供了参考文献或网站，大家在学有余力的情况下可以去展开学习。

第四，要注重学习信息技术。学习科学不要求学生一定要掌握某一个具体的信息技术，但要求学生有信息技术的意识和思维。这是因为，学习科学与信息技术有莫大的关系，很多学习科学实践成果的落地都需要具体的技术作为支撑。因此，我们建议大家不管学什么专业，都要尽力去学习一门技术，在此过程中培养自己的技术思维。比如学习一下 Python 编程、R 语言等，这样在学习环境和学习技术、学习分析等内容的学习中就更能体会其底层的实现逻辑，也会对目前技术对学习科学研究支持的边界有一个清晰的认识。对一些畏惧学习技术的同学，我们想说的是，虽然编程、人工智能、数据挖掘等听起来很难，但是真正学起来也没有那么难，而且对于这部分同学，学习技术的重点在于养成技术思维，而不是局限于用技术实现某个具体功能，因此可以大胆尝试。

第五，要学会协作学习。协作能力是新时代的重要能力，大家在学习过程中，要积极和专家、老师、同学沟通交流。

第六，对本书有任何问题或建议，也可以发电子邮件给本书的编委会（jjshang@263.net）。

最后，需要说明，本书内容较多，教师在讲课过程中可以根据本校学生情况适当取舍。

作者信息

本书的编写工作历时 5 年，数十位作者参与了编写、整理和完善工作。其中北京大学学习科学实验室执行主任尚俊杰担任主编，对全书进行了全面策划、整理和统稿；裴蕾丝协助主编对全书进行了策划、整理和统稿；夏琪、胡若楠、高理想协助主编对全书进行了整理和统稿。具体作者信息如下。

第一章作者为郑旭东、王美倩和尚俊杰。

第二章作者为周新林。参与人员为：李添（1.1）、方诗佳（1.2）、王丽（1.3）、崔芷君（2.1）、李梦怡（2.2）、陆彧捷（3）。

说明：参与人员为本章提供资料并撰写初稿，其中 1.1 表示第一节第一部分，3 表示第三节。以下同。

第三章作者为尚俊杰、郑旭东和缪蓉。参与人员为：夏琪（6.1）。

第四章作者为缪蓉、尚俊杰和董倩。

第五章作者为张宝辉、夏琪、石祝和黄文丹。参与人员为：何军（3）、张亚珍（3）、龚志辉（6.2）、苏瑞（5）。

第六章作者为裴蕾丝。

第七章作者为江丰光和尚俊杰。参与人员为：唐家慧（6）、王芝英（6）、张媛媛（5.4）。

第八章作者为刘哲雨和胡若楠。

第九章作者为梁林梅和胡若楠。

第十章作者为詹艺和尚俊杰。

第十一章作者为郑勤华和尚俊杰。参与人员为：夏琪（1）、张媛媛（1）。

致　谢

在本书写作过程中，教育部原副部长韦钰院士、教师工作司任友群、宋磊，北京大学闵维方、汪琼、黄文彬、李戈、贾积有、吴峰、吴筱萌，清华大学李曼丽、刘嘉、韩锡斌，浙江大学盛群力、李艳，北京师范大学陈丽、郑永和、黄荣怀、刘儒德、张婧婧、卢立涛，华东师范大学袁振国、裴新宁、顾小清、周加仙、赵健、庞维国，华中师范大学杨宗凯、刘三女牙、吴砥、杨九民、李秀晗，南方科技大学赵建华，华南师范大学徐晓东、焦建利、胡小勇，陕西师范大学胡卫平、张文兰、皮忠玲，江苏师范大学杨现民，广州大学杜玉霞，江西师范大学钟志贤，香港大学程介明、罗陆慧英、陈高伟，香港中文大学李芳乐、李浩文、庄绍勇、尹弘飚，香港城市大学郭琳科，台湾师范大学蔡今中，台湾科技大学黄国桢，南洋理工大学吕赐杰、陈文莉、黄龙翔，纽约州立大学奥尔伯尼分校张建伟、奥斯威戈分校杨浩，南密西西比大学王淑艳，雪城大学雷静，宾夕法尼亚大学黄浩，明尼苏达大学陈伯栋，中国科学技术协会吴善超，中国教育科学研究院曹培杰，中央电化教育馆蒋宇，北京教育科学研究院方中雄、张熙，上海市教育科学研究院夏雪梅，北京市海淀区教育科学研究院吴颖惠、宋官雅、侯兰，北京市朝阳区教师发展学院李军、谢娟、闫新全、胡秋萍等专家给我们提供了各种形式的答疑、指导和帮助。

此外，我们还要感谢霍玉龙、曾嘉灵、张露、董倩、王辞晓、董安美、张媛媛、原铭泽、童小平、范逸洲、曲茜美、肖海明、谭淑方、王钰茹、何奕霖、周均奕、张鹏、李卓、赵玥颖、杨文理等人给予的支持和帮助，感谢高理想、苏瑞、赵玥颖、尚品言、叶嘉文为本书绘制部分插图，感谢于晓雅、马冬玲等人提出的修改意见。

我们还要特别感谢教育部教育学类专业教学指导委员会秘书长、清华大学李曼丽教授，以及北京大学出版社周志刚副编审，如果不是他们的邀请、宽容和帮助，本书也不可能出版。

本书也是国家社科基金"十三五"规划2017年度教育学一般课题"基于学习科学视角的游戏化学习研究"（编号：BCA170072）的研究成果，感谢全国教育科学规划领导小组办公室的各位领导和专家的支持。

衷心祝愿大家早日掌握学习科学知识，成就未来美好前景。

主编

北京大学教育学院学习科学实验室执行主任
中国高等教育学会学习科学研究分会常务副理事长兼秘书长
2022年3月16日于北大燕园

目　录

第一章　学习科学的起源、发展与未来 1
    第一节　学习科学的起源和历史发展 3
    第二节　学习科学的研究内容与研究方法 35
    第三节　学习科学的未来发展趋势 47

第二章　脑科学与学习 57
    第一节　脑的结构与功能 59
    第二节　学习的脑机制 73
    第三节　认知神经科学的研究方法 91

第三章　学习理论 104
    第一节　学习理论的概念 106
    第二节　行为主义学习理论 108
    第三节　认知主义学习理论 119
    第四节　建构主义学习理论 132
    第五节　人本主义学习理论 147
    第六节　其他新兴学习理论 151

第四章　高级认知与学习心理 159
    第一节　学习的概念 161
    第二节　学习动机 167

第三节　知识的表征与组织 176
　　　第四节　问题解决与创造性 188
　　　第五节　元认知与学习策略 202
　　　第六节　学习风格 207

第五章　**学习方式** 217
　　　第一节　学习方式的概念 219
　　　第二节　自主学习 221
　　　第三节　社会性学习 231
　　　第四节　探究学习 242
　　　第五节　项目式学习 251
　　　第六节　其他学习方式 261

第六章　**技术支持下的认知与学习** 268
　　　第一节　技术与教育的关系 270
　　　第二节　认知负荷理论 275
　　　第三节　多媒体学习认知理论 285
　　　第四节　技术认知理论的新发展 294

第七章　**学习环境与学习技术** 308
　　　第一节　学习环境与学习技术的概念 310
　　　第二节　计算机辅助学习 319
　　　第三节　人工智能支持下的学习 328
　　　第四节　技术支持下的协作学习 338
　　　第五节　其他新兴技术支持下的学习 344
　　　第六节　学习空间 370

第八章　**基于学习科学的教学设计** 380
　　　第一节　教学设计概述 382
　　　第二节　基于学习科学的教学设计基本过程 387

第三节　基于学习科学的教学设计模式 424

第九章　基于学习科学的教学实践 437
　　　第一节　学习科学和教学实践的关系 439
　　　第二节　基于学习科学的有效教学策略 444
　　　第三节　基于教育神经科学的学科教学策略 481

第十章　学习评价 496
　　　第一节　学习评价的概念 498
　　　第二节　学习评价的分类 505
　　　第三节　学习评价的方法和技术 509
　　　第四节　促进学习的课堂评价 530
　　　第五节　学习评价的未来发展趋势 538

第十一章　学习分析 544
　　　第一节　学习分析的概念 546
　　　第二节　教育数据挖掘的概念与技术 555
　　　第三节　学习分析的关键技术 575
　　　第四节　学习分析主要研究及未来发展趋势 595

附录　推荐资源 612

第一章 学习科学的起源、发展与未来

内容摘要

20世纪以来，人们对学习的研究主要经历了三个阶段，即动物隐喻阶段——致力于回答"动物是如何学习的"，机器隐喻阶段——探索"机器是如何学习的"，以及学习科学之创生与发展阶段——真正研究"人是如何学习的"。

本章就从学习研究的三个阶段谈起，首先系统介绍了学习科学的起源和发展脉络，然后对当前学习科学的主要研究内容、研究方向和研究方法进行了梳理，并介绍了学习科学的未来发展趋势及发展策略。通过本章的学习，大家可以对学习科学的思想渊源、发展脉络、研究现状和未来趋势有一个全面了解。

学习目标

1. 了解学习研究的历史，并阐述不同历史时期学习研究的对象、方法、特征与贡献；
2. 通过熟悉学习研究的历史，理解学习科学的起源与发展；
3. 通过对学习科学创生之历史动因和学习科学学科创建过程的学习，知道什么是学习科学，为什么要发展学习科学，以及如何发展学习科学；
4. 了解学习科学的主要研究内容、研究方向和研究方法；
5. 能够把握学习科学的未来发展趋势；
6. 通过了解学习科学创生的两大先驱，产生对学习科学的学术兴趣和使命感；
7. 通过了解学习研究的范式转变，形成敢于质疑、勇于批判的学术精神与学习态度。

思维导图

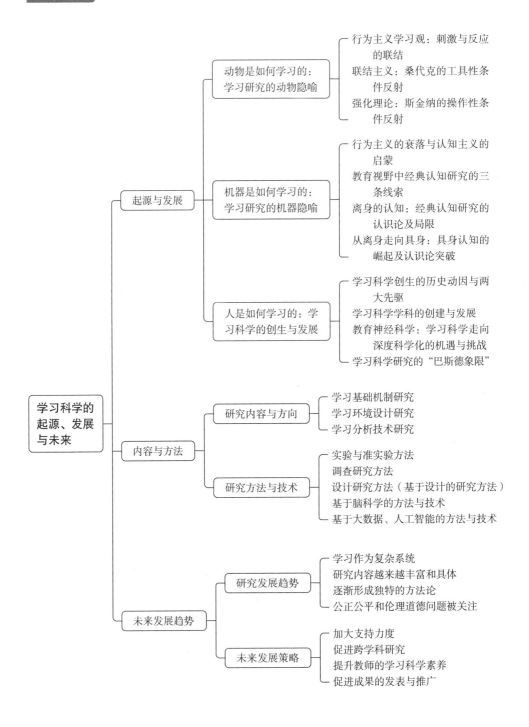

第一节 学习科学的起源和历史发展

20世纪以来，人们对学习的研究主要经历了三个阶段，即动物隐喻阶段——致力于回答"动物是如何学习的"，机器隐喻阶段——探索"机器是如何学习的"，以及学习科学之创生与发展阶段——真正研究"人是如何学习的"。①

一、动物是如何学习的：学习研究的动物隐喻

教育心理学家理查德·梅耶（Richard Mayer）在对20世纪心理学领域内学习研究之历史演进展开考察时曾经提出有关学习研究的三个基本隐喻，其中第一个隐喻就是联结主义（connectionism）隐喻。②联结主义把学习视为刺激与反应之间的联结，其基本的研究范式是以动物作为研究对象，在实验室里对发生在动物身上的行为进行探索，形成关注刺激与反应之间如何建立联结的理论模型。联结主义的学习隐喻实际上是一种学习研究的"动物"隐喻，它致力于回答的是"动物是如何学习的"这一基本问题。学习研究的动物隐喻从生理学家伊万·巴甫洛夫（Ivan Pavlov）关于经典条件反射的实验开始，历经约翰·华生（John Watson）、爱德华·桑代克（Edward Thorndike）、伯尔赫斯·斯金纳（Burrhus Skinner）等心理学家的努力，最终成为统治20世纪上半叶学习研究的主流范式。

（一）行为主义学习观：刺激与反应的联结

行为主义（behaviourism）又称作行为论，是20世纪初起源于美国的心理学流派，主张心理学应该研究可以被观察和直接测量的行为，反对研究没有科学根据的意识。其主要特色为以系统方法理解人类和动物行为，并假设所有行为皆是由环境中的刺激所产生的反应，或是个体的生命史所形塑的结果；特别是个体在环境及生命史中所受到的惩罚、激励、刺激所造成的强化。

早期行为主义以生物学中的反射弧为依托，建构的是基于行为的心理学科学。生物学中的反射弧是指执行反射活动的特定神经结构，反射则是指中枢神经系统参与下机体对内外环境的规律性应答。巴甫洛夫认为，人与动物的心理活动

---

① 郑旭东，王美倩，吴秀圆. 学习科学：百年回顾与前瞻［M］. 北京：科学出版社，2020：1—120.
② Mayer R E. Cognition and instruction: their historic meeting within educational psychology［J］. Journal of educational psychology, 1992, 84(4): 405.

（包括人的一切智慧行为与随意运动）都是在非条件反射基础上形成的条件反射，他摒弃心灵思辨，反对内省主义，将客观研究方法作为自然科学的试金石。他的这些思想与之后行为主义的信条完全一致，巴甫洛夫也因此被称为行为主义心理学的先驱。

巴甫洛夫简介

图1-1 巴甫洛夫

伊万·巴甫洛夫（1849—1936）是俄国生理学家、心理学家、医生、高级神经活动学说的创始人、高级神经活动生理学的奠基人、经典条件反射理论的建构者，也是传统心理学领域之外而对心理学发展影响最大的人物之一，1904年荣获诺贝尔生理学或医学奖。

巴甫洛夫年轻时准备成为一名传教士，后来逐渐放弃神学，转而开始研究神经生理学。1870年，21岁的巴甫洛夫进入圣彼得堡大学学习生理学。1874年，巴甫洛夫凭借科学论文《论支配胰腺的神经》获得学校颁发的金质奖章，并于次年获得生理学学士学位。1875年，巴甫洛夫进入外科医学学院攻读博士学位。1890年任药理学教授，1895年任生理学教授，1904年因消化生理机制的研究获得诺贝尔生理学或医学奖。此后，直至1936年谢世，他一直致力于高级神经活动的研究，为心理学领域展开基于神经生理学的科学研究打下了坚实基础。

巴甫洛夫的经典条件反射实验

巴甫洛夫在进行消化腺的生理机制研究时，将狗作为实验对象。他发现，将食物置入狗的胃里时，胃壁会分泌胃液以促进消化，且胃液的分泌量与持续时间会随放入胃中食物的量与种类而发生变化。为了更清楚地测定这种变化，巴甫洛夫通过精湛的外科手术将一个置于狗体外的囊袋与狗胃连接起来，且囊袋的分泌情况与胃的分泌情况完全一致，这样原来胃的大部分组织仍起着基本生理功能，而囊袋由于暴露在体外可用于直接观察，由此，狗在整个消化过程中的胃液分泌情况便可一览无余（如图1-2所示）。实验过程中，巴甫洛夫遇到这样一种情况：如果将狗的食管切开并将其从颈部移至身体外部，使食物在经过咀嚼后经由颈部排出，而不到胃里，这时狗的胃液分泌量与食物进入胃中时的胃液分泌量几乎一样多。基于此，巴甫洛夫得出如下结论：动物有一种固有的生理反射，它们能够以精确的方式根据胃中食物的种类与量进行胃液分泌，而引起反射性分泌的刺激，"这种刺激源不仅可以是胃里的食物［即适当的刺激（appropriate stimulus）］，还可以是嘴里的食物［即信号刺激（signaling stimulus）］"①。

图1-2 巴甫洛夫囊袋

巴甫洛夫在研究狗的消化腺生理机制时，意外有了更为振奋人心的收获。有一次，在非常偶然的情况下，巴甫洛夫注意到，盛过食物的盘子（或是喂食的人）会引起狗的胃液分泌活动。巴甫洛夫对上述现象进行了更为精确的实验。他先做了一些准备工作：首先用一副套具将狗固定住，接着在狗颚外侧连接一根管子来收集唾液，并在管子的另一端连接一个既可以测量总量又可以记录频率的装置（如图1-3所示）。实验过程中，每次喂食前巴甫洛夫都会先发出一些信号（开始是摇铃，后来还包括吹口哨、使用节拍器、敲击音叉、开灯等）。连续多次实验后，他尝试仅仅发出信号但不喂食，这时奇妙的事情发生了，狗照样会分泌唾液。由此，巴甫洛夫认为动物可能存在着两种反射：一种是生理反射（physiological reflex），这是一种内在的、任何动物都会表现出来的反射，它是神经系统

---

① 施良方.学习论［M］.北京：人民教育出版社，2001：41.

固有组织的一部分；另一种是心理反射（psychic reflex），后来他又改称为条件反射（conditional reflex），这种反射只有拥有特定经验的动物才能产生。

图 1-3 巴甫洛夫关于条件作用研究的实验装置

巴甫洛夫通过实验提出的经典条件反射理论对学习理论的产生与发展具有重要影响，因此受到美国行为主义心理学的极大关注。行为主义心理学的创始人华生开始主张一切行为都以经典条件反射为基础，它成为行为主义理论的主要组成部分。虽然华生的极端看法并未得到普遍接受，但以经典条件反射为基础的行为主义学习理论在心理学研究中的统治地位却横贯整个20世纪上半叶。受巴甫洛夫的经典条件反射实验影响，华生尝试将条件反射的理论应用到人的身上，小艾伯特实验就是华生用于彰显人类经典条件反射经验的研究案例。

华生简介

约翰·华生（1878—1958），美国心理学家、行为主义心理学的创始人。1915年当选为美国心理学会主席。主要研究领域包括行为主义心理学理论和实践、情绪条件作用和动物心理学。他认为心理学研究的对象不是意识而是行为，主张研究行为与环境之间的关系，认为心理学的研究方法必须抛弃内省法,而代之以自然科学常用的实验法和观察法。他还把行为主义研究方法应用到了动物研究、儿童教养和广告方面。他在使心理学客观化方面发挥了巨大的作用,对美国心理学产生了重大影响。

图1-4 华生

华生的父亲是一位暴躁的小农场主,母亲是一位虔诚的美南浸信会信徒。华生从小就受到严格的教规约束,以致他成年后对任何形式的宗教都非常反感。1891年,父母婚姻破裂,华生随母亲来到格林维尔。可能是受家庭环境的影响,华生在整个中学阶段的学业成绩和品德习惯表现都令人担忧。1894年,华生进入弗曼大学深造,人生在这里开始发生转变。他刻苦学习并于1900年获得该校的文科硕士学位。1901年,华生进入芝加哥大学师从杜威学习哲学,师从安吉尔学习机能主义心理学,并于1903年获得该校的第一个心理学博士学位。之后,华生在芝加哥大学任实验心理学讲师,且很快成为比较心理学领域的领军人物。1908年,华生到约翰·霍普金斯大学任心理学教授,并于1915年当选为美国心理学会(APA)主席。1920年,华生因家庭纠纷被迫改行从事广告商业活动,此后直到1945年退休,他仍旧著书宣扬行为主义,做了大量心理学普及工作,产生了广泛的学术与社会影响。在20世纪上半叶,行为主义心理学一直在北美占统治地位,华生可谓功不可没。

华生的小艾伯特实验

本实验由华生及其助手罗莎莉·雷纳(Rosalie Rayner)于1920年在约翰·霍普金斯大学进行,他们选择9个月大的孤儿小艾伯特作为研究对象。实验过程分为以下三个阶段。①基础情感测试。研究者将小艾伯特放在房间内带有垫子的桌子上面,并依次将火焰、猴子、狗、兔子、小白鼠等放在小艾伯特面前。这时,与大多数孩子一样,小艾伯并没有表现出恐惧,而是主动伸出手去触摸这些东西。②建立条件反射。两个月后,华生和助手继续对小艾伯特进行实验,他们将小白鼠(中性刺激)呈现在小艾伯特面前，当小艾伯特正准备伸手触摸小白鼠时，华生用力敲击一根1.2米长的铁棒，伴随而来的一声巨响（无条件刺激）将小艾伯特吓哭了。这样的一系列行为连续重复了七次（如图1-5所示）。再隔一周后，当研究者再次将小白鼠呈现在小艾伯特面前时，他流露出惊恐的情绪，并开始躲避小白鼠。③普遍化。研究者将小白鼠换成兔子、狗、毛绒玩具，甚至是可爱的圣诞老人面具，这些刺激都会引起小艾伯特惊惧的反应（如图1-6所示）。华生和雷纳本计划在实验后期对小艾伯特进行干预，以消除他对这些事物的恐惧感。遗憾的是，实验结束后不久，小艾伯特就被人带走，而相应的消除程序未能付诸实施。据说，小艾伯特于6岁时死于脑水肿。这个实验提示我们，开展研究时一定要充分考虑伦理问题。

图1-5 条件作用阶段

图1-6 刺激泛化阶段

华生的小艾伯特实验是对巴甫洛夫关于狗的经典条件反射实验的继承与发展。从本质上讲，二者都是对经典条件反射的实证探索，都关注无条件刺激与中性刺激之间的联结。但两个实验之间也存在以下几个方面的不同：①实验对象不同，巴甫洛夫的实验对象是动物，是对狗进行胃液分泌条件反射的研究，华生的实验对象是人类，是对婴儿惊恐情绪建立的条件反射研究；②实验结果不同，巴甫洛夫的实验中，狗只对有限的中性刺激做出反应（如只对铃声有反应），而华生建立的条件反射中中性刺激有很多种，这些中性刺激发生了延展与泛化，这是华生进一步发展巴甫洛夫实验之处；③实验计划不同，华生在实验方案的设计上更进一步，他设计运用相对的条件反射来消退之前建立的条件反射，这体现了中性刺激的消退原理。

作为行为主义的代言人，华生的行为主义学习理论又被称为"刺激－反应"

理论，其中刺激是指学习主体所在的特定环境，反应则是指刺激作用下的主体行为。华生认为，学习的实质就在于形成刺激与反应之间的联结，且这种联结是直接的、无中介的、靠尝试错误而建立的，它建立在对学习过程的客观研究基础上，而忽视学习的内部过程。华生坚信控制学习效果的是环境而非学习主体自身，这使得他成为一个典型的环境决定论者，因此，以华生为代表的古典行为主义学习理论仅适合解释动物学习以及人类的低层次学习现象。

（二）联结主义：桑代克的工具性条件反射

联结主义（connectionism）是美国著名心理学家桑代克提出的一种行为主义心理学的学习理论。"联结"一词起源于桑代克对动物学习行为的实验研究，指的是动物受到的环境刺激与由刺激引发的行为反应之间的关联机制。桑代克通过大量的动物实验来研究动物的学习行为，其中就有著名的"桑代克迷箱实验"。根据这些实验，桑代克提出了"刺激－反应"公式，后来该公式被引入行为主义心理学学派，揭示了行为主义者眼中的学习内涵，加快了行为主义心理学走向辉煌巅峰的进程。

桑代克简介

爱德华·桑代克（1874—1949），美国心理学家，动物心理学的开创者，心理学联结主义的建立者和教育心理学体系的创始人。他提出了一系列学习的定律。1912年当选为美国心理学会主席，1917年当选为美国国家科学院院士。

桑代克自幼聪颖好学，在校成绩一直名列前茅。他在修读文学学士时，读了威廉·詹姆斯（William James，1842—1910）的《心理学原理》（*Psychology: Briefer Course*），逐渐对心理学产生了浓厚兴趣。1895年大学毕业后，桑代克便到哈佛大学师从詹姆斯修读文学、心理

图1-7 桑代克

学硕士。在哈佛学习期间，桑代克最突出的成就在于用小鸡做实验来研究动物的学习智慧，他将小鸡关在迷津（类似于迷宫）内，迷津外放有食物，小鸡必须走出迷津才能吃到食物。经过长时间训练，小鸡一看到迷津外有食物，便会直奔迷津出口以获取食物。桑代克凭借小鸡实验的研究报告获

得哈佛大学的硕士学位,也成为心理学历史上第一个用实验法取代自然观察来研究动物心理尤其是动物学习的心理学家,就连巴甫洛夫也承认桑代克的实验先于自己两三年。1897年,桑代克到哥伦比亚大学继续攻读心理学博士学位,师从詹姆斯·卡特尔(James Cattell,1860—1944)。在哥伦比亚学习期间,桑代克主要对猫和狗的学习智慧进行实验研究,著名的动物学习实验"桑代克迷箱实验"就是在这里进行的。他于1898年凭借《动物的智慧》(Animal Intelligence)获得哥伦比亚大学博士学位。

桑代克迷箱实验

1. 实验设备

"桑代克迷箱"由独立活动的门板、木质门闩、金属门闩和金属门闩的开关,以及带有缺口的木质箱子构成(如图1-8所示)。迷箱完成后,将动物放进迷箱。迷箱内的动物可以看到门两侧的木质门闩,但并不清楚上方金属门闩的具体情况。动物想要逃出迷箱,需要完成两个独立的步骤:①拨开两侧木质门闩,动物需要用爪子将双侧门闩转开;②开启金属门闩的开关,动物也应把上方门闩的机关开动。然而,打开金属门闩,需要动物自行探索并成功按下。当所有门闩被开启,动物便可逃离迷箱。逃出迷箱的动物可以享用到迷箱外的食物,由此强化其逃出迷箱的行为。

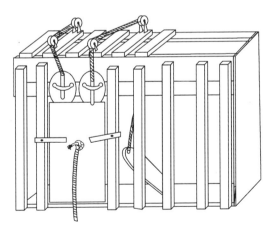

图1-8 桑代克迷箱装置示意图

2. 实验过程

经典实验之一的猫逃出迷箱实验，要素有桑代克迷箱、饥饿的猫、新鲜的鱼和盛放鱼的盘子。其中迷箱是动物学习行为反应发生的刺激，饥饿是猫挣脱迷箱行为的驱动力，新鲜的鱼是猫逃出迷箱行为的强化物。实验装置如上面描述的一样。将饥饿的猫放入迷箱，迷箱外放置用盘子盛放的鱼，猫可以看到迷箱外的食物。为了观察猫逃出装置的时间，还需要一个可以计时的表。

饥饿的猫为了逃出迷箱吃到食物，需要运用它的"智慧"，"学习"如何打开迷箱。有意思的是，猫最初被关到迷箱中时，并没有迅速打开迷箱，而是在迷箱里胡乱抓挠（如图1-9所示）。这种挣扎状态持续几分钟之后，猫在无意间拨开木质门闩，随后触碰到金属门闩的开关，将迷箱打开，最终走出迷箱并吃到食物。整个实验，桑代克不仅观察了猫在迷箱中试图打开箱子的行为表现，还将猫逃离迷箱的时间记录下来。接下来，对这只猫进行重复的实验。他将猫每次逃出迷箱的时间进行整理，并将数据处理成曲线，发现猫打开迷箱所花费的时间越来越短，最终所需时间趋于稳定。

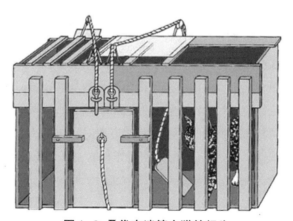

图1-9 桑代克迷箱中猫的行为

3. 实验结论

桑代克发现，猫打开迷箱的行为是在不断保留打开迷箱的正确行为、筛除无效行为的过程中逐步习得的。根据这些行为反应，桑代克提出了试误理论，即有机体是在不断筛除错误行为并保留正确行为的过程中逐步实现学习的。试误理论在一定程度上揭示了有机体学习的一般过程，及面对陌生环境时人类的学习过程。同时桑代克还认为，动物的学习是建立外界刺激与行为反应之间联系的过程，他称这种联系为"联结"，并提出了"刺激－反应"公式。他坚持认为，学习是有机体应对外界刺激与行为反应间的联结[①]，而且这种联结可以巩固遗传和反射之间的联系，人类的心理活动也是作为刺激和反应间的联结发展起来的。不仅如此，他还认为，刺激可以增强这种联结，这种联结可从直接联系转化成间接联系，并借助经验进行辨别、分化，逐步被有机体习得。这种观点同斯金纳程序教学法中小步子设计原则具有异曲同工之妙。

依据实验现象与数据，桑代克提出了试误说和学习律，从学习动机、学习的反馈和学习的强化三个方面揭示了学习的普遍规律，但不能解释所有人类有意识或无意识的学习行为。桑代克本人也并不否定人类主观意识的存在，然而他的学习理论建立在学习无需意识参与这一观念的基础上，致使学习律忽视了学习者的主观能动性。以此为指导，久而久之，教育将会走向机械化。不过，这种弊端是不可避免的，是由桑代克当时所处的历史环境及桑代克本人探求事物一般规律的倾向性共同导致的。

（三）强化理论：斯金纳的操作性条件反射

斯金纳是美国新行为主义心理学的主要代表，是操作性条件反射理论的创始人与行为矫正术的开创者。[②]他始终坚持行为主义的基本立场，是对当今心理学影响最大、最重要的新行为主义者，这不仅是因为他漫长的学术生涯给了心理学以持久的影响，更主要的是因为他主张用科学方法对动物与人类的行为进行研究，而且还建构了一套阐释动物和人类行为的操作行为主义体系，并将其应用范围推广到教育教学和社会控制中。[③]斯金纳的科学实验研究为学习科学的探索留下了一笔宝贵财富。

[①]（美）桑代克.动物的智慧[M]//张述祖，等 译.西方心理学家文选.北京：人民教育出版社，1983: 80—94.
[②] 车文博.西方心理学史[M].杭州：浙江教育出版社，1998: 387—388.
[③] 叶浩生.西方心理学的历史与体系[M].北京：人民教育出版社，1998: 242.

斯金纳简介

伯尔赫斯·斯金纳（1904—1990），新行为主义心理学的创始人之一。斯金纳出生于美国宾夕法尼亚州萨斯奎哈纳县的一个小镇。他的家庭具有进步思想，父亲是当地的一名律师，试图灌输给他新教伦理与市民振兴主义的思想；母亲则侧重于培养他的礼仪道德素养。童年时期，斯金纳就展现出不凡的创造才能，他建造滑板车、设计小型飞机模型、发明晾衣机器、创制可将土豆或胡萝卜发射到屋顶的蒸汽大炮。中学时期，斯金纳开始对文学产生兴趣，并于1922年进入汉密尔顿学院主修英国文学。1926年，大学毕业后

图1-10 斯金纳

的斯金纳渴望成为一名作家，开始从事写作，然而在阅读罗素和华生的著作之后，逐渐对研究人类与动物的行为产生浓厚兴趣。虽然斯金纳早年攻读文学，但是他对用文学方法来描写人类与动物的行为感到失望。他本人的一段话可以清楚地阐释他由文学转向心理学的原因："作家能够精确地描绘人类的行为，但并不能够理解这种行为，我一直对研究人类行为感兴趣，但用文学方法研究人类行为使我失败了，我将转向应用科学研究方法来研究行为。"1928年，斯金纳考入哈佛大学攻读科学心理学博士学位，这是他学术生涯中的一次重大转向。在哈佛大学学习期间，他开始了自己严肃而自律的学术生涯，为自己制定极其严格的日程表，刻苦钻研生理学和心理学。1931年，斯金纳在美国《普通心理学杂志》（*The Journal of General Psychology*）上公开发表了博士学位论文《行为描述中的反射概念》（The Concept of The Reflex in The Description of Behavior），并获得哈佛大学的心理学博士学位。博士毕业之后的五年内，斯金纳选择留在哈佛大学当研究员。1936年，斯金纳进入明尼苏达大学心理学系任教，1945年成为印第安纳大学心理学系主任，1947年转任哈佛大学心理学系终身教授，1974年在哈佛大学作为名誉教授退休，1990年因病去世，享年86岁。斯金纳一生不断开创行为主义心理学研究的新天地，在学术创新之路上执着地跋涉前行。

斯金纳箱实验

1. 实验设备

斯金纳箱是研究操作性条件反射的一种典型仪器,它最初由斯金纳于20世纪30年代开始采用,并因此而得名。斯金纳最初使用这一实验装置来研究动物的操作性行为,箱子顶面由可拆卸的玻璃制成,底面是一个可以提供电击刺激作用的通电栅格。箱内安装有提供刺激作用的扬声器、具有指示作用的灯、盛食物的食盘以及与食盘相连的杠杆(如图1-11所示)。

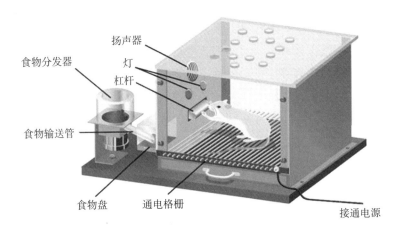

图1-11 斯金纳箱

2. 实验过程

斯金纳箱的实验过程如下:箱内一只饥饿的老鼠或快或慢地偶然按压能打开食物仓的杠杆,这个时候杠杆上方的指示灯会亮,食物仓打开,落下一颗食物于盘中,然后老鼠可以在上面吃到食物,这个时候食盘上的指示灯才会亮。老鼠每压一次杠杆就能够得到一些食物,这样不断地压,用不了多久,老鼠学会了如何取食。通过几次强化,条件反射就形成了。

在斯金纳看来,老鼠按压杠杆这一反应频率的变化就反映了操作条件反射形成过程。在实验时,并不是老鼠每一次按压杠杆都给食物,实验者可以自由安排给予刺激。例如,可以根据老鼠按压杠杆的次数(假设每5次)或者反应的时间(假设每5分钟)释放一次食物。实验者除了可以控制食物刺激外,还可以控制电击、灯光、声音等。

3. 实验结论

斯金纳认为,动物的行为可以由情境事件(刺激)塑造,人们通过控制情境事件(刺激)就可以控制其行为或者改变其行为。操作性条件反射建立起稳固联结的最重要因素是操作与强化,即"如果一个操作发生后,接着给予一个强化刺激,那么其强度就会增加"[1]。例如,在斯金纳箱中放入一只老鼠,老鼠先是乱窜、尖叫,偶然地触碰杠杆,便获得食物。经过多次按压杠杆与获得食物强化之后,老鼠按压杠杆的动作出现的频率大于其他动作。经过多次强化后,老鼠按压杠杆的操作行为就建立了。但是,"如果强化不再发生时,反应发生的频率会逐步降低,这种现象叫作'操作的消退'"[2]。当停止给老鼠食物时,老鼠按压杠杆的反应最终会停止,但不会立即停止。

斯金纳以操作性条件反射理论为依托,提出了强化学习原理,设计开发了教学机器,并于20世纪50到60年代掀起了一场轰轰烈烈的程序教学运动,它就像一股旋风席卷美国教育界,并波及全世界。这部分内容第三章会详细讲解,这里不再展开。

二、机器是如何学习的:学习研究的机器隐喻

20世纪上半叶居于主导地位的行为主义取向的学习研究在很大程度上是一场由心理学家演出的独角戏,与之不同,20世纪50年代开始发端的认知主义取向的学习研究是一支多领域学者合奏的交响曲。20世纪50年代,语言学家艾弗拉姆·诺姆·乔姆斯基(Avram Noam Chomsky)对新行为主义心理学家斯金纳的《言语行为》(Verbal Behavior)发表了批判性的长篇评述,对认知的研究便发端于此,并在很短的时间内取得了迅速进展。在接下来的半个世纪中,来自语言学、心理学、计算机科学、哲学、教育学、神经科学、人类学以及相关领域、具有不同知识背景与哲学立场的学者汇聚在一起,携手合作,在向行为主义取向的学习研究发起进攻的过程中,逐渐形成了一种共同的科学认识论立场,最终开辟了被称为认知科学的这一多学科交叉的研究领域,建立了学习研究的机器隐喻,

---

[1] Skinner B F. The behavior of organisms: an experimental analysis [M]. New York: Appleton-Century, 1938: 21.

[2] (美)斯金纳. 科学与人类行为 [M]. 谭力海,王翠翔,王工斌 译. 北京:华夏出版社,1989: 65.

并形成了稳定的面向教育的学习研究之认知取向。

（一）行为主义的衰落与认知主义的启蒙

认知研究是一个多学科交叉的研究领域，来自语言学、心理学、计算机科学这三个领域的一批出色学者在其中留下了最为深刻的历史足迹，其中语言学家乔姆斯基开风气之先，作出了重要贡献。乔姆斯基曾一针见血地指出："把心理学定义为一门行为的科学，就像把物理学定义为一门抄表的科学一样，而这样的科学注定是走不远的。"① 他还认为，将动物研究中的行为原则应用到实验室之外的人类身上是毫无意义的，要理解在人类身上表现出来的各种复杂行为，我们必须假定负有终极责任的大脑中有一些无法被观测到的实体。②

乔姆斯基简介

图1-12 乔姆斯基

艾弗拉姆·诺姆·乔姆斯基（1928—　），美国哲学家、语言学家、认知学家、逻辑学家、政治评论家。他创立了转换生成语法理论，这一理论不仅在语言学界获得了很高的评价，而且在心理学、哲学、逻辑学等领域引起了人们普遍的重视。1972年当选为美国国家科学院院士，1984年获美国心理学会颁发的杰出科学贡献奖。乔姆斯基对斯金纳所著之《言语行为》的评论，挑战了20世纪50年代以前在研究人类行为和语言方式中占主导地位的行为主义，率先吹响了心理学领域内影响深远的"认知革命"的号角，推动了心理学从以行为研究为主转变为以认知研究为主，对心理学在20世纪的发展方向产生了重要影响。

乔姆斯基对认知研究的思想启蒙，主要体现在以下三个方面：①承认头脑是认知的，或者说人类的大脑中包含着精神状况、看法、疑惑等，主张对人类心理的研究应该摒弃行为主义简单机械的处理方式，把主要精力从对行为的关注转移

---

① Chomsky N, Foucault M. The Chomsky-Foucault debate: on human nature[M]. New York: The New Press, 2006: 35.

② Chomsky N. A review of B. F. Skinner's verbal behavior[J]. Language, 1959, 35(1): 26-58.

到对认知的关注上来；②承认成年人的大部分智力活动都具有先天性，就语言学习来说，尽管儿童并不是一生下来就会说某种语言，但其天生都具有很强的语言学习能力；③把模块化作为人类大脑认知结构的关键特征，认为大脑是由一系列相互作用且各司其职的子系统组成，而且彼此间还存在着有限的交流。

乔姆斯基对被称为心理学领域认知革命之父的乔治·米勒（George Miller）的影响尤其大。正是在乔姆斯基的影响下，米勒才真正公开地站在了行为主义的对立面，推动了心理学的认知革命。他在一篇文章中这样回忆道："1951年时，我仍然寄望于通过向行为主义靠拢来获得自己在科学上的声誉。但五年以后，在诸如乔姆斯基和杰罗姆·布鲁纳（Jerome Bruner）这样的同事激发下，我开始不再把自己伪装成一位行为主义者……在那个时代，彼得·沃森（Peter Wason）、纳尔逊·古德曼（Nelson Goodman）和乔姆斯基是对我的心理学思想影响最大的人。"[1] 乔姆斯基作为一位语言学家，恐怕当初也不会想到自己会成为开心理学认知革命风气之先的人。这从另外一个方面展现出心理学作为一个多学科交叉的研究领域，其演进与发展是多么地有赖于领域外部各种思想资源的引入。

乔治·米勒简介

乔治·米勒（1920—2012）是认知心理学的创始人之一，1920年出生于西弗吉尼亚州的查尔斯顿。1940年从亚拉巴马大学本科毕业，一年后在该校获得硕士学位，主修方向是历史与言语。1943年，米勒入读哈佛大学，攻读心理学博士学位，并于1946年在哈佛大学的心理声学实验室获得博士学位。之后，米勒在哈佛以研究员的身份继续从事言语与听力方面的研究，1948年成为哈佛大学的心理学助理教授。在此期间，他基于自己讲授的语言与传播方面的课程推出了职业生涯中的第一本重要著作《语言与传播》。1951年，米勒加入麻省理工学院，任心理学副教授。在麻省理工学院工作期间，他

图1-13 乔治·米勒

---

[1] Miller G A. The cognitive revolution: a historical perspective [J]. Trends in cognitive sciences, 2003, 7(3): 141-144.

在林肯实验室领导了一个心理学方面的研究小组，致力于言语传播与人体工程学方面的研究，其对人类短时记忆进行研究的经典实验就是在这一期间正式完成的。基于这一期间的工作，他后来发表了《神奇的数字7±2》，这成为认知心理学领域内的里程碑。

1955年，米勒又回到了哈佛大学，并于1958年晋升为教授。在此期间，他把自己的研究兴趣逐步扩展到语言是如何影响人类认知的。在哈佛期间，米勒结识了结构主义语言学家、认知心理学创始人之一的乔姆斯基，两人不仅成为学术上的同道，而且还结下了深厚的个人友谊。1979年，米勒转任普林斯顿大学心理系讲席教授，并于1990年荣休。在其数十年的职业生涯中，米勒曾任美国心理学会主席（1969年），当选为美国艺术与科学学院院士（1957年）、美国国家科学院院士（1962），获颁美国国家科学奖章（1991年）。

（二）教育视野中经典认知研究的三条线索

与教育密切相关的经典认知研究主要有三条线索（研究内容）。

第一条线索是关于记忆的研究。关于人类记忆的研究首先在对短时记忆的探索上取得了突破。心理学家乔治·米勒率先开启了对人类短时记忆能力的定量研究，1956年，他在《心理学评论》（*Psychological Review*）上发表了《神奇的数字7±2》，提出人的记忆容量平均大约为7个组块。这一经典的理论模型在当时被誉为"在学习入口处的新发现"，后来发展为人类记忆容量有限的基本假设。后来，关于人类记忆容量有限的理论假设开始向教育与学习的理论与实践层面上转化，其中最具有代表性的成果便是由认知心理学家约翰·斯威勒（John Sweller）于20世纪80年代提出并在90年代得到了实质性发展与扩充的"认知负荷理论"。所谓认知负荷，简单地说，就是学习者在学习过程中需要投入的认知资源。

与教育相关的记忆研究的第二个重要突破是对认知加工基本机制的探索。对各记忆单元内部加工机制的探索，与对记忆基本结构模型的建构一道，构成了学习的信息加工理论模型（如图1-14所示），在一定程度上对人类学习与记忆的基本机制进行了理论解释。心理学层面上信息加工理论模型的发展直接推动了教育研究中学习与记忆基本模型的建立。从学习研究的视角来看，信息加工理论模型在教育研究中的意义主要体现在对学习与教学发展阶段的描述上。

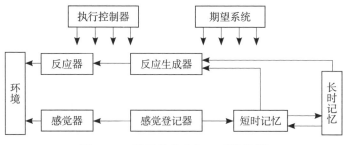

图1-14 学习的信息加工理论模型

第二条线索是关于人类问题解决的探索。首先是以赫伯特·西蒙（Herbert Simon）为代表的人工智能专家对人类问题解决的探索获得了一系列可观的研究发现，其后是一批心理学家构建了相对完整的人类问题解决的理论框架，并将其成功转化和应用于教育实践。认知研究对人类问题解决的探索在以下三方面的突破对教育研究与实践具有重要的影响：①对问题的界定与分类，最具有代表性的成果是良构问题与劣构问题的分类框架；②问题空间概念的建立，通过确立问题空间的概念，认知心理学家揭示了对问题进行心理表征的基本过程；③问题解决策略的发展，心理学家提出了诸如算法式策略与启发式策略的问题解决策略。

赫伯特·西蒙简介

赫伯特·西蒙（1916—2001），美国管理学家和社会、经济组织决策管理大师，诺贝尔经济学奖获得者。1916年生于美国威斯康星州密尔沃基。1943年获得芝加哥大学博士学位。曾先后在加利福尼亚大学、伊利诺伊理工大学和卡内基梅隆大学任计算机科学及心理学教授，还担任过企业界和官方的多种顾问。他倡导的决策理论，是以社会系统理论为基础，吸收古典管理理论、行为科学和计算机科学等内容而发展起来的一门边缘学科。由于在决策理论研究方面的突出贡献，他被授予1978年度诺贝尔经济学奖。

图1-15 赫伯特·西蒙

除了在政治、经济和管理领域有杰出成就，西蒙还在心理学领域获得美国心理学会杰出科学贡献奖（1969年）、美国心理基金会心理科学终身成

> 就金奖（1988 年）、美国心理学协会终身杰出贡献奖（1993 年），在计算机科学领域获得美国计算机协会图灵奖（1975 年）、国际人工智能协会杰出研究奖（1978 年）、美国国家科学金奖（1986 年）、国际人工智能组织联合会议卓越研究奖（1995 年）。
>
> 西蒙的博学足以让世人折服，他获得过 9 个博士头衔：1943 年芝加哥大学政治学博士学位、1963 年凯斯工程学院科学博士学位、1963 年耶鲁大学科学博士学位、1963 年法学博士学位、1968 年瑞典隆德大学哲学博士学位、1970 年麦吉尔大学法学博士学位、1973 年鹿特丹伊拉斯姆斯大学经济学博士学位、1978 年密歇根大学法学博士学位、1979 年匹兹堡大学法学博士学位。其主要著作有《管理行为》《经济学和行为科学中的决策理论》《管理决策的新科学》《人工的科学》《思维模型》等。

第三条线索是关于专家与新手的比较研究。对专家与新手的比较研究和对人类问题解决的研究具有非常密切的联系。从严格意义上来说，对专家与新手的比较研究实际上主要是对专家与新手在问题解决过程中表现出来的差异进行比较研究，其目的在于揭示专家与新手在问题解决上的差异，从而发展出把新手培养成专家的各种策略与方法，提高新手的问题解决能力。当然，关于专家与新手的比较研究是综合性的，并不仅仅局限于问题解决这一方面，还包含诸如记忆以及推理等其他认知研究关注的要素。认知取向下对专家与新手的比较研究揭示了专家与新手在推理、知识结构、信息加工等诸多方面都存在着差异，相关的科学发现大量地被迁移应用到教育领域，比如将优秀教师的教学智慧总结出来以便快速传授给新教师。

（三）离身的认知：经典认知研究的认识论及局限

学习研究自 20 世纪心理学家转向教育研究以来，先后经历了多重范式转变，但它们在根本的科学认识论与方法论上是一致的，不管是学习的动物隐喻，还是学习的机器隐喻，背后潜在的都是机械的认识论与方法论，在本质上都没有把拥有自由意志的人视为一个有生命特别是有意识的实体，而仅仅将其视为经典自然科学意义上的无生命的物质对象。

与教育相关的经典认知研究，在基本的科学认识论上和传统意义上的认知科学所坚持的认识论立场是高度一致的。传统的认知主义的追求是建立一种有关于心理的理论以及相应的研究方法，它主要是 20 世纪后半叶发端的尚未摆脱机械论的经典控制论、新兴的计算机科学尤其是人工智能理论、具有浓厚基础研究色彩的神经科学、从行为主义心理学中反叛出来的认知心理学、乔姆斯基开创的心理语言学以及哲学等多学科领域共同汇聚并不断走向融合的结果。

如果说在本体论与认识论的层面上，经典的认知研究坚持的是机械论的自然观，那么在方法论的层面上，认知主义则把认知——包括感知在内——作为一个构造性的过程来对待，认为正是在这一构造性过程中，各种计算机化的操作把一个静态的表征转化到目标状态。有很多学者都曾经指出，认知主义对人类心理的研究在方法学上存在着唯我论的问题，即不但把人类的心理活动简化为计算机化的过程，而且还认为所有这些计算机化的过程都是发生在人类大脑里面的，因此考察人类心理时仅仅关注人的大脑，而不管其余。[1]但事实上，人的心理是一个统一且不可分割的复杂整体，尽管大脑是人类心理的主要器官，但显然并不是参与心理活动的唯一器官。另外，人的认知并不只是一种发生在大脑内部或神经系统内部的生物物理过程，它和人所处的外部环境以及人自身的肉身之间的交互本身也是认知的一部分。但经典的认知研究没有注意到这一点，或者说从其科学认识论立场出发，不愿意承认这一点。因此，从某种意义上说，基于机器隐喻的经典认知研究，建立的是一种离身的认知理论（disembodied cognition），即这种理论解释的是离身的认知。

离身的认知研究有一个基本假设，那就是认知实质上就是有机体在感觉与运动系统内部对信息进行的表征，对这种表征的另外一种解释就是信息加工。按照离身的认知观点，表征都是符号化的，都是抽象的，因此它不仅与感觉和运动信息在性质上有所区别，而且完全与之分离。[2]在离身的认知观点看来，认知加工的输出必须在某种加工水平上被打包处理，转换成一种神经系统可以读取的格式，只有这样神经系统才能唤醒身体。这一理论观点显然是将认知视为心理独有的功能，身体并不参与认知，它仅仅扮演着一个机械执行者的角色。从这一视角出发，我们可以认为，当心理在进行认知时，身体被认为是"沉睡"的。但事实上，认知过程中，运动系统的激活并不仅仅是一个巴甫洛夫式的过程。近年来，

---

[1] Fodor J A. Methodological solipsism considered as a research strategy in cognitive psychology[J]. Behavioral and brain sciences, 1980, 3(1): 63-73.

[2] Mahon B Z, Caramazza A. A critical look at the embodied cognition hypothesis and a new proposal for grounding conceptual content[J]. Journal of physiology-Paris, 2008, 102(1): 59-70.

来自神经心理学的基础研究已经证明了这一点[①]，从而否定了认知的离身性质。

尽管从理论上看，认知科学对人类心理尤其是认知过程的揭示对教育教学实践走向科学化的推动作用是值得肯定的，而且在过去近百年的时间里，教育工作者与研究人员一直在努力地把心理学的原理应用于教育实践，并掀起了一场又一场声势浩大的教育科学化运动，但迄今为止，还没有明确的证据可以证明这些运动取得了成功，甚至有学者认为心理学理论的应用给教育实践带来了灾难。[②] 行为主义心理学原理在教育实践中的应用导致了把人视为动物的这种非人化倾向，而认知主义心理学原理在教育实践中的应用则导致了把人视为机器的问题，这同样是一种非人化倾向。其根本原因在于，它们在学习研究上建立的动物隐喻及机器隐喻背后潜藏着的是机械的自然观、身心二分与主客二分的认识论以及由此导致的分析还原的方法论。站在教育的立场上来看，认知研究要想真正走进教育并改进它，首要的是改变自己，尤其是改变自己的认识论，进而摆脱离身的理论预设。

（四）从离身走向具身：具身认知的崛起及认识论突破

劳伦斯·夏皮罗（Lawrence Shapiro）曾经把经典的认知研究称为标准认知科学，并认为标准认知科学的研究范畴显然是有着非常明确的限定的，那就是在唯我论的信仰下，仅仅关注感知、记忆、注意、语言、问题解决以及学习等。标准认知科学的本体论承诺是：认知是对符号标准进行处理的算术过程。认知科学家使用标准化的方法学实践，诸如反应时实验、再认实验等，以解释这些算术过程及符号标准的特征。这些标准认知科学研究模式都是在实验室条件下进行的，即其实施都是以对人类心理的复杂性进行简单化处理为前提。

具身认知（embodied cognition）则具有一种与传统认知科学不同的对待认知的取向，它试图摆脱笛卡尔意义上的"我思故我在"这一认知隐喻，不愿意站在机械论的立场上把认知简单地还原为计算机化的机械过程，而是采取一种有机论的立场，不但把人的心理视为一个统一的不可分割的整体，而且还认为人类认知乃至心理活动的展开，实质上是肉身、心理与外部世界持续交互的过程，并把关注的焦点放在揭示有机体的肉身在"有机体如何思维"以及"思维什么"上扮

---

① Boulenger V, Roy A C, Paulignan Y, et al. Cross-talk between language processes and overt motor behavior in the first 200 msec of processing[J]. Journal of cognitive neuroscience, 2006, 18(10): 1607–1615.

② Cole N S. Conceptions of educational achievement[J]. Educational researcher, 1990, 19(3): 2–7.

演的重要角色。夏皮罗认为，具身认知在以下三个基本观点上与传统认知研究不同甚至是截然相反：①传统的认知研究认为，认知过程中的一个个步骤其实就是符号表征进行的操纵，而具身认知认为认知过程中的这些步骤源于肉身的物理属性；②传统的认知研究把认知看作仅仅发生在大脑里的活动，但具身认知认为，在对认知的内容进行说明时，需要诉诸对包括大脑在内的肉身本质的认识；③传统认知研究认为，认知开始于输入神经受到的刺激，终结于向输出神经发送的讯号，而具身认知认为，认知过程或认知状态可能还延展于有机体生存的环境之中。[①] 具身认知的这三个立场有一个共同的目标追求，那就是在对各种各样的认知能力进行解释的过程中提升身体的重要性。

由此可以看出，具身认知的视野更为开阔，无论是在关注的心理内容、本体论承诺还是在方法学实践上，都远远超越了经典意义上的认知研究，因此在对人类心理的奥秘进行探索与揭示的过程中也拥有更加强大的解释能力。

三、人是如何学习的：学习科学的创生与发展

20世纪80年代后，伴随着心理学领域内认知革命的结束，认知主义主导下的学习研究开始遭遇巨大挑战，越来越多的心理学家和教育工作者感觉到有必要抛弃学习研究的动物隐喻和机器隐喻，转而把焦点集中于人自身。他们开始号召在学习发生的地方研究学习，而不是在实验室里研究学习；要研究人的学习，而不是动物或机器的学习。学习科学由此发端，并在短短几十年的时间里谱写了20世纪学习研究三部曲中最后一部同时也是最为精彩纷呈的历史篇章——人是如何学习的。

（一）学习科学创生的历史动因与两大先驱

20世纪是一个革命的世纪，百年间一波接一波频繁的教育改革见证了一代又一代教育家们革新教育现实、提升教育绩效的努力。20世纪初叶的进步教育运动让杜威经验主义的教育思想开始流行，使社会大众始闻教育要打破学校的牢笼，重新回归经验和生活的呐喊。然而30年代之后轰轰烈烈的教育科学化运动却唯桑代克马首是瞻，拒斥杜威开创的在学校中研究教育、在课堂中研究学习的传统，把人还原为动物，把教育研究锁在了实验室中。在这之后，进步教育运动的偃旗息鼓更是让科学主义的教育研究大行其道。然而教育工作者们最后却发

---

① Shapiro, L. The embodied cognition research programme [J]. Philosophy compass, 2007, 2(2): 338-346.

现,尽管所谓的科学的教育研究数十年来一路高歌猛进,对"教育"和"学习"有了越来越多的新发现,但囿于学校围墙之内的孩子们的学习实践却并没有多大的改观,无论是行为主义还是其后的认知科学都没有能够给孩子们的学习生活带来预想中的益处。

因此,重新回到学校,回到课堂研究学习的呼声此起彼伏。一批有远见的认知科学家们充当了新一轮革新的先锋与旗手,对当时的学校教育和学习研究提出了尖锐的批评,并和一批人工智能专家等一起开创了学习科学这一新的研究领域。在这批学者中间,有一位先行者就是著名的LOGO编程语言发明人、人工智能的四大先驱之一、著名的哲学家和数学教育家、计算机教育应用的重要人物、麻省理工学院媒体实验室的创始人之一西蒙·派珀特(Seymour Papert),其代表性观点是"在制作中学习"(learning by making)。

学习科学的拓荒者西蒙·派珀特

图1-16 西蒙·派珀特

西蒙·派珀特(1928—2016),美国著名数学家、计算机科学家、心理学家、教育家,也是近代人工智能领域的先驱者之一。他1928年出生于南非,1958—1963年师从皮亚杰,20世纪60年代初进入麻省理工学院,创办了媒体实验室(Media Lab),1968年发明了LOGO编程语言,该语言可以让学习者通过编程控制屏幕上的"小海龟"画出特定的形状,从而学习编程、数学知识,并培养问题解决能力和创造力。LOGO编程语言在教育科学研究和学校教育实践领域内掀起了一场席卷全球的风暴,将20世纪七八十年代的学习研究推向了一个新高潮。

如果说派珀特通过以LOGO编程语言为代表的教育技术开发为学习科学诞生提供了前期的实践基石,那么另外一位人工智能研究的重要学者、美国西北大学教授罗杰·尚克(Roger Schank)则以其在人工智能方面的研究转变亲身推动了学习科学这一新领域的诞生,可以说是学习科学这一世纪新生儿的助产士。作为学习科学的创始人之一、世界上第一个学习科学研究所和学习科学专业的创始人，尚克无疑也是传统教育的一个尖锐批评者。

罗杰·尚克及其对学习科学学科建设的贡献

罗杰·尚克是世界知名的计算机科学与教育专家，在人工智能、学习理论、认知科学、虚拟学习环境创建等领域享有崇高威望。尚克早期主要从事人工智能和认知心理学方面的研究，他所提出的"基于案例的推理"（case-based reasoning）和"动态记忆"（dynamic memory）概念是对传统推理和记忆研究的重大突破，也是其对人工智能与教育这两大领域做出的最重要贡献。

图 1-17 罗杰·尚克

尚克创建的西北大学学习科学研究所是世界上第一个学习科学研究所，其主要目标是利用认知科学和人工智能的前沿理论与技术成果创建各种创新型的基于计算机的学习环境，对现实生活中人类的学习、记忆和推理进行研究。它不仅是世界上第一个以学习科学命名的研究机构，而且直接促成了世界上第一个学习科学专业在西北大学诞生，在学习科学这个学科领域的形成过程中无疑具有里程碑式的标志意义。

此外，尚克还组织发起了学习科学领域的第一个专门学术会议，并参与了学习科学的第一份专门学术刊物《学习科学杂志》（Journal of the Learning Sciences）的创办工作。

（二）学习科学学科的创建与发展

学习科学的孕育发展与认知科学，尤其是人工智能科学有着千丝万缕的联系。在20世纪的70年代至80年代，随着认知科学的进步以及相应的人工智能理论与技术的日益成熟，越来越多的认知科学家和人工智能专家（包括信息技术和教育技术专家等）开始尝试使用人工智能的技术与方法来设计各种计算机软件，以帮助学生更好地学习枯燥且抽象的数学和科学概念，后来就逐渐形成了一个人工智能教育应用的学术性团体。这个学术团体从1983年开始定期召开"教育中的人工智能国际会议"（International Conference on Artificial Intelligence in Education），专门讨论相关问题。但在这个时候还没有专门的学习科学研究机构以及学习科学专业,学习科学家们还夹杂在人工智能的学术团体里,学习科学作为一个专门的研究领域也显然尚处于孕育的胚胎之中。

在学习科学的发展历史上,1991年可谓是值得特别纪念的一年。在这一年,学习科学家们创建了世界上第一个学习科学专业,举办了第一届学习科学的国际会议,创办了第一份学习科学的专业刊物。所有这一切无疑标志着学习科学作为一个专门研究领域正式登上了历史和时代的舞台。

1991年,美国西北大学在原学习科学研究所的基础上,整合了既有的计算机科学、心理学、教育学、传播学、信息科学等多学科的研究力量,创建了世界上第一个学习科学专业,致力于培养研究生层次的、能够对教学和学习进行科学探索并能切实推动学习之实践进步的研究者、开发者和实践者,授予博士(PhD)和硕士(MA)两种学位。西北大学的学习科学专业在人才培养中尤其重视学习科学自身的跨学科性质,专业创始人尚克认为学习科学的目标是从教育、技术和社会等多个层面发展出各种创新措施以提升学习与教育的绩效。在西北大学率先成立了学习科学专业之后,斯坦福大学、印第安纳大学等其他著名大学也纷纷成立了学习科学专业和学习科学研究机构。斯坦福大学的学习科学专业的名称定为"学习科学与技术设计",在专业建设的思想上和西北大学有所不同,独具特色。他们认为,学习科学与技术设计专业的学生要全面完成对学习的基础研究,并设计各种创新性的学习技术。在这里我们可以发现,斯坦福大学在学习科学的专业建设上坚持基础研究与应用开发并重的思路,这也体现了学习科学学科建设思想的不断成熟。

学习科学的第一份学术刊物《学习科学杂志》(Journal of the Learning Sciences)也是正式创刊于1991年。其实早在1989年,尚克就和柯林斯等人提出了为学习科学专门创办一本新期刊的设想。后来确定由学术出版商LEA(Lawrence Erlbaum Associates)出版集团来负责运作这本期刊。[1]1991年1月,期刊正式出版与读者见面。此后,作为一本新生的学术刊物,《学习科学杂志》与学习科学这个领域一样茁壮成长,取得了令人瞩目的成就,在短短的十几年内就在为数众多的教育与心理研究类期刊中脱颖而出,跃升到社会科学引文索引(SSCI)中教育与心理科学类期刊的前列,甚至多次超越众多老牌的专业刊物而排名第一。它的发展无疑也昭示着学习科学这一新领域未来美好的前景和无尽的

---

[1] Kolodner J L. Entering our tenth year: we've come a long way, and thank you to all [J]. Journal of the learning sciences, 2000, 9(1): 1-4.

希望。

学习科学界的第一个专门学术会议也是于1991年召开的。1991年,西北大学学习科学研究所承办了第五届"教育中的人工智能国际会议"。然而在会议的讨论中,学习科学的研究者们发现自己的研究领域已经和单纯的人工智能教育应用有所不同。人工智能的教育应用主要是一批研究人工智能的计算机专家在利用人工智能的最新成果来设计与开发各种各样的智能导学系统和基于智能导学系统的教育软件。学习科学则不同。尽管学习科学也利用人工智能来设计与开发各种教育软件与平台,但学习科学家们对真实情境中的学习研究更有兴趣,他们所设计的教育软件更加注重学习者的需求,而不再视人工智能技术为必不可少的成分。因此,在尚克的倡议下,一批学者在此次会议上现场组织发起了第一届学习科学国际会议(International Conference of the Learning Sciences)。这也是学习科学发展历史上的一个标志性事件。学习科学家们又于1996年在西北大学单独召开了第二届学习科学国际会议,此后形成了每两年召开一次的定制与惯例,一直持续至今。学习科学家与人工智能专家的分道扬镳,意味着学习科学家已经彻底从人工智能专家的研究群体中分化出来,形成了一个单独的科学共同体,学习科学也从人工智能的研究中分化出来,形成了一个单独的研究领域,其意义自是非同小可。

学习科学作为一个新兴科学领域最终形成的标志是2002年国际学习科学学会(The International Society of the Learning Sciences,ISLS)的正式成立。国际学习科学学会是一个致力于对现实情境中的学习进行跨学科的经验研究,并探索如何利用包括技术在内的各种手段促进学习的专业学术团体。在国际学习科学学会成立之前,《学习科学杂志》挂靠在美国LEA出版集团,并没有一个专门的学术组织来负责期刊的编辑出版,学习科学国际会议也没有一个正式的学术组织负责运营,而是依靠诸如尚克这样声誉卓著的学习科学家的影响力和号召力,依靠学习科学研究者们自发地组织在一起,缺乏组织上和制度上的保障。而在国际学习科学学会成立之后,《学习科学杂志》和学习科学国际会议的主办权归于学会,不仅实现了运营的制度化,而且还有了坚实的专业学术组织做依托,学会的学习科学家们也获得了一个更大的交流与发展平台。国际学习科学学会在成立后,一直不遗余力地推动学习科学学科共同体的创建与发展,注重把握学习科学发展的前沿与潮流,因应学习科学发展的需要,又先后创办了《计算机支持的协作学习国际杂志》(*International Journal of Computer-Supported Collaborative Learning*),组织了"计算机支持的协作学习国际会议"(International Conference on Computer-Supported Collaborative Learning）。至此，国际学习科学学会两刊、两会的基本组织架构正式成形。国际学习科学学会的成立标志着学习科学共同体在组织上的正式形成。如果说之前的第一个学习科学研究所、第一个学习科学专业、第一份学习科学杂志、第一次学习科学学术会议都是在为学习科学这一新领域做各种拓荒与铺垫的话，那么国际学习科学学会的成立则标志着学习科学领域在组织机构上的成熟和完备。

学习科学的发展也受到了美国等国家的高度重视，1995年，美国国家研究理事会（National Research Council）成立了"学习科学发展委员会"工作小组，并于1999年发布了名为"人是如何学习的：大脑、心理、经验与学校"的研究报告，引起了世界各国对学习科学的关注。2004年，美国国家科学基金会（NSF）宣布拨款1亿美元创建跨学科的"学习科学中心"，并持续给予巨资支持，随后陆续正式成立6个国家级跨学科跨学校的学习科学研究中心。[1]比如斯坦福大学和华盛顿大学合作建立了非正式与正式环境学习中心（Center for Learning in Informal and Formal Environments，简称LIFE），从2004年到2014年，连续10年获得总计4000余万美元的资助。[2]近年来，欧美发达国家已经将学习科学确立为新的教育政策的关键基础，将人类学习的重要研究成果作为课程决策与行动的基础。[3]在我国，20世纪80年代很多学者在研究"学习学"[4]，后来还成立了中国高等教育学会学习科学研究分会，这可以看作学习科学研究的发端。在21世纪初，东南大学、北京师范大学、华东师范大学、华南师范大学等高校陆续建立了学习科学研究中心或相关的学术机构。最近几年，北京大学、清华大学等众多高校也纷纷成立了学习科学研究机构。

近年来，随着认知神经科学的不断发展和脑功能成像技术的日趋成熟，用神经科学的研究方法和技术来探究有关学习的认知和脑机制，成了学术界的新趋势。人们对认知的研究，不再局限于学校日常教学活动中学生学习行为的变化、学生学习愿望的激发、学习环境与学生学习之间的关系等宏观层面的研究，而开始重视学生的脑机制在外部环境的刺激下神经联结的情况、脑

---

[1] 最初建设了7个，后来有一个中心被取消了。
[2] 韩锡斌，程建钢.教育技术学科的独立性与开放性——斯坦福大学学习科学兴起引发的思考[J].北京大学教育评论，2013，11（7）：49—64.
[3] 裴新宁.学习科学研究与基础教育课程变革[J].全球教育展望，2013，42（1）：32—44.
[4] 林明榕.建立学习学的构想[J].山西大学学报（哲学社会科学版），1987，（1）：25—28.

功能区的变化以及功能联结等微观层面的研究。①受此影响，认知神经心理学家开始使用脑功能成像技术来研究人类真实情境下的学习问题。②国际经济合作与发展组织（Organization for Economic Cooperation and Development，简称 OECD）1999 年设立了一个教育与创新研究所，组织全世界范围的学者开展学习科学研究，并于 2002 年出版了《理解脑：走向一门新的学习科学》（Understanding the Brain: Towards a New Learning Science），2007 年出版了《理解脑：新的学习科学的诞生》（Understanding the Brain: The Birth of a New Learning Science），正式宣告了"一门新的学习科学"——教育神经科学（Educational Neuroscience）的诞生。③也是在 2007 年，"国际心智、脑与教育学会"（International Mind, Brain, and Education Society，简称 IMBES）创办了《心智、脑与教育》（Mind, Brain and Education）期刊，这是教育神经科学领域的第一本专业期刊，以联结心理、大脑、教育为核心的教育神经科学有了自己的国际组织与期刊，教育神经科学的后续研究有了新平台。④2016 年，《自然》（Nature）专门设立了电子期刊《自然合作期刊——学习科学》（npj Science of Learning），为学习科学搭建起一个标志性的研究平台。⑤认知神经科学为学习科学的研究提供了一个全新的视角，人们开始更加深入、全面地思考"人是如何学习的，如何才能促进有效学习"等问题。"认知神经科学家致力于寻找有机知识系统的分子逻辑，即除物理、化学、生物及心理学法则之外，又一套掌控有生命的知识体系中无生命物质行为的发展规则。"⑥认知神经科学在基础科学层面上对学习的认知神经机制进行的研究，让人类对学习这一最重要的心理机能的探索告别了西格蒙德·弗洛伊德（Sigmund Freud）的时代，即主要依靠"猜想"甚至是"空想"的时代，打开了一扇新的探索脑与心智奥秘的大门。

---

① 佘燕云，杜文超.教育神经科学研究进展［J］.开放教育研究，2011，17（4）：12—22.
② 周加仙.学习科学专业课程的设置与人才培养［J］.全球教育展望，2008，37（4）：36—40+76.
③ 周加仙.教育神经科学：创建心智、脑与教育的联结［J］.华东师范大学学报（教育科学版），2013，31（2）：42—48.
④ 胡谊，桑标.教育神经科学：探究人类认知与学习的一条整合式途径［J］.心理科学，2010，33（3）：514—520.
⑤ 尚俊杰，裴蕾丝，吴善超.学习科学的历史溯源、研究热点及未来发展［J］.教育研究，2018，39（3）：136—145+159.
⑥ （美）迈克尔·加扎尼加.双脑记［M］.罗路 译.北京：北京联合出版公司，2016：367.

（三）教育神经科学：学习科学走向深度科学化的机遇与挑战

教育神经科学是将神经科学、认知科学、心理学、教育学整合起来，研究人类教育现象及其一般规律的新兴交叉学科。[1]作为试图进一步连接心智、脑与行为的桥梁[2][3]，教育神经科学经过多年发展，逐渐形成了其独特的研究内容和方法体系。其主要的研究内容可以归纳为以下四类：①脑的功能结构与发展研究，包括脑的主要结构和功能分区、脑的关键期和敏感期、脑的可塑性等；②语言学习研究，主要涉及语言功能的脑结构基础、语言发展的敏感期、脑的读写能力与发展性读写障碍等；③数学学习研究，主要包括数学能力的脑结构基础、婴儿计算和计算障碍等；④情绪发展研究，着重研究情绪对学习过程的作用，如情绪对注意力和问题解决能力的影响。[4]在研究方法上，教育神经科学采用脑成像技术（如功能性磁共振成像技术［fMRI］、功能性近红外光谱成像技术［fNIRS］等）与行为研究相结合的方法，既使用认知神经科学的方法，在实验室里研究学习的基础机制、挖掘新的学习规律与知识，也注重使用行为测量的方法，在实际教学问题中开展转化和实践研究[5]，为制定更有效的教育政策和实践方案提供科学依据。[6]教育神经科学聚焦于教与学过程中的脑生理机制与认知机制，为人们破解大脑的深层学习机制提供了可能，而在此基础上的研究成果也将进一步推动教育决策和实践的科学变革。可以说，教育神经科学是神经科学、认知科学在学习科学研究中进一步深化和应用的结果，为学习科学的深度科学化提供了新的视角和研究基础。

教育神经科学的兴起离不开脑成像技术的快速发展，尤其是便携式脑成像设备的出现，让神经科学研究能够走出实验室，来到真实的教学实践场景中，研究学生的内隐学习机制。目前，已经有越来越多的研究者开始走进真实的课堂教学，借助便携式脑成像设备和相关数据分析技术，来探究教与学行为的内在神经机制，以此加深人们对外显的教与学行为的认识与理解。比如，已有研究者将便

---

[1] 周加仙."教育神经科学"与"学习科学"的概念辨析［J］.教育发展研究，2016，36（6）：25—30.
[2] 周加仙.教育神经科学：创建心智、脑与教育的联结［J］.华东师范大学学报（教育科学版），2013，31（2）：42—48.
[3] Bruer J T. Education and the brain: a bridge too far［J］. Educational researcher, 1997, 26(8): 4-16.
[4] 佘燕云，杜文超.教育神经科学研究进展［J］.开放教育研究，2011，17（4）：12—22.
[5] 周加仙."教育神经科学"与"学习科学"的概念辨析［J］.教育发展研究，2016，36（6）：25—30.
[6] 裴蕾丝，尚俊杰，周新林.基于教育神经科学的数学游戏设计研究［J］.中国电化教育，2017，38（10）：60—69.

携式脑电设备用在真实课堂教学的不同类型教学活动以及师生互动研究中。[1][2]还有一些研究者使用脑电设备研究学生在计算机辅助学习环境下的学习过程，与持续不间断的真实课堂教学不同的是，基于计算机的学习环境可以设置一些相同或相似的学习任务（如，教育游戏中的重复性操作任务），使得研究者可以通过脑电事件相关电位的分析技术，研究学习过程中大脑信号的动态处理机制。此外，随着技术的发展，目前也出现了更加舒适的可以方便佩戴在耳朵上的脑电采集设备。[3]虽然该设备的电极数量远无法像传统脑电设备一样覆盖整个头皮，但在一些特定的学习场景中，如面临与听觉相关的学习任务时，耳朵周围的脑电信息也可以帮助我们探究大脑信号的内在工作过程。

虽然教育神经科学的发展为学习科学研究开启了新的机遇，然而就目前而言，教育神经科学的发展并不是一帆风顺的，其中仍然存在着诸多难题与挑战。教育与神经科学之间其实横亘着一条很大的鸿沟，直接在二者之间架起一座桥梁是一件很困难的事情。这主要是因为神经科学研究所处的时空尺度和教育研究与实践所处的时空尺度有很大不同——神经科学对学习之基本机制的揭示是在分子和细胞的层面上进行的，它关注的是有机体在毫秒级的时间尺度上发生的变化；但教育研究与实践关注的是作为一个整体的人在一个相对长的时间尺度上发生的那些有意义的变化。想要直接将分子与细胞在毫秒级的时间尺度上发生的变化应用于解释宏观尺度上的教与学行为，确实是极具挑战性的。

面对这一困难，教育神经科学的未来之路该如何选择？既然学习，尤其是作为学习之核心的认知是教育和神经科学共同关注的焦点问题，那我们是否可以从学习出发来搭建二者之间的桥梁呢？认知心理学家约翰·安德森（John Anderson）认为，直接联结大范围的教育成果和毫秒级的生物过程暂时不太可能，但可以搭建三座较小的、连续的、跨度更长的桥梁：生物层面—认知层面、认知层面—理性层面、理性层面—社会层面，最终实现以心理学为中

---

[1] Dikker S, Wan L, Davidesco I, et al. Brain-to-brain synchrony tracks real-world dynamic group interactions in the classroom[J]. Current biology, 2017, 27(9): 1375−1380.

[2] Bevilacqua D, Davidesco I, Wan L, et al. Brain-to-brain synchrony and learning outcomes vary by student–teacher dynamics: evidence from a real-world classroom electroencephalography study[J]. Journal of cognitive neuroscience, 2019, 31(3): 401−411.

[3] Debener S, Emkes R, De Vos M, et al. Unobtrusive ambulatory EEG using a smartphone and flexible printed electrodes around the ear[J]. Scientific reports, 2015, 5: 16743.

介，从生物层面的神经科学到社会层面的教育实践的贯通。[1]此外，丹尼尔·安萨里（Daniel Ansari）和唐娜·科奇（Donna Coch）也持这种渐进主义的观点，并且认为：在认识论和方法论的问题解决之后，要想建构一个有关于心理、大脑、教育与学习研究的交叉学科，除了其他影响因素之外，还有赖于在教学与学习的研究人员和教育实践工作者之间展开双向对话，而当务之急是要在研究人员和实践人员以及一线教师之间建立一种能够推进对大脑、心理和教育进行研究，从而使教育工作者和认知神经科学家都从中受益的具体机制，只有这样才能够真正越过横亘于教育与认知神经科学之间的鸿沟。[2]图1-18呈现的是生物层面—认知层面、认知层面—理性层面、理性层面—社会层面之间基本的联结机制。其中，社会层面的教育实践可以为生物层面的神经科学、认知层面的心理学、理性层面的教育学提出研究的问题，这些问题被转换为研究课题，推动神经科学、心理学、教育学不断进步；也就是说，神经科学和心理学产出的是具有解释性功能的理论模型，教育学产出的是具有规范性功能的处方理论，这些处方理论经过一个整合机制之后，纳入了来自其他学科领域的内容，并与各种现实因素相结合，变成能够解决教育问题的具体措施。这时，整合了大脑、心理与经验相关研究的一门新科学——教育神经科学便呼之欲出了。

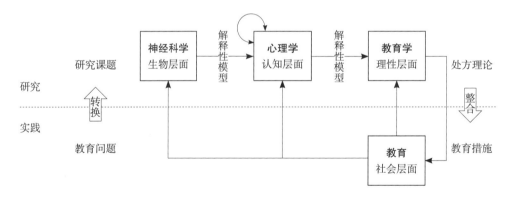

图1-18 统一的教育与认知神经科学在不同层面的联结机制

---

[1] Anderson J R. Spanning seven orders of magnitude: a challenge for cognitive modeling[J]. Cognitive science, 2002, 26(1): 85−112.

[2] Ansari D, Coch D. Bridges over troubled waters: education and cognitive neuroscience[J]. Trends in cognitive sciences, 2006, 10(4): 146−151.

作为学习科学的一个重要研究领域，教育神经科学的发展拓展了人们对学习行为的理解，为教育干预手段的设计开发提供了更多科学证据，在学习和教育研究中将发挥非常重要的基础性支撑作用。①譬如，教育范畴内的注意力、工作记忆、社会认知、焦虑、动机和奖励等问题都可以通过神经科学的范式和方法进行研究。②未来，教育神经科学或将为教育事业的变革与发展提供更为有力的支撑。③

（四）学习科学研究的"巴斯德象限"

众所周知，对学习的科学探索源于20世纪初心理学家转向教育研究。在心理学家转向教育研究的早期阶段，心理学为教育学的发展提供了科学基础，教育学从心理学研究中汲取理论养分，科学意义上的教育学在某种意义上被简化为教育心理学，最终却因为心理学无法摆脱行为主义的窠臼而被这种"单向道"的关系引入"死胡同"。20世纪60年代以后，伴随着认知取向学习研究的崛起，心理学尤其是教育心理学领域发生了一场影响深远的"认知革命"，以思维研究为焦点的认知心理学开启了教育研究的新范式。20世纪80年代以后，随着让学习研究重新回到学校与课堂的呼声不断高涨，学习科学强势崛起，为重构教育学与心理学二者之间的关系提供了新视角，并最终通过开辟学习研究的"巴斯德象限"推动了教育学与心理学的双向互动。

路易·巴斯德与巴斯德象限

路易·巴斯德（Louis Pasteur，1822—1895），法国微生物学家、化学家，微生物学的奠基人之一。像牛顿开辟经典力学一样，巴斯德这位科学巨人开辟了微生物领域，创立了一整套独特的微生物学基本研究方法，开始用"实践—理论—实践"的方法展开研究。

科学研究的浪漫主义观点认为，科学研究主要由好奇心驱动，研究者进行一系列的科学研究

图1-19　路易·巴斯德

---

① 尚俊杰，庄绍勇，陈高伟.学习科学：推动教育的深层变革［J］.中国电化教育，2015，36（1）：6—13.
② Mccandlias B D. Educational neuroscience: The early years［J］. Proceedings of the national academy of sciences of the United States of America, 2010, 107(18): 8049-8050.
③ 韦钰.神经教育学对教育改革的促进［J］.科学教育与博物馆，2015，1（6）：396—400.

是因为碰巧发现它很有趣,而不管它的实用性。然而研究人员发现,得到应用的研究更有可能对科学本身产生影响,特别是那些被专利直接引用的研究文章往往会成为科学领域的"关键因素"。关注现实世界的问题不仅可以促进直接的应用,更可以促进科学的发展

普林斯顿大学的著名学者唐纳德·斯托克斯(Donald Stokes)在1997年出版了《巴斯德象限:基础科学与技术创新》(*Pasteur's Quadrant: Basic Science and Technological Innovation*)一书。在这本书中,斯托克斯提出,如果用平面直角坐标系的两个坐标轴分别表示研究的动机(好奇心驱动型还是应用驱动型)和知识的性质(是否具有基础性和原理性)的话,那么就会在由布什所提出的两种最常见的研究类型——好奇心驱动的纯粹的基础研究和为了实践目的的纯粹的应用研究之外出现第三种新的类型——由解决应用问题而产生的基础研究。在这个象限模型中,斯托克斯认为:波尔关于原子的工作作为纯粹的基础研究的代表位于第一象限,称为波尔象限;爱迪生发明电灯等的工作为纯粹的应用研究的代表位于第二象限,称为爱迪生象限;巴斯德关于微生物的工作为应用激发的基础研究的典型而属于第三象限,即巴斯德象限(如图1-20所示)。因为在斯托克斯看来,巴斯德在生物学上的许多前沿性基础研究其动力最初都是源于解决治病救人的实际难题。[①]

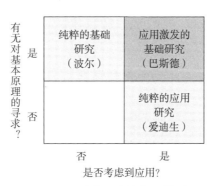

图 1-20 科学研究的象限模型

---

① Stokes D E. Pasteur's quadrant: basic science and the technological innovation [M]. Washington DC: Brookings Institution Press, 1997: 73.

学习科学以改进学习为最高纲领，以课堂中现实的学习问题为研究的起点，在改进学习的实践中，创新学习技术、创建学习环境并探索学习规律。这使得它已经不能再像传统的所谓的科学的教育研究那样，把自己局限于实验室中，而是要把研究的主战场转移到鲜活的课堂中来，在改进学生的学习实践中发现有价值的科学研究课题，在改进学生学习的同时发展学习的基本理论。这样一来，就使学习科学不同于既有的任何一种教育科学研究类型。它既吸收了杜威在课堂中研究教育和学习的思想精粹，又继承并发展了桑代克的实验研究传统，把实验从实验室搬到了课堂。学习科学的研究一方面呼吁在课堂中研究教育，另一方面又不放弃对传统实验研究的改造，它的崛起与迅速发展一方面意味着杜威开创的在课堂中研究教育这一传统的复归，另一方面也意味着以上这两种研究传统的合流。由此可以看出，从学科性质上来分析，学习科学既不属于纯粹的基础研究，也不属于纯粹的应用研究，而是一种由实践应用激发的基础科学研究活动，正符合斯托克斯所提出的巴斯德象限的分类框架。

第二节 学习科学的研究内容与研究方法

学习科学研究目前受到了世界各国的重视。作为一个跨学科研究领域，不同学科的学者正在用不同的方法，从不同的角度对学习展开研究。

一、学习科学的研究内容

学习科学是一个跨学科研究领域，那么，它的核心研究内容究竟是什么呢？国际学习科学领域的知名研究专家、美国北卡罗来纳大学教堂山分校的 R. 基思·索耶（R. Keith Swayer）教授，在《剑桥学习科学手册》中指出："学习科学是一个研究教和学的跨学科领域。它研究各种情境下的学习——不仅包括学校课堂里的正式学习，也包括发生在家里、工作期间、场馆以及同伴之间的非正式学习。学习科学的研究，首先是为了更好地理解认知和社会化过程以产生最有效的学习，其次便是为了用学习科学的知识来重新设计已有的课堂及其他学习环境，从而促使学习者能够更有效和深入地进行学习。"[①] 简而言之，学习科学主要就是研究："人究竟是怎么学习的，怎样才能促进有效学习？"

---

① （美）R. 基思·索耶. 剑桥学习科学手册［M］. 徐晓东，等 译. 北京：教育科学出版社，2010：序言 1.

《人是如何学习的》这本书中比较关注记忆和知识的结构、问题解决与推理的分析（专家和新手）、早期基础（婴幼儿的学习）、元认知过程和自我调节能力、文化体验与社区（共同体）参与、学习的迁移、儿童心理与大脑的平衡发展、学习环境设计、有效教学和新技术的应用。[1]《剑桥学习科学手册》一书中比较关注基础理论（建构主义、认知学徒制和知识建构等）、方法论（基于设计的研究）、知识的本质（基于案例的推理、专家学习和概念转变）、知识可视化（项目学习和基于模型的推理）、共同学习（计算机支持的协作学习、移动学习、在线协作学习）和学习环境等研究。[2]《剑桥学习科学手册》（第2版）在第1版的基础上补充或强调了教育数据挖掘与学习分析、具身认知、数字视频、游戏化学习、移动学习、虚拟世界中的学习、数学历史艺术等学科知识学习，并重视将学习科学研究引入课堂。[3]我国学者高文教授撰写的《学习科学的关键词》一书中将学习共同体、建构主义学习环境、认知学徒制、概念转变、基于案例的推理、基于模型的推理、计算机支持的协作学习和多媒体学习作为主要研究内容。[4]

以上几本重要著作比较偏向心理、技术等方面，国际经济合作组织2002年出版的《理解脑：新的学习科学的诞生》则比较偏向脑有关的研究，其中认为新的学习科学，即教育神经科学的研究范围非常广泛，在学段上包括了大学、中小学、幼儿园，在研究内容上则包括语文、第二语言、数学、道德、体育、音乐、科学，以及影响所有这些学科学习效率的认知与非认知因素：情绪、动机、注意、执行功能、元认知策略等。[5][6]

前面也提过，自2004年起，在美国国家科学基金会（NSF）的大力资助下，美国建设了如表1-1所示的六个学习科学研究中心。[7]这六个中心分别从不同领

---

[1] （美）布兰思福特等.人是如何学习的：大脑、心理、经验及学校［M］.程可拉，孙亚玲，王旭卿，等 译.上海：华东师范大学，2002.
[2] （美）R.基思·索耶.剑桥学习科学手册［M］.徐晓东，等 译.北京：教育科学出版社，2010.
[3] （美）R.基思·索耶.剑桥学习科学手册（第2版）［M］.徐晓东，杨刚，阮高峰，等 译.北京：教育科学出版社，2021.
[4] 高文.学习科学的关键词［M］.上海：华东师范大学出版社，2009：33.
[5] 经济合作与发展组织.理解脑——新的学习科学的诞生［M］.周加仙，等 译.北京：教育科学出版社，2021.
[6] 周加仙.1990年代以来世界学习科学的发展及其对教育的启示［J］.教师月刊.2019，（8）：8—25.
[7] 夏琪，马斯建，尚俊杰.学习科学未来发展趋势——基于对美国六大学习科学中心的分析［J］.现代教育技术，2019，29（10）：5—11.

域运用多种方法对学习开展研究：①学习科学的生物学基础，涉及人类和其他种属学习的神经及机制，如分子、细胞、生理与行为以及学习过程中神经元的兴奋和抑制；②机器学习、学习的运算法则、知识的表征、机器人技术、适应性系统、认知系统的计算机模拟；③语言、交流和符号系统；④复杂现象和多维数据的呈现与表征；⑤类比推理、数学推理、因果分析、数学问题与科学问题的解决、创造性和智力等；⑥学科内容的学习、正式与非正式教育情境中的学习以及平等的学习机会；⑦问题解决学习策略，包括工程设计中的问题等；⑧学习的动机、情绪和社会情境，包括发展的、社会文化的、经济的、政治的、历史的、环境的因素等；⑨学习技术，包括智能辅助系统、计算机支持的合作环境、数字图书馆、实时评价工具以及新工具和技术的开发；⑩数学模型、统计模型、计算机模型的建构等。①

表1-1 美国六大学习科学中心基本信息

学习科学中心	网址	主要组建机构
教育、科学与技术卓越中心（Center of Excellence for Learning in Education, Science and Technology, CELEST）	http://cns.bu.edu/CELEST	波士顿大学 布兰迪斯大学 麻省理工学院 宾夕法尼亚大学
匹兹堡学习科学中心（Pittsburgh Science of Learning Center, PSLC）	http://learnlab.org/	卡内基梅隆大学 匹兹堡大学 卡内基学习公司
非正规与正规学习环境学习中心（Center for Learning in Informal and Formal Environments, LIFE）	http://life-slc.org/	华盛顿大学 斯坦福大学 斯坦福国际研究院
视觉语言与视觉学习学习科学中心（The Science of Learning Center on Visual Language and Visual Learning, VL2）	http://vl2.gallaudet.edu/	哥劳德大学
空间智力与学习中心（Spatial Intelligence and Learning Center, SILC）	http://www.spatiallearning.org/	天普大学 芝加哥大学 宾夕法尼亚大学 西北大学
学习的时间动力学中心（Temporal Dynamics of Learning Center, TDLC）	http://tdlc.ucsd.edu/index.html	加利福尼亚大学圣地亚哥分校

---

① 周加仙.1990年代以来世界学习科学的发展及其对教育的启示［J］.教师月刊.2019,（8）：8—25.

当然，每所大学的研究侧重点各有不同，比如：斯坦福大学学习科学中心开展的研究课题大都围绕着信息技术对学习与教学的支持及增强，包括科学和数学学习与视觉化、基于视频的学习、学习共同体、元认知等等；①匹兹堡大学学习研究与发展中心（LRDC）在其主页（http://www.lrdc.pitt.edu）上列出了八大主要研究领域，分别是认知心理、高阶学习过程、学习技术、阅读和语言、非正式学习、学校实践转变研究、学习政策、学习中的社会动机因素。

总体来说，学习科学是一个庞大的研究领域，只要是采用科学的方法针对学习开展的研究，一般来说都可以归入学习科学研究，当然，来自不同领域的学者一般会关注不同的方面。香港大学罗陆慧英和程介明等人曾指出，不同领域的学习科学研究针对发生于不同位相的学习，其中，神经科学关注脑，心理学关注个体行为，组织学关注机构，社会学和文化研究关注小组和共同体，教育变革关注教育系统，人类学关注社会。

二、学习科学的研究方向及案例

美国国家科学基金会将学习科学研究大致分为三种取向：①整合认知心理学、教学设计、计算机信息技术、智能系统的学习科学研究；②整合认知神经科学、神经科学、认知科学、医学与教育领域的学习科学；③整合机器学习、工程技术、人工智能等领域的学习科学。②结合这三种取向及其他相关文献，未来学习科学领域的发展大致将汇聚为以下三个研究方向。③④

（一）学习基础机制研究

这一类研究大致与"整合认知神经科学、神经科学、认知科学、医学与教育领域的学习科学"这一研究取向相对应，基本上对应教育神经科学研究。借助先进的认知神经科学研究技术，研究人员可以从微观的神经联结层面研究真实情境中的教与学过程，从认知功能与认知结构相结合的综合视角，研究特定教育干预（学习内容、媒体等）对学习过程的影响。区别于当前认知心理学对脑认知机制

---

① 洪超，程佳铭，任友群，等.新技术下学习科学研究的新动向——访学习科学研究专家Roy Pea教授［J］.中国电化教育，2013，(1)：1—6.
② 周加仙.学习科学：内涵、研究取向与特征［J］.全球教育展望，2008，37(8)：17—19.
③ 尚俊杰，裴蕾丝，吴善超.学习科学的历史溯源、研究热点及未来发展［J］.教育研究，2018，39(3)：136—145+159.
④ 尚俊杰，王钰茹，何奕霖.探索学习的奥秘：我国近五年学习科学实证研究［J］.华东师范大学学报(教育科学版)，2020，38(9)：162—178.

的实验室研究，学习科学视野下的脑认知机制研究更强调真实的学习情境与教育干预方案。

比如针对双语学习的问题，帕特里夏·库尔（Patricia Kuhl）教授主持的一项研究结果显示，双语学习能够改变脑白质的微观结构。双语人群和单语人群在执行功能方面的认知能力——维持和指导注意的能力——上存在差异。与只学习一种语言的同龄人相比，一出生就处于双语环境中的婴儿和儿童，具有更高的认知灵活性和控制注意的能力。① 还有学者针对苏格拉底的启发式教学，采用功能性近红外光谱成像技术，对参与启发式教学的教师和学生的大脑进行扫描，研究结果发现，如果师生之间的神经活动是相关的，则教学是有效的，反之教学则是失败的。② 北京师范大学卢春明等人也曾利用该技术，测量了教学时师生的大脑神经活动，发现师生之间的人际神经同步时间滞后性越高，教学效果越好。③

在该领域，很多学者在研究人们学习数学、语言、艺术等方面的神经机制，比如北京师范大学周新林等人根据语义脑区激活情况证明了语义网络在数学问题解决中的重要作用，这表明提高学生的语言能力对提高其数学问题解决能力有重要意义。④ 陕西师范大学胡卫平等人综合采用眼动、脑电等实验方法对创造性思维能力进行了长期研究，发现剧烈的压力会损害创造性思维，并主要影响创造性认知过程的早期阶段。⑤

这一类与脑科学相关的研究目前确实是热点，很吸引人，但是如何在真实学习情境的准实验条件下应用神经科学的技术工具，将会成为教育科学领域中的一个新挑战。

---

① Kuhl P K, Tsao F M, Liu H M. Foreign-language experience in infancy: Effects of short-term exposure and social interaction on phonetic learning [J]. PNAS, 2003, 100(15): 9096−9101.
② Holper L, et al. The teaching and the learning brain: A cortical hemodynamic marker of teacher student interactions in the Socratic dialog [J]. International Journal of Educational Research, 2013, 59: 1−10.
③ Zheng L, Chen C, Liu W, et al. Enhancement of teaching outcome through neural prediction of the students' knowledge state [J]. Human Brain Mapping, 2018, 39(7): 3046−3057.
④ Zhou X, Li M, Li L, et al. The semantic system is involved in mathematical problem solving [J]. Neuroimage, 2018, 166: 360−370.
⑤ Wang X, Duan H, Kan Y, et al. The creative thinking cognitive process influenced by acute stress in humans: An electroencephalography study. Stress (Amsterdam, Netherlands), 2019, 22(4): 472−481.

（二）学习环境设计研究

这类研究与"整合认知心理学、教学设计、计算机信息技术、智能系统的学习科学研究"这一研究取向基本吻合，也常称为学习技术（learning technology）研究或学习设计（learning design）研究。区别于学习基础机制的研究，学习环境设计研究更关注如何在已有的基础研究成果的基础上，将这些成果转化为可以直接应用于真实教育情境的干预方案，包括学习媒介（教材、教具、多媒体软件、学习平台等）设计、实体环境（教室、桌椅等）设计、学习交互（教学模式、组织策略）设计等。

比如很多学者（大部分属于教育技术或人工智能学者）都在努力探索利用模拟、仿真、游戏、VR/AR、移动技术来创建学习环境。如知名的可汗学院（Khan Academy，http://www.khanacademy.org）就开发了一套个性化自适应学习系统，将要学习的数学知识精细切割为上百个知识点并可视化为由五百多个小格组成的"任务进度"图。学习者可设计个性化的学习路径并自由选择想要学习的知识点，还可通过练习或测试提升对某一知识点的掌握程度。[①]北京师范大学余胜泉等人也依据儿童成长过程中的典型问题的知识图谱及其解决案例知识库，构建了个性化育人助理系统——"AI好老师"。[②]

这一类研究通常会基于某种学习理论，统筹考虑技术、学习内容和学习者等要素来设计课程、学习软件、学习平台或学习空间。比如，Motion Math是由斯坦福大学教育学院基于具身认知学习理论，并结合移动技术而开发的用来学习分数知识的教育游戏（见图1-21）。学生学习时需要摇晃着移动设备，以便让分数落在数轴相应的位置上。[③]北京大学裴蕾丝和尚俊杰也结合国家数学课程教学标准、数感方面的三重编码模型（triple-code model，简称TCM）、游戏方面的内在动机理论等理论，开发了用来帮助学生掌握20以内加减法的教育游戏《怪兽消消消》。[④]北京师范大学蔡苏等人还基于AR技术开发了基于手势的匹配游戏，以

[①] 张振虹，刘文，韩智. 学习仪表盘：大数据时代的新型学习支持工具［J］. 现代远程教育研究，2014，（3）：100—107.

[②] 余胜泉，彭燕，卢宇. 基于人工智能的育人助理系统——"AI好老师"的体系结构与功能［J］. 开放教育研究，2019，25(1)：25—36.

[③] Riconscente M M. Results From a Controlled Study of the iPad Fractions Game Motion Math［J］. Games & Culture, 2013, 8(4): 186—214.

[④] 裴蕾丝，尚俊杰. 学习科学视野下的数学教育游戏设计、开发与应用研究——以小学一年级数学"20以内数的认识和加减法"为例［J］. 中国电化教育，2019，40(1)：94—105.

提高自闭症儿童在精细运动技能和识别能力方面的表现。①

图 1-21 Motion Math 教育游戏界面

学习科学注重促进教育实践的发展，而学习环境设计研究可以在理解学习基础机制的前提下提出具体的干预方案，所以适合作为学习科学的抓手和推进教育变革的有力落脚点。

（三）学习分析技术研究

这一类研究与"整合机器学习、工程技术、人工智能等领域的学习科学"这一研究取向比较吻合。随着智能学习软硬件环境体系的构建，教育过程中产生的数据呈现出数量大、种类多的新特点，若仍采用传统的测量技术，已无法释放教育大数据本应具有的巨大能量，从而会严重阻碍学习基础机制的深度挖掘以及学习环境设计的有效评估。因此，基于未来人工智能和大数据的新一代学习分析技术成为当前亟待攻关的新挑战。这种对技术的迫切需求，不仅体现在对分析算法等软技术上，还体现在收集学习指标数据的硬件技术上。以软硬结合为特征的学

---

① Cai S, Zhu G, Wu Y T, et al. A case study of gesture-based games in enhancing the fine motor skills and recognition of children with autism [J]. Interactive learning environments, 2018, 26(8): 1039−1052.

习分析技术研究,将为前两类研究的顺利开展开创崭新的平台。

常见的学习分析技术研究包括"在线学习分析""课堂话语分析"等。主要是基于线上或线下学习的行为数据,分析学习者行为特征,从而给予个性化的干预。比如,有学者基于 edX 平台上的 122 个麻省理工学院 MOOC(massive open online course,大规模在线开放课程)的数据以及 280 万注册 MOOC 参与者的数据,对 MOOC 和学习者特征进行了深入研究。[①] 再如,华东师范大学顾小清等人关注混合学习中在线讨论和面对面讨论的差异,并使用统计分析和社交网络分析(SNA)方法对两者的互动特征、广度、内容进行分析,发现在线学习中存在强大的"小组控制"模式,而在面对面模式中存在"个人控制"模式。[②]

当然,学习分析并不是局限于 MOOC 等线上课程,也包括其他线上学习。比如伍斯特理工学院(Worcester Polytechnic Institute)的珍妮丝·戈伯特(Janice Gobert)等人设计了基于计算机的交互式科学实验环境(Microworlds),并利用大数据技术收集、分析了学生学习过程中实时产生的数据,并实时生成报告提供给老师和学生以改善教学和试验过程。研究结果表明,基于大数据的自动分析算法能够很好地捕捉和评估学生的科学探究技巧,进而为促进教学过程提供个性化证据和实时支持。[③]

学习分析不仅仅是针对线上学习,也可以针对传统课堂学习。比如匹兹堡大学劳伦·雷斯尼克(Lauren Resnick)等人尝试使用课堂讨论分析工具 classroom discourse analyzer(CDA)帮助中小学老师反思和提高课堂讨论效果。传统教师对于课堂反思往往缺乏有效、直观的证据支持,CDA 依据学习分析理念设计,能够针对一节或追踪多节课堂讨论进行分析,并将每个学生发言、老师发言、师生对话模式和风格等数据信息加以自动整合,以互动式图表形式提供给老师,帮

---

① Cagiltay N E, Cagiltay K, Celik B. An Analysis of Course Characteristics, Learner Characteristics, and Certification Rates in MITx MOOCs [J]. The international review of research in open and distributed learning, 2020, 21(3): 121-139.

② Shu H, Gu X. Determining the differences between online and face-to-face student-group interactions in a blended learning course [J]. The internet and higher education, 2018, 39(OCT.): 13-21.

③ Gobert J D, Sao Pedro M, Raziuddin J, et al. From log files to assessment metrics: Measuring students' science inquiry skills using educational data mining [J]. Journal of the learning sciences, 2013, 22(4): 521-563.

助老师及时反思和改善课堂教学实践。①

信息技术的发展使得教育领域积累了越来越多的数据，所以学习分析研究现在备受重视。其实，这三大研究内容并非相互独立，而是彼此相关联的。学习基础机制为学习环境设计和分析技术的研究确立了理论引领，学习环境设计为学习基础机制和分析技术的应用提供了实践机会，而学习分析技术又为学习基础机制和环境设计（学习设计）的深入搭建了观察平台。②这一稳定的三角关系，成为学习科学领域二十多年来实现长久发展的基石。

三、学习科学的研究方法和技术

因为学习科学是一个跨学科研究领域，所以它使用的研究方法和技术也比较复杂，不同学科不同取向的研究可能采用不同的方法。③从学习科学的实证研究文献可以看出，近年来采用功能磁共振成像技术、功能性近红外成像技术、脑电仪、眼动仪等先进设备以及人工智能、大数据等先进技术的实证研究开始增多，但是传统的实验研究法和调查研究法等也仍是使用较为广泛且有效的研究方法。另外，学习科学非常注重重新设计学习环境，所以设计研究方法也非常受重视。④限于篇幅，本节对普通的研究方法和技术不再展开，只是简单介绍一下比较典型的研究方法和技术。

（一）实验研究法、调查研究法等传统研究方法

实验研究和调查研究等是教育领域乃至社会科学领域都广为使用的方法，在学习科学研究中也一样被广泛使用。

所谓实验研究法，指的是根据研究目的，基于一定的理论或假设，运用一定的手段，主动干预或控制研究对象，进行有计划的实践，从而验证假设，并得出一定的科学结论的研究方法。⑤它的主要目的是建立变量之间的因果关系，基

---

① Chen G, Clarke S N, Resnick L B. An analytic tool for supporting teachers' reflection on classroom talk [A] // Proceedings of the 11th International Conference of the Learning Sciences (ICLS)[C]. Boulder, Colorado, USA, 2014: 583—590.
② 罗陆慧英. 连接学习设计和学习分析的国际努力[J]. 开放教育研究, 2020, 26(2): 49—52.
③ 杨南昌, 刘晓艳, 曾玉萍, 等. 学习科学的方法论革新与研究方法综述[J]. 开放教育研究, 2011, 17(6): 20—29.
④ 尚俊杰, 王钰茹, 何奕霖. 探索学习的奥秘：我国近五年学习科学实证研究[J]. 华东师范大学学报（教育科学版）, 2020, 38(9): 162—178.
⑤ 李克东. 教育技术学研究方法[M]. 北京：北京师范大学出版社, 2003: 172.

本逻辑是改变 A 变量，然后看看 B 变量是否随着变化；如果 B 变量随着 A 变量的变化而变化，就说明 A 变量对 B 变量有影响。[1]比如著名学者梅耶（Mayer）在多媒体学习领域开展的很多研究都采用了实验研究方法，通常会分对照组和实验组，并给予不同的学习材料或其他干预措施，然后通过测试来比较学习成效。[2]

当然，在教育领域，很多时候很难完全随机分组，也很难严格控制实验对象（学习者），所以通常会采用准实验研究法。所谓准实验研究法，指的是利用自然场景，采用原始的组，在较为自然的环境下以类似实验的设计方案来进行研究。[3]与真正的实验相比，准实验的严谨性略低，但是便于操作，具有广泛的应用性。比如，研究者常结合课堂教学，按照原始班级分组，通过对照实验来探讨某种教学方式或干预手段的教学效果，或对认知能力的促进效果。

所谓调查研究法，指的是采用问卷或访谈的方法，有计划地、系统地、直接地从一个取自某种社会群体的样本那里收集资料，并通过对资料的统计分析来认识社会现象及其规律的社会科学研究方法。[4]在调查研究中，可以采用问卷调查（定量）或者访谈调查（定性）。比如有学者想了解课堂中的"沉默学生"（比较少发言的学生）和他们参与课堂交流的模式特点，研究者将该研究工作分为两段：第一阶段是定量研究，研究者对 32 个班级进行了问卷调查和阅读能力测试；第二阶段是定性研究，研究者录制了视频，并通过观看视频选取了 8 名同学进行深度访谈，并结合视频数据进行编码分析。[5]

（二）设计研究方法

前面讲过，学习科学的一个重要目标就是要重新设计学习环境，包括教材、课程、软件、平台、解决方案等，这样就需要用到一个特别独特和重要的方法——设计研究方法（design-based research，简写为 DBR，也翻译为基于设计的研究）。

---

[1] 李沛良.社会研究的统计应用［M］.北京：社会科学文献出版社，2002：9.
[2] Mayer R E, Johnson C I. Adding instructional features that promote learning in a game-like environment［J］. Journal of educational computing research, 2010, 42: 241−265.
[3] 李克东.教育技术学研究方法［M］.北京：北京师范大学出版社，2003：186.
[4] 梁林梅，杨九民.教育技术学［M］.北京：北京大学出版社，2012：240—241.
[5] Sedova K, Navratilova J . Silent students and the patterns of their participation in classroom talk［J］. Journal of the learning sciences, 2020, (1): 1−36.

设计研究方法是一种为了解决现实教育问题，在真实自然的情境下，基于认知和学习理论，综合运用多种研究方法，为特定需求设计学习环境，并根据来自实践的反馈不断迭代改进直至排除缺陷、"逐步完善"，以实现理论与实践双重发展的新兴研究范式。① 实际应用中，研究者通常在一定理论指导下，快速设计、开发出系统原型，并邀请专家或用户提出意见，或者进行准实验室研究，然后研究者在整合意见的基础上开发出第 2 版原型，继续请专家或用户提建议。这个过程循环多次，直到专家和用户都比较满意为止。此外，研究者还会根据这个研究过程总结出设计策略或原则供其他研究者参考。② 具体过程如图 1-22 所示。可以看出，设计研究方法特别强调四点：①要解决的是现实中的教育问题；②在研究过程中研究者、相关领域专家、用户都要参与进来；③要进行多轮迭代；④要注重提炼设计原则和策略。

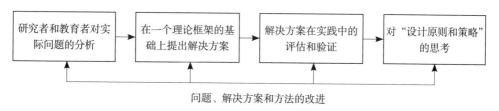

图 1-22 设计研究方法的一般过程③

目前，设计研究方法在学习科学领域，尤其是在学习环境设计研究方向上得到了比较广泛的应用。比如有学者就采用设计研究方法开发了一款教授高中生生物知识的教育游戏，在过程中研究者和专家、用户紧密合作，经过多轮迭代，最后完成了游戏设计，并总结了设计过程中可以供他人参考的方法。④

（三）基于脑科学的研究方法和技术

近年来，世界各国各地区对脑科学都特别重视，学习科学领域的研究者越来越多地开始采用脑科学方面的研究方法和技术分析，如脑电图、跨颅直流电刺

---

① 张文兰，刘俊生. 基于设计的研究——教育技术学研究的一种新范式 [J]. 电化教育研究，2007，(10)：13—17.
② 王其云，呼春. 逐步优化电脑教育应用-开发研究方法 [A] // 李芳乐，杨浩. 电脑教育应用研究——方法与案例 [C]. 北京：北京交通大学出版社，2005：38—47.
③ 缪蓉，赵国栋. 教育技术研究的方法与策略 [M]. 北京：北京师范大学出版社，2003：69.
④ Wang A, Thompson M, Roy D, et al. Iterative user and expert feedback in the design of an educational virtual reality biology game [J]. Interactive learning environments, 2022, 30(4): 677-694.

激、功能性磁共振成像技术、事件相关电位技术、功能性近红外光谱技术等。这类技术的基本工作原理是，当人们在进行认知任务时，脑的某个特定区域的神经活动随之增强，并导致该区域血流量的增强，研究者通过测量这些变化来获取脑神经活动的信息。比如前面提到的"双语学习研究"中就是利用功能性近红外光谱技术等来研究婴幼儿的神经机制。①

也有研究者采用眼动技术、可穿戴设备等神经生理科学测量方法来获得反馈数据，以便对学习者进行更客观的评价。比如华中师范大学杨九民和皮忠玲等人采用眼动技术研究学习者在观看视频课件时的注意力。②再如清华大学张羽等人利用腕带式可穿戴设备在真实课堂中记录了学生的自主神经系统活动数据（包括皮肤电导和心率等），用以分析高中生在真实的数学考试中的焦虑情况。③

（四）基于大数据和人工智能的研究方法和技术

随着大数据和人工智能的发展，随着教育领域积累的学习行为数据越来越多，基于人工智能和大数据的研究方法和分析技术也越来越受到青睐。④这方面比较重要的两个概念就是教育数据挖掘（educational data mining）和学习分析（learning analytics）。

所谓教育数据挖掘，指的就是综合运用数学统计、机器学习等技术，从大量教育数据中挖掘和抽取出未知的、具有教育应用价值的模式或规律的过程。常用的教育数据挖掘技术包括聚类分析、因子分析、回归分析、滞后序列分析、相关性分析、因果分析、关联规则分析等。比如华中师范大学杨宗凯等人基于学生食堂消费数据，利用大数据技术分析，来分析学生朋友关系的演化特征，并考察同伴对学生行为的影响。⑤

所谓学习分析，和前面讲到的"学习分析技术研究"基本一样，指的是测量、收集、分析、报告学习者及其学习情境的相关数据，以促进对学习过程的理

---

① Kuhl P K, Tsao F M, Liu H M. Foreign-language experience in infancy: effects of short-term exposure and social interaction on phonetic learning [J]. PNAS, 2003, 100(15): 9096−9101
② Pi Z, Xu K, Liu C, et al. Instructor presence in video lectures: eye gaze matters, but not body orientation [J]. Computers and education, 2020, 144: 103713.
③ Qu Z, Chen J, Li B, et al. Measurement of high-school students' trait math anxiety using neurophysiological recordings during math exam [J]. IEEE access, 2020, 8: 57460−57471.
④ 余胜泉，徐刘杰.大数据时代的教育计算实验研究［J］.电化教育研究，2019，40（1）：17—24.
⑤ Yang Z, Su Z, Liu S, et al. Evolution features and behavior characters of friendship networks on campus life [J]. Expert systems with applications, 2020, 158: 113519.

解，并对学习及其发生的环境进行优化。[①]学习分析当然不一定要用大数据技术，比如利用 Excel 软件对学生学习成绩进行分析，也应该算学习分析，只不过当前利用人工智能和大数据技术开展的学习分析是热点。比如首都师范大学王陆等人利用聚类分析等多种方法，从研修教师一年的实践性知识大数据中发现了优秀教师群体和低水平教师群体，并挖掘分析了优秀教师群体实践性知识的成分特征和结构特征。[②]

在学习分析研究领域，针对不同的研究内容，主要可以采用话语分析（discourse analysis）、内容分析（content analysis）、社会网络分析（social network analysis）、可视化分析等方法。[③]不过相关内容拟在第 11 章讲解，这里不再展开。

第三节 学习科学的未来发展趋势

当前，教育事业发展特别快，不过仍然存在很多待解决的问题。比如，常态使用平板电脑对学生的认知发展、社会性发展以及视力会产生什么样的影响，影响机制是什么？再如，听真人讲课和看视频上课的差异究竟是什么，其学习成效的影响因素的神经机制是什么？……这些问题归根结底，都会汇聚到一个根本性问题上来：人究竟是怎么学习的，怎样才能促进有效学习？从前面的论述中可以看到，学习科学的诞生就是希望来解决这一根本性问题的。虽然教育是复杂的，教育研究是艰难的，试图用实证的、科学的方法透彻研究教育也是非常困难的，但是学习科学的发展或许有助于解决或部分解决这一根本性问题，从而推动教育的深层变革。[④]事实上，学习科学蓬勃发展几十年来，不仅有力地推动了教育研究科学化的进程，也时刻引领着世界教育教学模式的变革方向，相信学习科学未来必将越来越受世界各国各地区的重视。因此，新时代的教育工作者只有把握学习科学的发展趋势，才能恰当地应对将来的教学、研究和工作需要。

[①] SoLAR. 1st international conference on learning analytics and knowledge 2011 (LAK' 11) [EB/OL]. [2020-6-9]. https://tekri.athabascau.ca/analytics/.

[②] 王陆, 彭玏, 李瑶, 等. 优秀教师的实践性知识特征——基于大数据的知识发现 [J]. 课程·教材·教法, 2019, 39(2): 126—131.

[③] 杨南昌, 刘晓艳, 曾玉萍, 等. 学习科学的方法论革新与研究方法综述 [J]. 开放教育研究, 2011, 17(6): 20—29.

[④] 尚俊杰. 未来教育重塑研究 [M]. 上海: 华东师范大学出版社, 2020: 268.

一、学习科学研究的发展趋势

基于对《剑桥学习科学手册》《国际学习科学手册》等文献的分析，可以看出学习科学的研究内容和方法未来会呈现出如下发展趋势。[①]

（一）学习作为一个复杂系统受到越来越多的关注和研究

学习是一种复杂的系统现象，学习和学习机制在不同层级中运行。例如，个体层面的学习行为化证据，也会在神经层面（神经中枢）上有特定的体现。另外，个体作为社会文化系统中的一部分，总是群体中的一员，所以虽然我们经常在个体层面上讨论学习，但是学习也是群体层面的成就表现。目前我们尚缺乏足够的理论、实践和分析工具，去分析不同层级的系统机制是如何相互连接的。未来我们将越来越关注现实情境下复杂多变的多层级学习现象，从而可以揭示神经机制、行为表现和社会文化方面的连接和属性。

（二）学习科学研究内容越来越丰富和具体

围绕学习基础机制、学习环境设计、学习分析技术，学习科学的研究内容未来将会越来越丰富，其中脑科学和新技术支持下的学习科学研究将会成为重点。

前面讲过，学习科学的诞生，离不开一部分认知科学家（包括认知神经科学家）的贡献，目的就是将脑、心智和真实情境中的教学联系起来，而这一与脑科学相关的研究领域实际上逐渐发展为教育神经科学，这也为学习科学走向深度科学化提供了机遇。随着世界各地"脑计划"的推进，相信人类会揭示更多行为特征背后的神经机制，为制定更加有效的干预策略提供依据。不过，在重视脑科学研究的同时，我们也要谨防脑科学神话，因为现阶段脑科学能提供的可直接应用的证据还比较少。[②]

另外，要特别注重人工智能、大数据等新技术支持下的学习科学研究。[③]事实上，人工智能、大数据在学习基础机制、学习环境设计、学习分析技术三个方

[①] 任友群，赵建华，孔晶，等. 国际学习科学研究的现状、核心领域与发展趋势——2018版《国际学习科学手册》之解析［J］. 远程教育杂志，2020，38（1）：18—27.

[②] 杨南昌，曾玉萍，陈祖云，等. 学习科学主流发展的分析及其启示——基于美国《学习科学杂志》（1991—2009）内容分析研究［J］. 远程教育杂志，2012，30（2）：15—27.

[③] 洪超，程佳铭，任友群，等. 新技术下学习科学研究的新动向——访学习科学研究专家Roy Pea教授［J］. 中国电化教育，2013，34（1）：1—6.

向上都有应用。教育领域现在特别重视个性化自适应学习，这就需要利用人工智能和大数据技术，对海量学习过程数据进行学习分析，并适当结合小班教学，借此真正实现个性化自适应学习。

当然，就我国学习科学研究现状及存在问题而言，未来可以开展的研究议题其实很多。从学习基础机制到学习环境设计到学习分析技术，从婴幼儿、青少年、大学生到成人、老年人的学习，从学生到教师到不同职业群体的学习，从卓越学生到学困生到特殊儿童，从神经机制到真实情境中的学习行为，从元认知到基础认知到高阶认知能力，从学习兴趣、学习动机到学习投入、学习行为、学习评价，从移动学习到模拟、仿真、游戏化学习、VR/AR学习，从MOOC、微课、翻转课堂到混合式学习，从课堂学习、校外学习再到非正式学习、社会化学习，从学习科学研究方法、研究技术到研究工具，其中都有大量值得研究的基础课题。[1]

（三）学习科学在逐渐形成独特的方法论

学习科学研究者们在努力发展一种独特的融合性方法，它将民族方法学和民族志研究方法相结合，定量研究的会话分析和实验研究进行对接，并努力结合不同领域的研究方法，呈现出定量和定性研究相融合的趋势，这种融合包含了案例研究、会话分析、制品分析以及关于教学条件和学习情境的实验和准实验的研究。

在这些研究方法中，需要特别重视设计研究方法（DBR）。设计研究方法特别强调研究者、一线教师、使用者（学生）共同参与设计，通过多轮迭代，在完善设计的同时总结设计原则和策略。当然，基于脑科学、人工智能、大数据等新技术的研究方法和技术也会越来越受重视，并逐渐推动研究范式的转变。[2]

（四）社会公正公平和伦理道德问题逐渐成为学习科学关注的主题

随着社会的进步，社会公正公平和伦理道德问题也逐渐成为学习科学关注的主题。我们需要考虑特定的学科内容、认识实践、教学设计、学习软件和平台，以及学习结果测量，要确保每一位学习者无论性别、年龄、健康状况、社会或经

---

[1] 尚俊杰，王钰茹，何奕霖.探索学习的奥秘：我国近五年学习科学实证研究［J］.华东师范大学学报（教育科学版），2020，38（9）：162—178.
[2] 祝智庭，沈德梅.基于大数据的教育技术研究新范式［J］.电化教育研究，2013，34（10）：5—13.

济地位、民族或文化背景、地域如何，都能够享受优质的教育和学习机会。要善用技术，防止有害应用，要保证对学习者的数据进行合乎伦理、非歧视、公平、透明和可审核的使用。

二、学习科学的发展策略

要想促进学习科学的快速发展，还需要注重如下发展策略。[①]

（一）加大对学习科学的支持力度

在学习科学发展的近30年来，世界各国纷纷投入巨资筹建专门的学习科学研究机构、支持学习科学研究课题、设立学习科学专业培养点，以此引领和推进本国教育教学模式的变革，并争取在国际竞争中处于领先位置。我国国家自然科学基金委从2018年开始也正式设立了项目（代码为F0701），专门资助教育基础科学研究，希望各界专家围绕学习亟待解决的基础问题展开深入研究。我们相信这些专家很快便可以成为推动我国学习科学领域快速发展的中坚力量。当然，我国学习科学研究刚步入发展正轨，因此还需要国家从研究课题、学科建设、学术活动等各个层面提供更多的政策支持，加大对人才和资金的投入力度。

（二）促进学习科学研究的跨学科合作

作为跨学科研究的典型，学习科学研究不仅需要跨学科知识，还需要漫长的时间跨度保证，单一学科背景的研究团队很难独立承担。美国国家科学基金会从2004年开始在全美创设6个学习科学中心，其目的就是打破学科边界，为跨学科视野下的学习科学研究提供完备的条件保障。在我国，目前师范大学、综合性大学中不同学科的学者们纷纷开始开展学习科学研究，也都在努力进行合作，但是因为不同学科之间的研究长期处于比较独立的状态，所以目前尚未形成成熟的跨学科合作体系。未来，如何建立制度措施保障跨学科学习科学研究共同体的形成和可持续发展，将是我国学习科学领域建设与发展所面临的紧迫议题。

---

① 尚俊杰，裴蕾丝. 发展学习科学若干重要问题的思考［J］. 现代教育技术，2018，28（1）：12—18.

（三）注重提升教师学习科学素养

学习科学的根本出发点和落脚点是回答"人是如何学习的"，具体到教育教学实践中，就要围绕"学生如何学"来设计教师如何教，因此未来的学校教师需通过专业培训，构建起以学习科学素养为核心的教学知识能力体系，从而促进学习科学和课堂教学的深度融合，促进课堂教学的深层变革。[①] 具体的学习科学素养教师培训方案可以针对在职教师和师范生分别实施：一方面借助现有的教师系统培训项目，实现从骨干教师到普通教师的学习科学素养普及；另一方面依托现有的师范生培养课程体系，通过开设学习科学相关专业课程、开展教育实习，双管齐下，培养潜在教师的学习科学素养。

（四）注重学习科学成果的发表和推广

目前，在国外已经有多本专门的学习科学期刊，在国内，虽然现在教育类（含教育技术类）和心理类期刊也会发表学习科学的相关文章，并且也有期刊开始开设学习科学专栏，但是目前还没有专门的学习科学期刊。为了更好地推动学科发展，我们希望在国家相关部门的支持下，能够尽快开办专门的学习科学期刊。

另外，学习科学是一门从实践角度研究学习的科学，这一定位就要求该领域的成果不仅是严谨科学的研究论文和研究报告，还要有与研究相关的产品原型设计。对于产品原型设计类成果，尤其是那些经过多轮研究实验被证明有效的学习产品或环境设计，应该更进一步做好成果的市场转化和推广，使研究成果能无缝接轨教育实践。

> **本章结语**

学习是教育学和心理学均高度关注的一个核心研究范畴。对学习的科学研究之历史演进的考察，需要从教育学与心理学的相互激荡与融合中寻求主要的历史与逻辑线索。教育学和心理学差不多同一时间从哲学中分化出来，甚至教育学还要稍早于心理学。在获得了相对独立的学科地位之后，教育学和心理学在迈向一门真正意义上的科学这一道路上却遭遇了迥然相异的历史命运。心理学在冯特之后迅速走上了科学化的康庄大道，到20世纪初时已经取得了非常丰硕的研究成

---

① 尚俊杰，李军，吴颖惠. 提升教师学习科学素养 促进课堂教学深层变革 [J]. 中小学信息技术教育，2021（01）：5—8.

果，产生了为数众多的心理学流派，初步获得了科学的地位。

然而，当心理学家把目光转向教育学时，却发现在科学化道路上起步比心理学还早的教育学在科学化水平上已经远远落后于心理学。长期以来，教育的研究不是采用严谨的科学方法，而是依赖朴素的经验总结和抽象的哲学思辨。在心理学的科学化水平已经取得了长足进步，而教育学的科学化水平却止步不前的情况下，有一部分心理学家开始转向教育研究。他们认为，教育学的科学化程度之所以比心理学低，最重要的原因在于其没有像心理学那样在研究中坚定地贯彻科学方法。因此，要提升教育学的科学化水平，必须在教育研究中全面推进科学方法的应用。

从心理学家的立场出发，在教育研究中全面推进科学方法的应用，从某种意义上讲，就是首先要使用心理学的研究方法来研究教育学的问题。由此产生的一门新的交叉学科就是教育心理学。其实质是使用心理学来改造教育学，这是自约翰·裴斯泰洛齐（Johann Pestalozzi）以来教育学心理学化的进一步发展，其最终结果是教育学的科学化问题被简单地还原为单纯的心理学化。这种极端化的倾向尽管在短时间内极大提升了教育学的科学化水平，却也产生了一系列非常严重的问题。其中，最为重要的是使得教育研究远离了教育实践，造成了理论与实践的割裂。当然，这一点一直到了20世纪80年代才逐渐为人所认识，并由此导致了学习研究的新转向，最终催生了学习科学这一新的跨学科研究领域。

心理学家转向教育研究，启蒙于冯特，肇始于桑代克，光大于斯金纳。19世纪末20世纪初，行为主义心理学的诞生，极大地推动了心理学家转向教育研究的历史进程。行为主义心理学的代言人华生把生理学家巴甫洛夫经典条件反射的实验迁移到了小艾伯特身上，揭示了儿童行为塑造的奥秘。而从联结主义心理学家桑代克的"猫"到新行为主义心理学家斯金纳的"老鼠"，20世纪上半叶行为主义心理学家在动物身上获得了大量有关学习的科学知识，并将其应用于学校教育的实践，谱写了整个20世纪学习研究三部曲中的第一部——动物是如何学习的，确立了学习研究的"动物"隐喻，即这一阶段学习研究的基本特征是把人还原为动物。

20世纪50年代之后，行为主义取向的学习研究逐渐面临着巨大的冲击和挑战。认知主义取向的学习研究开始登上了历史舞台，并最终取代了行为主义在学习研究上的主导地位。20世纪50年代，先是结构主义语言学的一代宗师乔姆斯基对斯金纳基于行为主义而提出的言语行为习得理论进行了猛烈抨击，敲响了行为主义心理学的丧钟，紧接着便是米勒在有关人类短时记忆的研究上取得了重大突破，以"神奇的数字 7±2"揭示了人类短时记忆容量的有限性，并在此基础上发展了短时记忆加工机制的组块理论。其后的认知心理学家沿着米勒开辟的道路，逐渐建立了一整套对人类记忆结构与过程的描述性框架。20 世纪 60 年代，认知主义取向的学习研究继续取得长足进步。先是国际象棋大师德格鲁特通过棋局复盘的经典实验，开启了专家和新手比较研究的先河，紧接着便是以西蒙为代表的人工智能专家对人类问题解决的探索获得了一系列可观的研究发现。最终，所有这些努力汇聚在一起，构建了学习的信息加工模型，形成了有别于行为主义的关于学习的认知观点，谱写了 20 世纪学习研究三部曲中的第二部——机器是如何学习的，确立了学习研究的机器隐喻，即这一阶段学习研究的基本特征是把人还原为机器，尤其是计算机。

20 世纪 80 年代之后，伴随着心理学领域内认知革命的结束，认知主义主导下的学习研究开始遭遇了来自两个方面的巨大挑战。一方面，和认知取向的学习研究具有千丝万缕之联系的人工智能研究遇到了瓶颈。对人类学习之基本机制的探索成为让机器像人类那样学习的基础与前提。大批人工智能专家开始转向对人类学习的研究，改变了过去认知主义心理学家以机器为原型对人类学习进行探索的局面，极大撼动了学习研究的机器隐喻所处之主导地位。另一方面，无论是早期行为主义的学习研究，还是其后认知取向的学习研究，要么坚持的是动物隐喻，要么坚持的是机器隐喻。他们在动物和机器身上获得的研究发现在实践中应用于人类学习时，都遇到了"水土不服"的问题。越来越多的心理学家和教育工作者感觉到有必要抛弃学习研究的动物隐喻和机器隐喻，转而把焦点集中于人自身，他们开始号召在学习发生的地方研究学习，而不是在实验室里研究学习，号召研究人的学习，而不是动物或机器的学习。学习科学由此发端，并在短短几十年的时间里谱写了 20 世纪学习研究三部曲中最后一部同时也是最为精彩纷呈的历史篇章——人是如何学习的。

学习科学作为以人类学习研究为焦点的一个新兴的多学科交叉的研究领域，肇始于 20 世纪 90 年代，在其后 20 年的时间里其学科建设获得了长足进步，深刻影响了世纪之交教育与心理研究的历史面貌与力量格局。在这一过程中，多学科领域内的学者作出了重要贡献。20 世纪 90 年代末，学习科学家在美国国家研究理事会这一组织框架下发布了题为"人是如何学习的：大脑、心理、经验与学习"的报告，确立了"人是如何学习的"这一学习科学的研究纲领，正式宣告了学习科学这一学习研究新学科的诞生。

学习科学诞生40年来，世界各地的学者围绕"学习基础机制、学习环境设计、学习分析技术"三个主要方向，从设计开发、学习成效、行为特征、神经机制等不同层级，采用传统实验研究和调查研究方法、设计研究方法、基于脑科学的研究方法、基于大数据和人工智能的研究方法和技术，针对知识与记忆、认知与元认知、概念转变、问题解决、推理和迁移、认知学徒制、计算机支持的协作学习、学习共同体与知识建构、个性化自适应学习、移动学习、游戏化学习、虚拟世界中的学习等内容进行了大量的研究，也产生了许多优秀的研究成果，为世界各国各地区制定教育政策、推进教育变革提供了理论依据。当然，教育是复杂的，教育研究是很艰难的，要想真正解决"人究竟是怎么学习的，怎样才能促进有效学习"还需要经过漫长的历程，未来需要继续加大对学习科学的支持力度，并采取制度性措施鼓励多学科的研究者进行真正的跨学科合作，并注重提升教师的学习科学素养，真正在基础研究和课堂教学之间建起桥梁。

最后，一言蔽之，学习科学是一门新科学，它开创了教育研究的新传统和新领域。学习科学家们正在从事的是一项前无古人的教育研究事业。我们期望他们能够引领教育研究这艘航船穿透重重迷雾，渡过种种险滩，成功地到达教育科学化的彼岸。

重点回顾

1. 学习研究的动物隐喻从生理学家巴甫洛夫有关经典条件反射的实验开始，历经华生、桑代克、斯金纳等心理学家的努力，最终成为统治20世纪上半叶学习研究的主流范式。
2. 行为主义主要关注学习者作为学习结果之外显行为的改变，它的理论目标是对行为的预测和控制，其核心为探究刺激与反应之间的联结机制，以便预测和控制学习者的行为。
3. 从教育的视野来看，与教育具有密切相关性的经典认知研究主要有三条线索：有关于人类记忆的研究、对人类问题解决的研究、专家与新手的比较研究。
4. 行为主义心理学原理在教育实践中的应用导致人被视为动物的非人化倾向；而认知主义心理学原理在教育实践中的应用则导致人被视为机器的问题，这也是一种非人化倾向。

5. 学习研究的动物隐喻以及机器隐喻背后潜藏着的是机械的自然观、身心二分与主客二分的认识论以及由此导致的分析还原的方法论。
6. 1991年，美国西北大学创建了世界上第一个学习科学专业，致力于培养研究生层次的能够胜任对教学和学习进行科学探索并能切实推动学习之实践进步的研究者、开发者和实践者，授予博士和硕士两种等级的学位。
7. 1991年1月，学习科学的第一份学术刊物《学习科学杂志》的第一期组稿完成并正式出版与读者见面。
8. 1991年，在尚克的倡议下，一批学者在第五届"教育中的人工智能"国际会议上现场组织发起了第一届学习科学国际会议。
9. 学习科学作为一个新兴科学领域最终形成的标志是2002年国际学习科学学会的正式成立。
10. 学习科学既不属于纯粹的基础研究，也不属于纯粹的应用研究，而是兼具基础研究和应用研究的双重性质。它是一门新科学，它开创了教育研究的新传统和新领域。
11. 简而言之，学习科学主要就是研究："人究竟是怎么学习的，怎样才能促进有效学习？"
12. 学习科学的主要研究方向包括学习基础机制研究、学习环境设计研究和学习分析技术研究。
13. 除了传统的实验研究方法、调查研究方法外，设计研究方法（基于设计的研究方法）也是学习科学领域非常重要的研究方法。
14. 学习科学正在形成独特的方法论，呈现出定量和定性研究相融合的趋势，这种融合包含案例研究、会话分析、制品分析以及关于教学条件和学习情境的实验和准实验的研究。
15. 社会公正、公平和伦理道德问题逐渐成为学习科学关注的主题。

思考题

1. 行为主义的发展经历几个阶段？其代表人物、核心观点分别是什么？它们对心理学和学习理论的发展产生了哪些重要影响？
2. 教育视野中经典认知研究的三条线索都是什么？
3. 学习科学产生的背景原因是什么？
4. 学习科学创生的两大先驱是谁？他们的贡献分别是什么？

5. 请根据学习科学创生的基本历程，绘制学习科学学科创建与发展的时间轴。
6. "巴斯德象限"是什么？为什么说学习科学研究属于"巴斯德象限"？
7. 请举例说明学习科学的三个主要研究方向的含义。
8. 请结合本章所学和自己的思考阐述学习科学未来发展趋势。

第二章　脑科学与学习

内容摘要

本章主要讲述脑科学视角下的学习研究，从学习的生物基础——大脑和大脑对学习的作用两个层面解读脑科学与学习之间的关系。分别讲述了从微观的脑，如脑的结构功能、工作机制及可塑性来审视宏观的学习过程；以及从宏观的学习任务出发，反过来审视脑结构和功能对学习的支持作用，讲述了基础视知觉、注意、记忆对学习的作用，以及高级的语言、数学、情绪加工的脑机制。最后对认知神经科学研究的方法进行了系统描述。

通过本章的学习，大家可以基本掌握大脑的结构与功能及其在学习中的作用，且对研究大脑功能的认知神经科学的方法技术也有所了解。

学习目标

1. 了解大脑的结构、功能、工作机制及可塑性；
2. 能够阐述视知觉、注意、记忆等在学习中的作用；
3. 通过了解认知神经科学相关的学习研究，对学习的脑机制产生兴趣；
4. 了解认知神经科学的基本研究方法与工具；
5. 通过了解认知神经科学的研究与方法，从认知神经科学的角度理解学习科学；
6. 通过了解学习相关脑机制结论的发展，形成批判性的学术精神与学习态度。

思维导图

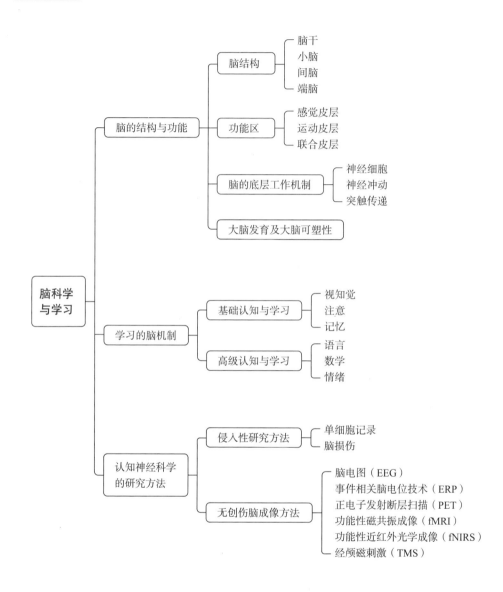

第一节 脑的结构与功能

神经系统（nervous system）的主要作用是调节机体内生理功能活动，由中枢神经系统和周围神经系统构成。中枢神经系统包括脑和脊髓，周围神经系统包含脑神经和脊神经。一方面，神经系统调控器官的运作，统筹系统的活动，使机体内部保持平衡；另一方面，它也在不断地分析、综合机体内外环境的变化，从而促进机体和环境的平衡。与神经系统关系最密切的就是大脑，这是本节主要的内容。

一、脑的结构功能

（一）脑的解剖结构

从解剖学角度看，脑干、小脑、间脑和端脑共同组成了人的大脑（图2-1）。

大脑研究发展

大约在公元300年，人类就已经开始研究大脑。18世纪末、19世纪初，一名叫做加尔（Gall，1758—1828）的德国医生通过将颅骨的表面凹凸特征和人脑的功能联系起来，提出了"颅相学"。他将头骨分成不同区域，对应人类27种复杂的心智功能，包括"大小感知""数学""友谊""推理""仁慈""谨慎""繁衍的本能""记忆"等。

在19世纪上半叶，法国医生和生物学家弗卢龙（Flourens，1794—1867）通过操控大脑区域损毁，观察对动物造成的后果。他发现，对特定大脑区域的损害导致了所有脑功能的减弱，而不仅仅是造成特定功能受损。因此，他假设大脑的功能是均匀分布的，特定的脑功能并不对应特定的功能区域，并且据此提出了脑功能的"整体说"。

19世纪末，法国医生布洛卡（Broca）遇到了一个病人，他在说话时只能发音"Tan"，不会发别的音，但是这个病人可以理解语言。病人去世后，布洛卡解剖大脑时发现，其左侧大脑半球前部区域有很大损伤。如今，这里被认为是负责言语功能的关键脑区，损伤它们会造成言语严重受损的失语症（aphasia）。

> 第二次世界大战期间，由于战争伤亡，出现了大量可供研究脑损伤的机会，因而诞生了被称为神经心理学的独立学科。20世纪80年代以前，脑科学主要通过脑损伤这一手段来定位和研究特定脑区功能，而自80年代后期开始，随着无创脑CT技术（computerized tomography，计算机断层扫描术）和核磁成像的发明、应用，研究者可以更方便、更准确、更安全地确定颅脑损伤的部位和性质。此外，传统的神经心理学也吸纳了认知心理学的实验方法、技术和理论概念，逐步从临床医学转变到认知神经科学的研究方向。

1. 脑干（brainstem）

脑干是连接脊髓和大脑的信息传导桥梁，包括中脑、脑桥、延髓三个部分。脑干的主要功能包括调节睡眠，控制体温，控制消化、呼吸和心跳等重要的基本生理活动。

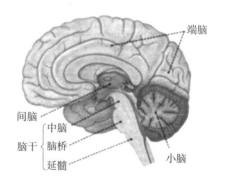

图2-1 大脑的结构

中脑（mesencephalon 或 midbrain）介于间脑与脑桥之间。在低等哺乳动物中，中脑是其整合复杂姿势动作的中枢。在高等动物中，中脑除了作为脊髓和前脑交换的桥梁，还包含一些参与感觉系统、运动控制和其他功能的神经元。

脑桥（pons）位于中脑与延髓之间，为小脑所覆盖，其背侧部的被盖为延髓背侧部分的延续，包括一些网状结构和许多脑核。脑桥只在哺乳动物中发现，在人脑中尤为发达。神经纤维束通过脑桥传递信息，连通左右小脑，以及接通小脑与大脑，以协调自主运动。

延髓（medulla oblongata）也叫延脑，由脑干尾端发育，居于脑最下部，和脑桥相连。延髓控制呼吸、吞咽、消化和心跳等基本生命活动。

2. 小脑（cerebellum）

小脑位于大脑的后下方，延髓和脑桥的背面，是重要的运动调节中枢。从大脑皮层到肌肉的信息、运动过程中肌肉和关节的信息被小脑整合，通过调节传出纤维和相关肌肉的运动来协调自主运动。维持身体平衡是小脑的重要功能之一，它从前庭器官接收信息，从而改变身体不同部位的肌肉张力，使身体在加速或旋转运动中保持姿势平衡。

3. 间脑（diencephalon）

间脑位于左右大脑半球之间，中脑之上，其结构较复杂，分为下丘脑、底丘脑、后丘脑、背侧丘脑和上丘脑。间脑和端脑都来自胚胎早期前脑翼板，位居前脑中央后部发育成间脑，左右大脑半球则是由端脑发育而来。除属于下丘脑的腹侧部分露于脑表面，间脑其余部分皆为左右大脑半球所包绕。间脑各部分都有其特殊功能，但其主要功能是接受和整合躯体和内脏感觉冲动（嗅觉除外），并将它们传递到大脑皮层的特定感觉区域；它也是大脑皮质下自主神经和内分泌的调节中枢。研究证明，当患者间脑损害时，会出现感觉障碍和自发性过敏反应，对疼痛更为敏感；此外，也会出现植物性神经与内分泌紊乱，表现为体温、水分代谢、睡眠、情绪等异常。

4. 端脑（telencephalon）

端脑是人脑最大的组成部分，由左右两半球组成。它是脊椎动物脑的高级神经系统的主要部分，与运动的控制、感觉的产生以及一些高级脑功能的实现密切相关。脊椎动物的端脑在胚胎时是神经管头端薄壁的膨起部分，以后发展成大脑两半球，主要包括大脑皮层、边缘系统等部分。

边缘系统（limbic system）主要包括海马、海马旁回及内嗅区、齿状回、扣带回、乳头体以及杏仁核。其主要涉及嗅觉、内脏、自主神经、内分泌、性、摄食、学习、记忆等认知功能。杏仁核和情绪的表征有关，位于颞叶内部的海马则与记忆有关，损伤海马及相邻部位会导致健忘症。

大脑皮层（cerebral cortex）由大约1～4毫米厚的灰质和大部分底层的白质组成。其中央有一条裂缝（大脑纵裂，longitudinal fissure），它把大脑从前到后分成左右两半球，两个半球通过胼胝体（corpus callosum）连接在一起，这使得两个半球之间的神经传导得以交流。大脑两半球表面有许多沟裂纵横交错，其中三条比较大的沟裂将大脑分成了不同的区域。中央沟是大脑顶部较深的一条沟裂，将大脑分为额叶与顶叶；顶枕裂位于大脑后部，将大脑分为顶叶与枕叶；外侧裂位于大脑半球侧面，它将颞叶与其他区域分割开来。大脑皮层如图2-2。

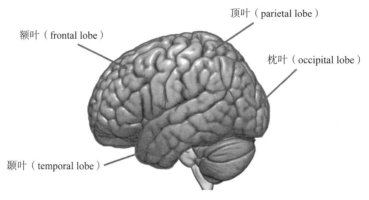

图2-2 大脑皮层

额叶（frontal lobe）位于中央沟之前，外侧裂之上，前额额骨之下。额叶背部的运动皮层主要负责初级运动的加工，而额叶前部则被认为是与更高级的加工过程有关，这些过程包括执行功能、记忆和其他认知过程。额叶损害会导致随意运动、语言表达及精神活动障碍。哺乳动物的额叶比其余种类的额叶大。

顶叶（parietal lobe）位于大脑背外侧，其内侧面位于扣带沟之上。顶叶背外侧面有一条中央后沟，其平行于中央沟，其后部有交错而行的顶间沟（也叫顶内沟）。这两沟将顶叶分为三部分：中央沟与中央后沟之间有中央后回。顶间沟之上称为顶上叶，顶间沟之下称为顶下叶。顶下叶由环曲回、角回组成。空间加工中枢等许多重要的区域位于顶叶。

颞叶（temporal lobe）位于颞骨下方，接受来自枕叶的输入，参与物体识别。颞叶也包括初级的听觉区以及参与语言加工的威尔尼克区。

枕叶（occipital lobe）位于大脑皮层顶枕裂之后。距状裂两侧的纹状体是处理视觉信息的重要中枢，并控制与视觉有关的眼球运动以及与瞳孔调节有关的反射活动。刺激该区域中的某一点，可以在特定视场中产生简单的视觉图像；刺激视网膜，可以在纹状体皮层的单个细胞中引发响应。单侧枕叶皮层主要与双眼的同侧视网膜相连，加工双眼的对侧视野中的信息。

大脑皮层是调节身体机能的最高级的部分，是高等动物维持正常生命活动不可或缺的部分。虽然大多数哺乳动物的大脑皮层小且原始，但是对于人脑而言，其所占比例巨大。大脑皮层的表面积约2500平方厘米，为了容纳于颅骨内，它被高度折叠，这也因此成了人类和其他众多哺乳动物脑的显著区别。

（二）脑的功能区

脑主要的生理功能是控制生理心理活动和感觉运动。与其他动物相比，人类智力的发展得益于大脑的扩张和复杂的结构。由于颅腔容量有限，大脑两半球只能通过折叠来扩大表面积，这导致了沟和回的出现和增加。

脑功能区的划分方法很多，例如，布罗德曼（Brodmann）根据细胞形态和组织之间的区别将大脑皮质分为 52 个区域，而本书主要依据布罗德曼提出的皮层分区来进行划分。根据布罗德曼等前人的研究成果，大脑皮层可以分成几大功能区域，如图 2-3 所示。本书主要介绍视觉皮层区、听觉皮层区、躯体感觉区、运动皮层区和联合区。

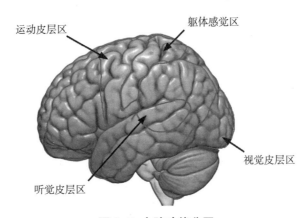

图 2-3 大脑功能分区

1. 视觉皮层区（visual cortex area）

顶枕裂后面的枕叶内皮层称为视觉皮层区，位于布罗德曼第 17 区。大脑的两个半球都包含一个视觉皮层，每个视区负责眼睛对侧视野所输入的神经冲动，视觉冲动经过位于丘脑的外侧膝状体到达视觉皮层，从而形成初级的视觉。左半球的视觉皮层接收来自右视野的信号，右半球的视觉皮层接收来自左视野的信号。此外，视觉区也会与附近的脑区合作，对视觉信息进行进一步加工，从而产生形状识别、空间关系辨别等更加复杂的视觉。若人的大脑两半球视觉区受损，人将失去视觉而变成全盲，即使他的眼睛整体功能正常。

2. 听觉皮层区（auditory cortex area）

人脑的听觉区域，位于颞叶皮层处，属于布罗德曼第 41、42 区。声音以声波的形式传入人耳，经过鼓膜传入耳窝形成神经冲动，神经冲动通过丘脑的内侧膝状体到达大脑的听觉皮层，最终形成人的听觉。大脑两半球均包含听觉皮层，但不同于视觉皮层，听觉皮层接受的听觉信息输入既包含同侧也包含对侧，且以对侧为主。也就是说，右脑的听觉皮层主要接收左耳的听觉信号，左脑的听觉皮层主要接收右耳的听觉信号。单侧听觉皮层损伤可导致双侧听力损失，却不能导致全聋，但若大脑两半球双侧皮层损伤，人会完全丧失听觉。

3. 躯体感觉区（somato-sensory area）

人脑躯体感觉区是躯体感觉的最高中心，主要位于中央沟后面的后沟回，属于布罗德曼第1、2、3区。大脑的感觉区域可以感知来自皮肤、脏器等传入的各种感觉刺激，产生触觉、痛觉、内脏感觉等。人体的各个部位在躯体感觉区的投射方向是不同的，比如人的躯体、四肢在躯体感觉区上的投射是交叉、倒置的，例如下肢投射在皮层上方，上肢投射在皮层下方；而人的头部各器官在躯体感觉区上的投射是正向的，例如眼、鼻投射在皮层上方，唇、舌投射在皮层下方。身体部位的作用大小不同，其在躯体感觉区的投射面积也不同，比如手在人的工作、生活中扮演着重要角色，它投射在躯体感觉区上的面积也相对较大。

4. 运动皮层区（motor cortex area）

初级运动皮层是额叶的一部分，位于布罗德曼第4区。运动皮层首先产生神经冲动，神经冲动经过传导到达脊髓，从而实现对人体各部位运动的控制。运动区主要负责人体运动的控制，包括发出运动指令、调节身体的动作和姿势以及通过控制四肢和肌肉进行运动执行，尤其是与延迟反应相关的运动。身体一侧的运动控制位于对侧初级运动皮层，例如，身体的左侧运动对应于皮层右侧，身体的右侧运动对应于皮层左侧。上下倒置的映射类似于反向映射，即运动皮层的上部（直到头部的顶部）映射身体的下半部，而运动皮层的下部则映射上半部；而头部运动与运动皮层的关系是正向的，正如躯体与躯体感觉皮层的正向映射。同样的，身体各部位在本区的投射面积取决于其功能的重要程度，而不是各部位的实际大小。

5. 联合区（association area）

皮层联合区用于联络、综合各种结构和机能系统。种系进化水平越高，大脑中的联合区在皮层所占的比例越大。对人脑而言，感觉和运动区域以外的区域均为联合区，即联合区约占据皮层的一半面积。

联合区不与感觉、运动过程直接联系，而是用于整合各种感觉通路中的信息。联合区在行为计划、决策控制上起着关键作用，是一种整合和支配人类高级心理活动、进行复杂信息处理的神经结构。边缘叶是指大脑半球的周边结构，于脑干和胼胝体周边的连接处，由扣带回、海马、海马旁回和齿状回组成。这个部位一度被认为只与嗅觉有关，但现有研究表明，它也是调节内脏活动的一个重要中心。

（三）与学习有关的特定脑区

虽然人的大脑皮层不断发展，并影响着人的高级认知活动，但是边缘系统仍然控制着人的基本的学习、记忆、情绪等认知相关活动，特别是边缘系统中的海马、杏仁核、扣带回等区域，与学习密切相关。

1. 海马（hippocampus）

海马对人的记忆有着重要的影响，海马与大脑不同感觉区相联系，能够影响记忆的存储和提取。研究者们对海马损伤患者的研究发现，海马损伤将导致产生顺行性遗忘——患者的短时记忆、长时记忆均正常，但是记不住刚刚学习的内容，难以将短时记忆转换成长时记忆，这说明海马对记忆的巩固有重要作用。此外，研究者还发现，切除海马还会导致空间记忆障碍——海马的切除影响了患者对环境中周边事物的识记，使患者失去方向感。[①]

2. 杏仁核（amygdala）

杏仁核与人的情绪密切相关，它也是控制记忆与学习的重要脑区。杏仁核在感觉体验与记忆转化中有重要作用，它能够将触觉信息、视觉信息等进行汇聚，将信息传递给皮层感觉区，从而实现对事物的辨别与识记，这说明杏仁核能够以感知觉的形式存储信息，形成长时记忆，也就是我们常说的"触景生情"——见到类似的场景就能勾起大脑中的记忆。也有研究表明，杏仁核与厌恶性学习有关，杏仁核能够影响厌恶性信息的获取，并且巩固厌恶性信息的存储。比如，虽然猴天生怕蛇，但是切除杏仁核后，猴对蛇的恐惧感消失，甚至敢于拿蛇来玩耍。[②]

3. 扣带回（cingulum gyrus）

扣带回位于胼胝体的正上方，包裹在额叶和颞叶上。扣带回主要包含两个部分：前扣带回与后扣带回。其中，前扣带回被认为与人的情绪，特别是冷漠与抑郁情绪有关，对这一区域的损害会引发精神障碍和各种精神健康问题。扣带回连

[①] Scoville W B, Milner B. Loss of recent memory after bilateral hippocampal lesions[J]. Journal of neurology neurosurgery & psychiatry, 1957, 20(1): 11-21.

[②] Maren S, Quirk G J. Neuronal signalling of fear memory[J]. Nature reiview neuroscience, 2004, 5(11): 844-852.

接了参与认知控制的大脑高级皮层区,因此它与人的认知功能的关系十分密切。首先,扣带回对人的注意,特别是有意注意,有重要影响。在执行复杂任务时,扣带回会被显著激活,它能够对正在执行的任务进行监控,并且根据当前所进行的任务的加工要求在脑区中对认知资源进行分配。[1] 其次,扣带回与海马的联系十分密切,由于海马是储存的关键,因此扣带回对人的记忆功能也十分重要。最后,扣带回是学习纠正错误的中心结构,扣带回参与了对疼痛的评估并通过控制行为来减少疼痛。

二、脑的底层工作机制

神经系统控制着我们的一切行为,上至思考和决策,下至呼吸和脉搏。脊椎动物的中枢神经系统包括大脑、小脑、脑干和脊柱椎管内的脊髓,它们均含有大量的神经元。

在探讨神经系统的工作方式时,先了解神经系统的最基本单位——细胞,然后再学习神经细胞的工作方式、神经冲动的产生以及神经突触和突触传递。

(一)神经细胞

1. 神经元

神经元(neuron)负责接受信息并将信息传递给其他细胞。一项研究表明,一个成年人的大脑中约含1000亿个神经元。[2][3]

神经元一般包含胞体(cell body)、轴突(axon)、树突(dendrites)和突触(synapse),如图2-4和图2-5所示。需要注意的是,书中引用的图例为了方便观察,与实际比例并不相符,实际情况下,轴突远大于胞体,胞体则一般在轴突上。

如图2-4所示,运动神经元(motor neuron)的胞体位于脊髓里,它利用树突与周围其他神经元沟通、交流。这是由于树突表面存在许多突触受体,它能够接收周围其他神经元发出的信息,并将信息沿着轴突传递到肌肉组织上。而如图2-5所示,感觉神经元(sensory neuron)的神经末梢通常具有特异性,仅对某一类特殊刺激,例如声音、光线或气味等有反应。图中感觉神经元对应的则是触觉(触摸、温暖、刺痛等),其接受来自皮肤表层的触觉信息并将信息传递给脊髓。

---

[1] Gazzaniga M S, Ivry R B, Mangun G R. Cognitive neuroscience: the biology of the mind, 2ed. [M]. NewYork: W.W.Norton & Company, 2002: 530-535.

[2] Williams R, Herrup K. The control of neuron number [J]. Annual review of neuroscience, 1988. 11(1): 423-453.

[3] 也有研究显示,大脑中神经元数量可能接近860亿。

胞体通常含有以下结构：细胞核、核糖体、线粒体和其他结构，这里是神经元发生新陈代谢活动的主要部分。单个神经元具有不止一个树突，但有且只有一个轴突。轴突负责将神经冲动传递给其他神经元或器官、组织。作为传递者，轴突具有许多分支。分支末端会释放神经递质（化学物质），我们一般称分支末端部位为突触前末端。神经递质通过突触从一个神经元传递到另一个神经元。关于神经冲动和神经突触的传递，我们会在本节后面具体讲解。

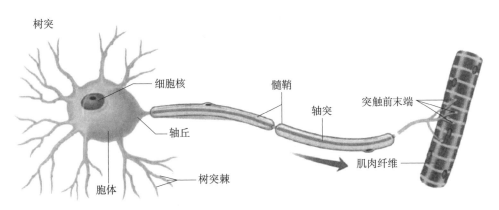

图 2-4 脊椎动物的运动神经元[1]

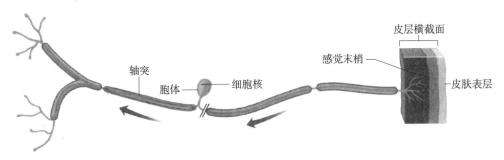

图 2-5 脊髓动物的感觉神经元[2]

2. 神经胶质细胞

除了神经元，神经系统中的另一种重要细胞叫做神经胶质细胞。相比于神经元可以通过突触传递来进行神经信息的远距离传播，神经胶质细胞只可以与周围邻近的神经元通过交换化学物质来进行信息沟通。

---

[1] Kalat J W. Biological psychology, 13th ed. [M]. Cengage Learning, 2019: 20.
[2] Kalat J W. Biological psychology, 13th ed. [M]. Cengage Learning, 2019: 20.

星形胶质细胞（astrocytes）因形而得名，其周围通常围绕着一群具有相关功能的轴突，如图2-6所示。星形胶质细胞接收周围各个轴突释放的化学物质，继而再将化学物质释放给轴突，这样周围轴突的活动便得以同步。星形胶质细胞是胶质细胞中体积最大的一种，它们在神经系统中扮演了重要角色，不仅是清洁工，协助清理死亡细胞所产生的废弃物，还是供给方，能够增大大脑激活区域的血流量，为活动脑区供给更多的燃料。[1]

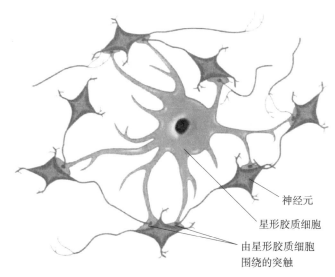

图2-6 星形胶质细胞[2]

（二）神经冲动

1.神经元的静息电位

在没有外界刺激时，即当处于静息状态时，神经元的膜内为负电位，膜外为正电位，此时也称为细胞膜的极化（polarization）状态。神经元在静息状态下的膜内外电位差为静息电位（resting potential）。

当神经元处于静息状态时，离子产生运动需要满足一定的前提条件：一种是电位差，方向总是由正电位指向负电位，已知静息状态下细胞膜内是负

---

[1] Takano T, Tian G F, Peng W, et al. Astrocyte-mediated control of cerebral blood flow [J]. Nature neuroscience, 2006, 9(2): 260.

[2] Kalat J W. Biological psychology, 13th ed [M]. Cengage Learning, 2019: 23.

电位，故电位差推动带正电的离子向细胞膜内流动；第二种条件是浓度梯度（concentration gradient），也就是细胞膜内外的离子分布密度。离子总是从浓度高处流向浓度低处。例如，某种离子的膜外浓度大于膜内浓度，则该种离子会从膜外扩散进入细胞，反之，浓度梯度则会促使离子外流。

2.动作电位

当细胞接收到外界刺激，产生兴奋时，大量钠离子迅速内流，这一过程称为动作电位的去极化。在钠离子内流过程中，钾通道因被激活而开放，动作电位的复极化则是由大量钾通道开放引起钾离子快速外流的结果。

动作电位具有一个特点，即"全或无法则"（all-or-none law）。通常情况下，针对某个具体神经元，其产生的所有动作电位的速度和强度是基本相同的，动作电位的速度和强度与外界刺激的强度无关。

神经冲动在神经纤维上的传导过程如下：当神经纤维上的某处接收到刺激时，该处细胞膜两侧会产生短暂的电位变化，静息状态下细胞膜两侧的内负外正情况这时会转为内正外负，而周围其余未兴奋部位膜两侧的电位情况还是内负外正。这样，兴奋部位和未兴奋部位间便产生了电位差，电位差促使电荷移动，移动方向为由正到负，于是便产生了局部电流。局部电流又继续以相同的方式使得邻近的未兴奋部位产生电位变化，这样一来，最初由刺激导致的神经冲动便不断向前传导，后方继而又恢复为静息电位。

（三）神经突触传递

外界环境千变万化，动物体在适应外界环境并维持稳态时，需要时刻进行各种调节活动。神经系统在整个调节过程中有着至关重要的作用。在此我们主要介绍神经调节的基本方式——反射（reflex）。

反射指的是在中枢神经系统参与下，动物体针对内外环境变化而产生的规律性应答。完整的反射弧（reflex arc）是一个反射得以完成的最基本结构。反射弧一般包括感受器、传入神经、神经中枢、传出神经和效应器（传出神经末梢及其掌管的肌肉组织或腺体等）。

完整的反射过程大致是：感受器接收一定刺激后产生兴奋（excitation），兴奋沿着传入神经传导至神经中枢，继而神经中枢转为兴奋状态，并分析、整合所接收到的兴奋信息，神经中枢的兴奋沿着传出神经传至效应器，最后由效应器对最初的刺激做出应答。

反射过程中，兴奋信息要经由传入神经和传出神经等多个神经元，而神经元与神经元间并非直接相连,那么神经信息是怎样在神经元间进行传播的呢?

之前在细胞结构处,我们简单提及,轴突的分支末端形成释放神经递质的突触前末端,神经递质从一个神经元传递到另一个神经元。这就是信息传递的重要环节。在这里我们重点讲解一下突触(synapse)。突触神经元之间联系的部位,由突触前膜、突触间隙和突触后膜三部分组成。

当神经末梢接收到神经冲动时,突触前膜内的突触小泡与突触前膜融合,神经递质(neurotransmitter)被释放到突触间隙中并扩散,然后神经递质与突触后膜(另一个神经元)上的特异性受体结合,引发突触后膜上的电位变化,即引发新的神经冲动。这样,神经信息就通过突触从上一个神经元传到了下一个神经元。这里要注意的是,神经递质只能从突触前膜释放,然后作用于突触后膜,因此神经元间的兴奋传递是单方向的。例如,从一个神经元的轴突传到下一个神经元的细胞体或树突。

三、脑的发育与可塑性

(一) 大脑的发育

精子与卵子结合形成受精卵,神经系统由此开始发育发展。第5~7天时,受精卵发育为囊胚,由外胚层、中胚层和内胚层构成。外胚层逐渐发育形成管状的神经组织,即神经管。神经管就是最初的大脑雏形。第4周左右,神经管前部形成三个膨大的组织,称为脑泡。到婴儿出生时,他(她)就已经具有了一整套和成人解剖特征一致的大脑结构。

大脑结构的发育则遵循着特殊的顺序。形成大脑皮层的神经元产生于大脑中的前体细胞。前体细胞是一种没有分化的细胞,它首先分化形成神经元,再形成胶质细胞。大脑皮层中的神经元可以分为6层,遵循着先内层后外层的发展顺序。初生的神经元首先形成大脑的深层结构,而后期产生的神经元会穿过之前形成的深层神经元,迁移出去形成浅层。需要注意的是,神经元在发育过程中不是形成一层后再开始第二层,而是不同层重叠发展。由于皮质神经发育具有时间序列性,因此任何阶段发生的影响皮质神经发育的因素都会导致皮质结构的改变。例如母亲在怀孕时过量的酒精进入血液,会造成胎儿神经元及脑部结构发育异常。一项磁共振成像(MRI)研究发现,这些受酒精影响的胎儿从儿童期、青少年期到成年后大脑两半球连接的胼胝体均存在一些异常,这种异常可能与他们眼睛较小、上唇较薄、人中不清楚等的面部异常有关。①

20世纪以前人们认为成年后大脑不再产生新的神经元，但是这一结论在近年来越来越受到质疑。已有研究发现，成年被试的海马齿状回中的干细胞可以产生新的神经元，它们还可以迁移到其余海马区域，与原有细胞形成树突和轴突，进行正常的功能活动。②

在出生后的发育中，突触生成与削减的时间在不同的大脑区域是不同的。总体上，联合区域比感觉运动区域的发育更晚一点。颞叶区域的突触密度在婴儿3个月左右时达到峰值，而额叶区域的突触密度在出生15个月左右才能达到峰值。同样，颞叶区域的突触削减也比额叶皮质结束得更早。人出生时，大脑重量为350克，2岁时达到900克，10岁左右达到成人一样水平的1350克左右。到成年后，脑的体积与重量都不再增长，老年时大脑的重量则逐渐减轻，大脑广泛或局部萎缩，大脑的水分甚至会减少20%左右。

（二）脑的可塑性

神经系统具有很强的适应能力。认知神经科学家们将大脑结构和各种连接因学习和经验的影响而发生变化的现象称为大脑的可塑性。

诸多实验证据支持了大脑的可塑性观点。在一项动物实验中，研究者使用单细胞记录法记录了猴子每个手指在大脑中的定位。之后猴子的手指被截断，结果显示，手指所对应的大脑区域在一段时间里没有信号输入，于是开始对周围手指的信号输入进行反应。这一点证明了大脑功能的替代性。同样，当两根手指被手术缝合到一起，一段时间后原来两根手指所对应的清晰界限开始变得模糊，有发展为一个区域的趋势（图2-7）。③另外的研究表明，大脑皮质的重组不仅在长期的学习后有效，甚至在练习15～30分钟后就能发生。

---

① Swayze V W, Johnson V P, Hanson J W, et al. Magnetic resonance imaging of brain anomalies in fetal alcohol syndrome [J]. Pediatrics, 1997, 99(2): 232-240.

② Shors T J. Memory traces of trace memories: neurogenesis, synaptogenesis and awareness [J]. Trends in neurosciences, 2004, 27(5): 250.

③（美）Gazzaniga M, Ivry R, Mangun G. 认知神经科学：关于心智的生物学[M].周晓林，高定国，等 译.北京：中国轻工业出版社，2011: 87—88.

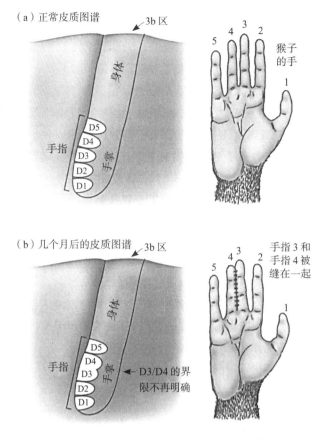

图 2-7 猴子手指对应脑区的可塑性[①]

由于大脑具有可塑性,一些行为对大脑具有破坏作用。如长期的酒精摄取会导致神经元树突的萎缩,与记忆、情绪等相关的大脑海马部位等的萎缩,被试出现无法回忆长远事件或记忆错乱等不良反应。还有研究发现,游戏成瘾也会导致大脑损伤,游戏成瘾者在额叶、边缘系统等的灰质体积更小。[②] 这也是2018年世界卫生组织将游戏成瘾列入精神疾病范围的主要依据之一。

人类的神经系统是一个非常庞大、复杂的系统,目前并未完全解开大脑之谜,对待已有结论也要采取慎重的态度,做辩证思考。例如,人们只使用了大脑

[①] (美) Gazzaniga M, Ivry R, Mangun G. 认知神经科学:关于心智的生物学 [M]. 周晓林, 高定国, 等 译. 北京: 中国轻工业出版社, 2011: 87—88..

[②] Yao Y, Liu L, Ma S, et al. Functional and structural neural alterations in Internet gaming disorder: a systematic review and meta-analysis [J]. Neuroscience & biobehavioral reviews, 2017(83): 313-324.

不到10%的潜能。事实上，人的大脑是非常活跃的，不同的大脑区域对应不同的功能，核磁成像显示，即使被试平躺在机器中，不完成任何任务也会有大脑的激活。另外，将孩子分为左脑型和右脑型的分类也并不科学。虽然一部分的研究关注于大脑的偏侧化，揭示了左右半球在生态学、电生理、发生学上的区别，但是大脑更多的是相互协作，区别仅是研究中使用不同比较方法得出的细微差别。例如对大鼠的研究发现，纹体多巴胺含量在两侧半球有所不同，但是仅有10%~15%的不同，剩余的85%~90%是相同的。[1] 此类误解还有很多，如宣称女孩和男孩大脑不同，这其实是盲目扩大性别差异；再如宣称大脑越大越聪明，事实上大脑的体积与智商之间的关联很小。

第二节 学习的脑机制

知觉、注意和记忆等是个体的基础认知能力，我们需要在这些基础认知之上进一步实现语言、数学、情绪等高级认知并完成一系列学习任务。探究各类基础认知、高级认知的大脑活动模式有助于了解与学习相关的脑机制。本节内容将结合已有的研究成果来总结知觉、注意和记忆等基础认知与学习的脑机制，以及语言、数学、情绪等高级认知与学习的脑机制；通过分析各种认知和学习对大脑的塑造作用，进一步从脑科学视角为教育、教学提供新的方向和理论指导。

一、基础认知与学习

（一）视知觉

知觉（perception）就是利用已有的知识解释感觉器官所记录的刺激，通常是对五种感觉（视觉、听觉、触觉、嗅觉和味觉）信息的整合。它是一种极其复杂的人类能力。被最广泛研究的感觉是视觉。

1. 视觉的解剖学

眼球后方有一层膜叫视网膜（retina），上面的每一处都含有对光线强弱非常敏感的视杆细胞和对不同颜色的光敏感的视锥细胞。[2] 每个视锥细胞或视杆细胞都能对聚焦于其上的光产生反应。人类视网膜含有大约1.25亿个视锥细胞和600万

---

[1] 尹文刚. 脑功能"一侧化"问题的研究[J]. 心理科学进展, 1984,（4）：49—56.

[2] Vinje W E. Sparse coding and decorrelation in primary visual cortex during natural vision[J]. Science, 2000, 287 (5456): 1273-1276.

个视杆细胞,视锥细胞主要分布在视网膜的黄斑中央凹处,视杆细胞密度最高处在中央凹附近的环状区。

视杆细胞对光更为敏感,可以使我们在夜间和低光照条件下分辨物体,但看不到颜色。不同的视锥细胞分别对红、绿和蓝三种光敏感,它们可以使我们在亮光下看到各种颜色。每当视杆细胞或视锥细胞接收到光,它就产生信号,发给大脑。大脑再把上亿个光感受器的信号处理成连贯统一的画面。这个过程由多个阶段组成,任一阶段发生问题,都有可能导致视觉缺陷。人类视觉牵涉吸收光的细胞和处理光信息的脑,脑在处理完信息之后,我们就可以对这些信息做出反应。如初级视觉皮层(primary visual cortex),位于大脑的枕叶,也是来自两只眼睛的信息最初结合的地方。如果你把手放在头的后部脖子上方的位置,初级视觉皮层就位于你手摸到的头盖骨的下面。不过它只是视觉信息在皮层内加工的第一站,研究者们发现至少 30 个其他皮层区域在视觉知觉中起作用。[①] 这种处理是非常高效的,例如我们通常可以在 1/10 秒内解释一个新场景的意义。

2. 自下而上的加工与自上而下的加工

自下而上的加工(bottom-up processing)强调,识别物体时刺激的特征是重要的。例如,将视线从书上移开,集中注意力到附近的某个物体,注意它的形状、大小、颜色和其他重要的物理体征。当这些特征记录到视网膜上的时候,物体识别加工就开始了。这些信息从最基本(最下层)的知觉水平开始,依次传递到比初级视觉皮层更复杂的认知区域。简单的下层特征的组合有助于你识别更复杂和完整的物体。

视觉加工过程可以是自下而上的,也可以是自上而下的。自上而下的加工强调人们的概念、期望和记忆是如何影响物体识别的。这些高水平的心理加工有助于我们对物体的识别。你期待在特定位置发现特定的形状,期待能借助过往经验看到这些形状,并快速识别物体。[②]

认知心理学家们认为,在解释物体识别的复杂性时,两种加工都是必要的。例如,你辨认出了鼠标是因为两种加工几乎同时在进行:①自下而上的加工使你记录了成分特征,如鼠标的形状;②办公室的环境让你能更快识别出鼠标,这是

---

① Sereno M, Dale A, Reppas J, et al. Borders of multiple visual areas in humans revealed by functional magnetic resonance imaging[J].Science, 1995, 268(5212): 889-893.

② Delorme A, Rousselet G A, Macé M J M, et al. Interaction of top-down and bottom-up processing in the fast visual analysis of natural scenes[J]. Cognitive brain research, 2004,19(2): 103-113.

自上而下加工的结果。

（二）注意：配置认知资源

在任何时刻，我们的注意力只覆盖了进入感觉系统刺激中的很少部分。你现在停下手头的工作并想一想：你能听到环境中的噪音吗？在阅读前面的段落时，那些噪音一直存在，但是你不会注意到它们，因为它们根本没有"通过"你的注意系统。我们对其他刺激的注意也是如此。当你把注意力集中于你的衣服、手表或首饰上时，你能感觉到它们紧贴着你的皮肤吗？也许一秒前你并没有意识到它们的存在。

1. 注意和选择性注意

注意（attention）是指人的心理活动对一定对象的指向和集中。如果你经历过学习时有人在你旁边大声打电话，你就会知道注意资源是有限的。选择性注意（selective attention）指从外界环境中选择特定信息进行加工，同时忽略其他无关信息的认知过程。

日常生活中，我们经常会遇到找手机、钥匙、钱包的情景。在快速扫视寻找物品时，目光会下意识地聚集在与这些物品相关的线索上，例如往可能摆放手机的地方看去，并且我们会将目光更多地停留在类似手机的物体上。这种倾向于关注与任务目标相关的物体的注意模式在神经水平上可反映为"自上而下"（top-down）的信号传递。[1][2] 参与脑高级功能的联合皮层产生注意信号，经反馈环路作用于视觉皮层，导致视觉皮层内相关神经元的放电增加，并引起视觉皮层整体活动模式的改变，进而导致视觉皮层中注意效应的发生。

根据人类无创性脑成像研究和灵长类动物细胞电生理研究发现，注意的脑机制可以概括为三个功能网络：①定向网络，参与感觉刺激与空间位置的定向功能，包括顶叶、颞顶联合、中脑的上丘和丘脑的枕核；②执行网络，额叶的一些区域如扣带回，实现选择注意的执行；③警觉网络，实现注意持久维持的调节功能，与右半球顶叶额叶有关。[3]

---

[1] Corbetta M, Shulman G L. Control of goal-directed and stimulus-driven attention in the brain[J]. Nature reviews neuroscience, 2002. 3(3): 201-215.

[2] Kaster S, Ungerleider L G. Mechanisms of Visual Attention in the Human Cortex[J]. Annual review of neuroscience, 23(1): 315-341.

[3] Fan J, Mccandliss B, Fossella J, et al. The activation of attentional networks[J]. NeuroImage, 2005,26(2): 471-479.

2. 注意和未被注意

认知心理学家们如何研究人们怎么处理那些未被注意到的信息呢？他们使用了一种技术，叫做双耳分听（dichotic listening task）（图2-8）。你可能一只耳朵听着手机里别人给你说的重要信息，另一只耳朵听到附近很大声的另一个谈话，这种情形被称为双耳分听。在实验室里，双耳分听任务中被试需要戴上耳机，一种信息呈现于左耳，另一种信息呈现于右耳。通常要求被试追随某一耳朵内的信息，口头重复出该耳朵听到的信息。如果被试在追随时出现了错误，研究者就可以知道他们没有注意那个特定的信息。希尔亚德（Hillyard）和他的同事发现，与刺激被忽视的情况相比，刺激被注意的时候听觉ERP（事件相关电位）幅度相应变大了，表现为听觉N1波形（刺激呈现约100毫秒后的负向脑电波）上出现了偏转。

图2-8 双耳分听实验

经典的双耳分听实验研究中，听者会听两个不同的信息，并被要求重复（"追踪"）其中一个。结果显示，人们对非注意的另一个信息（非追随耳内呈现的信息）的注意是很少的。例如，人们甚至注意不到另一个信息有时候会从英语转换为德语。不过非注意信息由男声变为女声时，人们会注意到。一般来说，人们同一时间只能加工一种信息，但是人们有的情况下会加工非注意的信息，如当两种信息都呈现得非常慢的时候，当主要的任务不是很难的时候，或者当非注意信息的意义是即时相关的时候。此外，在双耳分听的任务中，人们有时候会注意到自己的名字出现在非注意的信息里。例如在聚会中，你会被很多同时进行的谈话围绕。即便你密切注意一个谈话，你也能听到你的名字是否在旁边的谈话中被提及。这种现象被称为鸡尾酒会效应（cocktail party effect）。

当我们能够很熟练地做某件事情时，这一操作只需要较少注意就可以执行。打字便是一个很好的例子。如果你打字熟练，就可以快而准，而且还能边打字边交谈甚至看着窗外。如果你不熟练的话，就会打得很慢，犯的错误也较多，并且不太可能同时加工其他加入的信息。一般来说，任务难度和人对工作的熟悉程度影响了任务所需的注意资源。练习可以减少一项任务所需心理努力的总量。

斯特鲁普效应（Stroop effect）就是一个很好的例子。该任务向被试呈现一系列彩印的表示颜色的字，但是彩印的颜色与字代表的颜色一致或者相矛盾。[1] 以"红"字为例，它可能用红色油墨来印（一致），也可以用绿色油墨来印（相矛盾）。被试需要尽可能快地说出系列中印刷每一个词所用的颜色。当字义与字色一致时，被试反应很快，很少有错误；当字义与字色不一致时，被试往往容易出错。然而在经过8天的练习后，被试在同样的斯特鲁普任务里的表现得到了提升，能够较少地受到干扰，对所有刺激颜色的指称都变得更为迅速。在完成斯特鲁普任务时，字音对任务产生的影响，只需花费较少的注意与努力，且较难抑制，这种加工被称为自动化（automatic）。

分散注意任务中，你需要注意两种或者多种同时出现的信息，并对每种信息都做出合适的反应。当任务较难时，你的速度和正确性都会受到影响。例如，两个人同时语速很快地对你说话，你会发现很难有条不紊地对他们做出回应；大学生们在进行手机通话的时候，走路速度就会慢下来。[2] 根据已有的研究结果，多任务的情况下，大学生们对阅读材料的测试得分也更低。他们可能相信自己可以同时完成多个任务，但是研究结果并不支持这个想法。一个总的原则是：如果我们一次完成一个任务，通常会完成得更快、更准确。

（三）记忆与学习

在普通人日常的心理体验中，记忆常常占据了相当大的部分。我们会记得一顿极为美味的宴席，在孩提时代玩过的游戏，或是前天办公室里令人忍俊不禁的一幕。我们会回想曾经在海滩上见到的壮丽日落，还会记得那些刻骨铭心的心理创伤和恐怖经历。我们的记忆依赖于感觉输入：一股熟悉的气味或一首最爱的歌都能触发一场详细的回忆，把我们带回某个特殊的时间和地点。

---

[1] MacLeod C M. Half a century of research on the Stroop effect: an integrative review [J]. Psychological bulletin, 1991, 109(2): 163-203.

[2] Hyman I E, Boss S M, Wise B M, et al. Did you see the unicycling clown? Inattentional blindness while walking and talking on a cell phone [J]. Applied cognitive psychology, 2009, 24(5): 597-607.

> **关键概念——记忆**
>
> 记忆（memory）是人脑对经验或事物的识记、保持、再现或再认，它是进行思维、想象等高级心理活动的基础。

那么，什么是学习（learning）呢？在第四章我们会对学习的含义进行详细的探讨，简单地说，"学习是指由经验引起的学习者知识的变化"[①]。至于学习与记忆之间的关系，简而言之就是，学习是获取新信息的过程，其结果便是记忆。学习与记忆可以假设为三个主要的阶段（图2-9）：形成记忆（编码信息），保持记忆（储存信息）和提取记忆（重新获得信息）。

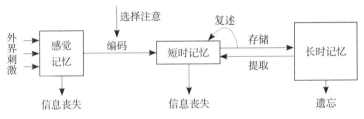

图2-9 记忆系统模式图

感觉记忆（sensory memory）。它是记忆的第一阶段，也称瞬时记忆。它是信息通过感觉系统（眼睛、耳朵）进入神经系统的节点。它就像一道暂时打开的门，通过这扇门，我们能看到很多人和事物，但是只有一部分我们需要的信息会真正进入这道门。感觉记忆的维持时间以毫秒或秒计算。

正常情况下，信息会通过感觉记忆进入下一个阶段——短时记忆（short-term memory）。这个过程是通过选择性注意，即在所有感觉输入中只关注特定刺激的能力而完成的。短时记忆能够维持几秒至几分钟，它是一个短暂保持信息并保证信息可用的系统。不过它会因为复述不当、延迟和相似信息的干扰而遗失。当新的信息侵入短时记忆时，旧的信息会被挤出。一般来说，短时记忆中能保持7个左右的数字、字母、单词或有意义的项目，这被称为"7±2"原则。[②]

记忆中的第三个系统是长时记忆（long-term memory）。在这个系统中，所

[①] （美）理查德·E.梅耶.应用学习科学——心理学大师给教师的建议[M].盛群力，丁旭，钟丽佳译.北京：中国轻工业出版社，2016: 14.

[②] Miller G A. The magical number seven plus or minus two: some limits on our capacity for processing information [J]. Psychological review, 1956, (63)2: 81-97.

有信息或多或少被永久性地保留了下来。短时记忆中的信息必须经过复述,并了解信息之间的意义与联系,才有可能转入长时记忆。它有几种不同的类型:①程序性(非陈述性)记忆是对技能、习惯和条件反射的记忆;②陈述性记忆是对一般事实和个人经历的记忆,包括语义记忆和情景记忆两种。

> **关键概念 —— 工作记忆**
>
> 巴德利(Baddeley)和他的同事们提出了工作记忆(work memory)的概念。他们认为,工作记忆是完成认知任务时,对信息进行暂时存储和操作的一个记忆系统,工作记忆不单单是一个被动的存储器。工作记忆是指长时记忆中刚被激活的那部分知识,包括短暂的短时记忆。短时记忆、工作记忆和长时记忆彼此嵌套,工作记忆只包含长时记忆中最近被激活的部分,短时记忆仅包括工作记忆中较少的、稍纵即逝的部分。工作记忆在管理记忆过程中的作用,比如对信息的编码、重组、整合等,意味着工作记忆更像是一个工作台(workbench),在这个工作台上,材料持续得到处理和转化。
>
> 在实际应用中,有学者认为,工作记忆实际上就是短时记忆,是同一概念的两方面,工作记忆侧重于功能,短时记忆侧重于储存的时间。[①]

在记忆的神经科学研究中,研究者们试图探讨是否特定的神经环路和系统实现了特定形式知识的学习与保存。利用高分辨率的神经成像技术,如磁共振成像,研究者们评定了经历过双侧内侧颞叶切除术而导致严重遗忘症的患者H.M.,发现他的海马与海马旁回皮质受到损伤。而动物研究的结果也表明,内侧颞叶中的海马系统和相关皮质对形成长时记忆是至关重要的。[②] 内侧颞叶是组织和巩固长时记忆的关键组成部分,而长时记忆以分布式的方式永久储存在新皮质中。

[①] 冯忠良,伍新春,姚梅林,等.教育心理学(第三版)[M].北京:人民教育出版社,2015: 189.

[②] Squire L R. "Memory and the hippocampus: A synthesis from findings with rats, monkeys, and humans": correction [J].Psychological review, 1992, 99(3): 582−582.

二、高级认知与学习

近年来，各类无创性脑功能成像技术的发展与应用为观察高级认知和学习加工时的大脑活动模式提供了支持。它们有助于揭示语言、数学、情绪等加工的脑机制，以及各种高级认知和学习对大脑的塑造作用，进而从脑科学视角为教育、教学提供了新的方向和理论指导。

（一）语言学习的脑机制

语言是人类区别于动物的最主要特征，更是人类思维和交流的重要工具。语言的各个子成分（语音、字形、语义）分别依赖于不同脑区的加工；而听、说、读、写等语言加工往往包括各个语言的子成分，需要大脑多个脑区的协同参与。大脑左侧半球是语言加工的优势半球。

1861年，布洛卡医生对一位生前不能说话，但可以借助符号来交流的病人进行了大脑解剖，发现其大脑左半球额下回后部（left posterior inferior frontal gyrus）存在严重的病变；由此发现了第一个与语音表征相关的脑区，该区域后来被命名为布洛卡区（Broca's area），主要负责语音的动作表征，是大脑的口语产出中枢（如图2-10所示）。

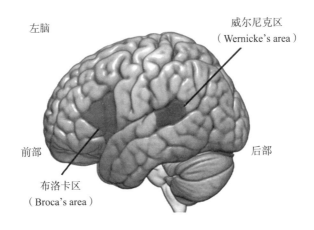

图2-10 负责语言加工的两个脑区

布洛卡区损伤通常会造成表达性失语症（expressive aphasia），即存在口语产生困难，不能产生流利的语言，但阅读、理解和书写不会受到影响。随后维尔尼克医生（Carl Wernicke）又通过对一位生前口语流利但语句毫无意义以及理解话语有严重困难的病人进行了大脑解剖，发现了另一个负责语音加工的脑区，该区域位于左侧颞上回后部（left posterior superior temporal gyrus），主要功能是分辨语音，负责语音的听觉表征，是大脑的言语听觉中枢，后来被命名为维尔尼克区（Wernicke's area）（如图2-10所示）。该区域损伤通常会造成感觉性失语症（receptive aphasia），即患者能听到声音，但是不能分辨出所听到的声音对应的是哪些文字的读音，导致不能正确地理解所听到的声音。与表达性失语症患者不同的是，感觉性失语症患者在说话时虽然能产生流利的语音，但由于其不能分辨语音，因此他们表达出来的声音并不是其真正想要表达的文字所对应的读音，如此一来，他们的话语没有实际意义。

负责字形表征的脑区也可以分为两个部分。首先，大量功能磁共振研究发现，颞枕区（occipito-temporal region）对文字的激活强度显著高于对其他视觉刺激（如：字符串、面孔、视觉纹理等）的激活强度。[1][2]这表明，颞枕区负责字形的视觉表征，是大脑的阅读中枢（如图2-11所示）。该区域损伤通常会造成失读症（dyslexia），即存在阅读困难——可以复述所听到的语句，但不能读出所看到的文字。其次，额中回后部（posterior middle frontal gyrus）负责字形的动作表征，是大脑的书写中枢；其在文字书写任务中的激活强度要显著高于画圈任务中的激活强度（如图2-12所示）。[3]该区域损伤通常会造成失写症（agraphia），即存在书写困难，也就是说不能书写出正确的字形。

---

[1] Baker C I, Liu J, Wald L L, et al. Visual word processing and experiential origins of functional selectivity in human extrastriate cortex [J]. Proceedings of the national academy of sciences of the United States of America, 2007, 104(21): 9087-9092.

[2] Cohen L, Lehericy S, Chochon F, et al. Language-specific tuning of visual cortex functional properties of the visual word form area [J]. Brain, 2002, 125: 1054-1069.

[3] Roux F E, Dufor O, Giussani C, et al. The graphemic/motor frontal area exner's area revisited [J]. Annals of neurology, 2009, 66(4): 537-545.

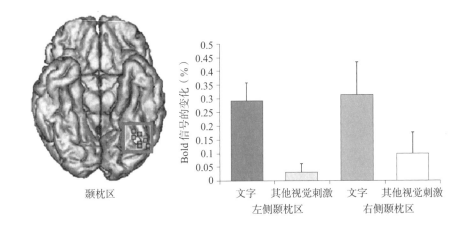

图 2-11 颞枕区对文字的激活强度显著高于其他视觉刺激

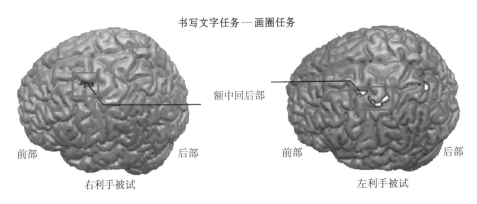

图 2-12 额中回后部在书写文字任务中的激活强度显著高于画圈任务

除识别和输出语音、字形外，人们还需要通过语义表征来理解各类词汇、语句、段落的含义。语义加工不仅存在于语言活动中，还存在于推理、计划、问题解决等一系列复杂加工中。近年来，研究者使用不同的任务范式（如：真假词判断、有无意义判断、语义距离判断等）发现了多个负责语义表征的脑区。一项基于 120 个语义加工研究的元分析总结得出，大脑语义网络（semantic network）包括角回（angular gyrus）、颞中回（middle temporal gyrus）、梭状回和海马旁回（fusiform and parahippocampal gyri）、背内侧前额皮层（dorsomedial prefrontal cortex）、额下回（inferior frontal gyrus）、腹内侧前额皮层（ventromedial prefrontal cortex）和后扣带回（posterior cingulate gyrus）7 个区域（如图 2-13 所示)。① 这些脑区之间存在一致性和特异性,它们均负责大脑的语义表征,在部分语义加工中会同时被激活;也存在部分语义加工只激活其中的部分核心脑区的情况,如角回、颞中回、额下回的特异性激活。

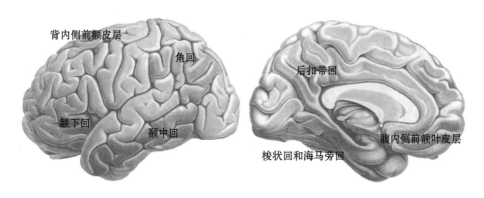

图 2-13 元分析得出的大脑语义网络

第二语言学习是 21 世纪学生素养的核心要求之一,因此,除对语音、字形、语义表征的研究外,对第二语言学习者的脑机制的探索也是当前脑科学与教育研究关注的重点。研究发现,第二语言学习不仅会征用负责加工母语的核心脑区②,还会调用其他特异性脑区,如更强地激活额叶、顶叶和基低神经节(basal ganglia)。此外,第二语言的学习会增大个体顶叶的灰质密度(gray matter density),且第二语言的熟练程度和习得的年龄也是影响灰质密度的因素。因此,习得一门新的语言可以进一步塑造我们的大脑。

(二)数学学习的脑机制

数学是各类理工科学习的基础,数学能力的高低不仅影响个体的学习与生活,还会影响国家的经济水平。当前的认知神经科学研究发现,数学学习主要依赖于视空、语音、语义三个大脑网络,且三个大脑网络之间各司其职并紧密合作。

---

① Binder J R, Desai R H, Graves W W, et al. Where is the semantic system? a critical review and meta-analysis of 120 functional neuroimaging studies [J]. Cerebral cortex, 2009, 19(12): 2767-2796.

② Perani D, Abutalebi J. The neural basis of first and second language Processing [J]. Current opinion in neurobiology, 2005, 15(2): 202-206.

1. 大脑视空网络

首先,人类依赖双侧顶叶和枕叶构成的大脑视空网络(visuospatial network)对视觉空间信息进行加工的同时,还利用该视空网络进行各种数学加工。以往的行为研究发现个体空间能力可以预测数学成就。[1] 这初步表明了视觉空间能力和数学能力存在紧密关联。随着脑科学的发展,越来越多的证据揭示大脑视空网络中双侧顶叶的顶内沟区域(intraparietal sulcus, IPS)确实是数量加工和算术计算等数学加工的领域特异性脑区(如图2-14所示)。例如,功能磁共振研究发现,数量加工和算术计算比语言加工能更强地激活双侧顶内沟区域。[2][3] 除双侧顶叶对数学加工起重要作用外,大脑视空网络中的腹侧颞枕区(ventral occipito-temporal region)还存在一个对数字形状有较多激活的脑区,被称为数字形状加工区(visual number form area)(如图2-14所示)。一系列脑成像研究发现,加工数字符号比加工语言、无意义符号等能更强地激活双侧腹侧枕颞区。[4]

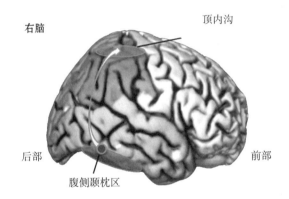

图2-14 大脑视空网络负责数学加工的两个核心脑区

---

[1] Wei W, Yuan H B, Chen C S, et al. Cognitive correlates of performance in advanced mathematics [J]. British journal of educational psychology, 2012, 82(1): 157−181.

[2] Liu J, Zhang H, Chen C S, et al. The neural circuits for arithmetic principles [J]. Neuroimage, 2017, 147: 432−446.

[3] Eger E, Sterzer P, Russ M O, et al. A supramodal number representation in human intraparietal cortex. Neuron [J], 2003, 37(4): 719−725.

[4] Shum J, Hermes D, Foster B L, et al. A brain area for visual numerals [J]. Journal of neuroscience, 2013, 33(16): 6709−6715.

2. 大脑语音网络

下面请你在没有纸笔的条件下心算出 27+56 等于多少，并观察自己在心算该题目时是否存在语音输出。事实上，以往的行为研究已经使用双任务范式（dual task）或个体差异分析（individual differences analysis）发现算术计算的确依赖于工作记忆中的语音环路（phonological loop）[①]，且个体的语音加工能力可以预测其未来的算术计算成绩[②]。近年来一系列脑科学研究也进一步揭示，除布洛卡区和威尔尼克区负责一般语言的语音表征外，中央前回（precentral gyrus）、辅助运动区（supplementary motor area）、罗兰迪克岛盖（rolandic operculum）等脑区构成的大脑语音网络（phonological network）参与数学加工的语音表征，主要负责算术事实的语音编码和参与信息维持（如图2-15所示）。例如，复杂的多位数算术计算比数学原理和数学问题解决的加工，能更强地激活与大脑语音网络相关的脑区。[③④]

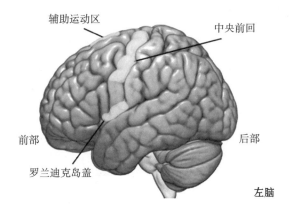

图2-15 大脑语音网络负责数学加工的三个核心脑区

[①] Furst A J, Hitch G J. Separate roles for executive and phonological components of working memory in mental arithmetic [J]. Memory & cognition, 2000, 28(5): 774-782.

[②] Hecht S A, Torgesen J K, Wagner R K, et al. The relations between phonological processing abilities and emerging individual differences in mathematical computation skills: a longitudinal study from second to fifth grades [J]. Journal of experimental child psychology, 2001, 79(2): 192-227.

[③] Liu J, Zhang H, Chen C S, et al. The neural circuits for arithmetic principles [J]. Neuroimage, 2017, 147: 432-446.

[④] Zhou X L, Li M Y, Li L N A, et al. The semantic system is involved in mathematical problem solving [J]. Neuroimage, 2018, 166: 360-370.

3. 大脑语义网络

前文的研究中提到，与数学问题解决相比，复杂的算术计算更依赖于大脑语音网络。那么，数学问题解决主要依赖何种加工及哪些脑区呢？数学问题解决是利用概念性数学知识对数学问题进行推理的过程，因此可能涉及相关的语义加工。一项功能磁共振研究利用数字系列推理、几何求解、应用题三种不同形式的数学问题解决，与相同形式的复杂算术计算加工进行对比，均发现数学问题解决能更强地激活大脑语义网络，即前文提到的角回、颞中回、梭状回和海马旁回、背内侧前额皮层、额下回、腹内侧前额皮层和后扣带回7个区域（如图2-16所示）。[1] 此外，一系列脑成像研究发现大脑语义网络的核心脑区还参与其他涉及概念性数学知识的数学加工中，如量词（quantifiers）、数学术语（mathematical terms）、算术原理（arithmetic principles）等加工过程。[2][3]

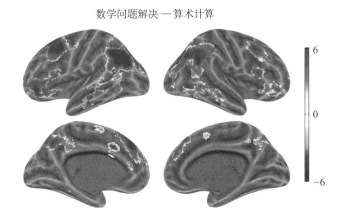

图2-16 数学问题解决能比算术计算加工更强地激活大脑语义网络（红色部分）

除基本的数学加工脑机制研究外，当前研究还重点关注数学学习经验、学习方式对大脑及数学能力发展的作用。首先，跨文化研究发现，乘法口诀表的早期学习经验会影响个体在进行乘法运算时的大脑活动模式。我国内地学生在学习乘

---

[1] Zhou X L, Li M Y, Li L N A, et al. The semantic system is involved in mathematical problem solving [J]. Neuroimage, 2018, 166: 360–370.

[2] Liu J, Zhang H, Chen C S, et al. The neural circuits for arithmetic principles [J]. Neuroimage, 2017, 147: 432–446.

[3] Wei W, Chen C S, Yang T, et al. Dissociated Neural Correlates of Quantity Processing of Quantifiers, Numbers, and Numerosities [J]. Human brain mapping, 2014, 35(2): 444–454.

法口诀表时背诵的是小九九表，即只学习小数字乘以大数字，因此其在听到大数字在前的乘法运算时比听到小数字在前的乘法运算时能诱发更强的负电位（如图2-17所示）。这表明，被试察觉到该运算在长时记忆中并不存在。来自香港和澳门的学生在学习乘法口诀表时背诵的是大九九表，即包括小数字乘以大数字也包括相反的情况，因此其在听到两种乘法运算时的脑电信号不存在差异。[①] 其次，特殊化的数学学习经验可以改变个体的脑功能与脑结构。磁共振研究发现，儿童长期的珠心算学习通过珠像和语音两种数字表征形式的整合促进了颞枕区的白质（white matter）发育。[②] 上述研究均表明，不同的数学学习经验、学习方式对大脑具有不同的塑造作用，进而促进了数学能力的发展。

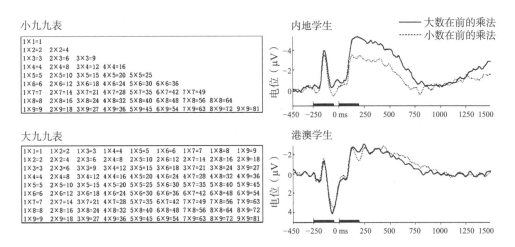

图2-17 大数在前的乘法运算能比小数在前的乘法运算诱发内地学生产生更强的负电位

（三）情绪加工的脑机制

情绪作为人脑的高级认知功能之一，在保证个体生存和适应的同时，对个体的学习、记忆、决策有着重要的影响。情绪的产生与调控主要涉及大脑边缘系统（limbic system）和前额叶皮层（prefrontal cortex）的各个部位。

1. 大脑边缘系统

大脑边缘系统在19世纪末期被提出，直到1937年神经解剖学家帕佩兹

---

① Zhou X L, Chen C H, Zhang H C, et al. The operand-order effect in single-digit multiplication: An ERP study of Chinese adults [J]. Neuroscience letters, 2007, 414(1): 41-44.

② Hu Y Z, Geng F J, Tao L X, et al. Enhanced white matter tracts integrity in children with abacus training [J].Human brain mapping, 2011, 32(1): 10-21.

（Papez）的工作成果被发表，其在情绪产生和调控中的作用才得到确认。边缘系统真正包含哪些部分目前还没有完全统一的结论，但大多数研究者认为主要包括杏仁核、扣带回、海马、海马旁回、丘脑等结构，其中杏仁核区域更是负责情绪加工的核心脑区。

杏仁核本身是一个核团和内部通路的汇聚区域，包括基底外侧复合体、中央内侧核团和皮层核团，在不同的情绪加工中发挥着不同的功能。

第一，杏仁核容易被消极的情绪，尤其是厌恶、恐惧等情绪激活；例如，个体在注视带恐惧表情的面孔时能比注视中性面孔更强地激活杏仁核（如图 2-18 所示）。[①]

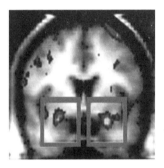

恐惧面孔 — 中性面孔

杏仁核

图 2-18 注视恐惧面孔能比注视中性面孔更强地激活杏仁核

杏仁核对恐惧的感知被证实源于两条分离的通路：其中一条"高速"的无意识通路是从感受器到丘脑再到杏仁核，它不经过大脑皮层，这条通路只能对刺激进行粗糙的反应，帮助我们在有时间思考我们的反应前就对可能的危险刺激产生自主的、无意识的反应；而另一条"低速"的有意识通路则要经过丘脑—皮层—杏仁核，在个体深思熟虑后杏仁核对刺激进行复杂的加工，而且这种加工会受到个人决策的影响（如图 2-19 所示）。[②]

---

① Breiter H C, Etcoff N L, Whalen P J, et al. Response and habituation of the human amygdala during visual processing of facial expression [J]. Neuron, 1996, 17(5): 875-887.

② LeDoux J. Emotional networks and motor control: a fearful view [J]. Emotional motor system, 1996, 107: 437-446.

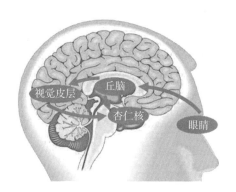

图 2-19 杏仁核对视觉恐惧的两条通路

杏仁核受损的病人虽然未完全丧失情绪反应,但影响了个体对他人情绪的评价。例如,这类病人不能识别带有厌恶和恐惧表情的面孔[1];双侧杏仁核损伤的病人与没有受损的病人相比,会低估他人的情绪强度,并且会高估可信赖度和可亲近度[2]。

第二,杏仁核也参与其他情绪的加工,任何类型的情绪都会增强杏仁核对刺激的反应。例如,个体在读到使其仰慕或使其厌恶的人名时,均会引发杏仁核的激活。[3]

2. 大脑前额叶皮层

除大脑边缘系统外,大脑前额叶皮层的各个区域也与情绪的产生及调控有着密切的关系,且存在半球特异性。其中左侧前额叶皮层主要参与积极的情绪加工,而右侧前额叶皮层主要参与消极的情绪加工。例如,功能磁共振成像研究发现,个体在进行涉及奖赏和惩罚的任务时,其左侧前额叶皮层中的眶额皮层(orbitofrontal cortex)激活强度与奖赏程度呈显著相关,而右侧前额叶皮层中的眶额皮层激活强度与惩罚程度呈显著相关(如图 2-20 所示)。[4] 此外,左侧前额

---

[1] Boucsein K, Weniger G, Mursch K, et al. Amygdala lesion in temporal lobe epilepsy subjects impairs associative learning of emotional facial expressions [J]. Neuropsychologia, 2001, 39(3): 231-236.

[2] Adolphs R, Gosselin F, Buchanan T W, et al. A mechanism for impaired fear recognition after amygdala damage [J]. Nature, 2005, 433(7021): 68-72.

[3] Cunningham W A, Van Bavel J J, Johnsen I R. Affective flexibility evaluative processing goals shape amygdala activity [J]. Psychological science, 2008, 19(2): 152-160.

[4] O'Doherty J, Kringelbach M L, Rolls E T, et al. Abstract reward and punishment representations in the human orbitofrontal cortex [J]. Nature neuroscience, 2001, 4(1): 95-102.

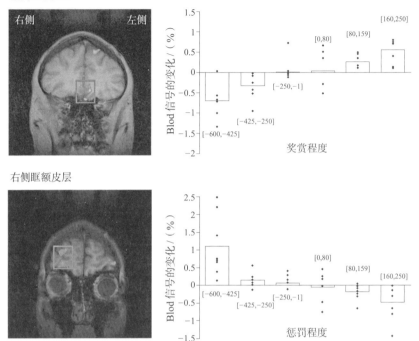

图 2-20 左、右侧眶额皮层激活分别与奖赏和惩罚程度呈显著相关

叶皮层受损的病人通常会出现抑郁的症状。[1]

情绪相关的大脑发育是一个漫长的过程，大量研究发现，在儿童-青少年时期，情绪加工脑区还处于未成熟的阶段。例如，通过长期的追踪研究发现，3～11 岁儿童在情绪反应时大脑前额叶皮层脑电信号的不对称性并不稳定。同时，研究发现，情绪相关的加工脑区在 7～9 岁时的分化和整合水平远低于成人，并表现出较高的压力敏感性。[2] 因此儿童-青少年时期是塑造情绪脑的关键期，该阶段负责情绪加工的脑区具有较强的可塑性。

---

[1] Morris P L P, Robinson R G, Raphael B, et al. Lesion location and Poststroke depression [J]. Journal of neuropsychiatry and clinical neurosciences, 1996, 8(4): 399-403.

[2] Qin S Z, Young C B, Duan X J, et al. Amygdala subregional structure and intrinsic functional connectivity predicts individual differences in anxiety during early childhood [J]. Biological psychiatry, 2014, 75(11): 892-900.

第三节　认知神经科学的研究方法

显微镜的发明让生物学研究得以从微观角度开展，望远镜的发明让人类得以放眼探索宏观宇宙。研究工具及方法的创新是科学研究发展的助推器。脑科学领域亦是如此，认知神经科学的方法与技术的进步，为人类探索大脑结构、功能及活动提供了更多可能。这些方法与技术可分为侵入性、非侵入性两大类。侵入性包括：单细胞记录法（single-cell recordings）与脑损伤法（brain lesion），主要运用于动物以及某些患有自然脑损伤的病人；非侵入性又称无创性脑功能研究技术，主要包括：脑电图（electroencephalogram，EEG）、事件相关脑电位技术（event-related brain potential, ERP）、正电子发射断层扫描（positron emission tomography, PET）、功能性磁共振成像（functional magnetic resonance imaging, fMRI）、功能性近红外光学成像（functional Near-Infrared Spectroscopy，fNIRS）、经颅磁刺激（transcranial magnetic stimulation, TMS）等，可以应用于常态被试。下面将介绍几种典型的无创性脑功能研究技术。

一、脑电图

脑电图（electroencephalogram，EEG）技术是一种有效的、非侵入性测量大脑电活动的方法，它将大脑的电活动与认知联系在一起。当大脑工作时，神经细胞中离子的运动产生电流，表现为头皮表面不同部位电位差的变化。EEG 技术可通过高灵敏电极和放大器来探测头皮电位，从而探知与特定认知、行为状态相关联的 EEG 信号（图 2-21）。

图 2-21　EEG 记录设备

EEG信号具有一定的模式。通常不同意识状态的EEG数据可通过频率波段来划分（图2-22）。最低频的是δ波，它是一个规律的、频率为1~5Hz的低频波，这一波形反映了较低的神经元放电率，通常与深度睡眠有关。θ波是中等振幅、中等频率波，频率为5~8Hz，展现这一节律的个体通常会感到昏昏欲睡。α波频率为8~13Hz，当处于α波时，人处于"放松性觉醒"（relaxed alertness）状态（大脑清醒但完全放松），这种状态有利于学习者有效吸收知识及信息。β波频率为12~30Hz，主要发生在警觉和活跃的思维过程中。此外，还有一种γ波，频率在40Hz左右，它与不同感觉信息的整合相联系。

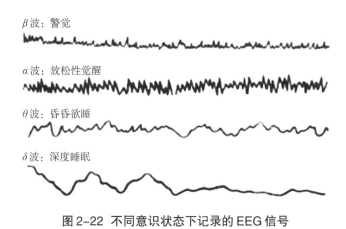

图2-22 不同意识状态下记录的EEG信号

EEG技术具有极高的临床价值与研究价值。早在20世纪，汉斯·伯格（Hans Berger）就发表EEG技术的使用报告，他对EEG技术进行了详细描述，并初步记录了他儿子的脑电。[1] 随着分析技术的不断进步，EEG技术开始广泛应用于临床疾病的诊断（例如癫痫等脑部疾病、睡眠障碍）、儿童行为问题的研究（例如注意力缺陷多动障碍的治疗）。在注意力缺陷多动障碍（ADHD）研究中，研究者较为关注的频率波段是θ波、α波和β波。[2] 目前的研究结果显示，与常态儿童相比，大多数ADHD患儿脑电活动表现出相当一致的差异——在静息状态下，额中部θ波段活动增加；在静息状态下，额中部区域θ/β的能量比例较

---

[1] Berger H. On the electroencephalogram of man [J]. Electroencephalography and clinical neurophysiology, Supply 1969, 28: 37+.

[2] Loo S K, Makeig S. Clinical utility of EEG in attention-deficit/hyperactivity disorder: a research update [J]. Neurotherapeutics, 2012, 9(3): 569-587.

普通人更高；与正常对照组相比，ADHD患者的α和β波段活动都减少了，尤其是在大脑的后部区域。①②③ 鉴于EEG信号的良好鉴别作用，未来有望通过进一步研究，将EEG指标作为诊断标准之一纳入临床诊断。除了鉴别外，研究者提出了利用EEG神经反馈治疗ADHD的方法，这种方式通过训练来强化ADHD患者产生特定频率脑电波，当观察到特定波段的振幅增加后就给予奖励。这种非药物的训练方式，可以让患者在轻松愉快的氛围中完成治疗与干预，具有广泛的应用前景。④

近年来，EEG技术也被应用于教育活动中，越来越多的研究者开始探究两个以上学习者的脑间同步性（将个体的EEG信号做相关），探究这种个体在课堂上的同步性与课堂动态的关系。Dikker等人发现，整个学期内，学生之间的EEG同步性可以显著预测他们自我报告的课堂参与度。⑤ 尽管EEG脑间同步性研究仍处于起步阶段，但它的确为我们探究个体的课堂参与度提供了一种可行的手段。

二、事件相关电位技术

EEG研究通常使用频带能量分析（band power analysis）或者事件相关脑电位（event-related brain potential，ERP）。事件相关脑电位是体现脑活动的一系列脑电波，它是隐藏于脑电图（EEG）中的微弱信号，通过叠加平均可以提取出这一信号（图2-23）。ERP技术的基本逻辑是：多次进行重复刺激，对相同刺激下记录到的电位数据进行叠加平均以滤去噪声，得到与刺激相关的脑信号。经过这样处理的脑电图去除了与目标事件无关的大脑电活动的变异。

---

① Barry R J, Clarke A R, Johnstone S J, et al. Electroencephalogram theta/beta ratio and arousal in attention-deficit/hyperactivity disorder: evidence of independent processes [J]. Biological psychiatry, 2009, 66(4): 398–401.
② Clarke A R, Barry R J, McCarthy R, et al. Electroencephalogram differences in two subtypes of Attention-Deficit/Hyperactivity Disorder [J]. Psychophysiology, 2001, 38(2): 212–221.
③ Geir O. The quantitative EEG theta/beta ratio in attention deficit/hyperactivity disorder and normal controls: sensitivity, specificity, and behavioral correlates [J]. Psychiatry research, 2012, 198(3): 482–488.
④ 吴大兴. 儿童多动症神经反馈治疗研究进展 [J]. 中国当代儿科杂志, 2002,（3）: 267—270.
⑤ Dikker S, Wan L, Davidesco I, Kaggen L, et al. Brain-to-brain synchrony tracks real-world dynamic group interactions in the classroom [J].Current biology, 2017, 27(9): 1375–1380.

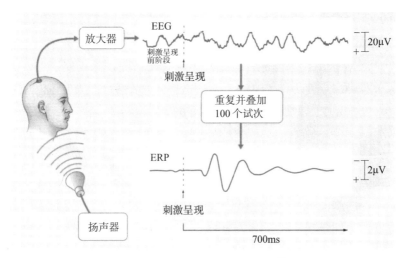

图 2-23 EEG 与 ERP 的联系[1]

ERP 是一种由特定刺激所诱发的神经电信号，被试接受的刺激和脑功能变化在时间尺度上能保持精确一致，因而 ERP 技术具有较高的时间分辨率，适用于探讨认知的时间进程问题。[2] 此外，ERP 造价低，使用维护方便，同时完全无创。但其缺陷在于，在头皮外记录脑电活动，很难分析是脑内哪些结构或神经集合活动的结果，这导致其空间分辨率较差。

目前 ERP 技术已经得到广泛应用，研究者利用 ERP 技术，鉴别出心理活动中发生的不同电信号成分，从而探究与揭示认知过程。这些 ERP 成分，根据波形正（P，positive）、负（N，negative）、潜伏期时长来命名。P300（或 P3）是一种常见的 ERP 成分（如图 2-24 所示），它是出现在顶叶的正波，发生于刺激呈现后 250～500 毫秒（ms）。

横坐标表示刺激出现后的时间（ms），纵坐标表示电位（μV）。P300 成分（又称 P3）出现于刺激呈现后 250～500ms 左右，因在 300ms 附近，且为正波，所以命名 P300，它与新异刺激的呈现有关。

---

[1]（美）Gazzaniga S M, Ivry B R, Mangun R G. 认知神经科学 [M]. 周晓林, 高定国, 等 译. 北京：中国轻工业出版社, 2011: 128.
[2] 陈巍. 认知神经科学技术在心理学上的应用 [J]. 心理技术与应用, 2013,（2）: 32—34.

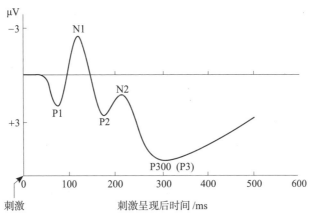

图 2-24 P300 成分示意图

P300 成分产生于新异刺激范式（oddball），与任务中的新异刺激有关，这个成分又可划分 P3a 和 P3b 两个亚成分。其中，P3a 源于任务处理过程中额叶的注意过程，P3b 则源于颞顶叶的与注意及之后的记忆处理相关的活动。[1] 利用这一脑电成分，研究者可以探究被试对于某一类别概念的加工。[2] 此外，P300 也是目前测谎技术中常用的脑电指标，当被试识别出某些与犯罪活动细节有关的隐藏信息时，就会诱发 P300。[3]

三、功能性磁共振成像（fMRI）

功能性磁共振成像（fMRI）技术利用了大脑活动区域的局部血流量变化的原理。fMRI 关注血红蛋白的磁场特性，即氧合血红蛋白与脱氧血红蛋白之间的比例或称血氧水平依赖信号（blood oxygen level dependent, BOLD）。当局部大脑皮层参与特定任务时，该脑区耗氧量增加、血液内氧含量降低（氧合与脱氧血红蛋白之间的比例小幅度下降，表现为 BOLD 信号略微下降）；之后，流向该脑区的血流量增加，为脑区提供更多携带氧气的含氧血红蛋白，造成该脑区氧合血红

---

[1] Polich J. Updating P300: an integrative theory of P3a and P3b [J]. Clinical neurophysiology, 2007, 118(10): 2128-2148.

[2] Dahlstrom-Hakki I, Asbell-Clarke J, Rowe E. Showing is knowing: the potential and challenges of using neurocognitive measures of implicit learning in the classroom [J]. Mind brain and education, 2019, 13(1): 30-40.

[3] 崔茜，张庆林，邱江，等. P300 和 CNV 在 GKT 的延时反应范式中测谎效果的分离 [J]. 心理学报，2009，41（4）：316—328.

蛋白与脱氧血红蛋白之间的比例上升，即 BOLD 信号增强。磁共振成像仪就是因这项技术而产生的仪器，如图 2-25 所示。

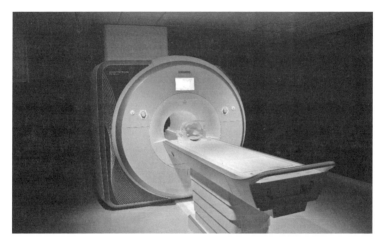

图 2-25 磁共振成像仪

fMRI 技术无须注入造影剂、同位素或其他物质，同一被试可以反复参加实验。fMRI 的空间分辨率较好，可以到 3 立方毫米，是目前主流成像工具中最好的；成像速度也达到几十毫秒，但由于它检测的是滞后于神经活动 5~8 秒的血氧信号，故时间分辨率低于 EEG。需要强调的是，fMRI 技术不适于幽闭恐怖症患者，扫描过程中的巨大噪声也限制了该技术在听觉研究上的应用。

fMRI 技术的出现，促进了人类对于人脑心理功能的认识，广泛应用于正常脑功能（包括感觉、知觉、意识感知等初级认知过程，思维、记忆、语言等高级认知过程）的研究、神经系统相关疾病（如癫痫、认知障碍等）的研究。fMRI 实验设计通常采用减法范式，研究者需要设计实验任务，同时将静息或控制任务作为基线，利用实验水平数据与基线水平数据相减的方式得到和特定心理过程相关的脑活动。认知心理学相关研究显示，fMRI 可以用于测谎[1]、态度识别[2]，利用 fMRI 测量的大脑活动数据甚至可以解码出人们的梦境[3]、看到的视

---

[1] Davatzikos C, Ruparel K, Fan Y, et al. Classifying spatial patterns of brain activity with machine learning methods: Application to lie detection [J]. Neuroimage, 2005, 28(3): 663-668.

[2] Izuma K, Shibata K, Matsumoto K, et al. Neural predictors of evaluative attitudes toward celebrities [J]. Soc cogn affect neurosci, 2017, 12(3): 382-390.

[3] Horikawa T, Tamaki M, Miyawaki Y, et al. Neural decoding of visual imagery during sleep [J]. Science, 2013, 340(6132): 639-642.

觉刺激[1][2]。

---

fMRI技术的研究应用

1. fMRI技术与谎言识别

达维茨卡斯（Davatzikos）等人[3]的研究显示，通过激活脑区的不同，可以对被试说谎与否进行较好的鉴别。磁共振扫描前，被试会收到一个信封，里边含有两张扑克牌；被试需要任选一张扑克牌，持续做出非真实的反馈。在磁共振扫描阶段，被试每次会看见一张扑克牌，他们需要按键反馈是否之前见过该扑克牌。扫描结束后，他们需要告知研究人员，他们对哪张扑克牌说了谎。结果显示（如图2-26所示），被试真实作答（红色）和说谎（绿色）时，被显著激活的脑区存在差异。

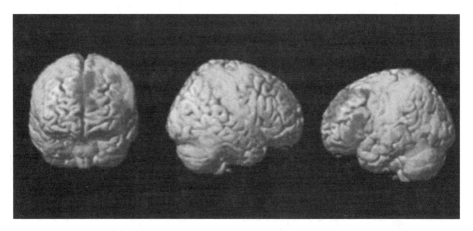

图2-26 被试真实作答（红色）和说谎（绿色）时显著激活的脑区[4]

---

[1] Naselaris T, Olman C A, Stansbury D E, et al. A voxel-wise encoding model for early visual areas decodes mental images of remembered scenes [J]. Neuroimage, 2015, 105: 215-228.

[2] Nishimoto S, Vu A T, Naselaris T, et al. Reconstructing visual experiences from brain activity evoked by natural movies [J]. Current biology, 2011, 21(19): 1641-1646.

[3] Davatzikos C, Ruparel K, Fan Y, et al. Classifying spatial patterns of brain activity with machine learning methods: application to lie detection[J]. Neuroimage, 2005, 28(3): 663-668.

[4] Davatzikos C, Ruparel K, Fan Y, et al. Classifying spatial patterns of brain activity with machine learning methods: application to lie detection[J]. Neuroimage, 2005, 28(3): 663-668.

2. fMRI 技术与态度鉴别

我们对他人的态度决定着我们的日常行为，态度也是社会心理学研究的热点话题。然而，目前仍很难对态度进行可靠且客观的测量，自我报告、内隐联想测验是测量态度的常见方式，但可靠性都饱受争议。[1][2]

伊祖玛（Izuma）等人利用 fMRI 技术，提出了运用神经影像学方式进行态度鉴别与测量。[3]研究者给被试呈现一些明星的图片，这些明星均来自日本的一个女子偶像团体。实验被试共 22 名，均为大学生，男女各半，他们之前就认识这些明星，并且很喜欢其中个别或者某些明星。

实验第一部分：在磁共振扫描仪内进行，屏幕上每次呈现一位明星的照片，被试并不知道实验是关于态度的，他们也没有被明确要求在 fMRI 扫描期间思考他们对每个成员的态度，他们只需要在图片亮度发生变化时进行按键反应。核磁任务结束后，被试需要在机器外进行任务选择，每次屏幕上会出现两位明星，被试需要选出一名他们更喜欢的。最后，被试还需要用 9 分制对明星们进行态度评分（你有多喜欢这位明星）、吸引力评分（你认为这位明星的吸引力如何）。

实验结果显示（如图 2-27 所示），被试前纹状体的激活程度可以显著预测他对偶像团体中的明星的态度评分（revealed attitude）；而后纹状体的激活程度（蓝色）显著预测了被试态度的极端程度（attitude extremity），而不管态度效价是消极的还是积极的。fMRI 技术提供了一种新的预测社会态度的方法，但伊祖玛等人的这一研究探究的还只是对熟悉的人的外显态度。

---

[1] Conrey F R, Sherman J W, Gawronski B, et al. Separating multiple processes in implicit social cognition: the quad model of implicit task performance[J]. JPers soc psychol, 2005, 89(4): 469−487.

[2] Podsakoff P M, MacKenzie S B, Lee J Y, et al. Common method biases in behavioral research: a critical review of the literature and recommended remedies[J]. Journal applied psychology, 2008, 88(5): 879−903.

[3] Izuma K, Shibata K, Matsumoto K, et al. Neural predictors of evaluative attitudes toward celebrities[J]. Soc cogn affect neurosci: 2017, 12(3): 382−390.

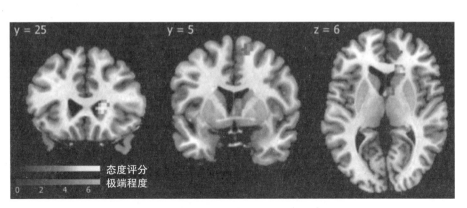

图 2-27 纹状体的激活程度与被试态度之间的关系

四、功能性近红外光学成像

功能性近红外光学成像（functional Near-Infrared Spectroscopy，fNIRS）技术是近年来新兴的脑功能成像技术。它的原理与 fMRI 技术类似，通过推知大脑活动时血氧水平的变化（在近红外区域，氧合血红蛋白和脱氧血红蛋白的吸收光谱是不同的，通过测定某一区域内透过脑皮层的光强变化，可以推知大脑皮层氧合血红蛋白和脱氧血红蛋白的变化），来探索认知过程的脑机制（图 2-28）。

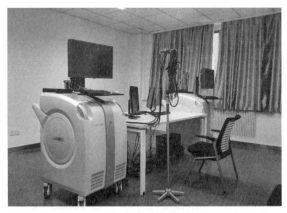

图 2-28 近红外光学成像设备[①]

---

① 图片取自：北京师范大学认知神经科学与学习国家重点实验室官网，http://brain.bnu.edu.cn/a/zh/keyanpingtai/jinhongwaiguangxuechengxiangzhon/。

fNIRS 技术造价低于 PET 和 fMRI 技术，它的最大优势是可以在相对自然的情境下（如走路等自然条件）研究认知活动，它对被试的运动不会过分敏感，很适合用于测量婴幼儿与老年人群体。它的操作也较为简便，对人体没有损伤性，被试可重复实验。fNIRS 技术时间分辨率较高，在理论上可达毫秒级甚至更高；但其空间分辨率较低，穿透深度只能达到灰质部位，一般近红外成像探测的深度为 2～3cm。

五、经颅磁刺激

经颅磁刺激（transcranial magnetic stimulation, TMS）是一种能够无创地在大脑中产生局部刺激的方法，能够产生暂时性的虚拟损伤（temporary virtual lesion）。TMS 技术借助电容器放电，通过线圈产生强磁场。磁场放置于头皮的某部分时，可能激活内在皮质的神经元，产生生理电流引起神经元放电，从而改变大脑内的生理过程；也可导致磁场下的神经元活动暂时失活，造成一种虚拟的脑损伤。

TMS 技术具有类似于脑损伤技术的优点，相较于只能揭示相关关系的 PET、fMRI 技术，TMS 技术通过对给定皮质区产生暂时的虚拟损伤，可以精确地探索出磁刺激后大脑的变化情况，能够揭示脑活动与认知任务之间的因果关系。此外，研究者利用 TMS 技术选择性地、暂时地干扰某一特定皮层区域的正常活动，这与真实的损伤研究逻辑一致，但它无创且安全。TMS 技术可以比较同一被试在有无刺激条件下的认知与行为表现，这在脑损伤病人身上无法实现。

本章结语

大脑是人类中枢神经系统中最高级的部分，是思维和意识的最高级器官。大脑在结构上十分精密，在功能上也十分复杂。从结构上来说，大脑可分为左右两个半球，由胼胝体相连，可以分为额叶、顶叶、颞叶、枕叶、边缘系统、小脑、脑干等部分；从功能上来说可以分为视觉皮层区、听觉皮层区、躯体感觉区、运动皮层区、联合区等。本章简单解释了几个与学习相关的重要大脑结构，包括海马体、杏仁核、扣带回。大脑控制着我们的一切行为，尤其是我们的学习活动。神经系统是我们所有活动的生理基础，神经系统由神经元和神经胶质细胞组成。其中，神经元负责接收信息并将信息传递给其他细胞，它是支撑我们感知世界、采取决策的最基本的生理单位。一个神经元包括胞体、轴突、树突以及突触末梢，树突接收信息，信息在轴突上通过神经冲动被传播至轴突末端，继而通过突触的化学传递而被传递到另一个神经元。一个成年人的大脑是由约 1000 亿个神经元组成的精密系统，我们这才得以通过大脑快速而准确地接收、加工信息并进行学习。如此复杂的神经系统从受精卵开始发育，每一个阶段都有不同的发育与发展内容，从受精卵发育 5～7 天开始形成神经系统雏形，到婴儿出生时就已经具有了一整套和成人解剖特征一致的大脑结构。而且大脑结构的发育遵循着先内层后外层的发展顺序，任何阶段发生的影响皮质神经发育的因素都会导致皮质结构的改变。大脑的可塑性是终身的，可以说任何形式、强度、内容的学习都会或多或少地改变大脑的结构与功能。终身学习不仅是时代的要求，也符合脑科学规律。

　　学习的过程也与认知有密切的关系，视知觉、注意、记忆在不同类型的学习中不可或缺。利用已有的知识解释感觉器官所记录的刺激，然后选择需要进一步加工的信息，最后将信息保存于长时记忆、短时记忆或工作记忆之中是学习的主要过程。视觉信息首先在大脑枕叶皮层得到加工，然后在更复杂的脑区或脑网络接受进一步处理，这个过程发生得很快。并非所有的感官信息都会被我们意识到，注意力是否集中将影响我们对信息的加工程度。在学习过程中，无论是视觉刺激还是听觉刺激，当我们集中注意力在这些刺激上时，未被注意的其他刺激都不会进入我们的意识，双耳分听实验中出现的现象证明了这一点。被加工的信息会进入我们的记忆，那些重要的东西会永久保留在我们的长时记忆里。教师需要根据学习的认知特点进行教学。

　　语言、数学、情绪等高级认知均具有复杂的加工过程，需要大脑不同区域间的分工合作。语言加工和学习主要依赖布洛卡区和威尔尼克区进行语音加工，颞枕区和额中回后部进行字形加工，角回、颞中回、额下回等区域进行语义加工；三个部分共同支撑听、说、读、写等语言加工过程。数学加工和学习则主要依赖视空、语音、语义三个大脑网络。其中，视空网络是进行数量、计算等加工的领域特异性网络，负责表征和加工视觉空间信息；语音网络负责算术等知识的语音编码和参与维持信息；语义网络则参与数学原理、数学问题解决等概念性数学知识的加工。这三个脑网络相互关联。数学加工中各脑区激活程度和它们之间的连接强度往往有别于语言加工（例如在数学加工中存在颞顶的更强连接），表现出相对的领域特异性。情绪加工对个体的学习、记忆、决策有着重要影响，其产生和调控的过程主要涉及大脑边缘系统中的杏仁核等部位，以及大脑前额叶皮层。了解上述高级认知加工的脑机制，可以使我们进一步从脑科学视角推进教育教学方式改革。例如，寻求共同的脑机制，以及帮助学科间综合发展；面对薄弱知识点开展基于脑基础的针对性训练；调控和塑造有利于学习发展的情绪脑。

最后，认知神经科学的研究方法非常多样，为人类探索大脑结构及功能、探究大脑活动提供了更多可能，且随着时代的进步将会有更多的、更为有效的研究方法。当前，无创性的认知神经科学研究技术主要包括事件相关脑电位技术、功能性磁共振成像技术、功能性近红外光学成像技术、经颅磁刺激等，可以应用于正常被试。事件相关电位是一种由特定刺激诱发的神经电信号，它可以鉴别出心理活动所产生的不同电信号成分，揭示伴随不同刺激或任务的认知过程。事件相关电位技术时间分辨率高，造价低，使用和维护方便，同时完全无创；但它主要在头皮外记录，空间分辨率较差。功能性磁共振成像技术利用了大脑活动区域的局部血流量变化的原理，可以提供心理活动的图像。它的时空分辨率较好，其空间分辨率是目前主流成像工具中最好的，时间分辨率低于脑电技术；它不适用于幽闭恐怖症患者，扫描过程中的巨大噪声也限制了该技术在听觉研究上的应用。功能性近红外技术也是通过推知大脑活动时血氧水平的变化来探索认知过程的脑机制。它可以在相对自然的情境下（如走路等自然条件）研究认知活动，具有较高的时间分辨率；但其空间分辨率较低。经颅磁刺激技术通过对给定皮质区产生暂时的虚拟损伤，可以精确地探索出磁刺激后大脑的变化情况，能够揭示脑活动与认知任务之间的因果关系。通过对不同研究方法的了解，我们可以从认知神经科学的角度理解学习科学。

重点回顾

1. 人脑的解剖结构主要分为脑干、间脑、前脑（端脑）和小脑。
2. 人脑的功能区可以分为视觉皮层区、听觉皮层区、躯体感觉区、运动皮层区、联合区。
3. 神经系统由神经元及神经胶质细胞组成，其中，神经元包括胞体、树突和轴突以及突触末梢。神经元通过突触的化学传递和神经电位活动来传递神经冲动。
4. 全或无法则：动作电位的速度和强度（变化幅度）与外界刺激的强度无关。
5. 神经系统发育遵从从内层到外层的发展顺序，在任何阶段，大脑都具有一定的可塑性。
6. 知觉就是利用已有的知识解释感觉器官记录的刺激，通常由五种感觉（视觉、听觉、触觉、嗅觉和味觉）整合而得到，它是组织并解释这些感觉的过程。
7. 注意是心理活动对一定对象的指向和集中，是伴随着感知觉、记忆、思维、想象等心理过程的一种共同的心理特征。
8. 记忆是人脑对经历过事物的识记、保持、再现或再认，它是进行思维、想象等高级心理活动的基础。
9. 语言中的语音、字形、语义表征分别依赖于不同的大脑区域，且大脑左侧半球是语言加工的优势半球。
10. 数学学习主要依赖于视空、语音、语义三个大脑网络，三个大脑网络之间各司其职并且紧密合作；不同的数学学习经验对大脑具有不同的塑造作用。
11. 情绪的产生与调控主要涉及大脑边缘系统和前额叶皮层的各个部位，儿童青少年时期是塑造情绪脑的关键期。
12. 侵入性研究方法和技术包括单细胞记录法与脑损伤法，主要运用于动物以及某些患有自然脑损伤的病人。
13. 非侵入性研究方法，又称无创性脑功能成像技术，主要包括：事件相关脑电位技术、正电子发射断层扫描、功能性磁共振成像、经颅磁刺激等，可以应用于正常被试。
14. 功能性磁共振成像和功能性近红外光学成像技术都是间接测量大脑活动的技术手段，通过推知大脑活动时血氧水平的变化来探索认知过程的脑机制。
15. 经颅磁刺激是一种能够无创地在大脑中产生局部刺激的方法，能够对给定皮质区产生暂时性的虚拟损伤。它可以精确地探索出磁刺激后大脑的变化情况，揭示脑活动与认知任务之间的因果关系。

> 思考题

1. 解释大脑皮层的功能及其在人类心理和行为中的重要意义。
2. 神经冲动的原理是什么？静息电位、动作电位分别指的是什么？
3. 神经系统的发育存在关键期吗？为什么？
4. 与斯特鲁普任务类似，在你的日常学习任务中，有哪些是需要压抑最明显答案才能做出正确反应的？
5. 请各举出一个感觉记忆、短时记忆和长时记忆的例子。
6. 数学与语言加工的脑机制有什么相同点与区别？
7. 论述杏仁核在情绪加工中的作用。
8. 列举间接测量大脑活动的几种认知神经科学研究方法，阐述它们的原理。
9. 对比认知神经科学中各种方法的优缺点。

第三章 学习理论

内容摘要

本章首先讲述了学习理论的概念以及一百多年来学习理论的发展脉络；其次讲解了行为主义学习理论、认知主义学习理论、建构主义学习理论以及人本主义学习理论，最后简单讲解了联通主义学习理论和社会情绪学习理论。

学习目标

1. 了解华生的"刺激－反应理论"、格式塔学派的完形－顿悟说、托尔曼的符号学习理论、维特洛克的生成学习理论、斯皮罗的认知灵活性理论、列昂节夫等人的活动理论、联通主义学习理论、社会情绪学习理论的基本观点。
2. 理解巴甫洛夫的经典条件反射理论、桑代克的联结主义学习理论和试误说、斯金纳的操作性条件反射理论、班杜拉的社会学习理论、布鲁纳的认知发现学习理论、奥苏伯尔的有意义接受学习理论、加涅信息加工学习理论、皮亚杰的认知发展理论、维果斯基的社会文化历史活动理论、马斯洛和罗杰斯的人本主义学习理论的基本内容。
3. 掌握行为主义学习理论、认知主义学习理论、建构主义学习理论、人本主义学习理论的主要观点、发展渊源及主要异同点。
4. 能够应用相应的理论解释教育实践中的现象及问题。

[思维导图]

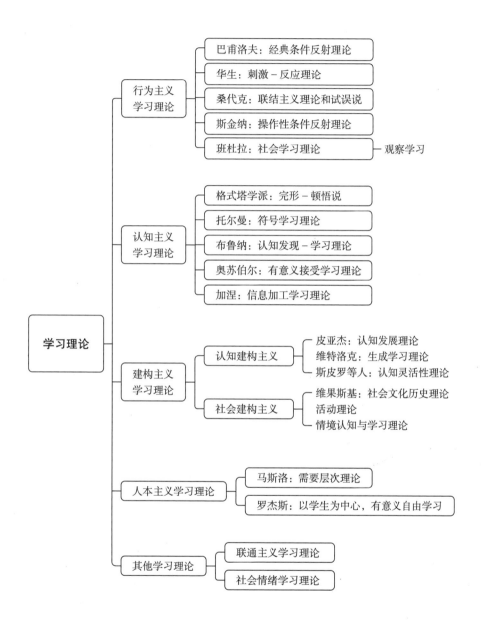

第一节 学习理论的概念

在日常学习和研究工作中，我们可能经常会碰到一些现象需要去解释，这时候，如果有一个比较好的理论，就可以很方便地解释。在学习研究领域也是如此，针对"人究竟是怎么学习的，怎样才能促进有效学习？"这两个问题，上千年来专家学者们从不同角度提出了很多学习理论，本章就从概念开始，系统讲解近现代比较经典的学习理论。

一、学习理论的含义及内容

所谓学习理论，就是对人学习的心理结构、特点和规律进行研究和揭示的理论，主要研究的是个体如何在后天获得经验的过程，比如婴幼儿是如何一点一点学会说话的，再如通过观察老师做实验能否学到知识等。

学习理论一般包括三个部分。

1. 学习的条件：就是个体能够顺利学习所需要的条件。
2. 学习的过程：为了达成学习的结果，个体需要进行什么样的认知加工活动？
3. 学习的结果：通过学习，个体获得了什么成果？比如，上一章讲过学习的结果分类，通过学习个体可以获得言语信息、智慧技能、认知策略、动作技能等成果。

学习理论是教育科学领域和学习科学领域都非常重视的问题，只有深刻把握了人类认知与学习的特点和规律，才能更好地设计学习环境、开展学习活动及进行学习研究。

二、学习理论的发展脉络

在过去的上百年间，众多学者投身于学习研究，从不同角度提出了不同的学习理论。[1][2] 从大的方面来说，大致经历了从行为主义学习理论到认知主义学习理论再到人本主义学习理论最后到建构主义学习理论这样的发展。

1879年，威廉·冯特（Wilhelm Wundt）在莱比锡大学建立了世界上第一个

---

[1] （丹麦）克努兹·伊列雷斯, 陈伦菊（译）, 盛群力（译）. 学习理论发展简史（上）[J]. 数字教育, 2020, 6(1): 86—92.
[2] （丹麦）克努兹·伊列雷斯, 陈伦菊（译）, 盛群力（译）. 学习理论发展简史（下）[J]. 数字教育, 2020, 6(2): 86—92.

心理学系实验室，这标志着科学心理学的诞生，也使得教育研究（学习研究）从猜测走向科学。此期间比较有影响力的研究就是赫尔曼·艾宾浩斯（Hermann Ebbinghaus）在1885年发布的记忆遗忘曲线（forgetting curve）研究报告。

20世纪初，行为主义学习理论流派由美国约翰·华生在巴普洛夫经典条件反射理论的基础上创立，在巴甫洛夫、桑代克、斯金纳等人的努力下，行为主义主导了学习研究大约五六十年。行为主义学习理论强调，只有能够直接观察和测量的东西才是科学的，学习就是在刺激与反应之间建立联结的过程。不过由于当时的观察手段和仪器设备的限制，一般只能基于动物开展实验，并聚焦于比较简单的学习过程，因此难以解释比较复杂的认知和学习。

在20世纪二三十年代，几乎和行为主义学习理论同时崛起的是德国的格式塔心理学派，这个学派强调人类的心理功能的整体性和结构性，认为学习就是知觉的重新组织，可以通过顿悟实现。在格式塔心理学派的影响下，问题解决逐渐成为学习研究的重点，这样就超越了知识和技能的获取。而事实上，格式塔心理学派也为认知主义学习理论的诞生奠定了基础。

20世纪50年代，语言学家乔姆斯基对新行为主义心理学家斯金纳的《言语行为》发表了批判性的长篇评述，最终和其他学者一起开辟了认知科学这一领域。他认为，将动物研究中的行为原则应用到实验室之外的人类身上是毫无意义的，要理解在人类身上表现出来的各种复杂行为，我们必须假定负有终极责任的大脑中有一些无法被观测到的实体。此后认知主义学习理论逐渐开始崛起，除了刚才讲的格式塔心理学派外，认知主义学习理论主要还包括爱德华·托尔曼（Edward Tolman）提出的符号学习理论、布鲁纳提出的认知发现学习理论、戴维·奥苏贝尔（David Ausubel）提出的有意义接受学习理论等。总的来说，认知主义学习理论强调不能只关注一些外显的行为，还必须关注人的认知结构。

也是在20世纪五六十年代，人本主义学习理论诞生了，代表人物是卡尔·罗杰斯（Carl Rogers）和亚伯拉罕·马斯洛（Abraham Maslow）。罗杰斯提出了"当事人中心疗法（也称来访者中心疗法）"，类似于我们今天所说的以学习者为中心。马斯洛最著名的创见是提出了需要层次理论，并广泛用来解释人们的动机需求。简而言之，人本主义学习理论强调人有自由意志，有尊严和价值，有自我实现的需要，主张心理学要研究对个人和社会的进步富有意义的问题，要能够促进人格的发展。

20世纪80年代，建构主义学习理论开始兴起，该理论主要强调知识不是客观的，不是可以直接灌输的，而是学习者通过意义建构的方式而获得的。该理论可以追溯到让·皮亚杰（Jean Piaget）提出的儿童认知发展理论、利维·维果斯基（Lev Vygotsky）的社会文化理论等。随着信息技术的发展，也有很多学者从设计建构主义学习环境的角度提出了多种观点。

20世纪80年代以后，涌现出了更多的学习理论，比如具身认知学习理论、社会情绪学习理论、联通主义学习理论等。

以上我们大致梳理了学习理论的发展历史。需要注意的是，行为主义、认知主义和建构主义学习理论的出现顺序并不是严格地从前往后的，只不过是在不同的历史时期不同的学习理论占据了学术研究领域的主导地位而已。下面我们就简要介绍每个学习理论流派中最具有代表性的几个学习理论。

第二节 行为主义学习理论

行为主义学习理论特别强调可观察的行为，认为学习的基本单位是条件反射，刺激得到反应，学习就完成，即学习是在刺激与反应之间建立联结的过程，只要控制行为和预测行为，也就能控制和预测学习结果。

行为主义学习理论的代表人物主要有巴甫洛夫、华生、桑代克、斯金纳等人。

一、巴甫洛夫的经典条件反射理论

第一章也讲过，巴甫洛夫是苏联生理学家、心理学家，他提出了著名的经典条件反射（conditional reflex）理论，并且因对消化生理的研究而获1904年诺贝尔生理学奖。

巴甫洛夫在做消化生理研究时发现，最初当助手将食物放入狗的口中时，狗才会分泌唾液；但是接下来狗只要看到食物，其唾液分泌量就会增加；后来发展到狗只要看到助手甚至听到助手的脚步声，其唾液分泌量就会增加。巴甫洛夫很感兴趣，就开始了他著名的经典条件反射实验（参见第一章），并提出了经典条件反射理论。

（一）经典条件反射理论

在该理论中，刺激（stimuli）是指激活行为的事件，比如给予食物或者呈现铃声，反应（response）是指可以观察的对刺激的回应行为，比如分泌唾液；这里的食物是无条件刺激（unconditioned stimulus, US），表示能够自动引起生理或情绪反应，而由食物引起的唾液分泌就是无条件反应（unconditioned response，UR）；在实验中的铃声原本不会引起狗分泌唾液，这称为中性刺激（neutral stimulus, NS），但是铃声和食物多次配对以后，铃声也可以引发唾液分泌，就成了条件刺激（conditioned stimulus，CS），由铃声引发的唾液分泌就称为条件反应（conditioned response，CR），这就是经典条件反射的形成过程。

（二）经典条件反射5条学习规律

巴甫洛夫的经典条件反射理论包括以下5条学习规律。①习得律（acquisition），指条件作用的基本特征是依靠条件刺激与无条件刺激的配对引起条件反射，且无条件刺激在条件刺激出现之后的0.5秒呈现时，反射效果最好。②消退律（extinction），指条件刺激重复多次而未伴随无条件刺激时，条件反射将逐渐削弱直至消失，但生物体本身具有不完全的自发恢复功能。③泛化律（generalization），指某一种条件反射一旦确立，便可通过类似于原来条件的刺激引发。比如当铃声可以引起条件反射后，播放音乐也可以引起条件反射。④分化律（discrimination），指条件作用过程开始时，个体需要辨别相关刺激与无关刺激，而辨别是一个与泛化相反的过程。⑤高级条件作用律（higher-order conditioning），指先前的条件刺激可以在后来的实验中起到无条件刺激的作用。比如当铃声引起条件反射后，再将铃声和闪光配对建立条件反射，这样铃声（条件刺激）就变成了现在的无条件刺激。[1]

总之，巴甫洛夫的经典条件反射理论很好地解释了有机体如何在刺激和反应之间建立联结，也能够较好地解释人类和动物的一部分行为，所以，从这个角度来说是很有意义的。但是，它很难解释有机体为了某种目的主动做出某种行为的现象，比如学生为了得到老师的表扬而勤奋学习。不过，虽然该理论有一定缺陷，但是以经典条件反射为基础的理论曾在很长时间内在心理学界占据统治地位，对学习研究产生了深刻和长远的影响。

二、华生的"刺激-反应"理论

华生是美国心理学家，行为主义心理学的创始人。他非常推崇巴甫洛夫提出的经典条件反射，主张一切行为都以经典条件反射为基础，心理学的研究应该限制在可观察到的行为变化方面。

---

[1] 施良方.学习论[M].北京：人民教育出版社，2001：44—47.

（一）"刺激-反应"理论

华生所说的行为指的就是个体所说的或所做的，也就是可以观测到的。他认为，行为的基本单元就是"刺激-反应"。所谓刺激，指的是外界环境中的任何东西以及各组织所起的各种变化，比如学校老师表扬或批评学生；所谓反应，指的是个体所做的任何动作或所说的话，比如学生被批评以后伤心地哭了。他认为，刺激与反应之间的联系是直接的，不存在心理和意识的中介。

在华生看来，学习的实质就是形成习惯，形成刺激与反应之间的联结，而学习的过程就是通过条件反射，在刺激与反应之间建立牢固联结的过程。他认为，人在出生时只有几个简单的本能的反射和情绪反应，而所有其他行为都是通过条件反射建立新的刺激-反应（S-R）联结而形成的。而且他认为，形成习惯也就是联结的过程会遵循频因律和近因律。所谓频因律，指的是在其他条件相等的情况下，某种行为练习得越多，该行为就越容易得到强化；所谓近因律，指的是当反应频繁发生时，最近的反应相对于较早的反应容易得到强化。

（二）人类经典条件反射实验

受巴甫洛夫的经典条件反射实验启发和影响，华生尝试将条件反射的理论作用到人的身上，小艾伯特实验就是华生用于彰显人类经典条件反射经验证据的典型研究案例（参见第一章）。

总体而言，华生是一位严格的行为主义者，在他看来，意识、知觉、感觉、目的、意向等心理学名词都是主观的名词，是中世纪不科学的心理学概念。因此他强调心理学必须研究可观测的行为，他提出的"刺激-反应"理论特别强调对学习过程的客观研究，而忽视学习的内部过程。华生坚信控制学习效果的是环境而非学习主体自身，这使得他成为一个典型的环境决定论者，也使得他提出的"刺激-反应"理论成为机械主义学习理论。不过，虽然华生的理论未能得到普遍接受，但是以"刺激-反应"理论为基础的行为主义学习理论在美国统治了五十多年，而且至今仍然有一定影响力。[1]

三、桑代克的联结主义学习理论和试误说

桑代克是美国著名心理学家，也是联结主义心理学和教育心理学体系的创始人。

---

[1] 冯忠良，伍新春，姚梅林，等．教育心理学（第三版）[M]．北京：人民教育出版社，2015：90—93．

和其他早期行为主义学家一样,桑代克也认为个体大多数行为都是对环境中刺激的反应,并对此开展了大量的动物实验研究。根据开展的实验,他认为学习的实质就是建立刺激与反应之间的联结,并提出了"刺激-反应"公式(S→R),而学习的过程就是在不断的尝试和错误中,按照一定规律建立联结的过程。在他开展的实验中,最经典的当属"桑代克迷箱实验"(参见第一章),并据此提出了联结主义学习理论和试误说(trial and error theory)。

(一)桑代克的联结主义学习理论

基于针对动物和人进行的一系列实验,桑代克也认为学习的实质就是在刺激和反应之间建立联结(S→R)。所谓联结,指的是某情境(situation)仅能引起某些反应(response),而不能引起其他反应的倾向。要注意的是,桑代克这里说的"情境",虽然有时候也称为"刺激",但是和前面华生等人提到的刺激不完全一样,他这里说的情境既包含外部情境,比如外界声光电刺激等,也包含大脑内部的情境,如思想、感情等;他说的反应不仅指个体外在的反应行为,也包括观念、情绪、态度等"内部反应"。[①]

另外,桑代克站在本能主义的立场上,认为联结并不是人在学习中重新建立起来的,事实上人在生命发生时(也可以看作出生时)已经存在无数联结的"原本趋向",这些趋向就称为"人的本性"。所谓学习,就是在一定的情境下,唤起某种"原本趋向"的联结,并使之增强;而不唤起其他联结倾向,或使其他联结倾向减弱。

(二)桑代克的试误说和学习律

桑代克根据迷箱实验,认为刺激与反应之间的联结是通过尝试与错误,并按照一定的规律形成的,据此他提出了"试误说"。

> **关键概念 —— 试误说**
> 学习的本质就是通过不断尝试错误的过程,形成刺激与反应之间的联结。

基于试误说,他还给出了3条学习律。①准备律(law of readiness)。学习者习得知识的前提是,学习者具备学习该知识的欲望与心理准备。对个体而言,

---

[①] 冯忠良,伍新春,姚梅林,等.教育心理学(第三版)[M].北京:人民教育出版社,2015:83.

学习行为产生的前提条件是个体由于外界的刺激而处于应激状态，后来这种应激状态被称为动机。②效果律（law of effect）。只有当行为产生了令个体满意的效果时，学习进程才会持续进行。[①]个体的满意程度或不满意程度越高，则刺激和反应之间的联结就会越强；个体的满意程度或不满意程度越低，刺激和反应之间的联结就越弱。在后来的著作中，他取消了令人不满意或烦恼的部分，因为他发现惩罚不一定会削弱联结。③练习律（law of exercise）。由使用律（law of use）和失用律（law of disuse）构成，指学习联结会随着练习强弱的改变而不同。[②]即一个已形成的可变联结，若加以使用就会更强（使用律）；一个已形成的可变联结，若不再使用则会逐渐减弱（失用律）。在后来的著作中，他认为联结只有通过有奖励的练习才能增强。桑代克提出的3条学习律分别针对学习准备阶段、学习进行阶段及学习强化阶段阐释了有效联结产生的必要条件，并指出了保持联结的措施。

从某种意义上讲，桑代克的三条学习律是从学习的动机、学习的反馈和学习的强化三个方面来描述学习规律，注重学习步骤的分明性及学习过程的循序渐进性。后面要讲的斯金纳的程序教学法之小步子原则便是步骤分明的表征，遵循的是学习的循序渐进性；而教学设计中对教学策略及教学方法的设计，便是对提高学习动机、优化教学反馈和强化学习的具体表征。

总体而言，尽管桑代克的联结主义学习理论和试误说尚不完善，但是他的理论试图揭示学习的过程是什么，需要遵循什么规律，这对于教育实践的意义是非常重要的，客观上也推动了教育心理学体系的发展，奠定了他在教育心理学发展史上的重要地位。另外，桑代克提出的学习是通过行为受奖励而进行的，也为后面斯金纳提出的操作性条件反射理论奠定了基础。

四、斯金纳的操作性条件反射理论

斯金纳是美国著名心理学家，新行为主义心理学的创始人和主要代表。

1930年起，在美国出现了新行为主义理论，这些研究者修正了华生的极端主义观点，认为在刺激与反应之间存在着中介变量。在此背景下，斯金纳对桑代克的动物实验研究装置进行了改进，设计了著名的"斯金纳箱"（参见第一章），并据此做了一系列实验，提出了操作性条件反射理论。

---

① 施良方.学习论［M］.北京：人民教育出版社，2001：34—35.
② 施良方.学习论［M］.北京：人民教育出版社，2001：5.

（一）操作性条件反射理论

基于所开展的一系列实验，斯金纳提出了操作性条件反射理论。他认为，有机体的反应有两种：一种是应答性行为，这是由特定的刺激所引起的被动反应，不是自发的，这是巴甫洛夫的经典条件反射理论所关注的行为，可以是无条件反射，也可以是条件反射；另一种是操作性行为，这种行为是自发的，比如白鼠按杠杆的行为等，这些行为由于受到强化，成为特定情境中有目的的操作行为，这是斯金纳的操作性条件反射理论所关注的行为。

斯金纳提出的操作性条件反射理论和巴甫洛夫的经典条件反射理论不同，经典条件反射是"刺激-反应"之间的联结（S-R），反应是由刺激引起的；而操作性条件反射则是"操作-强化"之间的联结（R-S），其中重要的是跟随操作反应之后的强化刺激。比如学生在课堂上认真听讲得到了教师的表扬，学生就会继续认真听讲。斯金纳认为，人的行为大部分都是操作性行为，主要受到强化规律的制约，通过控制情境事件（刺激）就可以控制行为或者改变行为。所以只要预期的行为出现，就立即给予强化，再出现，再强化，这种行为出现的概率就会上升。比如学生成绩有进步，就立即给予表扬。

（二）强化理论

在斯金纳的理论体系中，强化（reinforcement）是特别重要的概念，因为只有操作性行为得到强化之后，联结才能巩固下来。当然，斯金纳这里说的强化不等于奖励，事实上，凡是能增强反应概率的刺激和事件都叫强化。与此相反的是，凡是能导致反应概率下降的刺激和事件都叫惩罚（punishment）。强化又分为正强化和负强化。正强化通过呈现愉快刺激来增强反应概率，负强化通过消除厌恶刺激来增强反应概率。惩罚也分为Ⅰ型惩罚（正惩罚）和Ⅱ型惩罚（负惩罚）。Ⅰ型惩罚通过呈现厌恶刺激来降低反应概率，Ⅱ型惩罚通过消除愉快刺激来降低反应概率（表3-1）。[1]

---

[1] 陈琦, 刘儒德. 当代教育心理学（第3版）[M]. 北京：北京师范大学出版社, 2019: 90—93.

表 3-1 强化与惩罚

	增强反应概率	降低反应概率
呈现刺激	正强化（呈现愉快刺激，如小明好好学习，妈妈决定带他去旅游）	Ⅰ型惩罚（正惩罚，呈现厌恶刺激，如小明不好好学习，妈妈让他面壁1小时）
消除刺激	负强化（消除厌恶刺激，如小明好好学习，妈妈决定免除他的家务活）	Ⅱ型惩罚（负惩罚，消除愉快刺激，如小明不好好学习，妈妈不允许他去玩）

在具体应用强化时，也有多种方式：①持续强化方式，也就是每次反应都给予强化，比如只要做对一道题就给一颗小星星奖励；②定时距强化方式，就是每隔固定的时段后给予强化；③变时距强化方式，就是不定时给予强化；④定比率强化方式，就是每隔固定反应次数后给予强化；⑤变比率强化方式，就是在不定反应次数后给予强化。在实际教学中，教育者要根据学习内容、学习者水平和特征等因素恰当使用强化方式。

（三）程序教学和教学机器

斯金纳以操作性条件反射理论为依托，于20世纪50到60年代掀起了一场轰轰烈烈的程序教学运动。斯金纳在其自传《我的生命细节》（*Particulars of My Life*）中回忆道："我以家长的身份到我的小女儿所在学校听四年级的算术课，但整个教学情境让我觉得十分荒谬。教室里坐着二十几个可爱的学生，但是那位教师的教学却违反了关于学习过程的几乎所有原理与做法。"[①]为此，斯金纳展开了对教学机器的设计与研发工作。1954年，斯金纳在匹兹堡大学"心理学的当前动向"会议上，演示了基于教学机器进行拼写和算术教学的过程，同年在"学习的科学和教学的艺术"（The Science of Learning and the Art of Teaching）论文中，提出强化学习原理，将教学机器作为一种方法为学生提供学习强化。[②]

> **关键概念 —— 强化学习**
>
> 强化学习是机器学习的一个分支，强调如何基于环境行动，以取得最大化的预期利益，其灵感来源于心理学中的行为主义理论，即个体如何在

---

① Zimmerman B J, Schunk D H. Educational psychology: a century of contributions: a project of division 15 (educational psychology) of the American psychological society [M]. Mahwah, New Jersey & London: Lawrence Erlbaum Associates, Publishers, 2003: 238.

② 普莱西，斯金纳，克劳德. 程序教学和教学机器 [M]. 刘范，曹传咏，荆其诚 译. 北京：人民教育出版社，1964: 84.

> 环境的奖励或惩罚刺激下，逐步形成对刺激的预期，产生能使利益最大化的习惯性行为。

为了减轻教学劳动，提高教学效率，斯金纳发展了一套教学机器。这是一种台式机械装置，并且内置教学程序，这种教学程序是将所教科目的具体内容编制在纸带上，由浅入深地编成系列，然后通过机器的特定窗口逐个呈现，答案也由教学机器控制。

斯金纳的成功之处在于，他采用强化理论来证明教学机器能为教学创造最优条件，并且他还为教学机器安装了相应的教学程序。从某种意义上讲，斯金纳设计的教学机器成为今天计算机辅助教学（computer assisted instruction，简称CAI）的先声，斯金纳本人也因此被称为"教学机器之父"。

程序教学（programmed instruction，简称PI）始于教学机器的研制与开发，并因斯金纳提出依据操作性条件反射原理与强化原理为教学机器安装程序化的学习材料而得到极大的应用。程序教学的原则可以概括为以下几点。①积极反应原则：是指学习者与程序之间应该相互影响，学习者要明白，要想达成学习目标就必须积极地对每一个刺激做出反应。②小步子原则：是指将知识分解为一个难度渐增、有次序的学习序列。该原则强调了复杂程度的渐进性与项目过渡的自然性。③及时反馈原则：是指对于学生的每一个反应及时给出核对。反馈的及时性与强化效果呈正相关。④自定步调原则：是指学习者根据自身能力来决定学习的速度，显示出对学习者个体差异的尊重。

> **关键概念——程序教学**
>
> 程序教学就是将教学内容按一定的逻辑顺序分解成若干小的学习单元，编制成教学程序由学习者自主学习。程序教学模式包括：①直线式程序，它是由斯金纳首创的经典程序教学模式，指将学习内容由浅到深安排成一系列连续的小的逻辑单元，每个单元中学习内容很少；②衍枝式程序，它是由克劳德（Norman A. Crowder）提出的可变程序教学模式，指将学习内容分解为比直线式小步子更大的逻辑单元，学生完成一个逻辑单元后，要进行测验，根据测验结果决定下一步的学习；③莫菲尔德程序，它是由美国心理学家凯（H. Kay）提出的由直线式与衍枝式相结合的模式，这一模式始终遵循一个主序列，在直线式上补充支序列，学生通过支序列的学习后，可以直接前进到主序列的下一个问题上。

斯金纳始终坚持行为主义的基本立场，是对当今心理学影响最大、最重要的新行为主义者，这不仅是因为他漫长的学术生涯给心理学产生了长期的影响，更主要的是因为他主张用科学方法对动物与人类的行为进行研究，建构了一套阐释动物和人类行为的操作行为主义体系，并将其应用范围推广到教育教学和社会控制中。[①]斯金纳的科学实验研究为学习科学的探索留下了一笔宝贵财富。

五、班杜拉的社会学习理论

阿尔伯特·班杜拉（Albert Bandura，1925—2021）是美国当代著名心理学家，新行为主义的主要代表人物之一，社会学习理论（也称为社会认知理论）的创始人。

自20世纪40年代起，行为主义心理学家对儿童如何获得合作、竞争、攻击等社会行为很感兴趣，班杜拉在对传统行为主义理论的继承与批判中提出了社会学习理论。该理论认为，儿童社会行为的习得主要是通过观察、模仿现实生活中的重要人物（榜样，如老师、家长等）的行为而得到的，而儿童观察学习的过程是在个体、环境和行为三者相互作用下发生的，即所谓的三元交互决定论（reciprocal determinism），如图3-1所示。

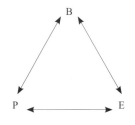

图3-1 三元交互决定论

注：B指行为（behavior），P指人的内部因素（personality），E指环境（environment）

该理论认为，环境、行为和个体之间既相互独立，又相互联结，从而相互决定。其中，个人的主体因素包括生理反应能力、认知能力（观念、信仰、自我知觉）等身心技能。比如乐于助人的儿童会期望别的儿童也乐于助人（个体认知），这种期望使他产生乐于助人的行为（行为），并使其他儿童也乐于帮助他（环境），这样就强化了他最初的期望（个体认知）。值得注意的是，虽然三元交互决定论中的三个要素间具有高度的相互依赖性，但是要素间的交互影响力和交

[①] 叶浩生.西方心理学的历史与体系[M].北京：人民教育出版社，1998: 242.

互模式并非固定不变的,而是在不同的情境中、对不同的个体或在不同的活动中有不同的表现形式。

事实上,班杜拉还开展了一系列行为实验,并通过实验提出了观察学习、替代性强化、自我效能、自我调节等概念。

班杜拉的经典实验

班杜拉首先让儿童观察一个成人(榜样)对充气娃娃拳打脚踢的录像,然后把儿童带到一个放有充气娃娃的房间,并允许儿童自由活动,结果发现儿童也开始对充气娃娃拳打脚踢(图3-2)。这就说明,成人榜样的行为对儿童产生了影响,儿童可以依靠观察习得行为。

图3-2 班杜拉的经典实验

然后班杜拉又做了一个实验。他把儿童分成了三组,首先还是让这三组儿童都看到成人对充气娃娃的攻击性行为录像,不过在录像的结尾则不同:甲组儿童看到成人榜样得到了奖赏,乙组儿童看到成人榜样被批评,丙组儿童看到成人榜样既没有被表扬也没有被批评。然后这三组儿童会被带到一个放有充气娃娃的房间,结果发现:甲组儿童对娃娃表现出来的攻击性行为最多,丙组次之,乙组最少。这表明,成人榜样实施攻击性行为的后果是儿童是否模仿榜样行为的决定因素。

有意思的是,如果随后告知三组儿童都可以对充气娃娃拳打脚踢,并且还有奖赏的话,那么人们会看到三组儿童都会表现出攻击性行为,且水平几乎一致。这表明,所有儿童实际上已经学会了攻击性行为,只是会根据可能的后果决定是否表现出攻击性行为。也就是说,外在强化或者说可预期的后果只能影响攻击性行为的表现,而几乎不会影响攻击性行为的学习。

（一）观察学习

基于以上实验，班杜拉认为人类的大多数行为是可以通过观察而习得的，人们只要通过观察他人（榜样）的行为及其后果就能学会某种复杂行为，他把这种学习方式称为观察学习。

> **关键概念 —— 观察学习**
>
> 观察学习也称替代性学习或无尝试学习，是指通过观察榜样的行为及结果，然后经过个体的大脑进行加工和内化，再将习得的行为在自己的行为和观念中反映出来的一种学习方式。

观察学习需要经历4个过程（表3-2）。

表3-2 观察学习的4个过程

1	注意过程	观察学习始于学习者对榜样行为的注意，榜样特征和观察者特征会影响观察学习的程度。比如人们一般会观察和自己相似的或者比自己优秀或者重要的人。
2	保持过程	观察者用表象或言语的表征方式记住所观察到的信息。
3	复制过程（动作再现）	观察者将记忆中存储的信息用行为表现出来。
4	动机过程	观察者因为表现出观察到的行为而受到强化，这些强化会激励观察者去记住那些有价值的、可以学习的行为。包括直接强化、替代性强化和自我强化三种。

（二）三种强化

在观察学习的动机过程中有直接强化、替代性强化和自我强化三种强化方式。其中，直接强化指的是观察者表现出观察到的行为后得到的强化，比如儿童模仿榜样殴打充气娃娃受到了批评，从而影响了他的行为；替代性强化指的是观察者看到榜样受强化而被强化，比如儿童看到榜样殴打充气娃娃受到了批评，从而影响了他的行为；自我强化指的是观察者依靠自己的标准对行为进行评价而受到的强化，比如儿童自己觉得不应该殴打娃娃，从而影响了他的行为。

班杜拉特别强调替代性强化和自我强化，因为这体现了学习中的认知性和个体的学习主动性。

（三）自我效能感和自我调节

基于对自我强化的认识，班杜拉还提出了自我效能感和自我调节的概念。所谓自我效能感（self-efficacy），指的是人们对自己是否有能力完成某一行为的主观判断。效能预期影响个体活动和场合的选择，甚至影响其努力程度。因此，自我效能感是个体自我系统中的核心动力，也是决定个体潜能发挥程度的关键因素。班杜拉针对自我效能感的大量研究表明，自我效能感的影响因素主要包括四个，分别是：自身成败经验、替代性经验、言语劝说以及情绪和生理状态。

所谓自我调节（self-regulation），指的是人们会根据自己的标准进行判断，并据此给予自己强化或者惩罚，从而加强、维持或调整自己的行为。自我调节学习（self-regulated learning，简称SRL）指学习者积极激励自己并使用适当的学习策略的学习。它是学习者为了提升学习成效、达到学习目标，主动地运用与调控自己的认知、元认知、动机与行为的学习过程或学习活动，也可以被看作是一种稳定的学习能力。比如有学生认为自己英语口语不好而强迫自己每天早起练习。

自我效能和自我调节这两个概念分别会在第四章、第五章详细介绍，这里不再展开。

班杜拉提出的观察学习对于人类社会中的许多学习尤其是社会规范和道德学习具有重要的意义，所以家长和教师在日常生活中要注意以身作则，并注意利用言语、图书、音像等多种方式给学生树立可供学习的榜样，并对学生的模仿行为给予恰当的表扬或批评（强化或惩罚）。

第三节　认知主义学习理论

与行为主义学习理论相比，认知主义学习理论认为不应该只关注简单低级的刺激-反应，还应该重视问题解决、推理、思维等高级认知能力；学习不是对外界信息的简单接受，而是对信息的主动选择和理解，是积极主动地进行复杂的信息加工活动的过程；学习的目的不是形成简单的刺激-反应联结，而是形成和完善认知结构。

早期的认知主义有格式塔学派的完形-顿悟说、托尔曼的符号学习理论，后期有布鲁纳的认知发现学习理论、奥苏伯尔的有意义接受学习理论、罗伯特·加涅（Robert Gagné）的信息加工学习理论等。

一、格式塔学派的完形-顿悟说

格式塔学派是诞生于德国的一个心理学流派，代表人物有马克斯·韦特海默

（Max Wertheimer）、库尔特·考夫卡（Kurt Koffka）和沃尔夫冈·苛勒（Wolfgang Kohler）。他们提出了完形－顿悟说，该理论反对当时构造心理学的元素主义和行为主义的刺激－反应模式，主张研究心理的整体性与结构性。他们认为学习是知觉的重新组织，通过顿悟实现。

事实上，格式塔是德文 Gestalt 的音译，在德文中就含有"形状""结构""完整"的意思，只不过因为某种原因，他们提出的理论没有使用"结构"，而使用了"完形"这一术语。不过，"完形"或许更能形象地反映他们开展的实验。

格式塔学派的"似动"实验

韦特海默用仪器通过两条细长的裂缝，先后在幕布上投射出两条光线，一条是垂直线，另一条则同这条线成 20 或 30 度角。研究结果发现：①如果两条线出现的时间间隔很长（如 100 毫秒），被试者看到的是两条先后出现的光线；②如果两条线出现的时间间隔很短（如 30 毫秒），被试者看到的是两条同时出现的光线；③如果两条线出现的时间间隔适当（例如 60 毫秒），这时被试看到的是光线从一处向另一处移动。这就是"似动现象"，也就是电影产生的原理——"视觉滞留"。

这个实验虽然很小，但是意义很重大，表明了大脑好像能够自动填补结构的缺口或缺陷，或者说证明了大脑的"完形组织功能"。而韦特海默于 1912 年发表的《似动的实验研究》一文也标志着这一学派的兴起。

事实上，在生活中，我们也经常能看到完形的应用，比如图 3-3 中左侧图实际上是三个独立的图案，但是你会看到中间有一个白色的三角形；右侧图实际上是五个独立的图形，但是你会看到一个五角星。这些就都是大脑的完形组织功能。

图 3-3 表明大脑的完形组织功能的图片

1913—1917 年，苛勒也针对黑猩猩的问题解决行为做了一系列实验（图 3-4）。基于实验结果，格式塔心理学派提出了完形－顿悟说。该理论主要观

点有如下几点。①学习是通过顿悟过程实现的。学习是个体利用其智慧与理解力对情境及情境与个体关系的顿悟,而不是动作的累积或盲目的尝试。②学习的实质是在个体大脑内部构造完形。学习过程中问题的解决,都是由于对情境中事物关系的理解而构成一种完形来实现的。③刺激与反应之间的联系不是直接的,而需以意识为中介。对于刺激与反应或环境与行为之间的关系,格式塔学派认为是以意识因素为中介的,用公式表示为 S-O(organism)-R,而不是 S-R。[1]

> **关键概念 —— 顿悟说**
> 所谓顿悟(insight theory),指的是个体在解决问题时,清楚地理解问题情境中各个事物的关系,并改组知觉经验中的旧有结构和豁然洞察新的结构。或者说突然领悟到了解决方法。

苛勒的经典实验

苛勒把一只饥饿的黑猩猩放在一个房间内,顶上吊着一串香蕉,屋里放着两个箱子。黑猩猩最初想用手够香蕉,可是够不着。后来它把一只箱子放到了香蕉底下,试图站在箱子上够香蕉,还是够不着,它气得搬着箱子走来走去。突然间,它好像醒悟了似的,把两个箱子摞起来,然后站在上面够到了香蕉。这就是顿悟。

图 3-4 苛勒的顿悟实验示意图[2]

---

[1] 冯忠良,伍新春,姚梅林,等.教育心理学(第三版)[M].北京:人民教育出版社,2015:109—112.

[2] 图片引自 https://www.sohu.com/a/281141566_100130547。

> 苛勒后来还用棍子做了实验，这一次实验情境大体类似，只是房间内没有了箱子，换成了一长一短两根棍子。黑猩猩单独使用长棍子和短棍子都无法够到香蕉，于是就拿着两根棍子乱晃，突然间它无意中把短棍子插到长棍子里面，就够到了香蕉，并且很高兴地不断重复这个动作。第二天，黑猩猩仍然能够很容易地将两根棍子连接起来，不再需要胡乱尝试。
>
> 事实上，苛勒做了一系列实验，通过这些实验，苛勒认为学习的本质不是试误，而是顿悟。

总之，格式塔心理学派认为，学习不是形成简单的刺激－反应联结，而是不断构建完形的过程。虽然该理论也有一定的缺陷，比如对"顿悟"机制解释得仍然不够清楚，但是对于反对当时行为主义学习理论的机械性具有重要意义。

二、托尔曼的符号学习理论

托尔曼（1886—1959）是美国著名心理学家，符号学习理论（也称认知－目的理论）的创始人。

他的研究实际上同时受到了行为主义和格式塔学派的影响，追求认知与行为的统一。他认为学习是对情境所形成的完整认知地图（认知结构）中符号与符号之间关系的认知过程，并通过实验验证了这一点。

> **托尔曼的位置学习实验**
>
> 托尔曼设计了如图3-5所示的高架迷宫，该迷宫中包括三条自起点通向食物箱的通路。最开始，他先让白鼠走过迷宫中的每条通路，结果发现，白鼠最喜欢走通路1，然后依次是通路2和通路3。然后，他在A点把通路1关闭，发现白鼠走到A点受阻后会改走通路2；接着，他在B点把通路1关闭，发现白鼠走到B点受阻后会改走通路3。

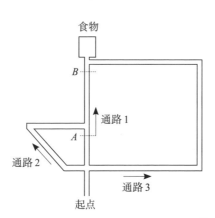

图 3-5 托尔曼的位置学习实验示意图①

这个实验表明,白鼠是根据对迷宫的认知地图而不是根据习惯来行动的。

基于以上实验,托尔曼提出了符号-学习理论。该理论主要内容包括以下三点。①学习不是盲目的,是有目的的,是对期待的获得。期待是托尔曼学习理论中的重要概念,它指的是个体根据经验而建立起来的一种内部心理状态,是一种关于学习目的的认知观点。或者说,期待不等同于学习目的,而是学习目的在个体头脑内部的主观反映。②学习是对"符号-完形"的认知,是形成认知地图。托尔曼这里说的符号指的是个体对环境的认知,认知地图指的是将"目标—环境—对象—手段"联系在一起的整体认知结构。比如白鼠在迷宫中形成了对迷宫的认知地图,它依靠认知地图而不是依靠习惯来决定自己的行动。③学习不是简单的刺激-反应,而是以目的、意识等为中介的。②

托尔曼后来还做了"潜伏学习实验",该实验发现,白鼠在没有被奖励的时候,学习实际上已经发生了,只是没有表现出来而已。这也再次表明,学习不是简单的刺激-反应之间的联结。

概而言之,托尔曼提出的符号-学习理论对于纠正行为主义学习理论的机械性和片面性有重要意义,因此有人称其为认知心理学的开山鼻祖。他提出的"期待""认知地图"等概念对我们今天的学习也很重要,教师首先应该让学生明白

---

① 图片引自 https://www.sohu.com/a/281141566_100130547。
② 冯忠良,伍新春,姚梅林,等. 教育心理学(第三版)[M]. 北京:人民教育出版社,2015:124—125.

学习的目的，了解环境，从而产生积极的期待，并能够尽快形成认知地图。

三、布鲁纳的认知 - 发现学习理论

布鲁纳（1915—2016）是美国著名的认知教育心理学家，认知 - 发现（也称认知 - 结构）学习理论的创始人。他认为学习的本质在于形成认知结构，学习的过程包括习得、转化和评价三个部分，而学习的方式则主要是发现学习。①

（一）学习的本质在于形成认知结构

布鲁纳也认为学习的本质不是被动地形成刺激 - 反应联结，而是积极主动地形成认知结构。所谓认知结构，就是一种内在的编码系统（coding system），是一组相互关联的、非具体性的类别。或者可以简单地理解为一种分类系统。比如，我们在头脑中会有对食物的编码系统，当我们看到一种食物时，我们会把它和自己头脑里编码系统中的食物联系起来，但是如果看到了一种新食物，我们就会改变自己的编码系统或者形成新的编码系统。

（二）学习包括习得、转化和评价三个过程

布鲁纳认为学习包括习得（acquisition）、转换（transformation）和评价（evaluation）这三个几乎同时发生的过程。①新知识的习得。新知识可能是对个体原来模模糊糊地知道的知识的精确化，甚至与原有知识相违背，但不管新旧知识关系如何，都会使已有知识进一步提高。②知识的转换。个体通过一定的方法对获得的知识进行转换，从而获得更多的知识。比如将学习到的数学知识转换后应用到物理学习中。③知识的评价。个体检查自己处理知识的方法是否恰当，概括得是否合适，应用得是否适当。

（三）学习和教学的原则

布鲁纳认为，在学习和教学中要坚持如下原则。①注重激发内在动机。布鲁纳认为，学习是主动获取知识的过程，所以激发内在动机非常重要。内在动机包括好奇内驱力（求知的欲望）、胜任内驱力（成功的欲望）和互惠内驱力（人际交往的欲望）三部分。教师在教学过程中要特别注意激发这些动机。②注重掌握知识结构。所谓知识结构，指的是某一学术领域的基本观念、基本原理和基本方法。布鲁纳认为，任何知识都可以用动作、图像和符号三种表征方式

---

① 冯忠良，伍新春，姚梅林，等. 教育心理学（第三版）[M]. 北京：人民教育出版社，2015: 112—117.

来呈现。动作表征指的是凭借动作来学习,图像表征指的是借助表象来学习,符号表征指的是借助语言来学习。③注重培养直觉思维。布鲁纳认为,直觉思维对科学发现活动非常重要,教师在教学过程中要注重发挥学生的想象力,让学生自己去试着做。④注重学习的序列性。布鲁纳认为,任何一门学科的学习都有一定的程序性,每一门学科的基础知识都是简单且重要的,教师可以用某种适当的方式将其教给任何年龄的任何人,所以在教学中要注意向学生提供具有挑战性的学习机会,从而促进学生的智慧发展。

(四)发现学习法

基于大量研究,布鲁纳认为,对于儿童来说,最好的学习方法就是发现学习法。

> **关键概念——发现学习法**
> 所谓发现学习法(discovery learning),指的是让个体自己去积极主动地获得知识、掌握原理或原则的一种学习方式。

布鲁纳认为,发现不局限于发现人类未知的事物,个体通过自己的努力,掌握自己以前不知道的知识也属于"发现"。比如,他亲自设计了一个天平(图3-6),让儿童自己去探索学习乘法的交换律,如 $2 \times 5 = 5 \times 2$。

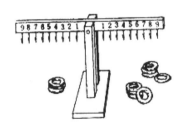

图3-6 布鲁纳设计的天平示意图

发现学习没有固定的模式,不过一般来说包括这样几个步骤。①提出问题:教师创设情境,让学生在其中自己发现问题、提出问题、明确问题。②做出假设:教师帮助学生基于所提出的问题做出假设。③收集材料:学生去收集可以用于验证假设的材料。④验证假设:基于所收集的材料,验证假设。⑤形成结论:基于以上成果,评价、反思并给出结论。

发现学习法比较强调学生的主动性，但是布鲁纳并没有否定教师的作用。他认为，教师在学习过程中，要注意给学生创设富有吸引力的学习情境，激发学生的内在学习动机，训练学生提出问题、分析问题和解决问题的能力，协助学生进行反思和评价等。

概而言之，布鲁纳对认知过程进行了大量研究，在认知结构、词语学习、概念形成、思维发展等方面都取得了重要成果。更重要的是，他坚持将心理学的研究应用到教育教学实践中，所提出的发现学习法虽然不一定适合所有教学内容，对教师要求高，使用成本也比较高，但确实对20世纪的教育教学改革运动起到了重要的推动作用，因此被誉为杜威之后对美国教育影响最大的人。

四、奥苏贝尔的有意义接受学习理论

奥苏贝尔（1918—2008）是美国与布鲁纳同时代的知名教育心理学家，是有意义接受学习（也称认知同化学习）理论的提出者。他认为，发生在学校的学习主要应该是有意义接受学习，其中要注重使用先行组织者策略。

（一）有意义接受学习

奥苏贝尔认为，按照学习的性质内容可以分为机械学习和有意义学习（也称意义学习），而按照学习进行的方式可以分为接受学习和发现学习。

所谓机械学习（rote learning），指的是学习者并不了解符号所代表的知识，而只是死记硬背的学习方式。

所谓有意义学习（meaningful learning），指的是学习者在符号所代表的新知识与自己认知结构中原有的知识之间建立非人为的（nonarbitrary）、实质性的（substantive）联系的学习方式。这里的非人为的联系，指的是新知识与原有知识之间能够建立合理的、具有逻辑关系的联系，而不是任意的、随意的联系。比如学习者已经掌握了利用拼接法求圆的面积的方法后，再学习求圆柱体的体积的方法时，也能够想到用拼接法。这里说的实质性的联系，指的是新知识与认知结构中原有的概念、表象、命题等有本质上的联系，而不只是字面上的联系。比如学习者在学习"三角形的内角和等于180°"这一新命题时，能够深刻地意识到这一命题的含义，并能用自己的话从多个角度来说明。

所谓发现学习（discovery learning），指的就是前面布鲁纳提出的学习方式。

所谓接受学习（reception learning），指的是学习者在教师的引导下获取新知识的学习方式。该学习方式下要学的内容通常是现成的、有定论的基础知识，有时也称为讲授式教学。

奥苏贝尔认为：接受学习并不一定就是死记硬背式的机械学习，发现学习也不一定就是有意义学习；只要是有助于在新旧知识之间建立非人为的、实质性的联系的学习，不管是接受学习还是发现学习，都是有意义学习；发现学习主要是要求学生自己去"发现"知识，但是在"发现"知识以后，其实和接受学习一样，需要将知识内化到自己的认知结构中；在学校课堂学习中，有意义接受学习是主要的学习方式。

（二）有意义接受学习的条件和认知同化过程

有意义接受学习的顺利开展需要满足一定的外部条件（客观条件）和内部条件（主观条件）。外部条件是指学习材料必须具有逻辑意义，并且能满足与认知结构中的知识建立非人为的、实质性联系的要求。内部条件主要包括以下三条：①学习者必须具有将新知识与认知结构中的知识建立联系的心理倾向，也就是说具备学习动机；②学习者认知结构中已经具有适当的知识，也就是说具备一定的学习基础；③学习者必须积极主动地将新知识和认知结构中原有的知识建立联系，这样才能让新知识获得实际意义（也称心理意义）。具备以上内、外部条件，有意义学习才能真正发生。[①]

奥苏贝尔认为，有意义的学习是通过新知识与认知结构中原有知识的相互作用而发生的，这种相互作用导致了新旧知识有意义的同化，这就是认知同化过程。比如学习者学习到一个新知识"百分数"，并且将它与认知结构中原有知识"分数"进行相互作用，比较、分析、归纳，这样就使新知识"百分数"具有了实际意义，同时也使已有知识"分数"具备了新的意义。

至于具体的认知同化过程，主要包括如下三种。①下位学习（subordinate learning）。是指将概括程度较低的新概念或命题，归属到认知结构中概括程度较高的概念或命题下，从而获得新概念的意义。比如将新概念"浮力"归属到认知结构中已有的"力"的概念下。②上位学习（super-ordinate learning）。与下位学习相反，比如将认知结构中已有的"苹果""梨"等概念归属到新概念"水果"之下。③组合学习（coordinate learning）。是指新概念与已有概念不构成上位或下位关系，但是可能形成组合关系。比如将新概念"足球"和已有的"篮球""排球"等概念组合到一起。

在认知同化过程中，有几个影响因素。①固着观点（anchoring idea，也称固着点）：是指认知结构中对新知识起到固定作用（或者说连接作用）的适当观

---

① 冯忠良，伍新春，姚梅林，等.教育心理学（第三版）[M].北京：人民教育出版社，2015：118.

念，比如学习者认知结构中已有的"锐角"概念有助于理解"钝角"这一新概念。②可辨别性：是指新旧知识之间的区别程度，比如"速度"和"加速度"的关系。③清晰稳定性：是指认知结构中的"固着观念"是否清晰稳定，会影响学习者区分新旧知识。基于这三个因素，教师在课堂教学中要注意引导学生复习旧的知识，并要强调新旧知识之间的区别和联系。

（三）先行组织者

为了促进知识的同化和有意义接受学习的发生，奥苏贝尔也提出了一系列教学原则，比如逐渐分化、整合协调等原则，并提出了一个重要的策略：先行组织者策略。

> **关键概念 —— 先行组织者**
>
> 所谓先行组织者（advanced organizer），指的是先于学习任务本身而呈现的一种引导性材料，它的抽象、概括和综合水平高于学习任务，并且与认知结构中原有的观念和新的学习任务相关联。①

先行组织者主要的目的是给新知识提供固着点，增强新旧知识之间的可辨别性，从而帮助认知同化过程的发生。例如，教师在讲授"钢"的性质之前，先学习一下"合金"的性质（这就是先行组织者），会有助于学生更好地理解"钢"的性质。

先行组织者主要分为两种：一种是陈述性（expository）先行组织者，指的是为新知识提供一种上位的概念，比如上面说的在讲授"钢"之前先讲授"合金"的性质；另外一种是比较性（comparative）先行组织者，指的是为新知识提供一种可供比较的学习材料，旨在增强新旧知识之间的可辨别性，比如在讲授"钝角"时，引导学生比较"锐角"和"钝角"的区别。

奥苏贝尔提出的接受学习看起来和布鲁纳提出的发现学习是相反的，但是在我们看来，两者是相辅相成的，分别适合不同的学习者和不同的学习内容。事实上，虽然今天的学校特别注重属于"发现学习"大范畴的项目式学习、探究学习、研究性学习等方式，但是教学中更多的还是有意义接受学习。从这一点来说，奥苏贝尔的有意义接受学习理论对于指导今天的教和学仍然具有重要的积极意义。

---

① 冯忠良，伍新春，姚梅林，等.教育心理学（第三版）[M].北京：人民教育出版社，2015：119.

五、加涅的信息加工学习理论

加涅(1916—2002)是美国著名教育心理学家,信息加工学习理论的重要代表人物。

20世纪50年代以来,受计算机技术的发展的影响,以及心理学发展的需要,学习的信息加工理论开始崛起,人们希望用信息加工的术语和原则,用计算机的加工过程,来模拟和说明人类的内部心理活动和认知过程。在这方面,米勒、阿特金森(R. Atkinson)、安德森等人都作出了卓越的贡献,其中加涅也对学习的本质、过程、条件以及教学设计等进行了系统的研究和论述。本节拟重点讲解加涅提出的学习的信息加工模型、学习阶段和教学事件理论。

(一)学习的信息加工模型

随着信息理论和计算机技术的发展,人们试图用计算机处理信息的过程来类比人类的学习过程,把它想象成一个包括信息的输入、加工处理和输出的过程。在这一方面,加涅提出的学习的信息加工模型(图3-7)比较有影响力。

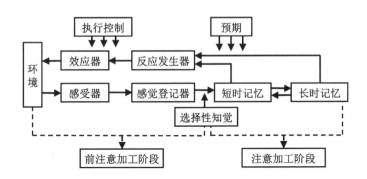

图3-7 学习的信息加工模型图

从图3-7中可以看出,学习者从外部环境中接受刺激,刺激推动感受器,并产生神经信息。然后信息就会进入感觉登记器(感觉记忆),其中被选择性知觉(选择性注意)加工过的信息就会进入短时记忆。进入短时记忆中的信息经过编码后会进入长时记忆。

当需要使用信息时,学习者就必须从长时记忆中检索、提取信息,提取出来的信息既可以直接送到反应发生器,也可以再回到短时记忆,之后再通向反应发生器。反应发生器中的信息会传递给效应器,效应器会对外界做出反应。

图3-7中的预期（期望系统），也就是学习者期望达到的目标，即学习动机。执行控制（执行控制器）实际上就是认知策略，就是决定选择哪些信息进入短时记忆，如何编码，如何提取信息等。

（二）学习阶段和学习事件

加涅认为，学习过程可以分为8个阶段（图3-8），其中每个阶段在学生头脑中都需要进行不同的信息加工过程，在各个信息加工过程中发生的事件，就称为学习事件。

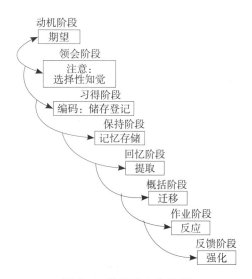

图3-8 学习的8个阶段

注：方框中标注的是在该阶段主要的心理加工和认知过程。

这8个阶段依次为：①动机阶段——学习者了解学习目标，形成对学习结果的期望，从而激发学习动机；②领会阶段——学习者有选择地注意与学习有关的刺激，而忽视无关的刺激；③习得阶段——将有选择地注意到的信息特征编码、储存到短时记忆中；④保持阶段——习得的信息经过复述、强化等进一步编码后储存到长时记忆中；⑤回忆阶段——根据线索提取和回忆信息；⑥概括阶段——对知识进行概括，并应用到新的情境中；⑦作业阶段——通过作业阶段反映学生是否掌握了所学知识；⑧反馈阶段——通过对作业的反馈，让学生知道自己是否达到了学习目标，从而强化学习动机。

（三）教学事件和教学方法

加涅不仅对学习过程进行了深入研究，还对教学过程进行了研究。他认为，教学过程要根据学生的内部认知加工过程进行，并且要影响这一过程，教学过程和学习过程基本上是一一对应的，在每一个教学阶段发生的事情就称为教学事件，也称为学习的外部条件。表3-3是加涅列出的教学事件与内部学习过程的对应关系。

表3-3 教学事件与内部学习过程的对应关系[①]

内部过程	教学事件	行动例子	"梯形"教学过程
接收	引起注意	使用突然的刺激变化	出示各种图形、纸船、梯形实物、河坝截面图片
预期	告知学习者目标	告诉学习者在学习之后，他们将能够做些什么	能够识别梯形，画梯形，指出实物中的梯形
提取到工作记忆中	刺激回忆先前的学习	要求回忆先前习得的知识或技能	回忆长方形、正方形、四边形的特征及在四边形中的平行概念
选择性知觉	呈现刺激	显示具有区别性特征的内容	出示典型的梯形、等腰梯形；总结梯形的特征，即一组对边平行，另一组对边不平行
语义编码	提供学习指导	提出一个有意义的组织	提供各种梯形的变式，包括不同形状、不同方位的梯形
反应	引出行为	要求学生表现出行为	出示一些梯形和非梯形图形，如曲边、非封闭图形，要求辨认其中的梯形
强化	提供反馈	给予信息反馈	对学生的行为反应给予反馈
提取和强化	评价行为	要求学习者另外再表现出行为并给予强化	要求对一些梯形、其他四边形、三角形等进行多层次分类（包括对梯形的分类）；综合前后知识，自由画出各种梯形，考察发散思维以及对梯形的整体理解
提取并概括化	促进保持和迁移	提供变化了的练习及间时复习（在复习中间有休息）	联系生活的各种实物、教室中的物件指认梯形；从一个复杂的图形中辨认隐藏着的各种梯形；从其他图形，如正方形、长方形、平行四边形、三角形等中切割出一个梯形；用相应的纸片折叠出梯形（根据画出的梯形进行折纸，发展空间对应关系）

[①] 陈琦，刘儒德.当代教育心理学（第3版）[M].北京：北京师范大学出版社，2019: 126—127.

加涅基于行为主义学派和认知主义学派的研究成果，重点吸收了信息加工心理学的思想，形成了有理论依据也有操作支持的学习理论。这一理论能够解释很多学习现象的认知过程，并具有切实可行的教学操作步骤，对推动教育教学理论和实践发展都做出了重要的贡献。

第四节 建构主义学习理论

行为主义学习理论认为学习就是要形成刺激-反应联结，认知主义学习理论认为学习是要形成和完善认知结构。两者虽然有冲突，但有一个共同点：都是以客观主义（objectivism）认识论为基础。在客观主义者看来，知识是不依赖于人脑而独立存在的具体实体，只有在知识完全"迁移"到人的大脑内部，并进入人的内心活动世界时，人们才能获得对知识的真正理解。在这种观念的影响下，传统的教学观更多地表现为知识传授式教学方法。

20世纪80年代以来，随着信息技术的发展，建构主义学习理论开始兴起。该理论认为：知识不是通过教师传授得到的，而是学习者在一定的情境即社会文化背景下，借助其他人（包括教师和学习伙伴）的帮助，利用必要的学习资料，通过意义建构的方式而获得的。[①] 该观点可以用一个经典的"鱼牛的故事"来生动地诠释。

鱼牛的故事

从前，在一口井里有一条鱼和一只青蛙。有一天，青蛙跳出井，四处看了看，看到很多新鲜的事物，比如一头奶牛。回来后，青蛙就给鱼讲述自己看到的奶牛：它的身体很长很高，头上长着两只角，身上有黑白相间的斑点，长着四条粗壮的腿，以吃青草为生……鱼一边听一边在脑海里想象牛的样子（图3-9）：一个大大的鱼的身子，头上长着两只角，身上有黑白斑点，长着四条粗壮的腿，嘴里吃着青草……

[①] 何克抗.建构主义的教学模式、教学方法与教学设计［J］.北京师范大学学报（社会科学版），1997,（5）：74—81.

图 3-9 鱼牛的故事

一、建构主义思想渊源与发展流派

（一）建构主义的思想渊源

建构主义的奠基人当属皮亚杰，他基于对西方传统认识论的批判和继承而提出：知识既不是来自主体，也不是来自个体，而是个体在与周围环境相互作用的过程中，自己逐步建构起关于外部世界的知识，从而使自己的认知结构得到发展。[1]

在皮亚杰理论的基础上，科恩伯格（O. Kernberg）在认知结构的性质与认知结构的发展条件等方面作了进一步的研究；斯滕伯格（R. Sternberg）等人则强调个体的主动性在建构认知结构过程中的关键作用，并对认知过程中如何发挥个体的主动性作了认真的探索；冯·格拉斯菲尔德（von Glasersfeld）也很强调认知主体的主动性。

20世纪70年代，苏联教育心理学家维果斯基的社会文化历史论被介绍到美国后，对于建构主义的发展也起到了重要的推动作用。维果斯基认为，个体的学习是在一定的历史、社会文化背景下进行的，社会可以为个体的认知与学习发展起到重要的支持和促进作用。

此外，杜威有关学习与探索、活动和经验改造的关系的设想也对建构主义的发展产生了一定的影响。在杜威看来，一切真正的教育都是从经验中产生，学习

---

[1] 冯忠良，伍新春，姚梅林，等.教育心理学（第三版）[M].北京：人民教育出版社，2015:150.

的实质就是经验的生长和经验的改造。

当然,建构主义的兴起也有现实因素,因为随着社会经济的发展,人们对创新人才逐渐有了更高的需求,而传统的灌输式教学让大家不满,此时信息技术的快速发展为创设学习情境提供了更多的可能性,所以促使建构主义在20世纪80年代开始快速发展,并在教育教学实践中扮演了重要的角色。

(二)建构主义的发展流派

建构主义在发展过程中,主要表现为六种不同的倾向:激进建构主义(radical constructivism)、社会建构主义(social constructivism)、社会文化认知观点(socialcultural cognition)、信息加工建构主义(information-processing constructivism)、社会建构论(social constructionism)和控制论系统(cybernetic system)。[1]

其中,激进建构主义是在皮亚杰理论的基础上发展起来的,以冯·格拉斯菲尔德为代表,他们特别强调认知主体的主动性,认为知识不是通过感觉或交流而被个体被动地接受的,而是由认知主体主动地建构起来的,建构是通过新旧经验的相互作用而实现的;认知的功能在于适应自己的经验世界,使学习者能够对经验建构可行的解释,而不是去发现本体论意义上的现实。社会建构主义是以维果斯基及其学派的理论为基础而形成的,他们认为个体在社会文化背景下,在与他人的互动中,主动建构自己的认识与知识。社会文化认知的观点与社会建构主义比较相似,只不过更加强调认知与学习活动是与一定的文化、历史和风俗习惯背景联系在一起的。信息加工建构主义是在信息加工理论的基础上发展起来的,以兰德·斯皮罗(Rand Spiro)等人为代表,他们仍然坚持信息加工的范式,但是接受"知识是由个体自己建构而成的"这一观点。这一流派也被称为"温和的建构主义"。社会建构论认为知识既不是来自客观的世界,也不是来自主观的被认识的世界,而是来自社会共同体的建构。控制论系统则强调认知主体不是旁观者,而是置身于其中的积极主动的观察者和反省型的参与者,因此特别重视其中的互动关系、交互协作方式。[2]

建构主义实际上在多个学科中都有应用。在教育领域,大家一般将建构主义分为认知建构主义(也称个人建构主义)和社会建构主义两大类。其中,认知

---

[1] 陈琦,刘儒德.当代教育心理学(第3版)[M].北京:北京师范大学出版社,2019:133.
[2] 冯忠良,伍新春,姚梅林,等.教育心理学(第三版)[M].北京:人民教育出版社,2015:152—154.

建构主义以皮亚杰的理论为基础，强调个人在知识建构过程中的作用，主要包括冯·格拉斯菲尔德的激进建构主义、维特洛克的生成性学习理论、斯皮罗的认知灵活性理论等；社会建构主义以维果斯基关于心理发展的社会文化历史理论为基础，强调历史、社会文化背景在知识建构中的作用，主要包括前面提到的社会建构主义、社会文化认知的观点、社会建构论以及后面要提到的情境学习理论等。

二、建构主义学习理论的基本观点

建构主义的各个流派的关注点有不同，不过，它们在知识观、学生观和学习观方面也有一些基本的共同点。

（一）知识观

传统教学中，课本知识被当作"绝对真理"，好像只要掌握了，就可以去解决各种问题。但是建构主义认为知识具有如下特性。①主观性和相对性。知识只是人们对客观世界的一种解释、假设或假说，它不是问题的最终答案，它会随着人们认识程度的深入而不断地变革、升华和改写，出现新的解释和假设。②情境性。知识与知识发生的情境紧密相连，知识是利用文化背景及活动的部分产物，是在情境中通过活动产生的。③个体性。知识不可能以实体的形式存在于个体之外，每一个学习者都会基于自身的经验来建构知识，由于每一个人看事物的角度不同，因此不存在唯一标准的理解。

（二）学生观

建构主义学习理论认为学生不是空着脑袋来到教室的，在日常生活中，他们已经对外部世界形成了丰富的经验。当面对一个新问题情境时，他们可以基于经验，通过推理和判断，形成对问题的解释。

因此教师在教学中不能"无视"学生已有的经验，而要努力帮助学生将新知识和已有经验结合起来，在反复的相互作用中习得新知识。另外，因为每个学生的经验是不一样的，他们对问题的理解可能也不一样，所以要促使学生更多地交流和协作。只有这样，他们才能多角度地、更加全面地理解知识。

（三）学习观

知识观和学生观的差异导致在学习观上出现了三个方面的变化：从关注外部输入到关注内部生成，从"个体户"式学习到"社会化"的学习，从"去情境"

的学习到情境化的学习。①换言之，就是强调学习的主动建构性、社会互动性和情境性。①主动建构性。学习不是知识由外到内的转移和传递，而是学习者主动建构自己的知识经验的过程，即通过新经验与原有知识经验的反复相互作用，来充实、丰富和改造自己的知识经验。在这个建构过程中，学习者不能只是被动地接受信息，他必须主动进行选择、加工和意义建构，这个建构过程别人无法替代。②社会互动性。建构主义认为，知识不仅仅是个体在与物理环境的相互作用中建构起来的，社会文化背景的作用同样重要甚至更加重要。学习就是通过某种社会文化活动的参与而内化相关知识和技能的过程。基于这一特性，教学中要特别注重促进学习者之间的互动、合作与交流。③情境性。传统教学对学习基本持"去情境"的观点，认为知识可以从具体情境中抽象出来，学生可以学会这些抽象的知识，并能够将其迁移到各种问题情境中。但是实际上学生学到的可能只是无法很好地迁移的"惰性知识"。因此建构主义强调，知识不可能脱离情境而存在，学习应该与具体的情境结合起来。如此一来，他们建议尽可能让学生在真实或近似真实的情境中学习知识。②

总而言之，建构主义强调知识的主观性和相对性、情境性、个体性，强调学习的主动建构性、社会互动性和情境性。学生是个体知识的建构者，教师只是学习的帮助者和促进者，而不是知识的提供者和灌输者。

三、认知建构主义学习理论

前面讲过，认知建构主义起源于皮亚杰的认知发展理论，一般来说，包括冯·格拉斯菲尔德的激进建构主义、维特洛克的生成性学习理论、斯皮罗的认知灵活性理论等。该理论主要关注个体是如何建构知识的，其基本观点是：知识不是个体被动接受的产物，而是由个体通过新旧经验的相互作用而主动建构起来的。

（一）皮亚杰的认知发展理论

皮亚杰是瑞士非常著名的儿童心理学家，他提出的儿童认知发展理论和建构主义思想对当代教育改革产生了重要影响。

---

① 张建伟.从传统教学观到建构性教学观——兼论现代教育技术的使命[J].教育理论与实践，2001,(9):32—36.
② 陈琦,张建伟.建构主义学习观要义评析[J].华东师范大学学报(教育科学版),1998,(1):61—68.

在皮亚杰看来，儿童是在与周围环境相互作用的过程中，逐步建构起对外部世界的知识，从而使自身认知结构得到发展的。至于具体的知识建构过程，可以用"图式、同化、顺应、平衡"四个概念来说明。其中，图式（schema）表示心理认知结构，指的是有组织、可重复的行为模式或思维模式，比如一个人对"体育运动"形成了一个图式，知道一般是指人们赛跑、打球等活动。同化（assimilation）是指把外部环境中的有关信息吸收过来并结合到儿童已有的图式中的过程，也可看作认知结构的量变。比如一个儿童看到以前没有见过的"网球"运动，他能够把这个新信息整合到已有的"体育运动"图式中。顺应（accommodation）是指当原有图式无法同化外部环境中的新信息时，儿童的图式发生重组、改变或创造的过程，也可看作认知结构的质变。比如一个儿童被告知"电子竞技"也是体育运动时，他原有的"体育运动"图式就需要改变，以便适应这个新信息。平衡（equilibration）是指儿童能用原有图式去同化新信息时，他就处于一种平衡的认知状态。而当原有图式不能同化新信息时，平衡就被破坏，就需要修改原有图式或创造新图式（即顺应）来达到新的平衡。儿童的认知结构就是通过同化与顺应过程逐步建构起来，并在"平衡—不平衡—新的平衡"的循环中得到不断的发展。

皮亚杰认为，虽然儿童的发展速度不太一样，但是所有儿童都会依次经历4个阶段（表3-4），在不同的阶段会呈现出不同的认知发展特征。[①②]

表3-4 儿童认知发展阶段

阶段	年龄	特征
感知运动阶段	0～2岁	此时语言还未形成，儿童主要通过感知觉来与外界取得平衡，处理主、客体的关系。比如学习抓物体。 显著标志是儿童在大约9～12个月时逐渐获得了"客体永久性"，知道某一个物体从视野中消失后并不意味着它不存在。
前运算阶段[①]	2～7岁	此时儿童还不能进行熟练的运算，但是已经用表象、语言以及比较抽象的符号来表征内心世界和外在世界。不过其思维还是直觉性的、非逻辑性、不可逆性的，且具有明显的自我中心特征。

---

① 皮亚杰.发生认识论原理[M].王宪钿 译.北京：商务印书馆，1985：21—57.
② 乜勇.学与教的理论与实践[M].西安：陕西师范大学出版社，2012：32—33.
① 运算是皮亚杰从逻辑学中借用来的一个术语，表示能在心理上进行内化的动作。比如，能够在头脑里想象把一个物体扔到地上的过程和结果。2～7岁时，儿童还不能进行熟练的运算，但是在逐渐掌握运算，所以称为前运算阶段。

(续表)

阶段	年龄	特征
具体运算阶段	7~11岁	此时儿童已经能够进行合格的运算，思维具有明显的符号性、逻辑性和可逆性，能进行简单的逻辑推演和基本的数学运算，也越来越以社会为中心，日益关注别人的看法。但在很大程度上仍然局限于具体事物以及过去的经验，抽象性还不够。
形式运算阶段	11~16岁	此时儿童已经超越了对具体事物的依赖，能够把思维的形式与内容相分离，能够设定和检验假设，能够采用演绎、归纳等推理方式解决问题，能够监控和内省自己的思维活动，其思维已经进入抽象的逻辑思维阶段，基本接近成人水平。

皮亚杰的认知发展理论对于教育教学实践具有重要的意义，它提醒我们，教学要适合儿童当前的发展阶段，要注意个体之间的差异，要促进儿童内部积极主动的建构过程。

（二）维特洛克的生成学习理论

默林·维特洛克（Merlin Wittrock, 1931—2007）是美国知名心理学家，他提出了生成学习理论（generative learning theory），对学习的本质和学习生成过程模式做了深入分析和解释。

在维特洛克看来，学习的本质不是被动的信息输入，而是个体主动建构和生成意义的过程。在学习过程中，个体面对外部环境输入的信息时，会主动注意和选择信息，并根据长时记忆中存储的已有知识经验和认知加工策略建构一种模式，然后用这种模式去理解当前输入的新信息，通过新旧知识的相互作用，将新信息纳入个体已有的认知结构中，从而实现新信息的意义生成。

为了解释和验证生成学习，维特洛克做了多个实验，这里介绍其中的两个。

维特洛克的生成学习实验

实验一：维特洛克将一组生词分别插入学生熟悉和不熟悉的两段故事中，然后让两组学生分别阅读这两段故事，之后测量他们对生词的理解和掌握情况。结果表明：阅读熟悉故事的这一组学生成绩比较好。这说明学生已有的知识经验可以促进学生对新知识的学习。

实验二：维特洛克要求学生阅读一些材料，先要求学生遵照教师的指导在教师认为重要的字词下画线，然后要求学生在自己认为重要的字词下

> 画线，最后测量学生对这些字词的理解和掌握情况。结果表明：理解得最好的是学生自己认为重要的字词，次之是教师认为重要的字词，最差的是没有画线的那些字词。这说明学生自己积极主动的建构有利于学习。

基于所开展的实验和一定的逻辑推理，并在借鉴信息加工学习模式的基础上，维特洛克提出了生成学习过程模式（图3-10）。简而言之，长时记忆中的信息会影响学习者的感知与注意的许多方面（学习动机），促使学习者去主动选择注意信息；被选择性知觉的信息进入感觉信息，并需要和长时记忆中已有的知识经验建立联系，才能生成意义；在生成意义的过程中，还需要将信息与感觉经验及已有经验进行对照检验，以便生成主动建构新信息的意义；如果经检验，意义建构不成功，则返回感觉信息，检查每一步骤，如果意义建构成功，则可以归类进入长时记忆。

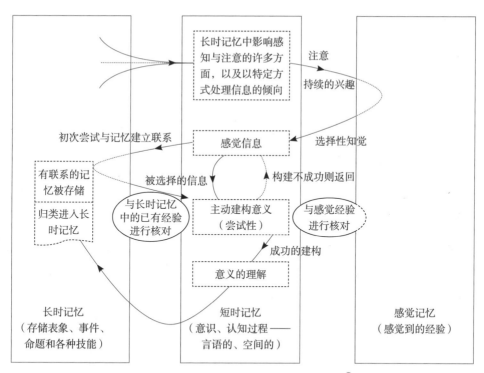

图3-10 生成学习过程模式的图式表征[1]

---

[1] Osborne R J, Wittrock M C. Learning science: a generative process[J]. Science education, 2010, 67(4): 489-508.

总之，维特洛克的生成学习理论强调学习者的主动性，强调新旧知识之间的联系，强调意义的生成；他提出的生成学习过程模式虽然也有一定的猜测成分，但是有比较严密的逻辑性，对于教育教学实践具有重要的参考价值。

（三）斯皮罗等人的认知灵活性学习理论

斯皮罗等人提出了认知灵活性理论（cognitive flexibility theory），主要是希望借此解释人们在实际情境中解决复杂问题时的心理认知机制，并促进个体灵活运用知识的能力。

在斯皮罗等人看来，知识可以分为结构良好领域（well-structured domain）知识和结构不良领域（ill-structured domain）知识两类。结构良好领域知识指的是关于某一主题的概念、事实、规则和原理。这类问题一般有明确的规则，基本上可以直接套用相应的法则或公式来解决，比如求解圆柱体的体积，只要按照公式一步步计算即可；结构不良领域知识指的是将结构良好领域的知识应用到具体问题情境时所产生的知识，也就是灵活应用知识的知识。这类问题通常不能简单套用法则或公式，而需要在原有经验的基础上根据问题情境来具体分析，寻找新的适当的解决方法，比如解决生活中真实的数学问题。

基于以上知识观，斯皮罗等人将学习分为初级知识获得（introductory knowledge acquisition）与高级知识获得（advanced knowledge acquisition）两种。初级知识获得是指对结构良好领域知识的学习，这一类学习通常采用操练和练习的方式进行，主要是要求学习者记住相应的内容。高级知识获得是指对结构不良领域知识的学习，这一类学习往往要求学习者能把握概念的复杂性及彼此之间的联系，并能在各种复杂情境中灵活地应用知识解决问题。乔纳森（Jonassen）在此基础上提出了知识获得三阶段理论，包括初级知识获得、高级知识获得和专家知识获得。其中每个阶段的知识类型、学习类型和学习方式等如图3-11所示。[1]

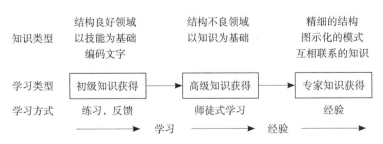

图3-11 乔纳森提出的知识获得三阶段理论模型图

---

[1] Jonassen D H. Evaluating constructivistic learning [J]. Educational technology, 1991, 31(9): 28-33.

斯皮罗等人认为，传统教学混淆了初级知识学习和高级知识学习，导致问题情境过于抽象化和简单化，所以学习者较难掌握结构不良领域知识，进而导致知识难以被灵活地迁移应用。针对这个问题，斯皮罗等人提出了认知灵活性学习理论。所谓认知灵活性，指的是学习者在学习结构不良领域知识时，只有从多个角度、采用各种方式同时建构自己的知识，才能对知识有全面而深刻的理解。这样，即便情境发生变化，他也能灵活地应用知识解决新问题。

基于认知灵活性学习理论，斯皮罗等人提出了随机通达教学法（random access instruction），用来帮助学习者获得灵活应用知识的能力。

随机通达教学法

随机通达教学法表示学习者可以在不同的时间、不同的情境下、为不同的教学目的、用不同的方式进入同样教学内容的学习，从而获得对同一事物或问题的全面而深刻的理解和掌握。斯皮罗说，这就好像我们在不同的时间、不同的场合、以不同的目的重游同一处风景时，会对这处风景产生不同的感受和认识。

采用随机通达教学时，一般需要注重知识的多种表征方式，注重抽象与具体相结合，注重问题情境的真实性和复杂性，注重培养高阶思维能力。

当今教育越来越关注在复杂的问题情境中灵活应用知识解决问题的能力，就这个角度而言，斯皮罗等人提出的认知灵活性学习理论确实具有重要的意义。

四、社会建构主义学习理论

前面讲过，社会建构主义学习理论起源于维果斯基的社会文化历史理论，主要包括阿列克谢·列昂节夫（Alexei Leontyev）的活动理论、情境认知与学习理论等。该理论主要强调社会文化历史背景在认知发展中的作用，其基本观点是：个体与社会相互联系，密不可分，学习是一个文化（语言、概念、社会规范等）参与过程，学习者通过借助一定的文化支持来参与某个学习共同体的实践活动，从而内化有关知识和技能。

（一）维果斯基的社会文化历史理论

维果斯基是苏联著名心理学家，社会文化历史理论（也称社会文化理论）的创始人。

社会文化历史理论主要包括活动说、符号中介说和内化说这三个相关的基本观点。①活动说。维果斯基认为，人的心理发展受以劳动为基础的社会生活的制约，个体主要的概念、观点、思维和交流方式等都是在参与一定文化背景下的社会文化活动时形成的。比如我们通常以点头表示同意、摇头表示不同意，但是有的民族正好相反。②符号中介说。维果斯基认为，包括心理活动和劳动活动在内的社会文化活动都是以工具为中介的。人类发展出两套工具：一套是物质生产工具，比如刀、斧头等；一套是精神生产工具，也就是人类特有的语言和符号系统。而正是这套语言和符号系统逐渐改变了人的心理结构，形成了人类特有的高级心理机能。③内化说。维果斯基认为，人类特有的高级心理机能是在语言和符号系统的中介下由外部集体活动内化而成的。比如，儿童参加游戏活动，逐渐将其他人展示的一些解决问题的策略内化到自己的心理机能中。这种从社会的、集体的、合作的活动向个体的、独立的活动形式的转换，从外部的、心理间的活动形式向内部的、心理过程的转化，实质上就是人类心理发展的一般机制——内化机制。①

维果斯基将人类的心理机能分为低级心理机能和高级心理机能两种。其中，低级心理机能，比如简单的记忆、情绪等，是人类作为动物进化的结果；高级心理机能，比如记忆、逻辑、推理、抽象思维等，是历史文化发展的结果。维果斯基认为，高级心理机能不是生下来就有的，而是个体在参与一定文化背景下的社会文化活动中，以符号为中介逐渐形成的。从低级心理机能向高级心理机能的发展主要有四个表现：①随意（有意识）机能的不断提高，比如儿童最初只是无意识地注意，慢慢可以有意识地注意；②抽象概括机能的提高；③各种心理机能之间逐渐形成以符号为中介的心理结构（认知结构）；④心理机能的个性化。维果斯基非常重视个性的发展和形成。

基于以上理论，维果斯基提出了"最邻近发展区"（zone of proximal development，ZPD）的重要概念。

> **关键概念——最邻近发展区**
>
> 最邻近发展区指的是个体现有发展水平和潜在发展水平之间的差距（图3-12）。前者指个体能够独立解决问题，后者指个体在其他人的帮助下能够解决问题。

---

① 陈琦，刘儒德.当代教育心理学（第3版）[M].北京：北京师范大学出版社，2019：29—30.

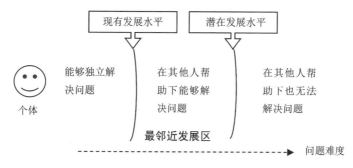

图 3-12 最邻近发展区示意图

维果斯基认为，教学要走在儿童发展的前面，要特别关注最邻近发展区，不断地将最邻近发展区转换为现有发展水平，也就是不断创造更高水准的最邻近发展区，这样儿童的高级心理机能（认知结构）才能不断得到扩展。[①]

那么，在教学中究竟应该怎么样落实呢？维果斯基提出了搭支架（scaffolding）的方式，后来逐渐发展为支架式教学法。

支架式教学法

支架式教学法（scaffolding instruction）是在维果斯基的最邻近发展区理论上发展起来的教学法，指的是教师在教学过程中要为学习者提供支架，即有助于理解知识的适当的指导和帮助，并随着学习者水平的发展，不断调整指导和帮助，以便把学习者的理解逐步引向深入。

这里实际上借用了建筑行业中的"脚手架"的概念，表示在教师和他人的"脚手架"的帮助之下，将儿童的认知从一个水平引导到另一个新的、更高的水平。

除了以上提到的最邻近发展区和支架式教学法以外，维果斯基的理论对当前比较受重视的交互式教学、合作学习与协作学习、情境学习等都有重要的参考价值。

（二）活动理论

活动理论是由列昂节夫（1903—1979）和于里尔·恩格斯托姆（Yrjö Engeström）等人逐渐发展起来的理论。其中列昂节夫是维果斯基的学生和助手，

---

① 王文静. 维果茨基"最近发展区"理论对我国教学改革的启示［J］. 心理学探新，2000，（2）：17—20.

他和维果斯基、鲁利亚被统称为文化历史学派，也称"维列鲁学派"。他在社会文化历史理论的基础上，进一步发展了活动理论（activity theory）。

活动理论进一步强调活动在人的高级心理机能的形成过程中的作用。列昂节夫认为，一切高级的心理机能都是在活动中发展起来的，活动在知识技能内化过程中起到了重要的作用。而且，高级心理机能最初都是在人与人的交往过程中，以外部动作的形式表现出来的，经过反复多次的练习和实践，外部动作才能内化为内部的心理动作。所谓活动，指的是主体和客体相互作用的过程，本质上是一种社会实践，也可以说是在一定的社会文化历史背景下成员之间相互作用的过程。

活动理论在研究者们的努力下不断变化，逐渐从要素、要素间的联系发展成为一套完整的概念体系，即恩格斯托姆提出的活动系统结构（如图3-13所示）。该模型使得活动理论成为"一个分析和研究不同形式的人类活动的哲学和跨学科框架"，广泛用于人机互动、信息系统、组织行为和教育等领域。活动系统包括三个核心要素：主体、客体和共同体，以及三个次要要素：规则、工具和劳动分工。在活动系统视角下，学习者与环境进行复杂交互，学习可以理解为是学习者个体或群体基于目标和动机参与的自我管理的意义生成过程。系统中各要素的交互能够促进或阻碍学习目标的实现倾向，当这些倾向使学习者逐渐偏离目标的实现时，就会导致活动系统的崩溃或变化。活动系统理论近年来常作为质性数据分析中的描述工具，用于捕捉组织变化过程、识别影响教育环境发展的矛盾和冲突，以及呈现组织学习的历史发展。这些研究证明了个人或群体活动是如何与社会环境紧密联系在一起的以及如何相互影响的。[1]

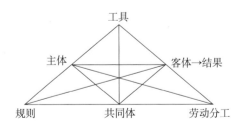

图3-13 活动系统结构

---

[1] Yamagata-Lynch L C. Confronting analytical dilemmas for understanding complex human interactions in design-based research from a cultural-historical activity theory (CHAT) framework [J]. Journal of the learning sciences, 2007, 16(4): 451-484.

（三）情境认知与学习理论

情境认知与学习理论（situated cognition and learning theory）最初起源于对学习词汇的研究。人们发现，在课堂中学习词汇效率很低，但是在日常交往中学习词汇却很快，这就显示了情境的重要性。1989年，布朗（Brown）等人发表了他们的论文。[1] 在此之后，情境认知与学习理论开始引起人们的广泛注意。

情境认知与学习理论的基本观点是：在传统的学校教育中，学习者与现实环境、知与行相分离，学校关注的是抽象的、简化的和去情境化的知识。学生所解决的是结构良好的问题，所获得的大量知识是"惰性知识"，无法很好地迁移到相关的情境中去；知识应该是情境性的，它要受到使用知识的活动、情境以及文化的基本影响，并且与它们不可分离；而学习的本质就是个体参与社会实践，与他人、环境等相互作用的过程，是形成参与实践活动的能力、提高社会文化水平的过程，学习更多的是发生在社会环境中的一种活动。简单地说，情境学习强调的是真实的情境、真实的活动和积极的参与。

情境学习理论认为，知识是一种高度基于情境的实践活动，是个体与环境交互作用过程中建构出的一种交互状态，是一种人类协调一系列行为、适应动态变化的环境的能力。学习是一种文化适应，是"实践共同体"中"合法的边缘性参与"，通过合法的边缘性参与来获得意义和身份的建构。[2]

所谓实践共同体（communities of practice），表示"一群追求共同事业，一起通过协商的实践活动来分享共同信念和理解的个体的集合"[3]。是指人们在某种现实情境中通过实践活动不仅获得了知识和技能，而且还形成了某一共同体成员的身份。简而言之，该特征强调要有共同的历史、共同的任务和共同的目标，使用工具和资源，进行合理的分工，通过实践活动来解决任务。

所谓合法的边缘参与（legitimate peripheral participation），是指基于情境的学习者必须是共同体中的"合法"参与者，而不是被动的观察者。当然，由于学习者是新手，所以一开始不可能完全地参与所有共同体活动，只能作为"边缘的"参与者来参加共同体的某些活动。在参加部分活动的同时，通过观察专家工

---

[1] Brown J S, Collins A, Duguid P. Situated cognition and the culture of learning [J]. Educational researcher, 1989, 18(1): 32-42.

[2] 王文静. 情境认知与学习理论：对建构主义的发展 [J]. 全球教育展望，2005，34（4）：56—59+33.

[3] Wenger E. Communities of practice: learning, meaning, and identity [M]. N.Y.: Cambridge University, 1998.

作、与同伴及专家讨论的方式进行学习，逐渐完成由新手向专家和熟手的转变。[①]

情境学习理论自提出以来，在教育中得到了极大的应用，有学者提出了"认知学徒制教学法"（cognitive apprenticeship）。

认知学徒制教学法

认知学徒制教学法类似于传统的学徒式训练，学习者在教师和其他同学的帮助下，参与某种真实的活动，通过观察、模仿、练习和应用，通过合作、社会交互以及知识的社会建构，来获得有关知识技能。

范德比尔特大学的研究人员于20世纪80年代推出了风靡美国的基于情境认知与学习理论或者说社会建构主义的教学范例——贾斯珀系列（*Jasper Series*）。该系列共包括以录像为依据的12个历险故事（包括录像片段、附加材料和教学插图等资料），这些历险故事以解决数学问题为核心，并包括了文化、历史、科学和社会学等内容。每一个历险故事首先会播放一部好像侦探小说的历险录像，然后会提出各种各样的挑战性问题。学生需要自己去定义问题和分析问题，并借助录像中的数据和资料以及其他数学工具来最终解决问题。[②]

在研究过程中，他们还提出了"抛锚式教学法"（anchored instruction）。该教学法也受到了大家的关注。

抛锚式教学法

所谓抛锚式教学，指的是创设一个真实或近似真实的学习情境，学习者在这个复杂的情境中，利用内含的数据，去解决一些在某领域中专家们可能碰到的真实的问题和任务，从而培养他们的问题解决能力、反思能力，并促进能力在不同情境中的迁移。

这里用"抛锚"来比喻真实问题，表示一旦问题（锚）确定了，整个教学内容和过程也就确定了。

当前，利用以VR/AR为代表的新技术创设近似真实的学习情境越来越容易，这预示着情境认知与学习理论将会在教育实践中得到更为广泛的应用。

[①] Lave J, Wenger E. 情景学习：合法的边缘性参与［M］. 王文静 译. 上海：华东师范大学出版社，2004: 1—11.
[②] 王文静. 贾斯珀系列概览——建构主义教学模式案例研究［J］. 全球教育展望，2001，30（1）: 30—35.

第五节 人本主义学习理论

20世纪五六十年代，起源于人本主义心理学的人本主义学习理论开始兴起。人本主义心理学号称"心理学的第三势力"[①]，从人本心理观和自然人性论出发，反对行为主义将人比作动物，只是研究行为；也反对弗洛伊德的精神分析学派只是研究非正常人的心理；同时还反对认知主义只是研究认知，而忽略了情感。他们强调要把人当作活生生的人看待，要注重研究情感、价值、自尊、自我实现等因素。他们认为：

每一个正常的人犹如一粒种子，只要能给予适当的环境，就会生根发芽、长大并开花结果。每个人的内部都有一种自我实现的潜能，而学习就是这种天生的自我实现欲的表现，也就是人本主义心理学所说的生成。[②]

人本主义学习理论的代表人物主要有马斯洛和罗杰斯。

一、马斯洛的自我实现和需要层次理论

马斯洛（1908—1970）是美国著名心理学家，人本主义心理学的领袖人物之一，他提出了自我实现、需要层次和内在学习等重要理论，对于教育教学改革运动产生了比较重要的影响。

（一）自我实现理论

马斯洛认为，人的成长源自自我实现的需要，自我实现的需要是人格形成、发展和成熟的驱动力。而所谓人格（personality），也称个性，是指个体根据自己对外部世界的认识所形成的带有倾向性的、本质的、比较稳定的心理特征（兴趣、爱好、能力、气质、性格等）的总和。

所谓自我实现的需要，马斯洛认为就是"人对于自我发挥和完成的欲望，也就是使他的潜力得以实现的倾向"。简单地说，就是一个人尽其所能，实现其本性的需要。

正是在自我实现的需要的驱动下，个体的人格逐渐得到发展。人格发展的关键是形成正确的"自我"概念。所谓自我，罗杰斯认为就是个体的内心世界或经验世界中与我们自身相联系的那部分经验。比如，最初儿童在父母、教师的教导

---

① 第一势力为行为主义学派，第二势力为精神分析学派。
② 孔维民. 心理学[M]. 合肥：安徽大学出版社，2020: 241.

下认为"要成为一个正直的人",这是自我发展的第一阶段;随着年龄增加,个体意识到自己是按照他人的想法而活着,于是感到不满,但是对于究竟什么是正确的,也不是十分理解,于是产生迷茫,这是自我发展的第二阶段;再后来,个体逐渐意识到他根据自己内心的判断,就是要成为一个正直的人,这是自我发展的第三阶段,也就是说,他逐渐形成了独立的个性。

马斯洛认为,要促进自我的发展,就需要无条件的尊重和自尊,个体只有得到其他人的好感、认可和尊重,才会对自己产生好感(自尊)。另外,马斯洛还认为,教育只是提供了一个外部环境,人的潜能要得到实现,起关键作用的还是个体的自我实现。

(二)需要层次理论

基于自我实现理论,马斯洛还提出了如图3-14所示的需要层次理论(hierarchy of needs)。[1]他强调,驱动个体发展的动机由不同性质的需要组成,需要之间有不同的层次和顺序,按照从低到高、由先至后依次为生理需要(physiological needs)、安全需要(safety needs)、归属与爱的需要(belonging needs)、自尊需要(esteem needs)、自我实现需要(self-actualization),后来他又增加了认知的需要(cognition needs)和审美的需要(aesthetic needs)。当低层次的需要被满足或部分被满足时,高层次的需要才会产生。另外,图3-14中下面四级需要为"缺失需要",如果不能满足则可能会危及个体发展;上面三级需要为"生长需要",它不是必需的,但是会让人更健康、更开心、更幸福。

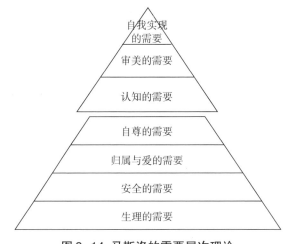

图3-14 马斯洛的需要层次理论

---

[1] Maslow, A. H. Motivation and personality [M] N.Y.: Harper, 1954: 35-58.

马斯洛的需要层次理论被广泛用来解释各个领域中的动机问题,在教育领域也经常被应用,比如有学者用该理论来解释人们玩游戏的动机,因为游戏中的不同的功能满足了人类的不同需要。[①]

(三)内在学习

马斯洛还特别倡导内在学习(internal learning),简而言之,就是要依靠内在动机驱动,充分发挥个体的潜能,达到自我实现的学习。这是一种开放的、自由的、自发的、自主的学习方式,可以让个体自由地选择自己想学习的内容,充分发挥自己的潜能,展示自己的想象力和创造力。

二、罗杰斯的有意义自由学习理论

罗杰斯(1902—1987)是马斯洛去世后人本主义学习理论的重要代表人物,他原来从事心理咨询和治疗研究,后来将自己创立的"当事人中心疗法"移植到教育领域,先后提出了知情统一的教学目标观、有意义自由学习观和以学生为中心的教学观等观点,其理论由此成为20世纪最重要的教育理论之一。[②]

(一)知情统一的教学目标观

前面讲过,人本主义心理学反对认知主义只研究认知而忽视情感的思路。在罗杰斯看来,情感和认知是人类精神世界中两个密不可分的组成部分,所以在教学中必须重视培养知情合一的人,这样的人被他称为"全人"(whole person)或"功能完善者"(fully functioning person)。

那么怎样培养全人呢?罗杰斯认为,一个人只有知道如何学习,知道如何适应外部变化,知道没有任何知识是绝对可靠的,只有寻求知识的过程是可靠的,才能成为一个"全人"。

(二)有意义自由学习观

罗杰斯认为学习分两种:认知学习和经验学习,对应的学习方式则分别为无意义学习和有意义学习(significant learning)。

所谓有意义学习,是指一种与个人各部分经验都融合在一起,使个人的行

[①] 尚俊杰,庄绍勇,李芳乐,等.教育游戏的动机、成效及若干问题之探讨[J].电化教育研究,2008(6):64—68+75.
[②] 陈琦,刘儒德.当代教育心理学(第3版)[M].北京:北京师范大学出版社,2019:153—155.

为、态度、个性在未来选择行动方针时发生重大变化的学习。它有 4 个重要特征。①个人参与（personal involvement）：个体从认知到情感全身心投入。②自我发动（self-initiated）：学习是由内部愿望或者说内在动机驱动的。③全面发展。个体的行为、态度、人格等得到全面发展。④自我评价：个体评估自己的学习过程是否满意，学习目标是否达成。简单地说，有意义学习指的是个体在好奇心等内部学习愿望驱动下，自主发动、全身心投入、自我评价并得到全面发展的学习，是一种知情合一的学习。[①]

在罗杰斯看来，认知学习是一种"发生在颈部以上的学习"，只与认知有关，与情感及个人意义无关，所以是无意义学习；而经验学习是以个体的经验生成为中心、个体自主自发的学习，能把学习者的兴趣、愿望和需要等都联系起来，使个人行为、态度和人格得到发展，所以是有意义学习。

这里需要说明的是，罗杰斯的有意义学习关注的是内容和个人意义的关系，而奥苏贝尔的有意义学习关注的是新旧知识之间的联系，两者是不一样的。在罗杰斯看来，奥苏贝尔的有意义学习也只是"发生在颈部以上的学习"，所以也属于他所说的无意义学习。

简而言之，罗杰斯倡导的就是让学生自由学习，教师只要充分信任学生，就能够促进学生的全面发展。所以他的观点通常被称为"有意义自由学习"。

（三）以学生为中心的教学观

罗杰斯在做心理咨询治疗时创立了"当事人中心疗法"（person centered therapy）。所谓当事人中心疗法，指的是治疗者在咨询治疗过程中，要鼓励当事人自己叙述问题、自己解决问题，治疗者在过程中不要太多解释，也不要去批评当事人，而只是通过适当重复、附和等方式使谈话持续下去，同时帮助他理清思路，让当事人自己去克服其中的自我概念问题，最后达到自我治疗的效果。之所以采用这样的方法，原因是罗杰斯认为一个人的自我概念对他的行为影响很大，出现心理健康问题的当事人往往是自我概念出现了扭曲，因此我们需要帮助和促进当事人调整自我概念，激发他的潜能，让他实现自我，成为"功能完善者"。

当事人中心疗法说起来容易，但是做起来实际很难，必须满足三个条件。①真诚一致：治疗者应该是表里如一的人，内心的想法和外在的做法应该是一致的，不能是虚伪做作的。②无条件地积极关注：治疗者对当事人一定要充满热

---

① 冯忠良，伍新春，姚梅林，等．教育心理学（第三版）[M]．北京：人民教育出版社，2015：145—146．

情，无条件地尊重、关心、支持和帮助当事人，不能表示出冷淡或鄙视。③移情性理解（也称同理心）：治疗者要站在当事人的立场上去理解他的内心世界。

基于以上理念，罗杰斯提出了"以学生为中心"的教学观。他认为，凡是可以教给别人的知识都是相对无用的知识，只有个体自己发现并同化的知识才能真正影响个体行为。所以，教师的角色不在于教会学生多少知识，而是要作为学习的促进者（facilitator），提供促进学习的气氛（包括提供资源等），让学生自己决定如何学习。当然，在促进学生学习的过程中，要像当事人中心疗法一样，满足三个条件：教师要以身作则、表里如一，要真诚地尊重、关心、帮助、支持每一位学生，要多站在学生的立场去理解他们的内心世界。

客观地说，人本主义学习理论过于强调学生，过于强调情感和自由学习，而忽视了教师的作用，忽视了系统学习知识的作用，因而存在一定的缺陷。他们提出的开放学校、开放课堂也没有真正实现，像夏山学校（见下面案例）这样比较典型地体现人本主义学习理论的学校也没有成为教育的主流。不过马斯洛和罗杰斯提出的自我实现、以学生为中心、有意义自由学习等观点对于传统教学理念确实造成了冲击，推动了教育教学改革运动，而且直到今天仍然具有很重要的现实参考意义。

案例：夏山学校[①]

夏山学校（Summerhill school）位于英格兰东萨佛郡的里斯敦村，1921年由教育家尼尔创办。该学校因为施行自由的、因材施教的教育方法而被誉为"最富人性化的快乐学校"。

这所学校实行的是弹性课表和混龄式编班方式，学生可以比较自由地决定自己的学习内容、学习时间和学习方式，也没有正式的考试。教师作为学习的帮助者、促进者真诚地帮助每一位学生，师生关系非常密切。

第六节　其他新兴学习理论

除了以上主要学习理论外，还有一些新兴的学习理论，比如联通主义学习理论、社会情绪学习、具身认知等。限于篇幅，本章只是简单介绍几个理论，其他

---

① 李贤智，杨汉麟."让学校适应学生"的可贵尝试——尼尔夏山学校教育实验的历史回顾[J]. 黄冈师范学院学报，2008（1）：108—112.

学习理论在后面章节中会再讲到。

一、联通主义学习理论

数字时代的学习呈现出很多新特征：信息庞杂，未来学家约翰·奈斯比特（John Naisbitt）就讲到，我们被信息（海洋）淹没，却渴望知识，如何识别可靠的信息成为巨大的挑战。另外，知识更新周期缩短，学习碎片化，学习渠道多元化，非正式学习越来越重要。基于这样的时代背景，联通主义（connectivism）学习理论应运而生。2004年，加拿大学者乔治·西蒙斯（George Siemens）率先提出了联通主义学习理论。西蒙斯认为，互联网技术的发展改变了社会结构，而社会结构的变化又影响到学习模式的改变。网络时代的学习模式，重点是建构一个联通各个知识点的社会网络，而不是知识（内容）及认知行为本身，它凸显的是社会网络化学习思想。①

联通主义学习理论有三个重要的概念（图3-15）：①节点指的是可以用来形成网络的外部实体，该外部实体可以是一本书、一个人或任何其他信息源；②连接指的是各个节点之间的任何联系方式；③网络指各实体之间的联系及节点的总和，分为内部网络和外部网络。

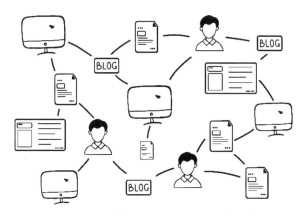

图3-15 节点、连接和网络示意图

与传统学习理论强调知识的传递、接受或建构不同，联通主义学习强调知识是一种网络现象，学习即连接的建立和网络的形成。②西蒙斯指出，学习不再是内

---

① 西蒙斯，李萍.关联主义：数字时代的一种学习理论[J].全球教育展望，2005，34（8）：9—13.
② 王志军.联通主义学习教学交互研究新视角：行动者网络理论[J].现代远程教育研究，2017，（6）：28—36.

化的个人活动，而是联接专门节点和信息源的过程，表达了一种"在关系中学"和"分布式认知"的观念，具有自我学习与社会化学习相结合的属性特征。[①]"知识是一种网络现象，学习即网络的创建"是对联通主义学习理论知识观和学习观的概括，也是联通主义学习理论的本质特征。[②③] 我们也可以将其简单地理解为：知识连接远比知识重要，学习知识的目的就是将知识进行连接，形成知识网络。

西蒙斯曾经提出了联通主义学习理论的八条基本原则：①学习与知识存在于多样性的观点中；②学习是一种将专业节点或信息源连接起来的过程；③学习可能存在于非人类的器具中；④知晓的能力比已知的知识重要；⑤为促进持续学习，培养和维护连接是必需的；⑥能够看到不同领域、想法和概念之间的连接是一种核心能力；⑦准确而最新（流通性）的知识是所有联通主义学习活动的目标，所以课程应该是开放的；⑧决策本身就是一种学习过程。[④]

后来，西蒙斯又对其进行了补充和完善，新增了五条原则：①在理解中将认知与情感加以整合非常重要；②学习的最终目标是发展学生"做事情"的能力；③课程不是学习的主要渠道，学习也发生在电子邮件、社群、对话、搜索、博客等中；④个人学习和组织学习是相互整合的过程，联通主义试图理解个人和组织是如何相互学习的；⑤学习不仅是消化知识的过程，也是创造知识的过程。[⑤]

联通主义学习理论虽然还不是十分成熟，但是因为契合了信息技术和终身学习的发展，所以越来越受重视，尤其是在 MOOC 的设计开发和实践研究中应用比较广。

二、社会情绪学习理论

社会情绪学习（social emotional learning，SEL）很早就受到人们的关注，1994 年，美国学业、社会与情感学习联合会（CASEL）成立，并正式提出了社

---

① 王佑镁，祝智庭. 从联结主义到联通主义：学习理论的新取向［J］. 中国电化教育，2006，（3）：5—9.
② Siemens G. Orientation: Sensemaking and wayfinding in complex distributed online information environments［D］. Aberdeen: University of Aberdeen, 2012.
③ 王志军，尹默. 联通主义学习理论视角下的成人学习及其发展路径［J］. 终身教育研究，2017，28（5）：30—37.
④ 王志军，陈丽. 联通主义学习的教学交互理论模型建构研究［J］. 开放教育研究，2015，21（5）：25—34.
⑤ 王志军. 联通主义学习教学交互研究新视角：行动者网络理论［J］. 现代远程教育研究，2017，（6）：28—36.

会情绪学习这一概念。所谓社会情绪学习，是指个体能够认识并控制、管理自己的情绪，在不同环境中识别不同人的情绪状态并做出相应的反应，设立合适的目标，获得解决问题的技能，并做出负责任的决定，以维持良好人际关系的学习过程。它主要包括五个维度：自我意识（self-awareness）、自我管理（self-management）、社会意识（social awareness）、人际关系（relationship skills）以及做负责的决定（decision-making）。[1]

不少研究逐渐表明，学生在系统接受过社会情绪学习相关项目后，除了会提高社会胜任力，其学术相关的表现和产出也有所提升，美国学者杜尔拉克（Durlak）基于207个项目的元分析研究也证实了这一点。[2]

目前社会情绪学习的实现方式包括了提供独立课程、整合至日常教学中以及关注学校以外的场景，在实现的过程中会针对儿童不同年龄的心理发展提供不同类型的教学，比如美国宾夕法尼亚大学马克·格林伯格和卡罗·库舍等人在20世纪80年代研究开发的PATHS（promoting alternative thinking strategies，促进选择性思维策略）课程[3]、美国耶鲁大学情感智能中心推出的RULER（recognizing，understanding，labeling，expressing，regulating，社会情感学习实践）课程[4]。随着技术的发展，社会情绪学习内容也有了更丰富的媒体表达形式，例如使用教育游戏来设计课程。

随着未来信息化社会的到来，学生的身心健康、自我的认识与管理、与人交流协作等非认知能力会得到进一步的重视，相信未来关于社会情绪学习的研究会有更深入的发展。

本章结语

从本章可以看出，不同时代的不同学者，从不同的角度提出了不同的学习理论。行为主义学习理论特别强调可观测的行为，认为学习是在刺激和反应之间建

---

[1] CASEL.What is SEL．[EB/OL]．[2022-03-11]．https：//casel.org/what-is-sel/.
[2] Durlak J A, We issberg R P, Dymnicki A B, et al. The impact of enhancing students' social and emotional learning: a meta-analysis of school-based universal interventions［J］. Child development, 2011, 82(1): 405-432.
[3] 董雨果．美国PATHS课程及其对我国幼儿社会性发展教育的启示［J］．早期教育（教科研版），2018,（6）：2—6.
[4] 曹慧，毛亚庆．美国"RULER社会情感学习实践"的实施及其启示［J］.比较教育研究，2016, 38(12)：73—79.

立联结，只要控制刺激，或者给予强化，就可以预测行为。不过，在当时的技术条件下，行为主义能够测量的行为是有限的，所以基本上只能解释一些低级和简单的学习；在这样的背景下，认知主义学习理论逐渐崛起，相关研究者认为不仅要研究简单的刺激-反应行为，更要关注心理和意识的作用，关注问题解决、思维等高级认知能力。学习不是要形成简单的刺激和反应之间的联结，而是要积极主动地形成和完善认知结构；随着时间的推移，人们又逐渐意识到，仅仅关注心理和意识也是不够的，学习确实是要形成认知结构，但是知识不能被当成客观物体一样"塞进"个体头脑中，而是个体在一定的社会文化背景下，借助学习材料和其他人的帮助，自己建构起来的。之后，再加上信息技术的助力，建构主义学习理论开始流行；在学习理论发展的过程中，人本主义学习理论也绽放了耀眼的光芒，它从另外一个角度对行为主义、认知主义进行了批判，强调要把学习者当成活生生的人来研究，要注重情感、价值、自尊、自我实现等；除此之外，联通主义学习理论、社会情绪学习理论等理论也从不同角度探讨了学习的本质、过程和条件。

为了条理清晰、叙述方便，本章讲学习理论大致分成了几大类，其中有的归类可能不是很精确。比如也有人把班杜拉的社会学习理论、托尔曼的符号学习理论、加涅的信息加工学习理论归类为认知行为主义学习理论（或学习的联结—认知理论）。这背后的原因可能是，虽然在我们今天看来学习理论有比较清晰的发展脉络，但是具体到每一位学者，可能并不是"非黑即白"的立场，而只是有所侧重而已。就如施良方先生曾经讲过的："综观学习理论的发展历史，可以看到，学习理论家倾向于哪一流派，往往取决于他们侧重于研究什么样的学习。探讨条件作用的人，往往认为行为主义的学说更适合自己的需要；而对问题解决感兴趣的人，则可能感到认知理论更为有效。对此，我们不必持非此即彼的立场。"[1]

另外，我们还需要清醒地认识到，学习理论其实并不存在高下之分，不同的理论在不同的学习场景下具有不同的价值，对于广大读者来说，最重要的是根据研究和应用场景选择合适的学习理论。

最后，我们想说，随着脑科学、人工智能、大数据等理论和技术的发展，学习理论肯定还会不断推陈出新，但是其背后的目的一定是不变的，那就是：解释"人是如何学习的，如何才能促进有效学习"这一问题。

---

[1] 施良方. 学习论：学习心理学的理论与原理[M]. 北京：人民教育出版社，1994: 16.

> **重点回顾**

1. 学习理论大致经过了行为主义、认知主义、建构主义学习理论三个阶段。
2. 行为主义学习理论认为学习是在刺激与反应之间建立联结的过程，只要能控制行为和预测行为，也就能控制和预测学习结果。
3. 巴甫洛夫提出的经典条件反射的 5 条规律是：习得律、消退率、泛化律、分化律、高级条件作用律。
4. 桑代克认为，学习的本质就是通过不断尝试错误来形成刺激与反应之间的联结。
5. 斯金纳的操作性条件反射理论是行为主义学习理论的杰出代表。他提出的强化和惩罚、程序教学和教学机器等对现代教学都很有意义。
6. 班杜拉通过实验提出了观察学习、替代性强化、自我效能感、自我调节等概念。
7. 认知主义学习理论认为，学习不是对外界信息的简单接受，而是对信息的主动选择和理解，是积极主动地进行复杂的信息加工活动的过程；学习的目的不是形成简单的刺激－反应联结，而是形成和完善认知结构。
8. 格式塔学派提出了完形－顿悟说。主要观点是：学习是通过顿悟过程实现的；学习的实质是在个体大脑内部构造完形；刺激与反应之间的联系不是直接的，而需以意识为中介。
9. 托尔曼利用位置学习等实验提出了符号－学习理论。主要观点是：学习不是盲目的，而是有目的的，是对期待的获得；学习是对"符号－完形"的认知，是形成认知地图；学习不是简单的刺激－反应，而是以目的、意识等为中介的。
10. 布鲁纳认为，学习的本质在于形成认知结构，学习的过程包括习得、转化和评价三个部分，而学习的方式则主要是发现学习。
11. 奥苏贝尔认为，发生在学校的学习主要应该是有意义接受学习，其中要注重使用先行组织者策略。
12. 加涅提出的学习的信息加工模型很好地解释了学习的内在机制，他的学习过程 8 阶段理论对于现代教学也有很好的指导作用。
13. 建构主义学习理论认为，知识不是通过教师传授得到的，而是学习者在一定的情境即社会文化背景下，借助其他人（包括教师和学习伙伴）的帮助，利用必要的学习资料，通过意义建构的方式而获得的。

14. 建构主义在发展过程中，主要表现为六种不同倾向的建构主义：激进建构主义、社会建构主义、社会文化认知观点、信息加工建构主义、社会建构论和控制论系统。在教育领域，通常分为认知建构主义和社会建构主义两类。
15. 建构主义的基本观点：知识具有主观性和相对性、情境性、个体性，学习具有主动建构性、社会互动性和情境性，学生是自己知识的建构者，教师只是学习的帮助者和促进者，而不是知识的提供者和灌输者。
16. 皮亚杰认为，儿童的认知结构就是通过同化与顺应过程逐步建构起来的，并在"平衡—不平衡—新的平衡"的循环中得到不断的发展。
17. 维特洛克认为，学习的本质不是被动的信息输入，而是个体主动建构和生成意义的过程。
18. 维果斯基提出的最邻近发展区指的是个体现有发展水平和潜在发展水平之间的差距。前者指个体能够独立解决问题，后者指个体在其他人的帮助下能够解决问题。
19. 恩格斯托姆提出的活动系统结构包括三个核心要素：主体、客体和共同体，以及三个次要要素：规则、工具和劳动分工。
20. 情境学习理论认为学习是一种文化适应，是"实践共同体"中"合法的边缘性参与"，通过合法的边缘性参与来获得意义和身份的建构。
21. 人本主义学习理论强调要把人当作活生生的个体看待，要注重研究情感、价值、自尊、自我实现等因素。
22. 马斯洛强调驱动个体发展的动机由不同性质的需要组成，需要之间有不同的层次和顺序，按照从低到高、由先至后的顺序依次为生理需要、安全需要、归属与爱的需要、尊重需要、自我实现需要，后来他又增加了认知的需要和审美的需要。
23. 罗杰斯提出的有意义学习指的是一种与个人各部分经验都融合在一起，使个人的行为、态度、个性，以及在未来选择行动方针时发生重大变化的学习。
24. 罗杰斯提倡要"以学生为中心"，过程中要做到真诚一致、无条件地积极关注、移情性理解（也称同理心）。
25. 建构主义提出的教学法大致有：随机通达教学法、认知学徒制教学法、抛锚式教学法、支架式教学法。
26. "知识是一种网络现象，学习即网络的创建"是对联通主义学习理论知识观和学习观的概括，也是联通主义学习理论的本质特征。
27. 社会情绪学习主要包括五个维度：自我意识（self-awareness）、自我管理（self-

management）、社会意识（social awareness）、人际关系（relationship skills）以及做负责的决定（decision-making）。

思考题

1. 名词解释：试误说、顿悟说、发现学习、有意义接受学习、先行组织者策略、最邻近发展区、实践共同体、合法的边缘参与、学习环境、社会情绪学习。
2. 巴甫洛夫和华生的主要观点是什么，有什么异同？
3. 桑代克和斯金纳的主要观点是什么，有什么异同？
4. 操作性条件反射理论和经典条件反射理论的异同是什么？
5. 请解释加涅提出的学习的信息加工模型。
6. 请辨析奥苏贝尔的有意义学习和罗杰斯的有意义学习的差异。
7. 请尝试用马斯洛提出的需要层次理论解释自己的需求。
8. 请讨论人本主义学习理论对实际教学的启示，以及其未来的发展趋势。
9. 联通主义学习理论对你的知识观和学习观有什么改变？
10. 行为主义、认知主义、建构主义、人本主义、联通主义学习理论的主要观点是什么？有什么差异？

第四章　高级认知与学习心理

> **内容摘要**
>
> 　　认知通常涉及注意、意识、动机、知觉、记忆、知识组织、语言、问题解决、推理决策和元认知等内容，它们对学习都具有重要的意义。人类的认知活动构成了学习的重要基础，也为有效学习提供了建议与指导。当人们更多地关注学习者时，认知的重要性也愈发突出。在前面几章中我们已经讲授了注意、知觉、记忆知识，本章就在脑机制和学习理论的基础上对高级认知过程和认知心理进行全面的讲授。首先讲述学习的含义、类型和学习的过程和机制；其次介绍学习动机的含义及主要理论；再次对知识的表征和组织进行全面的探讨，介绍知识表征的相关概念和综合模型以及学习迁移的含义和理论；接下来，本章对问题解决和创造性进行系统的评述，探讨问题解决的概念、模式和训练方法，介绍推理和决策的含义和内涵，以及创造性思维的本质、特点和训练方法，然后探讨新手与专家的知识组织和问题解决方面的差异；随后介绍元认知和学习策略的概念，并重点分析认知策略、元认知策略和资源管理策略；最后则介绍学习风格的概念及主要类型。

> **学习目标**

1. 了解学习的过程和机制、学习动机的含义和类型、学习动机的作用、知识表征和信息加工的综合模型、学习投入理论、学习迁移的早期理论、推理和决策等概念。
2. 理解主要学习动机理论、学习迁移理论的核心内容，理解新手与专家的知识组织和问题解决的异同。
3. 掌握学习的含义及类型、学习动机的含义及类型、知识的表征、问题解决的模式与过程、认知策略与元认知策略、学习风格的主要类型等。
4. 能够结合理论反思分析自己的学习过程和学习风格，体会学习背后的深层机制，思考如何更有效地学习。

思维导图

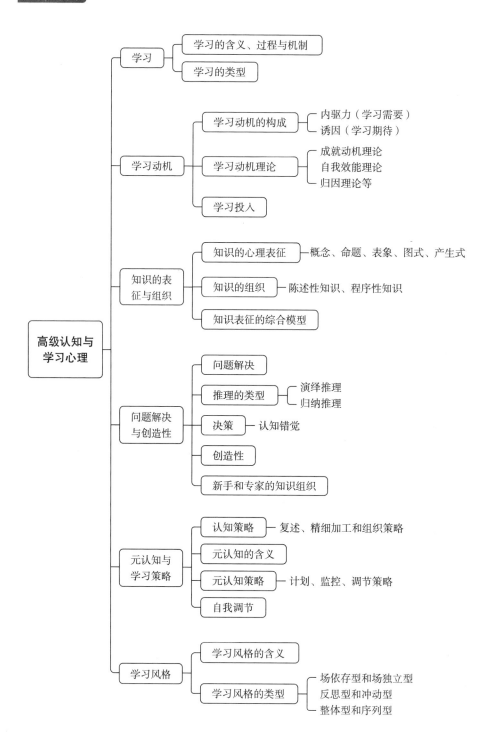

第一节　学习的概念

上一章我们已经对各种学习理论进行了比较全面的论述，所以大家对学习的概念并不陌生，但是学习的含义究竟是什么，学习有哪些类型，学习是怎么发生的，学习动机该如何激发？面对这些问题，我们可能还有许多困惑，本节就在上一章的基础上系统讲授这些内容。

一、学习的含义

在不同的历史阶段，人们对学习的理解有所不同，比如第一章讲到的行为主义学习观认为学习就是在刺激与反应之间形成联结，认知主义学习观则认为学习就是认知结构的改变，而脑科学则认为学习就是促使神经系统功能发生改变，比如促使神经元之间的联结发生改变，而学习的结果就是记忆。

基于对学习的不同理解，人们也对学习给出过不同的定义。北京师范大学冯忠良等人认为学习是个体对环境的一种适应活动，学习是经验的获得并通过相应的行为变化来体现，学习的实质是心理结构的构建过程，由此他们给出了学习的定义：学习就是个体以心理变化适应环境变化的过程，即个体经验的获得和累积或心理结构的构建过程。[1] 哈佛大学丹尼尔·夏克特（Daniel Schacter）等人在《心理学（第三版）》中将学习定义为："从经验中获得了新知识、新技能或反应导致了学习者状态的相对持久的变化。"[2] 这个定义强调了以下几个关键内容：①学习是基于经验的；②学习引起了生物体的变化；③这些变化是相对持久的。

教育心理学领域比较知名的学者梅耶对于学习也给出了一个简洁的定义：

> **关键概念 —— 学习**
> 学习是指由经验引起的学习者知识的变化。[3]

---

[1] 冯忠良，伍新春，姚梅林，等. 教育心理学（第三版）[M]. 北京：人民教育出版社，2015: 184.
[2] （美）丹尼尔·夏克特，丹尼尔·吉尔伯特，丹尼尔·韦格纳，等. 心理学（第三版 上）[M]. 傅小兰，等 译. 上海：华东师范大学出版社，2016: 351.
[3] （美）理查德·E. 梅耶. 应用学习科学——心理学大师给教师的建议 [M]. 盛群力，丁旭，钟丽佳 译. 北京：中国轻工业出版社，2016: 14.

在这个定义中梅耶特别强调三点：第一，学习是一种变化；第二，学习者的知识发生了变化；第三，这种变化是由学习者的经验引起的。比如"小明这两个礼拜每天都在玩游戏，所以游戏分数得到了提高"，这就是因为玩游戏的经验引起了学习者知识（游戏水平）的变化，所以这是学习。再如"小红从自行车上摔下来，瞬间失去了知觉，但是她苏醒后却不记得这件事情了"，因为知识的变化不是由经验引起的，所以这就不是学习。

二、学习的类型

根据学习对象、内容、形式、层次等的不同，学习可以分为多种类型：比如，按照学习主体，可以分为动物的学习、机器的学习和人类的学习；按照学习内容，可以分为知识与技能的学习、过程与方法的学习、情感态度价值观的学习；按照学习科目，可以分为语文学习、数学学习等；按照学习主体获得经验的来源，可以分为发现学习和接受学习；按照学习方式，可以分为项目式学习、探究学习、合作学习等方式；按照使用媒介，也可以分为移动学习、游戏化学习、虚拟仿真学习等。下面介绍几个主要的分类。

（一）加涅的学习水平分类

在学习的分类方面，影响力比较大的是加涅的学习水平分类，他根据学习的复杂程度，将其分成以下八类。

（1）信号学习。这是最低级层次的学习，是动物和人类都普遍具有的学习类型。其实质就是对信号产生反应，通常过程是"刺激－强化－反应"，属于第一章讲过的经典条件作用。

（2）刺激－反应学习。这一层次的学习属于斯金纳提到的"操作性条件作用"，通常过程是"情境－反应－强化"，也就是说先有情境，接着产生反应，然后得到强化。不过，它只涉及一个刺激与一个反应之间的单个联结。

（3）连锁学习。这是一系列"刺激－反应学习"的联合，个体首先要学习每一个刺激－反应的联结，然后按照特定的顺序反复练习。

（4）言语联结学习。这也是一系列"刺激－反应学习"的联合，只不过它是由语言单位组成的联结，比如学会说一个完整的句子。

（5）辨别学习。这是指学会识别不同的刺激并给出不同的反应，比如能够辨别哪些是可以吃的食物，哪些是玩具，再如能够识别出不同的字。

（6）概念学习。这是指能够对刺激进行分类，并根据同一类刺激的共同特征做出相同的反应。不过，这里的特征主要指抽象特征，比如重力的概念。

（7）原理学习（也称规则学习）。这是指对概念之间关系的认识和理解。比如，从"三角形"和"稳定性"两个概念间关系的认识得出"三角形的稳定性最好"这一规则。自然科学中的各种定理的学习都属于规则学习。

（8）解决问题的学习（也称高级规则的学习）。这一层次的学习是"规则学习"的升级版，指的是利用原理或规则的组合去解决问题。比如学生利用已经掌握的分数知识去解决分数应用题。

以上八类学习是分层排列的，由简单到复杂，由低级到高级，同时又具有累积性。每类学习都以前一层次的学习为基础，较高级、较复杂的学习是建立在较低级、较简单的学习基础之上的。[①]

（二）加涅的学习结果分类

除了学习层次分类以外，加涅还根据学习所得到的结果进行了分类，形成如下五类学习结果。[②]

（1）言语信息。是指能用言语（或语言）表达的知识，比如名称、事实、事件特性等。最简单的就是一些事物的名称，其次是用一些简单的命题来表达某一事实；还有一种是指由相互关联的命题、事实所组成的知识体系。

（2）智慧技能。是指运用概念和规则解决问题的能力，比如掌握用物理定律和原理去解决实际物理问题的能力。

（3）认知策略。是指用于调节学习者自己的注意、学习、记忆与思维过程的技能，比如如何有效地记忆英语单词，如何更快地解决问题，等等。

（4）动作技能。是指通过练习获得的协调自身运动的能力，比如不断地练习跳绳。

（5）态度。是指习得的对人、对事、对物、对己的反应倾向，比如对于应用互联网的态度。

[①] 冯忠良，伍新春，姚梅林，等. 教育心理学（第三版）[M]. 北京：人民教育出版社，2015: 200—201.

[②] （美）R. M. 加涅，W. W. 韦杰，K. C. 戈勒斯，等. 教学设计原理（第五版修订本）[M]. 王小明，庞维国，陈保华，等 译. 上海：华东师范大学出版社，2018: 50—56.

（三）布鲁姆的教育目标分类

在教育领域，还有一个非常有影响的分类法，那就是布鲁姆的教育目标分类法。他将教育目标分为三大领域：认知领域、情感领域和动作技能领域。其中，比较重要的认知领域可以分为如下层次：记忆、理解、应用、分析、评价和创造。不过，这里不再展开，到第八章再做详细讲解。

三、学习的过程与机制

在第二章我们已经了解了学习的脑机制，本章就从学习心理学角度来继续探讨学习的过程与内在机制，也就是说学习是如何发生、进行和结束的。

（一）学习的过程

学习的过程，实际上是主体（学习者）和客体（客观环境）交互作用的过程。一个正常的学习者，当面对一个新异刺激（问题情境）时，自然会产生探究反射，也就是好奇心与求知欲，这是无条件反射。当然，仅靠无条件反射只能引起短暂的注意，还必须依靠其他因素，比如学习者已有的身心发展状态以及学习的需要和目的（也就是学习动机），学习才可能持续下去。[①]

克努兹·伊列雷斯（Knud Illeris）认为，所有的学习都包含两个非常不同的过程，这两个过程必须都是活跃的。大多数情况下它们还会同时发生，不过它们也可以完全或部分地在不同时间发生。这两个过程分别是：个体与其所处环境的互动过程以及个体的心理获得过程。个体与环境的互动过程发生在清醒时间，我们多少能察觉这个过程，由此，感知（awareness）和目标（directedness）成了学习的重要因素。个体的心理获得过程有时并不会被个体明显察觉，但它是学习发生的必要组成部分，个体的学习必将留下个体的烙印。

伊列雷斯还认为，学习具有三个维度：内容、动机和互动。如果要充分理解和分析一个学习情境，这三个维度必须始终被顾及。内容维度涉及我们学习什么，使用的符号性词汇是知识、理解和技能；动机维度涉及学习所需心智能量的运用，使用的符号性词汇是动力、情绪和意志；互动维度是个体与其所处社会性及物质性环境之间的交流和联系，使用的符号性词汇是活动、对话和合作。图

[①] 冯忠良，伍新春，姚梅林，等. 教育心理学（第三版）[M]. 北京：人民教育出版社，2015: 190—191.

4-1 所示的复杂学习模型①呈现了这两个过程与三个维度,并将环境细化为人际交往环境与社会环境。

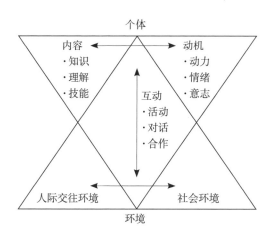

图 4-1 复杂学习模型

（二）学习的机制

至于学习的内在机制,我们在前面章节已经探讨过记忆与学习的关系,在脑科学看来,简单地说,学习就是获取新信息的过程,学习的结果就是记忆。随着信息理论和计算机技术的发展,人们试图用计算机处理信息的过程来类比人类的学习过程,把它想象成一个包括信息的输入、加工处理和输出的过程。在这一方面,上一章已经讲过加涅提出的学习的信息加工模型。除了加涅以外,也有其他学者提出过信息加工理论,比如理查德·阿特金森（Richard Atkinson）和理查德·谢夫林（Richard Shiffrin）曾经提出了记忆的多重存储模型。不过,这些信息加工模型主要是从认知心理学角度来谈的,我们需要进行适当的改编和扩展以适应教育学的要求。比如,我们需要考虑信念、社会环境、自我概念等因素。下面的模型（图 4-2）是对多重存储模型的扩展。②

---

① （丹麦）克努兹·伊列雷斯. 我们如何学习：全视角学习理论［M］. 孙玫璐 译. 北京：教育科学出版社,2010.

② （美）David A. Sousa. 脑与学习［M］. "认知神经科学与学习"国家重点实验室脑与教育应用研究中心 译. 北京：中国轻工业出版社,2005.

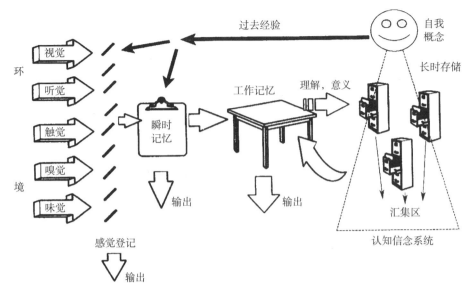

图 4-2 表述人脑如何处理外界环境信息的信息加工模型

注：在 Robert Stahl 原有模型基础上的改编和扩展

在图 4-2 所示的信息加工模型中，我们通过视觉、听觉、触觉、嗅觉、味觉五种感觉来接触周围环境中的信息，对信息进行探测。所有输入的信息被传送至感觉登记系统，大脑根据个体过去的经验来确定信息的重要程度，大部分不重要的信息被感觉登记系统过滤掉，大脑将注意力集中在重要的事情上。上图中的"/"表示百叶窗，强调人们对感觉信息具有主动选择和过滤的能力。这些未被过滤的信息由丘脑传送至皮层的感觉加工区，经历瞬时记忆和工作记忆（短时记忆）两个阶段。瞬时记忆如同剪贴板，信息在此做简单存放。有些信息被过滤输出，有些信息则进入工作记忆阶段。工作记忆如同工作台，由于处理能力有限，在此阶段有些信息仍会被过滤。那些对于个体有意义、符合个体理解的信息，通过海马的信息编码，传送至长时记忆存储区。长时存储区域中的所有内容成为个体对周围世界看法的基础。这些对世界的总体看法构成了认知信念系统。在认知信念系统深层隐藏着自我概念，描绘了我们看待自我的方式。个体的自我概念会为感觉登记、记忆系统提供指引，确定输入刺激对个体的重要程度，从而选择或过滤相关信息。

虽然这个模型源自传统的多重存储模型，但是它具有更多教育学意义上的内容，强调了个体的信念系统和自我概念可能会对学习和记忆产生重要影响，比如可能会影响学习者对信息的选择、组织、整合等操作。

第二节 学习动机

在日常学习生活中,我们经常听到学习动机(learning motivation)这个概念,这一小节就系统讲解学习动机的定义、构成、种类、作用及相关的理论。

一、学习动机的含义和构成

心理学家将动机定义为引起和维持一个人的行为活动,并使之朝向某一目标的心理倾向。[1] 相关研究表明,一个人之所以会出现某一行为,其直接的推动力来自动机,正是动机激发个体产生、指向、维持和调节个体行为。例如,小红同学想通过英语六级考试,这个目标会激发她努力学习英语,引导她用心背单词、练听力、写作文等。在考试之前她会一直努力,并根据自身情况调整学习强度、学习时间,针对听力薄弱环节,及时调整方向,进行更有针对性的练习。

构成动机的基本因素包括内部因素和外部因素两个部分。内部因素是内驱力(drive),即个体需要缺失时其内部产生的一种能量和冲动。例如小红同学想保持健康的体态,决定每天锻炼一小时。外部因素是诱因(incentive),它是指激发个体定向活动的、能满足某种需要的外部刺激和情境,是个体趋向或回避的目标。例如,小明同学看到小红考了全班第一名,受到老师表扬,于是想要发奋图强,努力学习,提升专业水平,争取下次超越小红,获得奖学金。

以上是普通动机的含义和构成,至于学习动机,冯忠良等人将其定义为激发个体进行学习活动、维持已引起的学习活动,并使个体的学习活动朝向一定的学习目标的一种内部启动机制。[2] 当然,也可以参考动机的含义作如下简单定义:

> **关键概念 —— 学习动机**
> 为引起和维持一个人的学习行为活动,并使之朝向某一学习目标的心理倾向。

---

[1] 卢家楣,魏庆安,李其维,等. 心理学:基础理论及其教育应用(修订本)[M]. 上海:上海人民出版社, 2004: 284—285.
[2] 冯忠良,伍新春,姚梅林,等. 教育心理学(第三版)[M]. 北京:人民教育出版社, 2015: 226.

动机由内驱力和诱因构成。在学习动机中，内驱力实际上就是学习需要，也就是学习者的学习愿望和学习意向，这种愿望和意向驱动学习者去努力学习，通常包含学习兴趣、学习爱好和学习信念等。比如小明同学特别喜欢数学，每天如饥似渴地学习。诱因实际上就是学习期待，学习期待和学习目标有相似性，但是不完全相同，学习期待可以说是学习目标在头脑中的反映。比如，小红同学很希望考上北京大学，于是每天废寝忘食地学习。

二、学习动机的类型

学习动机包括很多种类。根据学习动机的动力来源可以分为内部动机（intrinsic motivation）和外部动机（extrinsic motivation）；根据学习动机起作用的范围可以分为一般学习动机和具体的学习动机；根据学习动机作用于学习活动的关系，还可以分为近景的直接学习动机和远景的间接学习动机；根据动机的成份，奥苏贝尔（Ausubel）还将学习动机分为认知内驱力（cognitive drive）、自我提高内驱力（ego-enhancement drive）和附属内驱力（affiliative drive）三部分。下面简单介绍几个主要分类。

所谓内部动机，类似于前面讲的内驱力，主要是指由学习者的好奇心、求知欲、学习兴趣等内在的需要所引发的动机，也可以说是学习者对学习活动本身感兴趣而产生的动机。而外部动机是由表扬、惩罚、分数、奖品等外在诱因所引发的学习动机，也可以说是学习者对学习活动之外的事物产生的动机。通常来说，内部动机具有恒定性、自主性和自发性，而外部动机则有被动性、诱发性。在教学过程中，要注意更多地激发学习者的内部动机。

奥苏贝尔将学校情境中的成就动机分为三类：认知内驱力、自我提高内驱力和附属内驱力。其中，认知内驱力就是人们希望掌握知识、理解事物并解决内在的需要；自我提高内驱力是指人们希望通过学业成就获得相应的地位、声望和回报的需要；附属内驱力是指学习者希望获得教师、家长等人的认可和赞许的需要。这三种内驱力所占的比重可能会随着年龄、外界环境的改变而改变，比如，小学生的附属内驱力可能很强烈，但是高中生、大学生就会弱一些。

三、学习动机的理论

动机的研究可以帮助探明人类行为的内在原因。从心理学诞生至今，动机理论大致经历了本能理论时期（威廉·麦独孤［William McDougall］的动机理论、康拉德·洛伦兹［Konrad Lorenz］的习性理论、弗洛伊德的精神分析理论）、驱力或需要理论时期（克拉克·赫尔［Clark Hull］的驱力理论、马斯洛的需要理论）、认知理论时期（期望－价值理论、成就动机理论、成就归因理论、成就目标理论、自我效能理论、自我概念理论等）三个阶段。[①]而学习动机的研究伴随着整个动机理论的研究而发展，不同流派的学者提出了不同的观点，下面简要介绍几个主要的动机理论。

（一）强化动机理论

早期以桑代克、斯金纳为代表的行为主义心理学家用强化来解释学习的发生和动机的引起。通过强化，可以增强和巩固刺激和反应之间的联结。例如通过表扬、评分、奖励、比赛等外部手段可激发学生动机，引发学习行为。但强化论过于重视外在学习动机（如为了分数、名次、奖励而学习）而忽视了内在学习动机（如学习成就感、求知热情等），不利于学生学习积极性、自主性的培养。

（二）需要层次理论

上一章讲过，人本主义心理学主要创始人马斯洛强调人类的动机由不同性质的需要组成，需要之间有不同的层次和顺序。需要按照从低到高、由先至后依次为生理需要、安全需要、归属需要、尊重需求、自我实现需求（后来增加了认知的需要，审美的需要）。当低层次的需要得到满足，高层次的需要才会产生。需要层次理论综合考虑学生学习的外部动机和内部动机，比较系统和完整，但是也存在忽略个体兴趣等因素在学习中的驱使作用的局限。

（三）成就动机理论

所谓成就动机（achievement motivation），指的是人们努力克服困难和障碍、战胜挑战、取得优异的结果和成就的动机。戴维·麦克利兰（David McClelland）等人于20世纪50年代在前人的基础上提出了成就动机理论[②]，他把人的高层次需求归纳为对成就、权力和亲和的需求。其中，成就需求表示争取成功希望做得最好的需求；权力需求表示希望能够控制他人且不被控制的需求；亲和需求表示希望和他人建立良好人际关系的需求。约翰·阿特金森（John Atkinson）后来进一步深化了麦克利兰的成就动机理论，提出了影响比较大的"期望－价值理论"，其中指出个人的动机强度由成就需要、期望水平和诱因三者共同决定，用公式表

[①] 王振宏. 学习动机理论——社会认知的观点［M］. 甘肃：甘肃文化出版社，2001：前言.
[②] McClelland D C, Atkinson J W, Clark R A, et al. The achievement motive［M］. New York: Appleton-Century-Crofts, 1953.

示为：动机强度（T）= f（需要×期望×诱因）。

（四）归因理论

比较能反映认知观点的动机理论是由美国认知心理学家韦纳（B.Weiner）在前人基础上提出的归因理论（attribution theory）。[1] 该理论集中研究了个体对自己行为结果成败的认知解释。通过实证研究，韦纳发现个体通常将行为结果的成败归为能力强弱、努力程度、任务难易、运气好坏、身心状况、外部环境（如评价是否公正、教师水平等）六种因素。以上六种因素按照其特性分为原因来源（内部－外部）、稳定性（稳定－不稳定）、可控性（可控－不可控）三个维度。将六个因素和三个维度结合起来，就形成了如表4-1所示的归因模式。

表4-1 归因模式

	原因来源		稳定性		可控性	
	内部	外部	稳定	不稳定	可控	不可控
能力强弱	+		+			+
努力程度	+			+	+	
任务难易		+	+			+
运气好坏		+		+		+
身心状况	+			+		+
外部环境		+		+		+

韦纳的归因理论阐明了认知对成就动机的重要作用，不同行为结果的归因方式会影响个体的动机和行为（表4-2）。例如，当个体将成功归因于能力、努力、身心状况等内部因素时，会增强自信心和学习动机，而将成功归因于运气好等外部原因时，学习满足感较低；当个体将失败归因于能力、努力等内部原因时，会产生内疚感，而归于外部原因时，会产生生气、绝望感；当个体将失败的原因归为内部、稳定、不可控的因素时最为消极。这种对成败的归因的了解有利于教师提前研判学生的学习动机，提供反馈与引导。

---

[1] Weiner B. Achievement motivation and attribution theory [M]. Morristown, N.J.: General Learning Press, 1974.

表 4-2 不同的成败归因对个体动机及行为的影响①

对个体的影响	原因来源		稳定性		可控性	
	内部	外部	稳定	不稳定	可控	不可控
成功	产生自豪感，动机增强	产生侥幸心理	产生自信心，动机增强	产生侥幸心理	积极争取成功	不会增强动机
失败	产生羞愧感	生气	产生绝望感	生气	继续努力	产生绝望感

（五）自我效能感理论

所谓自我效能感（self-efficacy），是指人们对自己是否有能力完成某一行为的主观判断。比如，小鹏同学认为自己有能力顺利通过下周一的数学考试。自我效能感理论最初由班杜拉提出②，在 20 世纪 80 年代得到了快速发展，产生了比较大的影响力。

班杜拉认为，人的行为同时受结果因素和先行因素影响，结果因素就是通常说的强化，先行因素就是期待。不过，他这里说的期待有两个含义：一个是传统的结果期待，也就是个体对自己的行为会导致某一种结果的推测。如果个体认识到某种行为会导致某种结果，那么这一行为就有可能被激活或被选择。比如，小鹏同学认识到只要多听多说就能学好英语口语，他就有可能会努力听和说。另外一个是效能期待，也就是个体认为自己是否有能力实施某种行为的判断，如果个体确信自己有能力实施某一行为，他就会产生高度的自我效能感。比如，小鹏同学只有不仅认识到多听多说能学好英语，而且认识到自己有能力掌握听和说的技巧，他才会真正认真练习听和说。③

简而言之，当个体掌握了相应的知识和技能，并且也明白了行为会带来什么样的后果时，也不一定会去从事某种活动或行为。他从事某种活动或行为，还要受自我效能感的调节。

（六）自我价值理论

自我价值理论（self-worth theory）是美国教育心理学家卡温顿（Covington）

---

① 张大均. 教育心理学（第二版）[M]. 北京：人民教育出版社，2011：150.
② Bandura A. Self-efficacy: the exercise of control [M]. New York: Freeman, 1997.
③ 冯忠良，伍新春，姚梅林，等. 教育心理学（第三版）[M]. 北京：人民教育出版社，2015：244—255.

提出的学习动机理论。它以成就动机理论和成败归因理论为基础，从学习动机的负面着眼，主要试图解释学生为什么不肯努力。该理论认为，自我价值感是个体追求成功的内在动力，当一个人的自尊和自我价值感受到威胁时，他就需要用各种措施来予以维护。①

自我价值理论根据学习者是否追求成功和是否逃避失败，将学习者分为四类：第一类学生追求成功但是不怕失败，被称为"高趋低避型"，也称为"成功定向者"或"乐观主义者"，一般被认为是最好的一种类型；第二类学生既追求成功又害怕失败，对学习任务通常又爱又恨，被称为"高趋高避型"，也称为"过度努力者"；第三类学生不追求成功，同时又害怕失败，比如会幻想取消考试，被称为"低趋高避型"，也称为"避免失败者"；第四类学生既不追求成功，也不害怕失败，实际上就是自暴自弃，被称为"低趋低避型"，也称为"失败接受者"，是最差的一种类型。

根据自我价值理论，要想提升学习者的学习动机，就要帮助学习者设置合理的学习目标，给他们提供合适的学习任务和挑战，并努力帮助他们形成积极的能力信念。

（七）自我决定理论

自我决定理论（self-determination theory，SDT），是美国学者德西（Deci）和瑞恩（Ryan）提出的人本主义学习动机理论。该理论秉承人本主义的理念，认为人是积极的个体，具有先天的心理成长和发展潜能。而自我决定就是一种关于经验选择的潜能，是个体在充分认识自我需要和环境信息的基础上，对行动做出的自由选择。

该理论指出，要想激发人们的内在动机，就需要满足人们的三种基本需要：自主需要（need for autonomy）、胜任需要（need for competence）和归属需要（need for relatedness）。其中，自主需要就是自我决定的需要，指的是个体能感知到自己的行为是自己决定的，是自由自愿的；胜任需要指的是个体能感知到自己是有能力完成任务的；归属需要类似于成就动机中的亲和需求，指的是个体能感知到自己从属于一个团体，有比较良好的人际关系。

虽然自我决定理论比较强调内在动机的作用，但是也不否认外在动机的价值，它认为人们原来对一些活动不感兴趣，只不过这些活动对社会生存具有重要

---

① 冯忠良，伍新春，姚梅林，等. 教育心理学（第三版）[M]. 北京：人民教育出版社，2015：245—247.

意义，因此人们会对它们主动地、内在地加以整合和内化（internalization）。然而，与其他动机理论不同的是，自我决定理论把内化过程看作一个连续体，而不是"内外分明"的二分变量。根据外在动机调节内化程度的不同，也即个体对行为的自主程度，可以将外在动机的调节类型分为四种：外部调节（external regulation）、内摄调节（introjected regulation）、认同调节（identified regulation）和整合调节（integrated regulation）（图4-3）。

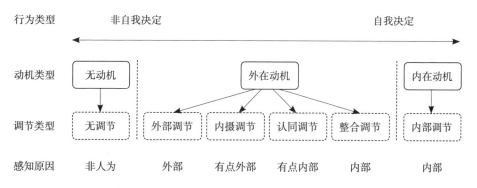

图4-3 自我决定理论中的动机类型、调节类型和行为之间的关系

在图中，外部调节指的是个体为了获得奖励或躲避惩罚而服从外部规则做出某种行为。比如学生在父母的要求之下开始做作业，在学生看来，这是非自主的。内摄调节指的是外部奖励和惩罚已经内化为规则和要求，个体会不自觉地遵守。比如小学生回家后立刻习惯性地做作业。但是学生并没有认识到做作业的重要性，只是在内在压力的逼迫下才遵守的。认同调节指的是个体意识到了规则的重要意义，开始认同并接受规则。比如学生认识到学习的重要性，回到家立刻开始做作业，在个体看来，这基本上是自主的。整合调节是外在动机内化的最高形式，此时，个体把外部规则完全内化为自我的一部分，在个体看来，这是高度自主的、高度自我决定的。比如学生深刻认识到学习的价值，从而废寝忘食地学习。整合调节阶段的外在动机和内在动机虽然仍有差异，但是很多地方都是相似的，都具有很强的自主性和自我决定性，也可以说，此时的外在动机基本内化为了内在动机。

除了以上学习动机相关的理论以外，还有成就目标理论、心流（flow）理论[①]等。

---

① Csikszentmihalyi M. Flow: the psychology of optimal experience [M]. New York: Harper & Row, 1990.

四、学习动机的作用及提升动机的策略

学习动机的培养有利于促进学生学习。具体表现在以下四方面。①可以激发个体产生学习行为：例如小红同学想学习电子琴的动机会激发其演奏练习的学习行为。②决定学习方向：学习者在学习动机的推动下，会朝着学习目标的方向前进。③保持学习毅力：大量实践经验和研究结果证实，学习动机高的学生能够在长时间的学习活动中保持认真的学习态度并坚持完成学习任务，而动机水平低的学生缺乏学习活动的稳定性和持久性。①④学习动机影响学习效果：学习动机通过影响学习努力程度、集中程度等因素而影响学习效果。值得注意的是，学习动机不是影响学习效果的唯一因素，学生的智力水平、知识基础、学习方法等都会对学习效果产生影响。

通常来说，学习动机水平比较高，学习效果也会比较好。但是学习动机水平超过一定限度，学习效果可能会变差。在这方面，美国心理学家耶克斯（Yerks）和多德森（Dodson）通过系统研究提出了耶克斯－多德森定律：在一定限度内，随着动机水平的提高，工作效率也随之提高；超过这个限度，工作效率随之降低。最佳工作效率的动机水平为中等，但因工作复杂的程度而略有差异。任务较简单时，动机强度较高可达到最佳水平；任务较复杂困难时，动机强度较低可达到最佳水平（图4-4）。

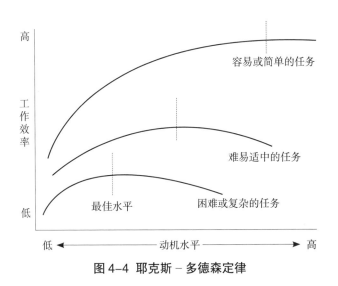

图4-4 耶克斯－多德森定律

---

① 张大均.教育心理学（第二版）[M].北京：人民教育出版社，2011: 138.

> **激励学生学习动机的方法**
>
> 1. 创设问题情境，善用启发式教学。
> 2. 利用 VR/AR、游戏等技术创设近似真实的学习情境。
> 3. 根据作业难度水平，适当控制学生的动机水平。比如题目比较容易时，可以让学生紧张一些；当题目比较难的时候，就要创造轻松的课堂气氛，避免学生焦虑和紧张。
> 4. 适当应用奖惩、合作和竞争机制，尽量激发内部学习动机。
> 5. 尽可能给予及时反馈和客观公正的评价，让学生有更强的控制感。
> 6. 指导学生进行积极的归因训练，引导学生将失败的原因归结为努力。
> 7. 利用归因训练、设立榜样和言语劝说等多种方式提升学生的自我效能感。

五、学习投入

在学习研究早期人们主要使用学习兴趣的概念，后来更多使用学习动机，最近几年来，人们开始广泛使用学习投入的概念。[①]所谓学习投入（learning engagement），简单地说，指的是学生在学校和学习中付出的精力和努力。具体而言，一般可以分为三个维度。①行为投入：指的是学习者在课堂内外的学习中的行为表现，比如不逃学、认真听课、认真完成作业、积极回答问题、主动向老师提问等。②情感投入：指的是学习者在学习活动中的兴趣、价值体验和情感体验。当学生高度投入时，一般会表现得更主动、具有更积极的情感体验，比如高兴、快乐等。当学生不投入时，一般表现得更被动，具有更消极的情感体验，比如焦虑、愤怒等。③认知投入：指的是学习者在学习中的动机、努力以及认知策略和元认知策略的使用。投入水平高的学习者，通常具有较强的求知欲、上进心，勇于接受挑战，善于解决问题。[②]

学习投入的大部分指标能够比较好地预测学业成就，但是两者的关系比较复杂，学习投入高也不一定就意味着学习成就高。一般来说，低能力学习者可能更多地从高学习投入中受益。

在具体教学研究中，一般来说会用自我报告法（量表）测量学习投入，或者采用在线学习平台记录的后台数据来分析，或者采用基于多模态生理数据的分

[①] 郭戈.西方兴趣教育思想之演进史［J］.中国教育科学，2013，(1)：125—155+124+211.
[②] 张娜.国内外学习投入及其学校影响因素研究综述［J］.心理研究，2012，5(2)：83—92.

析方法来测量。在量表测量方面,澳大利亚学者马丁(Martin)开发了比较有影响力的动机与投入量表(the motivation and engagement scale,MES),该量表分小学生、初中生、高中生等多种版本,包括11个因子共44道题目,主要从正向(适应良好)和负向(适应不良)两个维度,测量学生的认知投入和行为投入,由此构成了如图4-5所示的四个象限。①

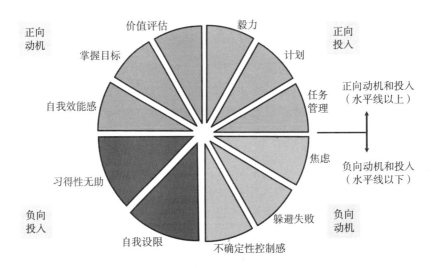

图4-5 马丁提出的动机投入模型示意图

学习投入最初起源于对基础教育辍学问题的研究,代表人物有芬恩(Finn)、纽曼(Newmann)、库哈(Kuh)等人。近些年发展比较快,随着在线教育的广泛应用,人们对学习投入也越来越关注。

第三节 知识的表征与组织

前面一直在讲学习,其实学生学习最主要的内容就是知识,本节就来系统探讨知识的含义和分类、知识的表征和组织等内容。了解知识表征与组织的心理机制将有助于有效地学习知识。

---

① Martin A J. Examining a multidimensional model of student motivation and engagement using a construct validation approach[J]. British journal of educational psychology, 2007, 77(2): 413-440.

一、知识的含义

虽然我们每天都在讲要好好学习知识,但是关于知识的定义却一直存在争议。其实,通常有两种意义上的知识(knowledge):一类是人类知识,该类知识经常以书籍、计算机或其他载体来存储,是人类对物质世界以及精神世界探索的结果的总和;一类是个体知识,是个体头脑中所具有的对物质世界以及精神世界探索的结果的总和。[1]

陈琦和刘儒德认为:从认识论的本质上讲,知识是人对事物属性与联系的能动反映,是通过人与客观事物的相互作用形成的。人在与外界相互作用的实践活动中,获得来自客体的各种信息,用一定的方式对这些信息进行加工和组织,形成对事物的理解,从而形成知识。[2]

在日常学习中,经常会碰到数据(data)、信息(information)和知识这几个概念,它们之间是什么关系呢?现以学生网上学习为例:当学生在网上学习时,他的登录时间、登录次数、观看视频时间等学习行为就形成了数据。数据就是客观世界的零散的事实;对这些学习行为数据进行收集、整理,并用图表呈现出来,就形成了信息。信息就是以一定语义规则排列和处理的数据;进一步对这些数据进行解读,找到学习者行为的特征,就构成了知识。知识就是经过个体认知建构并赋予意义的信息。

二、知识的类型

知识实际上是包罗万象的,从不同的角度可以将其分为不同的类型:①根据知识的状态和表述方式,可以分为陈述性知识(declarative knowledge)和程序性知识(productive knowledge);②根据知识与言语的关系,可以分为显性知识(explicit knowledge)和隐性知识(implicit knowledge);③根据知识的反映深度,可以分为感性知识(perceptual knowledge)和理性知识(rational knowledge);④根据知识的抽象水平,可以分为具体知识和抽象知识;⑤根据知识的复杂程度,可以分为结构良好领域的知识和结构不良领域的知识;⑥根据知识的获取方式,可以分为直接知识和间接知识;⑦根据知识的客观性,可以分为主观知识和客观知识;⑧根据知识的所有权,又分为个体知识和公众知识。下面我们简述几个重要的种类。

---

[1] 冯忠良,伍新春,姚梅林,等.教育心理学(第三版)[M].北京:人民教育出版社,2015: 301.
[2] 陈琦,刘儒德.当代教育心理学(第3版)[M].北京:北京师范大学出版社,2019: 199.

（一）陈述性知识和程序性知识

陈述性知识也叫描述性知识，是关于"是什么"（What）、"为什么"（Why）的知识，是对事物的事实、定义、规则、原理等的描述，通常可以用言语说清楚，比如"三角形内角和等于180°"。

程序性知识也叫操作性知识，是关于"怎么做"（How）的知识，涉及的是活动的具体过程和操作步骤，如怎么推理、决策和解决问题。程序性知识一旦掌握后，反而很难用言语说清楚。比如"骑自行车的过程"，大家都知道怎么骑，但是要想讲清楚反而比较困难。

（二）显性知识和隐性知识

顾名思义，显性知识就是能够用文字、图表和数学描述的知识，通常可以通过口头、图书、计算机等媒介呈现；而隐性知识是指难以或尚未用文字、图表和数学清楚描述的知识，或者说是难以言传的知识，比如一位优秀教师判断学生存在的问题并给予个性化干预和指导的教学策略。

需要注意的是，显性知识和隐性知识可以相互转换。比如，请一名优秀教师把自己的教学经验进行深度反思并写出来，就可以把隐性知识变为显性知识，这个过程称为外化；一位新老师仔细阅读优秀教师的反思文章，并把它逐渐应用到自己的教学过程中，就可以把显性知识转变为自己的隐性知识，这个过程称为内化。

三、知识的表征

知识的表征（knowledge representation）是指知识在头脑中的表现形式和组织结构，也常称为知识的心理表征或主观表征。

前面讲过，人在与外界环境相互作用的过程中，用一定的方式对信息进行加工和组织，就形成了知识。可是，知识在头脑中究竟是怎样表现和组织的呢？比如我们谈到月亮，头脑中就会浮现出月亮的形象，这里就是用表象来表征。不同类型的知识在头脑中通常以不同的方式表征，陈述性知识通常以概念、命题、表象或图式来表征，程序性知识通常以产生式来表征。下面简述这几个表征形式。

（一）概念

概念（concept）代表事物的基本属性和基本特征，是一种比较简单的表征方式。比如说"足球"就包含了这样一些特征：是圆形的，用皮革做成的，可以用脚踢，等等。概念的特征可以分为知觉特征（颜色、形状）、功能特征（可以用来踢)、关系特征(足球是一种球类)等。

我们的头脑中有许多概念,这些概念是互相联系的,并且存在一定的层次关系,所以就组成了语义层次网络模型。比如图4-6就是一个关于动物的语义层次网络模型实例。① 其中,鱼和鸟属于动物,金丝雀和鸵鸟属于鸟,鲨和鲑属于鱼。在图4-6中每一个概念都有一些特征,比如"金丝雀"是黄颜色的、会唱歌,但是"金丝雀"同时继承了"鸟"和"动物"的公共特征,比如有皮肤、有翅膀等。也就是说,同类概念共同的特征会储存在上位概念(上级概念)中,这样可以节省储存空间,体现出"认知经济"原则。

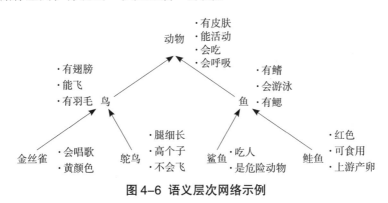

图 4-6 语义层次网络示例

针对图4-6,大家可能还会想到一个问题,比如,如果提到"鸟"的时候,到底哪种鸟最有代表性呢?这就要提到一个原型理论(prototype theory)。该理论认为,概念是由原型及与原型有相似性的成员构成的,其中原型就是这一类事物的最佳实例(代表)。有人通过实验研究发现,椅子和沙发是"家具"概念的最佳实例,也就是说人们认为最能代表"家具"的是椅子和沙发。②

(二)命题

命题(proposition)是意义或观念的最小单元,用于表述一个事实或描述一个状态,通常由一个关系和一个以上的论题组成,关系限制论题。比如"镜子破了"是一个命题,其中"镜子"就是论题,即这个命题所涉及的主题或话题,而"破了"就是这个命题的关系,它对这个命题进行了限制,让我们只关注镜子破了这个情况,而不关注别的情况。

一个命题只能有一个关系,但是可以有多个论题,比如"小鹏在玩游戏",

---

① 冯忠良,伍新春,姚梅林,等.教育心理学(第三版)[M].北京:人民教育出版社,2015: 305.
② 陈琦,刘儒德.当代教育心理学(第3版)[M].北京:北京师范大学出版社,2019: 204.

其中"小鹏"和"游戏"就都是论题,而"在玩"则是关系。

命题通常用句子来表示,但是命题不等同于句子,一个句子可能包含多个命题。比如"小朋友们在高兴地玩教育游戏",这句话就包含了三个基本命题:"小朋友们在玩游戏","玩得很高兴","游戏是教育方面的"。这三个基本命题是有关系的,它们就组成了一个命题网络(proposition network)。

命题是用句子来表示的,但是在我们的头脑中,命题实际上并不是用确切的句子来储存的,而是用句子的含义来储存的。

(三)表象

表象(image)是我们在头脑中形成的、与现实世界的情境相类似的心理图像。也可以简单地理解为:当事物不在面前时,头脑中出现的关于事物的形象。比如,当我们看到"书在桌子上"这个说法时,头脑中就会浮现出一本书放在一张桌子上的画面,这就是表象。R. M.加涅的女儿E. D.加涅认为,表象是对事物的物理特征做出连续保留的一种知识形式,是人们保存情境信息与形象信息的一种重要方式。①

当然,对于"书在桌子上"这一说法,可以用表象和命题两种方式进行表征(图4-7)。用表象进行表征,会对书、桌子以及它们的相对大小、位置等空间关系提供明显的信息;用命题进行表征,虽然也会对书和桌子的位置关系进行表示,但是并不提供"书"和"桌子"相对大小的关系。由此可以看出,命题是一种断续、抽象的表征,而表象是一种连续的、模拟的表征。表象特别适合对空间信息和视觉信息进行表征,比如在头脑中表征一个人们在公园草地上玩的场景,用表象最简单,也最经济。②

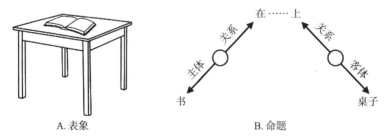

A. 表象　　　　　　　　B. 命题

图4-7 关于"书在桌子上"的两种心理表征

---

① Gagné E D. The cognitive psychology of school learning [M]. Boston, MA: Little, Brown and Company. 1985: 56–57.
② 冯忠良,伍新春,姚梅林,等.教育心理学(第三版)[M].北京:人民教育出版社,2015:307—308.

表象和心理旋转

心理旋转（mental rotation）是指人在头脑中运用表象对物体进行二维或三维旋转的想象过程。

罗杰·谢帕德（Roger Shepard）等人曾经做过一个经典的"心理旋转"实验研究。[①] 他让被试判断成对出现的标准图形和测验图形是否相同，这些图形都是由10个小方块组成的手柄型图案，成对图形有的是不同的，有的是相同的，只是方位不太一样，旋转后就可以变成相同的图形（图4-8）。研究结果表明，人们在头脑中会首先将图形旋转到相同的方位，再进行判断。方位差别越大，所需要的判断时间（也就是心理旋转时间）就越长。这个实验实际上就证明了表象的存在。

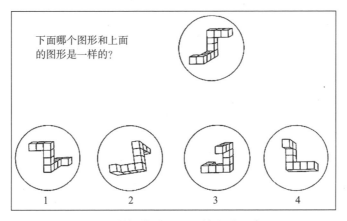

图4-8 谢帕德的心理旋转实验示意图

有研究表明，心理旋转的速度是相对恒定的，旋转的角度越大，所需要的时间就越长。一般来说，物体在头脑中每转动60°大约需要1秒钟。如果我们倒拿着书本，每读一个字就都要让它来个180°的心理旋转，大约需要3秒钟。

[①] Shepard R N, Judd S A. Mental rotation of three-dimensional objects [J]. Science, 1976, 191(4230): 952-954.

（四）图式

图式（schema）是有组织的知识结构，通常用多个概念、命题和表象来表示某个主题的综合知识。比如，我们头脑中都有一个关于"学校"的图式，想到它的时候，你就会想到教学楼、办公楼、操场、教师、学生、上课等活动，这其中既包括了教学楼的大小等知觉特征，也包括了学校是培养人才的抽象特征。

E.D. 加涅认为图式有三个基本特征。[1][2]

（1）图式含有变量。或者说图式含有经典的、普遍的事实，而具体的实例可以有细微的不同。比如在"学校"图式中，一般会有教学楼、办公楼、操场等要素，但是不同学校的教学楼的大小可能不一样。

（2）图式是有层次的。图式可以包含别的图示，也可以被嵌套在别的图示中。比如"教学楼"这一图式可以包含"教室"的图式，它可以被嵌套在"学校"或"建筑物"图式中。

（3）图式是可以推论的。比如对于"教学楼"这一图式，我们可以通过"学校"这一图式推论出教学楼中会有一些大小差不多的教室，老师可以在教室里给学生讲课。

在我们的头脑中，存在多种不同类型的图式，包括物体图式、事件图式和动作图式等，这些图式在教学过程中尤其是对学习迁移非常重要。学习者一旦学习了某个图式，当学习可以应用这个图式的其他内容时，这个图式将会被激活，学习者可以用它来理解和归类新学的知识，还能借鉴它为各种信息创造新的图式。

（五）产生式

在大家学习程序设计语言的时候，经常会用到"if……then……"语句。产生式（production rule）与此类似，是一个条件-行动步骤（规则）的配对，用来表示"如果某个条件满足了，那么就执行某个行动步骤"的知识。比如，当人们走到设有红绿灯的十字路口时，就会有如下的产生式：

如果是红灯→那么停

如果是绿灯→那么行

如果正在行走，并且左脚在人行道上→那么抬起右脚走步

如果正在行走，并且右脚在人行道上→那么抬起左脚走步

---

[1] Gagné E D. The cognitive psychology of school learning [M]. Boston, MA: Little, Brown and Company. 1985: 56.

[2] 冯忠良，伍新春，姚梅林，等. 教育心理学（第三版）[M]. 北京：人民教育出版社，2015: 308—309.

从上面的例子中我们可以看出：第一，产生式比较适合用来表征程序性知识；第二，产生式具有自动激发的特点，当条件满足的时候，行为自动激发，此时常常不需要明确的意识，比如，我们在十字路口不会刻意思考该停还是该走。安德森认为，程序性知识的表征发生在三个阶段：认知、联结和自动化。其中，在认知阶段，我们会考虑所需的外显规则；在联结阶段，我们将练习广泛使用外显规则；在自动化阶段，我们会高度综合与协调地且自动、内隐地使用这些规则。简单地说，我们最初需要刻意练习，时间长了，就可以自动地、无意识地使用这些技能了。

约翰逊－莱尔德（Johnson-Laird）的心理模型

约翰逊－莱尔德在不同阶段对心理模型的定义有所不同。2005年，他将心理模型定义为："心理模型是对客体和人、事件和过程的表征以及对复杂系统的操作。"[①] 2006年，他将心理模型这一概念描述为："心理模型是对世界的一种表征，这种表征被假定为人类推理的基础。"[②]

约翰逊－莱尔德提出，心理表征可能采取命题、心理模型或意象中的任一形式。例如，"猫在桌子下"可以表征为一个命题（用语词表达）、一种心理模式（任意的猫和椅子）或一个意象（一个具体的景象）。

约翰逊－莱尔德提出的"心理模型理论"假定，个体会为理解和解释其经验而建构出知识结构，每一个情境都有相应的模型。这种心理模型类似于建筑师的建筑模型、生物学家的复杂分子模型、教学设计师的教学设计模型。我们每个个体对真实现象都有自己的解释，每一个解释就是一个心理模型。比如，在"猴子吃桃"这个心理模型中，可能是任何种类（猕猴、金丝猴、长尾猴等）的猴子在吃任何品种（比如水蜜桃、油桃、蟠桃等）的桃子。

四、知识表征和信息加工的综合模型

对知识表征感兴趣的研究者追随着两个基本研究潮流：人工智能和信息加工的研究者们通常精炼程序性知识表征的模型，认知心理学家通常研究并提炼陈述性知识表征的模型，直到20世纪70年代后期，知识表征的综合模型才开始出现。

[①] Johnson-Laird P N. Mental Models and Thought [M] // K J. Holyoak, R G. Morrison. Eds. The Cambridge Handbook of Thinking and Reasoning. Cambridge: Cambridge University Press, 2005: 187.

[②] Johnson-Laird P N. How we reason [M]. Oxford: Oxford University Press, 2006: 428.

约翰·安德森将知识表征的各种形式结合起来，提出了 ACT（adaptive control of thought，思维适应性控制）模型。[①] 在 ACT 模型中，安德森将信息加工的一些特点与语义网络模型的一些特点综合起来，认为程序性知识以产生式系统的方式进行表征，而陈述性知识以命题网络的方式进行表征。

安德森简介

约翰·安德森（1947— ），生于加拿大温哥华，是卡内基梅隆大学的心理学和计算机科学教授，担任认知科学学会会长、美国国家科学院院士，发表多篇认知心理学论文，其关于人类认知 ACT-R 模型广为人知，且还在将心理学应用于现实世界中的学习这一工作中（如学习计算机语言 LISP）作出了重大贡献。此外，他还是智能导学系统早期研究的领导者，并获得鲁姆哈特奖、海尼根奖等许多科学奖项。

图 4-9 约翰·安德森

在对 ACT 模型修正、改进的过程中，ACT-R（Adaptive Character of Thought-Rational）模型应运而生。ACT-R 是一个信息加工模型，它综合了对陈述性知识的网络表征与程序性知识的产生式系统表征。ACT-R 包括陈述性记忆（陈述性知识）、产生式记忆（程序性知识）和工作记忆（可供认知加工的知识，容量有限），各部分之间的关系如图 4-10 所示。

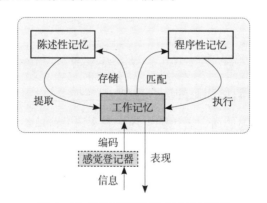

图 4-10 安德森提出的 ACT-R 模型

[①] Anderson J R. The architecture of cognition [M]. MA: Harvard University Press, 1983.

上面我们将知识分成了陈述性知识与程序性知识，对于知识而言，也可以分为特定领域的知识和一般领域的知识。许多认知心理学家相信，心理至少有一部分是模块化的，这意味着头脑中不同的活动中心是彼此相当独立地进行操作的。然而，另一些认知心理学家相信，人类认知是由许多基础操作来进行管理的，而那些特殊的认知功能仅仅是这一主题的变式。我们猜测，认知涉及了一些模块、特定领域的加工，以及一些基础的一般性领域的加工。

五、学习迁移

学习不仅仅是为了记住"死"知识，更是为了能够灵活应用知识、举一反三、解决实际问题。这就涉及"学习迁移"（learning transfer）的概念，本节就来讲述学习迁移的含义、种类及相关理论。

（一）学习迁移的含义

学习迁移也称训练迁移，是指一种学习对另外一种学习的影响，或者说是原有的知识和经验对新的知识和行为的影响。比如小红同学学会了打羽毛球，该过程中习得的知识和经验对于学习打乒乓球具有一定影响。

当然，学习迁移不仅仅存在于技能的学习中，其实也广泛存在于知识技能、过程与方法和情感态度价值观的学习中，比如，小红同学对分数知识的掌握有助于她学习百分数知识，而她在家里养成的良好习惯在学校也会表现出来。

> **关键概念——学习迁移**
>
> 学习迁移指一种学习对另外一种学习的影响，或者说是原有的知识和经验对新的知识和行为的影响。
>
> 学习迁移不仅可以发生在同一类型的学习中，也可以发生在不同类型的学习中。迁移的本质就是经验间的相互作用，通过迁移，各种经验得以沟通和整合。

（二）学习迁移的类型

学习迁移有很多种类。根据迁移的影响效果的不同，可以分为正迁移、负迁移和零迁移；根据迁移内容的不同抽象和概括水平，可以分为水平迁移和垂直迁移；根据迁移的时间顺序，可以分为顺向迁移和逆向迁移；根据迁移内容的不同，可以分为一般迁移和具体迁移。下面简述一下各类迁移。[①]

（1）正迁移、负迁移和中性迁移。顾名思义，正迁移表示一种学习对另一种学习存在正面促进作用；负迁移表示一种学习对另一种学习存在干扰和负面影响；零迁移也称中性迁移，表示两种学习之间不存在直接的相互影响。

（2）水平迁移和垂直迁移。水平迁移指处于同一抽象和概括水平的知识和经验之间的迁移。比如长方形和正方形的关系是并列的，处在同一抽象和概括水平上，因此学习两者时的相互影响就是水平迁移。垂直迁移是指不同抽象和概括水平的知识和经验之间的迁移，通常可以分为自上而下的迁移和自下而上的迁移。比如学习者掌握"角"的知识有助于学习"锐角"的知识就属于自上而下的迁移，反过来就属于自下而上的迁移。

（3）顺向迁移和逆向迁移。顺向迁移是指前面的学习对后面的学习有影响，比如学习者学习分数知识有助于他后来学习百分数的知识。逆向迁移是指后面的学习对前面的学习有影响，比如学习者学习百分数的知识反过来会对前面学习过的分数知识产生影响。

（4）一般迁移和具体迁移。一般迁移是指将一种学习中所掌握的一般性的原理、方法、策略等应用到另一种学习中；具体迁移是指将一种学习中所掌握的具体的、特殊的原理、方法和策略等应用到另一种学习中。

（三）学习迁移的理论

在学习迁移方面，前人们也进行了大量研究。早期关于迁移的理论有形式训练说（formal discipline theory）、相同要素说（identical element）、经验类化理论（generalization theory）、关系理论（relationship theory）等；现代关于迁移的理论有符号性图式理论（symbolic schema theory）、产生式理论（production theory）、结构匹配理论（structure mapping）、认知结构迁移理论（cognitive structure migration theory）等。下面就来简要介绍几个主要理论。[②][③]

（1）形式训练说。形式训练说认为，注意、知觉、记忆、思维等官能等都可以通过训练得以发展，并自动迁移到其他活动中。简单地说，就是认为迁移是自动发生的。该理论是最早的迁移理论，但是显然有其局限性。

（2）相同要素说。桑代克等人通过一系列实验提出了该理论。他们认为，并

[①] 冯忠良, 伍新春, 姚梅林, 等. 教育心理学（第三版）[M]. 北京：人民教育出版社, 2015: 272—274.
[②] 冯忠良, 伍新春, 姚梅林, 等. 教育心理学（第三版）[M]. 北京：人民教育出版社, 2015: 275—280.
[③] 陈琦, 刘儒德. 当代教育心理学（第3版）[M]. 北京：北京师范大学出版社, 2019: 233—239.

不是所有的训练都能自动迁移,只有两种学习情境中的刺激相似且反应也相似时才能产生迁移,相似的刺激和反应就是相同要素。该理论能够解释一些迁移现象,具有一定的贡献,但是把相同要素作为决定迁移的唯一要素就否认了迁移活动中的认知活动,比较片面,因此也有一定的局限性。

(3)经验类化理论。贾德(Judd)等人通过实验提出了该理论,也称概括化理论(generalization theory)。他们认为,对原理和经验进行概括是迁移得以产生的关键因素,一个人只要对他的经验进行概括,就可以完成从一个学习情境到另一个学习情境的迁移。当然,现有研究表明,概括化的经验只是迁移成功的一个因素,但不是全部。

(4)关系理论。格式塔派心理学家通过实验提出了该理论。他们认为,迁移能否产生,关键不在于有多少相同要素,也不在于对原理和经验的概括,而主要在于能否了解要素之间、原理与事物之间的关系。

(5)符号性图式理论。霍利约克(Holyoak)等人提出了符号性图式理论。[1]该理论认为,原有情境中的学习会形成一种抽象的符号图式(抽象的结构特征,后面会详细讲解),当新情境的特征与该图式中的符号匹配时,就产生了迁移。其中,图式匹配或表征相同就是迁移的决定因素。

(6)产生式迁移理论。安德森等人提出了产生式迁移理论。[2]该理论认为,产生式法则是认知的基本成分,一个产生式法则包括一种条件表征(if)和一种动作表征(then),当原来的学习情境和新的学习情境中的产生式法则集合相同或有重叠时,迁移就可以产生。

(7)结构匹配理论。金特纳(Gentner)等人提出了结构匹配理论。[3]该理论认为,迁移过程中存在一个表征匹配的过程,表征包括事物的结构特征、内在关系与联系等,若两表征匹配,则可以产生迁移。其中,事物的结构特征(或本质)和关键特征起主要作用,表面的和具体的特征的作用非常小。

(8)认知结构迁移理论。奥苏贝尔在有意义学习理论的基础上提出了该理论。他认为,迁移是以认知结构为中介进行的,先前学习所获得的新经验,通过影响

---

[1] Holyoak K J. The pragmatics of analogical transfer [J]. Psychology of learning and motivation, 1985, 19: 59−87.

[2] Singley M K, Anderson J R. The transfer of cognitive skill [M]. Cambridge: Harvard University Press, 1989.

[3] Gentner D. Structure-mapping: a theoretical framework for analogy [J]. Cognitive science, 1983, 7: 155−170.

原有认知结构的有关特征而影响新学习。所谓认知结构，就是学生头脑里的知识结构，是学生头脑中观念的内容和组织，是影响学习和迁移的重要因素。

除了以上理论外，还有布鲁纳提出的编码系统的迁移理论、谢尔盖·鲁宾斯坦（Sergey Rubinstein）提出的分析与概括说、格林诺（Greeno）提出的迁移的情境性理论等。这些理论试图从不同角度对学习迁移进行解释，有一些共同点，但是也有一些分歧，有待继续深入研究。

（四）学习迁移的促进策略

从上面的论述可以看出，迁移的产生会受到多种因素的影响，包括相似性、原有认知结构、学习的定势、教学方法、学习动机等等。①相似性指的是学习材料、学习目标和学习过程等主客观因素比较相似的话，就容易产生迁移。②原有认知结构指的是原有知识和经验的水平、组织性和可用性决定了迁移的产生和程度。原有知识和经验水平越高、概括水平越高、具体实践经验越丰富，迁移的可能性就越大，效果就越好。③学习的定势指的是定势在迁移中也会起到一定的作用。所谓定势，指的是先于某一种活动而形成的对活动的心理准备状态，也称为心向。比如当你手里拿到锤子，看什么都像钉子。定势对迁移既可以起到正面促进作用，也可以形成负面阻碍作用。

在实际教学中，要充分注意到影响迁移的以上条件，精心选择教材，合理组织教学内容，适当安排教学程序。比如，要把具有最大迁移价值的基本内容放到最前面来讲。

第四节　问题解决与创造性

我们在日常学习、工作和生活中，几乎每时每刻都在解决各种各样的问题。相对于学习知识（这里指狭义上的知识）而言，提升问题解决能力可能更为重要，本讲就来讲授问题解决、推理、决策和创造性等相关内容。

一、问题与问题解决

（一）问题的含义及类型

所谓问题（problem），就是指当个体想做某件事，但是不知道做这件事情需要采取的一系列行动步骤时的情境。

每个问题都包含初始状态、目标状态和障碍三种成分。其中，初始状态表示问题情境初始状态的一系列描述信息，目标状态指有关问题结果状态的描述信息，而障碍表示从初始状态到结果状态需要解决的各种困难因素。比如在"求三角形的面积"这一问题中，初始状态就是已知三角形的一个边和对应的高，结果状态就是需要求出面积，障碍就是需要知道三角形的面积公式，并会正确应用该公式。

在日常的学习、工作和生活中，我们会碰到各种各样的问题，从不同的角度我们可以将问题划分为不同的类型，比如：根据概括水平可以分为概括性问题和特殊性问题；根据领域范围可以分为常规问题（routine problem）和真实性问题（authentic problem），其中常规问题就是在课程学习中经常求解的问题，包括单学科问题和跨学科问题，而真实性问题就是生活中碰到的实际问题；根据问题的组织程度，还可以将问题分为结构良好的问题（well-structured problem）和结构不良（ill-structured problem）的问题。下面重点讲解最后两种问题。

结构良好的问题是指那些具有明确的初始状态、结果状态和障碍（或者说解决方法）的问题。比如上面提到的"求三角形的面积"，其初始状态（已知底和高）、结果状态（求面积）和障碍（三角形的面积公式等）都是明确的，学生只要知道三角形的面积公式，基本上就能解决这类问题。结构不良的问题是指那些没有明确的初始状态、结果状态和障碍（解决方法）的问题。比如"怎样才能成为一名优秀学生"这个问题，其初始状态和结果状态是模糊的，也没有明确的解决方法。上一章讲到的Jasper（贾斯珀）系列课程中的问题基本上都是结构不良的问题。陈琦和刘儒德曾经对两者进行过系统的比较，如表4-3所示。

表4-3 结构良好的问题与结构不良的问题的比较[1]

维度	类别	
	结构良好	结构不良
问题条件/数据	全部呈现	部分呈现或冗余
答案	标准的、唯一的、确定的/封闭的	多样的/开放的或者根本没有答案
解决方案	唯一的、规定性的	多种方案
所涉及的概念、规则和原理及其组织	常规的、经过良好组织、来自结构良好的领域	不明确的
学科	单一学科	跨学科
目标界定	清晰、确定	模糊、不清晰
评价标准	单一	多样化
与真实生活的联系	无联系	来自真实生活情境
解决方法	熟悉的、确定的、唯一的	不熟悉的、多样化的

---

[1] 陈琦，刘儒德. 当代教育心理学（第3版）[M]. 北京：北京师范大学出版社，2019: 267.

（二）问题解决的含义及特征

所谓问题解决（problem solving），指的是个体在面对问题情境且不知道该怎么办时，想办法克服障碍，从初始状态经历一系列认知活动，最终到达结果状态。

问题解决有四个特点。①问题性：一般来说，解决的问题应该是初次解决的新问题，如果是第二次、第三次碰到，那么就只是操练和练习了，不能称为问题解决。②目的性：问题解决有明确的目标，如果是没有明确目标的思维活动，就不能称为问题解决。③认知性：问题解决是通过一系列认知思维活动实现的，那些比较自动化的操作，比如走路等，就不能称为问题解决。④序列性：问题解决通常包含一系列认知思维活动，比如联想、比较、分析、归纳、决策等，经常需要重新组织个体掌握的规则，形成适用于当前问题的高级规则。如果只是简单的记忆提取等认知活动，就不能称为问题解决。

二、问题解决的模式与过程

谈到问题解决的步骤时，在日常生活中，我们经常会说发现问题、分析问题、解决问题，或者说发现问题、分析问题、提出假设（解决方案）、验证假设。下面我们就来系统学习问题解决的模式与过程。

（一）问题解决的模式和步骤

问题解决是教育学家和心理学家都特别关注的问题，他们也提出了各种各样的问题解决模式。

1. 试误说和顿悟说

桑代克通过一系列实验提出了试误说。该理论认为，问题解决是由刺激与反应之间的联结构成的，这种联结通过试误形成。个体通过一系列的试误操作，发现了解决问题的方法，也就是形成了刺激与反应之间的联结，然后再不断巩固这个联结，指导问题的解决。

苛勒通过实验提出了顿悟说。该理论认为，当个体面对问题解决时，会在头脑中重新组织当前问题情境的结构，仔细思考问题的缺口，然后突然领悟出问题的解决方法。

试误说和顿悟说实际上是相辅相成的。当个体碰到一个问题情境时，自然会在头脑中重组问题情境，试图领悟出解决方法；如果找不到方法，那就只能去不断尝试各种可能的解决方法，也就是试误。

2. 现代认知派的观点

杜威曾经就问题解决提出了五阶段理论：首先意识到难题的存在；其次确定出问题；然后收集材料，提出假设；接下来验证假设；最后形成和评价结论。其实这个就类似于我们说的发现问题、分析问题、提出假设、验证假设。

自现代认知心理学面世以来，人们又提出了各种各样的基于现代认知的问题解决理论，其中比较有影响力的是基克（M. Gick）等人提出的四阶段问题解决模式（图4-11）。[①]

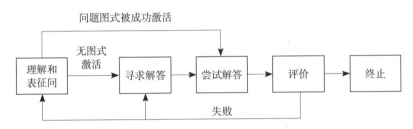

图4-11 基克提出的问题解决模式

在基克提出的问题解决模式中，首先要识别出问题情境中的有效信息，弄清楚信息的含义，从而能够准确地理解和表征问题。然后，如果该问题和头脑中已有的某个图式基本匹配，那么我们就会激活该图式，并尝试利用该图式去解答；如果不能激活已有图式，那么就用算法式（algorithm）策略或启发式（heuristic）策略去寻求解决方案，并尝试解答。解答完毕后，对其加以评价，如果成功，则停止，否则重新解答。[②]

> **关键概念——算法式和启发式**
>
> 算法式指的是为了解决某个问题，严格执行一步步的算法程序，从而解决问题。比如要计算1+2+3+……100，只要按照加法的算法，一步步相加就可以算出来。
>
> 启发式指的是根据目标结果，不断地将问题的初始状态转换成与目标状态相近的状态。在这个过程中，只探索那些对解决问题有效的方法，以求得对问题的快速解决。比如要计算1+2+3+……100，可以将其转换成

---

① Gick M L. Problem-solving strategies [J]. Educational psychologist, 1986, 21(1-2): 99-120.
② 陈琦，刘儒德. 当代教育心理学（第3版）[M]. 北京：北京师范大学出版社，2019: 271.

101×50 来计算。

启发式有以下几种方法。①手段-目标分析法。这是指将问题分成多个子问题，然后寻找每个子问题的解决方法。②逆向反推法。从问题的目标状态逐步倒推到初始状态。比如解几何证明题。③爬山法。设定一个目标，然后像爬山一样向目标前进。④类比思维法。面对一个问题情境，先寻求对一个类似问题情境的解答，而后找到解决方案。

（二）问题解决的影响因素

问题解决是一个复杂的过程，受多种因素影响。从个人角度来说，包括知识经验水平、情绪和动机等因素；从问题角度来说，会受到功能固着、反应定势等因素的影响。

1. 功能固着

功能固着（functional fixedness）是德国心理学家卡尔·邓克尔（Karl Duncker）提出的概念，是指当一个人看到某一个制品有通常的用途后，就很难再想起它的其他用途。比如勺子通常是用来喝汤的，但是其实也可以用来切开一个石榴，只不过后一功能很难被人想起。

2. 反应定势

反应定势（response set）是指个体以最熟悉的方式做出反应的倾向，比如拿起剪刀就想剪东西。

反应定势有时会有利于问题的快速解决，但是有时会使思维僵化，反而阻碍问题的解决。

三、推理

推理（reasoning）是指根据定理和证据得出结论的过程，是从已知条件出发推出一个新的结论或者评价一个已提出结论的过程。推理通常分为两种：演绎推理和归纳推理。

（一）演绎推理

演绎推理（deductive reasoning）是以逻辑命题为基础，从一组条件命题或三段论的前两个前提中推出结论。它是从一般到特殊的推理方法，形式有三段论、假言推理和选言推理等。

> **关键概念——三段论**
>
> 　　三段论是指根据两个命题得出结论的演绎推理。所有的三段论都包括一个大前提、一个小前提、一个结论。比较常见的三段论有线性三段论和直言三段论两种类型。线性三段论中，项目之间的关系是线性的，包含着质或量的比较。例如，前提A：小红比小黄瘦，前提B：小黄比小兰瘦，结论：她们三人谁最瘦？而在直言三段论中，前提描述的是与某个项目的范畴成员相关的事情。比如，前提A：所有的教育学家都是歌手，前提B：所有的歌手都是运动员，结论：所有的教育学家都是运动员。

不是所有的三段论都有结论，有可能根据已知的两个前提不能得到任何结论，如：

你比你最好的朋友聪明（前提）

你的室友比你最好的朋友聪明（前提）

你们三个谁最聪明？（结论）

在很多情况下（包括在上面的例子中），没有必然的结论、明确的前提，也不知道元素间明显的、确定的关系，因此无法演绎推理出一个在逻辑上有效的结论，这时就要用到归纳推理。

（二）归纳推理

归纳推理（inductive reasoning）是一种由个别到一般的推理，是由一定程度的关于个别事物的观点过渡到范围较大的观点，由特殊具体的事例推导出一般原理、原则的解释方法。研究归纳推理的一种方式是因果推论，即人们如何判断是不是某件事导致了另一件事，最常用的是求同法和求异法。

求同法是指分别列出产生某一结果时所有可能的原因。若所有可能的原因中只有一个原因在给定的所有结果中都出现，则这个原因便是真正的原因。例如，某社区很多人突然腹泻，假设调查结果显示，这些人住在不同的街区，有不同的医生，但都在某天中午于某家甜品店吃了蛋糕，那么很可能归纳出他们因为在这家甜品店进食而导致腹泻。

求异法则类似假设检验，给定现象发生时的所有环境与没有发生这个现象时的环境除了在一个方面不同外其余都相同。比如，一所住宿制的高中，两个班级同学住宿条件、就餐情况、午休时间、授课教师等全部一致，英语老师在A班采用正常授课的方式，在B班采用游戏化教学的授课方式，A班同学的英语平均成绩显著高于 B 班。据此，可以推论不同的授课方式会对英语课程成绩的产生影响。

在进行归纳和概括的时候，解释者不单纯运用归纳推理，同时也运用演绎法。在人们的解释思维中，归纳和演绎是互相联系、互相补充、不可分割的。演绎推理和归纳推理也是人们生活中常用的推理方式。

基于模型的推理和基于案例的推理

模型是人们描述自然世界的概念化工具，建模的过程也就是对认识进行表征。通过建构的模型来进行推理，从而解决问题的过程，就称为基于模型的推理（model-based reasoning, MBR）。基于模型的推理经常被用在科学教育中。

基于案例的推理（case-based reasoning）指的是一种基于实际经验或经历的推理，求解问题时可以从案例库中找出与当前问题情境最为类似的案例，并将该案例的解决方案作为当前问题的解答。

四、决策

（一）决策的含义与过程

所谓决策（decision），指的是个体为了实现特定目标，根据客观条件限制和已有信息，借助一定的工具和方法，对影响目标实现的各种因素进行分析，最后做出判断、得出结论的认知思维过程。

决策对我们非常重要，我们每天在解决问题的过程中，小到解一道数学题，大到选择考哪一所大学、读什么专业，都需要不断地做出各种决策。

凯瑟琳·加洛蒂（Kathleen Galotti）把决策的过程分成如图 4-12 所示的五个阶段。其中，"确立目标"指个体要基于问题情境、自己的价值观和条件进行判断，从而确定自己的目标，比如选择读什么专业的时候，应该明确"自己将来想成为什么样的人"。"收集信息"指的是要收集各种相关信息，尤其是各种可能的选择，比如要收集各个专业介绍以及各个专业的就业情况。"制订计划"指的是结合目标，结合有关信息，制订出若干可能的选择方案。"建构决定"指的是在了解信息和制订计划的基础上，基本上确定自己的解决方案。"做出最终选择"指的是从最终选项系列中做出选择。[①]

[①]（美）凯瑟琳·加洛蒂. 认知心理学：认知科学与你的生活 [M]. 吴国宏，等 译. 北京：机械工业出版社，2020: 200—201.

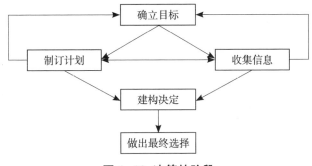

图 4-12 决策的阶段

(二)影响决策的认知错觉

从神经机制水平来说,影响决策(包括推理)的脑区比较广泛,因为决策和记忆、知识表征、语言、感知都有关系,所以不只存在一个与决策和推理相关的脑区,但是神经心理学家认为前额叶皮层在决策和推理及高阶认知过程中扮演着重要的作用。从心理水平来说,也有诸多因素会影响决策,其中容易影响个体做出错误决策的因素称为认知错觉(或称认知偏见)。[①]

(1)可获得性(availability)。是指人们容易想起或计算的例子。比如当被提问字母 J 在英语词汇中更有可能出现在首位还是第 4 个位置时,我们容易认为是首位,原因在于我们的词汇是按第一个字母排列的,所以容易想到。

(2)代表性(representativeness)。是指个体总是期望结果能够代表产生它们的过程。比如在掷硬币时,如果之前 5 次都是正面朝上,那么人们可能会认为第 6 次应该是反面朝上,因为这样才符合随机的原理。但是事实上第 6 次硬币的朝向完全是随机的,和前 5 次并没有关系。

(3)锚定(anchoring)。是指给定的初值会影响人的判断。比如让一个人来估计一个城市的人口数,那么他站在人来人往的大商场和门可罗雀的小商场中估计的数值可能差别很多,因为所看到的人数(初值)会影响他的判断。

(4)虚假相关(illusory correlation)。是指发现了根本不存在的相互关系的现象,也称为错觉关联效应。比如艾滋病的报道中经常会出现同性恋的信息,就让人误认为艾滋病只是在同性恋之间传播,而忽视了其他传播途径。

(5)证实偏见(confirmation bias)。是指仅仅寻找与自己最初的直觉和假设

[①] (美)凯瑟琳·加洛蒂. 认知心理学:认知科学与你的生活 [M]. 吴国宏,等 译. 北京:机械工业出版社,2020: 201—209.

相关的信息而忽视其他信息的倾向。比如一个认为孩子需要多上培训班的家长，总是去咨询那些正在让孩子上培训班的家长们的意见。

（6）后视偏见（hindsight bias）。是指在事后回顾一件事情的决定时，会夸大地声称事先就已经预见的倾向，也称为事后诸葛亮。比如一个创业项目失败了，有人就会讲"我当时就觉得这个项目没有前景"。

（7）沉没成本效应（sunk cost effect）。是指一旦投入了时间、金钱和精力，就会产生继续投入的倾向。比如一个人投资开了一个小饭馆，因为位置原因，生意确实不太好，或许应该果断终止，但是他往往会继续投入。

（8）损失厌恶（loss aversion）。是指对于同一件东西，人们失去它得到的痛苦，要远大于得到它带来的幸福。比如卖鸡蛋的老板慢慢往篮子里添加鸡蛋，和慢慢往外拿出鸡蛋，即使最后的重量是一样的，但是顾客的心理感受是不一样的。

除了以上几个因素以外，还有迷信权威、过于自信等因素。在我们做决策的过程中，一定要清楚地知道我们可能存在诸如此类的偏见，有意识地去避免其错误的影响。

卡尼曼《思考：快与慢》简介

前面讲的几个认知偏见因素，与目前比较流行的行为经济学也很相关，大家可以去展开学习。其中尤其建议大家阅读一下诺贝尔经济学奖获得者丹尼尔·卡尼曼撰写的《思考：快与慢》一书。

卡尼曼的研究打开了社会心理学、认知科学、对理性与幸福的研究以及行为经济学的新局面。他认为，我们的大脑中有快与慢两种做决定的方式。常用的无意识的"系统1"依赖情感、记忆和经验迅速做出判断，它见闻广博，使我们能够迅速对眼前的情况做出反应。但系统1也很容易上当，它固守"眼见即为事实"的原则，任由损失厌恶和乐观偏见之类的错觉引导我们做出错误的选择。有意识的"系统2"通过调动注意力来分析和解决问题，并做出决定，它比较慢，不容易出错，但它很懒惰，经常走捷径，直接采纳系统1的直觉型判断结果。

五、创造性思维

当前，教育领域对培养创新人才非常重视，要培养创新人才，归根结底就需要培养创造力。不过，尽管创造力已经是大家耳熟能详的概念，但是关于创造力的定义却存在分歧,不同的学者从不同的角度对创造力进行了界定:有人将其看作是一种产生出原创、新颖、独特意念或产品的能力,有人将其界定为一种或多种心理过程,也有人将其看作创造者所具有的人格特质。这里我们就参考前人尤其是林崇德教授的观点,将创造力定义为"根据一定目的,运用已知信息,产生出某种新颖、独特、有社会或个人价值的产品的能力"[1]。其中的产品泛指新概念、新思想、新理论、新技术、新工艺或新作品;"新颖"指的是前所未有,为纵向比较;"独特"指的是别出心裁,为横向比较;"有社会价值"指的是对人类、国家和社会的进步有意义。创造力的组成部分通常包括创造性思维、创造性人格和创造性技法(技术和方法),本节将重点探讨创造性思维。

(一)创造性思维的本质和内涵

20世纪40年代,韦特海默在《创造性思维》一书中明确提出了创造性思维的概念。根据前面创造力的定义,创造性思维指的是人产生创新性、独特性和有价值成果的最高级思维,它是以直观力、想象力、逻辑能力为基础产生改革旧事物所需要的灵感和创造性设想的能力,包括发散思维、聚合思维、联想思维、逆向思维等多种类型。它是创造性人才心理结构的主要组成部分,也是创造力的核心。[2]比如,高斯在解决1+2+3……+100这个计算题时,发现第一个数加最后一个数是101;第二个数加倒数第二个数也是101,如此相加都是101。所以只要计算50×101的结果就可以了,这就是典型的创造性思维。

创造性思维不是孤立的,它包括了一系列思维,其中发散思维和聚合思维是最主要的。发散思维指的是产生尽可能多的观点和方法的能力,聚合思维指的是能够从多种方案中确定一个方案的能力。当然,创造性思维与发散思维有更多的相同点,或者说创造性思维更多地体现在发散思维上。

顿悟和创造性思维的关系

顿悟是用一种全新的方式重新构想一个问题或策略的解决方案。是对一个问题或策略形成独特的、有时看似突然的理解,通常包括检索和整合新、旧信息,从而对问题产生一种新的理解或新的想法。顿悟是个特别的过程,在解决问题时,必须打破已有联想,以全新的眼光、不同寻常的线

---

[1] 林崇德.创造性人才·创造性教育·创造性学习[J].中国教育学刊,2000,(1):5—8.
[2] 曹培杰.重启创造力:网络时代的创新法则[M].北京:北京交通大学出版社,2015:35.

性信息加工方式来思考问题。

（二）创造性思维的特点和影响因素

通常认为创造性思维具有流畅性（fluency）、灵活性（flexibility）和独创性（originality）三个特点。其中：①流畅性指的是在限定时间内产生出多少观念或方法。比如，在纸上画一个圆，让大家尽可能多地联想出各种事物，联想出的事物越多，流畅性就越好。②灵活性也称为变通性，指的是能够从不同方向考虑某一事物的能力，或者说是随机应变的能力。比如面对一个圆，有人能想出足球、篮球等球类，还能想出太阳、月亮、硬币等多个方面的事物，灵活性就比较好。③独创性指的是能够产生不同寻常、不落俗套的反应的能力。比如面对一个圆，能够想到"圆滑"等一般人想不到的事物。

创造性思维的测量

美国明尼苏达大学的埃利斯·托兰斯（Ellis Torrance）等人在前人研究的基础上，于1966年编制成功了托兰斯创造性思维测验（Torrance tests of creativity thinking，TTCT），它是目前仍然应用比较广泛的创造力测验工具。该测验主要考察流畅性、灵活性、独创性等变量，由言语创造思维测验、图画创造思维测验以及声音和词的创造思维测验构成。这些测验往往以游戏化的形式呈现，测试过程比较轻松愉快。比如，它在题目中给出一条折线，让你补充成一个图画。

当然，也有学者对这个测验提出了质疑，因为他们认为这个测验主要在测量发散性思维。虽然发散性思维很重要，但是创造性思维不能等同于发散性思维。另外他们认为一些评分规则不一定科学。不过，该测验具有使用便捷、适用范围及对象广、应用普遍等特点，并且信效度比较高，所以目前仍然在广泛使用。

一般来说，创造性思维会受到大脑、智力、知识、人格等多种因素的影响。[1]

（1）大脑。之前有研究表明右半球与创造性思维有关，当然，也有学者认为创造性思维实际上是整个大脑协调的结果。

---

[1] 陈琦，刘儒德．当代教育心理学（第3版）[M]．北京：北京师范大学出版社，2019：293—294．

（2）智力。通常认为创造性思维需要中等以上的智力，但是两者并不是线性相关的，并不是说智力越高创造力就越好。

（3）知识。思维必须以一定的信息为基础。不过在创造性思维与知识的关系上却存在不同看法。一种看法认为，丰富的知识是创造性思维的基础，知识量越多，创造性就强；一种看法认为，知识和创造性思维之间有一种张力，知识和创造性之间呈倒 U 型曲线，知识太少肯定不行，知识太多了可能会导致个体的思维定式，进而阻碍创造性思维的发生。

（4）人格。创造性还受到动机、个性、理想、价值观等人格因素的影响。比如高创造性思维的人一般都很好奇，有比较强烈的动机去了解新的事物。不过，如果动机过于强烈，可能就会变成创造性的障碍。另外，适度焦虑可能有助于激发创造性思维，但是焦虑水平过低或者过高也会阻碍创造性。

总而言之，创造性是比较复杂的，一般来说是多个因素在某个个体身上的集中体现，而这些因素和创造性的关系不是线性的，甚至许多因素看起来是相互矛盾的。这些特点也使得创造性发展起来比较困难，所以在教育中要特别注意培养创造性思维。

（三）创造性思维的训练（创造性技法）

当前，对创造力究竟是否天生，学者们还是有分歧的，不过大家都认为，不管创造力是否天生，进行适当的训练是有助于提升创造力的。所以这些年来也发展出了许多种训练方法，包括头脑风暴法、列举法、设问法、联想法、分合法等。下面简要介绍几种主要方法。

（1）头脑风暴法。这是一种集体开发创造性思维的方法。一般会将 10 人左右分成一组，组织大家进行集体讨论，鼓励每个人展开想象，从不同角度尽可能多地提出不同的观点和方法，最后再逐渐归纳、确定最终的结论。

（2）列举法。是指根据一定的规则，罗列出事物的各种性质，从而刺激产生创造性思维的方法。

（3）设问法。是指多角度地提出问题，从问题中寻找思路，进而做出选择并产生创造性思维的方法。

（4）联想法。包括定向联想和自由联想两种。定向联想是指给定方向，让个体进行联想的方法。比如给定一个曲别针，让个体联想它的用途。自由联想指的是不加限制，让个体自由展开联想的方法。比如在纸上画一个圆，然后让个体随意联想。

（5）分合法。是指把两种原本不相干的事物联系到一起，也泛指把熟悉的事物变得新奇、把新奇的事物变得熟悉等想法。比如瑞士军刀就是把各种原本不相干的工具放到了一起。

> **TRIZ 理论：发明问题的解决理论**
>
> TRIZ 是俄文拼写的缩写，其英文全称是 theory of the solution of inventive problems，意为发明问题的解决理论。
>
> 苏联科学家阿奇舒勒（G. S. Altshuller）在1946年提出了 TRIZ 理论，他牵头组成了 TRIZ 的研究团体，分析了世界近250万份高水平的发明专利，从中总结出各种技术发展所遵循的规律模式，以及解决各种技术矛盾和物理矛盾的创新原理和法则，并综合多学科的原理和法则，形成了 TRIZ 理论。最初该理论对其他国家是保密的，20世纪80年代才逐渐传播到其他国家，在发明创造领域产生了重要影响。
>
> 该理论的内容和上面说的创造性技法有关系，比如其中40条发明原理中就包括"组合原理"，指的就是将原本不相干的两个事物组合在一起。

六、新手与专家的知识组织和问题解决

在学习科学研究领域，人们特别重视研究新手与专家在知识组织和问题解决方面的差异，因为人们特别希望新手能够像专家一样地去学习、思考和解决问题。

当然，新手与专家之间的差异有比较多的方面，比如领域知识的差异、知识结构的差异等。在知识组织方面，新手和专家之间有着重要区别：他们所掌握的概念、事实和技能之间的联系密度或数量不同。领域专家经常会在脑海中无意识地创造并存储一个复杂的知识网络，把重要的事实、概念、程序与本领域中的其他要素联系起来，而且会围绕某些有意义的特征和抽象原理来组织本领域的知识，即形成具有高度关联性的知识组织。这些更为复杂且联系紧密的知识，使得专家在提取和运用时更为快速、有效。而对于新手来说，他们仅仅获得了一些孤立的事实或知识，并没有习得以关联或有意义的方式组织所学知识的方法，即学习者没以如此复杂的方式来组织知识。因此新手会遇到很多困难，甚至无法有效提取和运用知识。[1]

---

[1] 陈琦，刘儒德. 当代教育心理学（第3版）[M]. 北京：北京师范大学出版社，2019：287—288.

蔡斯（W. G. Chase）和西蒙（H. A. Simon）研究了国际象棋选手。[1]我们知道，下棋就是不断选择我们下一步走什么，预测对手走什么，我们如何应对对手可能走什么，也就是计划下面几步棋。研究发现，专家和新手的差异并不是专家能计划接下来的十几步棋，而新手只能计划两三步，事实上，专家和新手都只看接下来的两三步棋。不同的是，专家会从众多优势行动中进行选择。例如下棋的第五回合，选手有八种方案A、B、C、D、E、F、G、H可以选择，新手需要依次来看哪种选择对当前以及未来棋局更好，而专家则是可以迅速判断，排除掉不好的方案，从A、B、C三种较好的方案中进行进一步的计算。其原因在于，专业的国际象棋选手在看棋盘时，他们看到的是熟悉的棋子模式、阵型、结构、体系，而新手看到的只是棋子。专家更有效、更丰富的信息模式可以让他们看到比较好的几个可能方案，并通过计算选择其中最好的。即专家拥有关于接下来几步棋的更多、更好的信息。同样的情形也出现在看论文方面。新手看论文看的是很多文字组织的内容，而专家则会从论文结构（如研究问题、研究方法、研究结论、创新点等）入手，再细化到个别内容。

阿德里亚诺·D.德格鲁特（Adriaan D. de Groot）还研究过国际象棋专家与新手在记忆棋局上的差异。[2]他让国际象棋大师和新手都看一个从实战中提取的棋局5秒钟，然后到旁边棋盘上凭记忆复原棋局，大师大约能复原20个左右棋子的位置，新手却只能复原4～5个。有意思的是，如果让他们去看一个随机摆放的棋局，大师和新手都只能复原2～3个棋子，没有差异。其原因就在于，大师由于具有丰富的经验，因此看到的是熟悉的棋子模式、阵型、结构、体系，而新手看到的只是棋子。所以他们在记忆有意义的实战棋局时有差异，但是面对随机摆放的棋局时就没有差异了。

通过以上论述，我们应该认识到专家和新手在知识组织上的差异，并明确告知学习者，专家是如何组织并利用学科知识来完成特定任务的。以课堂教学为例，作为学科专家的教师已经形成了具有高度关联性的知识结构，但是学生并没有以如此复杂的方式来组织他们的知识。所以，与让学生自己推断概念结构相比，教师为他们提供了适合于新知识的组织结构，可以使他们的学习效果更好、效率更高。

---

[1] Chase W G, Simon H A. Perception in chess [J]. Cognitive psychology, 1973, (4): 55–81.
[2] de Groot A D. Thought and choice in chess (2nd ed.) [M]. The Hague: Mouton Publishers, 1965: 324–329.

第五节 元认知与学习策略

在教育领域,我们经常听到"学会学习"这几个字。简单地说,学习是一种能力,学会学习比学习本身都要重要。当然,学会学习涉及的知识也比较广,本讲就重点讲解其中比较重要的"元认知"和"学习策略"。

一、学习策略的含义和分类

在我们上中学的时候,老师会提醒我们,只有掌握适当的学习方法,才可以学得更好。当时说的学习方法和这里说的学习策略(learning strategies)实际上差不多,一般包括复述、画线、列提纲、记笔记等学习技能,也包括时间管理、任务管理等自我管理活动,还包括记忆方法、正确认识自己的优点和缺点等认知技能,以及本节要讲的元认知技能。陈琦和刘儒德将学习策略定义为:学习者为了提高学习的效果和效率,有目的、有意识地制订的有关学习过程的复杂方案。[①]

不同的学者将学习策略分成不同种类,如克莱尔·温斯坦(Claire Weinstein)将其分为认知信息加工策略、积极学习策略、辅助性策略、元认知策略,麦基奇(W. J. Mckeachie)等人将学习策略分为如图4-13所示的认知策略、元认知策略和资源管理策略[②]。后面我们将分别予以介绍。

```
                    ┌ 复述策略:重复、抄写、做记录、划线等
           认知策略 ┤ 精细加工策略:想象、口述、总结、做笔记、类比、答疑等
                    └ 组织策略:组块、选择要点、列提纲、画地图等
                    ┌ 计划策略:设置目标、浏览、设疑等
学习策略 ┤ 元认知策略 ┤ 监控策略:自我检查、集中注意力、监控领会等
                    └ 调节策略:调整阅读速度、重新阅读、复查、应试策略等
                    ┌ 时间管理:如建立时间表、设置目标等
                    │ 学习环境管理:寻找固定地方、安静地方、有组织的地方
           资源管理策略┤ 努力管理:归因与努力、调整心境、自我谈话、坚持不懈、自我强化等
                    └ 学业求助管理:寻求教师帮助、伙伴帮助、小组学习、获得个别指导等
```

图4-13 麦基奇提出的学习策略分类[③]

[①] 陈琦,刘儒德. 当代教育心理学(第3版)[M]. 北京:北京师范大学出版社,2019: 300.

[②] Mckeachie W J, Pintrich P R, Lin Y G, et al. Teaching and learning in the college classroom: a review of the research literature [J]. Information infrastructures' information & software technology, 1987, 36(5): 731-756.

[③] 陈琦,刘儒德. 当代教育心理学(第3版)[M]. 北京:北京师范大学出版社,2019: 302.

> **学习策略与自我调节学习**
>
> 自我调节学习（self-regulated learning，简称 SRL）是由班杜拉于20世纪70年代最早提出的概念，指学习者积极激励自己并使用适当的学习策略的学习。后来，学者们不断发展自我调节学习的内容，齐默尔曼（Zimmerman）曾于2002年提出了自我调节学习的三阶段循环模式：在"预想（计划）阶段"，个体需要能够进行任务分析并确定清晰合理的目标，知道应该运用哪些学习策略，并且有比较强的信心和学习动机；在"行为表现阶段"，个体要能够监察、控制自己的学习过程，并根据学习效果调整自己的学习策略；在"自我反思阶段"，个体要能够反思自己的学习成果，对成败进行正确归因，并调整自己的情感情绪，从而产生令人满意的自我效能感。关于这部分内容，在下一章还会继续讲解。

二、认知策略

认知策略（cognitive strategies）是学习策略中最主要的部分，这个概念最早是由布鲁纳提出来的，之后加涅把认知策略看作是一种智慧技能，后来也有许多学者探讨过这一概念，不过大家对其界定不尽相同。有人把认知策略看作加工信息的方法和技术，有人把认知策略看作是支配自己的心智过程的内部技能，有人把它看作控制自身内在心理活动历程从而获得新知识的一切方法。后两种看法，实际上是把认知策略等同于我们前面讲的学习策略，包括元认知策略和资源组织策略。在本书中，我们还是采取狭义的定义：认知策略是指在信息加工过程中，为了更好地获取、储存、提取和运用信息等而采用的方法和技术。

认知策略通常包括复述策略、精细加工策略和组织策略三种，下面简要介绍。[1]

（一）复述策略

复述策略（rehearsal strategies）指的是为了在记忆中保持信息，运用内部语言在大脑中重现学习材料或刺激，以便将注意力维持在学习材料之上的学习策略。在学习中，复述是一种主要的记忆手段。一种信息如果想要长期保持，就必须对这种信息进行重复，只有经过重复、复述的信息才能进入长时记忆，才能被

---

[1] 陈琦，刘儒德．当代教育心理学（第3版）[M]．北京：北京师范大学出版社，2019: 304—317．

记住。

常用的复述策略包括利用随意记忆和无意记忆、排除相互干扰、多种感官参与增强记忆、整体与部分学习、尝试背诵、过度学习、及时复习、集中与分散复习相结合、反复实践（做中学）等方法。

（二）精细加工策略

精细加工策略（elaborative strategies）指的是一种将新信息与头脑中已有知识联系起来从而建立编码、建构意义的深层加工策略。一般来说，新信息与其他信息联系得越多，从记忆中提取该信息的线索也就越多，将来能够回忆出该信息原貌的途径也就越多。

常见的精细加工策略包括记忆术和灵活处理信息等。其中，记忆术是一种精细加工技术，可以在新信息和已有知识之间建立起联系，比如位置记忆术、首字联词法、视觉联想法、谐音联想法和关键词法等；灵活处理信息指的是意义识记（相对于机械识记）、主动应用知识、利用背景知识等。

（三）组织策略

组织策略指的是整合新知识之间、新旧知识之间的联系并组成新的知识结构的策略。比如列提纲、画图（概念图等）、做表格等方法就可以帮助学习者更好地分析、组织和理解材料。

三、元认知及元认知策略

（一）元认知的含义和构成

元认知（metacognition）是指个体对于自己认知的认知。这一概念由美国著名发展心理学家约翰·弗拉维尔（John Flavell）首次提出。[1] 弗拉维尔认为，"元认知是个体关于自己的认知过程及其认知结果或者其他相关事情的知识"，具体表现在有关认知的知识和对认知活动的监控和调节两个方面。

根据弗拉维尔、巴克（Baker）等学者的观点，元认知主要可以分为元认知知识和元认知监控两部分。其中，元认知知识是个体存储的与自己以及各种任务、经验等有关的知识，它是对有效完成学习任务所需的技能、策略以及来源的意识，或者说"知道做什么"。例如，在一场数学考试中，学生知道运用以前的解题经验来答题；元认知监控则是指个体对自己认知活动的调节和控制。它确保

---

[1] Flavell J H. Metacognition aspects of problem solving [C] //Resnick L. (ed.). The nature of intelligence. Hillsdale, HJ: Erlbaum, 1976.

个体能够完成学习任务，或者说"知道何时、如何做什么"。例如，在数学考试过程中，能够自我检查，并根据考试时间等因素调整和矫正解题思路等。

元认知和认知都是人的认识和活动，两者的区别体现在对象、活动目的、活动内容、作用方式、发展速度五个方面。

（1）从对象上看，认知活动的对象外显而具体，例如观看的某一幅画作、聆听的某一首乐曲、回忆过去经历的事件等。元认知的对象则内隐而抽象，例如写作构思中不断的修正、调节等。

（2）从活动目的上看，认知活动的目的在于使认知主体取得认知活动的进展，而元认知的目的是监测认知活动的进展。例如认知的目的是流利朗读英语课文，元认知的目的在于通过调节、修正，确保流利朗读英语课文。即认知目的和元认知活动的终极目标一致，都是使认知个体完成和实现认知目标。

（3）从活动内容上看，认知活动的内容是对认知对象的某种智力操作，而元认知活动的内容为对认知活动进行调节和监控。例如阅读课文是认知活动，而确定阅读目的、通过习题和自我提问来检查阅读效果、发现错误并进行纠正的过程则为元认知活动。

（4）从作用方式看，认知活动直接影响认知主体的认知活动，而元认知是通过调节、监控认知活动来间接影响主体的认知活动。

（5）从发展速度看，认知先于元认知的发展。研究表明，婴儿出生后就有一定的认知能力，而元认知能力的发展则始于学前期。综上所述，元认知不同于认知，它反映了认知主体对个人认知的认知。[①]

（二）元认知策略

元认知策略可以分为计划策略、监控策略和调节策略三种。

（1）计划策略（planning strategies）。顾名思义，就是要给学习做好计划。在一项学习活动之前，要考虑各种因素，确定学习目标，浏览学习资源，思考需要回答的问题，选择合适的方法和工具，并预估学习结果和学习的有效性，从而使学习活动能够顺利进行下去。

（2）监控策略（monitoring strategies）。是指在学习活动中，要根据学习目标即时评价、反思自己认知活动的成果和不足，估计自己达成学习目标的水平和程度，同时评价各种认知策略的成效。比如在考试时，要根据考试时间、完成题目数量反思自己之前的认知策略是否成功。

---

① 汪玲,方平,郭德俊.元认知的性质、结构与评定方法[J].心理学动态,1999,7(1):6—11.

（3）调节策略（regulation strategies）。和监控策略相关，是指要评估自己的认知策略的效果，并及时调整和修正认知策略。比如在考试时碰到很难的题目，先跳过去做简单的题目，最后再来做难题。

从以上论述可以看出，元认知策略和认知策略是紧密相关、相辅相成的。如果个体没有认知愿望和基本技能，那么不可能应用好元认知策略；如果个体缺乏元认知策略，就无法很好地确定选择应用哪种认知策略，所以也很难成功。

四、资源管理策略

资源管理策略（resource management strategies）是认知活动的辅助策略，指的是帮助学生管理可用环境和资源的策略，包括时间管理策略（合理安排、有效利用时间）、学业求助策略（当学习中遇到困难时向他人求助的策略）、学习环境管理策略（选择合适的学习环境）、努力管理策略（如何激发自己的学习动机等）等。

时间管理策略

我们可以根据要做的事情的重要程度和紧急程度分成四种类型，可以画出如图4-14所示的象限图。

有研究显示，普通人通常会在第三象限（不重要不紧急）花时间最多，因为这些事情不费力，比较轻松，其次是第二象限（不重要但紧急）。成功人士在第一象限（重要又紧急）上和普通人投入的精力差不多（大约20%~30%），但是在第四象限（重要但不紧急）差异比较大，成功人士会投入60%~68%的精力，普通人则只有20%左右。

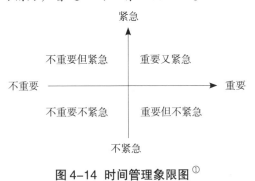

图 4-14 时间管理象限图①

---

① 陈琦，刘儒德. 当代教育心理学（第3版）[M]. 北京：北京师范大学出版社，2019: 322.

第六节 学习风格

教育领域一向很重视"因材施教",可是怎么才能"因材"呢?这首先就需要了解清楚个体的特征和彼此的差异,只有这样才能给予个性化的"施教"措施。个体的差异包括很多内容,比如年龄、性别、智力、认知水平、学习动机、文化背景等。限于篇幅,本节主要讲授个体在学习风格方面的差异。

一、学习风格的含义、特性和要素

学习风格(learning style)是由美国学者哈伯特·塞伦(Herbert Thelen)1954年首次提出的。几十年来,世界各地的学者围绕学习风格提出了几十种理论,其中代表人物有邓恩(R. Dunn)、凯夫(J. Keefe)、朗考特(R. Rancourt)、库珀(D. Kolb)、亨特(D. Hunt)、马尔科姆(P. Malcom)等人。

(一)学习风格的含义

关于学习风格的含义,不同的学者从不同角度有不同的解释:以认知为中心的研究者通常关注认知和感知功能,以个性为中心的研究者通常关注个性特征,以学习活动为中心的研究者关注对教学情景的感知、动机取向及信息加工方式,以在线学习为中心的研究者则关注在线学习行为特征。尽管各位学者关注的角度不同,但是核心内涵都是指学习者喜欢的学习方式以及表现出来的学习倾向。我国学者陆根书综合多个角度,对学习风格给过一个比较详尽的定义:学习风格是学习者具有的相对一致、持久的学习倾向,是由学习者的学习观、学习取向、认知加工策略和管理策略(元认知策略)所构成的一个复合体,它反映了学习者习惯性地处理许多学习情景中的信息的一致方式,并会在一定时期内保持相对的稳定。[1]谭顶良则给出了一个比较简洁的定义:

> **关键概念 —— 学习风格**
>
> 学习风格是学习者持续一贯的带有个性特征的学习方式,是学习策略和学习倾向的总和。[2]

---

[1] 陆根书.学习风格与学习成绩的相关分析[J].高等工程教育研究,2005,(4):44—48.
[2] 谭顶良.学习风格论[M].南京:江苏教育出版社,1995:12.

（二）学习风格的特性

基于以上定义，可以看出学习风格具有这样几个特性。①独特性。学习风格是在个体神经组织结构和机能基础上，受特定的家庭、教育和社会文化的影响，通过个体自身长期的学习活动而形成的，具有鲜明的个性特征，所以因人而异。②稳定性。学习风格是在长期学习过程中逐渐形成的，但是一旦形成，就会比较持久和稳定。尽管随着年龄的增加，个体会变得善于分析、深思熟虑等，但是个体的学习风格在同龄人中的相对地位却是比较稳定的。当然，稳定性并不意味着学习风格一定不可以改变，通过适当的教和学是可以重塑的，这也是教育的价值。③兼具活动和个性两重功能。学习风格是直接参与学习活动的，而能力、气质、性格等个性因素对学习的影响是间接的，它们需要一个媒体或中介才能发生作用，而这个中介就是学习风格。所以学习风格以其活动的功能直接参与学习过程，又以其个性的功能影响这一过程，这两种功能是同步发挥作用的。[①]

（三）学习风格的要素

关于学习风格的构成要素，不同的学者有不同的建议。邓恩（R. Dunn）等人将学习风格分为五大类，每一类又包含若干种要素（表4-4）。[②]

类别	要素
环境	声音、光线、温度、坐姿（桌椅等）
情绪	动机、意志、责任、性格、偏好
社会	独自、合作、小组、团队等
生理	感觉通道、饮食（学习时吃东西）、时间（什么时间学习）、运动
心理	整体型、分析型、大脑半球、冲动型、沉思型

雷诺（J. Reynolds）等人在此基础上也提出了六维度的分类模型，大致包括：知觉偏好、物理环境偏好、社会环境偏好、认知方式、学习时间偏好、动机和价值观（图4-15）。

[①] 谭顶良. 论学习风格及其研究价值 [J]. 南京师大学报(社会科学版), 1994, (3): 46—50+56.
[②] Dunn R. Learning styles: state of the science [J]. Theory into practice, 1984, 32 (1): 11-19.

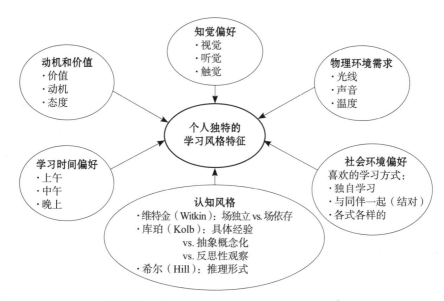

图 4-15 雷诺等人提出的学习风格分类图[1]

综合邓恩、雷诺及其他学者的理论,学习风格大致可以分为生理、心理和社会三个层面。①生理层面,是指学习者对学习环境中若干要素的偏爱。主要包括对学习时间的偏爱(猫头鹰型和百灵鸟型)、对学习环境中光线明暗及安静程度的偏爱、对感知觉(视、听、动)通道的偏爱等。②心理层面,是指学习者认知、情感和意动(意志行动)等方面的偏爱。其中,认知方面有知觉风格(场依存性和场独立性)、信息加工风格(同时加工和继时加工)、记忆风格(趋同与趋异)、思维风格(分析与综合、发散与集中)、解决问题风格(反思与冲动)等,情感和意动方面有理性水平、学习兴趣、成就动机、焦虑水平、学习意志力、言语表达积极性、动脑与动手、谨慎与冒险等。③社会层面,是指学习者的学习活动形式,主要包括独立学习与结伴学习、竞争与合作等。[2]

二、学习风格的主要类型

根据各位学者的理论,学习风格主要有如下类型。

(一)视觉、听觉和动觉型学习者

有学者根据个体对感知觉通道的偏爱将学习者分为视觉型、听觉型和动觉

---

[1] Reynolds J. Gerstein M. Learning style characteristics: an introductory workshop [J]. The cleaning house, 1992, 66(2): 122-126.

[2] 谭顶良. 论学习风格及其研究价值 [J]. 南京师大学报(社会科学版), 1994,(3): 46—50+56.

型学习者：①视觉型学习者对视觉刺激比较敏感，喜欢通过视觉接受来学习，比如看书、看图等；②听觉型学习者对听觉刺激比较敏感，喜欢通过听说来学习；③动觉型学习者喜欢接触和操作物体，喜欢通过动手参与来学习。

（二）场依存型和场独立型

美国心理学家赫尔曼·威特金（Herman Witkin）在对知觉进行研究时，发现有一些人的知觉较多地依赖周围的环境信息，而另外一些人则较多地依赖他们身体内部的感觉。由此他把人分为场依存型（field dependence）和场独立型（field independence）两类。[①]①场依存型的个体易受外界因素的干扰，倾向于以外部参照作为心理活动的依据。从认知角度看，这一类人偏爱人文和社会学科，比较注重学习环境的社会性，喜欢合作学习，也容易受其他人影响。②场独立型的个体不容易受外界因素干扰，倾向于以内部参照（主体感觉）为心理活动的依据。从认知角度看，这一类人偏爱数学等自然科学学科，善于分析和组织，在内部动机作用下往往学习效果比较好，学习自主性强，喜欢个人钻研或独自学习。[②]

（三）反思型和冲动型

杰罗姆·卡根（Jerom Kagan）等人通过一系列实验，根据知觉与思维方式的特征将人分为反思型（reflective，也有人译为沉思型）和冲动型（impulsive）两类。[③]①反思型个体的知觉与思维以反思为特征。他们一般不急于回答问题，而是会深思熟虑，认真评价几种可能的答案，然后小心谨慎地给出自认为最有把握的答案。②冲动型个体的知觉与思维方式以冲动为特征。他们通常会根据几个线索以很快的速度形成自己的看法，然后很快给出自己的答案。

反思型个体和冲动型个体背后的差异可能是信息加工策略的差异。有人进一步研究指出，反思型学习者通常表现出更为成熟的解决问题的策略。不过也有研究表明，反思型学习者在解决维度较少的问题时速度更快，而冲动型学习者在解决维度较多的问题时速度更快。还有研究者发现，反思型学习者在完成需要对细节做分析的学习任务时学习成绩好些，而冲动型学习者在完成需要做整体性解释的学习任务时成绩要好些。[④]

[①] Witkin H A, Moore C A, Goodenough D R, et al. Field-dependent and field independent cognitive style and their educational implications [J]. Review of educational research, 1977, 47: 1–64.
[②] 康淑敏. 学习风格理论——西方研究综述 [J]. 山东外语教学, 2003, (3): 24—28.
[③] Kagan J, Rosman B L, Day D, et al. Information processing in the child Significance of analytic reflective attitudes [J]. Psychological monographs, 1964, 78(1): 1–37.
[④] 陈琦, 刘儒德. 当代教育心理学（第3版）[M]. 北京：北京师范大学出版社, 2019: 55—57.

（四）整体型和序列型

戈登·帕斯克（Gordon Pask）通过对学习策略的研究将人分为整体型（holistic strategy）和序列型（serial strategy）两类。[1]①整体型学习者倾向于把问题看成一个整体，同时考虑多方面因素和问题之间的关系，表现出一种全面解决问题的能力。②序列型学习者倾向于把精力集中在一步一步的策略上，把重点放在一个个的子问题上，注重逻辑严密性，通常在学习快结束时才能对所学内容有比较完整的看法。不过，有研究表明，两种类型的学习者在学习结束时通常都能达到同样的理解水平。

（五）聚合型、发散型、同化型和调节型

库珀根据学习者对于行动应用、具体体验、观察反思、抽象概括这四个环节的偏爱程度不同，将人分为聚合型（converger）、发散型（diverger）、同化型（assimilator）和调节型（accommodator）四种类型（图4-16）。[2]①聚合型学习者善于结合理论解决实际问题，擅长演绎、推理和决策；②发散型学习者想象力丰富，比较敏感，善于从多角度看待具体问题情境，擅长通过观察来寻求问题的答案；③同化型学习者善于理解大量信息，并能用简洁、合乎逻辑的形式将其呈现出来，这类人擅长构建理论和创建模式；④调节型学习者善于"动手"，喜欢实施具有挑战性的计划，并且有能力完成任务。[3]

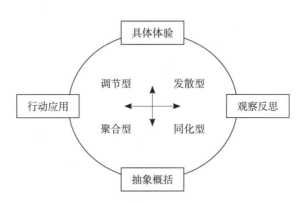

图4-16 体验学习过程周期与学习风格类型

---

[1] Pask G. Learning strategies, teaching strategies, and conceptual or learning style [C]//Schmeck, R. R. (ed.). Learning strategies and learning styles. New York: Plenum Press, 1988.

[2] Kolb D A. Management and the learning process [J]. California management review, 1976, 18(3): 21-31.

[3] 康淑敏. 学习风格理论——西方研究综述 [J]. 山东外语教学, 2003, (3): 24—28.

(六)在线学习行为特征

以上学习风格的类型主要是针对传统学习提出来的,随着互联网技术的发展,越来越多的学者开始针对在线教育(远程教育、网络教育)开展研究,希望了解学习者的在线学习行为特征,以便给予适当的干预,从而促进、实现个性化学习。

比如安德森(A. Anderson)等人曾经基于对MOOC的研究,将人分为五类,分别是观看者(viewers,主要是看课件)、解决者(solvers,主要是解决问题)、全能多面手(all-rounders,既看课件也解决问题)、收集者(collectors,主要是收集课件等)、旁观者(bystanders,很少参加各种活动)。① 再如福格森(R. Ferguson)等人曾经对5门MOOC进行过研究,通过聚类,在时长较长的两门MOOC中,学习者被分为7类:抽样学习者(samplers)、虎头蛇尾者(strong starters)、回归者(returners)、中期辍学者(mid-way dropouts)、勉强完成者(nearly there)、拖延的完成者(late completers)和全程全身心投入者(keen completers)。在时长较短的两门MOOC中,学习者可以被分为4~5类。还有一门以讨论为主、不含测试的MOOC中发现学习者可以被分为3类,分别是沉默的学习者(quiet)、贡献者(contributors)、持续参与者(consistent engagers)。②

除了这几个分类外,还有许多学者也从不同角度提出了各种分类。③ 事实上,在我国还有很多学者针对在线学习行为进行了深入研究。④ 不过,因为在线教育发展的时间还比较短,目前提出的各种类型可能还需要进一步验证和完善。

三、学习风格与教学策略

教学策略的制定通常要受制于多种因素,一般来说,要根据教学目标、教学内容、学习者特征,并结合教学环境、教学条件等因素来制定。其中学习者特征中就包括了"学习风格",这是很重要的因素。

---

① Anderson A, Huttenlocher D, Kleinberg J, et al. Engaging with massive online courses [C]// International World Wide Web Conference. New York: ACM, 2014: 687-698.

② Ferguson R, Clow D. Examining engagement: analyzing learner subpopulations in massive open online courses (MOOCs)[C]//International Conference on Learning Analytics & Knowledge. New York: ACM, 2015: 51-58.

③ 王梦倩,范逸洲,郭文革,等. MOOC学习者特征聚类分析研究综述[J]. 中国远程教育,2018,(7):9—19+79.

④ 尚俊杰,王钰茹,何奕霖. 探索学习的奥秘:我国近五年学习科学实证研究[J]. 华东师范大学学报(教育科学版),2020,38(9):162—178.

根据学习风格制定的教学策略可分为两类：①与学习风格中的长处或学习者偏爱的方式相一致的匹配策略，比如对于喜欢独自学习的学习者就让他独自钻研；②针对学习风格中的短处或劣势采取有意识的失配策略，比如对于喜欢独自学习的学习者不妨故意让他参加小组学习。匹配策略对知识的获得直接有利，它能使学生学得更快、更多，但无法弥补学习方式或机能上的缺陷。有意识的失配策略在一开始可能会影响知识的获得，表现为学习速度慢、学得少、难以理解学习内容，但它的特殊功效是能弥补学习方式或机能上的欠缺或不足，使学生学习心理机能的各方面均得到发展。在有些学习情境中，就需要学习者使用自身的劣势，此时这种失配策略就更有意义了。[①]

至于具体的教学策略，可以根据学习风格的类型来确定。比如让视觉型学习者看书做笔记学习，让听觉型学习者多听多说，让动觉型学习者多动手；对于场依存型学习者，就让他们多参加小组学习，多做一些需要合作技能的工作。而对于场独立型学习者，可以让他们多独自学习，多做一些需要应用分析技能的工作；对于反思型学习者，可以让他们多做一些需要对细节做分析的学习任务，而对于冲动型学习者，可以让他们多做一些需要做整体性解释的学习任务；对于整体型学习者，可以交给他们一些需要整体考虑多个因素的问题，而对于序列型学习者，可以交给他们一些需要一步一步按照步骤来解决的问题。总之，就是要尽量发挥每种类型的学习者的优势。当然，这些是按匹配策略来讲的，要是按照失配策略，就需要反过来。

最后，我们想特别强调的是，尽管大家对学习风格非常重视，但是目前学术界对学习风格还是有很多质疑，主要表现在：①学习风格的内在心理和生理机理还不是十分清楚，或者说一些分类还没有十分客观的证据，尤其是基于感觉通道偏好的视觉型、听觉型和动觉型分类，受到了很多质疑；②很多时候学习风格不是非黑即白的选择，比如有的人很难准确地界定为场依存型或场独立型；③根据学习风格选择适当的教学策略进行教学是一个美好的梦想，但是还受到教学条件等种种因素的限制，具体操作起来比较困难。不过随着脑科学技术、人工智能、大数据等技术的发展，也许未来我们能够逐步加深对学习风格的认识，同时，也能够利用信息技术的优势根据学习风格进行个别化教学，从而真正促进个性化学习。

---

① 谭顶良.学习风格与教学策略［J］.教育研究，1995,（5）：72—75.

本章结语

学习是学习科学的主要研究对象，也是教育学、认知心理学高度关注的问题。认知心理学偏向于对学习的心理机制和心理过程进行研究，教育学对学习态度、学习习惯、学习动机等的养成充满兴趣，而学习科学则希望把这些整合起来。本章基于上一章所讲各种学习理论对学习的各个相关概念进行了全面梳理。

通过本章的学习，可以看到学习是指由经验引起的学习者知识的变化。基于不同的角度，我们还可以将学习分成不同的类型。至于学习的过程与机制，实际上可以结合上一章的知识来解释，尤其是可以用学习的信息加工模型来解释；对于学习来说，最为重要的就是学习动机，因为动机是启动、维持学习者持续学习过程的动力。当然，学习动机可以分为多个类型，并且可以用成就动机、归因理论、自我效能等多种理论去解释。对于要学习的知识，我们在头脑中通常用概念、命题、表象、图式和产生式来表征。如果将知识分为陈述性知识和程序性知识，那么图式就是陈述性知识组织的重要方式，而产生式系统则是程序性知识组织的重要方式。ACT-R模型就是知识表征的综合模型；当然，对于知识学习来说，我们特别希望学习者能够灵活应用知识，所以要特别注重研究学习迁移理论，更好地促进学习迁移；教育学现在非常关注问题解决能力和创新能力的培养。认知心理学中关于问题的解决过程的表述已然成为问题解决能力培养的重要内容。推理和决策在问题的解决过程中和日常生活中都极为关键，演绎推理和归纳推理是常用的推理方式，而顿悟在解决新异问题和创新过程中不可或缺；在知识组织和问题解决过程中，新手和专家通常会有比较大的差异，这是学习科学非常关心的研究问题；就学习而言，最初人们主要关注认知策略，后来才慢慢发现元认知也很重要，在学习过程中，不仅要恰当应用复述等认知策略，也要注重应用计划、监控和调节策略及资源管理策略；在具体的教与学过程中，我们还发现，不同的学习者会有不同的学习风格，要想真正因材施教，就需要结合个体的智力、认知水平、学习动机以及学习风格，采用适当的教学策略。

本章所讲的内容大体上属于教育心理学或者说认知心理学的范畴，我们希望能够从心理学的角度出发给教育科学和学习科学的研究者和实践者带来一定启示。需要注意的是，认知心理学领域发现的诸多成果确实值得借鉴，不过实验室中取得的研究成果在教学情境中有怎样的适用性，还需要教育工作者仔细斟酌、小心求证。另外，认知与学习心理的相关内容实际上是非常丰富和复杂的，限于篇幅，本章没有全部展开讲解，大家将来在学习和研究的过程中可以根据需要并结合后面推荐的资源展开学习。

> 重点回顾

1. 学习是指由经验引起的学习者知识的变化。
2. 加涅根据复杂程度的不同，将学习分成八类：信号学习、刺激－反应学习、连锁学习、言语联结学习、辨别学习、概念学习、原理学习（也称规则学习）、解决问题的学习（也称高级规则的学习）。
3. 克努兹·伊列雷斯将学习分为两个过程（个体与其所处环境的互动过程以及个体的心理获得过程）和三个维度（内容、动机和互动）。
4. 学习就是获取新信息的过程，学习的结果就是记忆。
5. 动机作为学习活动的内在动力，影响着信息加工的主动性与积极性；影响动机的内部因素是内驱力（学习需要），外部因素是诱因（学习期待）。
6. 个人的动机强度由成就需要、期望水平和诱因共同决定的，用公式表示为：动机强度（T）=f（需要 × 期望 × 诱因）。
7. 学习投入一般可以分为三个维度：行为投入、情感投入和认知投入。
8. 知识的心理表征形式包括概念、命题、表象、图式和产生式。
9. 图式是陈述性知识组织的重要形式，产生式是程序性知识组织的重要形式。
10. ACT-R 模型是知识表征的综合模型。
11. 学习迁移不仅可以发生在同一类型的学习中，也可以发生在不同类型的学习中。迁移的本质就是经验间的相互作用，通过迁移，各种经验得以沟通和整合。
12. 所谓问题解决，指的是个体在面对问题情境又不知道该怎么办时，想办法克服障碍，从初始状态经历一系列认知过程和从事一系列活动到达结果状态。
13. 问题解决通常有算法式和启发式，影响因素主要有功能固着和反应定势。
14. 常用的推理方法是演绎推理和归纳推理。常用的三段论属于演绎推理，常用的求同法和求异法属于归纳推理。
15. 影响决策的认知错觉包括可获得性、代表性、锚定、虚假相关、证实偏见、后视偏见、沉没成本效应、损失厌恶等。
16. 创造性思维具有流畅性、灵活性和独创性三个特点。
17. 专家和新手在知识组织上有比较明显的差异，他们所掌握的概念、事实和技能之间的联系密度或数量是不同的。
18. 元认知是对认知的认知，元认知策略包括计划策略、监控策略和调节策略。
19. 学习风格是学习者持续一贯的带有个性特征的学习方式，是学习策略和学习倾向的总和，具有独特性、稳定性、兼具活动和个性两种功能等特性。

20. 学习风格根据不同的特征可以分成不同的类型，通常包括场依存型和场独立型、反思型和冲动型、整体型和序列型等。

思考题

1. 名词解释：学习、学习动机、学习投入、表象、图式、心理旋转、学习迁移、结构不良问题、演绎推理、归纳推理、三段论、元认知、创造性思维、学习风格。
2. 什么是学习？学习的类型有哪些？
3. 请使用信息加工模型来论述学习的机制。
4. 学习动机和学习效果有什么关系？
5. 在教学过程中应该如何激发学生的学习动机？如何指导学生正确地归因？
6. 知识在头脑中是怎样表征的？
7. 如何更好地促进学习迁移的发生？
8. 问题解决有哪些步骤？顿悟在问题解决中起到了什么作用？
9. 影响决策的认知错觉都有哪些？
10. 从知识组织和问题解决的角度，论述专家与新手的差别。
11. 请分析认知活动和元认知活动的差异。
12. 请结合自己的学习谈谈认知策略、元认知策略和资源管理策略的应用。
13. 请结合学习风格的主要类型反思自己的学习风格特征。

第五章 学习方式

> **内容摘要**
>
> 在过去的几十年中,学习方式在不断发生变化。本章就聚焦于学习方式的变革,首先介绍了学习方式的含义、类型和发展历程;其次介绍了自主学习的含义、特征和理论基础,并探讨了自主学习的模式、条件和影响因素;再次介绍了社会性学习(社会化学习)的含义、特征、理论基础,并重点剖析了合作学习与协作学习、群体学习与组织学习;接下来探讨了探究学习的含义、特征、理论基础以及典型案例;然后探讨了当前备受大家重视的项目式学习的含义、特征、理论基础及设计与实施框架;最后简要介绍了体验学习、设计学习和深度学习。

学习目标

1. 了解学习方式的基本类型和发展历程,了解体验学习、设计学习、深度学习的定义和基本观点。
2. 掌握自主学习的含义、特征和理论基础,重点掌握齐默尔曼和宾特里奇的理论观点。
3. 掌握社会性学习的含义和特征,深入理解合作学习、协作学习和群体学习的概念和含义,掌握实施合作学习和协作学习的常用方法,能够在日常学习生活中熟练应用社会性学习软件和技巧。
4. 掌握探究学习的含义、特征和理论基础,重点掌握探究学习的5E教学模式。
5. 掌握项目式学习的含义、特征、理论基础,全面掌握项目式学习的设计与实施。
6. 能够应用相关理论来分析、解释各种学习方式,并能够预测未来学习方式及发展趋势。

思维导图

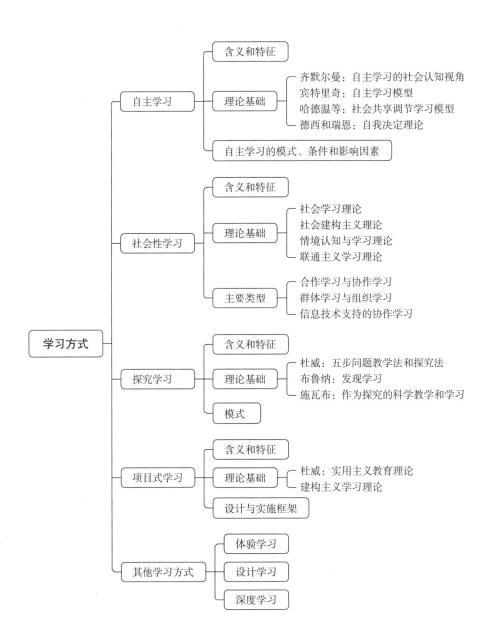

第一节　学习方式的概念

在日常学习中，我们经常会听到学习方式（learning approaches，也译为 learning mode）这个概念，在我国教育部于 2001 年发布的《基础教育课程改革纲要（试行）》中也特别强调要促进学习方式的变革。那么，学习方式究竟是什么，又有哪些学习方式呢？

一、学习方式的含义

对于学习方式的含义，心理学和教育学领域的学者的观点是不太一样的。[①] 心理学视角下的学习方式，侧重于个体学习过程中获取和处理信息的方式，实际上就是我们上一章讲的学习风格，它是指个体在进行学习活动时所表现出的具有偏好性的行为方式与行为特征。庞维国认为，从心理学的角度看，学习方式泛指学习者在各种学习情境中所采用的具有不同动机取向、心智加工水平和学习效果的一切学习方法和形式。[②] 可以看出，心理学视角下的学习方式核心概念是强调个体学习时的心理差异。教育学视角下的学习方式，侧重于学习过程中所采用的途径、形式、媒体和手段等。比如，谢新观主编的《远距离开放教育词典》认为，"学习方式是指学习者在学习知识和技能时所采用的途径、形式和手段"[③]。

就学习科学而言，本书希望融合教育学和心理学的观点，但相对而言更侧重于教育学视角，所以采用如下比较宽泛的定义：

> **关键概念 —— 学习方式**
> 学习方式指的是学习的组织方式和所采用的途径、形式、媒体和手段等，也称学习模式或学习形式。

在学习过程中，大家要注意学习方式和学习风格、学习方法的区别。学习风格前面已经讲了，就是个体在学习时所呈现出来的具有偏好性的行为方式和行为特征，而学习方法则比较复杂：一方面可以把学习方法看作一个上位概念，在其

[①] 王运武，朱明月. 学习方式何以变革：标准与路径[J]. 现代远程教育研究，2015(3)：27—35.
[②] 庞维国. 论学习方式[J]. 课程·教材·教法，2010，30(5)：13—19.
[③] 谢新观. 远距离开放教育词典[M]. 北京：中央广播电视大学出版社，1999：253.

下有各种各样的学习方式；另一方面也可以把学习方法看作一个下位概念，在每一种学习方式下，可以有多种学习方法。在本书中，我们主要采用后一种解释。

二、学习方式的类型和发展历程

基于不同的分类依据，学习方式主要可以分为如表 5-1 所示的不同类型。

表 5-1 学习方式的分类依据及类型

分类依据	学习方式类型
根据学习的组织化和专门化	正式学习、非正式学习
根据信息化应用水平	传统学习、数字化学习
根据学习活动发生场所	面对面学习、在线学习、混合学习
根据学习的自主性	自主学习、他主学习
根据主动性和探究的程度	接受学习、发现学习（研究性学习、探究学习、项目式学习）
根据是否有学习伙伴	独立学习、合作学习（协作学习）
根据使用的媒体技术	移动学习、虚拟仿真学习、游戏化学习、计算机支持的协作学习
根据学习效果	浅层学习、深层学习（深度学习）

在过去的上百年中，学习方式随着教育理念的变革、媒体和技术的发展、教育政策的变迁、时间的推移，也在不断发生变化。不同时代强调的重点也不太相同，学习方式大致走过了这样一个历程：自从约翰·夸美纽斯（Johann Comenius）提出班级授课制以来，教育领域逐渐形成了以班级授课、学校学制为主的教育模式，虽然也有学者在强调不同的学习方式，比如杜威就强调"做中学"，但是学校教育中的学习方式则主要是接受学习。在 20 世纪 60 年代，美国教育界开始反思教育中存在的问题，掀起教育改革运动，在这样的大背景下，布鲁纳提出了发现学习理论，他特别强调让学生利用教材或教师提供的条件独立思考，自己发现知识，掌握原理和规则。布鲁纳提出的发现学习得到了教育界的认同，对于推动美国中小学课程改革起到了重要作用。后来，虽然人们不一定用发现学习的概念，但是他们推崇的探究学习、研究性学习、基于问题的学习、项目式学习等和发现学习也有相通的地方，都是重视让学习者自己围绕问题或项目去自主探究，通过解决问题、完成项目来学习。

在接受学习方式下，大部分时候都是个体独立学习的，而在发现学习、探究学习、项目式学习等学习方式中，更多的时候会采用合作学习或协作学习（更加强调协作），让学习者分成小组共同解决问题或完成项目。在 20 世纪八九十年代，随着信息技术的快速发展，计算机支持下的协作学习（computer supported collaborative learning，CSCL）开始流行，不同地区的学习者可以借助网络共同学习。而在2010年左右，MOOC的流行，使得大规模在线协作学习成为现实，几万、几十万学习者可以在一门MOOC中共同学习。

当然，信息技术不仅仅在促进合作和协作学习上发挥了作用，事实上，自从计算机诞生以来，人们就在思考如何将计算机应用到教育中，所以在20世纪八九十年代，多媒体学习已经非常流行，人们在努力制作各种精美的教学课件。随着新技术的快速发展，移动学习、游戏化学习、虚拟仿真学习（VR/AR）、翻转学习等学习方式也开始流行。

就学习效果而言，现在越来越重视深度学习（deep learning，也称深层学习）。深度学习有两个含义，一个是在人工智能领域，是机器学习研究领域中的一种新方法；一个是教育领域中的概念，主要是相对于浅层学习（surface learning）而言的，主要是强调学习不能满足于对知识的表面理解和重复记忆，学习者要在已有知识的基础上，将所学新知与原有知识建立联系，获取对知识的深层次理解，主动建构个人知识体系并有效迁移应用到真实情境中以解决复杂问题。[1]

随着教育改革的不断深入，学习方式变革越来越受重视。事实上，在我国教育部2001年6月发布的《基础教育课程改革纲要（试行）》（以下简称《纲要》）中就指出："改变课程实施过于强调接受学习、死记硬背、机械训练的现状，倡导学生主动参与、乐于探究、勤于动手，培养学生搜集和处理信息的能力、获取新知识的能力、分析和解决问题的能力以及交流与合作的能力。"从《纲要》中可以看出，未来要特别重视自主、合作、探究的学习方式。下面就结合这三个重点来深入探讨。

第二节　自主学习

我们知道，自主学习是每一个学习者的日常经历，没有谁能说他在掌握知识和技能时完全不依赖自主学习。那么，到底什么是自主学习呢？自主学习与其他诸如社会性学习、项目式学习之间的区别和联系又有哪些呢？

---

[1] 张浩，吴秀娟.深度学习的内涵及认知理论基础探析［J］.中国电化教育，2012，33（10）：7—11.

一、自主学习的含义和特征

（一）自主学习的含义

所谓自主学习（self-directed learning），指的是学习者自己确定学习目标、制订学习计划、选择学习方法、监控学习过程的学习方式。也可以说是主动、自觉、独立的学习，与被动、机械、接受式的学习相对。

自主学习与自我调节学习

在第三章中讲过，班杜拉提出了自我调节学习（self-regulated learning，SRL）的概念。大家会看到，自主学习和自我调节学习的含义十分接近。如果要仔细分析两者的差异，自我调节学习更多地强调自我调整的能力，而自主学习更多地强调主观能动性，或者说通过自我调节来实现自主学习。不过，在很多论著中也没有仔细区分两者的差异，基本上把它们当同义词看待，有时候，自主学习也直接翻译为 self-regulated learning。本书中我们也不去仔细区分两者的差异。

作为人最基本的学习方式，自主学习不仅直接影响学习成绩，也是一个人终身学习和职业发展的基础。自主学习中的"自主"或者说"自我调节"（self-regulation）不是指心理能力或者学业技能，而是更强调"一种自我指导的过程和一系列行为，学习者通过指导、实践和反馈所学的过程，将心理能力转化为技能和习惯"。[①]

自主学习研究领域著名专家、美国纽约城市大学齐默尔曼教授认为：具备自主学习能力的学生能够自己开始学习，并能够通过自己的努力来获取知识和技能，而不是依赖于老师、家长或其他教学主体。齐默尔曼将"自主"定义为：学习者在自我效能感的基础上，使用特定的策略组织当前的行动和条件，从而实现后续的学业目标。[②] 该定义强调三个元素：学生自主学习策略、自我效能感以及对学业目标的承诺。密歇根大学教授宾特里奇（P. R. Pintrich）将自主学习定义为：

[①] LINCS. TEAL Center fact sheet No. 3: self-regulated learning [EB/OL].[2021-10-01]. https://lincs.ed.gov/state-resources/federal-initiatives/teal/guide/selfregulated.

[②] Zimmerman B J. A social cognitive view of self-regulated academic learning [J]. Journal of educational psychology, 1989, 81(3): 329-339.

"自主学习是一种主动的、建构性的学习过程，在这个过程中，学生首先为自己确定学习目标，然后在目标和情境特征引导和约束下，监视、调节和控制自己的认知、动机和行为。"①

香港中文大学黄显华教授等人认为："自主学习"是描述那些具有元认知、内在动机和学习策略的学习者。其中：①元认知能力体现在学习者清楚地认识自己学业的优势和不足，以及能够运用策略来处理课堂内较棘手的学习要求；②内在动机体现在学习者增加能力的信念上，专注于个人进展、深入理解、高效学习，以及将结果归因于自己能够控制的因素（例如有效运用策略）；③学习策略描述学习者如何处理较为棘手的学习需求，如何从众多策略中选择最适合解决问题的方法，并恰当地加以运用。②华东师范大学庞维国教授也认为自主学习可分为三个方面：一是学习者对自己学习活动的事先计划和安排，二是对实际学习活动的监察、评价和反馈，三是对学习活动进行调节、修正和控制。③

（二）自主学习的基本特征

宾特里奇认为，一个自主学习者应当具有四个特征：①能够从外部环境和自身想法（内在环境）中获取信息，主动建构属于自己的意义、目标和策略；②自主学习者能够潜在地监控、控制和调节自己的认知、动机和行为中的某些方面以及环境的某些特征；③自主学习者能够根据目标和标准评估自己的学习效果，并在必要时决定是否对学习目标和标准进行调整；④自主学习者能够对其认知、动机和行为进行自我调节，并通过行为协调个人、环境和最终成果之间的关系。④此外，宾特里奇还认为，自主学习者能对自身表现做适应性归因，并能调节自身动机与情感，从而改善学习表现。

庞维国综合国内外研究基础，将自主学习的基本特征总结为四点，即能动性、独立性、有效性和相对性：①能动性是指自主学习区别于他主学习，是学生积极、主动、自觉地从事和管理自己的学习活动；②独立性相对于依赖性，是指自主学习要求学生在学习的各个方面和整个过程中尽可能摆脱对教师或他人的依

---

① Pintrich P R. The role of goal orientation in self-regulated learning [J]. Handbook of self-regulation, 2000: 451-502.

② 黄显华，霍秉坤，徐慧璇. 现代学习与教学论：性质、关系和研究 [M]. 北京：人民教育出版社，2014，318.

③ 庞维国. 自主学习——学与教的原理和策略 [M]. 上海：华东师范大学出版社，2003: 2.

④ Pintrich P R. The role of goal orientation in self-regulated learning [J]. Handbook of self-regulation, 2000: 451-502.

赖；③有效性是指自主学习的出发点和目的是尽量协调好学习系统中各种因素的作用，使学习达到最优化；④相对性是指自主学习不是绝对的，学生的学习通常介于绝对自主和绝对不自主的两极之间，对于学生的学习需要具体问题具体分析。①

二、自主学习的理论基础

自主学习的思想由来已久，但长期以来学者们对自主学习的讨论和研究都仅停留在思辨层次，深入分析自主学习内在特征的研究比较少。20 世纪初，实用主义教育思想在西方国家兴起，以杜威为代表的一批教育家逐渐认识到学习者在学习过程中的主体地位，将自主学习研究提升到新的高度。20 世纪 70 年代，班杜拉提出了自我调节学习的概念。自 20 世纪 80 年代以来，在齐默尔曼、宾特里奇等研究者的推动下，基于不同视角的自主学习理论模型被建立起来，自主学习逐渐发展成为教育心理学研究的重要领域。下面简要介绍几种主要理论。

（一）齐默尔曼：自主学习的社会认知视角

齐默尔曼是比较早研究自主学习的研究者之一。1989 年，齐默尔曼在班杜拉的个人、行为、环境交互决定论思想和自我调节理论的基础上，提出了自主学习三元分析模型（triadic analysis）（图 5-1）。该模型归纳了自主学习在环境、行为和个人（自我）三个层次上的相互作用，首次尝试解释自主学习的内在影响因素。

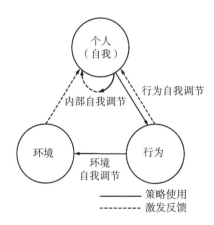

图 5-1 齐默尔曼的自主学习三元分析模型②

---

① 庞维国. 自主学习——学与教的原理和策略 [M]. 上海：华东师范大学出版社，2003: 6—7.
② Zimmerman B J. A social cognitive view of self-regulated academic learning [J]. Journal of educational psychology, 1989, 81(3): 329-339.

齐默尔曼认为，自主学习涉及环境、行为和个人（自我）的相互作用。自主学习者要主动控制和调节自己的学习过程。具体而言，在自主学习过程中，学习者要不断地监控和调整自己的认知和情感状态，观察和运用各种策略调整自己的学习行为，营造和利用学习环境中的物质和社会资源。①

齐默尔曼在 2000 年提出自主学习的循环阶段模型（cyclical phases model），在个人层面上解释了自主学习中的元认知和动机参与过程（图 5-2），此模型也被称为齐默尔曼模型。该模型分为预想（forethought）、行为表现（performance）和自我反思（self-reflection）三个阶段：①在预想（计划）阶段，学习者分析任务、设定目标，计划如何达到目标，而动机信念会驱动整个过程并影响学习策略的激活；②在行为表现阶段，学生执行任务并监控自己如何处理任务，在此期间，会使用一些自我控制策略来保持完成任务所需的认知参与和动机；③在自我反思阶段，学生根据自己的任务表现进行成败归因。②

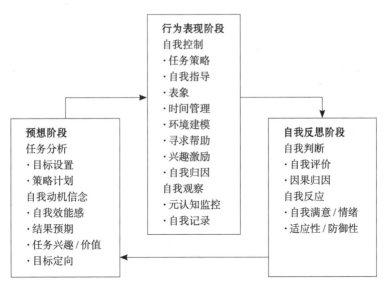

图 5-2 齐默尔曼的自主学习循环阶段模型③

---

① 庞维国. 自主学习——学与教的原理和策略 [M]. 上海：华东师范大学出版社，2003: 79.
② Ernesto P. A review of self-regulated learning: six models and four directions for research [J]. Frontiers in psychology, 2017, 8(422): 422.
③ Zimmerman B J. Attaining self-regulation: a social cognitive perspective [C]//Boekaerts M, Pintrich P R, Zeidner M. (Eds.) Handbook of self-regulation. San Diego, CA: Academic Press, 2000: 13–39.

针对学生获得自我调节能力的过程，齐默尔曼还开发了自主学习的多层次模型（multi-level model），将自主学习的习得过程分为观察、评估、自我控制和自我调节四个阶段。

（二）宾特里奇：自主学习模型

宾特里奇对自主学习的贡献主要在于阐明了自主学习的概念框架，并且对自主学习和动机之间的关系进行了实证研究。值得一说的是，他是比较早通过实证研究来分析自主学习与动机和认知之间联系的学者。[①]

宾特里奇在2000年出版的《自主学习手册》中提出了自主学习模型（表5-2）。[②]他认为自主学习由四个阶段组成：①预想、计划和激活；②监控；③控制；④反应和反思。每个阶段都有认知、动机/情感、行为、情境四种不同方面的调节类型，该模型中不同的组合将自主学习的各种过程清晰呈现出来。

表5-2 宾特里奇的自主学习模型

阶段	调节方面			
	认知	动机/情感	行为	情境
预想、计划和激活	目标设定 原有内容知识激活 元认知知识激活	目标导向选取 效能感判断 易学性判断 任务困难感知 任务价值激活 兴趣激活	计划时间及需要付出的努力 计划自我观察行为	任务感知 内容感知
监控	元认知；对认知的觉察和监控	对动机和情感的觉察和监控	对努力、时间运用、需要帮助的觉察和监控	监控变化的任务和情境条件
控制	选择和调节学习认知策略；思考	选择和调节管理动机和情感的策略	增加/减少努力 坚持，放弃；求助	改变、再协调任务或离开情境
反应和反思	认知判断；归因	情感反应；归因	选择行为	任务评估、情境评估

[①] Pintrich P R, Marx R W, Boyle R A. Beyond cold conceptual change: the role of motivational beliefs and classroom contextual factors in the process of conceptual change [J]. Review of educational research, 2016, 63(2): 167-199.

[②] Pintrich P R. The Role of Goal Orientation in Self-Regulated Learning [C]//Boekaerts M, Pintrich P R, Zeidner M. (Eds.) Handbook of Self-Regulation. San Diego, CA: Academic Press, 2000: 451-502.

（三）哈德温、耶维拉和米勒：社会共享调节学习模型

哈德温（Hadwin）、耶维拉（Järvelä）和米勒（Miller）在社会调节和学习的互动特征方面继续探索自主学习理论，例如使用信息和通信技术（ICT）或在计算机支持下的协作学习（CSCL）情况下的自主学习。他们在前人研究的基础上提出了社会共享调节学习（socially shared regulated learning，SSRL）模型。

SSRL 模型提出，在协作情况下有三种调节模式，即自主调节、共同调节和共享调节：①自主调节（SRL）是指学习者个体的调节行为，学习者以此来适应并与其他团队成员互动，这种调节包括认知、元认知、动机、情感、和行为方面；②共同调节（CoRL）是指学习者与其他成员互动时，对学习策略进行计划、制定、反思和调整的行为，强调个体之间的影响；③共享调节（SSRL）是指群体成员在协作过程中审慎、策略和交互地进行需求明确、计划制订、任务实施、反思和适应等活动的行为，强调学习是通过群体成员之间一系列交互交流而实现的。①

（四）德西和瑞恩：自我决定理论

我们在第四章自我决定理论部分提到，内部动机的激发与三种基本需要的满足息息相关，这三种基本需要分别是自主需要、胜任需要和归属需要。可以看出，自我决定理论和自主学习是高度相关的。基于该理论，我们可以更有效地培养学生的自主学习能力：①可以满足学生的自主需要，激发其学习的内在动机；②帮助学生认识学习的价值，促进外部动机的内化与整合；③合理设计、安排教学活动，满足学生的胜任力需要；建立安全的人际关系，提高学生的归属感；④改变学生的动机信念，为全体学生提供自主学习机会。比如，教师也要给学困生以自主和选择机会，让他们体验到自主性和自我决定性。②

除了以上理论外，还有许多学者提出了其他理论，比如博伊卡尔特（Boekaerts）提出了自主学习模型③，温内（Winne）和哈德温（Hadwin）从元认知角度探索了自主学习，埃夫克莱德斯（Efklides）提出了自主学习元认知与情

---

① Hadwin A F, Järvelä S, Miller M. Self-regulation, co-regulation, and shared regulation in collaborative learning environments [C] //Schunk D H, Greene J A. Handbook of self-regulation of learning and performance, 2nd. New York: Routledge, 2018: 83–106.

② 王婷婷，庞维国. 自我决定理论对学生学习自主学习能力培养的启示 [J]. 全球教育展望，2009，38(11): 40—43.

③ Boekaerts M. Self-regulated learning at the junction of cognition and motivation [J]. European psychologist, 1996, 1(2): 100–112.

感模型。这些理论为自主学习领域的研究和实践奠定了基础。

三、自主学习的模式、条件和影响因素

（一）自主学习的模式

自主学习的基本程序一般包括这样几个步骤：首先，创设情境，将学生引入问题情境中，从而激发学生的学习兴趣；其次，教师向学生说明学习所要达到的学习目标，使学生将注意力集中到目标上来；再次，学生自己选择学习方法开始自学；然后，在学生自学的基础上，教师和学生，学生和学生展开研讨和交流；最后，学生运用所学知识进行各种练习，以便熟练掌握技能，并学会在不同情境下的灵活迁移。[1]

以上是基本模式，在实际中世界各地的学者们提出了各种各样的自主学习模式。杜威和他的学生们也曾开发了一些旨在突出学生自主地位、促进学生自主学习的模式，比如设计了教学法、道尔顿法、文纳卡特制等；我国学者自20世纪80年代起，也提出了一些自主学习模式，比如段力佩提出了"八字教学法"，包括"读读、议议、练练、讲讲"；邱学华提出了"尝试教学法"，基本程序为"出示尝试题、自学课本、尝试练习、学生讨论、教师讲解"；魏书生提出了"六步教学法"，基本步骤为"定向、自学、讨论、答题、自测、日结"；庞维国提出了自主学习教学指导的一般模式，主要包括确定学习目标、激发学习动机、学生自学教材内容、自学检查、组织讨论、教师重点讲解、练习巩固、课堂小结等环节。[2]

以上的教学模式主要是基于传统课堂教学提出来的，其实自主学习和其他学习方式相结合，还有更多的应用模式，比如在后面要讲的合作学习、探究学习，以及现在特别受重视的项目式学习、混合学习、翻转学习等学习方式中实际上也都要用到自主学习。

（二）自主学习的条件

要想实现自主学习，就需要满足一定的内部条件。①自主学习必须以一定的心理发展水平为基础。如果个体没有达到一定的心理发展水平，没有自我意识的形成，就不可能有意识地控制、调节自己正在进行的学习活动。②自主学习必须以学生的内在学习动机为前提。学生如果缺乏内在的学习动机，就很难自觉地确

---

[1] 杨九俊，吴永军. 学习方式的变革［M］. 南京：江苏教育出版社，2006: 97—98.
[2] 庞维国. 自主学习——学与教的原理和策略［M］. 上海：华东师范大学出版社，2003: 156—173.

定学习目标、启动学习过程，自主学习也就无从谈起。③自主学习必须以学生掌握一定的学习策略为保障。如果学生缺少相应的问题解决策略等学习策略，即使具有较强的学习动机，学习也不可能得到顺利进行。④自主学习还必须以意志控制为条件。在自主学习过程中，学生可能会碰到各种困难，这时候就需要学生用意志努力来控制自己，使学习进行下去。[①]

除了以上内部条件外，还需要一定的外部条件，也就是教育指导。自主学习虽然以学生为中心，但是在学习过程中也不能离开教师的指导、支持和帮助。教育技术领域知名专家何克抗教授曾经提出了"以学生为主体，以教师为主导"的"双主教学模式"，该教学模式在强调以学生为中心的前提下，指出要重视教师的作用。

（三）自主学习的影响因素

基于自主学习的条件，结合前两章内容，可以总结出自主学习的影响因素。其中，内部因素主要包括：学习动机、学习策略、个人品质、性别等；外部因素包括学校的因素、家庭的因素和社会文化背景的因素等。

以上因素中，学习动机当然最为重要，如果缺乏学习动机，自主学习肯定无法很好地进行下去。在动机方面，最重要的就是自我效能感，如果个体不相信自己有能力完成学习任务，自主学习显然也无法进行下去。舒克（D. H. Schunk）和埃特默（P. A. Ertmer）的研究表明，自我效能感在自主学习的计划、行为表现和自我反思阶段都会产生相应的影响。高自我效能感的学生在使用学习策略、把握学习时间、进行自我监控等方面都更加有效。[②] 除此之外，归因对于自主学习也很重要，学生如果能够把成功或失败归因于努力、学习策略的使用等自己可以控制的因素，就有利于激发学习动机，从而有助于自主学习的进行。

关于学习策略，在上一章讲过了，包括认知策略、元认知策略和资源管理策略，这些策略对促进自主学习都非常重要。比如在元认知策略中，要能够正确地设置学习目标，另外，要能够根据学习进程进行自我调节。在资源管理策略中，时间管理策略和求助策略尤其重要。

个人品质包括态度、意志力等方面，其中意志力（毅力）尤其重要。在学习

---

① 庞维国. 论学生的自主学习[J]. 华东师范大学学报（教育科学版），2001, 19(2): 78—83.
② Schunk D H, Ertmer P A. Self-regulation and academic learning: Self-efficacy enhancing interventions [C]//Boekaerts M, Pintrich P R, Zeidner M. (Eds.) Handbook of Self-Regulation. San Diego, CA: Academic Press, 2000: 631-649.

过程中，个体肯定会碰到各种困难，如果没有一定的意志力，也很难坚持下去。

除了以上因素外，学校的教师、同学、环境、设施、教材、课程设置、教学方法、课堂管理方式，家庭的环境、父母教养方式，以及社会文化背景因素也都会对自主学习产生一定的影响。

（四）自主学习能力的培养

自主学习既可以看作是学习活动，也可以看作是学习能力，所以在日常学习中经常会提到要培养学生的自主学习能力。

要培养自主学习能力，就需要根据上面讲的自主学习的条件和影响因素，进行针对性的设计。通常来说，首先，要让学生学会设定恰当的学习目标，也就是学生通过努力应该能够达到的目标；其次，要努力激发学生的学习动机，可以利用树立榜样、降低认知负荷、引导学生正确归因等方式增强学生的自我效能感，让学生认为自己能够学习好，并能够坚持学习下去；再次，可以让学生系统掌握认知策略、元认知策略、资源管理策略，更好地确定自己的学习计划，管理自己的学习时间，监控自己的学习进程，调节自己的学习方式；最后，也要注意创设有助于促进自主学习的学习环境。

当然，不同年龄、不同学段的学生因为心理发展水平不同、学习动机水平不同、学习经验不同等原因，他们的自主学习能力也呈现出不同的水平和特点，所以需要采用不同的培养方式。

四、自主学习的未来发展趋势

未来自主学习一定会越来越重要，我们国家的"双减"政策，理论上也给学生留出了更多自主学习的时间。首先，自主学习在课堂教学中非常重要，在合作学习、探究学习、项目式学习、翻转学习等各种各样的学习方式背后，其实都需要学生能够自主学习。其次，当前我们已经进入终身学习时代，这就要求每个人一生中都要不断地学习，而终身学习显然需要个体具备较强的自主学习能力。

就未来发展而言，其一，自主学习将和合作学习、协作学习、探究学习、项目式学习等各种学习方式整合；其二，信息技术会在创建学习环境、激发学习动机、支持学习策略等方面发挥越来越重要的作用，相信会对自主学习产生影响；其三，脑科学、人工智能、大数据的发展可能让我们对自主学习的神经机制、行为表现等有更科学的理解，从而能够更好地促进自主学习。

第三节 社会性学习

社会性学习（social learning）也常称为社会化学习，这一概念可以追溯到1977年班杜拉所提出的社会学习理论。该理论认为，人的学习是在社会环境下，通过人与人之间的观察、模仿和塑造而进行的。[1] 20世纪八九十年代，随着建构主义学习理论的流行，合作学习和协作学习备受重视，尤其是计算机支持下的协作学习，成为学习科学领域的重要研究议题。

一、社会性学习的含义和特征

（一）社会性学习的含义

首先我们来理解"社会性"（sociality）这一概念。其实是许多学科都在研究的问题，因此学界对于"社会性"概念的理解也是有所差异的。从哲学的视角来看，人的社会性主要表现在依存性、交往性、道德性与合作性。其中，依存性是社会性的基本属性，交往性是社会性的必要行为，道德性是人的自我约束和责任感的体现，而合作性则是人类生产劳动的方式，决定着人的社会性的其他方面。从社会学的视角来看，"社会性"侧重于"社会化"的含义，即"人和人之间的相互影响及作用结合成社会的过程就是社会化的过程"[2]。社会学家认为，社会化就是指个人学习知识、技能和规范，取得社会生活的资格，发展自己的社会性的过程。[3] 也可以说，社会化就是社会将一个自然人转化成一个能够适应社会环境，参与社会生活，履行一定社会角色的社会人的过程。[4] 从人类学的视角来看，"社会化"的实质就是接受社会文化教化的过程，也就是社会文化塑造人的全过程。[5] 从心理学的视角来看，"社会性"包含三个层面：①强调社会性与个体性的差别，社会性是在个体的基础上形成社会特性；②强调个体在社会交往互动过程中所形成的稳定的心理特征；③强调在个体社会性发展过程中自我心理发展的重要性。总而言之，从不同学科对于社会性的阐述中我们可以发现，社会性可以描述为一

---

[1] Bandura A. Social learning theory [M]. New York: General Learning Press, 1977.
[2] （德）齐美尔. 社会是如何可能的 [M]. 林荣远 译. 桂林：广西师范大学出版社，2002: 22.
[3] 费孝通. 社会学概论 [M]. 天津：天津人民出版社，1984: 54.
[4] 巧杭生. 社会学概论新修 [M]. 北京：中国人民大学出版社，2001: 112.
[5] 裴时英. 教育社会学概论 [M]. 天津：南开大学出版社，1988: 76.

种形态、一种过程、一种行为方式，是一个比较复杂和宽泛的概念。

其次，我们来理解学习的社会性（sociality of learning）这一概念。其实，在第三章已经讲过：学习就是通过某种社会文化活动的参与而内化相关的知识和技能的过程。可以说，作为人类的一项基本社会实践活动，学习是人的主体因素（包含认知因素，如需求、动机、意向及自我概念等）和生理因素（如感知系统、神经系统等）、行为和环境相互作用的过程。[①] 简而言之，学习本身也具备社会性，学习的发生需要依赖学习环境，学习个体需要与他人及社会进行互动，客观存在的知识需要在学习个体之间进行流通和发展。

基于以上探讨，我们可以给社会性学习下一个定义：

> **关键概念 —— 社会性学习**
>
> 社会性学习（social learning）也称社会化学习，指的是利用各种传统技术或现代信息技术，创设一种生态环境，在其中通过观察、模仿、互动、参与等促使学习的发生。[②]

需要说明的是，在不同的学科话语体系中，"社会化"与"社会性"的含义基本一致，但是"社会化"更多强调的是过程，有转变、同化的含义。同样，社会性学习与社会化学习的概念亦是有些差别，不过本书中不去区分它们的细微差异。

（二）社会性学习的基本特征

社会性学习的基本特征主要有交往性、文化性、依存性和联通性。

（1）交往性（互动性）。人作为社会的产物，"交往"是一切社会活动的开始与基础，因此，"交往性"就成为社会性学习的一个重要特征。有研究认为，人际互动会唤醒学习者记忆中的某些东西或情绪，从而给人留下深刻印象和记忆，人的本质是一切社会关系的总和，而学习就是让人际关系得以优化。[③④]

[①] Bandura A. Social cognitive theory of mass communication [J]. Media psychology, 1994, 3(3): 61–90.
[②] 顾小清. 社会性学习及其研究趋势综述——兼论 Laffey 团队的社会性学习研究项目 [J]. 开放教育研究, 2010, 16(2): 33.
[③] （美）托尼·宾汉姆, 玛西娅·康纳. 新社会化学习：通过社交媒体促进组织转型 [M]. 陈晶, 吴晓蕊, 张愉 译. 北京：电子工业出版社, 2016: 35—40.
[④] 吴刚, 黄健. 社会性学习理论渊源及发展的研究综述 [J]. 远程教育杂志, 2018, 36(5): 69—80.

（2）文化性。人类个体的生存与发展需要依附于社会，个体一方面拥有自己的文化，另一方面能够相互适应并在交互之中创生新的文化。学习需要个体在社会的支持下与客体进行互动，在学习的过程中激活或者把相关的文化情境纳入学习中，从而建构关于客体的意义，并形成社会化自我。①

（3）依存性。个体的生存和发展离不开对社会的依附，但是依存性并不是负面的，它也是一种生存的力量。个人与他人、个人与社会的这种依存关系是相互的，个体在依存他人和社会时，也在为他人提供各种支持和影响。②学习的依存性当然也是积极的，是促使学习发生的动力。

（4）联通性。技术的发展，深刻影响着人的思想、情感、态度、行为及生活方式。当前，随着互联网技术的快速发展，尤其是各类网络社交工具的广泛使用，人与人之间呈现出极强的"联通性"。只有群体之间的联通，才能促进个体与个体、社会间的有效交互，从而实现知识的传递和创造。联通性改变的绝不仅仅是学习方式本身，还包括个体的思维方式和认知方式。

二、社会性学习的理论基础

前面已经讲过，社会性学习可以追溯到班杜拉提出的社会学习理论，但是也和社会建构主义学习理论、情境认知与学习理论、联通主义学习理论、活动理论等许多理论都有关系。这些理论中的大部分在第三章都已经讲过，这里简要回顾几个比较重要的理论。

（一）社会学习理论

前面已经讲过，班杜拉在1977年提出了社会学习理论，他认为人类的大多数行为可以通过观察而习得，人们在一定的社会环境下，通过观察和模仿他人（榜样）的行为就能学会某种复杂行为，他把这种学习方式称为观察学习。观察学习分为注意过程、保持过程、复制过程（动作再现）、动机过程四个阶段，通过这四个阶段，个体就可以从榜样身上学到知识。比如在小组学习中，个体通过仔细观察、模仿组员的操作就能学会实验操作。

班杜拉认为自己的理论立场是"基于相互作用因果模型的认知机能主义"，他反对环境决定论和个体决定论，并提出了自己的交互决定论，即强调在社会学习过程中，行为、个体（主要指认知等个人因素）和环境三者在相互影响的过程

---

① 高文.学习创新与课程教学改革［M］.广州：广东教育出版社，2007：46.
② 叶澜.中国教师新百科（中学教育卷）［Z］.北京：中国大百科全书出版社，2002：160.

中发挥作用，人就是在这三者的相互作用中逐渐发展起来的。

（二）社会建构主义理论

我们知道，社会建构主义理论主要起源于维果斯基的社会文化历史理论。维果斯基用一种综合性的视角来看待人类心理的发展。他认为，人的认知活动是个体通过社会活动的参与将社会关系内化成个体的高级心理机能，以此来建构个体的心理结构，这其实就是人的社会化过程。[①]

社会建构主义理论认为，学习既是一种意义建构过程，也是一种社会建构过程。学习是个体通过与社会之间的互动、中介、转化以建构和发展知识的过程，即学习是知识的社会协商，在协商过程中，学习者之间共享对象、事件和观念的意义。由此，我们可以看出，社会建构主义理论比较关注知识产生和知识意义生成的社会情境性，这促使我们在设计学习环境时要注重通过"增强社会性"来促进知识建构。[②] 比如，鼓励学习者之间交流、分享和协作。

（三）情境认知与学习理论

在第三章，我们已经讲述过情境认知与学习理论。简而言之，该理论认为知识是情境性的，不能脱离情境来谈知识。学习更多的是发生在社会环境中的一种活动，其本质就是个体参与社会实践，与他人、环境等相互作用的过程，是形成参与实践活动的能力、提高社会文化水平的过程。

在情境认知与学习理论中有两个重要的概念："合法的边缘参与"和"实践共同体"。简单地说，新手通过合法的边缘参与来加入实践共同体，在习得知识的同时构建自己的身份。

基于该理论，教育领域一般采用"学习共同体"（learning communities）的概念。莱夫（Lave）和温格（Wenger）认为，学习共同体就是学习活动的参与者围绕共同的主题，在同一环境中，通过交往、对话、协作、活动、反思、问题解决等方式建构的具有独特文化氛围和境脉的动态组织。[③] 米切尔·科里（Michael Corry）等人认为，学习共同体的意义在于，在同一场域内，学习活动的参与者通过集体行动去发现某个问题，寻求解决策略，最终通过共同行动使得问题得以圆

[①] 姚本先. 心理学新论 [M]. 北京：高等教育出版社，2008：12—24.
[②] 郑太年. 论学习的社会性 [J]. 全球教育展望，2003，32(8)：35—39.
[③] 黄娟，徐晓东. 校际主题综合学习共同体的构建与实践研究 [J]. 中国电化教育，2003，24(10)：15—18.

满解决。① 我们认为，学习共同体就是指学习者基于共同的学习主题，通过合法参与来促进知识的社会协商（social negotiation），在这一过程中所建构的具备一定文化特点的动态场域。

学习共同体关注知识的社会文化来源，强调群体交往对学习的影响，这样就弥补了其他学习组织无法实现的知识的社会性建构缺陷。② 因此，它在教育领域比较受重视，也得到了广泛的应用。比如在合作学习、协作学习中，就可以形成学习共同体。此外，还衍生出了"教学共同体""研究共同体"等相关概念。

（四）联通主义学习理论

第三章中也讲过联通主义学习理论，它的核心观点是：知识路径比知识内容更重要，学习知识的目的就是将知识节点和信息来源进行联结，形成知识路径，最终形成知识网络。因为联通主义学习理论契合了信息技术、终身学习的发展需求，所以现在很受重视，在社会性学习尤其是 MOOC 的设计、开发和应用研究中应用比较广。

基于联通主义学习理论，学习不再是一个人的活动，我们不仅要重视个人的学习，更要重视集体的学习，要努力构建社会认知网络。在学习过程中，要特别注重分享、转发、评论、引用、汇聚、生成等活动。

三、社会性学习的主要类型

社会性学习主要有合作学习、协作学习、群体学习、团队学习、组织学习、信息技术支持的协作学习等类型。

（一）合作学习与协作学习

1. 合作学习的含义与历史发展

所谓合作学习（cooperative learning），通常指的是将学习者分成小组，按照小组接受学习任务，然后小组成员一起分工合作，共同完成任务的学习方式。

合作学习于 20 世纪 70 年代初在美国开始流行，由于它在培养学生合作精神、交往能力、竞争意识、平等意识、创新能力等方面成效比较显著，所以备受世界各国关注，80 年代末 90 年代初在我国也开始流行。

---

① Tu C H, Corry M. E-learning communities [J]. The quarterly review of distance education. 2002, (3): 207−218.

② 赵健. 学习共同体的建构 [M]. 上海：上海教育出版社，2008: 23.

2. 合作的学习的形式与特征

合作学习的形式通常可以分为同伴合作学习（比如同桌一起学习）、小组合作学习和班级合作学习（比如全班一起表演一个节目）等形式，不过其中最为大家熟知和常用的就是小组合作学习。只是，这里说的小组合作学习不同于普通的小组学习，如果只是将人员简单地分成小组开始学习，并不意味着一定能发生合作学习。

合作学习的主要创始人美国的戴维·约翰逊（David Johnson）和罗杰·约翰逊（Roger Johnson）等人认为，真正的合作学习必须具备五个特征。①积极的相互依赖（positive interdependence）。学生为完成共同的学习目标必须相互合作才行，个体不仅要对自己的学习负责，也要对其他人的学习负责。②面对面的相互促进（face-to-face motive interaction）。学生通过言语和非言语的交互作用促进彼此的学习。③个人责任（individual accountability）。每个小组成员都必须承担一部分学习任务，都必须对小组学习负有责任。④社交技能（social skills）。包括组织能力、交流能力、协调能力、相互尊重的态度等，这对于有效开展合作学习非常重要。⑤小组加工（group processing，也译为小组自评）。小组成员采取自我检查或反馈的方式对小组合作学习情况进行评价、总结和改进。①②

3. 合作学习的方法

合作学习的方法通常有五种。①学生小组成绩分工法（STAD）。首先将学生分成4人学习小组，并要求成员在成绩水平、性别、种族等方面具有异质性。然后由教师上课，并逐步开展小组学习，个人测验，记录学生相较于之前成绩的提升分数（提高分计分制），最后将小组成员的提高分相加作为小组分数，并给予优秀小组奖励。②小组—游戏—竞赛法（TGT）。该方法与前述的STAD方法类似，只不过将每周一次的测验替换成了竞赛（游戏），在竞赛中，小组成员可以与其他小组的学习者竞赛，从而为本组赢得分数。③拼图法（Jigsaw，也称切块拼接法）。该方法由阿伦逊（Aronson）等人提出。首先把学生分为6人小组，学习已经被分割成片段的学习材料。每个小组中学习同一部分材料的同学组成"专家组"，一起讨论、学习、掌握该部分内容。然后学生返回各自的小组（也称为"学习组"），最后轮流将自己所负责部分的内容教给其他组员。

---

① 王坦. 合作学习述评［J］. 山东教育科研，1997，(2)：33—36.
② 王鉴. 合作学习的形式、实质与问题反思——关于合作学习的课堂志研究［J］. 课程·教材·教法，2004，(8)：30—36.

④共学模式（LT）。这是由约翰逊兄弟研发的合作学习方法。首先把学生分成4~5人的异质小组，要求他们共同学习指定的学习任务，并共同完成一份作业，然后按小组成绩对他们进行表扬和奖励。⑤小组调查法（GI）。这是由以色列沙伦（Sharan）夫妇创设的方法，该方法把学生分成2~6人的小组，学生们在小组中会围绕某一个课题，运用合作探究、小组讨论、合作设计等方法展开学习活动，完成小组报告，并在全班展览或汇报本组的发现。[1] 该方法实际上在探究学习、研究性学习和后面讲的项目式学习中经常用到。除了这些方法外，实际上还有问题式、表演式、竞赛式、辩论式等合作学习方式，这里不再赘述。

4. 教师在合作学习中的促进作用

教师要想有效开展合作学习，就要做到这样几点。①明确学习目标。教师必须清楚地告诉学生学习目标，并且让学生认可这一目标。②适当选择学习内容。要根据教材内容和学生特点确定是否采用合作学习，要选择一些有挑战、有价值、开放性的问题。③控制小组差异。在分组学习时，要尽量做到组内异质、组间同质。也就是说，一个小组内的同学在成绩、能力、性别、性格等方面尽量有一定的差异，而不同小组的平均水平差不多，这样才比较公平。④积极给予学习支持。合作学习不是放任自流，教师一定要积极地进行指导、监督和干预，确保合作学习顺利进行。⑤平衡竞争与合作。合作学习虽然注重培养合作精神，但是也要适当利用竞争来激发学习动机，不过要注意平衡竞争与合作，尽量实现组内合作与组间竞争性合作。⑥总结学习成果。学习结束后，教师要对小组获得的成绩进行认可、表扬，并引导学生进行反思和总结。

竞争与合作

本章讲的是合作学习，但是并不排斥竞争，竞争在提升学习动机、激发创造力等方面都具有重要的价值。但是竞争也是双刃剑，容易引发负面情绪、压制创造性、导致一些不良的学习行为。[2]

在合作学习中，一般来说，组内是合作，组间是竞争，不过组间的竞争也是为了促进学习，可以看作竞争性合作。

---

[1] 王坦. 合作学习述评[J]. 山东教育科研, 1997,（2）: 33—36.
[2] 刘儒德. 学习心理学[M]. 北京：高等教育出版社, 2010: 391—395.

5. 协作学习的含义与特征

前面讲的都是合作学习，近年来，协作学习（collaborative learning）的概念用得越来越广泛，它也是一种通过小组或团队的形式组织学生进行学习的策略。

与合作学习相比，协作学习更加强调小组成员之间的协作和交流，强调深度合作，强调在协商和交互的基础上共同完成学习任务。比如，四名同学分工完成一份研究报告，不能只是每人完成一部分拼到一起，而要在分工的基础上加强协作和交流，互相帮助，共同完成任务。不过，在本书中，我们不去区分合作学习和协作学习，我们这里说的合作学习实际上和协作学习基本上是一样的，也强调协作和交流，强调深度合作。

（二）群体学习和组织学习

1. 群体学习的含义和历史发展

群体也称社会群体（简称社群），指的是两个及以上的人，在相同目标的驱动下，以一定的方式联系在一起，共同进行活动的人群。[①]比如，一个企业或一个部门的员工就可以组成一个大小不同的群体，一个目标比较明确的微信群也可以称为一个群体。群体学习（group learning）则是指"群体集体水平的知识和技能通过群体成员的共同经历而产生的相对持久性的变化"[②]。

群体学习起源于20世纪30年代的组织行为学研究，该理论强调加强组织的知识管理和学习力以帮助其应对日益复杂的外部环境，主要对个人、环境和组织群体之间的相互影响展开了探究。人本主义心理学的发展使得教育领域的学者也开始关注群体学习理论，他们认为，群体学习具备成员自主性和非结构性，群体内部不存在教师的教学引导和评价，相反，是成员在群体中自发塑造知识、行为和价值观。[③]当然，情境认知与学习理论中的"学习共同体"等理论也为群体学习奠定了理论基础。

目前群体学习发生在很多场景下，例如企业内部、在线论坛、在线课程等。随着终身学习理念的贯彻与发展，群体学习将在个体的学习生活中，尤其是脱离

[①] 沈超, 何秀美. 大学生群体学习行为对学习成效的影响研究[J]. 南京邮电大学学报（社会科学版）, 2014, 16(1): 106—112.

[②] Ellis A, Hollenbeck J R, Ilgen D R, et al. Team learning: collectively connecting the dots [J]. Journal of applied psychology, 2003, 88(5): 821.

[③] 孙众, 马玉慧. 课堂教学视频的力量——网络时代教师群体学习的新渠道[J]. 开放教育研究, 2012, 18(2): 80—85.

了学校教育后的非正式学习过程中发挥重要作用。

2. 群体学习的特征

群体学习的基本特征有三个。①共享。指的是新知识、新行为在群体中产生、扩散的过程。②存储。指的是为了促进新知识的保持，群体需要对新知识进行储存。③重用。是群体学习的第三个重要特点，它是对知识的访问、检查和运用。[1] 比如，在一个IT企业中，一个成员把自己的经验写成文章保存在公司的服务器上，这就是存储；另一个员工从服务器上下载学习他的经验，这就是重用。整个过程也就是知识的分享，或者说知识管理。另外，要说明的是，群体学习实际上是合作学习（协作学习）的一种特殊形式，也基本具备合作学习的特征。

3. 群体学习促进策略

要想促进群体学习，可以采取如下策略：①通过搭建线上线下社群平台，促进个体之间的交流合作和知识共享；②在社群中加入不同层次或不同角色的群体也有利于提高群体动力，例如在教师社群中加入教学设计者和教育专家，有利于形成知识或观点的碰撞，加速知识共享与群体学习的发生；③可以为社群提供优质的研讨资源，辅助社群成员个体学习新知识，进而通过知识共享实现群体效应；④在企业等组织中，一方面可以通过组织经验交流活动来促进知识的共享，另一方面可以对员工的工作总结或工作反思进行收集存储，建立知识库，这样就可以促进知识的重取和分享。

4. 团队学习和组织学习

自20世纪七八十年代以来，团队学习和组织学习开始发展起来，尤其是在企业领域比较受重视。其中团队学习（team learning）和群体学习的含义其实差不多，在群体学习定义中基本上可以把"群体"替换成"团队"。因为一个团队实际上也是一个群体，只不过是相对更加正式的群体。比如一个主题比较明确的微信群可以称为一个群体，但是一般不会被称为团队，而一个企业中的一个部门就会被称为团队。从这个意义上也可以说，团队学习是一种特殊的群体学习。

所谓组织学习（organizational learning），不同领域的学者定义略有不同。我国学者陈国权认为：组织学习就是组织成员不断获取知识、改善自身的行为、优化组织的体系，以在不断变化的内外环境中使组织保持可持续生存和健康和谐发

---

[1] Wilson J M, Goodman P S, Cronin M A. Group Learning[J]. Academy of management review, 2007, 32(4): 1041-1059.

展的过程。[①] 它也可以简单地理解为组织为了实现发展目标、提高核心竞争力、适应持续变化的环境而围绕信息和知识技能所采取的各种行动。

组织学习的概念最初由阿吉瑞斯（Argyris）和舍恩（Schon）于1978年左右提出，随后受到了学术界的支持。后来麻省理工学院也成立了组织学习研究中心，中心主任彼得·圣吉（Peter Senge）出版的《第五项修炼——学习型组织的艺术与实务》一书，对于促进组织学习概念的传播作出了贡献。目前企业界对组织学习很重视，希望借此打造学习型组织，以便应对信息时代和终身学习时代的变革。[②] 当然，组织学习虽然主要是针对企业的，但是学校其实也是一个组织，相关理论和成果也是可以应用在课堂教学或学校发展中的。

> **学习型组织**
>
> 所谓学习型组织，是指能够有意识、系统和持续地通过不断创造、积累和利用知识资源，努力改变或重新设计自身以适应不断变化的内外环境，从而保持可持续竞争优势的组织。[③] 从定义上也可以看出，学习型组织强调：组织要营造让每个人努力学习的氛围，组织要把人力资源发展作为企业的核心，组织要不断地变革。
>
> 在学习型组织中，学习的层次应该包括：个人学习、团队学习、组织学习和组织间学习。彼得·圣吉认为：在学习型组织中，学习的基本单位是团体而不是个人，只有团体进行了学习，组织才能学习。

5.不同类型的社会性学习之间的关系

前面已经讲过，群体学习是一种特殊的合作学习，团队学习也是一种特殊的群体学习。至于组织学习和团队学习的关系，因为一个组织通常包括多个团队，所以通常来说，组织学习的层次要高于团队学习。根据这样的判断，可以画出如图5-3所示的关系图。

[①] 陈国权，郑红平.组织学习影响因素、学习能力与绩效关系的实证研究［J］.管理科学学报，2005,（1）:48—61.
[②] 吴峰.企业大学：当代终身教育的创新［J］.北京大学教育评论，2016,14（3）:163—174.
[③] 陈国权.学习型组织的过程模型、本质特征和设计原则［J］.中国管理科学，2002,（4）:87—95.

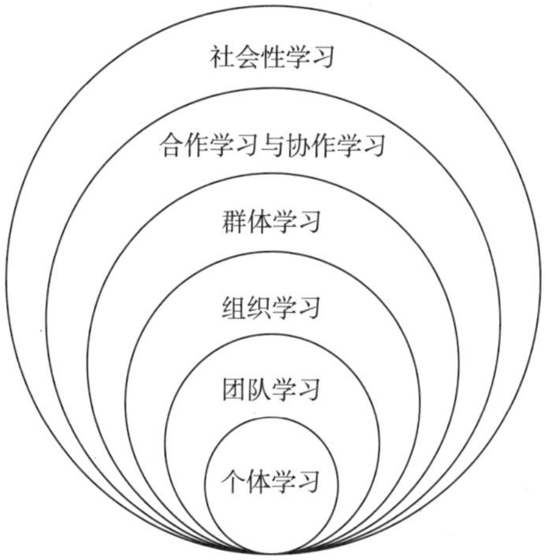

图 5-3　不同类型的社会性学习的关系图

（三）技术支持的合作学习与群体学习

合作学习（协作学习）和群体学习（组织学习）其实不一定需要信息技术，但是以多媒体网络技术为主的信息技术确实可以更好地支持合作和协作的开展。它可以让分布在世界各地的学习者一起交流、互动和合作；还可以提供更好的协作工具，比如在线概念图软件可以让多位学习者一起在线编辑同一个概念图；而且，现在的信息技术可以支持成千上万甚至几十万、上百万的人一起学习和工作，这样就大大突破了传统合作学习和群体学习人数规模的限制，比如成千上万的人可以同时学习一个 MOOC 课程。这一部分内容将会在第 7 章详细讲解。

四、社会性学习的未来发展趋势

微信等社交软件的应用，让我们的社会交往的广度和深度都大大增加，人类从来没有像今天一样如此深刻地体会到"地球村"的感觉。在信息化、全球化这样的大背景下，社会性学习显然会越来越重要。

就社会性学习的未来发展而言：首先，新技术支持下的协作学习模式研究将会越来越受重视，比如利用游戏化学习环境或者虚拟现实学习环境来开展协作学习；其次，政治、宗教、道德等文化因素对社会性学习的影响未来也会成为关注点之一；最后，针对老年人以及残障人士等特殊群体的社会性学习需求也将得到重视。

第四节 探究学习

探究学习作为人类认识世界的基本方式，能够让学习者通过不断探究和对自己探究的持续反思而获得经验，并在这一过程中得到发展。[1]近年来，随着跨学科教学理念的发展和信息技术的广泛应用，探究学习的内涵和外延也呈现出新的变化。本节将介绍探究学习的含义和特征，阐明探究学习的理论基础及其在实践中的应用。

一、探究学习的含义和特征

（一）探究学习的含义

探究学习（inquiry learning）也称为基于探究的学习（inquiry-based learning），其理念来自"科学探究"（scientific inquiry）。1995年《美国国家科学教育标准》中提出：科学探究是指科学家研究自然世界并根据从研究所获事实证据做出解释的各种方式。其中，探究是指学生构建知识、理解科学思想、领悟科学家如何研究自然世界的各种活动。具体而言，探究是一种多层面的活动，包括进行观察，提出问题，检查书籍和其他信息来源以了解已知的情况，制订调查计划，根据实验证据回顾已知的知识，使用工具收集、分析和解释数据，提出回答、解释和预测，并交流结果。[2]

在20世纪五六十年代，美国教育家、芝加哥大学教授约瑟夫·施瓦布（Joseph Schwab）正式提出"探究学习"概念，指的是学习者通过自主地参与知识的获得过程，掌握研究自然所必需的探究能力，同时形成认识自然的基础——科学概念，进而培养探索世界的积极态度。[3]我国学者徐学福认为，所谓探究学习，是指学生在教师指导下，为获得科学素养以类似科学探究的方式所开展的学习活动。[4]

当然，最初探究学习主要是针对科学教育提出来的，但是到今天已经不局限于科学教育，而被运用到了人文社科等的多个学科中，因此本书综合各位学者的

---

[1] 何善亮.探究学习的存在价值及其实践限度[J].教育科学研究，2009，4(9)：14—18.

[2] National Research Council. National science education standards [M]. Washington, DC: National Academy Press, 1996: 23.

[3] 钟启泉.现代教学论发展[M].教育科学出版社，1988：363.

[4] 徐学福.探究学习的内涵辨析[J].教育科学，2002，18(3)：33—36.

观点，给探究学习做如下定义：

> **关键概念——探究学习**
>
> 探究学习是指学生在教师指导下，为获得科学素养或其他方面素养，以类似科学探究的方式所开展的学习。其中科学探究是指科学家研究自然世界并根据研究所获事实证据对研究现象做出解释、说明、预测等的活动。

> **探究学习与研究性学习的关系**
>
> 在我国教育部于 2001 年发布的《基础教育课程改革纲要（试行）》中提出，从小学至高中设置综合实践活动并作为必修课程，其内容主要包括：信息技术教育、研究性学习、社区服务与社会实践以及劳动与技术教育。其中的研究性学习是指学生基于自身兴趣，在教师指导下，从自然、社会和学生自身生活中选择和确定研究专题，主动地获取知识、应用知识、解决问题的学习活动。
>
> 我国新一轮的课程改革虽然将研究性学习作为一门课程来单独开设，但是其实质还是一种基于课题、项目或主题的探究学习活动。从这个意义上来说，研究性学习和探究学习的含义基本上是一样的。
>
> 而两者的细微差异仅仅在于，探究学习相对而言更加注重培养学生的科学素养，它主要围绕与学生经验有关的科学学科问题来开展，而研究性学习是要提高学生运用知识解决问题的能力，它主要围绕涉及各门学科与日常生活的综合型问题来开展。[①]

（二）探究学习的基本特征

在探究学习中，学生遵循与科学探究相似的方法和实践来构建知识，在此过程中，学生体验到了与科学家相同的活动和思维过程。[②]

一般来说，探究学习具有如下特征。①自主性。探究学习强调学习者的自主性，学习者必须通过主动参与知识产生过程，来理解科学知识和科学概念，掌

[①] 徐学福.探究学习的内涵辨析[J].教育科学，2002，18(3)：33—36.

[②] Keselman A. Supporting inquiry learning by promoting normative understanding of multivariable causality [J]. Journal of research in science teaching, 2003, 40(9): 898-921.

握研究方法和探究技能，形成探究未知世界的积极态度。①②问题性。在探究学习中，问题至关重要。探究学习一方面强调通过问题来进行学习，问题是学习的动力、起点和贯穿学习过程的主线；另一方面强调通过学习来生成问题，把学习过程看成是发现问题、提出问题、分析问题和解决问题的过程。③过程性。相对于结论来说，探究学习更注重学习过程，希望学生在学习过程中有多样化的思维过程和认知方式。④开放性。探究学习强调给学生创造一个宽松、民主的心理氛围，给学生一种心理安全感，让他们大胆地探究。在学习过程中，教师不要轻易否定学生，要鼓励他们去讨论和尝试。②

二、探究学习的理论基础

探究学习的发展贯穿了整个 20 世纪，经由约翰·赫尔巴特（Johann Herbart）、杜威、布鲁纳、施瓦布等人的发展，探究学习理论最终形成了系统的教学模式和评价规则，成为科学教育领域最重要的学习理论之一。

（一）杜威：五步问题教学法和探究法

探究学习首先被应用于科学课程中，迄今已有超过一百年的历史。在 20 世纪之前，教育者通常将科学视为学生能够通过直接教学而习得的知识体系。1909 年，杜威在致美国科学促进会的讲话中提出，科学教学过分强调"信息的积累"，而对科学作为"一种思维方式和一种情感态度"不够重视，科学不仅仅是需要习得的知识体系，同时也是需要掌握的过程和方法。③次年，杜威在其著作《我们怎样思维·经验与教育》中提出了本书第四章中讲到的问题解决五阶段理论，也即五步问题教学法，包括：①学习者要有一种"经验的真实情境"，即学习者有兴趣的一些活动；②在这种"情境"里面，要有促使学习者去思考的"真实的问题"；③学习者须具有相当多的知识，从事必要的观察，用来对付这种问题；④学习者须具有解决这种问题的种种设想，并整理排列这些设想，使其秩序井然，有条不紊；⑤学习者把设想的办法付诸实施，检验其可靠性。④杜威要求学

---

① 靳玉乐. 探究学习［M］. 成都：四川教育出版社，2005.
② 余文森. 论自主、合作、探究学习［J］. 教育研究，2004，（11）：27—30+62.
③ National Research Council. Inquiry and the national science education standards: a guide for teaching and learning［M］. Washington, DC: The National Academies Press, 2000: 14.
④ （美）约翰·杜威. 我们怎样思维·经验与教育[M]. 姜文闵 译. 北京：人民教育出版社，2005: 序言 10—11.

习者通过问题解决来"做"科学,而非被动地读科学,这也就是后来影响非常广泛的"做中学"(learning by doing)。[1][2]

1933年,杜威又进一步提出了探究法,将探究学习从观念层面向实践层面发展,杜威对问题解决心理过程的经典描述对探究学习的发展产生了深远影响。

(二)布鲁纳:发现学习

布鲁纳提出的认知-发现学习理论倡导,让个体自己去积极主动地获得知识、掌握原理原则;在教学过程中要注意激发内在动机、注重掌握知识结构、注重培养直觉思维、注重学习的序列性。[3]

发现学习与探究学习息息相关。首先,探究学习强调自主性,如果缺乏内在动机,显然不可持续。发现学习也特别强调学习的主动性,布鲁纳也建议增加教科书的趣味性,引导学生对学科本身产生兴趣;其次,探究学习要求学习者运用基础知识与核心概念合作探究,这就需要掌握知识结构,也就是某一领域的基本观点、基本原理和基本方法,这与发现学习也是一致的;最后,探究学习在解决问题的过程中也需要综合应用分析思维和直觉思维,这也是发现学习所强调的。

(三)施瓦布:作为探究的科学教学和学习

施瓦布最先提出了"探究学习"概念,他认为,科学应该被视为根据新证据不断进行修正的概念结构,而科学的教和学也应当体现这种科学观。

因此,施瓦布提出,教师应像探究一样教科学,而学生应使用探究来学科学。他建议,教师首先让学生在实验室中体验,使其在接触正式科学概念和原则之前积累经验,并利用这种经验引领科学课堂教学。并且,施瓦布根据探究的开放程度为科学教师提供了三种可能的探究形式:①使用实验室手册或教科书提出问题并描述调查问题的方法;②使用教学材料提出问题,但方法和答案由学生自己决定;③学生在没有教学材料和问题的情况下直接面对现象,根据自己的调查提出问题、收集证据并提出科学解释。

此外,施瓦布还提出了另外一种探究形式,他将其称为"对探究的探究"(enquiry into enquiry),是指教师为学生提供关于科学研究的报告和阅读材料,

---

[1] 韦钰."做中学"科学教育改革实验的起步[J].基础教育课程,2019,(19):7—13.
[2] 张建伟,孙燕青.从"做中学"到建构主义——探究学习的理论轨迹[J].教育理论与实践,2006,(7):35—39.
[3] (美)布鲁纳.教育过程[M].邵瑞珍 译.北京:文化教育出版社,1982.

这些材料详细介绍了研究的细节，包括问题、数据、技术的作用、数据解读和科学家得出的结论等。可能的话，让学生阅读其他的解释、不同的甚至是相左的实验、对研究假设的辩论、对证据的使用及其他的科学探究问题。通过这种方法，学生可以了解什么是科学知识以及科学知识是如何产生的。[①]

施瓦布的研究将科学探究的基本理念引入探究性课堂的教与学中，将"科学即探究"（science as enquiry）和"探究性教与学"（learning-teaching as enquiry）两者联系起来，为探究学习的发展奠定了理论基础。

三、探究学习的教学模式与实践案例

（一）探究学习的一般教学模式

虽然探究学习强调学生的主体地位，但是教师的组织和指导也必不可少。教师只有掌握探究教学模式，才能在课堂中有效引导学生开展探究学习。探究学习教学模式起源于教育学家对"人如何学习"的思考。赫尔巴特提出，教学要激发学生对于自然世界及与他人互动的兴趣，教师通过精心设计学习体验，让学生清楚自己的已知概念和新概念，然后通过一定形式的练习，将新概念与已知概念联系起来，并在新情境中运用。杜威基于反省思维提出，学生是从复杂情境出发，形成对情境的实验性解释或假设，检验假设来形成解决方案，并根据解决方案行动。皮亚杰认为，学习者从自身认知的失衡出发，通过同化和顺应将其从环境中获得的新经验整合到认知结构之中。

具体来说，探究学习的一般教学模式包括五个步骤：①学习者围绕科学性问题展开探究活动；②学习者获取可以帮助他们解释和评价问题的证据；③学习者根据事实证据形成解释，对科学性问题做出回答；④学习者通过比较其他可能的解释，特别是那些体现出科学性理解的解释，来评价他们自己的解释；⑤学习者要交流并论证他们所提出的解释。[②]也可以简单地说，探究学习一般包括发现问题、分析问题、提出假设、验证假设、分享交流五个步骤。

（二）探究学习的5E教学模式

20世纪60年代，阿特金（Atkin）和卡普拉斯（Karplus）提出了学习环

---

① National Research Council. Inquiry and the national science education standards: a guide for teaching and learning [M]. Washington, DC: The National Academies Press, 2000: 15–16.

② （美）美国国家研究理事会. 科学探究与国家科学教育标准——教与学的指南 [M]. 罗星凯，等译. 北京：科学普及出版社，2010: 23—24.

(learning cycle)教学模式,该模式由三个环节组成,分别为:①探索(exploration)或探究(inquiry),是指学生们针对现象形成初始经验;②概念介绍(concept introduction)或概念发展(concept development),是指向学生介绍与作为研究对象的概念相关的新术语,学生将前概念重构来解释新获得的信息;③概念应用(concept application)或拓展(expansion),是指学生将新概念应用于相关的新情况中。①②

20世纪80年代,美国生物学课程研究会(BSCS)对学习环教学模式进行了修订,提出了基于建构主义学习理论和概念转变理论的5E教学模式,该教学模式由5个教学环节组成(表5-3),分别是吸引(engagement)、探究(exploration)、解释(explanation)、迁移(elaboration)和评价(evaluation)。③

表5-3 5E教学模式的教学环节 ④

阶段	概述
吸引(engagement)	教师或课程任务联系学生的先验知识,并使用小活动来激发学生的好奇心,引出先验知识,帮助学生理解新概念。活动应将过去和现在的学习经验联系起来,展示前概念,组织学生对当前活动的学习成果进行思考。
探究(exploration)	探索经验为学生提供了开展活动的共同基础,在这些活动中,学生将当前概念(即迷思概念)、过程和技能识别出来,并促进了概念的转变。学生在完成实验室活动的过程中,利用先验知识产生新想法、探索问题和可能性,并设计和进行初步调查。
解释(explanation)	解释阶段将学生的注意力集中在他们参与和探索体验的特定方面,并提供机会展示他们的概念理解、过程技能和行为。在这一阶段,教师还需要向学生提供直接介绍概念、过程或技能的机会。学生解释自己对概念的理解,同时老师或课程的解释可以引导他们进行更深入的理解,这是这个阶段的关键部分。
迁移(elaboration)	教师挑战和扩展学生的概念理解和技能。通过新的体验,学生会获得更深更广的理解、更多的信息和足够的技能。学生通过额外的活动来展示他们对概念的理解。

---

① 谭帮换,胡绪.试论探究教学的"学习环"模式[J].教育与教学研究,2011,25(7):38—40.
② National Research Council. Inquiry and the national science education standards: a guide for teaching and learning [M]. Washington, DC: The National Academies Press, 2000: 34-35.
③ 王健,李秀菊.5E教学模式的内涵及其对我国理科教育的启示[J].生物学通报,2012,47(3):39—42.
④ Bybee R W, Taylor J A, et al. The BSCS 5E instructional model: origins, effectiveness, and applications[EB/OL].[2021-07-20]. http://www.bscs.org.

（续表）

阶段	概述
评价 （evaluation）	评估阶段鼓励学生评估他们的理解和能力，并且教师向学生提供机会展示学生在实现教育目标方面的进展。

5E教学模式以学习活动为中心，突出学习者的主体地位，强调学生对于概念的自主建构。新旧概念之间的情境冲突为学生主动建构提供了动力，通过建构并应用概念，学生实现了从前概念到科学概念的转变，从而对学习内容形成了更深层次的理解。[①]5E教学模式整合了研究者们对探究学习过程的思考，并为教育实践者提供了清晰的指导框架，深刻影响了探究学习的发展。基于以上研究，《科学探究与国家科学课程标准》一书总结了探究学习教学模式的五个阶段（表5-4）。[②]

表5-4 探究学习教学模式的五个阶段

阶段	概述
阶段一	学生处理科学问题、事件或现象时，会将已知的知识联系起来，发现与自己的想法不协调之处，从而激发他们进一步学习。
阶段二	学生通过实践经验来探索问题，形成观点并检验假设，解决问题，并科学地对自己的观察结果进行解释。
阶段三	学生分析和解释数据，综合自己的观点，建立模型，并结合教师传授的知识和其他科学知识来源澄清概念和解释。
阶段四	学生扩展其理解和能力，并将其学到的知识应用到新情况中。
阶段五	学生与教师一起回顾和评价其所学的内容以及自己是如何学习的。

（三）探究学习实践案例

探究学习目前已经被广泛应用在了各个学科中。[③]比如在化学课堂中，教师首先提出问题："为什么试管中的酚酞最终变为无色？"之后引导学生提出假设，然后开展实验探究来验证假设，最后学生在讨论、交流的基础上获得共识。[④]再如

---

① 吴成军，张敏. 美国生物学"5E"教学模式的内涵、实例及其本质特征［J］. 课程·教材·教法，2010，30（6）：108—112.

② National Research Council. Inquiry and the national science education standards: a guide for teaching and learning［M］. Washington, DC: The National Academies Press. https://doi.org/10.17226/9596, 2000: 34-35.

③ 韦钰."做中学"科学教育改革实验的起步［J］. 基础教育课程，2019，（19）：7—13.

④ 孙夕礼. 论高中化学探究学习的课堂案例设计［J］. 化学教学，2003，（3）：19—21.

有小学数学教师让学生用探究学习的方式去理解分数的意义,也有历史教师让学生用探究学习的方式去理解历史事件背后的意义。

20世纪90年代以来,信息技术的快速发展提供了新的技术工具和学习环境,出现了基于网络的探究学习。比如美国圣地亚哥州立大学的伯尼·道奇(Bernie Dodge)和汤姆·马奇(Tom March)博士于1995年创建了基于建构主义学习理论的WebQuest(网络探究)教学模式,该模式是一种学生在教师的引导下,利用网络环境和工具,以某一目标任务为驱动,对某个问题或某类课题自主进行建构、探索和研究的探究学习模式。[1]再如,加州大学伯克利分校玛西娅·林(Marcia Linn)教授团队开发的"基于网络的科学探究环境"(web-based inquiry science environment,WISE),是当前比较优秀的科学探究教学平台之一。[2]在我国,教育技术学科前辈李克东教授等人曾进行基于网络的专题研究性学习研究和实践,这也属于探究学习的范畴。[3]

> **探究学习案例:基于WISE的探究学习**
>
> 加州大学伯克利分校玛西娅·林教授团队基于知识整合教学等理论开发了"基于网络的科学探究环境"(https://wise.scnu.edu.cn/legacy),是当前比较优秀的科学探究教学平台之一。
>
> WISE平台基于知识整合教学理论而开发,强调"让科学触手可及、让思维看得见、帮助学生向他人学习和促进自主学习"四大核心原则和"诱出想法、添加想法、辨分想法和反思整理想法"四个关键步骤。[4]其案例设计以知识整合学习为目标,以驱动性问题为核心,通过探究地图引导学生探究学习。[5]

---

[1] 李祥兆. WebQuest:一种新型的网络探究学习模式[J]. 现代远距离教育, 2005, (6): 21—23.
[2] (加) J. D. 斯洛塔,(美) M. C. 林. 课堂环境中基于网络探究的科学教育[M]. 赵建华译. 上海:华东师范大学, 2014.
[3] 黄娟, 李克东. 开发专题学习网站及进行相关研究性学习的思路及方法[J]. 中国电化教育, 2003, 24(5): 25—28.
[4] 陈钱钱, 赵国庆, 王晓静. 科学工程实践、跨学科概念与学科核心知识的整合——从《下一代科学教育标准》视角看WISE项目[J]. 远程教育杂志, 2018, 36(2): 29—36.
[5] 吴伟, 赵阳阳, 熊耀华. 基于网络的科学探究教学:来自WISE的启示[J]. 外国中小学教育, 2011, (2): 33—37.

以 WISE 平台中"热量如何转移"项目为例①，该项目涉及热平衡，属于物理科学领域，主要供 8 年级学生使用。项目的学习目标是学生通过物理模型和虚拟仿真模型来探究热量流动规律，学生在基于网络的科学探究环境中提出自己的假设，观察现象以验证并修正自己的假设，并在新情境下迁移应用，理解热量流动的规律与导热性概念。该项目大约由 5 个活动组成，依次为"冷和热""感受热量流动""流动的热量""导热性""检验你的理解"。其中，"冷和热"活动内容为：请学生预测室温20℃下热水和冰水温度的变化，诱导出学生的想法。分别在热水和冰水的条件下，让学生将预测的温度变化曲线绘制在系统中；使用温度传感器进行验证实验并记录数据，绘制实际的温度变化曲线；对比预测的温度变化曲线和实际的温度变化曲线，反思并解释自己的结果。

在"热量如何转移"项目中，学生需要综合中学物理科学、科学研究原则、计划调查方法等知识设计探究活动，并通过实验来验证和修正自己的假设，通过知识整合将先前的概念转化为科学概念。在此过程中，WISE 平台通过内嵌的模拟仿真将探究过程进行可视化呈现，从而提升了探究的效果。

四、探究学习的未来发展趋势

探究学习未来可能会呈现出如下发展趋势。首先要注重跨学科探究学习。新一代科学教育标准中强调"跨学科概念"，将各领域中的科学知识融入问题解决过程中。跨学科探究学习通常需要教师和学生不仅考虑解决方案在科学、技术、工程上的可行性，同时要考虑社会、文化方面的适切性，产生多种问题解决方案，运用批判性思维对比不同方案的优势与劣势，并使用科学论辩技巧进行沟通和协作，对学习的思维能力提出了更高阶的要求。其次要注重应用信息技术。信息技术提供了丰富的探究学习资源和探究学习工具，可以让教师和学生更有效地设计课程、组织教学和学习活动，因而能提高探究学习的效率。因此，基于网络的探究学习、计算机支持下的协作探究学习（CSCL）、游戏化探究学习②、移动技

---

① WISE. How does heat energy move？[EB/OL].[2002-03-10]. https://wise.berkeley.edu/legacy/previewproject.html?projectId=7840.
② 蒋宇，尚俊杰，庄绍勇．游戏化探究学习模式的设计与应用研究[J]．中国电化教育，2011，32（5）：84—91.

术支持下的探究学习也逐渐成为研究热点。

第五节　项目式学习

项目式学习（project-based learning，简称 PBL，也称基于项目的学习或项目化学习）的雏形可以追溯到 19 世纪末美国进步主义教育运动的代表人物之一杜威提出的"做中学"和"三中心论"（儿童中心、活动中心、经验中心）等教育哲学思想。20 世纪 60 年代，项目式学习被加拿大麦克马斯特大学（Mcmaster University）的教师们应用在了医学教育中。进入 21 世纪以来，随着人们对"能力素养"的重视，随着创客教育、STEM（Science，Technology，Engineering，Mathematics。科学、技术、工程与数学教育）、编程教育等课程的推广，项目式学习被认为是一种能够有效地促进学习者知识内化、技能养成以及能力发展的学习方式，受到了学校教师、教育研究者们的广泛关注，在基础教育、高等教育中都得到了比较广泛的应用。

一、项目式学习的含义、特征和类型

（一）项目式学习的含义

所谓项目式学习，简单地说，就是学生在教师的指导下通过做项目的方式进行教和学的活动。不过，由于项目式学习的应用学科、应用学段等不尽相同，国内外学者对于项目式学习的定义也略有不同。

美国巴克教育研究所（以下简称 BIE）将项目式学习定义为："一套系统的教学方法，它是对复杂、真实问题的探究过程，也是精心设计项目作品、规划和实施项目任务的过程，在这个过程中，学生能够掌握所需的知识和技能。"[1] 全球项目式学习网站（PBL Global）的创始人汤姆·马卡姆（Thom Markham）认为，项目式学习是使用各类探究性和挑战性问题来刺激学生掌握和改善各类技能的扩展学习过程。[2]

我国学者刘景福和钟志贤认为，项目式学习是以学科的概念和原理为中心，以制作作品并将作品推销给客户为目的，在真实世界中借助多种资源开展探究活

---

[1] （美）巴克教育研究所. 项目学习教师指南——21 世纪的中学教学法 [M]. 任伟 译. 北京：教育科学出版社，2008: 4.

[2] Markham T. Project based learning [J]. Teacher librarian, 2011, (39): 38–42.

动,并在一定时间内解决相互关联的问题的一种新型的探究性学习模式。[1]张文兰等人提出,项目式学习是以建构主义理论为指导,强调学生在真实问题情境中进行探究学习,从而提升学生多元能力的教学模式。[2]

综合以上观点,我们可以给项目式学习下一个定义:

> **关键概念——项目式学习**
>
> 项目式学习是一种以源自现实生活的驱动性问题或任务为引领,学生运用基础知识与核心概念在一定时期内持续地进行合作式探究,完成任务或设计出产品(作品),然后进行展示、交流、总结、反思的学习模式。

项目式学习和其他学习方式的关系

从以上定义中可以看出,项目式学习实际上是一种综合性的学习方式,其中也包含了自主、合作和探究学习。

项目式学习和基于问题的学习(problem-based learning,简称PBL)的英文简称是一致的,两者的关系也比较密切。所谓基于问题的学习,是一种以问题为核心的学习方式。它强调学生在解决问题的过程中促进知识的理解、掌握和灵活运用。两者在注重问题解决、注重学生的主动性、注重项目和问题要从现实的角度出发等方面都是相似的。如果要说差异,就是项目式学习一般来说会有产品、报告和展示等产出,基于问题的学习通常没有这个要求;基于问题的学习时间一般比较短,而项目式学习的时间限制较少,甚至可以长达一年。

另外要说明的是,"项目式学习""基于项目的学习"以及"项目化学习"等概念虽然从外文到中文的译法不同,但是它们在本质上是相同的,因此在本书中统称为"项目式学习"。

---

[1] 刘景福,钟志贤.基于项目的学习(PBL)模式研究[J].外国教育研究,2002,(11):18—22.
[2] 张文兰,张思琦,林君芬,等.网络环境下基于课程重构理念的项目式学习设计与实践研究[J].电化教育研究,2016,37(2):38—45+53.

（二）项目式学习的特征

关于项目式学习应具有的特征，国内外不同学者的观点大致相同。《剑桥学习科学手册》中指出，项目式学习应具有驱动问题（同驱动性问题）、聚焦目标、参与实践、投身协作、技术支架、创造产品六大特征。[1]我国学者夏雪梅提出，项目式学习强调学生对核心知识的再建构能力，强调真实问题和成果，强调高阶思维带动低阶思维，强调将追求的学习素养转化成持续的实践。[2]

约翰·托马斯（John Thomas）提出了项目式学习必须达到的5条标准。[3]①中心性（centrality）。中心性强调项目式学习在课程中的中心地位，如果项目式学习仅仅只是作为课程中的一种补充或辅助方式，那么它就不符合中心性这条标准。②驱动性问题（driving question）。驱动性问题是促使学生开展项目式学习的第一步，驱动性问题要能够引导学生通过项目来学习课程知识。如果驱动性问题引导学生学习了课程以外的知识，而不是以学习课程内的知识为主，那么它不符合项目式学习这条标准。③建构性调查（constructive investigations）。建构性调查强调的是学生要能够在项目式学习过程中建构出新的知识，如果学生在调查过程中没有遇到挑战或没有用已经学过的知识来解决问题，那么也不能称为项目式学习。④自主性（autonomy）。自主性强调学生能够在项目中自主探究，不受教师的监督，遇到问题要靠自己想办法解决。总的来说，项目式学习是由学生驱动的，学生要对所开展的项目负责。⑤现实性（realism）。现实性强调，所驱动的问题是现实生活中的真实问题，而不是虚构或不切实际的问题。

以上标准只是判断项目式学习的"及格"标准，而判断项目式学习是否"优秀"还需要具备以下几点特征：①要以学生为中心开展学习活动，教师要善于发掘学生的内在学习动机，相信学生的问题解决能力，并理解他们需要被人认可的心理；②学生能够在活动过程中学到学科的核心概念、原理等知识；③教师能够提出一个驱动问题（问题是真实且重要的），以激发学生开展项目式学习的兴趣；④学生能够在项目式学习或项目管理中发展技能，如工具的使用、对高科技的运用等；⑤学生能够对项目作品进行详细说明，例如能陈述出它可以解决的项目问题，解释项目中令人左右为难的困惑，能呈现出调查、研究、推理等所产生

---

[1] （美）R.基思·索耶.剑桥学习科学手册[M].徐晓东，等 译.北京：教育科学出版社，2010：4.
[2] 夏雪梅.项目化学习设计：学习素养视角下的国际与本土实践[M].北京：教育科学出版社，2020：64.
[3] Thomas J W. A review of research on project-based learning [R]. San Rafael, CA: Autodesk, 2000.

的各种信息；⑥项目作品可以是多种类型的，教师可以对这些作品不断进行反馈，使学生能够在教师反馈中获得学习机会；⑦采用表现性评价方法对学生进行评价，目的在于帮助学生在活动中逐渐构建知识与养成能力，因此教师在活动中要提出对学生的期待，呈现出学生需要完成的项目挑战，从而指引学生逐步达成项目目标；⑧学生能够在项目中以某种形式互相协作，可以是分成小组、由学生组织的项目展示与报告，也可以是全班对项目成果的评估。①

（三）项目式学习的类型

根据项目式学习过程中学科整合的程度，项目可分为单学科项目、多学科项目和跨学科项目。② 单学科项目指一个项目只涉及单个学科问题，学生只需要完成单个学科所要求的学习目标，项目中会加入其他学科的少量元素让学生拓展；多学科项目指一个项目会涉及多个学科问题，学科知识之间独立且并列，学科界限分明，学生需要完成各学科所要求的学习目标；跨学科项目指一个项目中融合了多个学科知识，学生需要综合运用各学科知识来解决问题，学科之间没有界限，完全融合。

类似地，项目式学习根据所覆盖知识范围的大小，可分为微项目式学习、学科项目式学习、跨学科项目式学习和超学科项目式学习。③ 微项目式学习是就某个主题在课堂或课外进行探究，探究时间较短，通常在15~20分钟左右。此外，学科项目式学习、跨学科项目式学习和超学科项目式学习分别与前面的单学科项目、多学科项目和跨学科项目特征相似，在此不多作阐述。

二、项目式学习的理论基础

前面已经讲过，项目式学习通常包含了自主、合作、探究学习方式，所以项目式学习和前面提到的社会学习理论、建构主义学习理论、认知-发现学习理论、情境认知与学习理论等也都有关系，这里简单回顾几个相对比较重要的理论。

---

① （美）巴克教育研究所.项目学习教师指南——21世纪的中学教学法［M］.任伟 译.北京：教育科学出版社，2007：5.
② 张丰，等.重新定义学习：项目化学习15例［M］.北京：教育科学出版社，2020：3—4.
③ 夏雪梅.项目化学习设计：学习素养视角下的国际与本土实践［M］.北京：教育科学出版社，2020：18.

（一）杜威：实用主义教育理论

杜威在《民主主义与教育》一书中充分陈述了他的哲学思想。他在书中提出了教育即生活、生长和经验改造的主张。教育即生活指人类社会要延续，需要通过教育将思想和实践的经验通过沟通的方式不断传递下去；教育即生长指学校的教育能够让人得到不断的成长；教育即经验改造指教育的作用是使人类对原有经验进行改造。

此外，杜威提到了赫尔巴特教育理论。该理论强调依靠外部教材来塑造心灵。其优点在于它认为教育是有目的和有意识的事情，并且有明确的教学和训练。但它忽视了学生本身具有主动性。因此，杜威主张，教师要通过活动的方式，使学生在社会环境中激发出主动性，从而发展智力和道德品质。

杜威还指责了当时学校忽视学生的需要和兴趣、拘泥于书本的灌输式教学方式，强调兴趣在教育中的能动地位和"在经验中学习"的重要性，即鼓励学生尝试和承受结果，并发现事物之间的联系。他认为，好的教学能将学校教材和现实生活联系起来，使学生养成一种习惯于寻找两者相互关系的态度。

基于此，杜威提出了教学法的五个具体要素，目的是让学生的学习与有目的的活动联系起来，使学生在活动中找到社会活动的意义，并逐渐具备主动调整自己以应对新的情况的能力：第一，活动要能激发学生的兴趣，并且是在真实的经验情境中；第二，在情境中产生一个真实的问题，以促进学生的思考；第三，学生需要通过阅读资料和观察来应对这个问题；第四，学生要形成解决问题的方法；第五，学生要有机会通过验证来发现结果的有效性。①

同时，杜威认为，学生在活动中的态度处于活动的中心地位，学生需要具备的态度包括直接性、虚心、专心和责任心。②直接性是指学生将重心放在解决问题上，而不是把精力分散在一些束缚和顾虑上；虚心是指学生要养成接纳各方面知识的积极态度；专心是指要全神贯注地学习教材；责任心是指事先考虑到可能的后果，并在行动中承担这个后果，而不仅仅是在口头上同意。

总体来说，杜威强调的主要内容包括：学生要通过活动的方式在经验中学习，活动要能激发学生的兴趣，学生应具备几种学习态度。这体现了以活动为中心、以经验为中心和以儿童为中心的教育思想，这些思想对于开展项目式学习都有重要的参考价值和指导意义。

---

① （美）约翰·杜威.民主主义与教育[M].王承绪 译.北京：人民教育出版社，2020: 179.
② （美）约翰·杜威.民主主义与教育[M].王承绪 译.北京：人民教育出版社，2020: 189.

(二)建构主义学习理论

建构主义学习理论指导下的教学模式可以概括为:"以学生为中心,在整个教学过程中由教师同时起着组织者、指导者、帮助者和促进者的作用,利用情境、协作、会话等学习环境要素充分发挥学生的主动性、积极性和创造性,最终达到使学生有效地实现对当前所学知识的意义建构的目的。"[1]

在项目式学习的实施过程中,学习者是主体,教师是主导。教师将课程知识项目化,结合现实生活中的热点问题来组织学习活动:在启动阶段,创造情境,向学习者抛出驱动问题或任务,协助学习者梳理项目任务框架和流程;在探究阶段,作为知识建构的帮助者,教师引导学习者运用核心知识与概念解决驱动型任务或问题,组织学习者交流协作并及时提供学习支架与反馈;在展示阶段,教师组织学习者将项目式学习成果进行展示汇报、交流分享。在整个过程中,信息技术与多媒体技术不仅要充当展示工具的角色,而且还要在支持项目式学习情境创设的基础上,支持学习者利用课程资源进行探究与创新,更好地解决项目式学习的驱动性问题或任务,同时还要促进师生之间、生生之间更有效的沟通与协作。

三、项目式学习的设计与实施框架

(一)项目式学习的设计步骤与要素

巴克教育研究所曾经提出了设计项目式学习的五大步骤。[2]

1. 以终为始——启动阶段

教师需要思考并规划出有吸引力的项目主题、与项目相对应的课程标准,以及项目的最终成果。它包括6个步骤:寻找项目选题,确定项目范围,选择课程标准,统合项目式学习的目标,确立项目的设计标准,以及创设理想的学习氛围。

2. 设计驱动性问题

教师需要思考如何将课程标准与项目主题融合,从而提炼出一个重要且有意义的驱动性问题。在设计驱动性问题时,可以考虑该问题能否激起学生的兴趣,是否具有开放性和挑战性,以及目标是否指向课程的核心内容。

---

[1] 何克抗. 建构主义的教学模式、教学方法与教学设计 [J]. 北京师范大学学报(社会科学版),1997,(5):74—81.

[2] (美)巴克教育研究所. 项目学习教师指南——21世纪的中学教学法 [M]. 任伟 译. 北京:教育科学出版社,2007:14.

3. 规划项目评价

项目式学习的评价与传统的评价相比更具有多样性，因为项目式学习关注学生从活动中获得的知识、技能与思维方法。因此，教师在对学生的表现做出评价时，既要评价学生最终的成果，也要评价学生在活动过程中构建出的新知识和问题解决方法，即要对学生做出总结性评价和过程性评价。教师在制定科学有效的评价设计时，要重点考虑三个方面：第一，要评价学生对知识和技能的掌握情况以及他们在活动过程中是如何运用它们的；第二，要明确评价内容，让学生清楚需要学习的内容；第三，制定评价表，目的是有效测量学生的学习表现。

4. 规划项目过程

就像老师准备教案设计一样，规划整个项目的过程对项目式学习活动起到了指引和支撑的作用。这个阶段也有三个关键点需要思考。第一，教师要把整个项目分解成一系列的任务。这样做的好处是：方便教师对学生表现做具体评价，有利于教师分配项目活动时间，也能够让教师清楚需要为学生提供哪些资料。第二，为吸引学生们参与项目并激发学生思考，教师可以在启动项目时设计一些有趣的活动，如课堂讨论、嘉宾讲座、问题讨论等。第三，教师要提前计划好为学生准备的资源，包括图书、互联网、完成作品的物品、工具等。

5. 管理项目过程

教师在这一阶段的重点是管理和评价。为了顺利开展项目式学习，教师需要留意四个关键步骤。第一是要将项目目标分享给学生，让他们理解参与项目的意义。第二是让学生使用一些工具以便能顺利完成项目，如让学生列出要解决问题的清单，或是用日志来记录学生们的活动进展。第三是教师要设计检查点来关注学生的活动进展。第四是在项目结束时，教师要预留足够多的时间对项目进行总结，并让学生们讨论、反思和评估自己的项目。

除此以外，其他学者也提出了项目式学习设计的要素。比如阿卡西娅·沃伦（Acacia Warren）提出了实施跨学科项目教学的"+1"教学法，该教学法包含了12个核心要素：标准、大概念、普适性概念、关键问题、项目目标、针对性探究、学习活动、调查（研究）、提出建议、项目展示、写作评估、反思与承诺。[1]再如夏雪梅提出，基于学习素养的项目设计有6个步骤。①寻找核心知识：核心知识指课程标准或教材中的知识及与之相关的技能。②形成本质问题并转化为驱

---

[1]（美）阿卡西娅·M. 沃伦. 跨学科项目式教学［M］. 孙明玉，刘白玉 译. 北京：中国青年出版社，2020：46.

动性问题;本质问题直指核心知识概念或能力,驱动性问题能激发学生主动投入。③澄清项目的高阶认知策略:明晰高阶认知策略并让高阶认知带动低阶认知。④确认主要的学习实践:明确实践中有助于设计激发学生思考的活动过程。⑤明确学习成果及公开方式:这一阶段可以作为最终成果评价指标的参考。⑥设计出覆盖全程的评价:评价的设计要涉及对学习活动过程和结果的评估。①

(二)网络环境下的项目式学习实施框架

信息技术的发展为项目式学习提供了新的手段、途径和方式。陕西师范大学张文兰教授提出,网络环境下的项目式学习实施框架主要包括三阶段六步骤。其中,三阶段指的是项目引入阶段、项目活动探究阶段、项目成果展示阶段;三阶段所对应的六个步骤依次为"确定项目""制定计划""活动探究""作品制作""成果交流""总结评价"。每个阶段和步骤中教师和学生具体要从事的活动以及需要的技术支持如图5-4所示。②

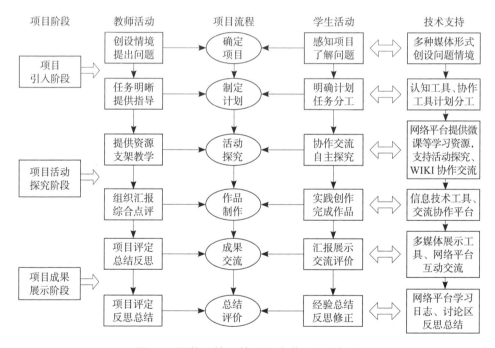

图5-4 网络环境下的项目式学习实施框架

---

① 夏雪梅.项目化学习设计:学习素养视角下的国际与本土实践[M].北京:教育科学出版社,2020:33.

② 张文兰,张思琦,林君芬,等.网络环境下基于课程重构理念的项目式学习设计与实践研究[J].电化教育研究,2016,37(2):38—45+53.

(三)项目式学习案例

项目式学习近年来在世界各地的大中小学都得到了比较广泛的应用,也产生了很多优秀的案例。下面列出了两个小学项目式学习的案例,供大家参考。

项目式学习案例:舒茨伯里地区水资源研究项目[①]

年级:小学六年级

学科:科学

跨学科相关知识:地球科学的水循环,生物学的生态系统,物理学中的元素、化合物和混合物,以及科技/工程学的测量与科学研究方法。

项目时长:一年

项目活动在美国舒茨伯里地区的一所小学开展。这个地区没有统一的自来水供应,当地居民大多依靠自家井水获得饮用水。基于这一点,舒茨伯里小学的教师将项目式学习的主题定为对水的研究。学生们在知道水的特性以及很容易被污染后,提出了一个驱动性问题:"我们的饮用水有多安全?"该项目需要学生收集水井的方位和坡度,采集水样并对其进行检测,然后通过水井数据找到水井深度、钠含量、pH、铅含量之间的关系等。教师在项目式学习活动过程中提供指导或解答学生的问题。最后,学生需要向教师和其他学生做个人任务报告和团队正式报告,项目成果主要包括数据图表,向其他学生和周边社区做口头宣传和展示,以及书面报告。该项目取得了很大的成功,它不仅让学生习得了关于水污染的知识,以及数据分析、结果呈现等技能,而且还得到了当地居民的认可和各界人士的关注。

项目式学习案例:成长的故事[②]

年级:小学四年级

主体学科:语文

融合学科:美术、信息技术

[①] (美)巴克教育研究所.项目学习教师指南——21世纪的中学教学法[M].任伟 译.北京:教育科学出版社,2007: 155.
[②] (美)巴克教育研究所.项目学习教师指南——21世纪的中学教学法[M].任伟 译.北京:教育科学出版社,2007: 155.

项目时长：一周

"成长的故事"项目式学习由陕西师范大学张文兰教授带领的"基于国家课程的项目式学习"研究团队与广州越秀区农林下路小学共同设计、实施。该项目式学习以人教版小学语文教材四年级上册第七单元《为中华之崛起而读书》《那片绿绿的爬山虎》《尺有所短寸有所长》和《乌塔》四篇课文为主要内容，以"在成长的过程中，我们也会遇到各种各样的困难、挫折和烦恼。那么，你的成长中遇到怎样的烦恼和困难？你是如何解决的？"为驱动性问题，从解决成长的烦恼和困惑出发，研究教材中人物、中外名人、身边同学的成长故事，旨在让学生从中得到启示，获得在自身成长过程中解决烦恼和问题的方法与能力。该案例的探究活动有"探究成长烦恼""研究成长故事""分享成长启示"和"我的成长秀"四部分，学生需要通过网络收集课外的名人成长故事，运用思维导图和PPT制作个人成长故事并通过网络来分享，最终形成项目作品"我的成长秀"。在此过程中，学生既掌握了教材内容，进行了听、说、读、写多方面的训练，又通过项目活动的探究，有效提升了信息素养、问题解决能力以及协作学习能力。

四、项目式学习的未来发展趋势

当前世界各国各地区都对培养学习者的问题解决能力、协作能力、创新能力等高阶能力备加重视。在这样的背景下，项目式学习自然越来越受重视。比如美国"21世纪技能联盟"（Partnership for 21st Century Skills）于2013年发布了《21世纪学习框架》，其中也大力倡导项目式学习，认为项目式学习能成功地建立深度理解和高水平的动机与参与，发展时代最为需要的21世纪技能。[1]在我国教育部颁布的《义务教育课程方案（2022年版）》中，也对项目式学习非常重视。[2]

项目式学习未来的发展有如下趋势。首先，基于项目式学习的研究和实践将会越来越广泛。在基础教育阶段，教育工作者不仅要研究如何在校本选修课中应

---

[1] 贺巍，盛群力. 迈向新平衡学习——美国21世纪学习框架解析[J]. 远程教育杂志，2011，29（6）：79—87.

[2] 教育部. 义务教育课程方案（2022年版）[M]. 北京：北京师范大学出版社，2022: 14.

用项目式学习，还要注重研究如何在国家课程中应用项目式学习。其次，项目式学习也会被广泛应用在教师培训、成人培训等教学中。研究结果显示，项目式学习能有效促进教师专业化发展。再次，要注重信息技术在项目式学习中的应用。未来借助人工智能、移动技术、VR/AR、教育游戏等技术，就可以创设更富吸引力的问题情境，提供更有效的认知、协作、交流、分享工具，创造更有效的项目式学习环境。最后，在项目式学习中，评价是重要的因素。量化与质性相结合的评价方式未来将会成为发展趋势，其中，基于大数据的学习评价会成为热点。①

第六节 其他学习方式

一、体验学习

所谓体验学习（experiential learning，也称体验式学习），是指一种以学习者为中心、通过实践与反思相结合来获得知识、技能和态度的学习方式。一般来说，体验学习遵循了库珀提出的四阶段循环模型（图5-5）：首先是从具体体验开始，然后是观察和反思，进而形成抽象的概念和普遍的原理，最后将形成的理论应用到新情境的实践当中。②

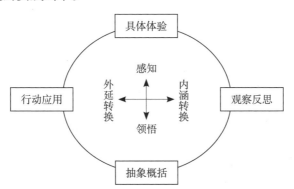

图5-5 库珀提出的体验学习四阶段循环模型

---

① 张文兰，苏瑞. 境外项目式学习研究领域的热点、趋势与启示——基于CiteSpace的数据可视化分析[J]. 远程教育杂志，2018，36（5）：91—102.

② Kolb D A. Experiential learning: Experience as the source of learning and development (Second edition) [M]. New Jersey: Pearson Education, 2015: 31-33.

体验学习首先可以追溯到杜威的"做中学"理论,在杜威看来,知识来自实践经验,最好的学习是在实际行动中,从主动的经验参与中获得知识。其次,体验学习与建构主义学习理论、情境学习理论都有着重要的关系,在情境学习理论看来,最好的学习方式就是学习者在真实的情境中,在不断的参与和实践中,在专家的帮助下,逐渐从新手转换为专家的过程。[①]

常言说:"我看过的,我能记住10%;我听过的,我能记住20%;而我做过的,我能记住80%。"从这也可以看出,体验学习是非常重要的学习方式,尤其对于医学、法律、商业等注重实践的学科更加有用。事实上,目前体验学习在MBA教育、职业教育、企业培训中都有非常广泛的应用。

随着信息技术的发展,现在利用VR、游戏等技术可以创设近似真实的学习环境,可以任意添加和删除影响因素,还可以替代危险场景,所以体验学习的未来应用应该会越来越广。

二、设计学习

所谓设计学习(design based learning),是指让学生通过设计作品或实物来回顾原有知识、学习新知识的学习方式。学生在设计学习中,根据任务需要设计问题解决的方案,并对设计方案进行实施,在实施的过程中不断吸收新的知识,对方案加以修改和改进。

设计学习强调"做中学",要求学生在具体实践中掌握知识、发展能力。最早是通过项目探究的形式被应用于科学学习领域。它能让学生通过具体的任务情境,在解决问题、设计作品的过程中发展问题理解能力和解决能力。学生需要在任务指引下进行问题理解、设计方案、实施方案、分析结果、迭代修改和总结反思等过程。这不仅能促进学生对基本的学科概念和知识的学习,同时还能促进知识的有效迁移,帮助学生解决生活中遇到的实际问题。

设计学习符合西蒙·佩珀特(Seymour Papert,也译为西蒙·派珀特)所提倡的"建造主义"(constructionism)的基本原理,强调学习者通过设计外在的、可分享的作品来建构知识。[②]目前,设计学习多被应用于中小学的STEM教育、创

---

① Lave J, Wenger E. Situated learning: legitimate peripheral participation [M]. N.Y.: Cambridge University Press, 1991: 1-2.
② 王旭卿. 佩珀特建造主义探究——通过建造理解一切 [J]. 现代教育技术, 2019, 29(1): 26—31.

客教育、人工智能教育领域，学生在具体的问题情境中，不仅可以学习跨学科的理论知识，更能通过实践活动培养动手能力、发展综合素养。学生在设计作品的过程中，创造力也得到了充分的发挥；由于设计学习多以小组的形式展开，学生的合作学习能力也得到了培养。设计学习在高等教育领域也得到了比较广泛的应用，学生可以设计成熟的产品、方案，或者参与到课程建设中。

设计学习案例：学生作为课程共同创造者[①]

陕西师范大学张宝辉等人以《学习科学前沿（双语）》课程为例，探索了"学生作为课程共同创造者"（students as curriculum co-creators）的理念在该课程建设中的应用与实践。在具体执行中，学生作为课程的参与者、创造者、设计者参加到课程的设计、实施和评价等环节。这既体现出学生从"消费者"变成了"创造者"，也体现出学生作为课程资源和课程教学中的被动者转变为课程学习的主动者。学生与学生、学生与教师的合作与互动保障了课程的教学质量。这种理念指导下的学习环境与教学设计有利于调动学习者的内在学习动机与自我学习的责任感，已经在职前教师的培养中取得了良好效果。

随着信息技术的不断发展、课程内容的不断多元，设计学习也迎来了更多的使用场景，让学生通过设计进行学习也会越来越多地出现在课堂之中。

三、深度学习

教育领域中的深度学习（deep learning）是指一种主动的、探究式的、理解性的学习方式，这种学习方式能够帮助学习者从多个角度批判性地理解新知识、建立新旧知识之间的联系并将知识的应用迁移到真实情境中以解决复杂问题，在这个过程中培养学习者的问题解决能力、批判性思维等高阶思维能力。

深度学习的思想可以追溯到1956年布鲁姆在《教育目标分类学》里关于"认知领域目标"的探讨（参考第四章）。他认为："学习有深浅层次之分"，学习者的认知水平停留在知道或领会的层次为浅层次学习，涉及的主要是简单提取、机械记忆或浅层了解等低阶思维活动；而认知水平较高的应用、分析、综

[①] 张宝辉，胡立如，李鹏飞，等."学生作为课程共同创造者"理念的应用实践——基于"教育技术学研究方法"研究生双语课程的设计研究[J].开放教育研究，2017，23(6)：36—48.

合和评价的层次则为深层次学习，涉及的是理性思辨、创造性思维、问题解决等相对复杂的高阶思维活动。① 1976年，美国学者马顿（F. Marton）和萨尔约（R. Saljio）明确提出了深度学习的概念。② 他们在一项关于阅读能力的实验研究中发现，有的学生会努力记忆文章内容以应对测试，他们称其为浅层学习（surface learning），有的学生会努力理解文章的中心思想和内涵，他们称其为深层学习（deep learning，也译为深度学习）。③ 之后，拉姆斯登（Ramsden）、比格斯（Biggs）等学者又继续发展了深度学习的相关理论。在我国，上海师范大学黎加厚教授等人较早撰文探讨深度学习。④

深度学习有几个重要的特征。①强调批判性理解。深度学习是在理解基础上的批判性学习，要求学习者对任何事都保持一种批判或怀疑的态度，批判性地看待新知识并深入思考，从而加深对深层知识和复杂概念的理解。⑤ 比如在历史课堂中，不能只是简单地记忆历史事件的发生时间与过程，而要去思考该事件为什么会发生。②强调知识建构。深度学习要求学习者将新知识和原有知识联系起来，从而调整原有的认知结构，达到建构新知识的目的。比如在给小学生讲百分数的时候，要让学生将其和之前学的分数知识联系起来。③强调知识迁移。深度学习特别希望培养学习者在真实情境中解决问题的能力，所以它特别强调知识迁移，也就是说要能够"举一反三"。

在教学实践中到底怎样促进深度学习呢？新媒体联盟在2017年发布的《地平线报告》中建议：教育范式要从被动学习转变为主动学习，可以采用的教学方法包括基于问题的学习、基于项目的学习（项目式学习）、基于挑战的学习和基于探究的学习（探究学习），鼓励创造性地解决问题并积极实施解决方案。教师必须承认学生先前的经验，帮助学生将知识整合和转移到新的情境中，支持学生对自己的学习能力有充分的认识，获得解决问题的信心。⑥ "21世纪技能联盟"也

---

① 郭元祥. 论深度教学：源起、基础与理念[J]. 教育研究与实验, 2017, (3): 1—11.
② Marton F, Saljo R. On qualitative difference in learning — Ⅱ outcome as a function of the learner's conception of the task[J]. British journal of educational psychology, 1976, 46(2): 115-127.
③ 说明，马顿和萨尔约在文中实际用的是 surface-level processing 和 deep-level processing，用来指代这两种学习过程。
④ 何玲, 黎加厚. 促进学生深度学习[J]. 现代教学, 2005, (5): 29—30.
⑤ 张浩, 吴秀娟. 深度学习的内涵及认知理论基础探析[J]. 中国电化教育, 2012, 33(10): 7—11+21.
⑥ 白晓晶, 张春华, 季瑞芳, 等. 新技术驱动教学创新的趋势、挑战与策略——2017地平线报告（基础教育中文版）[J]. 中国现代教育装备, 2017, (18): 1—20.

大力倡导项目式学习，研究证据已表明，项目式学习能成功地建立深度理解和高水平的动机与参与，发展时代最为需要的 21 世纪技能。[1] 当然，在技术高速发展的今天，在促进深度学习时一定要注重信息技术的使用，比如北京市海淀区教育科学研究院就在全区进行了基于互联网环境的深度学习研究，成效良好。[2] 沈霞娟、张宝辉等人也构建了"四阶三环"干预实施模型，用于指导开展混合学习环境下的深度学习活动。[3]

本章结语

人类从采集狩猎时代、农业时代、工业时代，再到今天的信息时代，学习方式随着教育理念的变革、媒体技术的发展、教育组织的变迁，一直在不断地变化。通过本章的讲述可以看出，自主、合作（社会性学习）、探究应该是最近几十年来比较受推崇的学习方式。其中，自主学习实际上最为重要，因为在终身学习时代，人必须具备自主学习的能力，要有充分的内在学习动机，并充分发挥元认知技能，自己确定学习目标、制定学习计划、选择学习方法、监控学习过程；对于以合作学习和协作学习为主的社会性学习而言，最重要的就是要培养学生交流和合作的能力，以便应对未来合作型社会的需求；探究学习则重在培养学生的"科学探究精神"和科学探究能力，当然，今天不局限于科学教育，在其他学科及跨学科学习中也都需要培养这种精神和能力；项目式学习是近年来世界各地都很重视的学习方式，实际上它融合了自主、合作、探究等多种学习方式，大家比较一致地认为它是促进深度学习、培养核心素养的有效方式。

当然，就学习方式而言，实际上现在还有很多学习方式：体验学习、设计学习、深度学习、创客学习、研究性学习、基于问题的学习等。限于篇幅，本章主要探讨了前三者。从简短介绍中可以看出，不同的学习方式之间实际上有着各种联系，比如设计学习实际上也可以看作是项目式学习，只不过它更加强调要产出软硬件"作品"而已。教师在具体教学过程中，也不必太纠结用什么学习方式，根据具体教学目标、教学环境选择合适的学习方式即可。

---

[1] 贺巍，盛群力. 迈向新平衡学习——美国 21 世纪学习框架解析 [J]. 远程教育杂志，2011，29 (6)：79—87.

[2] 吴颖惠，李芒，侯兰. 基于互联网教育环境的深度学习 [M]. 北京：邮电出版社，2017.

[3] 沈霞娟，张宝辉，冯锐. 混合学习环境下的深度学习活动研究：设计、实施与评价的三重奏 [J]. 电化教育研究，2022，43(1)：106—112+121.

另外，要特别注意，信息技术的发展，也在促使学习方式不断发生变化，使得虚拟学习社区中的群体学习、基于信息技术的探究学习、大规模协作学习等方式得以实现，也给学习方式的变革带来了无限的可能性。我们期待，在信息化、国际化的大背景下，中国学生学习方式的变革将促成大面积的有效学习的发生；在学习科学理论的引导下，学习变革的"中国故事"能够走向世界。

> **重点回顾**

1. 自主学习的基本特征包括：能动性、独立性、有效性和相对性。
2. 齐默尔曼的自主学习循环阶段模型分为预想阶段、行为表现阶段、自我反思阶段。
3. 宾特里奇认为自主学习由四个阶段组成：预想、计划和激活；监控；控制；反应和反思。
4. 自我决定理论将外在动机分为四个类型：外部调节、内摄调节、认同调节和整合调节。
5. 社会性学习的基本特征主要有：交往性、文化性、依存性和联通性。
6. 戴维·约翰逊和罗杰·约翰逊等人认为，真正的合作学习必须具备五个特征：积极的相互依赖、面对面的相互促进、个人责任、社交技能、小组加工。
7. 群体学习的三个基本特征：共享、存储、重用。
8. 探究学习的基本特征包括：自主性、问题性、过程性和开放性。
9. 探究学习的 5E 教学模式由五个教学环节组成，分别是：吸引、探究、解释、迁移和评价。
10. 托马斯提出了项目式学习必须达到的 5 条标准：中心性、驱动性问题、建构性调查、自主性、现实性。
11. 巴克教育研究所提出了设计项目式学习的五大步骤：以终为始——启动阶段、设计驱动性问题、规划项目评价、规划项目过程、管理项目过程。
12. 库珀提出的体验学习四阶段循环模型包括具体体验、观察反思、抽象概括、行动应用这四个环节。
13. 深度学习强调批判性理解、知识建构、知识迁移。
14. 项目式学习是促进深度学习的重要学习方式。

> 思考题

1. 名词解释：学习方式、自主学习、社会性学习、学习的社会性、合作学习、协作学习、群体学习、团队学习、组织学习、探究学习、项目式学习、体验学习、设计学习、深度学习、研究性学习、基于问题的学习。
2. 请结合本章和其他资料梳理学习方式随着教育理念的变革、媒体技术的发展及教育组织的变迁而变化的历史发展状况。
3. 请结合自主学习的内部条件分析自己的自主学习状况，并探讨应该如何促进自主学习。
4. 请分析元认知在自主学习中的作用。
5. 请论述合作学习的方法，并探讨其在信息技术环境中的应用策略。
6. 教师应该如何有效开展合作学习？
7. 请结合探究学习的5E教学模式分析一个探究学习案例。
8. 请分析项目式学习的设计要素及实施步骤。
9. 请论述项目式学习在促进深度学习中的作用。
10. 试论述自主学习、合作学习、探究学习、项目式学习在新时代课程教学中的价值。
11. 请结合本章及其他资料辨析探究学习、项目式学习、设计学习、基于问题的学习、研究性学习等概念之间的联系与区别。
12. 请结合本章及其他资料辨析社会性学习、社会化学习、合作学习、协作学习、小组学习、团队学习、组织学习等概念之间的联系与区别。
13. 请你结合本书及其他资料预测未来的学习方式。

第六章 技术支持下的认知与学习

内容摘要

　　技术发展引领社会生活不断前进，在给人们带来快捷便利的同时，也给各行各业的未来发展带来了无限可能，一些人也因此而感叹"技术将改变一切"。然而当我们将目标聚焦在"教育"这一具体的领域时，我们发现，技术并没有像人们想象的那样彻底地改变教育——从最早的黑板粉笔到后来的电子白板，从最早的纸质课本到后来的电子课本，从最早的实物模型到后来的AR/VR模型……虽然技术的呈现方式越来越丰富，但从相关实证研究来看，使用先进技术对于学生学业成绩的提高并没有特别显著的影响，这一结果也让教育领域的一些人开始感慨"技术无用"。到底是"技术有用"还是"技术无用"？本章将以这一问题为线索，探索技术对认知与学习的影响，以及如何基于现有的研究更好地设计技术支持下的学习。本章共分为三个小节，内容涉及认知负荷理论、多媒体学习认知理论，以及第二代认知科学兴起之后三种情境认知取向（具身认知、嵌入认知和延展认知）对学习本质和技术设计的新认识。

学习目标

1. 了解技术在教育语境下的内涵、技术支持教育的两种形式。
2. 了解认知负荷的测量方法。
3. 了解具身认知、嵌入认知、延展认知和分布式认知的基本概念和含义。
4. 理解认知负荷理论、多媒体学习认知理论以及情境认知三种取向的主要观点。
5. 理解不同理论对学习本质认识的差异性；理解在不同理论观点之下技术在学习中扮演的角色和作用。
6. 掌握认知负荷的分类以及判别方法。
7. 能够应用斯威勒提出的认知负荷效应和梅耶提出的多媒体学习设计原则来解决教学中的实际问题。

思维导图

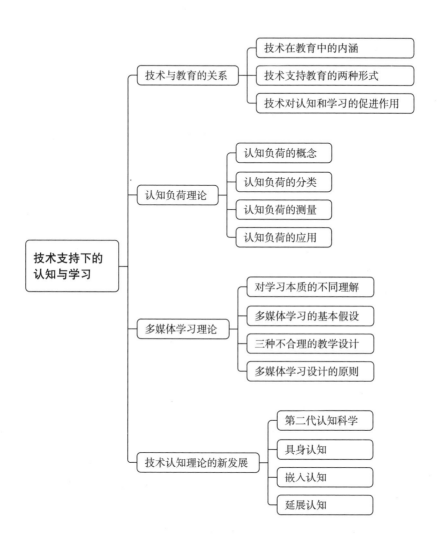

第一节 技术与教育的关系

技术的日新月异推动着人类社会的变革。尤其是近年来，人工智能、大数据、虚拟现实、物联网等新技术的快速兴起，让人们对未来的美好生活包括对未来的学习与教育满怀期待。然而，一些研究者发现，这些正在深刻变革人类社会生活的新技术并没能如人们所期望的那样变革教育。技术真的没有改变教育吗？在回答这一问题之前，让我们首先了解一下"技术"在教育中的定义是什么，以及"技术"是以何种形式支持教育的。

一、技术在教育中的内涵

"技术"一词虽然在日常生活中十分常见，但却是一个非常容易被误读的术语。"技术"的英文是technology，其本义指的是"对纯艺术和实用技巧的论述"，学术界对"技术"的解释一般有以下两种。一是泛指根据生产实践经验和自然科学原理而发展成的各种工艺操作方法与技能；除操作技能外，广义的还包括相应的生产工具和其他物质设备以及生产的工艺过程或作业程序、方法。二是指为社会生产和人类物质文化生活需要服务的、供人类利用和改造自然的物质手段、智能手段和信息手段的总和。[①] 相比而言，第一种对"技术"的定义范围比较小，更加强调的是实体形态的技术，比如黑板、电视、计算机等，因此也被称为"物质技术"；而第二种定义涉及的范围比较广泛，它不仅包括实体形态的技术，而且还包括人们在实践过程中积累的经验和知识，比如一些解决特定问题的策略、方法、技巧等。这类与人类智力相关的、一般没有实体形态的技术通常被称为"智能技术"。

一般而言，人们对"技术"的认识很容易局限在有形的"物质技术"上而忽略了无形的"智能技术"。具体到教育中，尤其是教育技术领域，"技术"的定位也经历了从狭义的"物质技术"向广义的"物质技术"与"智能技术"相结合的发展过程。[②] 其中，"物质技术"所涉及的范围很广，可以说包括一切在传统和现代教育中使用的工具和设备。比如，在20世纪30年代，随着"视听教育"（或称"电化教育"）的兴起，幻灯、电影、播音等技术开始逐渐被应用在教学

---

① 卓发友.正确理解现代教育技术的涵义［J］.电化教育研究，2002，23(5)：9—11.
② 刘美凤.广义教育技术定位的确立［J］.中国电化教育，2003，24(6)：9—16.

中；进入21世纪以来，在信息技术的推动下，计算机、多媒体、网络通讯等技术开始在教育中兴起。在这一过程中，技术主要以教学媒体的形态出现，它不仅丰富了教学过程中信息的呈现方式（比如，从静态图片到动态影像的呈现、将复杂的数据结构可视化等），而且其自身也成为教学内容的一部分，成为人们适应现代生活必不可少的技能。

受到传播学和系统科学的影响，人们对于教育中"技术"的认识从"物质技术"延伸到了"智能技术"，其中包含了两层变化。[①] 首先，受到传播学的影响，人们对于教学的认知发生了从单向传递到双向互动的变化，相应地，"技术"也不应只被视为一种单向的教学信息呈现的工具，其作用也应体现在整个教学互动的过程之中。其次，受到系统论的影响，"系统方法"的重要性开始为人们所接受，因此人们对"技术"的认识又逐步拓展为"一种根据具体目标来设计、实施和评价整个教与学过程的系统方法，它以人类学习和传播理论为基础，结合应用人力和物力资源，来促进更有效的教学"[②]，这一转变是之后教学设计理论得以成型的关键。

总的来说，人们对于教育中"技术"的认识经历了"媒体""过程"和"系统"这三个阶段，随着这些认识的转变，"技术"的内涵也变得更加丰富。在"媒体"阶段，教育中的"技术"主要是指"物质技术"，即一切可以应用于教学的实体硬件。在"过程"和"系统"阶段，教育中的"技术"主要是指"智能技术"，即在教育实践过程中能够有效达成教学目标的设计、实施和评价方法。

二、技术支持教育的两种形式

"技术"内涵的丰富性也决定了其在教育领域应用的广泛性。比如，同样使用信息技术的多媒体呈现功能，我们既可以将它用于抽象的知识信息呈现，使之更加具象清晰，也可以将它用于创设沉浸式的教学情境，使之激发学习者的学习动机，帮助学习者更好地进行知识建构。总体而言，"技术"在教育中的应用大致可以分为两种类型——从技术中学习（learn from technology）和用技术学习（learn with technology）。前者主要体现的是一种客观主义的技术应用观，一般与

[①] 安涛, 李艺. 守正与超越：教育技术学的边界与跨界 [J]. 电化教育研究, 2021, 42（1）: 29—34+56.

[②] 尹俊华. 教育技术学导论（第二版）[M]. 北京：高等教育出版社, 2002: 34.

前面所讲的"物质技术"相对应；后者体现的则是一种建构主义的技术应用观，主要对应于前面所讲的"智能技术"。与"技术"内涵的发展相似，技术在教育中的这两种应用形式也经历了从前者向后者的转变，这一过程同样也受到了人们对于教育本质认识变化的影响。

"从技术中学习"是最早被人们接受的一种技术支持教育的形式。在这一阶段，人们将教育视为一种以教为中心的单向的知识传递的过程，也就是说，学习者学习的内容主要取决于教师。在这一背景下，技术被理所当然地视为一种教师角色的替代，即替代或部分替代教师完成知识信息的单向传递。因此，无论是15世纪的印刷术，17世纪的教科书插图，18世纪的黑板，20世纪初的幻灯、广播和动画，还是20世纪中期的教育电视和程序教学，其核心都是让技术能像教师那样去"教学"。[1]即便到了20世纪后期计算机技术的兴起，技术在教育中的应用也依然没能脱离知识载体的宿命——知识像是镶嵌在技术中一样，而学习者就是学习技术所呈现的知识。可以说，在这一阶段，技术的形式虽然得到了迅猛的发展，但其在教育中应用的本质并没有改变，技术对教育的变革作用也因此受到各种质疑。[2]

另一种技术支持教育的形式是"用技术学习"，这一形式的产生离不开人们对教育认识的转变，即从以教为中心变为以学为中心。在这一阶段，技术不再被视为一种教师角色的替代，而是变成了支持学习者学习的工具，即让学习者使用技术来表达他们的学习内容，并以此来支持更高阶思维的学习。因为，如果只是简单地记忆技术所呈现的信息，并不能促进有效的学习。比如，同样是使用思维导图这一技术工具，如果只是让学生按照别人已经整理好的思维导图进行学习，其效果远不如让学生主动使用思维导图工具自行梳理对同一内容的理解。在这一背景下，研究者继而提出了技术可以作为学习工具的六个方面，分别是效能工具、信息获取工具、认知工具、情境工具、交流工具和评价工具，每个方面在学习过程中具体扮演的角色和发挥的作用可以用图6-1来表示。

---

[1] 钟志贤.面向知识时代的教学设计框架[D].上海：华东师范大学，2004:123.
[2] 杨浩，郑旭东，朱莎.技术扩散视角下信息技术与学校教育融合的若干思考[J].中国电化教育，2015, 36 (4): 1—6+19.

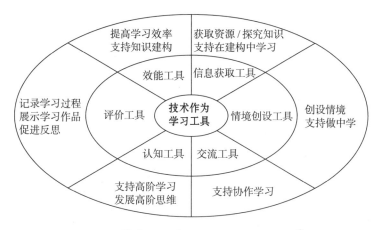

图 6-1 技术作为学习工具的角色和功能[1]

总而言之，技术与教育的关系并不是静态的。随着不同发展阶段人们对教育的认知发生改变，技术与教育的关系也在相应地进行动态调整。当然，这一动态关系也使得我们在回答"技术有用"还是"技术无用"这一问题上变得复杂起来——同样的技术，评价视角不同或者使用方法不同，最终的效果可能大相径庭。

三、技术对认知与学习的作用

虽然我们很难对技术是否有用做出一个肯定的回答，但具体到不同的发展阶段，技术确实在不同程度上促进了认知与学习的发生。

索耶在《剑桥学习科学手册（第 2 版）》中谈到，皮亚杰最广为人知的发现，就是学习的正常过程始于较为具体的信息，然后逐步变得抽象。所以，19 世纪 60 年代至 70 年代，在皮亚杰的影响下，学校开始广泛使用"教具"，比如在数学课中采用彩色木块和木棒。虽然说并不是所有抽象的概念都可以用这些木块和木棒来表示，不过计算机的出现提供了解决这一问题的新的可能，因为计算机中复杂的图形可以让我们以可视化的形式将更多的抽象概念呈现出来。在此基础上，索耶进一步总结了计算机教育软件的价值：①计算机能够将抽象的知识表征为具体的知识；②计算机工具能够让学习者以可视化或者言语化的方式表达自己发展中的知识；③计算机能够让学习者通过用户界面处理和反思他们发展中的知识，用户界面的设计同时支持知识的表达、反思和学习；④计算机支持可视化和言语化相结合的反思模式；⑤基于互联网的学习者可以分享和整合他们发展中的

---

[1] 钟志贤. 面向知识时代的教学设计框架 [D]. 上海：华东师范大学，2004: 124.

理解，并且通过协助学习获得提升。①

以上谈的还只是一般的教育软件的价值，随着人工智能、大数据、VR/AR、移动技术、教育游戏、视频等技术的发展，应该说技术给认知、学习和教育带来了更多的可能性。而在过去的几十年里，尽管有学者质疑技术的作用，但是也有许多学者从不同角度出发，对不同技术进行了实证研究并从中验证了技术对促进认知和学习的作用。

以现在比较流行的游戏为例。有研究表明，玩《超级玛丽》(*Super Mario*)游戏可以增加工作记忆能力所对应脑区的大脑灰质。② 还有研究证明，玩第一人称射击游戏能够改变支持注意力的神经过程。③ 也有研究表明，动作游戏能够促进视觉能力的发展，包括视觉的空间解决、即时处理和敏感性。④ 相比于非电子游戏玩家，在玩电子游戏方面投入较多时间的年轻人在一系列视觉能力测试中都表现得更好，主要体现在他们能够关注到更多的物体，并能对变化的视觉信息进行更有效的加工。⑤《自然》杂志也曾报道过一项利用脑科学研究方法开展的研究，该研究证明，自适应性的三维电子游戏《神经赛车手》(*NeuroRacer*)可以促进老年人的认知控制能力的发展，其效果会保持6个月，与此同时，训练也可以改善注意力保持和工作记忆等认知能力。⑥ 除此之外，还有许多研究表明，电子游戏在促进知觉注意、心理旋转、空间认知、执行功能、推理、工作记忆等认知能力方面具有积极作用。⑦⑧ 除了认知能力外，游戏在学科学习方面也有重要的价值，已

---

① （美）R. 基思·索耶. 剑桥学习科学手册（第2版）[M]. 徐晓东，杨刚，阮高峰，等 译. 北京：教育科学出版社，2021: 11—13.

② Kirsh D, Maglio P. On distinguishing epistemic from pragmatic action [J]. Cognitive science, 1994, 18(4): 513-549.

③ Wu S, Cheng C K, Feng J, et al. Playing a first-person shooter video game induces neuroplastic change [J]. Journal of cognitive neuroscience, 2012, 24(6): 1286-1293.

④ Bavelier D, Green C S, Pouget A, et al. Brain plasticity through the Life span: learning to learn and action video games [J]. Annual review of neuroscience, 2012, 35: 391-416.

⑤ Green C S, Bavelier D. Action video game modifies visual selective attention [J]. Nature, 2003, 423(6939): 534-537.

⑥ Anguera J A, Boccanfuso J, Rintoul J L, et al. Video game training enhances cognitive control in older adults [J]. Nature, 2013, 501(7465): 97-101.

⑦ （美）理查德·E. 迈耶. 走出教育游戏的迷思：科学证据告诉了我们什么 [M]. 裴蕾丝 译. 北京：教育科学出版社，2019: 162—163.

⑧ 尚俊杰，张露. 基于认知神经科学的游戏化学习研究综述 [J]. 电化教育研究，2017, 38(2): 104—111.

经有很多教育类游戏被应用到了学科学习中。比如 The Number Race 游戏是知名脑与数学认知专家斯坦尼斯拉斯·德哈恩（Stanislas Dehaene）教授带领团队基于 Java 环境设计和开发的一款支持多平台运行的数学电子游戏，游戏以玩家和电脑之间的角色竞争为故事蓝本，不仅可以帮助计算障碍儿童，还可以促进早期正常儿童的数学学习。① 总结起来，游戏可以激发学习动机，可以用来构建游戏化的学习环境或学习社区，可以支持探究学习等多种学习方式，还可以培养知识、能力、情感态度和价值观。②

当然，以上是以游戏为例的，实际上动画、模拟、仿真、VR/AR 等技术在促进认知和学习方面都具有重要的价值。③ 但是，只有科学地设计和选择适合的应用场景，技术才能真正在教育中发挥积极作用。不当的技术设计和应用，其效果可能会适得其反。从第二节开始，我们将从技术设计的两个重要理论出发，一起探讨设计有效技术所需要遵循的科学原则。

第二节　认知负荷理论

如前所述，我们使用技术的目的是促进认知，让学习更轻松，但是如果使用不当，反而可能会阻碍认知和学习。比如在制作多媒体课件时，如果添加了过多的装饰，就可能浪费学习者有限的认知资源，进而影响学习结果。那么，究竟怎样才能使得技术促进认知而不是阻碍认知呢？这一节，我们就从技术设计的第一个重要理论——认知负荷理论（cognitive load theory，CLT）开始讲起。

一、认知负荷的概念

20 世纪 80 年代末 90 年代初，澳大利亚心理学家约翰·斯威勒（John Sweller）教授及其研究团队在基于前人和自身开展的一系列实证研究结果的基础上，提出了认知负荷理论。该理论旨在从认知资源有限性的角度来解释和检验教育实践中

---

① Wilson A J, Revkin S K, Cohen D, et al. An open trial assessment of "the number race", an adaptive computer game for remediation of dyscalculia [J]. Behavioral and brain functions, 2006, 2(1): 20.
② 尚俊杰, 庄绍勇. 游戏的教育应用价值研究 [J]. 远程教育杂志, 2009, 17(1): 63—68.
③（美）Spector J M, Merrill D M, van Merrienboer J, et al. 教育传播与技术研究手册 [M]. 任友群, 焦建利, 刘美凤, 等 译. 上海: 华东师范大学出版社, 2013: 213—396.

的教学与学习设计,并通过充分优化教学设计中认知资源的合理分配,来实现复杂任务中的有效学习。该理论的提出为研究教学过程中的认知加工过程提供了一个新的理论框架。随后,斯威勒基于该理论进行了大量的教学设计实验研究,从中提炼出了一系列富有成效的教学策略,比如究竟应该怎样设计课件才能让学习者学得更有效。这些教学策略对真实情境中的教与学产生了积极、深远的影响。

> **关键概念——认知负荷**
>
> 认知负荷(cognitive load)是指人在完成任务的过程中进行信息加工所需的认知资源总量,即工作记忆能够注意和处理的内容总和。[1]

约翰·斯威勒简介

图6-2 约翰·斯威勒

约翰·斯威勒(1946—)是澳大利亚新南威尔士大学(University of New South Wales)荣誉教授,国际著名教育心理学家、认知心理学家,澳大利亚社会科学院(Academy of the Social Sciences in Australia)院士,认知负荷理论的创立者,国际认知负荷理论学会(International Cognitive Load Theory Association,简称ICLTC)终身荣誉主席。1988年,斯威勒在乔治·米勒等人早期研究的基础上,首次在《教育心理学评论》(*Educational Psychology Review*)期刊的《认知结构与教学设计》(Cognitive Architecture and Instructional Design)一文中提出了认知负荷理论。该理论自提出以来,得到了世界各地研究者的广泛关注,其成果对于研究教学设计中的认知影响因素有着重要意义。

---

[1] Chandler P, Sweller J. Cognitive load theory and the format of instruction [J]. Cognition & instruction, 1991, 8(4), 293-332.

（一）认知负荷理论的认知加工基础

认知负荷理论继承了以往认知心理学的理论模型，即认为人类的认知加工是以感觉记忆（sensory memory）、工作记忆（working memory）[①]和长时记忆（long-term memory）为基础的。其中，工作记忆和长时记忆对于人类学习的认知加工最为关键，因此也被人们研究得最为深入。相比于长时记忆，工作记忆的容量是有限的，美国心理学家乔治·米勒在其最具影响力的研究文章《神奇的数字7±2：人类信息加工能力的局限》[②]中指出，一般来说，人们短时的记忆广度大约为7个单位（阿拉伯数字、字母、单词等单位）。他进而将这一容量称为组块（chunk），用以度量记忆的容量。经过工作记忆阶段加工后的信息，最终会被人们以图式建构（schema construction）的方式储存在长时记忆中，以待未来某个时刻被提取使用。除了更加便捷的信息提取，以图式建构的方式储存信息的优势还在于减轻工作记忆负荷。如前所述，工作记忆的容量是有限的，但是以图式为基础精心组织过的若干信息则可以与一个组块的形式同时在工作记忆中进行整体加工，这样便在容量有限的前提下，实现了信息加工数量的增加，从而提高了认知加工效率。比如，人们在记手机号码时，如果一个一个数字来记，通常很难一次将号码记全，因为手机号码的数字长度远大于7位，而如果我们将这些数字以每3～4位为一个组块来记忆，那么整体需要记忆的组块长度就远小于7个了。在图式建立之后，随着人们在日常生活中反复提取和使用相关图式解决问题，便会逐渐形成图式自动化（schema automation）的能力，即在工作记忆阶段，人们不再需要有意识地从长时记忆中将相关的图式信息提取出来并放入工作记忆中加工，这样便会进一步减轻工作记忆阶段人们所需付出的认知努力，再次提高认知加工效率。[③]比如，人们在最初学习开车的时候需要全神贯注才行，后来逐渐就形成了开车的图式，并在日常中不断地反复提取和使用这一图式，逐渐就形成了图式自动化，从而可以一边开车一边听音乐甚至和别人聊天了。

综上，认知负荷理论主要建立在两个重要的研究结果之上：一是工作记忆

[①] 这里也可以将其等同于短时记忆。

[②] Miller G A. The magical number seven, plus or minus two: some limits on our capacity for processing information [J]. Psychological review, 1956, 63(2): 81-97.

[③] Sweller J, Van Merrienboer J J G, Paas F G W C. Cognitive architecture and instructional design [J]. Educational psychology review, 1998, 10(3): 251-296.

的容量有限，二是长时记忆中的图式建构和图式自动化。虽然认知负荷理论的最终目标是在长时记忆中完成知识技能的图式建构和图式自动化，但要实现这一目标，却离不开工作记忆阶段的一系列前期加工。因此，该理论便将重点放在了解决人们有限的工作记忆容量与学习过程中需要加工若干信息之间的矛盾上，希望通过优化工作记忆中的信息加工过程以实现更好地长时记忆，也就是说，要将认知负荷控制在工作记忆所能承受的范围内，只有这样才能更好地促进认知与学习。

（二）认知负荷理论的适用范围

由于工作记忆的特殊性，并不是所有类型的知识学习都可以应用认知负荷理论来进行有效的教学流程设计，即认知负荷理论只适合应用在实际学习中教授生物二级知识（biologically secondary knowledge），而不适合教授那些无需明确学习的生物初级知识（biologically primary knowledge）。因此，在实际教学中应用认知负荷理论时，只有属于生物二级知识的高级认知和技能才能通过减轻和优化工作记忆中的认知加工负荷来提升学习的效果。

> **关键概念——生物初级知识与生物二级知识**
>
> 美国认知发展和进化心理学家戴维·吉尔里（David Geary）对生物初级知识和生物二级知识做了区分，他认为这两类知识的学习机制是不同的。[1][2]
>
> 生物初级知识主要是通过自然选择或性别选择进化来的，这类知识是可以学习但却不能教授的，即这类知识不需要外显学习，就可以自己学会，而且这类知识通常是生物生存非常基础的知识技能，学起来不需要额外的努力和意识，就像天生就会的一样，比如区分人脸和物体、学习如何与其他人打交道、如何通过动作与外界环境互动等。
>
> 而生物二级知识则不同，这类知识同样是可以学习的，同时也是可以被教授的，从某种程度上讲，它反映的不是生物为了达到进化目的而实现的某种原始能力，而是在其生存的具体文化环境中逐渐发展起来的。此外，

---

[1] Geary D C. Psychological perspectives on contemporary educational issues [M]//J. S. Carlson & J. R. Levin (Eds.), Educating the evolved mind: Conceptual foundations for an evolutionary educational psychology. Greenwich: Information Age Publishing, 2007: 1–99.

[2] Geary D C. An evolutionarily informed education science [J]. Educational psychologist, 2008, 43(4): 179–195.

生物二级知识的习得离不开生物初级知识作为基础，它是在应用生物初级知识应对复杂文化环境问题的过程中形成的。

二、认知负荷的分类

那么，认知负荷理论中究竟包含哪些认知负荷呢？关于认知负荷的分类，自该理论被提出以来，就引起过广泛的争论，人们对"认知负荷"这一概念的理解也经历了从最早的"三元论"到后来的"一元论"再到"二元论"的发展。

最初，研究者关注的是如何降低外在认知负荷（extraneous cognitive load）。[①]但随着研究的深入，研究人员发现，不同的学习材料设计以及不同的学习任务设计，会导致外在认知负荷效应的不同，由此他们猜测这一不同是由学习材料或任务本身引起的，因此就引入了内在认知负荷（intrinsic cognitive load）这一概念。再后来，研究人员在实验中发现，需要再引入一个变量来解释人们在有意识学习过程中对外在认知负荷和内在认知负荷的控制，因此又引入了相关认知负荷（germane cognitive load）。[②]这便形成了最早的认知负荷的"三元论"（图6-3）。

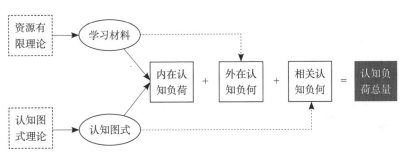

图6-3 认知负荷的理论基础及三种认知负荷之间的关系[③]

> **关键概念——外在认知负荷**
>
> 外在认知负荷是由学习材料的呈现方式以及学习者的学习活动引起的。

---

① Sweller J. Cognitive load during problem solving: effects on learning [J]. Cognitive science, 1988, 12(2): 257-285.
② 林琳. 基于认知负荷理论的虚拟仿真培训系统设计 [D]. 大庆：东北石油大学，2012: 4—5.
③ 王建中，曾娜，郑旭东. 理查德·梅耶多媒体学习的理论基础 [J]. 现代远程教育研究，2013, (2): 15—24.

当学习过程中信息的呈现方式不利于学习者进行知识加工和图式构建时，学习者就会感受到较高的外在认知负荷。一般而言，外在认知负荷主要是由不合理的教学设计、复杂的教学活动形式引起的。

关键概念——内在认知负荷

内在认知负荷是由学习材料本身的复杂程度以及学习者自身的初始知识水平决定的。一般而言，如果学习材料涉及的知识越简单、解释知识的内容越丰富、学习者长时记忆中已有图式及与之相关的已有知识越多，那么学习知识所需占用的认知资源也就越少。也就是说，对学习者而言，加工该学习材料所需的内在负荷就越小。相反，如果学习材料涉及的知识越复杂、解释知识的内容不足、学习者长时记忆中已有图式及与之相关的已有知识越少，那么学习知识所需占用的认知资源也就越多，此时，对学习者而言，加工该学习材料所需的内在负荷就越大。

关键概念——相关认知负荷

相关认知负荷是由学习过程中图式的建构与自动化引起的，它可以帮助学习者将更多的认知资源分配到值得认知加工的学习活动中去。教学设计就是为了促使学习者在认知加工中将更多的外在认知负荷转变为相关认知负荷。当其能够激发学习动机，让学习者将工作记忆中的信息加工成更高级、更复杂的新图式，并且这些新图式还可以促进他们对学习内容的理解时，那么产生的这种能对学习产生积极作用的认知负荷就是相关认知负荷。[①]

到了 2010 年，斯威勒自己却推翻了最早提出的"三元论"，转而认为外在认知负荷、内在认知负荷和相关认知负荷这三个子成分并不是相互独立的，它们应该是一个内在统一的整体，不应生硬地划分开来，而应被视为一个总体认知负荷（overall cognitive load）。[②]他进一步提出元素交互性（element interactivity），认为那些必须在工作记忆中同时加工的且在逻辑上相互关联的元素是决定工作记忆中总负荷的深层原因。而工作记忆总负荷中究竟是由外在认知负荷还是内在认知负

[①] Schnotz W, Kürschner C. A reconsideration of cognitive load theory [J]. Educational psychology review, 2007, 19(4): 469-508.

[②] Sweller J. Element interactivity and intrinsic, extraneous, and germane cognitive load [J]. Educational psychology review, 2010, 22(2): 123-138.

荷引起的，则主要取决于学习目标与内容。如果在控制所要学习的目标与内容不变的前提下，可以通过一些教学策略降低元素交互性，那么就说明此时工作记忆总负荷中主要存在的负荷类型是外在认知负荷；相反，如果只有通过改变所要学习的目标与内容才能降低元素交互性，那么就说明此时工作记忆总负荷中主要存在的是内在认知负荷。而作为外在认知负荷与内在认知负荷之间调停者的相关认知负荷，其大小则取决于同一时间工作记忆中外在认知负荷与内在认知负荷的增减，因此，也就直接或间接地同时为元素交互性所左右。基于此，斯威勒认为，总体认知负荷在理论上至少是存在的，这三种成分在深层关系上由元素交互性所支配。①

2011年，美国新南威尔士大学（University of New South Wales）教育心理学教授斯拉瓦·卡利尤（Slava Kalyuga）提出了认知负荷的"二元论"，即认为认知负荷并不是单一的结构，而是由外在认知负荷与内在认知负荷构成的。②之所以去掉相关认知负荷，主要基于以下两点：其一，虽然相关认知负荷有其明确的界定，并有实证研究支持其存在③，但总体而言，关于相关认知负荷的研究还是太少，而且概念上十分不清晰，很多研究结果也能用内在认知负荷来解释，即相关认知负荷与内在认知负荷在概念上有很多重合；其二，现有测量工具和方法很难对三种不同的认知负荷进行分别测量，而相比于另外两种负荷，相关认知负荷则更难从总体认知负荷中被剥离出来，比如，通过分析学习材料的难度和复杂度来确定内在认知负荷的高低，通过改变学习材料的信息呈现方式来控制外在认知负荷等。这是因为相关认知负荷自被提出的那一刻起，其作用就是用来完善理论的整体性的，其得出并非是基于真实可见的教学现象。基于以上两点，斯拉瓦·卡利尤认为，应该将相关认知负荷从认知负荷的构成中剔除，并将研究重点放在如何在教学设计中根据所需，优化外在认知负荷与内在认知负荷上。④

截至目前，认知负荷理论仍在被不断地研究和完善。虽然该理论对认知负荷

---

① 林立甲.基于数字技术的学习科学：理论、研究与实践［M］.上海：华东师范大学出版社，2016：6—8.

② Kalyuga S. Cognitive load theory: how many types of load does it really need? ［J］. Educational psychology review, 2011, 23(1): 1—19.

③ Renkl A, Atkinson R K. Structuring the transition from example study to problem solving in cognitive skill acquisition: a cognitive load perspective ［J］. Educational psychologist, 2003, 38(1): 15—22.

④ 林立甲.基于数字技术的学习科学：理论、研究与实践［M］.上海：华东师范大学出版社，2016：9—10.

的分类，从理论上促进了教学设计的科学实践，但在实际中如何真正测量这两种认知负荷，仍然是该领域亟待解决的问题之一。

三、认知负荷的测量

自认知负荷理论产生以来，如何科学准确地测量认知负荷一直是该领域研究的重点和难点。经过多年的发展，目前主要形成了三种方法，分别是主观测量法、任务绩效测量法和生理测量法。[①]

（一）主观测量法

主观测量法是一种让学习者根据自己在学习过程中的主观感受来测量认知负荷的一种方式。该方法一般以量表的形式呈现，让学习者在完成学习任务或活动后通过回忆来对前面学习过程中各个环节中的认知负荷进行主观评估，比如让学习者评价心理努力程度、任务难度和时间压力等。在很长一段时间，主观测量法都是认知负荷理论研究中最主要的测量方法，不过由于该方法反应的是学习者的主观感受，因此其测量结果具有一定的局限性。目前，领域内已经有很多可以用于主观测量认知负荷的工具，这些工具一般以 7 点或 9 点量表为主。常用的量表工具有帕亚斯（Paas）编制的认知负荷自评量表（the Cognitive Load Subjective Ratings）[②]、美国空军某基地航空医院研究所开发的多维脑力负荷评价量表 SWAT（Subjective Workload Assessment Technique）[③]、美国国家航天局开发的 TLX 评价量表（National Aeronautics and Space Administration-Task Load Index）[④]等。在实施过程中，研究者需要将量表的相关表述内容稍加修改，以更好地匹配自己所要研究的内容。

（二）任务绩效测量法

任务绩效测量法是一种客观的、直接测量认知负荷的方法，是通过学习者完

[①] 孙崇勇，刘电芝. 认知负荷主观评价量表比较［J］. 心理科学，2013，36（1）：194—201.

[②] Paas F G W C, Van Merriënboer J J G, Adam J J. Measurement of cognitive load in instructional research［J］. Perceptual and motor skills, 1994, 79(1): 419−430.

[③] Hill S G, Iavecchia H P, Byers J C, et al. Comparison of four subjective workload rating scales［J］. Human factors, 1992, 34(4): 429−439.

[④] Hart S G, Staveland L E. Development of NASA-TLX (task load index): results of empirical and theoretical research［M］//Hancock P A, Meshkati N. (Eds.). Human mental workload. Amsterdam: North-Holland, 1988: 139−183.

成既定学习活动或任务的最终表现来评估其对学习者施加的认知负荷量。根据学习任务类型的不同,又可以划分为单任务测量和双任务测量。

单任务测量指的是只用一个任务来测量认知负荷,不过可以有多种衡量指标,比如学习者在任务中的准确率、反应时等。使用单任务测量认知负荷的难点在于,其内部产生认知负荷的机制十分复杂,我们很难对有效成分进行剥离和解释,因此在实践中并不常用。

双重任务测量弥补了单任务测量的这一缺陷,自出现以来逐渐成为领域内测量认知负荷的经典范式。[1]在该方法中,学习者需要在规定的时间内同时完成两项需要同类认知资源的任务,一个主任务(投入主要精力)和一个次任务(投入剩余精力)。这样,学习者就需要将有限的同类认知资源在两个任务中进行分配,这时就可以根据学习者在两个任务中的成绩来合理评估其认知负荷大小。一般而言,次任务通常是一个与学习任务内容(主任务)无关、但却会分散主任务认知资源的一个简单任务,比如在执行主任务的过程中,当看到或听到某个视觉或听觉刺激时按下相应的按键。由于工作记忆的容量是有限的,因此通过测量学习者在次任务上的表现(如准确率、反应时等),就可以推测出学习者在主任务中的认知负荷大小。双重任务测量虽然可以弥补主观测量认知负荷的客观性和准确性,但由于次任务一般与主任务的相关性不高、主次任务之间还可能因为设计不合理而产生交互效应,因此在实际研究中很少被单独使用。

(三)生理测量法

生理测量法是通过测量学习者在完成学习任务或活动中的生理反应来评估其在过程中所承受认知负荷大小的方法,一般可采用心脏活动(如心率)、大脑活动(如脑电)、眼活动(如瞳孔直径、眨眼频率、注视时长)等来间接反映认知负荷的大小。[2]相比于前两种测量方法,生理测量可以实现对学习者认知负荷的全过程测量。也就是说,不同于前两种方法只能对学习活动或过程进行一个总体的大致评估,生理测量设备的实时记录可以更加详细地刻画出认知负荷大小随时间(或任务完成进度)的变化趋势。这一特点为动态分析认知负荷的特征提供了更加全面、立体的计算指标,比如我们可以由此计算出瞬时负荷、峰值负荷、平均

---

[1] Brünken R, Steinbacher S, Plass J L, et al. Assessment of cognitive load in multimedia learning using dual-task methodology [J]. Experimental psychology, 2002, 49(2): 109-119.
[2] 孙崇勇. 认知负荷的测量及其在多媒体学习中的应用 [D]. 苏州:苏州大学, 2012: 28.

负荷、累计负荷等（如图6-4所示）。①② 不过，使用生理指标虽然可以获得更为客观精确的数据，但这些生理变化并不能直接等同于认知负荷的变化，因为在分析时很难排除那些也会引起这些生理指标变化的其他生理活动，因此在实际研究中单独使用生理测量法也存在一定的问题。

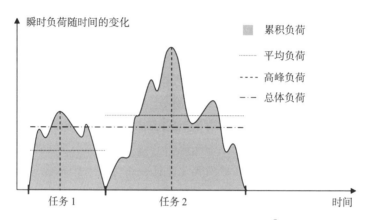

图6-4 测量认知负荷的不同尺度③

四、认知负荷的应用

认知负荷理论的提出为解决现实生活中的教学设计问题提供了有力的抓手。在实际教学中，合理的教学设计应该尽可能降低学习者总体的认知负荷以促进学习效果。考虑到由学习内容自身引起的内在认知负荷很难通过简单的教学设计得到改善，因此，采取适当的教学策略，以降低外在认知负荷的方式来减少总体的认知负荷成了解决这一问题的关键。也就是说，在有限的工作记忆中，让学习者尽可能多地将工作记忆用于与学习相关的认知加工。④ 基于此，斯威勒根据三十多年的研究积累，提出了一系列认知负荷效应，用以降低教学设计中的外在认知负

---

① Xie B, Salvendy G. Review and reappraisal of modelling and predicting mental workload in single-and multi-task environments [J]. Work & stress, 2000, 14(1): 74-99.
② Paas F, Tuovinen J E, Tabbers H, et al. Cognitive load measurement as a means to advance cognitive load theory [J]. Educational psychologist, 2003, 38(1): 63-71.
③ Antonenko P, Paas F, Grabner R, et al. Using electroencephalography to measure cognitive load [J]. Educational psychology review, 2010, 22(4): 425-438.
④ 高媛，黄真真，李冀红，等．智慧学习环境中的认知负荷问题 [J]．开放教育研究，2017, 23(1): 56—64.

荷。[1]

（1）目标自由效应（goal-free effect）。将学习目标不明确的题目替换成学习目标明确的题目，会更有利于学习的迁移。

（2）样例与问题解决效应（worked example and problem completion effects）。相比于直接解决问题，呈现解决问题的样例会产生更好的学习效果。

（3）注意力分散效应（split-attention effect）。当图片与相应的文字解释信息在呈现时产生空间或时间上的分离时，容易导致学习者的注意力分散，而将这些信息整合到一起则可以降低认知负荷。

（4）通道效应（modality effect）。相比于单纯用文字配合图表来呈现学习内容，多种形式（如视觉、听觉）的信息会更利于学习者的认知信息加工。

（5）冗余效应（redundancy effect）。不能帮助构建认知图式的冗余信息会降低学习效果。

（6）能力反转效应（expertise reversal effect）。对初学者来说很有帮助的信息，对已具备专业知识的学习者而言可能是无效的，甚至会产生相反的效果。

（7）指导消退效应（guidance fading effect）。随着学习者专业知识的增加，在呈现样例后，应该让学习者开始尝试解决部分问题并慢慢尝试解决整个问题。

认知负荷理论的兴起与发展，不仅为教学设计的科学化提供了重要的理论基础，而且也为信息化时代中层出不穷的基于技术的教学研究与实践指明了方向，让技术真正可以促进认知与学习。不过，认知负荷理论仍有其缺陷，比如认知负荷的分类问题、测量问题等都尚未得到很好的解决，因此未来需要更多的研究对其进行完善。

第三节　多媒体学习认知理论

认知负荷理论为人们理解学习过程中的信息加工过程提供了一个窗口。透过这一窗口，人们继续研究，如何对教学与学习过程进行设计才能使学习效果最大化。美国著名教育心理学家理查德·梅耶就是其中的一名探索者，相比于其他研究者，他将目光聚焦在多媒体学习这一具体领域，基于认知负荷理论及其他相

---

[1] Sweller J, Ayres P, Kalyuga S. Cognitive load theory [M]. NewYork, NY: Springer, 2011: 89-201.

关认知心理学研究成果，经过多年实证研究的积累，提出了多媒体学习认知理论（cognitive theory of multimedia learning）。

> **关键概念 —— 多媒体技术**
>
> 多媒体技术指的是用于呈现视觉和文本信息的工具设备和相关技术。
>
> **关键概念 —— 多媒体学习**
>
> 多媒体学习是指从文本和图像中学习，有时也可以指从触觉、嗅觉和味觉中学习。一般而言，文本是指以文字为载体的材料，包括印刷和口头两种形式；图像是指以图形为载体的材料，包括静态（如图形、图表、插图、照片、地图等）和动态（如动画、电影、视频等）两种形式。

理查德·梅耶简介

理查德·梅耶（1947— ）目前是美国加利福尼亚大学圣巴巴拉分校（University of California, Santa Barbara）心理学教授。其研究领域涉及认知、教学和技术三者的交叉，研究重心是多媒体学习、计算机支持的学习和教育游戏。

他在教育心理学领域最突出的贡献是提出了多媒体学习认知理论，并基于该理论提出了改进多媒体学习效果的有效原则，对教学与学习领域产生了广泛而深远的影响。他目前在12家主流的教育心理学期刊担任编委，发表了400多篇论文、20多部著作。因其杰出的研究贡献，他获得了"桑代克奖"（E. L. Thorndike Award）、"西尔维娅·斯克里布纳奖"（Sylvia Scribner Award），以及美国心理学学会颁发的"心理学在教育和培训中的应用杰出贡献奖"（Distinguished Contribution of Applications of Psychology to Education and Training Award）。与此同时，他还曾被《当代教育心理学》（Contemporary Educational Psychology）杂志评选为世界上最富成就的教育心理学家。

图6-5 理查德·梅耶

一、对学习本质的不同理解

回到本节开头提出的问题——"技术有用"还是"技术无用",这其实并不是一个新问题。梅耶在开始研究多媒体学习时,就已经对其进行了思考。之所以同一个问题会有不同的结论,其根本原因在于研究者对多媒体学习的认识视角不同——以技术为中心的设计和以学习者为中心的设计是其中两个典型代表。

以技术为中心的研究取向,是以研究(多媒体)技术的实用功能为根本的,也就是研究在设计多媒体呈现时,应该怎样将这些技术功能使用起来。因此,持这一取向的研究者们往往紧跟(多媒体)技术的最新发展动向,试图通过比较来得出哪种多媒体技术在呈现学习内容上更有助于学习,如比较通过看视频来学习和在真实课堂中学习哪个效果更好。然而,这一取向的研究常常一开始令人兴奋——因为又有前沿新媒体/技术的加入,但结局却令人唏嘘——技术常常被证明是无效的。从早期兴起的电影、无限广播技术到现在的电视、计算机,虽然这些媒体所使用的技术均不相同,但都没能让"技术有用"这一结论在教育领域站稳脚跟。[1] 与之相对照的是以学习者为中心的取向,该取向不是迫使学习者去适应这些新技术的要求,相反,其主张的是以理解人类大脑如何工作为出发点,并以此来考虑如何利用(多媒体)技术来帮助人们更有效地学习,也就是让技术适应学习者的需要[2],从而实现"技术有用"这一结果。

这两种取向反应的是对技术的两种截然不同的观点以及对学习本质的不同理解。以技术为中心的取向隐含的是将多媒体学习当作一个信息获得(multimedia learning as information acquisition)的过程,即学习者是一个被动接受信息的个体,学习的过程就是将信息从一端传送到另一端。此时,学习者就像空容器(empty vessel)一样等待被填满,而技术扮演的则是信息传播系统,其信息传递的速度、准确性是决定填满结果好不好的关键。以学习者为中心的取向隐含的则是将多媒体学习当做一个知识建构(multimedia learning as knowledge construction)的过程,即学习者是一个主动的意义构建者,学习的过程是学习者从信息中逐渐建构知识的过程。也就是说,信息的传递不是原封不动地等待的被

---

[1] Cuban L. Teachers and machines: the classroom use of technology since 1920 [M]. New York: Teachers College Press, 1986: 9-33.

[2] (美)理查德·E.迈耶.多媒体学习[M].牛勇,邱香 译.北京:商务印书馆,2006: 10—16.

动过程，而是需要学习者的主动加工。因此，技术扮演的是学习者认知学习时的辅助者角色，除了呈现信息外，如何科学引导学习者加工信息，使信息转变为知识并整合进已有的知识体系，才是决定学习效果好坏的根本。

二、多媒体学习的基本假设

梅耶提出的多媒体学习认知理论就是建立在"以学习者为中心"这一取向之上的。在该理论中，梅耶基于人类的信息加工系统提出了多媒体学习认知模型（图6-6），并揭示了多媒体学习中的三条基本假设，分别是双重通道（dual channels）假设、容量有限（limited capacity）假设和主动加工（active processing）假设。

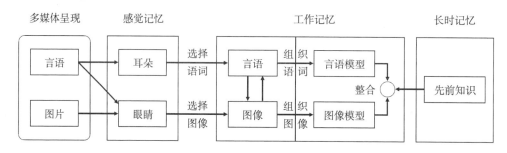

图6-6 多媒体学习认知理论

（一）双重通道

双重通道是指，人类信息加工系统中有两条相互独立的信息加工通道，分别处理听觉/言语信息和视觉/图像信息，如图6-6的上下两行所示。其中，听觉通道加工的信息类型主要包括文字解说、音乐等；视觉通道加工的信息类型不仅包括静态的图像、动态的视频等，还包括文本等内容。不同类型的信息在进入人类的信息加工系统后，会分别进入不同的信息加工通道进行处理。有经验的学习者也能够通过转换表征方式，使信息转入另一个加工通道处理。比如，屏幕上的文本属于视觉信息，因此应该进入视觉加工通道处理，不过有经验的学习者可以将文本转化为声音，从而使其进入听觉加工通道处理。

（二）容量有限

容量有限是指，在任何时候，每条信息加工通道可同时加工的信息数量是有限的，这是由工作记忆的有限容量（如前一节所述，大概为 7 ± 2 个组块）所决定的。因此，当视觉和听觉信息通过眼睛和耳朵进入大脑的信息加工系统后，并不是所有内容都能得到通道的及时加工，只有有限的信息内容可以得到及时加工，其他的将会快速被遗忘。为了提高学习效果，我们就需要在信息加工通道中过滤掉无关信息，而将有限的认知资源留给有用信息。

（三）主动加工

主动加工是指，要想在信息加工系统中将输入的信息变成内在一致的心理表征，就需要人们主动参与认知加工。根据信息加工的顺序，主动加工包括三个基本过程（见表6-1），分别是选择（selecting）相关的信息、组织（organizing）选择的信息和把所选择的信息与已有的知识整合（integrating）起来。当学习者对多媒体呈现的部分视觉或听觉信息予以注意时，选择相关的信息这一过程就发生了；接着，被注意的信息将会进入工作记忆中进行进一步的加工，学习者将会对所注意的信息及其相互关系进行关系建构，并根据信息类型分别形成一致的视觉或听觉心理模型；最后，学习者长时记忆中与之相关的知识将会被激活，并进入工作记忆，与刚形成的心理模型建立关联，最终完成知识整合并重新被储存于长时记忆之中。

表 6-1 主动加工的三个基本过程[①]

过程	描述
选择	注意相关的输入信息
组织	对选择的信息进行心理组织，并形成内在一致的认知表征
整合	将认知表征相互关联，并与长时记忆中提取的相关先前知识相结合

三、三种不合理的教学设计

在明确了多媒体信息加工的基本过程后，梅耶基于认知负荷理论进一步提出了多媒体学习中的三种认知加工，分别是无关认知加工（extraneous cognitive processing）、基础认知加工（essential cognitive processing）和生成认知加工（generative cognitive processing）。需要说明的是，这三种认知加工并不是一种新的分类形式，其大致与斯威勒最早提出的认知负荷"三元论"一一对应。此外，梅耶还进一步指出了实践中最常见的三种不良教学设计，分别为无关认知负荷过载、基础认知负荷过载和生成认知负荷不足（图6-7）。

---

① Mayer R E. Computer games for learning: an evidence-based approach [M]. Cambridge: MIT Press, 2014: 53.

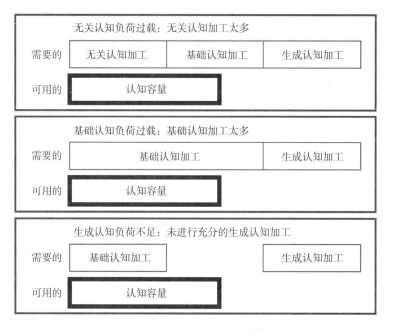

图6-7 三种教学情境[1]

（一）无关认知加工

与外在认知负荷类似，无关认知加工是与教学或学习目标无关的认知加工，主要是由不良的教学设计引起的。比如，在基于视频动画的学习过程中，一些教学或学习视频制作者会在视频的最下方添加解释视频内容的文字注释。表面上看，添加文字注释可以帮助学习者更好地理解视频内容，但实证研究结果显示，这一设计会在无形中增加学习者的无关认知加工。这是因为，学习者在观看过程中，需要在视频和注释中来回切换，而这种视觉的反复切换就是无关认知加工中最常见的一种形式。如果教学设计中存在过多的无关认知加工，就会导致无关认知负荷过载这一不良教学情境的发生，也就是说，有限的认知容量被各种眼花缭乱的无关信息占据了，没有足够的认知容量来完成所需的基础认知加工和生成认知加工。针对这一教学设计问题，我们需要寻找有效措施来减少干扰性信息，从而达到降低无关认知加工的目标。

---

[1] Mayer R E. Computer games for learning: an evidence-based approach [M]. Cambridge: MIT Press, 2014: 61.

（二）基础认知加工

基础认知加工是在工作记忆中对与学习相关的内容进行的认知加工，由学习内容的内在复杂性所决定，同内在认知负荷类似。比如学习如何解决一类新的数学题，这类题目学习者之前从来没有见过，而且中间涉及的解题步骤十分复杂，这种情况就可能让学习者出现认知负荷过载，导致他们学不好或学不会。在设计这类教学时，教师可以先为学习者提供一些相关的关键概念或一些相似的简单题目，学习者以此为基础再学习这类新题，就可以极大地减少他们在直接学习新题时的认知负荷。此外，基础认知加工与上一节讲到的主动加工的三个基本过程的第二个过程——选择——是对应的，即学习者选择对新输入的信息内容进行注意和加工。与无关认知加工类似，基础认知加工也与学习内容设计有关，但二者的关系较之无关认知加工与学习内容设计的关系更为密切。因此，即便设计中已经考虑到要减少无关认知加工，但如果所需要的基础认知加工超出了认知容量的极限，那么同样会给学习者带来沉重的负担，进而导致基础认知负荷过载这一教学情境的发生。因此，通过适当调整或重新组织学习内容，比如为学习者的认知加工提供一定的脚手架，可以实现对基础认知加工的合理调节。

（三）生成认知加工

生成认知加工大致对应相关认知负荷，是学习者在理解基础认知加工内容时发生的认知加工，同时这类认知加工可以提高学习者的学习动机水平。比如在基于技术的学习环境设计中，如果教学者使用一种日常对话或者比较礼貌的语气讲解学习内容，那么就容易让学习者发生生成认知加工，具体表现为学习者更愿意投入时间以及对当前所学的内容进行深入思考。因此，生成认知加工主要影响的是主动加工基本过程中的组织和整合，即对学习内容进行有意义的深度加工。在现实中还存在一种情境，即学习者使用的学习材料并没有乱七八糟的无关信息，相关知识讲解的部分也设计得很合理，没有超出学习者的认知容量范围。这看似不错的教学设计也可能存在问题。如果学习材料仅是围绕基础认知加工，没有其他元素可以激发和维持学习者的学习动机，那么学习者可能并不会百分之百地投入知识组织和整合之中。换句话说，学习者其实仍处于学有余力的状态，但他们并不会将这些余力继续投入深层认知加工之中，这样就会导致认知加工不充分，即引发生成认知负荷不足的教学问题。解决这一问题需要进一步丰富学习材料的内容：一方面要使内容对学习者更具吸引力，另一方面又要确保不会引入过多的无关认知负荷，从而导致第一种不良教学情境的发生。

四、多媒体学习设计的原则

针对多媒体学习的特点,多媒体学习认知理论还提出了一系列学习设计原则。梅耶及其团队通过严格的实验验证了这些设计原则是否有效、在什么条件下有效,并解释了为什么会有效。[1] 根据设计原则所涉及的认知负荷的不同类型,我们可以将梅耶提出的十条原则归为三类:减少无关认知加工的原则、调节基础认知加工的原则和促进生成认知加工的原则。[2][3][4][5]

(一)减少无关认知加工的原则

减少无关认知加工的原则主要有五条。

(1)一致性原则(coherence principle)。是指删除学习材料中无关的文字、声音和图像,可以提高学习效果。

(2)提示原则(signaling principle)。是指突出学习材料的组织结构,在学习过程中给予适当提示,可以提高学习效果。

(3)冗余原则(redundancy principle)。是指用图像、语音解说这两种形式来呈现学习信息,其所产生的学习效果要好于用图像、语音解说和字幕三种形式来呈现信息。

(4)空间临近原则(spatial contiguity principle)。是指将图像与解释图像的文字说明放在一起呈现,其所产生的学习效果要好于分开放的效果,比如在讲解云的形成原因时,图6-8中右边课件的学习效果比左边的学习效果要好。

(5)时间临近原则(temporal contiguity principle)。是指将图像与解释图像的语音解说同时呈现,其所产生的学习效果要好于前后错开所呈现的效果。

---

[1] 郑旭东,吴秀圆,王美倩.多媒体学习研究的未来:基础、挑战与趋势[J].现代远程教育研究,2013,(6):17—23.
[2] Mayer R E. Multimedia Learning (2nd ed.) [M]. New York, NY: Cambridge University Press, 2009: 85-262.
[3] 毛伟,盛群力.梅耶多媒体教学设计10条原则:依托媒体技术实现意义学习[J].现代远程教育研究,2017,(1):26—35.
[4] 黄淑玲.以研究证据为基础之多媒体学习理论:剑桥多媒体学习手册之分析[J].课程研究,2011,(6):113—119.
[5] 闫志明.多媒体学习生成理论及其定律——对理查德·E.迈耶多媒体学习研究的综述[J].电化教育研究,2008,(6):11—15.
[6] (美)理查德·E.梅耶.应用学习科学——心理学大师给教师的建议[M].盛群力,丁旭,钟丽佳译.北京:中国轻工业出版社,2016:65—67.

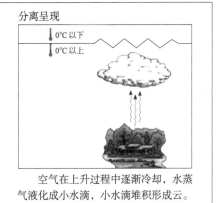 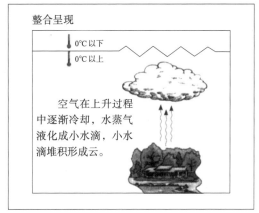

图 6-8 空间临近原则示意图[1]

（二）调节基础认知加工的原则

调节基础认知加工的原则主要有三条。

（1）切块原则（segmenting principle）。是指将学习材料按照学习者的学习步调分块呈现，其所产生的学习效果要好于全部一起出现的效果。

（2）预先准备原则（pre-training principle）。是指在正式学习之前让学习者预先了解一些关键概念的名称和特征可以取得更好的学习效果。

（3）通道原则（modality principle）。是指使用图像和语音解说的呈现方式，其所产生的学习效果要好于使用图像和文字解说的效果。

（三）促进生成认知加工的原则

促进生成认知加工的原则主要有两条。

（1）多媒体原则（multimedia principle）。使用文字和图像一起学习的效果要好于只用文字学习的效果。

（2）个性化、声音和图像原则（personalization voice and image principles）。是个性化原则、声音原则和图像原则的集合。其中，个性化原则是指使用对话风格的交流方式所产生的学习效果要好于使用正式风格的效果；声音原则是指当需要呈现声音时，使用人声所产生的学习效果要好于使用机器拟声的效果；图像原则是指呈现说话者的头像并不一定会提高学习效果。

---

[1] （美）理查德·E. 梅耶. 应用学习科学——心理学大师给教师的建议[M]. 盛群力，丁旭，钟丽佳 译. 北京：中国轻工业出版社，2016: 67.

多媒体学习认知理论是一套兼具理论完备性和实践验证性的体系。在理论层面，多媒体学习认知理论不仅继承了认知负荷理论的很多重要观点，而且还引入了多媒体学习中的另一个关键理论——双重编码理论。正因如此，在实践层面，多媒体学习认知理论提出了一系列实用、有效的多媒体教学策略，推动了多媒体学习在实践中的开展。

第四节　技术认知理论的新发展

经过前面几节的学习，相信大家对"技术有用"还是"技术无用"已经有了自己的初步判断。从认知加工的全过程看，技术可能是有用的，也可能是无用的，其有用与否的根本在于技术的应用能否帮助学习者优化原有的认知信息加工过程。到目前为止，本章开头提出的问题似乎已经可以得到一个确定的答案。然而，随着技术在全世界范围内的普及，技术除了作为人们认知信息加工的"辅助者"，它是否也在教学与学习的其他方面扮演着重要角色？在本节中，我们将回到 20 世纪 80 年代，一起探索在第二代认知科学兴起的背景下，人们对技术在教育中作用的认识发生了哪些变化。

一、第二代认知科学的来临

前两节提到的认知负荷理论和多媒体学习认知理论都离不开 20 世纪 50 年代发生的"认知革命"。这场革命开启了认知科学发展的进程，其最初建立的认知科学研究范式对该领域的后续发展产生了重要的影响。

在认知科学发展的初始阶段，人们把认知或心智（mind）视为一种信息加工过程，即人的认知过程就类似于计算机的符号加工过程，认知加工就是根据一系列既定的逻辑运算规则，将由感觉器官输入的信息通过符号计算转化为一个特定的心理表征的过程。这种以"表征－计算"为主要特征的认知信息加工理论（cognitive information processing model）之所以能够形成，并成为当时认知科学的主流，离不开同时期控制论、信息论和计算机科学发展的时代背景。同时，认知信息加工理论也使计算机科学、心理学、语言学等研究领域逐渐摆脱了传统的基于"刺激－反应"的行为主义范式和基于"内省"的认知主义范式，加深了人们对认知过程的理解，所以又被称为符号主义或认知主义。不过，人们逐渐发现，这种认知加工范式无法从理论或实践层面解释认知活动的灵活性，其原因在于，这一理论范式过于简单地将人的认知加工类比为计算机的符号计算。事实上,大脑并不是计算机,既不存在所谓的中央逻辑处理器,也不存在固定区域位置的信息存储空间,它更应该被视为一种大规模的分布式加工网络,就如同大脑里遍布的神经元网络一样。虽然两者的认知加工的基础都是对输入内容进行计算并产生某种心理表征,但后者的计算和表征是基于其内在相互联结的神经元共同实现的一种动态过程。在这一背景下,一种新的基于神经科学的理论范式开始形成,它被称为联结主义(connectionist model)。

> **关键概念 —— 认知信息加工理论**
>
> 认知信息加工理论认为,认知的核心是记忆,而记忆就是信息在系统中的传递,就像用计算机储存、提取相应信息一样。该理论有两个影响最深远的模型,分别是多储存模型和三重储存模型。这些模型认为,记忆是一个由三个不同部分,即感知记忆、短时记忆和长时记忆所组成的系统;信息在系统中的传递可以分为三个过程,它们分别是编码、储存和提取。[①]
>
> **关键概念 —— 联结主义**
>
> 联结主义认为,大脑中储存的知识不是以离散的形式进行编码表征的,而是以相互联结的网络形式进行的。知识并不是储存在大脑的某个局部,而是分布在大脑的各个部分。因此,知识需要基于这一已经建立的相互联结的网络并通过扩散激活的方式进行提取。[②]
>
> **关键概念 —— 具身认知**
>
> 具身认知认为,人的心智很大程度上是由人的身体结构(形态、感知觉和运动系统)以及身体与物理环境的交互作用决定的。这一概念最早产生于20世纪末的语言学、哲学和认知心理学领域。[③]

认知信息加工理论和联结主义构成了第一代认知科学的两大核心,两者都是将认知加工视为基于符号和表征的计算,将"人的智能"完全等同于"人工智

---

① VandenBos G R. APA dictionary of psychology (second edition)[M]. Washington, DC: American Psychological Association, 2015: 539.

② VandenBos G R. APA dictionary of psychology (second edition)[M]. Washington, DC: American Psychological Association, 2015: 235.

③ VandenBos G R. APA dictionary of psychology (second edition)[M]. Washington, DC: American Psychological Association, 2015: 361.

能"。也就是说，人的认知是可以脱离身体而独立存在的，身体只是接收外部输入信息的感受器，其本身并不参与认知的具体过程。[①]因此，第一代认知科学的理论本质是笛卡尔"身心二元论"，即"身"和"心"是独立的，这一本质也决定了其难以在现实情境中应用。首先，以符号和表征为特征的信息加工过程通常是简单且形式化的，而自然状态下的"人的智能"往往具有更为复杂的心理过程，这就导致"人工智能"相比于"人的智能"显得太过笨拙。第二，"人的智能"在真实的认知过程中必然会涉及与之相关的社会文化环境和背景，并在这一交互过程中产生真正的意义，而这很难用"人工智能"所规定的一连串规则来表示。第三，虽然联结主义考虑了大脑神经网络工作模式的复杂性，但其仍然局限在对计算机机械化功能的模拟上。总而言之，虽然建立在"身心二元论"上的第一代认知科学极大地推动了认知科学的发展和繁荣，但其后期存在的与现实脱节的问题也引起了人们的关注，甚至招致了很多批评的声音。在此情况下，研究者们希望能够寻找新的理论范式来研究人在真实情境中的认知过程，在这一呼声中，以情境认知（situated cognition）为核心的第二代认知科学开始受到关注，并逐渐占据了认知科学的主流。

如前所述，第一代认知科学的理论假设是"身心二元论"，即"身"与"心"是分离的，是"离身"（disembodied）的。这一"离身"性在一定程度上也使得第一代认知科学很难解决人在现实情境中产生的认知问题。以"情境认知"为核心的第二代认知科学打破了原有的理论假设，认为"身"与"心"并不是分离的，身体本身的感知觉、活动方式与解剖结构等决定了我们能如何认识世界，而认知发生的外部环境也决定了我们可以如何认识世界。因此，我们不应该将身体仅视为各种输入信息的感受器和输出信息的效应器，而应该将身体和外部环境放在整个认知的过程中来看待。[②]在这一思潮下，认知科学的理论假设开始发生转变，即人的认知不应该只基于抽象的符号表征与规则计算，还应该基于人的身体以及身体与外部环境的交互。

容易看到，认知负荷理论和多媒体学习认知理论有着明显的第一代认知科学的印记，两者都是从认知信息加工理论的视角看待学习，这也解释了为何两个理论都希望从优化认知过程来研究技术对教学与学习的影响。随着"情境认知"拉开第二代认知科学的序幕，技术又会如何影响教学与学习呢？接下来，我们将分

---

① 李其维. "认知革命"与"第二代认知科学"刍议［J］. 心理学报，2008，40（12）：1306—1327.
② 叶浩生. 有关具身认知思潮的理论心理学思考［J］. 心理学报，2011，43（5）：589—598.

别从第二代认知科学发展的三个主流理论出发,对这一问题进行探讨。

二、具身认知

正如第一章所述,具身认知(embodied cognition)与第一代传统认知科学有着本质的不同,它不再把人的认知简化为基于符号和表征的计算,而是把人的心理视为一个统一的、不可分割的整体,是一个肉体、心理与外部世界持续交互的过程。在这一过程中,身体的生理结构和神经活动扮演着关键的角色,其产生的身体经验(如感知觉、运动等)将身体、大脑和环境编织在了一起。因此,具身认知十分关注身体在各种认知过程中所扮演的重要角色,强调身体在解释各种认知能力中的重要性(如图6-9所示)。举一个通俗的例子,一个学生捧着一杯热咖啡去听课,和捧着一杯冷咖啡去听课,对老师讲课效果的判断可能有所不同,简单地说,手的温度可能会影响大脑的认知。

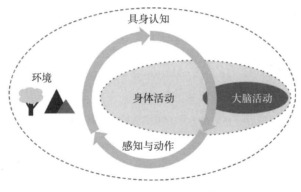

图 6-9 具身认知模型[①]

具身认知的思想由来已久。[②]英国经验主义哲学家约翰·洛克(John Locke)很早就提出了"一切只是来源于经验"的观点。他认为通过身体感官获得的经验才是人类形成所有观念的基础。在此基础上,他进一步提出,通过身体感官获得的经验会在心智的白板上留下各种印记,身体不仅具有生理意义,也是进行精神活动的先决条件。可以说,洛克的经验论很早就开始强调身体在教育过程中的重要意义。之后,还有很多教育学家在其学术论著中强调了身体对教育的重要

---

① Hinton A. Understanding context: environment, language, and information architecture [M]. CA: O'Reilly Media, Inc., 2014: 45.
② 叶浩生. 身体与学习:具身认知及其对传统教育观的挑战 [J]. 教育研究,2015,36(4):104—114.

性。但真正将身体作为学习主题,并明确指出身体对认知具有塑造作用的是法国现象学家梅洛-庞蒂(Maurice Merleau-Ponty)。梅洛-庞蒂认为,经验来源于身体,身体是经验的主体,人在本质上是一个不能脱离身体而单独存在的思维主体,人们对外部环境的感知,不是身体知觉的"映像",而是被身体"塑造"出来的,因此在学习过程中必须正视身体的作用。著名教育学家、实用主义哲学家约翰·杜威从生物进化和适应的角度出发,也认为心智的形成是建立在身体或身体活动上的,他提出的"从做中学"思想也是具身观的一种体现。让学习者从经验中学习,通过解决问题的过程来学习,杜威的这一思想成为一百年来教育改革的主流。[①]

随着第二代认知科学的兴起,具身认知这一概念逐渐为更多人所接受,但在实践应用过程中仍然存在很多争议。为了统一认识,加利福尼亚大学圣克鲁兹分校(University of California, Santa Cruz)心理学院的玛格丽特·威尔逊(Margaret Wilson)教授提出了关于"具身认知"的六个核心观点。[②③]

(1)认知是情境的(Cognition is situated)。认知活动发生在真实的情境中,从本质上看,这一过程包含感知与动作。

(2)认知是有时间压力的(Cognition is time pressured)。"心智是活的",只有将认知放在实时与外部环境交互的框架下,才能真正理解认知是如何工作的。

(3)将认知工作转移到环境(We off-load cognitive work onto the environment)。人的信息加工能力是有限的(如,工作记忆是有限的),因此充分地利用外部环境可以减少认知负荷。外部环境可以帮助保持和操作信息,人只需知道如何在需要时获得这些信息即可。

(4)环境是认知系统的一部分(The environment is part of the cognitive system)。信息在心智和外部世界之间的流动具有密集性和连续性,因此对于科学家而言,在研究认知活动的本质时,心智不能作为一个单独的有意义的部分进行分析。

(5)认知是为了行动(Cognition is for action)。心智的功能是为了指挥行动,理解认知机制(如,感知觉、记忆)必须要看其最终是否产生了与情境相符

[①] 张建伟,孙燕青. 从"做中学"到建构主义——探究学习的理论轨迹[J]. 教育理论与实践,2006,(7):35—39.

[②] Wilson M. Six views of embodied cognition[J]. Psychonomic bulletin & review, 2002, 9(4): 625-636.

[③] 李恒威,肖家燕. 认知的具身观[J]. 自然辩证法通讯,2006,(1):29—34+110.

的行为。

（6）离线认知也是基于身体的（Off-line cognition is body based）。即使脱离了外部环境，心智活动如感觉加工、运动控制等，仍然离不开那些进化而来的与外部环境进行交互的机制。

在具身认知理论的影响下，技术开始逐渐在各种教学与学习环境中得到深入应用。比如，在语言学习中，有研究者尝试基于手势和身体姿态动作进行第二语言的学习，结果发现具身学习在语言教学中可以显著提高学习效果和注意力。① 在基于微软 Kinect 体感交互技术的学习环境中，研究者发现，体感技术对于记忆动作短语具有促进作用。② 在多人协作的学习物理光学知识的活动中，学生通过手势操作虚拟的光路原件，并以此观察光路的变化，研究结果显示，该方法比传统的键鼠操作的效果要好。③ 美国加州大学伯克利分校具身设计研究实验室（Embodied Design Research Lab in The University of California, Berkeley）为小学生学习数学比例专门设计了形象化的训练工具，学生通过手持传感器可以将手的位置实时传输至电脑屏幕上，当学生用手比画的距离正确或错误时，屏幕会给予不同颜色的反馈。④ 再如，美国亚利桑那州立大学多媒体情境艺术学习实验室（Situated Multimedia Arts Learning Laboratory, Arizona State University）创建了基于动作捕捉技术（TELEM）的具身学习空间，该空间主要由 12 台红外线动作追踪摄像机和其他相应的多媒体网络设备构成，可以将地板投影环境中学生的位置信息发送给相连的计算机，当学生手持一个可追踪设备时，他们的身体就成为该交互空间中的一个 3D 光标，他们可以通过身体实时的运动轨迹来学习一些抽象的物理概念。⑤

可以看出，基于具身学习理论的设计核心在于以具身交互来促进经验建构，

---

① Eskildsen S W, Wagner J. Embodied L2 construction learning [J]. Language learning, 2015, 65(2): 268−297.

② Chao K J, Huang H W, Fang W C, et al. Embodied play to learn: exploring Kinect - facilitated memory performance [J]. British journal of educational technology, 2013, 44(5): 151−155.

③ Hung I C, Lin L I, Fang W C, et al. Learning with the body: an embodiment-based learning strategy enhances performance of comprehending fundamental optics [J]. Interacting with Computers, 2014, 26(4): 360−371.

④ Abrahamson D, Sánchez-García R. Learning is moving in new ways: the ecological dynamics of mathematics education [J]. Journal of the learning sciences, 2016, 25(2): 203−239.

⑤ 杨南昌, 刘晓艳. 具身学习设计：教学设计研究新取向 [J]. 电化教育研究, 2014, 35(7): 24—29+65.

而技术在实现这一目标中扮演着重要角色。[①]体感和人机交互技术的发展，使得人们在传统视觉和听觉之外，还能以身体为媒介与外部环境进行交互；逼真的三维模拟和沉浸技术，使得创建虚拟又真实的物理环境成为现实，让更深层次的身体与环境的交互成为可能。未来，技术或将让更多更高质量的具身认知研究与实践成为可能。

三、嵌入认知

相比于具身认知流派，情境嵌入认知（embedded cognition）是一种更加温和的情境认知观。[②]该流派认为认知发生在身体与物质、社会环境动态的交互作用之中，因而强调外部自然环境、社会与文化环境对认知过程的塑造，即不存在离开情境的认知。

在对认知过程的认识上，情境嵌入认知和具身认知具有很大的相似性，都认为人的认知需要身体与外部环境的交互，不过两者在强调的重点上有所不同。情境嵌入认知更强调外部环境对认知加工的影响，而具身认知则更注重身体在认知过程中的参与。一般而言，支持情境嵌入认知观点的人一般也支持具身认知，情境嵌入认知也因此受到了更多研究者的欢迎。人们通常提到的情境认知理论，指的主要就是情境嵌入认知这一流派。

对情境嵌入认知的研究主要有两个研究视角：一是以莱夫、温格为代表的人类学视角；二是以布朗（Brown）、柯林斯（Collins）和杜吉德（Duguid）为代表的心理学视角。从人类学的视角看，学习是一项日常生活实践，人们需要根据外部环境的变化不断地参与实践活动，并在实践活动中改变自己对世界的理解，这一过程就是学习。[③]从心理学的视角看，知识和学习是具有情境性的，只有将学习嵌入未来可能适用的社会和物理环境中，有意义的学习才会发生；与此同时，知识本身还具有工具的属性，在真实情境中应用知识的过程也是个体适应社会文化的过程，此时知识与学习者之间才会产生有意义的联结。[④]因

---

① 郑旭东，王美倩，饶景阳. 论具身学习及其设计：基于具身认知的视角［J］. 电化教育研究，2019，40（1）：25—32.
② 刘革，吴庆麟. 情境认知理论的三大流派及争论［J］. 上海教育科研，2012，（1）：37—41.
③ （美）Lave J，Wenger E. 情景学习：合法的边缘性参与［M］. 王文静 译. 上海：华东师范大学出版社，2004：2—3.
④ 崔允漷，王中男. 学习如何发生：情境学习理论的诠释［J］. 教育科学研究，2012，（7）：28—32.

此，将认知放在更广泛的物理和社会情境中去，理解才有意义。[①]可以看到，人类学的视角更多的是将认知看作个人与社会情境之间互动的结果，更强调社会参与性，因此才有了"学习是实践共同体中合法的边缘性参与"这一著名论断；而心理学的视角更多是从情境对认知发展的支持性作用出发，更强调情境为认知与学习创造了必要的条件。虽然这两种视角的侧重有所不同，但从本质上讲，两者都认为认知离不开情境的参与，情境是构建有意义知识的基础。也就是说，认知是情境性的，是人在与外部的物理环境、文化环境的不断交互中形成的。

综上，我们可以将情境嵌入认知对创设情境的要求归为以下两点：①情境要为学习者生成相关学习问题、提出各种假设创造机会，要为其接下来解决问题提供丰富的辅助资源，还要提供丰富的例证使学习的知识技能更好地迁移[②]，即为学习者构建"知识"的物理情境；②情境还应为学习者个人"身份"的构建提供实践共同体，确保每个学习者在共同体中可以"合法"地参与到学习过程中，即为学习者提供"合法的边缘性参与"（允许新手可以部分地、不充分地参与）的文化环境。

由于情境嵌入认知这一理论流派非常适合解释复杂、真实情境中的学习，该理论也因此成为设计多媒体学习环境的理论之一。很多学者基于该理论提出了情境学习的设计框架和实践原则。其中，澳大利亚莫道克大学（Murdoch University in Australia）的扬·哈灵顿（Jan Herrington）教授归纳了以往不同学者提出的情境学习教学设计模型，并在此基础上提出了情境学习的九大设计要素（如图6-10所示）[③]：①提供真实的学习情境，以反映知识在现实生活中的应用；②提供真实的活动；③提供接近专家及其工作过程的机会；④提供多元的角色和视角；⑤支持通过协作来构建知识；⑥在关键时刻提供辅导与脚手架；⑦通过反思来促进抽象思维的形成；⑧通过表达来促进隐性知识的显性化；⑨在任务中对学习进行综合评价。

---

① （美）J. Michael Spector, M. David Merrill, Jan Elen（Eds.）. 教育传播与技术研究手册（第四版）[M]. 任友群, 焦建利, 刘美凤, 等 译. 上海：华东师范大学出版社, 2015: 498—500.
② 刘义, 高芳. 情境认知学习理论与情境认知教学模式简析[J]. 教育探索, 2010,（6）: 88—89.
③ Herrington J, Oliver R. Critical characteristics of situated learning: Implications for the instructional design of multimedia[C] // ASCILITE 1995 Conference. Melbourne: University of Melbourne, 1995: 253–262.

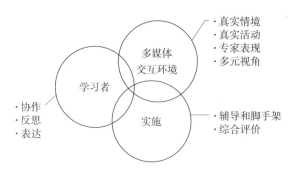

图 6-10 哈灵顿情境学习指导框架

除了提出具有可操作性的教学策略和设计框架外,新兴多媒体技术的出现也让技术可以更好地参与到创设学习情境之中。比如,利用多媒体技术为学习创设真实认知情境的贾斯珀系列。该系列的情境采用视频故事的形式呈现,每一集围绕某个特定的问题设计配套的真实场景、学习资源以及学习者解决数学问题所需的必要数据和原始素材。虽然无法完全还原真实的情境,但这种基于技术的情境创设可以在很大程度上反映现实的生活,从而为激发学习者的学习动机、实现有意义的主动学习创造条件。[1][2][3] 在这之后,贾斯珀系列的研究人员又开发了 SMART 系列并设立了相应的网站,目的是为所有关注贾斯珀系列的研究者、教师和学习者搭建一个共同的互动交流平台,展开向实践共同体的探索。近些年,随着各种社交网络的兴起,围绕某个话题或群体而建立的学习共同体也成为技术支持情境学习的一种方式,如美国地理儿童网络远程学徒项目,基于 Blog、E-mail、即时通信软件和网络平台的教师专业发展共同体、师范生实习共同体等[4],这些信息通信技术为共同体的异步远程交互创造了可能。

可以看到,技术在基于情境的学习设计实现上也发挥着重要作用。一方面,多媒体技术为创设真实的学习情境提供了有利条件,尤其是虚拟现实技术(VR)和增强现实技术(AR)的出现,推进了情境创设的真实性;另一方面,互联网通信技术的提升为人们提供了更加多元、便捷的沟通交流方式,这在一定程度上

---

[1] Cognition and Technology Group at Vanderbilt. The Jasper series as an example of anchored instruction: Theory, program description, and assessment data [J]. Educational psychologist, 1992, 27(3): 291—315.

[2] 王文静. 美国课程与教学案例透视 [M]. 上海: 华东师范大学出版社, 2002: 1—4.

[3] (美)戴维·H.乔纳森. 学习环境的理论基础 [M]. 郑太年, 任友群 译. 上海: 华东师范大学出版社, 2002: 24—53.

[4] 李翠白. 西方情境学习理论的发展与应用反思 [J]. 电化教育研究, 2006, 9(16): 20—24.

也推动了学习实践共同体的构建。

四、延展认知

相比于前面的具身认知、情境嵌入认知，延展认知（extended cognition）主要来源于一些哲学争论，在观点上也更为激进。[①]该理论流派认为，认知不仅包括发生在大脑内部的部分，还应该包括延展到外部环境的部分，即外部环境或情境本身也是一种认知。

可以看到，延展认知的观点中虽然也有情境，但其对情境的认识与前两种流派是十分不同的。虽然具身认知和嵌入认知也存在一些区别，即是否强调身体在认知过程中的作用，但两者都强调外部环境对大脑内认知过程的影响，也就是说，两者都认为认知的主体只有人的大脑，外部的物理环境、社会环境、身体等是为大脑形成认知的内在表征服务的，是一种被动参与的过程。对于延展认知而言，虽然该流派也提到了认知中情境的作用，但延展认知对于情境的定位已经不再是一种被动参与或辅助，而是将外部环境或情境也视为认知主体，即一个主动的参与者。也就是说，认知不仅发生在大脑内部，而且也发生在外部情境之中。从这个意义上看，延展认知打破了认知只发生在脑内的固有观点，而将认知边界向外进行了延展，认为认知不仅有大脑知识的内在表征，也有外部情境的外在表征。[②]

分布式认知（distributed cognition）是延展认知最具代表性的一种表征模型（如图6-11所示），最早由美国加利福尼亚大学圣地亚哥分校认知科学系教授埃德温·赫钦斯（Edwin Hutchins）于20世纪80年代提出。该模型不仅打破了传统认知的边界，还打破了将个体作为认知中心再向外延展的观点。该模型强调：认知是分布的，并没有一个中心的单元；认知是一个需要所有认知主体共同耦合来完成的过程[③]，即人们在考虑认知时需要考虑认知活动的全貌。随着信息技术在人类社会中的不断普及，各种技术工具的应用大大提高了人们的日常生活和工作效率，在这一过程中，使用技术工具本身也对人们的认知和思维方式产生了潜移默化的影响。人们逐渐意识到，在信息时代，已经很难将外部的技术工具剥离于

[①] 刘革，吴庆麟. 情境认知理论的三大流派及争论［J］. 上海教育科研，2012，(1)：37—41.

[②] Heylighen F, Heath M, Van F. The emergence of distributed cognition: a conceptual framework ［EB/OL］.［2006-12-15］. http://pespmc1.vub.ac.be/Papers/Distr.CognitionFramework.pdf.

[③] 于小涵，盛晓明. 从分布式认知到文化认知［J］. 自然辩证法研究，2016，32(11)：14—19.

净而只关注人本身的内在认知表征。在这一背景下，分布式认知开始受到广泛关注，对教育研究与实践也产生了很大的影响。

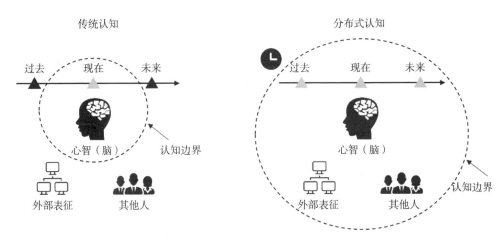

图6-11 分布式认知对传统认知边界和主体的延展

认知的"分布"特征可以体现在多个方面。赫钦斯指出，分布式认知主要体现在三个过程之中：①认知过程可以通过社会群体的成员进行分布；②认知过程可以在内部表征与外部（物质或环境）表征的交互协调中进行分布；③认知过程也可以通过时间进行分布，即先前发生的事件结果可以改变后续事件的性质。[①]

也有学者对此进行了扩充，认为分布式认知分布于个体内、个体间、媒介、社会、文化和时间等多个方面。[②]①在个体内部：知识的分布并不是均匀的，大脑内部的认知表征需要依赖一系列相对独立又相互联结的大脑结构和功能联结。②在个体间：知识经验在不同人之间的分布也是非均匀的，如教师与学生之间、学生与学生之间等，这种不均匀的分布为学习交流的产生奠定了基础。③在媒介中：知识本身也广泛分布在不同的人工制品之中。这里的媒介指的不仅是物质的人工制品，如计算机、工具、设备、技术等，还有一些符号媒介，如表情、动

---

① Hollan J, Hutchins E, Kirsh D. Distributed cognition: toward a new foundation for human-computer interaction research [J]. ACM transactions on computer-human interaction (TOCHI), 2000, 7(2): 174-196.

② Cole M, Engeström Y. A cultural-historical approach to distributed cognition [M] // Salomon G. Distributed cognitions: Psychological and educational considerations. London: Cambridge Uniersity Press, 1997: 1-46.

作等。一方面，它们的存在可以作为认知的转载，让人们从一些简单机械的认知任务中解脱出来，去做更具有创造性和复杂性的认知任务；另一方面，这些人工制品本身也具有其独特的对知识的表征形式，而这些表征形式既是个体认知的结果，也可以反过来继续影响个体的认知方式。④在社会中：认知还广泛存在于逐渐形成的分工和规则之中。⑤在文化中：人们共同形成并遵守的一系列价值观念体系为个体的行为活动提供了无形的情境基础，不同的文化分布也就造成了人们活动方式的不同含义。⑥在时间中：认知分布于人类的过去、现在和将来。这也意味着，人们过去的经验会对现在和未来的认知活动产生影响，在认知活动中产生的人工制品就是对这一过程的见证。①②

相比于具身认知和情境认知，分布式认知让人们愈加认识到人工制品在认知活动中扮演着主动参与的角色。技术工具不仅仅是知识的传递工具、意义建构的辅助工具、认知负荷的优化工具，更重要的是，还对学习者思维的发展和对学习共同体的分布式协作起着促进与支持作用。一方面，人们更加关注认知工具对于学生认知的积极促进，比如，学习者可以将思维导图、概念图、语义网络等知识可视化工具作为抓手，深度整合内在和外在知识表征，将隐性的心智模型显性化，更好地实现知识的共享与协同创新③；另一方面，基于分布式认知的计算机支持的协作学习（CSCL）系统也是探索将技术应用于教育研究与实践的重要方向，人们开始关注应该如何设计和组织去中心化的学习资源（包括教师、学习伙伴、线下学习场馆、线上多媒体学习资源等）来促进学习者的深度学习④。

可以看到，这种从个体认知到分布式认知的转变，对于适应当前信息社会的复杂性具有非常重要的意义。尤其是在泛在计算（ubiquitous computing）逐渐普及的今天，技术工具已经深刻地改变了传统的认知方式，可以说人们已经很难离开技术工具而"独善其身"，人与技术的界限已经逐渐模糊，两者正在慢慢成为一个整体。总之，在数字时代，分布式认知为人与技术更好地协同工作提供了理论支持，同时也为未来教育领域技术工具的设计和使用描绘了新的蓝图。

---

① 周国梅，傅小兰.分布式认知——一种新的认知观点[J].心理科学进展，2002，(2)：147—153.
② 刘革，吴庆麟.情境认知理论的三大流派及争论[J].上海教育科研，2012，(1)：37—41.
③ 赵国庆，黄荣怀，陆志坚.知识可视化的理论与方法[J].开放教育研究，2005，(1)：23—27.
④ 柳瑞雪，骆力明，石长地.分布式学习环境下的协作学习交互类型研究[J].中国远程教育，2017，(1)：30—36+76+80.

> **本章结语**

技术对教育的影响十分复杂，它不取决于技术本身的先进程度，而取决于技术在学习过程中能够扮演何种角色、能够提供何种功能，而这些角色和功能的意义又取决于人们对学习本质的理解。可以看到，从第一代认知科学到第二代认知科学的转变中，人们在不断完善对认知与学习的理解——从早前"身心二元论"下的符号表征到"具身"思潮下的情境认知，人们对于学习本质的认识不仅体现在从一种观点向另一种观点转变，还体现在对学习内在不同层次上的认知机制的逐步构建。从认知信息加工的角度，技术应该从优化认知加工过程出发，要考虑到工作记忆容量的有限性，尽可能减少由外在认知负荷引起的无关认知加工，使学习者可以将更多的认知资源投入有意义的认知加工之中。从情境认知的角度，技术应该从情境构建的角度出发，为个体与外部物理、社会文化环境的交互搭建平台，让个体可以主动地感知、有意义地构建知识、积极地与技术工具协同工作。正是这些不断完善和发展的对认知与学习的认识，让我们对技术如何促进认知与学习有了更深刻的理解，也让"技术有用"真的成为可能。

> **重点回顾**

1. 技术一般包括"物质技术"和"智能技术"。
2. 人们对"技术"的认识经历了"媒体""过程"和"系统"三个阶段。
3. 技术支持教育的两种形式包括"从技术中学习"和"用技术学习"。
4. 认知负荷理论，旨在从认知资源有限性的角度来解释和检验教育实践中的教学与学习设计，并通过充分优化教学设计中认知资源的分配来实现复杂任务中的有效学习。
5. 人类的认知加工是以感觉记忆、工作记忆（短时记忆）和长时记忆为基础的。
6. 一般来说，认知负荷包括外在认知负荷、内在认知负荷和相关认知负荷。
7. 认知负荷的测量方法通常包括主观测量法、任务绩效测量法和生理测量法。
8. 研究者对于多媒体学习的认识有不同的视角，"以技术为中心的设计"和"以学习者为中心的设计"是其中的两个典型代表。
9. 多媒体学习过程中的三条基本假设，分别是双重通道假设、容量有限假设和主动加工假设。
10. 梅耶基于认知负荷理论进一步提出了多媒体学习中的三种认知加工，分别是无关认知加工、基础认知加工和生成认知加工。

11. 多媒体学习设计的原则分为三类，分别是减少无关认知加工的原则、调节基础认知加工的原则和促进生成认知加工的原则。

思考题

1. 名词解释：技术、认知负荷、组块、图式建构、图式自动化、生物初级知识、生物二级知识、具身认知、嵌入认知、延展认知、分布式认知。
2. 请结合自己的学习经验分析外在认知负荷、内在认知负荷、相关认知负荷。
3. 斯威勒基于研究提出了一系列认知负荷效应，用以降低教学设计中的外在认知负荷。请列举主要的认知负荷效应。
4. 认知负荷理论的核心目的究竟是什么，教师在日常教学中应该怎样应用认知负荷理论呢？
5. 以技术为中心的研究取向和以学习者为中心的研究取向有何不同？
6. 多媒体学习认知理论的三个基本假设是什么？
7. 在多媒体学习认知理论中，主动加工的三个基本过程都是什么？
8. 请列举多媒体学习设计的主要原则，并利用这些原则对一些教学课件进行分析和评价。

第七章　学习环境与学习技术

> **内容摘要**
>
> 　　上一章讲解了技术在促进认知和学习方面的价值，并介绍了技术支持下的认知方式，本章就在上一章的基础上介绍更多的学习技术。首先，讲解学习环境和学习技术的概念，梳理学习技术的发展脉络；其次，大致根据学习环境与学习技术的发展历史，依次介绍计算机辅助学习、人工智能支持下的学习、技术支持下的协作学习、新兴技术支持下的学习，其中包括操练和练习、模拟仿真、智能导师系统、个性化自适应学习、计算机支持下的协作学习、大规模在线协作学习、移动学习和泛在学习、游戏化学习、虚拟世界中的学习、在线学习和混合学习等；最后，介绍包括教室在内的学习空间的含义及设计原则。希望通过本章的学习，让大家对学习环境与学习技术有一个概貌性的了解。

> **学习目标**

1. 了解学习环境和学习技术的历史发展、计算机辅助学习的基本形式。
2. 了解本章重点推荐的若干典型案例。
3. 了解微世界与建模的基本含义、智能导师系统的模型架构、个性化自适应学习的四阶段自适应循环模型。
4. 理解计算机支持的协作学习以及大规模在线协作学习的特点和局限性。
5. 掌握移动学习的含义、价值、模式及泛在学习的含义。
6. 掌握游戏化学习的含义和价值。
7. 掌握虚拟世界中的学习的含义、虚拟现实技术的类型、虚拟世界的教育价值。
8. 掌握在线学习、混合学习、MOOC、微课、翻转课堂的含义和特点。
9. 理解学习空间的含义以及其与学习环境、学习技术的关系。
10. 掌握学习空间的设计框架和设计原则。
11. 能够结合本章所学知识来分析学习中用到的各种技术。

思维导图

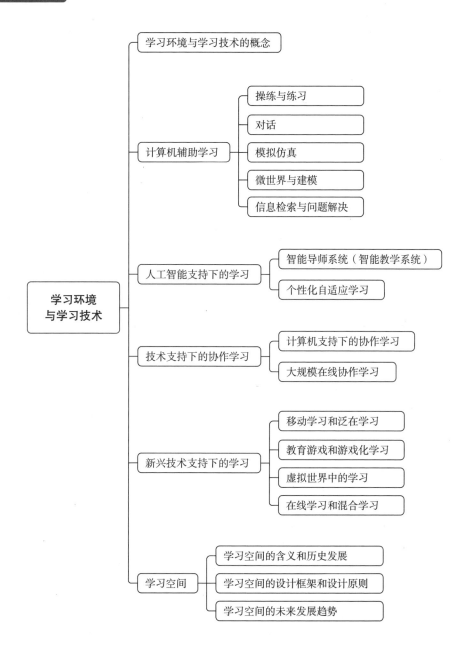

第一节　学习环境与学习技术的概念

在日常学习工作中，我们经常会谈到要给学习者创造良好的学习环境，可是究竟学习环境指的是什么，它又包括哪些内容，它与学习技术之间又是什么关系呢？

一、学习环境的含义及发展

（一）学习环境的含义

尽管大家一直在谈学习环境（learning environment），但是对学习环境却没有一个标准的定义。威尔逊（B. G. Wilson）认为，学习环境指的是学习者在追求学习目标和问题解决的活动中，可以使用多样化的工具和资讯资源并相互合作和支持的场所。[①] 知名建构主义学习理论专家乔纳森认为，学习环境是学习者一起学习或相互支持的空间，学习者在其中控制学习活动，并且运用信息资源和知识建构工具来解决问题。他还提出了一个建构主义学习环境设计模型（constructivist learning environment, CLE），包括设计问题/项目空间（problem/project space）、相关实例（related cases）、资讯资源（information resources）、认知工具（cognitive tools）、会话与协作工具（conversation and collaboration tools）和社会背景支持（activity system）6个方面。除此之外，学习环境中还需要提供建模（modeling）、教练（instructing）和支架（scaffolding）策略来促进知识建构。[②]

我国学者杨开城也从建构主义的视角出发，认为学习环境是一种支援学习者进行建构性学习的各种学习资源（不仅仅是资讯资源）的组合。其中，学习资源不仅包括资讯资源、认知工具、人类教师等物理资源，还包括任务情境等软资源。[③] 武法提则认为，学习环境是一个动态概念，它与动态的学习进程是紧紧联系在一起的，是学习活动展开的过程中赖以持续的情况和条件。学习环境的要素不

[①] Wilson B G. Metaphors for instruction: why we talk about learning environments [J]. Educational technology, 1995, 35(5): 25–30.

[②] Jonassen D H. Desining constructivist learning evironments [C]//C. M. Reigeluth (Ed.). Instructional-design theories and models (2nd ed). Mahwah, NJ: Lawrence Erlbaum Associates, 1999: 215–240.

[③] 杨开城. 建构主义学习环境的设计原则 [J]. 中国电化教育, 2000, 21(4): 14—18.

仅仅包括支撑学习过程的物质条件（学习资源），而且还包括教学模式、教学策略、学习氛围、人际关系等非物质条件。①

其实，对学习环境的定义还有很多，都不尽相同，不过它们基本上都包含这些共性：①学习环境是一个场所；②学习环境包含了各种学习资源和人际关系；③学习环境包含了各种认知工具；④学习环境支持相互合作和协作；⑤学习环境是以学习者为中心的，目的是促进学习者的学习。

基于以上探讨，本书给学习环境下一个比较简单的定义：

> **关键概念——学习环境**
>
> 学习环境是一个包含了各种学习资源、认知工具和人际关系，并支持学习者相互合作和协作，旨在促进学习者学习的物理或虚拟的学习场所或活动空间。

需要说明的是，有时候我们也会提教学环境，两者的含义其实差不多，只不过学习环境更加强调学生的"学"，教学环境更加强调教师的"教"。

（二）学习环境研究的历史发展

虽然学习环境研究是在20世纪90年代建构主义和信息技术大发展以来才得到了广泛的关注，但是事实上学习环境研究由来已久。②20世纪30年代，莱文（Lewin）第一次从心理学的角度对人和环境的关系进行了深入研究，让大家认识到了环境与个体间的互动关系是人的行为的重要影响因素。后来，以韦德（Wade）为代表的一些社会心理学家开始对课堂环境进行研究，并研发了观察和记录幼儿社会行为的技术以及对学校环境进行评价的工具。20世纪50年代，有学者对教师、学生的课堂行为以及课堂气氛等进行了研究，并开始从生态学的角度研究学习环境，认为学校是一个极其重要的生态环境。20世纪60年代，西方国家开始进行新的课程改革，注重按人的身心发展需要组织教学环境。在此期间，学习环境逐渐成为一个相对独立的研究领域，不过在60年代早期，主要侧重学习环境中的物理环境方面，比如美国密歇根大学建筑研究实验室开展了"学校环境研究计划"，研究者们对学校的建筑空间、温度、光线、声音等物理因素

---

① 武法提. 基于WEB的学习环境设计［J］. 电化教育研究, 2000,（04）: 33—38+52.
② 陆根书, 杨兆芳. 学习环境研究及其发展趋势述评［J］. 高等工程教育研究, 2008,（02）: 55—61.

对学生的学习过程的影响进行了深入研究。在 60 年代后期，研究者开始关注社会心理因素方面，更加注重考查师生对学习环境的感知及学习环境与学生学习的关系。1973 年，穆思（Moos）在斯坦福大学创立了社会生态学实验室，开展"人类环境研究"，对包括学校在内的九类社会组织进行了研究，随后还编制了"课堂环境量表"（classroom environment scale）。20 世纪 80 年代以来，学习环境在国际上成为热门研究课题，众多学者开始对学校环境、班级环境、心理环境等展开了研究。

进入 20 世纪 90 年代以后，随着信息技术的快速发展，建构主义学习理论开始流行。因为建构主义学习理论强调，知识不是通过教师传授而得到的，而是学习者在一定的情境即社会文化背景下，借助其他人（包括教师和学习伙伴）的帮助，利用必要的学习资料，通过意义建构的方式而获得的。[1] 换言之，建构主义学习理论特别强调打造有助于促进知识建构的学习环境，所以威尔逊、乔纳森、何克抗等世界各地的一大批教育技术学者开始从建构主义的角度探讨学习环境，而且特别重视利用现代教育技术创设数字化学习环境。进入 21 世纪以后，随着移动技术、教育游戏、VR/AR、交互白板、智能录播等先进技术的发展，越来越多的教育学、教育技术学、学习科学等领域的学者们开始思考如何从学习环境的角度入手，将新技术与新理念相融合，构建出更适合学习者进行知识建构的学习环境。在教育教学实践中也逐渐涌现出了能够支持网络探究（WebQuest）、专题研习、虚拟学习、移动学习、游戏化学习、在线学习、混合学习等各种学习方式的学习环境。

2016 年 3 月，阿尔法狗（AlphaGo）战胜围棋高手李世石，标志着人工智能第三次浪潮的来临。这也吸引了众多学者开始探讨把人工智能、大数据等技术应用到教育中，创设智慧学习环境（智能学习环境），从而能够感知学习情境、识别学习者特征、发现学习者在学习过程中遇到的问题、提供合适的学习资源与丰富的认知和协作工具、自动记录学习过程和评测学习成果，以促进学习者有效学习。[2]

学习环境的质量优劣直接关系着学生的学习与身心发展。杜威在《民主主义

---

[1] 何克抗. 建构主义的教学模式、教学方法与教学设计 [J]. 北京师范大学学报（社会科学版），1997,（5）: 74—81.

[2] 黄荣怀，杨俊锋，胡永斌. 从数字学习环境到智慧学习环境——学习环境的变革与趋势 [J]. 开放教育研究，2012, 18(1): 75—84.

与教育》中说，"成年人有意识地控制未成熟者所受教育的唯一方法，是控制他们的环境。他们在这个环境中行动，因此也在这个环境中思考和感觉……有必要提供一个特殊的社会的环境，特别关心培养未成年人的能力"[1]。

二、学习技术的含义及发展

（一）学习技术的含义

学习技术（learning technology）这个概念也很常见，顾名思义，就是指用来促进学习的技术。英国学习技术协会（Association for Learning Technology，ALT）将学习技术定义为："系统地应用一种整体性的知识来设计、执行、管理和评价教与学。所谓整体性知识，是基于对潜在技术及其能力的理解；基于学习理论、教学设计和变化管理的原理而进行的研究与实践的成果。"[2]南京大学桑新民教授认为，学习技术既是学习理论的具体化和操作化，又是具体学习方法的综合与规范化。学习技术不是孤立的学习方法，而是具有内在联系的一整套学习方法体系。[3]上海师范大学董玉琦教授认为，学习技术是同时关注文化、技术、学习内容和学习者并强调其相互关系，以促进学习的一种研究范式。[4]

由以上探讨可以看出，学习技术实际上既包括了信息技术等硬技术，又包括了学习方法等软技术。结合上一章对"技术"的探讨，本书对学习技术给出如下定义：

> **关键概念——学习技术**
> 广义上的学习技术泛指一切用来设计、执行、管理和评价学习的技术和方法。狭义上的学习技术指的是用来设计、执行、管理和评价学习的现代教育技术，包括软件、平台和方法等。

在本章中，我们接下来主要介绍的是狭义上的学习技术，下面先简述这类学习技术的发展简史。

---

[1] 约翰·杜威. 民主主义与教育 [M]. 王承绪 译. 北京：人民教育出版社，1990: 21—25.
[2] 黄都. 面向学习者的学习技术设计 [J]. 开放教育研究，2006,（3）: 84—88.
[3] 桑新民. 学习究竟是什么？——多学科视野中的学习研究论纲 [J]. 开放教育研究，2005,（1）: 8—17.
[4] 董玉琦, 等. 学习技术导论 [M]. 北京：教育科学出版社，2020: 14—19.

（二）学习技术研究的历史发展

学习技术的发展和教育技术是密不可分的，只不过学习技术更加侧重学生的学，教育技术则相对侧重教师的教。这里就结合教育技术的发展，分几个阶段概述学习技术研究的发展脉络。[①]

1. 视听教育时期（20世纪初— ）

19世纪末，人们开始将幻灯机应用到教学中，这算是现代教育技术的萌芽。进入20世纪以后，人们逐渐将电影、唱片、收音机、录音机、电视应用到教学中，此时一般称为视听教育（audio and video education）。1936年，我国教育界人士在引进视听教育的时候，采用了更通俗易懂的名词——"电化教育"（audio-visual education），这个名词一直沿用到了20世纪90年代，之后才逐渐改为了"教育技术"（educational technology）。

2. 计算机辅助教学时期（20世纪50年代— ）

1946年，人类发明了计算机。20世纪50年代开始计算机逐渐被用到了教育领域，最初称为计算机辅助教学（computer assisted instruction，CAI），表示将计算机应用到教学环节中。

美国IBM公司在1958年设计了第一个计算机教学系统，利用一台IBM 650计算机连接一台电传打字机为小学生讲授二进制算数，并能根据学生的要求产生习题。之后斯坦福大学等机构也逐渐开展了CAI研究，学科上涵盖了算术、数理逻辑、外语、高等数学等，其中比较著名的是伊利诺伊大学于1960年开始启动的PLATO（programmed logic for automatic teaching operation）系统，最初它将该校的ILLIAC I大型计算机与一个交互式终端（后来变成了两个）连接起来，之后逐渐发展成一个大型CAI教学系统，到1975年以后，已经发展到PLATO Ⅳ版本，此时包括两台大型计算机（CDC-CY-BER-73和CDC6500），通过网络与分布在全美200多个地区的1100个终端相连，提供了150个专业共约7000学时的教材和教学指导。后来又发展到包含4000个终端的PLATO Ⅴ版本。目前该系统（http://www.plato.com）仍然在继续发展。另外，在1971年，美国的MITRE公司与得克萨斯大学、杨伯涵大学合作开发的TICCIT（time-shared interactive computer-controlled information television）也比较知名，该系统的特点是可以安装在小型计算机上，并且与电视技术结合了起来，带有75MB的磁盘存储器和

[①] 以下的各个阶段只是一个大致分期，主要是强调在什么时间兴起的。比如视听教育在20世纪初兴起，但是实际上现在电影和电视也还在用。

128个终端。①

20世纪70年代，微型计算机出现以后对于CAI的发展也起到了革命性影响，人们逐渐将原本运行在大型计算机和小型计算机上的CAI软件、课件等逐渐迁移到了APPLE Ⅱ等微型计算机上，并且基于微型计算机开发了更多的CAI软件。20世纪80年代末90年代初多媒体技术出现后，其具备的综合应用文字、图形、图像和声音的能力，使得CAI也进入了多媒体学习时代。之后随着互联网技术的发展，超链接技术开始被使用，CAI也就进入了超媒体学习时代。这期间，CAI逐渐吸引了各界人士的目光，世界各地的研究者、一线教师逐渐研发了各种各样的多媒体学习课件。

进入21世纪后，以多媒体网络技术为主的信息技术开始迅猛发展，WWW（World Wide Web，万维网，简称为Web）、移动技术、游戏、VR/AR等新兴技术的应用，使得CAI形式越来越多元化。当然，从广义上来说，本章讲的所有内容实际上都属于计算机辅助教学的范畴，只不过在20世纪90年代多媒体网络技术崛起后，人们就较少使用CAI这个概念了，开始更多地使用多媒体学习、智能导师系统、计算机支持的协作学习等特定概念了。

回顾CAI的形成与发展过程，其最初是与前面章节谈到的"机器教学"和"程序教学"分不开的，所以这个时期的CAI，依据的学习理论主要是行为主义学习理论，形式主要是操练、练习和个别指导型，人机交互是通过计算机文本实现的。20世纪80年代以后，随着认知主义学习理论逐渐流行，人们开始依据认知学习理论设计CAI软件，注重利用文字、图片、声音、图像等刺激学习者，以促使学习者更好地注意、选择和加工信息。20世纪90年代以后，随着建构主义学习理论开始流行，人们开始依据建构主义学习理论设计CAI软件，注重综合利用各种技术，尤其是超媒体技术等给学习者提供学习环境。

在CAI发展的过程中，实际上还有多个相关概念，比如CMI（computer-managed instruction，计算机辅助管理），主要侧重计算机在测试、评价等教学管理方面的应用。还有CBE（computer-based education，计算机辅助教育），泛指计算机技术在教育领域中的应用，涉及教学、科研、管理等各个方面，其中重要的组成部分就是CAI和CMI。除了这三个概念外，还有学者从"学"的角度提出CAL（computer assisted learning，计算机辅助学习），主要强调计算机在支持学习中的作用。由于本书是围绕学习科学展开论述，故接下来的内容中我们将主

---

① 师书恩，王慧芳，林田．计算机辅助教学（第2版）[M]．北京：高等教育出版社，2014:10—11.

要使用CAL（计算机辅助学习）。

3. 智能导师系统时期（20世纪70年代— ）

20世纪70年代左右，随着人工智能技术的发展，各个领域的专家系统开始涌现，在教育领域，也有一批人工智能学者希望让计算机可以像人类教师和助教一样指导和帮助学生的学习，所以智能导师系统（intelligent tutoring system，简称ITS，也常称智能教学系统）开始发展起来。

第一个产生影响的智能导师系统是卡波尔（J.R. Carbonel）在1970年研发的教授南美洲地理的Scholar系统，后来又有GUIDON、PROUST、SOPHIE等系统。其中卡内基梅隆大学开发的智能辅导系统cognitive tutor（认知导师）产生了比较大的影响，最初主要用于代数的学习，后来逐渐被拓展到了英语等多个学科。

客观地说，早期的智能导师系统的智能水平有限，所以在教育中没有得到普及应用。但是在2016年左右掀起第三次人工智能浪潮以后，智能导师系统走上了快车道，研究者提出了"AI教师"等概念[①]，人们希望结合大数据、云计算等技术，通过分析学生的学习行为数据，让计算机像教师一样指导学生，从而真正实现个性化自适应学习。

4. 计算机支持的协作学习时期（20世纪90年代— ）

20世纪90年代左右，随着多媒体网络技术和建构主义学习理论的发展，教育领域对合作学习和协作学习越来越重视，人们开始利用计算机网络技术来支持合作学习和协作学习，于是计算机支持的协作学习（computer supported cooperative learning，CSCL）开始兴起。1995年，第一次真正独立的CSCL会议在美国的印第安纳大学举行，之后每两年召开一次。

在CSCL发展的过程中，各个研究机构也产生了许多比较有影响力的项目，第一个知名的项目是聋哑大学的ENFI（Electronic Networks for Interaction，电子网络互动系统）项目。为了解决聋人大学学生的听写问题，研究人员设计了一些特别的教室，将布置有计算机的桌子围成一圈，同时开发了类似于现在广泛使用的聊天工具软件，以便师生通过电脑软件用特殊文字进行讨论，从而促进写作。另一个比较知名的项目是多伦多大学于1983年推出的CSILE项目（见第四节案例），它是一种类似于BBS讨论区的学习环境，支持学生思考和理解知识，

---

① 余胜泉，彭燕，卢宇. 基于人工智能的育人助理系统——"AI好老师"的体系结构与功能[J]. 开放教育研究，2019，25（1）：25—36.

在某一特定主题下分享观点、进行讨论。该系统最初采用单机和局域网环境，在 1996 年修改为可以在互联网环境中使用的版本，并更名为知识论坛（Knowledge Forum）。[①] 另外，进入 21 世纪后，随着 MOOC 的流行，成千上万，甚至几十万、上百万的人可以一起学习、分享、交流和合作，这就使得大规模在线协作学习成为可能。

需要注意的是，在本书中，其他新兴学习技术是和 CSCL 分开讲述的，但是实际上现在的学习技术基本上都提供了协作功能，所以它们大部分也属于 CSCL。比如，我们可以说教育游戏支持下的协作学习、移动技术支持下的协作学习等。

5. 新兴学习技术时期（2000 年——　　）

20 世纪末 21 世纪初，随着信息科学与技术的不断发展成熟，移动学习（mobile learning）、游戏化学习（game-based learning）、虚拟世界中的学习（VR/AR）等新兴的学习技术也逐渐被应用到教学中。当然，虽然我们称其为新兴的学习技术，其实有的技术之前早就被应用了，比如游戏，在计算机辅助教学的早期，游戏就和操练、模拟、仿真等同为重要的 CAI 形式，只不过那时的游戏比较简单，而 20 世纪末计算机图形图像技术及网络技术的成熟，使得具备复杂功能的游戏得以实现，于是教育游戏和游戏化学习才成了一个新的研究热点。

教育技术实际上是由两个分支汇成的，一个分支是主要利用图像（电视）教学的视听教育（电化教育），另一个分支就是计算机辅助教学研究。虽然后期基于计算机的 CAI 很受人重视，但是实际上图像（电视）一直在应用着，比如我国在 20 世纪 70 年代末开始大发展的广播电视教学，就是主要利用电视教学片进行授课，为国家"多、快、好、省"地培养了大量人才。[②]20 世纪 90 年代，我国大力开展现代远程教育，有几十所高校先后建立了网络教育学院，开始利用互联网进行教学，限于当时的音视频技术、网络带宽及存储能力，大部分采用三分屏课件[③]的形式，学习者的用户体验不是特别好。不过，在 2010 年左右，随着制作技术、网络带宽和存储能力的大幅度提升，制作精美的视频课件开始在网上出

---

① Marlene Scardamalia, 张建伟, 孙燕青. 知识建构共同体及其支撑环境 [J]. 现代教育技术, 2005, （3）: 5—13.

② 丁兴富. 我国远程教育的繁荣、发展和调整——中国远程教育的历史发展和分期（2）[J]. 现代远距离教育, 2001, （2）: 6—9.

③ 三分屏课件一般把屏幕分为三部分，主要的部分呈现课件或文本内容，一个小部分呈现教师头像，还有一个小部分呈现讲授提纲或提示信息。

现，MOOC、微课和翻转课堂（flipped classroom）开始流行，尤其是2020年新冠肺炎疫情的影响，使大家深刻认识到了以视频录播或直播技术和互联网技术为基础的在线学习（online learning）和混合学习（hybrid learning）的价值和重要性。当然，某种程度上，我们可以理解成这是视听教育的回归，只不过它不是简单的回归，而是把视频和互联网技术、人工智能、大数据等技术紧密地整合到了一起。

6. 学习空间时期（2016年— ）

2016年，美国新媒体联盟发布的《地平线报告》中提出"重构学习空间"（redesigning learning spaces），吸引了各界对学习空间的重视。[①]其实20世纪90年代以来，受学习理论发展、技术进步等因素的影响，改造和重构传统教室和实验室等教学场所在世界范围内已经成为一个研究热点。[②]人们希望借助信息技术，将传统的教室、图书馆、实验室甚至走廊等改成漂亮、舒适、温馨、智慧、开放、灵活的线上线下融合的学习空间，从而能够更好地支持自主、合作和探究学习，而在实践中也掀起了建设未来教室、未来学校的潮流。

这里说的学习空间实际上也属于学习环境。关于学习环境和学习技术的关系，一方面，可以说学习技术是学习环境的重要组成部分，因为学习环境中就包括了各种各样的技术，自然也包括了学习技术；另一方面，也可以说学习环境是一种学习技术，因为学习环境也是综合各种技术和方法等来促进学习，基本上也符合学习技术的定义。

以上我们以国际发展概况为主简述了学习技术的历史发展脉络。在我国，学习技术最初发展确实慢一些，但是从20世纪90年代起开始快速发展，目前和国际发展基本上是同步的。接下来就依次具体介绍各时期主要的学习技术。

[①] Adams B S, Freeman A, Giesinger H C, et al. NMC/CoSN Horizon Report: 2016 K-12 Edition. Austin, Texas: The New Media Consortium, 2016: 8−9.

[②] 许亚锋，尹晗，张际平. 学习空间：概念内涵、研究现状与实践进展[J]. 现代远程教育研究，2015,（3）：82—94+112.

第二节　计算机辅助学习[①]

上一节讲了计算机辅助教学（CAI），从"教"的角度看，CAI形式主要被划分为帮助教师备课型、课堂演示型、个别化学习型、协作学习型、探究学习型、整合型等形式。本节主要关注计算机辅助学习（CAL），其主要包括个别化学习型、协作学习型、探究学习型等，具体包括操练和练习（drill and practice）、对话（dialogue）、模拟和仿真（simulation and emulation）、微世界（microworld）、游戏（games）、测试（testing）、信息检索（information retrieval）和问题解决（problem solving）等形式。[②]

一、操练和练习

操练和练习是教师和学生最为熟悉的一种学习策略，其目的是让学生在熟悉课程内容之后，通过反复练习来获得知识和技能，以便熟练掌握数学运算、字词拼写等内容。

早期的操练和练习型 CAL 软件的主要理论依据是行为主义学习理论，遵循的是"积极反应、小步子、及时反馈、自定步调"的原则，通常设计成"配对结合"的形式，以产生"刺激-反应"（stimulus-response）状态。比如，在屏幕上呈现一道题目，学习者输入正确答案后则反馈"答对了"并继续下一题目，如果学习者输入错误答案则予以提醒。前面提到的 PLATO 系统早期的形式主要就是操练和练习。

操练和练习经常以游戏的形式呈现，以便让学习更有趣，从而激发学生的学习动机。有时候也会以计算机测试的方式呈现，这样通常需要记录并查询学生的学习成绩。

操练和练习虽然看起来很简单，但其实是应用最广泛、最长久的一种 CAL 形式，直到今天仍然在各种学习系统中广泛使用。

[①] 广义上来说，游戏、VR/AR 等各种技术也都属于计算机辅助学习的范畴。不过在本章中，计算机辅助学习特指操练和练习、模拟仿真这些早期发展起来的技术。当然，这些技术现在仍然在使用。

[②] 师书恩，王慧芳，林田. 计算机辅助教学（第2版）[M]. 北京：高等教育出版社，2014：43—60.

二、对话

对话指的是让计算机像教师一样和学生通过对话来学习知识。如果是计算机主导的对话，一般称为个别指导（tutorial），如果是学生主导的对话，一般称为询问（inquiry）。

在 CAL 发展的早期，个别指导基本上就等同于程序教学，依据如图 7-1 所示的原理，一般会在屏幕上呈现一定的信息，学生做出反应之后则根据学生的反馈继续给出后继信息。至于询问，和个别指导的界面设计、交互原则、判断反馈基本上也是一样的，只不过初始对话是由学生启动的。

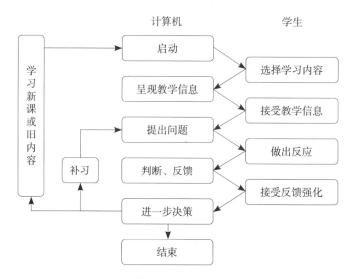

图 7-1 计算机辅助教学的一般原理

可以想象出来，相对于操练和练习来说，大家对"对话"的期待是非常高的，但是限于早期的自然语言理解水平，计算机在判断客观题目以及和学生用自然语言对话时，效果确实不尽如人意。不过随着人工智能技术的发展，相信未来这种类型的 CAL 一定会有广阔的发展前景。事实上，市场中也已经出现了能和学生进行基本对话的智能机器人。

三、模拟和仿真

（一）模拟的概念及分类

模拟指的是利用计算机软件或硬件对真实事物或过程的虚拟再现。比如，模拟农场、模拟管理等。仿真和模拟的含义比较相似，但是仿真更加重视对事物外在表现的重现，比如仿真机器狗、仿真炒股平台等。当然，也可以将仿真看作一种特殊的模拟。

根据模拟的目的，大致可以将模拟分为如下四类。[①]①物理（physical）模拟。通常是在屏幕上呈现一个物理现象，让学生来学习相关知识。比如图7-2就是PhET网站上一个模拟弹簧振动的CAL软件。当然，除了物理现象外，也可以模拟化学、生物等现象。②过程（process）模拟。一般用计算机来呈现现实世界中难以呈现的过程或概念。比如模拟企业的决策过程、模拟传染病的传播机制等。③程序（procedural）模拟。通常用来呈现一个操作程序的行为序列，目的是让学习者培养某种技能。比如模拟飞机驾驶。④环境（situational）模拟。主要用于呈现一个场景，目的是培养学习者的问题解决等能力。比如呈现一个虚拟的课堂，让学习者通过扮演教师来学习课堂管理技巧。

案例：PhET

PhET是诺贝尔奖获得者卡尔·威曼（Carl Wieman，也有人翻译为卡尔·维曼）于2002年创建的网站（https://phet.colorado.edu），其中有涵盖数学、物理、化学等多个学科的模拟、动画、游戏等学习软件，深受各界好评，威曼教授也因此荣获2020年度"一丹教育研究奖"。

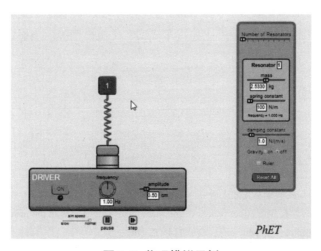

图7-2 物理模拟示例

[①] 师书恩，王慧芳，林田.计算机辅助教学（第2版）[M].北京：高等教育出版社，2014：43—60.

（二）模拟的优势和价值

与利用现实手段学习相比，模拟具有很多优势：①模拟是一种相对便宜的选择，可以廉价地创设近似真实的学习情境；②可以任意添加和去除各种因素，人为控制参数，这样就可以比现实中更容易地突出重要因素；③可以通过压缩或拉伸时间来观察系统行为，比如在30分钟之内模拟小麦从种植到成熟的过程；④可以在安全的虚拟环境中进行危险的学习活动，比如模拟核电站的管理；⑤可以让学习者扮演不同的角色，进而从不同的角度看问题。

与操练、对话等其他CAL软件相比，模拟也具有一些优势：①模拟会让学习者觉得更接近真实事物，所以感觉会更有意义，从而激发学习动机；②模拟通常会呈现一个近似真实的学习情境，所以可能有助于学习迁移。

事实上，也有许多学术研究在探索模拟和仿真的作用和价值。[①] 确实有研究显示，利用模拟教学比传统教学方式效果更好。[②] 不过，也有研究显示，利用模拟教学与传统教学在学习效果上没有显著差异。[③] 由此可以看出，简单地应用模拟和仿真并不一定能够促进学习，只有精心设计、恰当使用才有可能。

（三）模型（模拟）促进的学习

在学习科学或教育技术论著中，我们既能看到"模拟"的概念，也经常能看到"模型"的概念。所谓模型（model），指的是对一个系统的变量或概念及它们之间的关系的结构化表征，人们可以通过各种方式模拟这些变量或概念及其关系，从而预测该系统的行为。[④] 比如汽车模型、飞机模型等。当然，本章主要讲的是用计算机技术实现的模型。

---

① 张建伟. 基于模拟式教学及其效果研究回顾 [J]. 电化教育研究, 2001, (7): 68—71.
② Grimes P W, illey T E. The effectiveness of microcomputer simulations in the principles of economics course [J]. Computers & education, 1990, (14): 81-86.
③ Carlsen D D, Andre T. Use of a microcomputer simulation and conceptual change text to overcome students' preconceptions about electric circuits [J]. Journal of computer-based instruction, 1992, (19): 105-109.
④ Jong T, Wouter R, van Joolingen. 模型促进的学习 [M]//Spetcor J M, et al. 教育传播与技术研究手册. 任友群, 等 译. 上海：华东师范大学出版社, 2012: 508.

> **关键概念 —— 计算机模型**
> 计算机模型是以计算机为媒介，应用软件、建模环境等特定的工具，对一个系统的变量或概念及其关系进行结构化的表征，并可视化、简约化地呈现数据、对象及其关系，从而描述、解释和预测该系统的行为。

从定义中我们可以看出模型和模拟的关系：建立模型就是为了模拟一种事物或过程，而每一个模拟的背后一定需要有模型支撑。事实上，在教育领域，很多时候人们并不去严格区分模型和模拟，基本上将它们当成同义词来看待。所以我们会用模型促进的学习替代基于模拟的学习。实践中，模型促进的学习可以分为以下三类。[1]

（1）根据模型来学习（learning from models）。学生主要通过改变模型输入变量的值并观察输出变量的最终值来探究模型本身。在这个过程中，他们能体验其中的规则或者发现某种特征。比如，SOPHIE是一个旨在教授电子检修技能的软件，根据这个模型，学生可以学习电子定律、电路回路等知识。[2]再如，在MBA教学中经常使用的"决策模拟"软件，也是输入相应的变量的值以后，让学生观察输出的值，从而学习企业经营管理的知识。

（2）通过创建模型来学习（learning by modeling）。学生要按照要求自己构建一个尽可能和真实系统一样的外部模型，这个模型可以模拟并重现系统里可观测到的现象。学生通过创建过程来学习相关规则。之所以要让学生通过建模来学习，是因为：杜威提倡"做中学"，建构主义学习理论也认为知识建构发生在学生创造客体的活动之时，第五章也讲过设计学习的重要性。当然，学生建模时可以直接用程序设计语言编程来实现，但是比较麻烦，也可使用专门的建模工具，比如Model-It[3]和Co-lab[4]等软件。

---

[1] Jong T, Wouter R, van Joolingen. 模型促进的学习 [M]//Spetcor J M, et al. 教育传播与技术研究手册. 任友群, 等 译. 上海：华东师范大学出版社, 2012: 508—520.

[2] Brown J S, et al. Pedagogical, natural language and knowledge engineering techniques in Sophie I, II and III [M]//Sleeman D, Brown J S. Intelligent tutoring systems. London: Academic Press, 1982: 227-282.

[3] Jackson S, Stratford S J, Krajcik J, et al. Making dynamic modeling accessible to precollege science students[J]. Interactive learning environments, 1996, 4(3): 233-257.

[4] van Joolingen W R, de Jong T, Lazonder A W, et al. Co-lab: research and development of an online learning environment for collaborative scientific discovery learning[J]. Computer human behavior, 2005, (21): 671-688.

(3)基于模型的探究学习(model-based inquiry learning)。这种方式把前两种方式结合了起来,学生可以通过改变输入变量的值和输出变量的值来探究它,然后还可以重建模型(包括对内部功能的重建)。比如在《模拟农场》(*Farmtasia*)①中,学生可以提出假设,并去验证假设,从而探究农业等领域的知识。②

尽管基于模型(模拟)的学习是比较早的 CAL 形式,但是目前仍然在继续发展中,而且,很多时候会和游戏、VR 等技术整合起来。比如有老师在城市规划管理课程中使用《模拟城市》(*Simcity*)游戏,再如有的旅游职业院校会利用 VR 技术搭建一个虚拟旅游场景。

四、微世界与建模

上一小节讲了通过建模来学习,这里要再特别讲一个与此相关的特殊的模拟——微世界。③ 所谓微世界,指一种模拟真实世界现象与环境的发现式学习环境,其中提供某一个知识领域的微小但完整的"世界"(知识),学习者一般可以在其中通过操作虚拟对象的属性和事件来建模,并通过提出假设和验证假设等过程来学习相关知识和技能。

微世界一词最早是由美国麻省理工学院西蒙·派珀特教授提出的,用来特指他开发的 LOGO 语言学习环境,后来也泛指类似的学习环境。LOGO 语言是计算机程序设计语言,学习者可以用简单的指令,控制"海龟"(turtle)在屏幕上画出特定的图形,借此学习数学知识,并培养创造力。比如,借助图 7-3 中左侧的指令语句,就可以让小海龟在屏幕上画出一个边长为 50 个单位的正方形。

---

① Cheung K F, Jong M S Y, Lee F L, et al. FARMTASIA: an online game-based learning environment based on the VISOLE pedagogy[J]. Virtual reality, 2008, 12: 17-25.
② 尚俊杰,蒋宇,庄绍勇. 游戏的力量——教育游戏与研究性学习[M]. 北京:北京大学出版社,2012:108—115.
③ 张伟. 微世界教育应用探索[J]. 远程教育杂志,2003,(5):7—10+60.

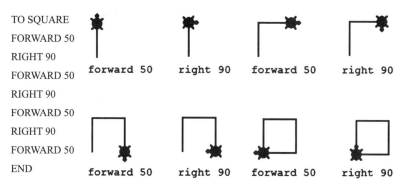

图 7-3 LOGO 语言的指令语句和画图过程

西蒙·派帕特的 LOGO 语言

第一章讲过西蒙·派珀特，他于 1968 年发明的 LOGO 编程语言流行于全世界。

派珀特一直坚信儿童是其自身认知结构的建造者，如果儿童能够把学习和自己的体验相结合，一定可以学得又好又快。在这样的背景下，他开发出了 LOGO 语言。LOGO 语言的基本操作如前所述，主要利用语句指令控制"海龟"移动以便在屏幕上画出特定的图形。表面上看起来，LOGO 有助于学习编程、数学知识，但是它的目的不止于此，而是希望引导学习者利用计算机创新性地解决问题，并激发学习者的深层次思维，让儿童学会学习，学会思考。它的基本流程类似于探究学习，包括 5 个步骤：思考问题——确定算法——编程实现——通过控制仿真机器人（海龟）的动作外化问题解决结果——根据问题解决结果反思问题解决的思路与过程。

LOGO 语言具有这样几个特点。①"在制作中学习"（learning by making）。派珀特认为，当孩子们在制作一些对自己有意义的作品时，如做小机器、编故事、编程序或歌谣时，就处于学习知识的最佳状态。好的教育就是要提供充分的空间和机会让学习者去构建自己的知识体系。②交互方式独特。LOGO 让学习者通过编程来指挥"海龟"，类似于遥控小汽车，所以深受孩子们喜欢。③简单实用。LOGO 语言非常容易掌握，就连年幼的孩子都可以进行学习，但它同时又能支持经验丰富的用户开展深入的探索和复杂项目的学习。

LOGO 语言虽然有功能简单等局限性，但是当年确实掀起了一场席卷全球的风暴，将20世纪七八十年代的学习研究推向了一个新高潮。我国学者符美瑜也对 LOGO 语言进行了长期研究，并自主研发了《LOGO 中学数学实验室》，产生了比较重要的影响。虽然后来随着技术的发展，LOGO 本身逐渐衰落了，但是直到今天，LOGO 思想对机器人、编程教育、计算思维等还产生着重要影响。比如现在流行的图形化编程软件 Scratch[①] 中就可以看到 LOGO 思想的体现。

LOGO 语言对后世产生了重要的影响，20 世纪 80 年代出现了动态海龟（dynamic turtles，又称"蜘蛛"[sprites]），可通过程序实现动画效果；互联网出现之后，LOGO 又与 Java 语言联姻，开发出可在互联网上运行的绘图插件；2003 年推出了 NETLOGO，是用 JAVA 语言编写的跨平台软件，可为学习者提供模拟自然和社会现象的建模环境；2004 年推出了研究分布式系统运行机制的建模环境 StarLogo 2.1，容许同时控制上千个小海龟，可以对许多现实世界中的复杂现象及其运动（如鸟群和蚂蚁的活动、交通的发展变化、市场经济运行）进行建模和观察研究。这一类学习软件中，比较知名的当属用于数学、物理等学科教学的《几何画板》（见下面的案例），我国学者张景中院士也推出了 Z+Z 智能教学系统《超级画板》。相信随着人工智能技术和建模技术的发展，随着信息技术与教育教学的深度融合，未来"微世界"或将会有更加广阔的应用前景。

案例：《几何画板》（The Geometer's Sketchpad）[②]

《几何画板》是由美国尼古拉斯·杰基（Nicholas Jackiw）研发，Key Curriculum Press 公司出版的教育软件（图 7-4），它是一个用来制图和实现动画的辅助教学软件，用户可以根据教学需要编制出相关的图像和动画过程，它能动态地展现出几何对象的位置关系、运行变化规律，并可以精确度量长度和角度。因为具备这些优点，所以成为数学、物理、化学等学科教师制作 CAI 课件的工具。同时，它也可以作为学生提出假设并去验证假

---

① Scratch 是麻省理工学院的"终身幼儿园团队"的米切尔·雷斯尼克（Mitchel Resnick）等人在 2007 年发布的一种图形化编程工具，主要面对青少年。使用者可以用拖拉模块的方式进行编码，并可以即时看到编程的实现效果，还可以方便地分享程序。目前是图形化编程工具中最广为人知的一种形式。

② 资料参考自百度百科。

设的自主探究学习环境。

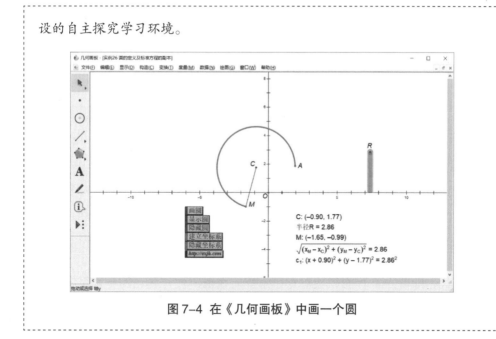

图 7-4 在《几何画板》中画一个圆

五、信息检索与问题解决

信息检索指的是利用通用的搜索引擎或者专门的工具软件检索自己需要的信息。尽管信息检索比较简单，但是实际上对于推动教育发展起到了重要的作用，因为它让我们能够快速检索到所需要的资源，从而节省了大量的时间。未来随着资源的不断增加，一方面我们需要更多更好的资源检索和资源推送工具（主动推送资源给学习者），另一方面也需要提升学习者的信息检索技巧。

问题解决指的是使用计算机来协助解决数学、物理等学科学习问题。它和前面讲的 CAL 形式没有本质上的差别，只要是用来解决问题的教育技术和学习技术，都可以归入"问题解决"的范畴。比如使用 Excel 来汇总计算，使用 Word 来撰写作文都属于问题解决。事实上，我国自上世纪 90 年代开始推广的信息技术与课程整合基本上也都属于问题解决的范畴，比如教育技术界前辈何克抗和李克东教授曾经开展的"小学语文四结合"研究项目[1]，就是让小学生利用计算机学习字词、撰写作文，在国内外产生了比较大的影响。

以上介绍了几种主要 CAL 形式[2]，看起来有的形式已经过时，但是实际上精

---

[1] 何克抗，李克东，谢幼如，等. 小学语文"四结合"教学改革试验研究[J]. 电化教育研究，1996,（1）：12—21+80.
[2] 计算机辅助测试和操练、练习有相似性，所以本节没有展开讲。游戏会放在第五节讲。

髓一直存在，后面介绍的新兴学习技术和这些 CAL 形式都有着千丝万缕的联系。

第三节 人工智能支持下的学习

2016 年，AlphaGo（阿尔法狗）战胜世界围棋冠军李世石，掀起了第三次人工智能浪潮，也引起了全社会对人工智能的关注。在教育领域，我们也看到了"刷脸门禁""刷脸吃饭"等人工智能应用。其实，自约翰·麦卡锡（John McCarthy）、马文·明斯基（Marvin Minsky）以及克劳德·香农（Claude Shannon）等人于 1956 年在达特茅斯会议上提出"人工智能"（artificial intelligence，AI）的概念以后，人们就在努力将人工智能逐渐应用到教育中，上一节讲的对话、模拟、微世界等形式也都有人工智能的体现，只不过智能水平比较低而已。20 世纪 70 年代，随着人工智能领域对专家系统的重视，教育领域的专家系统即智能导师系统（intelligent tutoring system，以下简称 ITS，也称智能教学系统）开始兴起，人们希望借助人工智能技术，让计算机能够像人类教师或助教一样指导和帮助学生学习，甚至在一定程度上替代教师。[①]

一、智能导师系统

（一）智能导师系统的含义和模型架构

智能导师系统概念的提出者斯莱曼（D. H. Sleeman）和布朗（J. S. Brown）认为，ITS 是利用计算机模仿教学专家的经验、方法来辅助教学工作的计算机系统。[②] 我国学者刘清堂等人将其定位为利用人工智能技术模仿人类教师在教学中所承担的角色，为学习者提供个性化学习指导，帮助不同需求和特征的学习者获得知识和技能的一种智能化的计算机辅助教学系统。[③]

哈特利（Hartley）和斯莱曼（Sleeman）于 1973 年提出了智能导师系统的模型架构，包括三方面的知识：①领域知识，即专家模型（expert model），它主要

[①] 刘德建，杜静，姜男，等.人工智能融入学校教育的发展趋势［J］.开放教育研究，2018，24（4）：33—42.

[②] Sleeman D H, Brown J S. Intelligent tutoring systems: an overview ［C］//Sleeman D H, Brown J S, eds. Intelligent tutoring systems. New York: Academic Press, 1982: 1-11.

[③] 刘清堂，吴林静，刘嫚，等.智能导师系统研究现状与发展趋势［J］.中国电化教育，2016，37（10）：39—44.

解决教什么的问题，包含系统推理和判断学习者的回答与问题解决的步骤合适与否；②学习者知识，即学生模型（student model），它主要解决教谁的问题，即判断学生当前的理解和认知水平以及学生的认知特点；③教学策略知识，即导师模型（tutor model），它要解决怎么教的问题，主要提供有针对性的教学策略，使系统提出合理的辅导动作，如提供有效的反馈或调整下一个任务。①

至于智能导师系统的运行方式，以用于代数、几何等学科教学的"认知导师"（Cognitive Tutor）为例，研究人员或者教师借助认知导师创作工具CTAT（图7-5）就可以设计相关规则，这些规则可以看作第四章讲的"产生式"。当学生访问系统的时候，根据学生的答案就可以给予不同的反馈。

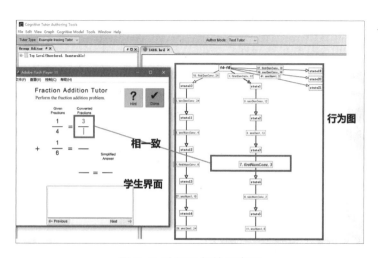

图7-5 认知导师的示意图

案例：认知导师

认知导师是卡内基梅隆大学的研究人员推出的用于学习代数等学科知识的智能导师系统。1982年约翰·安德森提出了ACT（Adaptive Control of Thought）学习模型，基于该理论，1984年安德森和同事们完成了两个认知导师——Lisp项目导师和几何证据导师；1987年，研究人员推出了代数导师；1991年，研究人员推出了一个新的代数课程，并逐渐在匹兹堡及其他地方的一些高中开始应用。

---

① 陈仕品，张剑平．智能教学系统的研究热点与发展趋势［J］．电化教育研究，2007，(10)：41—46+50．

> 2002年,卡内基梅隆大学的研究者文森特·艾丽芬(Vincent Aleven)和肯尼思·科丁格(Kenneth Koedinger)开发了认知导师创作工具(Cognitive Tutor Authoring Tools,简称CTAT,http://ctat.pact.cs.cmu.edu),目标是让普通人也可以快速开发智能导师系统。目前该系统支持开发认知导师(Cognitive Tutor)和实例跟踪导师(Example-Tracing Tutor)。

(二)智能导师系统的历史发展

这几十年来,涌现出了很多智能导师系统,比较典型的有用于南美洲地理教学的SCHOLAR,用于教授学生传染病诊断的GUIDON,用于教授PASCAL程序设计的PROUST,用于程序教学的SOPHIE,用于理解人类教师对话系统的MENO-TUROR,用于地球物理教学的WHY,用于LISP教学ELM-ART,用于数学教学的PAT和Algebra Cognitive Tutor,用于医学教育的CIRCSIM,用于物理、数学、编程等教学的AutoTutor,用于数据库知识教学的KERMIT,用于语言教学的TLCTS和CSIEC等。[1]陈仕品和张剑平曾经总结了智能导师系统的研究重点与典型系统,如表7-1所示。

表7-1 智能导师系统的研究重点与典型系统[2]

	20世纪70年代	20世纪80年代	20世纪90年代	21世纪初
	问题产生	模式跟踪	学习者控制	适应性学习支持
研究重点	简单的学生模型、知识表示、苏格拉底式对话教学、技能与策略性知识、反应式的学习环境、错误库、专家系统、覆盖模型	更丰富的错误库、基于案例的推理、探索世界、心智模型、模拟、自然语言处理、著作系统	自主与协作学习、情境学习与信息加工、虚拟现实应用	非良构问题解决、教学代理、教学游戏、元认知技能、自然语言对话
主导的学习理论	行为主义	认知主义	建构主义	建构主义
交互界面	文本	文本、图形	多媒体、自然语言	多媒体、自然语言、虚拟现实

---

[1] 贾积有.人工智能赋能教育与学习[J].远程教育杂志,2018,36(1):39—47.
[2] 陈仕品,张剑平.智能教学系统的研究热点与发展趋势[J].电化教育研究,2007,(10):41—46+50.

(续表)

	20世纪70年代	20世纪80年代	20世纪90年代	21世纪初
主要技术	产生式专家系统	基于案例的推理、自然语言理解	智能代理、自然语言理解、神经网络	智能代理、网格与分布式计算、自然语言理解
典型系统	SCHOLAR (Carbonell, 1970), WHY (Stevens & Collins, 1977), WEST (Burton & Brown, 1976), SOPHE (Brown & Burton, 1975), BUGGY (Brown & Burton, 1978), GUIDON (Clancey, 1979)	LISP Tutor (Anderson, Boyle & Reiser, 1985), Geometry Tutor (Anderson, Boyle & Yost, 1985), PROUST (Johnson, 1986), PIXIE (Sleeman, 1987)	Smithtown (Shute & Glaser, 1990), Sherlock (Nichols, Pokorny, Jones, Gott & Alley, 1995), Bridge (Shute, 1991), Stat Lady (Shute & Gawlick-Grendell, 1993), SQL-Tutor (Mitrovic, 1996), Auto-Tutor (Graesser, 1997)	VC Prolog Tutor (Chritoph et al. 2000), SCoT-DC (Herbert, Clark, 2001), Slide Tutor (Rebecca Crowley, Olga edvedev, 2003), AHP-Tutor (Alessio Ishizaka, 2004)

由表7-1可以看出，在20世纪70年代，主导的学习理论是行为主义学习理论，该理论强调刺激与反应的联结，因此计算机中体现出"问题-答案"的模式，这阶段研究重点是问题产生（problem generation），研究方向集中于学生模型、知识表示、技能与策略知识、错误库等；20世纪80年代，主导的学习理论逐步转向认知主义学习理论，该理论强调信息加工，重视学习者与信息交互，解释信息并建构个人的知识表示。该阶段的研究重点是模式跟踪，研究方向集中于错误库、基于案例的推理、模拟、自然语言处理和著作工具等；20世纪90年代以后，建构主义学习理论成了主导的学习理论，该理论强调学习者自身的经验、社会和文化背景的影响以及协商的作用。该阶段研究重点是学习者控制，研究方向集中于个别化学习、协作学习、情境学习、虚拟学习环境等；进入21世纪以来，建构主义仍然流行，研究重点转向适应性学习支持（adaptive learning support），研究方向集中于教学代理、教学游戏、元认知技能支持等。[1]

---

[1] 陈仕品，张剑平. 智能教学系统的研究热点与发展趋势［J］. 电化教育研究，2007，(10)：41—46+50.

应该说，在几十年的智能导师系统的探索过程中，我们确实取得了丰硕的成果，但是和人类教师丰富的教育智慧和策略相比，这些系统中的适应性教学行为还很有限。[①] 不过，目前全世界都在努力研究，希望能够借助人工智能和大数据技术，让机器人协助或替代教师进行部分教学工作，日本、芬兰也有小学曾经在课堂中引入了机器人教师。[②] 现在国内也有一些机构在努力研究能够承担部分教师职能的机器人，余胜泉等人尝试开发基于人工智能的育人助理系统——"AI 好老师"[③]，方海光等人也在探索人工智能教育机器人支持下的新型"双师课堂"[④]。当然，由于教师这一职业角色充满了情感、社交、创造性等因素，目前看来其被机器人完全替代是不可能的，未来更多的应该是人机协同。

二、个性化自适应学习

在人工智能应用到教育的研究中，从教的角度看，使用的概念通常是智能导师系统或智能教学系统，但是从学的角度看，使用的概念通常是个性化自适应学习。

（一）个性化自适应学习的含义

所谓个性化学习（personalized learning，简称 PL），美国教育部 2016 年发布的《国家教育技术计划》中将其定义为："根据学习者的个性化需求和特点，采取适合的方法和手段来满足学习者需求的学习过程，让学习者主动或被动地构建和内化知识系统的学习方式。"从定义可以看出，个性化学习强调教学过程中要根据每一个学习者的学习特征来采用恰当的教学策略，给予相应的教学内容，提供适合的学习支持服务，也就是我们常说的"因材施教"。

所谓自适应学习（adaptive learning），也常称为自适应学习系统（adaptive learning system，ALS），其实是从智能导师系统、适应性超媒体系统（adaptive hyper-media system，AHS）和学习管理系统（learning management system，LMS）

---

① Ohlsson S. Some principles of intelligent tutoring [M]//Lawer R W, Yazdani M. Artificial intelligence and education. Norwood. NJ: Ablex, 1987: 203-237.

② （澳）托比·沃尔什. 人工智能会取代人类吗？[M]. 北京：北京联合出版公司. 闾佳译. 2018: 137.

③ 余胜泉，彭燕，卢宇. 基于人工智能的育人助理系统——"AI 好老师"的体系结构与功能 [J]. 开放教育研究，2019，(1)：25—36.

④ 汪时冲，方海光，张鸽，等. 人工智能教育机器人支持下的新型"双师课堂"研究——兼论"人机协同"教学设计与未来展望 [J]. 远程教育杂志，2019，37(2)：25—32.

发展而来的。20世纪90年代，美国匹兹堡大学的布鲁西罗夫斯基（Brusilovsky）教授根据学生的学习背景、兴趣偏好和知识水平进行用户建模，为适应学习者与系统交互过程中的个性化学习需求，先后开发了InterBook、ELM-ART、Knowledge Sea、AnnotatEd、TaskSieve等自适应学习系统。[1] 1996年，布鲁西罗夫斯基提出了自适应学习系统的初步定义：收集学生在学习过程中的信息，并对获取的信息进行分析，然后为学生定制符合其学习能力和水平的模型，以解决教育原来缺乏个性化的难题。[2]

从以上定义中可以看出，个性化学习和自适应学习关系也很密切，个性化学习是一种学习方式，一种理念，而自适应学习是实现个性化学习的技术，两者可以说是相互依赖的关系。因此，在实践中，人们一般综合起来，采用个性化自适应学习的概念。根据以上探讨，本书给出如下定义：

> **关键概念 —— 个性化自适应学习**
> 个性化自适应学习指的是一种利用适应性系统实现个别化学习的学习方式，该系统会采集、分析学习者的学习行为数据，并结合学习者的个性化需求和特点，为其定制符合其学习能力和水平的学习内容和个别化指导，从而促进学习者主动或被动地进行知识建构。

（二）个性化自适应学习模型

为了实现个性化自适应学习，很多学者提出了不同的学习理论和模型。一般来说，和前面智能导师系统的模型类似，如下模型很需要：领域知识模型、教育学模型、学习者模型和接口模块。其中，领域知识模型提供了相关学科知识的结构和概念；学习者模型提供了每个学习者的基本信息，如认知风格、学习水平、学习特征等；教育学模型提供了学习者访问领域模型各部分的规则，或者说怎么教学习者；接口模块则是学习者与整个系统交互的基础。[3]

---

[1] 姜强，赵蔚，李松，等. 个性化自适应学习研究——大数据时代数字化学习的新常态 [J]. 中国电化教育，2016，37（2）：25—32.

[2] Brusilovsky P. Methods and techniques of adaptive hypermedia [J]. User modeling and user-adapted interaction, 1996, 6（2-3）: 87—129.

[3] 徐鹏，王以宁，刘艳华，等. 大数据视角分析学习变革——美国《通过教育数据挖掘和学习分析促进教与学》报告解读及启示 [J]. 远程教育杂志，2013，31（6）：11—17.

在个性化自适应学习系统中,领域知识模型——说得通俗一点就是知识点及其关系——至关重要。只有建立起知识点的关系网络,才能进一步实现个性化自适应学习。目前,构建领域知识模型的方法一般有概念图、知识地图、认知地图、知识图谱等。其中,知识图谱(knowledge graph)是由谷歌(Google)在2012年提出的概念,它实际上是结构化的语义知识库,用于迅速描述物理世界中的概念及其相互关系(图7-6)。

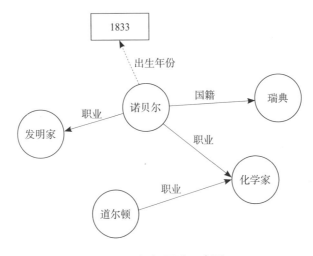

图7-6 知识图谱示意图

知识图谱将错综复杂的数据转化为简单、清晰的"实体(entity)-关系(relationship)-实体(entity)"或"实体(entity)-属性(attribute)-属性值(value)"的三元组(比如"诺贝尔-国籍-瑞典"或"诺贝尔-出生年份-1833"),并形成网络,最后聚合大量知识,实现知识的快速响应、提取和推理。因为知识图谱能够描述现实世界中的各种实体(概念)及其复杂的语义关系,并能够实现自动化或半自动化的构建,所以成为当前大数据智能时代的前沿研究方向,被广泛应用在智能搜索、智能问答、个性化推荐、情报分析等领域。在教育领域,知识图谱也被广泛应用在个性化自适应学习模型的构建中,比如牛顿(Knewton)公司较早利用知识图谱来表征学科的概念及其语义联系,并据此推荐个性化学习资源和个性化学习路径,可汗学院也利用知识图谱构建了数学等学科的知识体系。①

---

① 李振,周东岱.教育知识图谱的概念模型与构建方法研究[J].电化教育研究,2019,40(08):78—86+113.

在《教育传播与技术研究(第三版)》中,舒特(V. J. Shute)和扎帕塔–里维拉(D. Zapata-Rivera)提出了一个"四阶段自适应循环"模型(图7-7)。他们认为,任何促进学习的适应性技术要想获得成功,都要求准确地诊断学习者的特征(如知识,技能,积极性和意志力)。将学习者信息集中起来,可用作教学指导(如提示、解释、超文本链接、操练问题、鼓励、元认知支持等)的基础,以提供最优化教学内容。因此他们的框架包括一个四阶段循环,通过学习者模型将学习者与适当的教育材料和资源(如其他学习者、学习对象、应用程序及教学方法代理)连接起来。这里简述这四个阶段。①获取。这个过程要求收集学习者有关认知和非认知的个人信息(图7-7下方的大人图形),这些信息用来丰富系统维护的内容模型。②分析。这个过程要求创建和维护一个与知识领域相关的学习者模型(图7-7上方的小人图形)。③选择。根据系统维护的学习者模型和系统的目标(如下个学习对象或测试项目)来选择学习内容。④展示。根据选择过程的结果,向学习者展示具体内容。需要说明的是,根据应用场景的不同,图7-7的步骤并非都必须使用。①

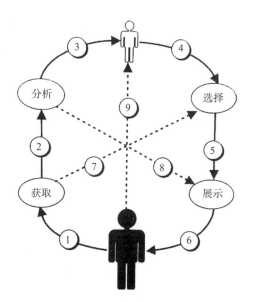

图7-7 "四阶段自适应循环"模型

---

① Shute V J, Zapata-Rivera D. 适应性技术 [M]// (美) Spector M J, Merrill D M, van Merrienboer J, et al. 教育传播与技术研究手册(第三版)[M]. 任友群,焦建利,刘美凤,等 译. 上海:华东师范大学出版社, 2012: 317—319.

> **拓展概念：掌握学习理论**
>
> 个性化自适应学习的目标是让每一个学习者都能掌握学习内容，此时可能会用到掌握学习理论（the theory of mastery learning）。这是美国著名的教育心理学家和课程论专家布鲁姆（B. S. Bloom）在20世纪60年代提出的学校课堂学习理论。该理论的核心思想是：只要给予学生足够多的学习时间，并且给予合适的学习条件和适当的指导，那么理论上所有的学生都能掌握相应的学习内容。
>
> 在课堂教学中，可以采用一系列方法和措施来落实掌握学习，基本的教学程序是：班级集体教学——诊断性评价——小组或个别补充教学。

（三）个性化自适应学习案例

个性化自适应学习自提出以来，也产生了许多系统。2001年，布鲁西罗夫斯基等人提出了一个可交互的智能网络教学系统ELM-ART并取得了不错的教学效果。ELM-ART提供了个性化知识导航、对学生作答的个性化分析，同时增加练习环节并根据练习结果收集用户信息，且根据学生练习结果的对错情况呈现练习的内容。在内容的适应性呈现上，该系统采用了颜色标注的办法。知名的可汗学院于2013年9月推出了数学课程的个性化自适应学习系统，其中将知识切割为上百个知识点并可视化为由549个小格组成的"任务进度"图（图7-8左）。学习者可以设计个性化的学习路径并自由选择想要学习的知识点，还可以通过练习或测试来提升对某一知识点的掌握程度（图7-8右）。[1]

在我国，余胜泉教授较早研究自适应学习，他从学习诊断、学习策略及学习内容的动态组织等三个关键环节提出了适应性学习模式[2]，并将其应用在了自己团队研发的学习元平台中。赵蔚等人在借鉴国际上多种能力构建模型的基础上，提出了包含"个性特征""知识水平""应用情境"等三个维度的"学习者学习能力模型"[3]，并研发了相应的学习系统。

---

[1] 张振虹，刘文，韩智. 学习仪表盘：大数据时代的新型学习支持工具［J］. 现代远程教育研究，2014，(3)：100—107.
[2] 余胜泉. 适应性学习——远程教育发展的趋势［J］. 开放教育研究，2000，(3)：12—15.
[3] 姜强，赵蔚，刘红霞，等. 能力导向的个性化学习路径生成及评测［J］. 现代远程教育研究，2015，(6)：104—111.

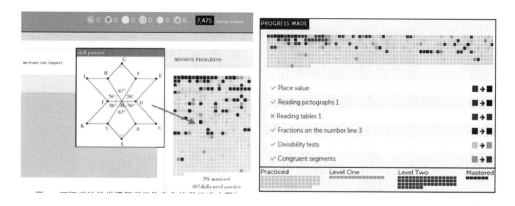

图7-8 可汗学院数学课程的学习任务图（左）和知识点掌握图（右）

除了这些案例外，前面提到的智能导师系统从学的角度看，大部分也可以归入个性化自适应学习系统。另外，随着人工智能和大数据技术的发展，现在的个性化自适应学习发展特别快，比如有些在线教育系统中，尽管是提前录好视频，但是会利用AI技术采集学习者的行为数据、表情数据，并据此调整教学内容或进行个别化指导。

个性化学习的重要性

自从约翰·夸美纽斯提出班级式教学以后，教育领域逐渐形成了以班级授课、学校学制为主的教育模式，并逐步演变成现代主流的学校管理模式。这种方式确实大大提升了效率，为工业革命培养了大量急需的人才，但是这种整齐划一的培养方式必然会带来如何实现个性化学习的问题。爱因斯坦曾经说过："每一个人都是天才，但如果你以爬树的能力来判断一条鱼的价值，那么这条鱼一生都会觉得自己是一个笨蛋。"（图7-9）当然，依靠传统教育确实很难实现个性化学习。未来最有可能的是依靠人工智能、大数据等先进技术，对海量学习行为数据进行分析，再适当结合小班教学，借此真正实现个性化自适应学习。①

---

① 尚俊杰. 未来教育重塑研究［M］. 上海：华东师范大学出版社，2020：99—100

图 7-9 个性化学习的重要性

第四节 技术支持下的协作学习

前面讲过，20 世纪 90 年代左右，随着网络技术的发展和教育领域对协作学习的重视，技术支持的协作学习开始兴起，这使得分布在不同国家、不同地区、不同学校的学习者有机会一起来讨论、交流和分享。

一、计算机支持的协作学习

（一）计算机支持的协作学习的含义和历史发展

所谓计算机支持的协作学习（CSCL），顾名思义，就是在以网络技术和多媒体技术为主的计算机技术的支持下，构建协作学习环境，开展协作学习的一种方式。比如，学习者利用在线论坛（BBS）像面对面一样讨论交流；再如，学习者在一个游戏化的沉浸式虚拟社区中进行互动、交流和学习。

CSCL 这一概念大致可以追溯到 20 世纪 80 年代初，在 1989 年，由北大西洋公约组织（NATO）资助的一个特殊项目"高级教育技术"（Advanced Educational Technology）在意大利举办了一个研讨会，第一次以 CSCL 为主题。随后几年，在美国和加拿大又举行了几次研讨会。1995 年，第一届以 CSCL 主题命名的国际大会在美国印第安纳大学举行，该会议一直延续至今，已经成为国际学习科学学会下属的一个重要会议。

CSCL 实际上代表了两种趋势的汇合点：一种趋势是计算机技术在教育中应用的发展，另一种趋势是协作学习作为一种新的学习方式的发展。[①] CSCL 在发展的早期，主要关心的是如何利用技术进行协同工作，注重的是协同技术的支持。后来逐渐更加关注什么是学习、什么是协作学习，以及如何利用计算机更好地支持协作学习。简而言之，研究者从重视 CSCL 的支持技术，转变到关注如何提高协作学习效果。[②] 在协作学习领域比较知名的学者考斯曼在 1996 年曾谈到，CSCL 是教育技术研究领域中的一种新兴模式，他认为同之前的计算机辅助教学（CAI）、智能导师系统（ITS）等相比，CSCL 在学习、教育、研究方法、研究问题等方面都有非常大的不同。[③]

（二）计算机支持的协作学习的特点及局限性

CSCL 作为一种特殊的协作学习方式，自然也具备第五章所述协作学习（合作学习）的特点，不过因应信息技术的特点，CSCL 还具备这样几个特点。①可以突破时空限制。理论上世界各地的学习者可以随时一起学习。②可以让协作更深入、更透彻。不像面对面的讨论学习一般有时间的限制，CSCL 的在线讨论理论上可以一直持续下去，比如大家可以持续地在论坛中发帖讨论，这样或许可以讨论得更加充分、更加透彻。③每个人都有充分参与的机会。在传统协作学习中，受时间等条件的限制，不是每个人都有机会充分发言、交流和协商，但是在 CSCL 中每个人都有充分的参与机会，尤其是可以匿名的原因，使得一些比较内向的学习者也有了更多的参会机会，而且不用担心打断别人，也不用等待别人。④增强了协作学习的机会。利用 CSCL 提供的各种协作工具，学习者可以有更多的协作方式，比如在线讨论、在线合作完成概念图等。⑤学习成果可以永久保存。在线协作学习的所有成果和过程数据可以永久保存在数据库中，这为进一步的分析、干预等提供了可能性。

当然，就如同计算机具有一些缺点一样，和面对面的协作学习相比，CSCL 也具有一定的局限性。①容易受限于计算机网络条件。限于网络等条件，交互过

---

① 黄荣怀. 计算机支持的协作学习——理论与方法［M］. 北京：人民教育出版社，2003: 116—117.
② 赵建华. 计算机支持的协作学习［M］. 上海：上海教育出版社，2006: 5.
③ Koschmann T. Paradigm shifts and instructional technology: An instruction［C］//Koschmann T. CSCL: theory andpractice of an emerging paradigm. Mahwah, NJ: Lawrence Erlbaum Associates, 1996: 1–23.

程可能不流畅。比如在线教育中容易出现视频卡顿现象。②交互的即时性不强。在线交互，尤其是异步交互学习环境中，交互不能像面对面学习时一样立即发生，需要等待，因而可能会影响学习体验。③交互可能不够全面。在面对面交互时，很多社会意义都是由非语言行为传达的，比如表情、眼神等；但是在线交互时，则主要是靠语言来传达，就可能导致在线交互不够直接和全面，另外社会临场感[1]也不够强。

（三）计算机支持的协作学习的类型及案例

关于 CSCL 的种类，不同的学者从不同的角度提出了不同的观点，有人会从使用的技术层次上分类，有人则从协作者、协作环境和协作行为上分类。

考斯曼在 1994 年从教学的角度提出了 9 种类型的 CSCL：课堂内的应用（在教室内使用）、教室之间的应用（通过教室连接使用者）、教室外使用（在课堂外部使用）、同步、异步、呈现或模拟学习问题、作为通讯的媒介、为小组的工作成果建立档案、支持学习者模拟分享他们对新概念的理解。

我国学者黄荣怀则根据学习者在时间和空间中的位置关系将 CSCL 分成比较简洁的四类。[2]①实时同地。这指的是学习者在同一个地方同时学习，但是基于计算机进行协作学习。这种模式下一般每个小组会共享一台电脑，或者每人一台电脑，不过每个人只能操作自己负责的对象。典型案例如聋人大学的 ENFI 项目。②非实时同地。这指的是学习者在同一个地方，但是可以异步完成学习任务。比如利用在线论坛（BBS）异步讨论。③实时远程。这指的是不同地方的学习者实时进行协作学习。比如世界各地的学习者利用在线会议系统进行实时讨论。这种模式需要依赖于系统支持，包括通信系统、资源共享系统、工作空间共享系统、活动共享支持系统等。④非实时远程。这指的是不在同一个地方的学习者非实时地协作学习。典型案例如多伦多大学推出的知识论坛（knowledge forum）项目。

---

[1] 根据 MBA 智库百科的定义，社会临场感是指在利用媒体进行沟通过程中，一个人被视为"真实的人"的程度及与他人联系的感知程度。
[2] 黄荣怀.计算机支持的协作学习——理论与方法［M］.北京：人民教育出版社，2003: 123—127.

CSCL 案例：CSILE 和 Knowledge Forum（知识论坛）[①]

加拿大多伦多大学的玛琳·斯卡戴玛利亚（Marlene Scardamalia）和卡尔·伯雷特（Carl Bereiter）课题组于 1983 年设计开发的"计算机支持的目的性学习环境"（computer-supported intentional learning，CSILE），20 世纪 90 年代改进为"知识论坛"（knowledge forum，KF）系统。

CSILE 和知识论坛（以下简称 CSILE/KF）是一种知识建构环境，能够支持在各类知识型机构中进行的知识探究、信息搜索、对思想的创造性加工等活动。它的核心是一个多媒体的共同体知识空间（图 7-10），共同体成员通过写短文（note）在这个空间中贡献自己的理论、工作模型、计划、证据、参考资料等，这些短文被组织成为不同的"视窗"（view）。CSILE/KF 类似于 BBS，但是大大超越了一般的 BBS 功能，为观点的互动、发展、链接、评点、参考引用等提供了有力的支持。CSILE/KF 在北美、亚洲、欧洲、澳大利亚、新西兰等地得到了比较广泛的应用。

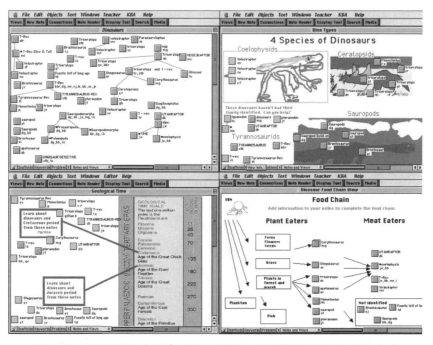

图 7-10 CSILE/KF 中用户对同一组短文采用的不同图形化组织方式

[①] Marlene Scardamalia，张建伟，孙燕青. 知识建构共同体及其支撑环境 [J]. 现代教育技术，2005，(3)：5—13.

除了以上分类外，大家还会看到基于 Web 的协作学习和网络学习社区等概念。我国学者赵建华认为，前者指的是利用万维网（Web）及多媒体技术创建协作学习环境，支持开展协作学习的方式，其本质上也属于 CSCL。当然，目前大部分 CSCL 基本上也属于基于 Web 的协作学习；后者实际上指的就是网上学习共同体，学习者借助网络技术加入网上社区，参与协作学习，在习得知识的同时建构自己的社区身份。[1]

在过去的三十年里，CSCL 已经成为学习科学和教育技术领域都非常重要的研究方向，备受重视。世界各地的学者也取得了不少成果，比如新加坡南洋理工大学的陈文莉等人提出了协作知识提升的螺旋模型（a spiral model for collaborative knowledge improvement，SMCKI），用于指导在网络课堂中促进多组学生协作学习的设计和实施。该教学模式从个体思维的一个阶段开始，引导学生经历组内和组间知识改进和完善的五个阶段，目标是支持他们个人知识和集体知识的提升。[2] 未来随着计算机网络技术和多媒体技术的快速发展，相信 CSCL 会在知识建构的机制、协作学习平台的设计、面向 CSCL 的脚本（script）设计、交互分析的智能化、协作学习系统的可视化等领域取得更多的研究成果。[3]

二、大规模在线协作学习

（一）大规模在线协作学习的含义及历史发展

所谓大规模在线协作学习（massive online collaborative learning，简称 MOCL），一般指的是成千上万，甚至几十万以上的学习者在以互联网技术为主的计算机技术的支持下，构建协作学习环境，开展协作学习的一种方式。比如成千上万的学习者在 MOOC 中一起学习，再如人们在读书网站中一起读书、评价、交流心得也可以算作大规模在线协作学习。

自 20 世纪 90 年代起，互联网开始蓬勃发展。互联网具有开放、平等、去中心、无权威等特点，这就使得不同地方、不同行业、不同层面、不同时间、不同地点的人们有机会交流、分享和协作，成千上万，甚至成千万上亿的人可以一起

---

[1] 赵建华. 计算机支持的协作学习 [M]. 上海：上海教育出版社, 2006: 120—165.
[2] Chen W, Tan J S H, Pi Z. The spiral model of collaborative knowledge improvement: an exploratory study of a networked collaborative classroom [J]. International journal of computer-supported collaborative learning, 2021, 16(1), 7—35.
[3] 杨刚, 徐晓东. 计算机支持的协作学习研究现状与发展趋势——关于 CSCL 的定量与定性分析 [J]. 远程教育杂志, 2010, 28(3): 93—101.

来做一件事情，客观上使大规模协作成为可能。这方面最典型的代表就是"维基百科"，来自世界各地成千上万的志愿者共同协作，迄今已经形成了数百个不同语言版本、数千万词条，因此成为世界范围内最大、最有影响力的参考工具。这样的成就靠传统出版模式是根本无法完成的。①2004年以后，Web2.0②的概念开始流行，诞生了Facebook、Twitter、微博、知乎、豆瓣、微信等社交工具软件，借助这些软件提供的分享、汇聚、转发、评价等工具，知识的分享、交流和共建就更加容易，也使得社会性学习开始蓬勃发展。

当然，在众多社会性学习方式中，基于MOOC的大规模在线协作学习是最为瞩目的。2011年秋，来自世界各地的16万余人注册了斯坦福大学教授开设的《人工智能导论》免费课程，最后有2万余人通过考试。随后，世界各地纷纷开始建设MOOC课程，掀起了MOOC浪潮，我国也建设了中国大学MOOC、华文慕课、学堂在线等网站，提供了一大批优秀的在线课程。一般来说，任何人都可以在这几个MOOC平台中免费学习，通过考试的还可以得到学分。③

（二）大规模在线协作学习的特点

当然，大规模在线协作学习本质上也属于CSCL，所以也具备CSCL的一些价值和特点。不过，它也具备一些独特的特点。①参与者有所不同：首先是参与人数量大，所以使得交互更容易发生；其次是参与者没有固定角色的划分，也没有绝对的权威，每一个参与者既可以是知识的使用者，也可以是知识的创建者和生产者。②学习组织结构有所不同：传统CSCL一般有比较严密的教学组织结构，而MOCL则因其去中心化的特点，一般呈现出松散的教学组织结构。③学习目标有所不同：MOCL中，更加关注集体智慧的建构、集体共识的形成。基于联通主义学习理论，集体共识不仅包含以知识点为节点的知识内容网络，还包含知识和人的链接，最终形成以集体共识为基础，包含物化资源和人力资源的社会认知网络。④学习活动有所不同：在MOCL中，主要包括以获取共识为目的的讨论、辩论和测试活动，以学习资源共建共享为目的的协同编辑、协同批注活动，以知识分享和推荐为主要目的的订阅、分享、交流活动。⑤学习评价方式有

---

① 刘禹，陈玲.基于网络的大规模协作学习研究［J］.远程教育杂志，2013，31（2）：44—48.
② 根据科普中国·科学百科的定义，Web2.0是相对于Web1.0的新的时代，指的是一个利用Web的平台，由用户主导而生成的内容互联网产品模式。有别于传统由网站雇员主导生成的内容，Web2.0是第二代互联网，即它开启了一个新的时代。
③ 尚俊杰.未来教育重塑研究［M］.上海：华东师范大学出版社，2020：29—33.

所不同：对学习的评价并不是以知识内容为核心的标准化评价，而是在学习者参与学习的过程中开展形成性的评价。另外，因为参与人比较多，可能会有一些比较有特色的评价，比如在 MOOC 中评改作业时通常采用同伴互评的方式。[①]

> **MOCL 案例：《互联网＋教育：理论与实践的对话》课程**
>
> 北京师范大学陈丽等人开设了 cMOOC——"互联网＋教育：理论与实践的对话"（https://cmooc.bnu.edu.cn）。该课程是一门基于联通主义学习理论的 MOOC，以"开放""共享""互动""创新"为指导，关注互联网推动教育创新的实践策略和创新理论。
>
> 该课程共包括五大自主学习主题，以学习者参与论坛话题讨论、发布博客及评论互动为主要的学习方式，旨在帮助来自不同领域、不同地方的参与者建立起个人与企业、研究机构、关键人物、文献资源之间的链接，形成互联网教育领域的社会联通网络和综合性高端研究社区。

随着互联网的进一步发展，大规模在线协作学习一定会越来越重要。当然，对于研究者来说，需要特别考虑如何把大规模在线协作学习和传统学校教育有机地结合起来。

第五节　其他新兴技术支持下的学习

20 世纪末，移动通信技术、多媒体网络、虚拟现实等技术的发展，使得技术支持的学习发展到了一个新的阶段，新兴的学习技术开始不断涌现。本节就概要介绍其中几种学习技术。

一、移动学习和泛在学习

（一）移动学习的含义和历史发展

所谓移动学习（mobile learning，简写为 M-learning），简而言之，就是在移动设备和技术的支持下，能够随时、随地进行的学习。比如在上班路上利用手机学习在线课程，再如在教室中使用笔记本电脑或者平板电脑进行学习。

---

① 刘禹，陈玲．基于网络的大规模协作学习研究［J］．远程教育杂志，2013，31（2）：44—48．

移动学习研究可以追溯到20世纪70年代美国施乐公司的一个研究项目，研究人员设计了一款名叫Dynabook的低成本无线设备，用于支持学习者进行互动学习（图7-11）。①

图7-11 施乐公司提出的无线设备

1994年，美国卡内基梅隆大学发起无线基础设施建设Wireless Andrew项目，从此各种形式的移动学习实践开始在世界范围内铺开。2002年，在英国召开了第一届移动学习会议（MLearn conference），这是移动学习的一个里程碑。同年，欧盟发起了MOBIlearn和M-learning项目。② 其中，MOBIlearn项目由来自10个国家的24个学术机构和企业发起，旨在基于移动学习理论设计、开发一个兼顾学习和娱乐的学习系统，重点是支持学生在博物馆、科技馆、工作场所等校外场景中的学习。③ 2008年，孟加拉国政府和英国国际发展署联合发起了为期9年的"行动英语"（English in action，简称EIA），旨在采用移动技术提升孟加拉国2500人的英语水平。④

当然，移动学习设备不仅仅指手机，也包括平板电脑和笔记本电脑。MIT媒体实验室创始人尼古拉斯·尼葛洛庞帝后来积极倡导"每个儿童拥有笔记本"计

---

① Kay A C. A personal computer for children of all ages [C]//Proceedings of the ACM national conference. Boston, MA, 1972, 1(1): 1—11.
② 宋玉琳，肖俊洪. 再谈移动学习——访英国移动学习教授约翰·特拉克斯勒 [J]. 中国远程教育，2017，(11): 43—46.
③ Bo G. MoBIlearn: Project final report [EB/OL].(2013-2-1)[2022-03-05]. http: //www.mobilearn.org/results/results.htm.
④ 迈克·夏普尔思，罗伊·佩亚. 移动学习 [M]//（美）R. 基思·索耶，等. 剑桥学习科学手册第2版（下）. 徐晓东，杨刚，阮高峰，等 译. 北京：教育科学出版社，2021: 518.

划。①他希望能够给一些发展中国家的贫困少年儿童提供一批 100 美元的廉价笔记本电脑，借此让这些孩子能够接触最新的信息，以便缩小数字鸿沟，促进教育公平。他指导开发的这批笔记本电脑很有特点：可以手动发电，手摇 1 分钟就可以使用 10 分钟；虽然很廉价，但是能够联网及共享上网（图 7-12）。该计划也得到了广泛的认可，后来人们在教育领域提出了"1:1 计划"，一般指的就是这种一人一台移动设备的学习方式。

图 7-12 100 美元电脑

我国的移动学习研究始于 2000 年，国际远程教育专家戴斯蒙德·基更（Desmond Keegan）在庆祝上海电视大学建校 40 周年"新千年：教育技术与远程教育发展——中外专家学术报告会"上做了题为"远程学习·数字化学习·移动学习"的学术报告，首次将移动学习的概念介绍到中国。之后，北京大学、上海交通大学等逐渐开展了许多移动学习研究项目。②

当前，随着移动设备和技术的迅猛发展，移动学习的技术更加先进、内容更加丰富、形式更加活泼，移动学习大有取代传统互联网学习的气势。

（二）移动学习的特点和价值

与传统互联网学习方式相比，移动学习有其独特的优势。①方便携带：与传统计算机相比，移动设备更轻便，方便携带，这样就可以随时随地进行学习。②能够感知地理位置：移动设备通常具备地理位置感知功能，这样就比较容易开展与地理位置有关的学习或者基于工作场所的学习。③功能强大：移动设备通常内置相机、麦克风、社交软件、传感器等功能，这样就可以让学生及时交流、分

---

① 后来也常称为 100 美元计划，不过后期的电脑不一定就是 100 美元，可能比 100 美元高一些。
② 崔光佐，等. 移动教育——现代教育技术的一个新方向［EB/OL］.［2021-03-02］. http://www.hebiat.edu.cn/jjzx/MET/journal/articledigest12/meeting-8.htm.

享学习心得，收集实验数据，也可以随时随地创作图片、视频等内容，或者基于传感器等功能进行科学探究。④便于和其他学习方式整合：移动学习和后面要讲的游戏化学习、虚拟现实、增强现实、在线学习等学习方式都可以整合在一起。

（三）移动学习的模式及案例

至于移动学习模式，我们可以简单地分为如下三种模式：灵活学习（碎片式学习）、情境感知学习、基于电子书包的课堂互动式学习。[①]

所谓灵活学习是指利用移动设备方便携带的特点，让学习者可以随时随地学习的模式。比如欧盟曾资助过一个 M-Learning 项目，由英国、瑞典和意大利三个国家的五个组织共同承担。该项目主要考虑到欧洲有许多 16~24 岁的青年还未完成学业就离开了学校，并且之后没有、也不愿意接受其他教育和职业培训，因此缺乏基本的读写和数理能力。[②]项目通过使用移动通信手段，为他们创建了一个移动学习环境，同时开发出适合他们的移动学习资源，包括各种课程、服务和产品。

所谓情境感知学习是指利用移动设备能够感知地理位置的特点，让学习者可以结合地理位置进行特定需求学习的模式。博物馆、科技馆经常采用这种方式，参观者戴上特殊的电子设备，走到相应展品前就可以听到该展品的介绍。麻省理工学院也曾经做过一个移动学习项目，让学生拿着掌上电脑，到城市里去穿行，根据随时获得的信息去解决问题。香港中文大学也推出了 EduVenture 项目。

案例：香港中文大学 EduVenture（教育探险）项目

香港中文大学学习科学与科技中心主任庄绍勇等人推出了 EduVenture 系统（http://ev-cuhk.net），这是一套基于情境感知学习和以学生为中心的学习理论的移动游戏化学习系统，可以支持学生进行户外探究学习。教师可以在后台编辑课程，学生拿着平板电脑就可以在城市、校园、公园等场所开展基于情境的探究学习（如图 7-13）。

---

① 尚俊杰.移动学习有什么用？[J].中国信息技术教育，2015,(14)：35.
② 刘豫钧,鬲淑芳.移动学习——国外研究现状之综述[J].现代教育技术，2004,(3)：12—16.

图 7-13 学生在城市里进行移动学习

在一项基于 EduVenture 的准实验研究中，香港 559 名来自不同层次的学校的 10 年级学生参加了实验。结果表明，与传统方法相比，该系统对高、中、低学业成绩的参与者都有不同程度的积极影响。[1]

第三种模式是基于电子书包的课堂互动式学习。现在很多学校都在试验平板课堂，学生和老师人手一台平板电脑。学生可以利用平板电脑看微课，做虚拟实验，或者回答教师提出的问题。这种学习方式一方面促进了互动，另一方面可以记录、分析学生的行为数据，从而能给学生提供个性化的学习支持。

资料：电子书包简介

为了减轻中小学生的课业负担，让学生不再背着沉重的书包上学，国际上开始研究将纸质的书本转换为电子书本（数字教材）的形式，将所有的学习资料以电子的形式存储在移动设备里。于是，电子书包的概念应运而生。

1999 年，新加坡一所学校的 163 名学生将电子书包带入学校课堂，这便是电子书包的开始。2000 年，法国成为世界上第二个推广电子书包的国家，将电子书包引入学校。2001 年 4 月，马来西亚教育部开始在吉隆坡及其周围地区约 200 所学校实验性地推广电子书包。[2]

---

[1] Jong M S Y, Chan T, Hue M T, et al. Gamifying and mobilising social enquiry - based learning in authentic outdoor environments [J]. Educational technology & society, 2018, 21(4): 277-292.

[2] 张倩, 章祥峰. 基于 Web 环境下的数字化书包——电子书包 [J]. 图书馆界, 2011, (5): 11—13.

> 在我国，早在 2000 年，天津市便兴起了电子书包的开发。2001 年，电子书包通过了教育部的认证，并在北京、上海等 4 个城市试推广。2010 年 11 月，我国有关部门成立了电子课本和电子书包标准专题组，共同研制电子课本——电子书包技术系列标准。[1]

（四）泛在学习的含义和特点

随着移动学习的发展，人们希望利用移动技术及其他教育技术手段为学习者构建一个能够将正式学习与非正式学习连接起来、跨越个人学习与社群学习、衔接现实学习与网络学习的无缝学习空间。[2] 由此，泛在学习（U-learning）开始受到大家重视。泛在学习又称无缝学习（seamless learning，见下面的案例）、普适学习、无处不在的学习，指的是一种任何人可以在任何地方、任何时刻获取所需的任何信息的学习方式。

泛在学习为学习者创造了一个随时随地可获得学习资源的空间，它是一种包括物理、社会、信息和技术等多个层面和维度的、相互整合的学习环境。[3] 同移动学习相比，泛在学习具有以下几个特点：泛在性、易获取性、交互性、学习环境的情景性和以现实的问题为核心。[4]

> **案例：新加坡南洋理工大学的无缝学习案例**[5]
>
> 新加坡南洋理工大学吕赐杰（Chee-Kit Looi）等人，在 2007 年至 2018 年间在科学、华语、英语、史地等科目中持续推进一系列中、小学生无缝学习研究项目，旨在利用移动设备、社交媒体等让小学生将非正式学习历

---

[1] 钱冬明，管珏琪，郭玮．电子书包终端技术规范设计研究［J］．华东师范大学学报（自然科学版），2012，(2)：91—98.
[2] 刘军，邱勤，余胜泉，等．无缝学习空间的技术、资源与学习创新——2011 年第十届 mLearn 世界会议述评［J］．开放教育研究，2011，17(6)：8—19.
[3] 罗林，涂涛．生态学视角下的泛在学习［J］．中国远程教育，2009，(13)：47—50.
[4] 潘基鑫，雷要曾，程璐璐，等．泛在学习理论研究综述［J］．远程教育杂志，2010，28(2)：93—98.
[5] Wong L H, Looi C K, Aw G P. Does seamless learning translate seamlessly?: a decade of experiences in adapting Seamless Learning designs for various subjects, levels and technological settings［C］//Koh E R, Huang D W L.(eds.) Scaling up ICT-based innovations in schools. Studies in singapore education: research, innovation & practice. Singapore: Springer, 2021: 269-289.

程（包括生活观察、实践）与他们在正式学习（课堂内的学习）中获得的概念紧密联系，结合个人反思与同侪合作探究来构建知识框架并促进理解，贯穿实境与网络学习空间，实现学习边界的无缝化。

这一系列的项目先后将小学高年级的科学、华语、英语课程，及中学华文、史地课程进行"移动化"和"无缝化"的深度改编，给每位学生提供了一台可以24小时×7天随时随地使用的移动设备，让学生在移动设备的支持下探究或应用课程涵盖的学科知识、技能（如在科学课程中探究空心菜和蝴蝶的生命周期，或在华语、英语课程中利用课堂所学的生词及句型，在生活中制作类似"微博"的社交媒体）。学习过程包括课内导学、观察、反思、数据收集与概念化、实验（或制作学生作品）、概念重构和评估六个阶段。研究结果表明，该项目组设计的移动学习环境（mobile learning environment）能够为学生的学习提供以下支持：允许随时随地无缝学习，使思维可视化，提供多媒体信息资源，支持随时随地反思，整合数字化与非数字化的学习任务，开展移动设备支持的同侪形成性评价。

（五）移动学习的未来发展趋势

我国2010年颁布了《国家中长期教育改革和发展规划纲要（2010—2020年）》，其中指出要努力形成人人皆学、处处可学、时时能学的学习型社会。美国在2016年也颁布了国家教育技术计划——《为未来学习做准备：重新设想技术在教育中的作用》(Future Ready Learning: Reimagining the Role of Technology in Education)，其中也表达了通过平等、积极利用技术和协同领导，让学习可以无处不在、无时不在的理念。[1]这些都说明移动学习的前景一定会越来越广阔。

二、教育游戏和游戏化学习

（一）教育游戏和游戏化学习的含义

教育游戏和游戏化学习是两个相关的概念。其中，教育游戏指的是游戏本身，游戏化学习指的是将游戏应用到教学中的学习方式。关于它们的定义，其实也有很多种，本书采用如下定义：

---

[1] 顾凤佳.基于政策视角的国际移动学习趋势研究［J］.成人教育，2017，37（1）：80—86.

> **关键概念——教育游戏**
>
> 教育游戏（educational game）的概念有狭义和广义之分。狭义上的教育游戏是指专门为特定的教育教学目标而开发的电子游戏；广义上的教育游戏是指具有一定教育价值的电子游戏或传统游戏，其中电子游戏包括街机游戏、主机游戏、电脑游戏、手机游戏、VR/AR 游戏等，传统游戏包括棋盘游戏、卡牌游戏、运动游戏、言语游戏等。①
>
> **关键概念——游戏化学习**
>
> 狭义上的游戏化学习（game-based learning，也译为基于游戏的学习）主要指的是将传统游戏或电子游戏用到教与学中。广义上的游戏化学习指的是将传统游戏、电子游戏、桌游或游戏的元素和机制用到教与学中。这种学习方式旨在借助游戏的特点，给学习者创设更富吸引力的学习环境，使学习更有趣，并让学习者通过"做中学""玩中学"，达到学习知识、提升能力、培养情感态度价值观的目的。②

在大家学习和研究的过程中，还会碰到一些相关概念，比如严肃游戏（serious games）、寓教于乐（edutainment）、游戏化（gamification）等。其中，严肃游戏是商业游戏的一种，虽然具有游戏的外观与设计元素，但不是为了纯粹的娱乐，而是为了教育和训练使用者，比如前面提到的《模拟城市》；寓教于乐表示兼具教育和娱乐目的的产品，包括书籍、电视节目、电子游戏等；游戏化是近年来兴起的一个概念，指的是将游戏或游戏的元素、机制应用到非游戏情境中。比如将楼梯做成钢琴的形状，走在上面可以弹出钢琴的声音。根据这个定义，游戏化学习自然也属于"游戏化"，是游戏化在教育领域的应用。

（二）游戏化学习的历史发展

游戏化学习研究的历史由来已久，孔子、柏拉图、亚里士多德、康德、席勒等人都曾经论述过游戏的价值。随着现代心理学理论的出现和完善，人们开始从动机和认知的视角，探讨游戏对人类情感和学习发展的影响。弗洛伊德、皮亚杰、维果斯基、布鲁纳等人从不同视角研究过游戏的价值。福禄培尔、蒙台梭利、杜威等人也致力于将游戏应用到教育教学中，尤其是幼儿教育中。

---

① 尚俊杰，曲茜美. 游戏化教学法［M］. 北京：高等教育出版社，2019：30.
② 本定义是尚俊杰等人为《中国大百科全书（第三版）》撰写的词条。

20世纪50年代以来,电子游戏发展起来,自然也吸引了教育学、心理学、社会学、医学等学科的研究者从不同角度研究电子游戏的价值。事实上,在这个阶段,计算机辅助教学(CAI)开始兴起,其中"游戏"就是一种重要的模式。只不过,该时期的教育游戏主要是一些比较简单的小游戏(mini-game),比如打字练习和选择题游戏等。这一类游戏一般被认为只能培养运算等基本的技能,无法培养游戏者的问题解决、协作学习等高阶能力[1],但是它们确实是最容易被整合进传统教学过程中的游戏[2],因此直到今天仍然被广泛使用,比如一些Flash小游戏,图7-14就是一款用于学习英语的类似于排序题的游戏界面。

图7-14 英语排序题游戏界面

伴随着计算机技术的发展,教育游戏也在快速发展。到1995年左右,随着基于图形界面的大型网络游戏的诞生,教育游戏也开始蓬勃发展,于是在国际上出现了一批较大型的网络教育游戏。比如,哈佛大学迪德(Dede)等人开展了MUVEES(多用户虚拟学习环境)研究项目,推出了一个旨在促进科学教育的"河城"(*River City*)项目。[3] 印第安纳大学的巴拉布(Barab)等人设计开

---

[1] Prensky M. Digital game-based Learning [M]. New York: McGraw-Hill, 2001.

[2] Squire K. Video games in education [J]. International journal of intelligent simulations and gaming, 2003, 2(1): 49-62.

[3] Dede C, Ketelhut D. Motivation, usability, and learning outcomes in a prototype museum-based multi-user virtual environment [R]. Presented at American Educational Research Conference, April, 2003.

发了《探索亚特兰蒂斯》(*Quest Atlantis*)(图7-15左)。[①] 香港中文大学李芳乐和李浩文等人于1998年就开始了 VISOLE (virtual interactive student-oriented learning environment,虚拟互动学生为本学习环境)研究项目,并推出了旨在学习农业等跨学科知识、培养问题解决能力等高阶能力的教育游戏《农场狂想曲》(*Farmtasia*)(图7-15右)。[②]

图 7-15 *Quest Atlantis* 和 *Farmtasia* 的主界面

进入21世纪以后,随着游戏技术的发展,各种形式的教育游戏开始涌现。比如麻省理工学院推出了将虚拟世界和真实世界结合起来的增强现实游戏《环境侦探》(*Environmental Detectives*)等。[③] 威斯康星大学麦迪逊分校的沙弗(D. W. Shaffer)等人提出了认知游戏(epistemic games)的概念(Http://epistemicgames.org),让学习者在仿真的环境中学习城市规划、新闻等专业知识。[④] 斯奎尔(K. Squire)等人发布了多款可支持学习生物系统、公民行动、亲社会行为、程序设计、STEM等多方面知识的游戏,其中的《经济专家》(*ECONAUTS*)游戏以湖泊生态系统为蓝本,教学生学习环境科学知识。亚利桑那州立大学近年来也推出

---

① Barab S, Thomas M, Dodge T, et al. Making learning fun: quest Atlantis, a game without guns [J]. Educational technology research & development, 2005, 53(1): 86-107.
② Jong M S Y, Shang J J, Lee F L, et al. VISOLE—a constructivist pedagogical approach to game-based learning [M]//H. Yang, & S. Yuen. Collective intelligence and e-learning 2.0: implications of web-based communities and networking. New York: Information Science Reference, 2010: 185-206.
③ Squire K D, Klopfer E. Augmented reality simulations on handheld computers [J]. Journal of the learning sciences, 2007, 16(3): 371-413.
④ Shaffer D W. Epistemic frames for epistemic games [J]. Computers & education, 2006, 46(3): 223-234.

了多款教育游戏，其中 Quest 2 Teach 就是专门为教师教育设计的一款 3D 角色扮演游戏，新手教师可以在其中练习如何教学。斯坦福大学教育学院的研究者整合具身认知理论，开发了用于学习分数的游戏《数字运动》（Motion Math）。麻省理工学院媒体实验室的雷斯尼克等人开发了风靡全球的 Scratch（Http://scratch.mit.edu），这是一款可以用可视化的、游戏化的方式学习编程的工具软件。香港中文大学的庄绍勇等人推出了前面提到的 EduVenture，它其实就是一个移动游戏化学习项目。[1] 在我国台湾地区，也有许多学者开展了大量的教育游戏设计开发及应用评估研究；而在我国大陆，北京大学（见下面案例）、杭州师范大学、南京师范大学、陕西师范大学、华东师范大学也都开展了许多教育游戏研究。

案例：北京大学基于学习科学视角的游戏化学习研究[2]

北京大学尚俊杰等人整合教育神经科学、课程与教学和教育游戏的知识先后开发了用于练习数感的游戏《怪兽消消消》（图 7-16 左）、学习分数的游戏《分数跑跑跑》（图 7-16 中）和训练空间折叠能力的游戏《方块消消乐》（图 7-16 右）等多款教育游戏，并开展了多项实证研究[3][4]，成效良好。

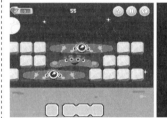

图 7-16《怪兽消消消》《分数跑跑跑》《方块消消乐》游戏界面图

---

[1] Jong M S Y, Chan T, Hue M T, et al. (2018). Gamifying and mobilising social enquiry - based learning in authentic outdoor environments [J]. Educational Technology & Society, 2018, 21(4): 277–292.
[2] 北京大学教育学院学习科学实验室 Mamagame 网址：http://www.mamagame.net。
[3] 裴蕾丝，尚俊杰. 学习科学视野下的数学教育游戏设计、开发与应用研究——以小学一年级数学"20 以内数的认识和加减法"为例 [J]. 中国电化教育，2019，40（1）：94—105.
[4] 张露，胡若楠，曾嘉灵，等. 学习科学视角的分数游戏设计与应用研究 [J]. 中国远程教育，2022，（3）：68—75.

在实践领域，国外和国内先后诞生了 SimCity、Civilization、Minecraft、Crayon Physics，以及《悟空识字》《洪恩识字》等比较优秀的教育游戏或游戏化学习平台。在手机平台上也有很多优秀的 APP 小游戏，比如 Motion Math、2048、Number Link 等游戏。此外，腾讯、网龙、好未来等企业也推出了方便教师等普通人员开发教育游戏的引擎。

游戏化学习也基本上得到了社会各领域的认可。2009 年，欧盟学校联盟发布了调研报告《如何将游戏应用到学校中》(How are Digital Games Used in Schools?)，其中介绍了欧洲若干国家在中小学应用游戏教学的案例。2010 年，在美国颁布的《国家教育技术规划》中明确提出，未来五年，美国将充分发挥和利用游戏技术，提高学习者的参与程度和动机。[①] 美国在 2010 年还启动了全国 STEM 游戏设计挑战赛（National STEM Game Design Challenge）。在教育信息化领域比较知名的由美国新媒体联盟发布的《地平线报告》中也经常提出游戏化学习会在未来得到广泛应用。2014 年，在《上海基础教育信息化趋势蓝皮书》中提到游戏化学习在未来几年将得到发展。2015 年，中国教育技术协会教育游戏专业委员会正式成立。2020 年，北京市海淀教科院和北京大学学习科学实验室等单位一起承担了教育部"学习科学与游戏化学习实践共同体"项目，团结了全国一大批教师努力将游戏化学习应用到课堂教学中。

（三）游戏化学习的价值

尽管游戏确实具有一些负面影响，但是也有许多学者认为，可以利用游戏构建游戏化的学习环境或学习社区，让学习更有趣，从而激发学生的学习动机，培养知识、能力、情感态度和价值观。概而言之，游戏化学习可能包括如下价值：激发学习动机、创建学习环境、支持学习方式、提升学习成效。[②]

1. 激发学习动机

学习动机非常重要，但是国内外有许多调查研究都显示，学生的学习动机堪忧。面对这样的情况，大家自然会想到：是否可以利用游戏的挑战性、竞争性等特性使学习更有趣，更能激发学生的学习动机？事实上，也有许多研究显示游戏

[①] 陈博殷，钱扬义，李言萍. 游戏化学习的应用与研究述评——基于国内外课堂中的"化学游戏化学习"[J]. 远程教育杂志，2017，35（5）：93—104.

[②] 尚俊杰，庄绍勇. 游戏的教育应用价值研究[J]. 远程教育杂志，2009，(1)：63—68.

化学习确实能够激发学生的学习动机。①②

也有很多学者在研究游戏为什么能够激发学习动机。比如，有学者采用马斯洛提出的"需要层次理论"从宏观上解释人们为什么喜欢玩游戏，也有学者采用契克森米哈伊（Csikszentmihalyi）提出的心流（flow）理论来解释。马龙（Malone）和莱佩尔（Lepper）在20世纪80年代做了大量的实证研究，提出了一套内在动机理论，该理论将人们喜欢玩游戏的深层动机分为两类：一类是个人层面的，包括挑战、好奇、控制和幻想；另一类是人际层面的，包括合作、竞争和认同（recognition，也有人翻译为认可）。③

2. 创建学习环境

由于当今的游戏往往使用2D或3D技术来创设一个复杂的游戏情境，并可以让学习者在其中通过互动和交流去自主探索，因此许多学者认为可以利用游戏来构建游戏化的学习环境。比如，可以结合游戏化学习模式④和建构主义学习理论，来构建游戏化建构主义学习环境。前面提到的香港中文大学开展的VISOLE项目，也是旨在构建一种支持学生自主学习知识的互动式游戏化虚拟环境。

3. 支持学习方式

现在教育中非常提倡体验学习、自主学习、合作学习、项目学习、设计学习和翻转学习（翻转课堂）等多种学习方式，但是在这些学习方式的背后，一般都有一个前提，就是学生必须有比较强的学习动机。由此可以看出，游戏化学习可以和这些学习方式相结合。比如前面提到的 *River City*、*Quest Atlantis*、*Farmtasia* 主要是把游戏化学习和探究学习结合到了一起。蒋宇等人也曾整合游戏化学习和体验学习，提出了一种游戏化探究学习模式。⑤张金磊和张宝辉详细探讨了翻转课

---

① Barab S, et al., Game-based curriculum and transformational play: designing to meaningfully positioning person, content, and context [J]. Computers & education, 2011, 58(1): 518.

② （美）理查德·E. 迈耶. 走出教育游戏的迷思：科学证据告诉了我们什么 [M]. 裴蕾丝 译. 北京：教育科学出版社，2019: 62—72.

③ Lepper M R, Malone T W. Intrinsic motivation and instructional effectiveness in computer-based education [C]//R. E. Snow & M. J. Farr. (Eds.) Aptitude, learning, and instruction, III: cognitive and affective process analysis. Hillsdale, NJ: Lawrence Erlbaum Associates, 1987: 223-253.

④ Garris R, Ahlers R, Driskell J. Games, motivation, and learning: a research and practice model [J]. Simulation & gaming, 2002, 33(4): 441-467.

⑤ 蒋宇，尚俊杰，庄绍勇. 游戏化探究学习模式的设计与应用研究 [J]. 中国电化教育，2011，32(5): 84—91.

堂设计需求与游戏化设计策略的对应关系。[1]也有学者将游戏化学习和设计学习结合起来,通过设计数学游戏来培养学生的数学思维。[2]

4. 提升学习成效

游戏化学习在知识传授,培养手眼互动等基本能力、问题解决等高阶能力以及情感态度价值观等方面都具有重要的价值。

首先,来看知识传授。很多游戏中都包含了大量的历史、地理等多学科知识,比如《铁路大亨》(*Railroad Tycoon*)游戏几乎就是一部世界火车的发展史,其中很多火车图片就是19世纪火车的真实造型。

其次,学习者在游戏中需要不停地移动和躲避,所以自然能够培养手眼互动能力;学习者需要自己去探索、总结游戏规则,所以能培养归纳总结能力;学习者经常要处理同时来自各方面的信息,所以能够培养平行处理能力;很多游戏都会提供二维或三维的空间,所以能够培养空间想象能力。[3]

再次,游戏往往充满了挑战,都需要学习者综合各种信息,千方百计解决问题,甚至是创造性地解决问题。因此,许多专家认为游戏可以提高游戏者的问题解决能力和创造力。比如,《蜡笔物理学》(*Crayon Physics*)游戏就给学生提供了一个培养创造性思维的学习环境。

案例:《蜡笔物理学》游戏[4]

《蜡笔物理学》是一位芬兰年轻人佩特里·浦尔霍(Petri Purho)开发的基于2D物理引擎的解谜游戏(具体见网址 www.crayonphysics.com)。背景是羊皮纸风格的蜡笔画,玩家用手中的画笔可以画出任何物体,这些物体会变成有质量和重量的真实物体。玩家需要借助所画的这些物体让图中的小球砸在星星上,如果成功的话,这一关就可以过去了。图7-17就是其中

---

[1] 张金磊,张宝辉. 游戏化学习理念在翻转课堂教学中的应用研究[J]. 远程教育杂志,2013,31(1):73—78.

[2] Ke F. An implementation of design-based learning through creating educational computer games: a case study on mathematics learning during design and computing [J]. Computers & Education, 2014, 73(1): 26—39.

[3] Greenfield P M. Mind and media: the effects of television, video games and computers [M]. London: Fontana, 1984.

[4] 蒋宇,蒋静,陈晔.《蜡笔物理学》游戏的教育应用价值解析[J]. 中小学信息技术教育,2012,(2):59—62.

一关的常规解法以及某玩家的创新解法。

　　这一款游戏不仅可以学习物理、数学和美术等知识，更重要的是它没有固定的关卡和答案，每一关都需要你发挥创造力去解决问题，因此有助于培养创造力。

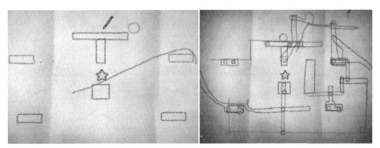

图7-17 《蜡笔物理学》中某一关的常规解法（左）及玩家的创新解法（右）

　　最后，某种程度上可以说，培养一个人对社会、对他人的责任感，对事物的正确态度和正确的人生观比培养知识和能力更为重要。而游戏可以将一些教育理念融入故事，使学习者在潜移默化中接受教育。比如盛大公司曾经推出过一款《学雷锋》的教育游戏，希望通过让学生在游戏里做好事来接受道德教育。也有学者通过实证研究表明，玩《救救达尔富尔》（*Darfur is Dying*）游戏比阅读材料更能激发出责任担当的意识和帮助穷人的意愿。[①]

（四）游戏化学习的未来发展趋势

　　教育游戏和游戏化学习目前已经成为教育技术研究的热点，并且在中小学教育甚至是大学教学中都得到了越来越多的应用，未来一定会有更为广阔的发展空间。[②]从技术上来说，游戏化学习会和移动技术、VR/AR、STEM、脑科学、人工智能、大数据等结合。从应用领域来说，小游戏会和基础教育学科教学深度融合，情境类教育游戏会和综合实践活动课程相结合，游戏化（gamification）会和STEAM、创客、编程教育、学生管理相结合。从学习方式来说，游戏化学习会和自主学习、合作（协作）学习、探究学习、项目学习、翻转学习、设计学习等方式结合。

---

① Peng W, Lee M, Heeter C. The effects of a serious game on role-taking and willingness to help [J]. Journal of communication, 2010, 60(4): 723-742.

② 尚俊杰，裴蕾丝. 重塑学习方式：游戏的核心教育价值及应用前景 [J]. 中国电化教育，2015，36(5): 41—49.

三、虚拟世界中的学习

（一）虚拟世界的含义和历史发展

广义上的虚拟世界（virtual world）泛指用计算机技术生成的，区别于现实世界的，可以让人类在其中交流信息、知识、思想和情感的网络社会生活空间。比如网络游戏、在线讨论区（BBS）和聊天室都可以看作是广义上的虚拟世界。狭义上的虚拟世界是由集成了计算机图形学、人机接口技术、传感器技术、并行计算、人工智能等技术的虚拟现实（virtual reality，VR）技术所生成的一种交互式模拟环境，向使用者提供视觉、听觉、触觉等多种感官的高度逼真的刺激，使用者通过头盔式显示器、数据手套、自然语言以及键盘鼠标等方式与其中的事物进行互动，可以产生身临其境的感受。比较典型的虚拟世界有 Second Life（第二人生）、Minecraft（我的世界）、Active Worlds、迷你世界等，本书主要探讨狭义上的虚拟世界。①

案例：Second Life（《第二人生》）

Second Life 是美国林登（Linden）实验室推出的一款基于计算机网络的 3D 虚拟世界（具体见网址 https://secondlife.com），其中有商店、银行、工厂、音乐厅、学校等各种场景。玩家作为"居民"，以虚拟化身（avatars）的身份进入，在其中可以与来自世界各地的玩家交流互动，还可以设计、开发、交易虚拟财产和服务。Second Life 中有银行和自己的货币——林登币，还可以与现实中的货币进行交换。简单地说，它希望让人们体验另外一种"人生"。

图 7-18 Second Life 中的场景图

---

① 一般来说，虚拟世界是由虚拟现实技术生成的，不过也有人不去仔细区分两者的差异，而用虚拟现实代指生成的虚拟世界。

虚拟现实技术的萌芽在20世纪40年代已经开始出现，当时人们希望用模拟飞行器训练飞行员。1965年，美国计算机图形学之父伊万·萨瑟兰（Ivan Sutherland）在论文中提出了"虚拟现实"的基本思想和经典描述，并在1968年组织研发了第一个头盔显示器（HMD）和头部位置追踪系统。20世纪80年代，陆续出现了一些比较典型的虚拟现实系统，虚拟现实的概念和理论也初步形成。1989年，VPL公司提出用virtual reality来表示"虚拟现实"一词，并且把虚拟现实技术开发为商品，从而推动了虚拟现实技术的发展和应用。20世纪90年代以来，虚拟现实逐步被应用到军事、医学、教育等各个领域中。进入21世纪后，随着价格相对便宜的虚拟现实头盔和虚拟现实眼镜的出现，虚拟现实也进入了全面发展阶段。

（二）虚拟现实技术的特性和类型

布尔达（G. Burdea）和卡飞（P. Coiffet）认为，虚拟现实应该具备三个基本特性：想象性（imagination）、交互性（interaction）和沉浸性（immersion），简称虚拟现实的3I特性。其中，想象性是指可以创建人为想象出来的环境和事物，交互性是指让使用者能够以自然的方式与虚拟事物进行互动，沉浸性是指能够让使用者产生身临其境般的感受。[①]

虚拟现实根据实现技术，一般可以分为桌面式虚拟现实、可沉浸式虚拟现实、分布式虚拟现实、增强现实式虚拟现实。其中：①桌面式虚拟现实比较简单，利用普通计算机在桌面上呈现出三维场景，比如前面提到的 *Second Life*（图7-18）；②可沉浸式虚拟现实是指可以戴上头盔或者置身于一个VR小屋中（一般用多个投影仪创建一个近似真实的场景，在展览馆中比较常见），可以让使用者完全沉浸在虚拟场景中；③分布式虚拟现实是指分布在不同地方的人可以进入同一个虚拟场景，并可以交互，类似于网络游戏；④增强式虚拟现实即下面要说的增强现实。

增强现实（augmented reality，AR）在广义上也属于虚拟现实，它可以将计算机生成的虚拟场景、事物或系统提示信息叠加到真实场景中，从而实现对现实的增强。比如，头戴头盔或戴上AR眼镜或拿着手机等移动设备，走在大街上，就既可以看到街道场景及事物，也可以看到周围大楼等物体的介绍信息（图7-19）；再如，一些出版社会采用AR技术制作立体图书或教材，用手机或平板

---

① Burdea G, Coiffet P. Virtual reality technology (second edition) [M]. New York: John Wiley & Sons, 2003: 3-4.

电脑扫描书中的图像,就可以看到生动的三维展示(图7-20)。北京师范大学蔡苏等人也将AR技术应用到了中小学数学、物理等多个学科中,立体化呈现抽象的学科知识。①

图7-19 增强现实场景图②

图7-20 增强现实图书③

(三)虚拟世界的教育价值及其学习方式

虚拟世界和第二节讲的模拟仿真具备类似的优点:安全、成本低;可以人为增加或减少因素,也可以人为拉长或压缩试验过程。当然,和计算机辅助教育阶段的模拟仿真有所区别的是,虚拟世界可以创建更加逼真的学习环境,而这是建构主义学习理论、情境学习理论都特别强调的一点,事实上也有许多研究证明虚拟世界确实有助于激发学生的学习动机、培养学生的自我效能感和高阶能力等。④此外,在未来社会,在虚拟世界中学到的解决问题的方法可能和真实世界中解决问题的方法一样,甚至都不需要"迁移"。比如在微创手术中,医生打好洞以后只能看着电脑屏幕操作设备,如果虚拟解剖系统做得好,那么医生可能都分辨不出来旁边是真人还是假人。这样医学院的学生就可以利用虚拟解剖系统进行"真实"的练习了。⑤

---

① 蔡苏,王沛文,杨阳,等.增强现实(AR)技术的教育应用综述[J].远程教育杂志,2016,34(5):27—40.

② 图片引自:http://www.newhua.com/2012/1016/179880.shtml。

③ 图片引自:http://www.sohu.com/a/157479568_282711。

④ 亚思明·B.卡法,克里斯·迪德.虚拟世界中的学习[M]//(美)R.基思·索耶.剑桥学习科学手册第2版(下).徐晓东,杨刚,阮高峰,等 译.北京:教育科学出版社,2021:539—554.

⑤ 尚俊杰.未来教育重塑研究[M].上海:华东师范大学出版社,2020:97—99.

虚拟世界实际上是提供了一种学习环境，在其中可以采用各种学习方式，下面介绍几种常见的学习方式。

1. 基于虚拟世界的观察学习和体验学习

利用虚拟现实技术可以构建三维场景，展示三维物体，甚至构建出日常中很难看到的场景，比如分子模型。这样，学习者就可以在虚拟世界中进行观察学习或者体验学习，根据需要从不同的空间视角获得对事物的直观体验和感受，从而对事物特征、结构或相关过程产生更为深入的理解。[1] 比如，一些大学就在 Second Life 中搭建了三维的校园或部分校园，还有一些展览馆采用可沉浸式虚拟现实展示历史场景或者讲授太空知识；再如，有中小学用这种方式学习地理等学科知识[2]，有高校在考古类课程中用这种方式展示文物，在医学类课程中采用模拟解剖系统；当然，也包括前面所讲的 AR 图书和 AR 教材（图7-20）。

2. 基于虚拟世界的游戏化学习

虚拟世界和游戏是分不开的，其实一些大型的角色扮演类游戏就是典型的虚拟世界。上一节提到的 River City、Quest Atlantis、Farmtasia 几款教育游戏本身也属于虚拟世界。在虚拟世界中增加游戏化元素，就可以同时发挥 VR/AR 和游戏的价值，更好地激发学习者的学习动机。[3]

3. 基于虚拟世界的探究学习或研究性学习

利用虚拟世界可以创建虚拟实验室，让学习者在其中开展虚拟实验，可以促进探究学习或研究性学习。比如在 Quest Atlantis 中学习者可以围绕环境问题"鱼类为什么少了"进行探究学习，通过开展虚拟实验或查找有关资料，最终解决问题。再如美国密歇根大学建立了 VRiCHEL 实验室（Virtual Reality in Chemical Engineering Laboratory），旨在探索和开发虚拟现实技术在化学工程领域的应用。[4] 国内也有机构研发了基于体感交互技术的3D中医护理虚拟实验室。[5] 中央电

---

[1] 高媛, 刘德建, 黄真真, 等. 虚拟现实技术促进学习的核心要素及其挑战[J]. 电化教育研究, 2016, 37(10): 77—87+103.

[2] Lester J C, Spires H A, Nietfeld J L, et al. Designing game-based learning environments for elementary science education: a narrative-centered learning perspective[J]. Information sciences, 2014, 264(6): 4-18.

[3] 王辞晓, 李贺, 尚俊杰. 基于虚拟现实和增强现实的教育游戏应用及发展前景[J]. 中国电化教育, 2017, 38(8): 99—107.

[4] 谭文武. 虚拟世界中探究式虚拟实验环境的设计与实现[D]. 重庆：西南大学, 2014.

[5] 李圣洁, 熊振芳, 贺惠娟等. 基于体感交互技术的3D虚拟护理实训教学应用前景探讨[J]. 湖北中医药大学学报, 2016, 18(4): 127—128.

化教育馆也推出了中小学虚拟实验教学服务系统,戴上 VR 眼镜,就能进入虚拟空间,在 AI 助教的帮助下进行虚拟实验并得到实验反馈结果。

4. 基于虚拟世界的设计学习

在第五章曾讲过,设计学习旨在让学习者通过设计作品或实物来学习知识。虚拟世界恰好提供了一种环境,可以让学习者在其中自由地设计虚拟物体及其运动方式,因此也可以和设计学习相结合。比如在 *Second Life* 中,老师让学习者动手设计一个校园。再如现在比较流行的 *Minecraft*(《我的世界》),有许多教师让学习者在其中通过设计事物来学习编程、数学、物理等知识。

案例:*Minecraft*(《我的世界》)

Minecraft(《我的世界》)是微软旗下 Mojang 公司推出的一款沙盒游戏(具体见网址 https://www.minecraft.net)。玩家在其中可以选择生存、创造、冒险等多种模式,享受打怪、冒险的乐趣。玩家还可以利用各种小方块像堆积木一样设计出小木屋、城堡、城市等各种物体,享受当创世神的乐趣(图 7-21)。

Minecraft 也推出了专门的教育版,目前已经被应用在了 STEM、语言、历史、艺术等多个学科的教学中。

图 7-21 *Minecraft* 中的场景图[①]

(四)虚拟世界中的学习的未来发展趋势

客观地说,限于技术水平和成本等因素,目前虚拟世界在教育中应用还不是

---

① 图片引自:https://www.minecraft.net/zh-hans。

很广泛,而且主要是桌面式虚拟现实。但是随着技术水平的提升和成本的降低,其应用会越来越广泛,尤其是可沉浸式虚拟现实(头盔、眼镜、VR 小屋)一定会有广阔的未来。①

另外,因为虚拟世界可以记录学习者在其中的各种行为数据,所以未来可基于这些数据来分析学习者的行为特征和学习成效。更进一步,可基于这些数据对学习者进行更客观、更准确的形成性、诊断性和总结性评价,以便更好地促进学习。②

四、在线学习和混合学习

(一)在线学习的含义和历史发展

从广义上讲,在线学习(online learning)指的就是网络化学习或数字化学习,英文也常翻译为 E-Learning,泛指一切利用多媒体网络学习资源、网上学习社区及网络技术平台进行的学习。③按照这个定义,本章讲的技术支持下的协作学习、移动学习、游戏化学习、虚拟世界中的学习等绝大部分学习方式其实也都属于在线学习。从狭义上讲,在线学习常常特指区别于课堂面对面、通过网络进行的学习方式,比如直播课、录播课或者在线自主学习。鉴于其他学习方式已经在别的节讲过,所以本节主要讲授狭义上的在线学习。

在线学习是伴随着在线教育的发展而发展起来的,在线教育近年来已经成为整个社会的热点,但是它的发展其实由来已久,只是不同的时期采用了不同的概念而已。在线教育可以追溯到一百多年前逐渐开始的函授教育、视听教育、电化教育,不管采用通信、收音机、录音机、电影还是电视进行教学,这些教学方式都有一个特点,那就是,教师和学生不是面对面的,而是通过一种媒介进行的同步或异步学习,这一时期的教育方式也常称为远距离教育或远程教育。20 世纪 90 年代下半期,中国开启了以双向交互卫星电视和计算机网络为技术基础的现代远程教育的辉煌历程。自 1998 年起,教育部先后指定了 68 所普通高校和中央广播电视大学(现名国家开放大学)开展现代远程教育试点,当时采用的教学形

---

① 蔡苏,余胜泉. 从 Sloodle 看三维虚拟学习环境的发展趋势[J]. 开放教育研究,2010,16(2):98—104.
② 亚思明·B. 卡法,克里斯·迪德. 虚拟世界中的学习[C]//(美)R. 基思·索耶. 剑桥学习科学手册第 2 版(下). 徐晓东,杨刚,阮高峰,等 译. 北京:教育科学出版社,2021:548—554.
③ 钟志贤,杨蕾. 论在线学习[J]. 现代远距离教育,2002,(1):30—34.

式主要是三分屏课件（屏幕上分成三块：一块是教师视频，一块是教学内容，一块是大纲）①，这一时期的在线教育也常称为网络教育。2010年左右，可汗学院、翻转课程和MOOC开始在中国流行，像Coursera、Edx、Udacity等MOOC平台带来了很多录制的精美课件，在学习者中产生了较大的影响。我国有关部门也开设了中国大学MOOC、华文慕课、学堂在线等MOOC平台，提供了一大批精品在线课程。与此同时，校外教育机构纷纷开始采用在线教育的方式提供各种各样的课程。其实，早在20世纪90年代，已经有企业在利用在线教育提供中小学补习课程，只不过到2013年左右随着信息技术基础设施的发展和全民信息素养的提升，这种形式的在线教育开始爆发，这一时期的在线教育也常称为互联网教育。2020年，因为"新冠"疫情原因，全国几乎所有学校、所有学生都在尝试各种各样的在线教育形式，借此实现"停课不停学"，在线教育这个概念也因此成了全社会的热点。②

不管在线教育采用哪个概念，从以上叙述可以看出，它的核心是以视频学习为主的学习模式。在现实中，最常见的就是同步在线教学模式（一对多直播课、一对一直播课）、异步在线教学模式（录播课、MOOC）、翻转课堂教学模式、基于学习资源或认知工具的在线自主学习模式。下面我们就来讲授和在线学习密切相关的几个概念。

（二）MOOC、微课和翻转课堂

在线学习或者说在线教育领域，经常能听到MOOC、微课和翻转课堂这几个概念，它们对在线教育的发展起到了比较重要的推动作用。

1. MOOC（massive open online course）

在第四节中，我们已经提到了MOOC，它指的是大规模在线开放课程，一般具有这样几个特点。①课程学习人数比较多：一门MOOC的选修人数可以成千上万，甚至几十万、上百万；②免费：虽然也有MOOC是收费的，但是最初的MOOC很多都是免费的；③开放：MOOC通常没有门槛，任何人都可以很容易地选修或者退选课程；④完整性：通常每一门MOOC都是一个完整的课程，修完以后一般可以得到学分证书。

其实，2001年麻省理工学院就发起了开放课件项目（open course ware，

---

① 任翔，任博.论三分屏课件的合理性及其缺陷［J］.现代教育技术，2009，19（5）：133—135+118.
② 尚俊杰.在线教育讲义［M］.上海：华东师范大学出版社，2020：1—21.

OCW），宣布要将该校的全部教学材料放到网上，免费向社会公众开放。2002年，联合国教科文组织将开放课件发展到开放教育资源（open educational resources，OER），希望促进全球优质教育资源的共享。而 MOOC 可以说是开放教育资源的典型代表，2011 年秋，来自世界各地超过 16 万人注册斯坦福大学《人工智能导论》免费课程的事情掀起了 MOOC 发展的高潮，世界各地的大学等教育机构纷纷开始发展 MOOC，其中比较有代表性的包括 Coursera、Edx、Udacity，我国也建设了中国大学 MOOC、华文慕课、学堂在线等 MOOC 平台，上线了一大批精品在线课程。

应该说，MOOC 现在确实还存在质量参差不齐、辍学率高、完成率低、互动不足、教学模式单一、学分认证遭质疑等问题[1]，在实现技术上也缺乏实质性的创新，但是它确实在一定程度上促进了优质教育资源的共享，客观上也促进了教育教学的变革，甚至有望实现破坏式创新[2]。而且，时至今天，MOOC 也针对所存在的问题不断变革，已经出现了 SPOC（small private online course，小规模限制性在线课程，也译为私播课）、MOOL（massive open online labs，大众开放在线实验室）、MOOR（massive open online research，大众开放研究课）等新的形式。[3]

2. 微课（micro lecture）

关于微课，不同的学者有不同的定义。我国学者胡铁生将其定义为：按照新课程标准及教学实践要求，以教学视频为主要载体，反映教师在课堂教学过程中针对某个知识点或教学环节而开展教与学活动的各种教学资源的有机组合。"微课"的核心内容是课堂教学视频（课例片段），同时还包含与该教学主题相关的教学设计、素材课件、教学反思、练习测试及学生反馈、教师点评等教学支持资源，它们以一定的结构关系和呈现方式共同营造了一个半结构化、主题突出的资源单元应用"生态环境"。[4]

微课有几个主要的特点。①短小精悍：微课的核心内容一般是 5~10 分钟的微视频（短视频），因为它非常重要，以致很多时候将微视频等同于微课；②主题突出：微课并不是简单地截取课堂片段，而是针对一个知识点进行精心设计的相对完整的课程；③容易整合：微课是半结构化的资源包，容易修改，这样就容易被整合到课堂教学中。

---

[1] 汪基德, 冯莹莹, 汪滢. MOOC 热背后的冷思考 [J]. 教育研究, 2014, 35(9): 104—111.
[2] 尚俊杰. 在线教育讲义 [M]. 上海：华东师范大学出版社, 2020: 237—246.
[3] 祝智庭, 刘名卓. "后 MOOC" 时期的在线学习新样式 [J]. 开放教育研究, 2014, 20(3): 36—43.
[4] 胡铁生. "微课"：区域教育信息资源发展的新趋势 [J]. 电化教育研究, 2011, (10): 61—65.

相对于原来动辄几十分钟的课程视频，微课在设计、制作、分享和应用中都比较方便，所以得到了老师们的欢迎。事实上，现在很多MOOC中也采用了这种微课（微视频）的形式。

当然，微课能够得到广泛应用，可汗学院作出了重要贡献。美国人萨尔曼·可汗创办了可汗学院[①]，其中录制了很多讲解小学数学等知识点的微视频，逐渐风靡美国基础教育领域，并向世界各国传播，从而促进了微课的发展。[②]

3. 翻转课堂（flipped classroom）

大约在2007年，美国科罗拉多州落基山林地公园高中的两位化学教师——乔纳森·伯尔曼（Jon Bergmann）和亚伦·萨姆斯（Aaron Sams）为了让学生在家里也能正常学习课程，就用PPT加配音的方式录制了一些教学视频，让学生回家看，返回教室以后，就可以做作业或和老师讨论问题。于是，一个新的概念——翻转课堂（flipped class model，也有人称为反转课堂或颠倒课堂）开始在全球推广。[③]

相对于传统课堂教学来说，翻转课堂具有如表7-2所示的特点。当然，它最重要的作用就是有助于促进个性化学习，所以迅速在全世界包括我国开始流行，像重庆聚奎中学、山东昌乐一中等学校都曾进行了大规模的翻转课堂应用研究，也有不少大学在开展基于MOOC的翻转课堂学习（简称翻转式学习）。

表7-2 传统课堂与翻转课堂的各要素对比表[④]

	传统课堂	翻转课堂
教师	知识传授者、课堂管理者	学习指导者、促进者
学生	被动接受者	主动探究者
教学形式	课堂讲解＋课后作业	课前学习＋课堂探究
课堂内容	知识讲解传授	问题探究
技术应用	内容展示	自主学习、交流反思、协作讨论工具
评价方式	传统纸质测试	多角度、多方式

[①] 可汗是在2004年左右开始尝试教亲戚的孩子学数学，2006年左右开始录制并在网上发布教学视频，到2009年开始正式全职来进行在线教学，后来创办了可汗学院，受到社会各界好评。
[②] 焦建利. 微课及其应用与影响[J]. 中小学信息技术教育，2013,（4）: 13—14.
[③] 何克抗. 从"翻转课堂"的本质，看"翻转课堂"在我国的未来发展[J]. 电化教育研究，2014, 35(7): 5—16.
[④] 张金磊，王颖，张宝辉. 翻转课堂教学模式研究[J]. 远程教育杂志，2012, 30(4): 46—51.

(三) 混合学习

所谓混合学习（blended learning），简而言之，就是将传统面对面学习和在线学习相结合的学习方式。这一概念其实很早就已经出现，美国培训与发展协会（American society for training and development，简称ASTD）在2002年就对其进行了论述。[1] 何克抗和李克东教授在2004年也先后对其定义和原理作了阐述。何克抗认为，混合学习就是要将传统学习方式的优势和E-learning（即数字化或网络化学习）的优势结合起来，既要发挥教师引导、启发、监控教学过程的主导作用，又要充分体现学生作为学习过程主体的主动性、积极性和创造性。[2] 李克东则指出了混合学习的目标及其关键原则，他认为混合学习是把面对面（face to face）教学和在线学习（online learning）两种学习模式有机地整合，以达到降低成本、提高效益的一种教学方式。混合学习的关键是遵从施拉姆的媒体选择定律（即最小成本和最大价值率），对媒体进行选择与组合，从而达到兼顾学习速度、规模和效果，以实现最小的成本和最高的学习效果。[3] 这些论述在指出混合学习具有线上线下相结合特点的同时，还指出了学习方式的重要转变，以及实现混合学习的关键原则。由此，我们可以认为，混合学习是将面对面的学习方式和线上的学习方式相结合，发挥教师的主导性和学生的主体性，在兼顾学习速度、学习规模和学习效果的情况下，以最小的成本达到最高的学习效果的一种学习方式。

从以上论述中也可以看出混合学习的价值：①可以同时发挥面对面学习和在线学习的优势；②可以适当降低成本，提高效益；③可以方便地邀请优秀的专家利用直播或录播方式参与教学；④支持个性化学习等多种学习方式；⑤师生有更多的交流反思机会。[4]

在具体实践中，也涌现出了多种混合学习的具体模式。①辅助式混合学习。以面对面学习为主，但是利用辅助学习平台提供各种教学资源和教学支持。②嵌入式混合学习。在面对面学习的课程中播放微课等教学视频课件，或者邀请专家

---

[1] Valiathan P. Blended learning models [EB/OL].(2002-08-02) [2004-03-05]. http://astd.org/LC/2002/0802_valiathan.html.
[2] 何克抗. 从Blending Learning看教育技术理论的新发展（上）[J]. 电化教育研究，2004，(3): 1—6.
[3] 李克东，赵建华. 混合学习的原理与应用模式 [J]. 电化教育研究，2004，(7): 1—6.
[4] 詹泽慧，李晓华. 混合学习: 定义、策略、现状与发展趋势——与美国印第安纳大学柯蒂斯·邦克教授的对话 [J]. 中国电化教育，2009，30(12): 1—5.

远程讲课。③翻转式混合学习。以在线学习为主，但是经常组织线下讨论和交流活动。

当然，在开展混合学习的过程中也会存在一些问题。①混合学习中面对面学习和在线学习的比例问题：什么时候应该用面对面学习，什么时候应该用在线学习？②混合学习的规模问题：一个混合学习课堂中应该安排多少学生？③提高现有混合学习资源交互性的问题：在混合学习中，如何利用动画、游戏、VR/AR等技术激励学生，让学习更具互动性，更有深度？④混合学习和开放教育资源结合的问题：现在网上有很多开放教育资源，怎样从政策和技术上支持教师将资源更方便地应用到自己的课堂教学中？[1]

尽管混合学习目前仍然存在一些问题，但是就大中小学的日常课堂教学来说，大部分学者都认为混合学习应该是未来的发展趋势。事实上，混合学习现在越来越受重视，很多研究者在开展混合学习环境设计、应用和评价等相关研究。[2]

（四）在线学习和混合学习的未来发展趋势

尽管在线学习和混合学习备受重视，也有实证研究证明了它们的成效，但是它们确实也经常被质疑。不过国际知名学者乔治·西蒙斯教授曾经联合世界各地的七位著名学者的团队，开展了"MOOC研究计划"，其研究结果指出：大多数研究都证明了在线学习至少跟面对面学习一样有效。[3]此外，美国教育部2010年发布的一份调查报告对1996年到2008年间在高等教育中开展的有关面对面教学、混合学习、在线学习的实证研究进行了元分析，结果表明：混合学习是最有效的学习方式，其次是在线学习，而单纯的面对面教学是最低效的一种。[4]

当然，几份报告结果也不能完全证明哪种学习方式更好，研究者也不必太纠结哪种学习方式更好。其实从单纯的面对面学习到单纯的在线学习，这是一个连续体，究竟应该采用什么学习方式，该以多大的比例进行混合，并没有标准答

---

[1] 詹泽慧，李晓华. 混合学习：定义、策略、现状与发展趋势——与美国印第安纳大学柯蒂斯·邦克教授的对话 [J]. 中国电化教育，2009，30(12)：1—5.
[2] 肖婉，张舒予. 混合学习研究领域的前沿、热点与趋势——基于Citespace知识图谱软件的量化研究 [J]. 电化教育研究，2016，37(7)：27—33+57.
[3] 韩锡斌，王玉萍，张铁道，等. 迎接数字大学：纵论远程、混合与在线学习——翻译、解读与研究 [M]. 北京：清华大学出版社，2016：68—94.
[4] U.S. Department of Education. Evaluation of evidence-based practices in online learning: a meta-analysis and review of online learning studies [EB/OL]. (2010-9-1) [2021-8-8]. http://www2.ed.gov/rschstat/eval/tech/evidence-based-practices/finalreport.pdf.

案。我们要具体问题具体分析。比如,对于成人在职学习,在线学习可能就比较适合,而对于大中小学课堂教学,混合学习可能就比较适合。

第六节 学习空间

自20世纪90年代以来,随着学习理论和信息技术的发展,越来越多的专家学者开始思考如何从学习环境的角度入手,对传统教室、图书馆和实验室等教学场所进行改造和重构。在现实中,我们可以看到很多学校都在打造"未来学校"[①]和"未来教室",其中的教室、图书馆、实验室甚至走廊都在发生改变,朝着更漂亮、更舒适、更开放、更智慧、更灵活的方向发展,以促进学生更有效地学习。美国新媒体联盟2016年发布的《地平线报告》中也指出,"重构学习空间"(redesigning learning spaces)将成为教育的发展趋势。[②]那么究竟什么是学习空间,又应该怎么去打造学习空间呢?

图7-22 未来教室[③]

一、学习空间的含义和历史发展

(一)学习空间的含义

学习空间(learning spaces)的概念并不复杂,任何学习活动发生的场所都可称为学习空间。[④]当然,最初用于学习的主要场所是教室,那么为什么近些年我们的关注点从教室转向了学习空间呢?自然是因为学习理论的发展以及信息技术

---

① 曹培杰. 未来学校变革:国际经验与案例研究[J]. 电化教育研究,2018,39(11):114—119.
② Adams B S, Freeman A, Giesinger H C, et al. NMC/CoSN Horizon Report: 2016 K-12 Edition. Austin, Texas: The New Media Consortium, 2016: 8-9.
③ 图片引自:https://www.mcgill.ca/tls/spaces/classrooms/education-627。
④ 江丰光,孙铭泽. 未来教室的特征分析与构建[J]. 中小学信息技术教育,2014,(9):29—32.

的应用，让人们觉得需要重新设计学习场所。据此，我们可以给学习空间下一个定义：

> **关键概念——学习空间**
> 学习空间是指任何学习活动发生的场所。更具体地说，学习空间是以学习科学等先进理念和技术为依托而构建出的学习场所，既可以是真实的物理空间，也可以是非真实的虚拟空间，该空间能借助先进的教育理念和信息技术来促进学习的有效发生。

在提出学习空间之前，人们经常用教学空间来指代这种学习场所，由教学空间演变为学习空间并不是一个简单的概念替换，其实背后蕴含着丰富的内涵：①学习空间意味着学习不只局限于学校课堂中，它可以发生在任意场所；②学习空间意味着学习既可以发生在物理场景中，也可以发生在虚拟场景中；③学习空间意味着其最终目标是促进学习者学习；④学习空间意味着建构主义学习理论、情境认知与学习理论等当代主流学习理论以及学习科学的知识观和学习观；⑤学习空间意味着它需要利用信息技术来促进学习者的学习。[1]

（二）学习空间研究的历史发展

在我们的印象中，传统教室一般都是一排排的桌椅，讲台和黑板在教室的最前面，教室里的学生只能从同一个方向面向教师和黑板，而教师由于桌椅和讲台受限，通常只能在教室的最前面授课，这种教室大多采用以"教"为中心的教学方式，不太适合协作学习等创新学习方式的开展。

自20世纪50年代起，逐渐有学者开始从生态学的角度研究学习环境，并开始关注学习环境中的物理环境方面，对学校的建筑空间、温度、光线、声音等物理因素对学生学习过程的影响进行了研究。自20世纪90年代起，因为建构主义学习理论、情境认知与学习理论等学习理论的发展，以及信息技术的快速发展，越来越多的学者开始关注学习空间。2001年，美国麻省理工学院为了改变大学物理课程的低通过率和高缺席率，让学生从概念和分析中更了解物理学科，设计了TEAL未来教室[2]（见下页介绍）。2006年，美国的高等教育信息化

---

[1] 许亚锋，尹晗，张际平. 学习空间：概念内涵、研究现状与实践进展［J］. 现代远程教育研究，2015，（3）：82—94+112.

[2] Belcher J W. Studio physics at MIT [R]. MIT physics annual, 2001:58–64.

的民间非营利组织 EDUCAUSE 出版了《学习空间》(Learning Spaces)一书，主要介绍了学习空间的基本理论与实践，和国际上部分高校的学习空间案例，其核心思想是如何重构学习环境，以促进学生积极、社会化与经验式的学习。[1] 此后，世界上的其他国家纷纷将视野投入学习空间这一领域，关注学习空间的重设改造，并开展了 SCALE-UP、TILE（transform, interact, learn, engage）、改造大学学习空间（retrofitting university learning spaces）等项目。[2] 2011 年，美国北卡罗来纳大学主办了一本专注于学习空间研究的期刊《学习空间杂志》(Journal of Learning Space)，其创刊标志着学习空间研究开始成为学习环境研究的一个重要方面。[3] 美国新媒体联盟 2016 年发布的《地平线报告》中也将"重构学习空间"列为教育的发展趋势之一，指出越来越多的学校开始重新设计以教室为代表的学习空间。

在我国，华东师范大学张际平等人开展了"未来课堂"项目[4]，祝智庭等人在研究如何借助人工智能技术打造智慧学习空间[5]，上海师范大学江丰光等人针对学习空间的设计与应用开展了大量实证研究，重点探讨了教师对学习空间中不同物理因素的感知[6]以及学习空间物理因素对学生认知的影响[7]。此外，还有更多的研究者从不同的角度在研究学习空间。

案例：麻省理工学院的 TEAL 教室[8]

为了研究能够促进学生更好地理解物理的教学环境和课程教材，美国麻省理工学院于 2000 年提出了 TEAL（technology enabled active learning）

---

[1] 江丰光, 孙铭泽. 国内外学习空间的再设计与案例分析 [J]. 中国电化教育, 2016, 37(2): 33—40.
[2] 许亚锋, 尹晗, 张际平. 学习空间：概念内涵、研究现状与实践进展 [J]. 现代远程教育研究, 2015, (3): 82—94+112.
[3] 杨俊锋, 黄荣怀, 刘斌. 国外学习空间研究述评 [J]. 中国电化教育, 2013, 34(6): 15—20.
[4] 张际平, 陈卫东. 教学之主阵地：未来课堂研究 [J]. 现代教育技术, 2010, 20(10): 44—50.
[5] 祝智庭. 智慧教育新发展：从翻转课堂到智慧课堂及智慧学习空间 [J]. 开放教育研究, 2016, 22(1): 18—26+49.
[6] 王芝英, 唐家慧, 贾一丹, 江丰光. 探究新教师对学习空间物理环境的感知与理解 [J]. 教学研究, 2020, 43(02): 46—55.
[7] 贾一丹, 江丰光. 教室内物理因素对大学生认知影响的实验研究 [J]. 开放学习研究, 2021, 26(3): 37—46+62.
[8] 谢未, 江丰光. 东京大学 KALS 与麻省理工学院 TEAL 未来教室案例分析 [J]. 中国信息技术教育, 2013, (9): 99—101.

教室项目，该项目旨在建立一个学生能够高度合作、动手操作、在计算机支持下的交互式学习空间（学习环境）。

如图 7-23 所示，该 TEAL 教室共可容纳 117 名学生。这间教室最大的特点是学科型实验室，教室里的桌椅都与实验装置相连接，不仅可以做虚拟物理实验，还可以进行真实的物理实验，每组桌子下面都有一个小柜子，里面装有实验器材。教室配备了 13 张固定的不可移动的圆桌和椅子，每张桌子可容纳 9 人，每 3 人一组，且每一组配备一台笔记本计算机，方便学生通过小组动手实验配合计算机呈现的方式更加直观地理解和消化知识。学生可以在教室里使用计算机设计实验，动手测量观察，进行实验的同时还可以方便地记录数据、进行计算，修正设计后还可以继续实验，并及时用计算机完成实验报告，提高实验的效率。讲台是固定的，位于教室中央。同时教室提供了软硬件的设备支持，如无线投影、电子白板等，确保教室内每个方位的学生都能在自己的视线范围内看到投影屏幕的内容，并且避免学生之间遮挡视线，尽量使他们能从多个角度看到投影。

图 7-23 TEAL 教室实景图和平面图[①]

麻省理工学院的 TEAL 研究组对 800 名学生进行实验组和对照组的对比研究，发现较之于对照组，实验组对概念的理解更到位，大多数学生对这种课堂所提供的师生交互性、软件可视化和动手实验的新教学法的认可度很高，并且愿意向别的学生推荐这门课程。

---

① 图片引自：http://icampus.mit.edu/projects/teal。

二、学习空间的设计框架与设计原则

不同的学习空间会给教师和学习者带来不同的感官体验和心理感受,从而对教师的教学质量和学生的学习质量产生一定的影响。因此,学习空间的设计必须遵照一定的理论框架并遵循一定的设计原则。

(一)学习空间设计框架

澳大利亚昆士兰大学拉德克利夫(Radcliffe)开发了 PST(Pedagogy-Space-Technology)框架,用于设计和评估主动学习空间的教学法、空间和技术。[①] 如图 7-24 所示,"教学法"通过使用"空间"与"技术"来实现其理念和目标。其中,"空间"通过嵌入"技术"来实现功能的扩展从而支持"教学法","技术"则通过嵌入"空间"来促进"教学法"。在设计时可以先从"教学法"要素出发考虑问题,之后再分别考虑"空间"和"技术"要素,并且从任何一个要素出发都要考虑来自其余两个要素的支持和影响。[②]

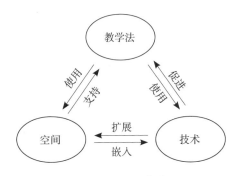

图 7-24 PST 框架

PST 框架既可以用来指导设计学习空间,也可以用来评估学习空间。如表 7-3 所示,在使用该框架进行设计或评估时,每个基本问题都被扩展为一组更详细的问题来指导评估流程。

[①] Radcliffe D R. A pedagogy-space-technology (PST) framework for designing and evaluating learning places [C]//Proceedings of the next generation learning spaces colloquium. Brisbane: The University of Queensland, 2008: 9-16.

[②] 许亚锋,尹晗,张际平. 学习空间:概念内涵、研究现状与实践进展 [J]. 现代远程教育研究, 2015,(3):82—94+112.

表 7-3　PST 设计与评价[①]

关注点	生命周期阶段	
	理念和设计	实现和操作
总体设计	这个计划的动机是什么？	实现后是什么样子？
教学法	我们正在努力培养什么样的学习和教学方式？为什么？	所观察到的学习和教学的类型是什么？证据是什么？
空间	在空间设计和家具及配件供应方面，哪些方面会促进这些学习（和教学）模式？如何促进？	空间设计和设备的哪些方面有效，哪些方面无效？为什么？
技术	如何运用科技辅助空间设计来培育理想的学习和教学模式？	什么技术能最有效地促进学习和教学？为什么？

PST 框架提出以后，也有学者对其进行了修改，比如华东师范大学未来课堂研究小组提出了 PSST（Pedagogy Social Space Technology）框架，在 PST 框架的三个维度外增加了"社会"（Social）维度，借此包括立项、资金、应用、管理以及其他社会方面的考虑。[②]

（二）学习空间设计原则

在设计学习空间时，除了要遵循以上设计框架以外，还要遵循如下具体设计原则。

（1）以人为本，以学习者为中心。学习空间中的主体是教师和学习者，所以首先要满足教师和学习者的需求，其次要特别注意以学习者为中心。

（2）注重用户体验。所谓用户体验，指的是人们对使用的产品或者服务的主观感受，包括情感、喜好、认知印象、生理和心理反应等各个方面。在学习空间中，一定要使用绿色环保的材料，桌椅等家具的设计要考虑人体工程学原理，以满足不同身高、体重的学生的需求。此外，室内的光线、温度、颜色、气味、通风等物理因素需经过精心设计与调控，为学习者创造出最理想的学习环境。[③]

（3）注重灵活性和可重构性。过去的研究表明，与传统教室相比，灵活的学

[①] Radcliffe D, Wilson H, Powell D, et al. Designing next generation places of learning: collaboration at the pedagogy-space-technology nexus [R]. The University of Oueensland, 2008.

[②] 陈向东，吴平颐，张田力. 学习空间开发的 PSST 框架 [J]. 现代教育技术，2010，20（5）：19—22.

[③] 江丰光，孙铭泽. 未来教室的特征分析与构建 [J]. 中小学信息技术教育，2014，(9)：29—32.

习空间更能创新教学和学习方法。① 所以学习空间的布局要容易调整，桌椅方便移动，能够根据不同的活动类型进行拆分、重组，以支持合作学习、探究学习、项目学习等多种学习方式。讲台最好也是可灵活移动的，这样不仅不会遮挡学生的视线，也可以促进师生间的平等交流。同时，教室内可以安装可移动的隔板，以塑造不同的学习区域。

（4）信息技术与空间有机融合。在学习空间中要根据需要配备投影仪、交互式电子白板、平板电脑、3D打印等设备，从而可以支持多种学习方式。并借助人工智能、大数据等智能技术，实现学生学习过程的全数据采集、记录和分析，以打造智能学习空间。当然，也要注意在学习空间中不要盲目配置成本过高的技术设备。有研究表明，教室中的基础设施不一定能提升学生的学习效果。②

（5）线上线下学习空间有机融合。虽然本节侧重讲解线下学习空间，但是线上学习空间也很重要，要注意线上、线下学习空间的有机融合，从而给学习者打造一个无所不在的泛在学习空间。

（6）注重开放性和可扩展性。在学习空间中可以用透明的玻璃墙来代替传统的墙壁，使空间更具开放性。除此之外，空间也不应局限在教室里，可以拓展到走廊、校园乃至公园、小区、家庭等区域。另外，因为现在技术发展特别快，未来可能会出现更多意想不到的设备、应用和服务，所以，要注意学习空间的可扩展性。比如最简单的例子，在教室中应该多预留一些电源插座。

以上谈的是普遍意义上的学习空间的设计原则，但是学习空间其实可以分为三类，即正式、非正式和虚拟学习空间：①正式的学习空间，如传统的教室、图书馆、实验室等学习场所；②非正式的学习空间，如走廊、休息室或校园里的长椅，以及博物馆、科技馆、公园和家庭等；③虚拟学习空间，如在线社区、在线学习资源库等。③ 不同类型的学习空间具有一些不同的特性，比如图书馆中就需要注意创设不同功能区域的学习空间④，做到开放性和私密性共存，并要特别注重人文特性；博物馆中则要注意营造友善的陈列展示环境、优化展品形式、注重个

---

① Neill S, Etheridge R. Flexible learning spaces: the integration of pedagogy, physical design, and instructional technology[J]. Marketing education review, 2008, 18(1): 47—53.

② Stoltzfus J R, Libarkin J. Does the room matter? active learning in traditional and enhanced lecture spaces[J]. CBE—life sciences education, 2016, 15(4): 68.

③ 江丰光，孙铭泽. 国内外学习空间的再设计与案例分析[J]. 中国电化教育，2016，37(2): 33—40.

④ （美）S. 亚当斯·贝克尔，M. 卡明斯，A. 戴维斯，等. 新媒体联盟地平线报告：2017图书馆版[J]. 北京广播电视大学学报，2017，22(5): 1—13.

性化体验、打造数字化场馆、加强馆校协同合作;而企业等工作场所中的学习空间,就要注意线上、线下学习空间的深度融合,此外还要注意物理学习空间的隐匿性与便捷性(图 7-25)。

图 7-25 Rocketmakers-Meeting Pods(讨论区)[①]

三、学习空间的未来发展趋势

当前世界各国各地区都在探索未来学校建设,比如美国的费城未来学校(School of the Future)、AltSchool、HTH(High Tech High School)学校,瑞典的 Vittra Telefonplan 学校、法国的 Ecole 42 学校等,新加坡也启动了"新加坡未来学校"计划(FutureSchools@Singapore)。[②]在国内,北京大学附属中学朝阳未来学校、北京十一学校龙樾实验中学等学校也都在探索建设未来学校,中国教育科学研究院王素等人成立了未来学校实验室,也正在努力打造更多的未来学校。[③]当然,未来学校建设包括了校舍建设、课程设置、教学模式、校园文化等多个方面,不过以教室、图书馆、实验室为主的学习空间建设自然是其中的重要组成部分。

目前的学习空间研究更多的是关注布局、家具的设计,未来的学习空间将会基于学习理论,将信息技术和空间有机地融合在一起。另外,当前的学习空间研究的重点仍然是教室、实验室和图书馆等正式学习空间,未来博物馆、科技馆、公园、社区、家庭等非正式学习空间的研究也将会越来越受重视。

---

① 图片引自:https://www.officelovin.com/2018/09/04/a-tour-of-rocketmakers-cool-office-in-bath。
② 曹培杰. 未来学校变革:国际经验与案例研究[J]. 电化教育研究,2018,39(11):114—119.
③ 王素. 中国未来学校 2.0 概念框架[N]. 中国教育报,2018-11-24(003).

▎**本章结语**

　　回顾本章内容可以看出，计算机自从诞生以来，就逐步被应用到了教育领域中。在最初的计算机辅助学习时代，人们就对计算机寄予了无限的期望，人们希望利用"对话"的形式让计算机像教师一样指导学生学习，实际上这可以看作人工智能教育应用的萌芽；人们也期望用计算机搭建"微世界"，来模拟现实世界运行方式。只不过最初的技术水平有限，所以在现实中我们看到更多的只是一些比较简单的"操练和练习"。

　　不过，随着技术的快速发展，技术在教育中的应用也越来越广泛、越来越深入。我们可以利用模拟、仿真来促进认知；可以利用智能教学系统让计算机像教师一样指导学生；可以利用互联网技术让世界各地的学习者一起协作学习；可以利用移动技术让学习无处不在；可以利用游戏化学习来激发学习动机；可以利用VR/AR创设近似真实的学习环境，展示以前无法展示的教学内容；可以利用在线学习将传统的电视教学和现代信息技术结合起来；还可以综合利用各种技术来打造未来学习空间。

　　对于学习科学而言，技术是一个很好的抓手，我们可以借助技术创设学习环境，从而促进有效的学习。虽然今天的技术水平还存在局限性，但是未来的技术一定可以让每个人都能自由自在地遨游在知识的海洋中，高高兴兴地沐浴在学习的快乐之中，尽情享受终身学习的幸福生活。

▎**重点回顾**

1. 学习环境是一个包含了各种学习资源、认知工具和人际关系，支持学习者相互合作和协作，旨在促进学习者学习的物理或虚拟的学习场所或活动空间。
2. 广义上的学习技术泛指一切用来设计、执行、管理和评价学习的技术和方法。狭义上的学习技术指的是用来设计、执行、管理和评价学习的现代教育技术，包括软件、平台和方法等。
3. 计算机辅助学习的基本形式具体包括操练和练习、对话、模拟和仿真、微世界、游戏、测试、信息检索和问题解决等形式。
4. 智能导师系统主要包括领域知识、学习者知识和教学策略。
5. 计算机支持的协作学习，简单来说，就是利用计算机技术（尤其是多媒体和网络技术）来辅助和支持协作学习。
6. 移动学习的三种模式：灵活学习（碎片式学习）、情境感知学习、基于电子书包的课堂互动式学习。
7. 游戏化学习的价值包括：激发学习动机、创建学习环境、支持学习方式、提升学习成效。
8. 游戏化学习利用学生爱玩游戏的天性，在教学中通过游戏激发学生的内在学习动机，达到"寓教于乐"的教学目的。
9. 虚拟现实应该具备三个基本特性：想象性、交互性和沉浸性。
10. 西蒙斯教授牵头开展了"MOOC研究计划"，其研究结果表明：大多数研究都证明，在线学习至少跟面对面学习一样有效。
11. 任何学习活动发生的场所都可称为学习空间。
12. 学习空间其实可以分为三类：正式、非正式和虚拟学习空间。正式的学习空间如传统的教室、图书馆、实验室等学习场所，非正式的学习空间如走廊、休息室或校园里的长椅，以及博物馆、科技馆、公园和家庭等，虚拟学习空间如在线社区、在线学习资源库等。
13. 学习空间的PST框架三元素包括教学法、空间和技术。

思考题

1. 名词解释：学习环境、学习技术、微世界、个性化自适应学习、计算机支持的协作学习（CSCL）、移动学习、泛在学习、教育游戏、游戏化学习、虚拟世界中的学习、在线学习、混合学习、学习空间。
2. 模拟包括哪四类？模拟和仿真的教育价值有哪些？
3. 请结合LOGO、几何画板谈谈微世界的教育价值及未来发展趋势。
4. 请思考人工智能在促进个性化自适应学习方面的价值。
5. 请论述计算机支持的协作学习的特点和局限性。
6. 移动学习与泛在学习的区别与联系有哪些？
7. 游戏化学习的价值有哪些？
8. 虚拟世界中的学习模式包括哪几种？
9. 学习空间的含义是什么？和学习环境、学习技术的区别和联系是什么？
10. 学习空间的设计原则有哪些？对于不同类型的学习空间应该如何考虑？

第八章 基于学习科学的教学设计

内容摘要

　　学习科学领域的发展加快了教与学的科学化进程，而教学设计作为改进和优化教与学的学科势必会受到学习科学的影响。本章在阐释清楚什么是教学设计之后，以教学设计的基本流程为主线，梳理了传统的和基于学习科学的相关理论和方法。包括教学目标的分析与编写、学习内容分析、学习者分析，以及经典的教学策略和教学评价的设计。在分步骤、流程讲解之后，介绍了几个经典的基于学习科学的教学设计模式和案例。本章旨在将学习科学的研究成果与课堂教学进行结合，促进基于学习科学的教学设计与实践。

学习目标

1. 理解教学设计的基本概念与基本程序；
2. 掌握教学设计的经典模式，能根据经典教学设计模式开展教学设计；
3. 能够基于学习科学与教学设计理论编写教学目标；
4. 能够基于学习科学与教学设计理论进行学习内容分析；
5. 能够基于学习科学开展学习者分析；
6. 熟练掌握传统的教学策略；
7. 掌握传统的教学评价方法和基于学习科学的教学评价方法；
8. 理解基于学习科学的几种教学设计模式的主要内容，并继续探索三种模式的实践。

思维导图

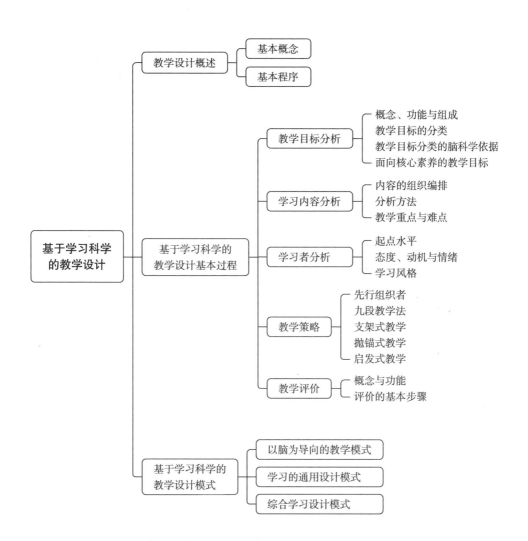

第一节　教学设计概述

就像医生需要医疗方案，建筑师需要绘制图纸一样，教师开展教学实践也需要教学设计。"教学设计"（instructional design）诞生于 20 世纪四五十年代，半个多世纪以来，系统方法的引入，认知心理学、系统科学、信息技术等领域的研究成果的融合，使得教学设计的理论与方法体系逐渐建立起来，教学设计于是成为一门独立的学科。下面我们就从教学设计（通常指的就是教学系统设计）的概念讲起，系统讲解教学设计的基本知识。

一、教学设计的概念和内涵

教学设计是教学概念和设计概念的结合。因此，首先，我们需要了解什么是"教"以及什么是"学"。

什么是"教"呢？加涅（R. Gagne）认为，教学是一项以帮助人们的学习为目的的事业，是教育者安排外部事件以激活和支持学习的内部过程，是以促进学习的方式来影响学习者的外部教学事件。梅耶认为，教学是"教育者为促进学生学习而对学习环境加以操控的过程"[①]。"对学习环境的操控"又可称为"教学方法"。即，教学是教育者发出的行为，它的目的是帮助学生进行学习，是为了引发学生的知识产生变化。

什么是"学"呢？我们普遍认为，学习是学习者因经验引起的行为、能力和心理倾向的比较持久的变化。其中，行为上的变化可以由分数提升表现出来，能力变化可以通过解决问题反映出来，心理倾向变化可以从态度上表现出来；而持久意味着，第一次做对了，第二次还会做对。神经科学认为，学习是对所有感知和处理的信息进行整合的结果，是信息整合带来的脑结构的改变[②]，是神经元之间形成新连接的过程，而练习是巩固与强化已有连接的过程[③]。在这种意义上，教学就是促进大脑重塑、促进学习者信息整合的过程。

结合以上论断，我们可以总结出教学的基本概念：

[①]（美）理查德·E. 梅耶. 应用学习科学——心理学大师给教师的建议［M］. 盛群力, 丁旭, 钟丽佳 译. 北京：中国轻工业出版社，2016：52—53.

[②] 经济合作与发展组织编. 理解脑——新的学习科学的诞生［M］. 周加仙, 等 译. 北京：教育科学出版社，2010：17.

[③] 周加仙, 董奇. 学习与脑可塑性的研究进展及其教育意义［J］. 心理科学，2008，（1）：152—155.

> **关键概念 —— 教学**
>
> 教学是教育者通过创设学习环境、安排外部事件，促进学习者的知识经验、行为、能力、心理倾向和大脑神经元发生持久改变的社会活动。

其次，我们要了解什么是"设计"："设计是在正式做某项工作之前，根据一定的目的要求，预先制定方法、图样等。"[①] 可见，设计的本质是为解决问题而制定的系统和充分的计划。

> **拓展概念：设计科学**
>
> 设计科学的概念来自美国著名经济学家、认知心理学家西蒙（H. Simon）。他认为有两类科学：自然科学和人为科学。自然科学所关心的是事物究竟如何，而人为科学关心的是事物应当怎样——如何设计人工制品以达目的。从这个意义上，西蒙也把人为科学称为创造人为事物的设计科学。西蒙进一步指出，设计科学的人为性的问题延展到心理学中有关理性行为——思维、问题求解、学习等各个研究领域中去了。

基于对教学和设计的理解，下面进一步探讨教学设计。沃尔特·迪克（Walter Dick）和卢·凯瑞（Lou Carey）认为：教学设计就是把教材内容转换成教学材料和教学活动的系统计划过程，也就是遵循教学活动的基本规律，运用系统的教学方法和观点对教学活动进行系统设计的过程。[②] 这种从设计科学来理解教学设计的观点重视将理性与创造性、科学性与艺术性融合起来。[③] 而现在教学设计已经发展成为综合了设计科学、系统科学（认为教学系统具有复杂性、开放性、联系性、动态性，因而主张运用系统方法开展教学设计）和泛技术观（认为教学设计是开发和应用各种形态的媒体和技术）的有机整合。[④]

---

① 中国社会科学院语言研究所词典编辑室.现代汉语词典[M].北京：商务印书馆.1983：1003.
② Dick W, Carry L. The systematic design of instruction [M]. New York: Harper Collins Publishers, 1996: 6.
③ （美）罗伯特·D.坦尼森，弗兰兹·肖特，诺伯特·M.西尔，等.教学设计的国际观 第1册 理论·研究·模型[M].任友群，裴新宁 主译.北京：教育科学出版社，2005：9.
④ （美）罗伯特·D.坦尼森，弗兰兹·肖特，诺伯特·M.西尔，等.教学设计的国际观 第1册 理论·研究·模型[M].任友群，裴新宁 主译.北京：教育科学出版社，2005：17.

本书则采用我国著名学者何克抗教授的如下定义：

> **关键概念 —— 教学设计**
>
> 教学设计是运用系统方法，将学习理论与教学理论的原理转换成对教学目标（或教学目的）、教学条件、教学方法、教学评价等教学环节进行具体计划的系统化过程。[①]

教学设计目前在各类教学过程中应用广泛，具体成果呈现形式包括教案、网络课程、多媒体课件等。其中，教案是课堂教学思路的提纲性方案，一般包括教学目的、教学方法、重点难点、教具、教学媒体以及板书等因素的设计，体现了课堂教学的计划和安排。只有熟悉整个教学设计流程，才能编写出满足需求、实现目标的教案。

二、教学设计的基本程序

教学设计的理论与实践发展到今天，有关教学设计流程和过程模式的成果极其丰富。19世纪60年代加涅确定了学习结果分类，在此基础上提出了教学过程的九大教学事件；70年代，学界开始运用系统方法开展教学设计，迪克-凯瑞模型（Dick & Carey model）盛行，同时许多学者投身于教学系统设计研究。[②] 同时期，ADDIE 模型被提出，该模型包括分析（analysis）、设计（design）、开发（development）、执行（implementation）与评估（evaluation）。1993年，史密斯和雷根在迪克与凯瑞的基础上，综合加涅的学习者特征分析成果，基于认知主义学习理论发展出了史密斯-雷根教学模式。此后，1994年梅里尔（M. David. Merrill）提出了成分呈现理论，还有学者提出了考虑学科内容分析下的 PLANA 模型，以及教学系统开发的系统动力学模型、训练复杂认知技能的四要素教学设计模型等。[③] 我国学者也做了教学设计的本土化探索，其中，皮连生提出了教学设计的一般过程模型，乌美娜提出了教学设计过程的一般模式，何克抗提出了"学教并重"的教学系统设计过程模式等。

[①] 何克抗，林君芬，张文兰. 教学系统设计 [M]. 北京：高等教育出版社，2006: 4.

[②] Andrews D H, Goodson L A. A comparative analysis of models of instructional design [J]. Journal of instructional development, 1980, 3(4): 2-16.

[③]（美）罗伯特·D. 坦尼森. 教学设计的国际观：第1册 理论·研究·模型 [M]. 任友群，裴新宁主译. 北京：教育科学出版社，2005: 397—430.

在众多教学设计模型中，美国著名教学设计理论家、佛罗里达州立大学教授沃尔特·迪克和卢·凯瑞提出的迪克－凯瑞模型（如图8-1所示）倡导系统化设计思想，包含教学设计人员用来设计、开发、评价和调整教学的一系列步骤，具有比较强的实践意义，可以帮助我们掌握基本的教学设计程序和规范。①

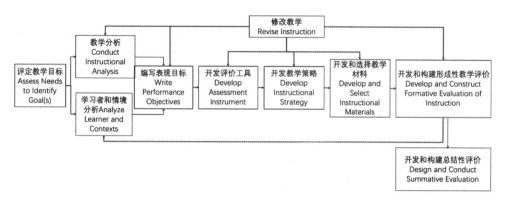

图 8-1 迪克－凯瑞模型的教学设计过程模型

迪克－凯瑞模型包括如下步骤。②

（1）评定教学目标。即确定学习者在教学完成之后能做什么，这会影响教学的过程和绩效。教学目标的评定需要依据需求分析及现实中的学习问题，并考虑目标方案的整体性、情景性等因素。

（2）教学分析。教学分析与学习者分析、教学目标密不可分，需要对完成目标所必备的子技能进行分析，确定完成目标任务所需要的步骤。

（3）学习者和学习环境分析。学习者分析包括，对于学习者先前的知识、技能、学习习惯、态度、认知特点等方面予以分析，目的是掌握学习者原有的知识与技能的水平。学习环境分析包括对物质环境（如多媒体设备、实验设备）和非物质环境（如班级氛围）的了解。基于此，确定相应难度水平和认知水平的教学内容，即教学起点。

（4）编写表现目标。根据教学分析与学习者分析结果，最终制定出学习目标。学习目标，即在教学任务完成后，学习者应该达到的目标，包括能做什么，

---

① 盛群力. 教学设计的基本模式及其特点［J］. 广州大学学报（社会科学版），2006,（7）：32—37.
② Dick W, Carry L. The systematic design of instruction［M］. New York: Harper Collins Publishers, 1996: 6—8.

有什么样的表现。目标的陈述包括可以完成的行为，行为的条件，完成什么样的标准，符合哪些具体、精确、可观察、可测量的特征。

（5）开发评价工具。测验的内容取决于学习目标中所规定的习得能力，但也要能够检验教学目标完成情况。

（6）开发教学策略。即根据学习者的特点、教学目标的要求等，进行"每一步应该怎样引导学生"的设计，包括学生活动安排、知识内容呈现等。

（7）开发和选择教学材料。在确定教学策略以后，教学设计者需根据教学资源来选择或开发教学材料，主要有师生用书、媒体材料与测试题等。

（8）开发和构建形成性评价。教学设计者需通过搜集学习效果反馈信息来达到修正教学的目的。形成性评价包含个别、小组和全班的测评。目的在于发现学生的错误理解和知识欠缺，进而采取补救性的教学措施。

（9）修改教学。通过形成性评价所搜集的信息，来发现问题、分析原因、重新制定或陈述学习目标、改进教学策略、补充教学材料、完善教学设计方案、提升教学成效。

（10）开发和构建总结性评价。在教学和教学修改过程结束后，在完成形成性评价的基础上，进行测评，以确定教学是否有效、学习者的学习是否有效。

迪克-凯瑞模型强调学习者和教学分析，强调确定教学起点，强调通过形成性评价获得反馈，不断修正教学。这与学习科学关于先前经验和学习者监控的论断不谋而合："如果教师关注学习者带到学习任务中的已有知识和观念，将这些知识当作新教学的起点，并在教学过程中监控学生概念的转化，那么就可以促进学生学习。"[①]

不同的教学设计模型强调的重点可能有所不同，但一般具有一些共同的要素。下面对在国内教学实践中具有代表性的6个教学设计模式进行要素统计，结果如表8-1所示。

---

① （美）约翰·D. 布兰思福特, 安·L. 布朗, 罗德尼·R. 科金, 等. 人是如何学习的: 大脑、心理、经验及学校（扩展版）[M]. 程可拉, 孙亚珍, 王旭卿 译. 上海: 华东师范大学出版社, 2013: 11.

表 8-1 教学设计模型设计要素统计表

要素/模型	肯普模式	迪克-凯瑞模式	史密斯-雷根模型	乌美娜模式	学教并重教学设计模式	ADDIE模式	频次
学习者特征分析	√	√	√	√	√	√	6
学习环境分析		√				√	2
学习内容分析	√	√	√	√		√	5
学习任务分析						√	1
学习需要分析				√	√	√	3
编写测验项目		√	√			√	3
教学目标	√	√	√	√		√	5
教学策略选择/设计		√	√	√	√	√	5
教学媒体					√	√	3
教学材料/资源开发	√	√	√		√	√	5
形成性评价	√	√	√	√	√	√	6
总结性评价	√	√		√	√	√	5
修改教学	√	√	√		√	√	5

按照频次从高到低分别为：评价（形成性评价、总结性评价）、学习者特征分析、教学目标、教学材料/资源开发、学习内容分析、教学策略选择/设计等，因此下一节将主要从教学目标、学习内容分析、学习者特征分析、教学策略、教学评价几大方面详细介绍。

第二节　基于学习科学的教学设计基本过程

本节将从教学目标的编写、学习内容的分析与组织编排、学习者的多视角分析、教学策略的归类总结以及教学评价的实施几个方面，综合经典的理论方法和基于学习科学的理论和方法，为基于学习科学的教学设计提供清晰和丰富的知识。

一、教学目标分析

几乎每一项有目的的人类行为都离不开四个步骤：确定目标 — 计划行动 — 行动 — 评估计划，周而复始。教学同样，它需要先确定达成什么目标，再备课，上课，接着评估课堂效果，反思是否达到教学目标，然后进入下一个循环。

（一）教学目标的概念、功能与组成

教学目标是教学活动主体预先确定的、在具体教学活动中可以达到的并且可以测量的教学结果。它支配、调节、控制整个教学过程，是教学活动的出发点和归宿。[①]

教学目标的作用大致可以体现在教学实践活动的三个阶段。在初始阶段，目标能为学习者和教师指引方向；在过程阶段，目标能约束教与学的行为不偏离预期；在结束阶段，目标能评估学习结果是否达到教学愿景。具体功能分为四个方面。①导向功能：教与学活动中目标是指南针和风向标，凸显出指引行为实践的重要作用；②激励功能：当教学目标转化为学生的学习愿景时，就能够使学生产生学习动机，即希望达到目标的强烈心向；③测度功能：教学目标是教学结果的预先转述，评估教学目标是否达成是核查教学活动是否有效的重要标准；④聚合功能：教学目标是教学系统内各组成要素的联结点和灵魂，对其他要素起着统筹、支配、聚合与协调作用。[②]

完整的教学目标大致应该包括四部分。[③]①将要学会什么：即所要学的知识、技能，或者要培养的能力、待完成的任务。如："能用数轴上的点表示有理数"。②怎样学会：即通过什么活动可以学会。如"经历简单的数据收集、整理和分析过程，了解简单的数据处理方法"。③怎样运用所学：即用所学要完成什么样的任务。如"能根据实际问题建立适当的直角坐标系，描述物体位置"。④如何评估：即如何评价学习者的表现。如"能根据具体问题中的数量关系，列出一元一次不等式，解决简单的问题"。

（二）教学目标的分类

在第四章中，我们讲过加涅的学习结果分类，他将学习结果分为五类：言语信息、智慧技能、认知策略、动作技能和态度。2001年我国教育部颁布的《基础教育课程改革纲要》中，将新课程的教育目标确定为"知识与技能、过程与方法、情感态度与价值观"[④]。下面我们再介绍一下本杰明·布鲁姆（Benjamin

---

① 李如密. 教学目标与目标教学［J］. 中国教育学刊, 1997,（5）: 39—42.
② 李如密. 教学目标与目标教学［J］. 中国教育学刊, 1997,（5）: 39—42.
③ （美）理查德·E. 梅耶. 应用学习科学——心理学大师给教师的建议［M］. 盛群力, 丁旭, 钟丽佳 译. 北京: 中国轻工业出版社, 2016: 56.
④ 张晓初. 从"三维目标"到"核心素养"——对语文教学目标沿革与发展的探究［J］. 语文教学通讯·D刊（学术刊）, 2018,（9）: 13—15.

Bloom)等人的教学目标分类。

1. 布鲁姆教育目标分类

20世纪50年代，以布鲁姆为代表的美国心理学家提出了教学目标分类理论。在这个理论体系中，布鲁姆等人将教学活动所要实现的整体目标分为认知、动作技能和情感三大领域。

（1）认知领域目标分类

布鲁姆将认知领域的目标分为记忆、理解、应用、分析、评价和创造六个层次。[①]

①记忆。是最基础的认知，从长时记忆中提取，包括再认和回忆，如背诵诗文。

②理解。是指建构意义，包括解释、举例、分类、比较、说明等，如能用自己的话说出数位上的数字所表示的意义。

③应用。是对所学的概念、法则、技能等在特定情境中的运用、实施，如能在现实情境中进行克、千克、吨的单位换算。

④分析。是指将学习材料分解成小的组成部分，从而明确要素间的关系，使内容的组织结构更加清晰，能够区分、组织、归因。如能对比说出等腰三角形、等边三角形、锐角三角形、钝角三角形、直角三角形的不同。

⑤评价。综合内在与外在的资料、信息和标准，理性且深刻地对事物的本质或价值等做出符合客观事实的判断。如能判断两种方法中哪一种是解决问题的最佳方法。

⑥创造。是最高水平的认知，其不仅包括新异的思维方式和问题解决方法，还包含对新异观点进行分析推理和批判性评价的能力。[②]如撰写一篇关于某一历史事件的评论文章。

（2）动作技能目标分类

动作技能涉及骨骼和肌肉的运用、发展与协调。动作技能目标常出现在实验课、体育课、职业培训、军事训练等科目中。1956年布鲁姆等人在创立教育目标分类理论时，虽然意识到这一领域的存在，但未能制定出具体的目标体系。辛

---

① （美）L. W. 安德森，等. 学习、教学和评估的分类学：布卢姆目标分类学 修订版（简缩本）[M]. 皮连生 译. 上海：华东师范大学出版社，2008: 28.
② 武欣，张厚粲. 创造力研究的新进展 [J]. 北京师范大学学报（社会科学版），1997，(1)：13—18.

普森（E. J. Simpson）等人提出将动作技能目标分为以下七个层次。①

①知觉。是指学习者运用感官获得信息以指导动作，主要了解某动作技能的有关知识、性质、功用等。如通过听机器运转的声音，识别机器运转的问题。

②定势。是指学习者对特定动作的准备，包括心理定向、生理定向和情绪准备（意愿活动）。如准备好双手打字的姿势。

③有指导的反应。是学习者学习复杂动作技能的早期阶段，包括模仿和试误，通过教师评价或评判标准可判断操作的适当性。

④机械动作。是指学习者的反应已成习惯，能熟练又自信地完成动作。

⑤复杂的外显反应。是指学习者对复杂动作的熟练操作，其操作的熟练性以精确、迅速、连贯协调和轻松稳定为指标。

⑥适应。是指技能发展到高水平时，学习者能修正自己的动作模式以适应特殊的设施或满足具体情境的需要。

⑦创新。是指学习者以高水平的技能为基础，创造新的动作模式以适应具体情境。

（3）情感学习领域目标分类

情感是人对外界刺激的肯定或否定的心理反应，会影响人的行为选择，情感教育是学校教育的重要组成部分。1964年，美国学者克拉斯沃尔（D. R. Krathwohl）将情感目标分为接受或注意、反应、评价、组织、价值与价值体系性格化五个层次。②

①接受或注意。指学习者能注意并觉察到某个特定的现象或刺激（例如，意识到某个问题的重要性等），这是低级的价值内化水平。

②反应。包括默认、愿意的反应和满意的反应，强调在具有较高兴趣的基础上对特定活动的选择和满足（例如，提出意见、建议和参与小组讨论等）。

③价值的评价。是指学习者用特定的价值标准评判特定的事物，包括接受或偏爱以及坚信某种价值（例如，欣赏文学作品、在讨论问题中提出自己的观点）。

④组织。是指在复杂情境中，学习者比较各种价值观，形成自己的价值观体

---

① （美）A. J. 哈罗，E. J. 辛普森. 教育目标分类学：第3分册 动作技能领域[M]. 施良方，唐晓杰 译. 上海：华东师范大学出版社，1989: 35—65.

② （美）D. R. 克拉斯沃尔，B. S. 布卢姆，等. 教育目标分类学：第2分册 情感领域[M]. 施良方，张云高 译. 上海：华东师范大学出版社，1989: 89.

系（例如，先集体后个人、形成一种与自身相协调的生活方式等）。

⑤价值与价值体系性格化。最终表现为个人世界观的形成（例如，谦虚的态度、良好的习惯、合作的精神等）。

克拉斯沃尔等人的情感目标分类启发我们，在情感态度的教学中，学生只有经历接受、反应、评价、组织等连续内化的过程，才能将它们转化为自己信奉的价值观。情感或态度的教学不只是思想品德课的任务，而且是任何知识、技能或行为、习惯都不能缺少的价值标准。[①] 中国学生发展核心素养的18个基本要点中，也强调了对人文情怀和审美情趣的培养。情感是人认知发展、学习行为和价值养成的基础，新时代的教育应以情感教育为依托，进行整体性的脑培育。[②]

2. 比格斯的学习成果分类体系（SOLO）

在修订布鲁姆分类体系的基础上，依据皮亚杰的认知水平发展阶段思想，产生了另一个影响较大、具有实践意义的目标分类，即比格斯（J. B. Biggs）的学习成果分类体系（the structure of organized learning outcome，SOLO）（如图8-2所示）。该理论认为，在开启新知识的学习时，学习者的认知发展存在阶段性。比格斯提出，可以从能力、思维操作、一致性、收敛以及应答结构五个方面区分学生的思维水平[③]，并将思维水平分为五个层次。

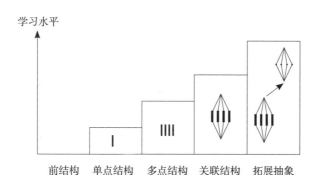

图8-2 比格斯的学习成果分类（SOLO）

[①] 何克抗，林君芬，张文兰. 教学系统设计（第二版）[M]. 北京：高等教育出版社，2016: 3.
[②] 王平，朱小蔓. 建设情感文明：当代学校教育的必然担当[J]. 教育研究，2015, 36(12): 12—19.
[③] Lin T J, Lee M H, Tsai C C. The com-monalities and dissonances between high-school students' and their science teachers' conceptions of science learning and conceptions of science assessment: a taiwanese sample study [J]. International journal of science education, 2014, 36(3): 382-405.

（1）前结构水平（pre-structural level）。即低于目标水平，表现为学习者的回答是无效的或者混乱的，或者只是简单摘抄信息，甚至连问题都没有搞清楚。学习者提供的有效信息极少。

（2）单点结构水平（uni-structural level）。只联系单个知识点解决问题，只关注与问题解决相关的一个或一类信息。学习者提供的知识要素较少或与主题相关性低，结构和关系缺失。

（3）多点结构水平（multi-structural level）。能联系多个有限的、孤立的素材解决问题，能提炼出核心概念和分支节点，但是缺乏整合性，不能建立起知识节点间的关联性，关系简单，如仅呈现类属关系。达到分类、精加工的思维水平。

（4）关联结构水平（relational level）。利用问题线索、相关素材的相互联系解决问题，将多个知识节点进行整合，能建立起知识的内在联系，形成科学合理的知识结构。达到关联、分析、综合的思维水平。

（5）抽象扩展结构水平（extended abstract level）。利用问题线索、素材的相互关系解决问题，能够更全面、概括地思考，知识要素非常完备，结构系统完整，知识节点间的关系网络复杂。达到抽象、概括、演绎、推理的思维水平。

以上五个层次中，前三个层次属于浅层水平的学习，后两个层次属于深度学习所要达成的目标。

3.马扎诺教育目标分类学理论

美国知名教育专家马扎诺（Robert Marzano）提出了学习过程模型，这一模型综合了心理学的各方面成果，认为人的学习过程包括了系统和知识。

其中，系统主要有三类。①自我系统（the self-system）：能够决定个体在某项任务中所投入的动机、注意力、态度、情感和精力；②元认知系统（the metacognitive system）：建立相关目标，并为目标设计策略；③认知系统（the cognitive system）：负责信息的有效处理，包括信息的推断、分析、评价等。

而知识（knowledge）则有三种类型——信息（information）、心智程序（mental procedures）、心理动作程序（psychomotor procedures）。其中：①信息指"是什么"的知识，包括了词汇术语、事实、时间序列、概括（如生物有进行新陈代谢及遗传的特点）、原则（一般包括因果原则和相关原则，如相同时间下，速度越快，所经过的路程越长），等同于事实性知识和概念性知识；②心智程序是指"怎么想"的知识，是心理加工的过程，即思考如何实施一个任务，等同于程序性知识，包括了程序和技能，比如，学生如何做写作练习，如何阅读和运用地图，学生怎么做加减法的知识；③心理动作程序是指"怎么做"的知识，是身体动作的心理程序，即控制身体动作完成任务，比如体育老师让学生做伸展运动，再如学生拼搭积木。

面对新的学习任务，首先进入的是自我系统。自我系统是判定新任务的合理性，确定是否投入和投入多少，涉及学习动机问题。决定投入后，进入元认知系统，元认知系统是设置学习行为的目标和策略；接着进入认知系统，利用知识技能加工信息，进行推理、比较、分类等，完成学习任务（图8-3）。①三个系统相互作用，依次启动，这三个系统都基于已有的知识存储。

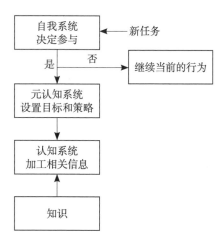

图8-3 行为模式图

根据行为模型的假设，马扎诺提出了教育目标二维分类体系（如图8-4所示），一个维度表示知识的三个领域，分别是信息（词汇术语、事实、时间序列、概括、原则）、心智程序（智力技能、智力过程）、心理动作程序（心理技能、心理过程）；另一个维度表示加工水平，包括信息提取、理解、分析、知识运用、元认知、自我系统这六个水平类目，其中前四个水平归属于认知系统。

---

① （美）罗伯特·J.马扎诺，约翰·S.肯德尔. 教育目标的新分类学（第2版）[M]. 高凌飚，吴有昌，苏峻 译. 北京：教育科学出版社，2012: 11—12.

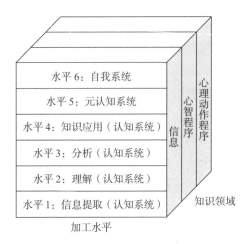

图 8-4 马扎诺教育目标二维分类体系①

图 8-4 中的每一个水平类目，都有相应的具体心理操作，每个心理操作对应具体目标的描述（表 8-2）。

表 8-2 马扎诺教育目标分类②

新分类法的水平	操作	目标的一般形式
水平6：自我系统	重要性检查	学生能够确定信息、心智程序或心理动作程序的重要程度以及形成这一看法的过程是否合理。
	效能检查	学生能够确定自己对提高与信息、心智程序或心理动作程序有关的能力或理解的信念以及形成这一看法的过程是否合理
	情绪反应检查	学生能够确定自己对信息、心智程序或心理动作程序的情绪反应以及形成这一看法的过程是否合理。
	动机检查	学生能够确定自己关于信息、心智程序或心理动作程序的动机总体水平，并能够分析自己的动机总体水平是否合理。
水平5：元认知系统	目标设定	学生能够建立起针对信息、心智程序或心理动作程序的目标以及实现这一目标的计划。
	过程监控	学生能够对实现有关信息、心智程序或心理动作程序的特定目标进行过程监控。
	清晰度监控	学生能够确定自己对信息、心智程序或心理动作程序的清晰程度。

---

① （美）罗伯特·J.马扎诺，约翰·S.肯德尔. 教育目标的新分类学（第2版）[M]. 高凌飚，吴有昌，苏峻 译. 北京：教育科学出版社，2012：56.
② （美）罗伯特·J.马扎诺，约翰·S.肯德尔. 教育目标的新分类学（第2版）[M]. 高凌飚，吴有昌，苏峻 译. 北京：教育科学出版社，2012：100.

（续表）

新分类法的水平	操作	目标的一般形式
	准确度监控	学生能够确定自己对信息、心智程序或心理动作程序的理解的准确程度。
水平4：知识应用	决策	学生能够利用信息、心智程序或心理动作程序进行决策，或做出关于信息、心智程序或心理动作程序的决策。
	问题解决	学生能够利用信息、心智程序或心理动作程序来解决问题，或解决关于信息、心智程序或心理动作程序的问题。
	实验	学生能够利用信息、心智程序或心理动作程序提出和检验假设，或提出和检验关于信息、心智程序或心理动作程序的假设。
	调查	学生能够利用信息、心智程序或心理动作程序进行调查，或对信息、心智程序或心理动作进行调查。
水平3：分析	匹配	学生能够识别与信息、心智程序或心理动作程序有关的重要异同。
	分类	学生能够识别与信息、心智程序或心理动作程序有关的上位和下位类别。
	差错分析	学生能够识别在表述或使用信息、心智程序或心理动作程序时出现的差错。
	概括	学生能够基于已掌握的信息、心智程序或心理动作程序建构新命题或原理。
	认定	学生能够识别信息、心智程序或心理动作程序的合乎逻辑的结果。
水平2：理解	整合	学生能够识别信息、心智程序或心理动作程序的基本结构，区分关键和非关键特征。
	象征	学生能够建构准确的符号来区分信息、心智程序或心理动作程序的关键和非关键因素。
水平1：信息提取	再认	学生能够确认关于信息特点的正确说法（但不一定理解知识的结构或区分关键与非关键因素）。
	回忆	学生能够列出信息的特点（但不一定理解知识的结构，或不一定能区分知识中的关键成分和非关键成分）。
	执行	学生能够执行一个程序而没有出现重大差错（但不一定明白该程序如何运作和为什么这样运作）。

马扎诺教育目标分类法与布鲁姆分类法在分类形式上是相似的，都将目标动作从低到高分为不同层次，并且都包括了记忆、理解、分析、应用和元认知，两者都有对于知识的分类。不过马扎诺的体系不是对布鲁姆的简单修正，而是作为新的体系，综合了心理学最新研究成果。布鲁姆分类法根据认知复杂度对教育目标进行分类，涵盖了从记忆到创造在内的诸多目标。但是决定心智复杂度的不仅取决于客观的复杂度还包括个体对心智过程的熟悉程度，甚至最复杂的心智过程也几乎可以不用或根本不用有意识的努力来进行学习。[①]而同样简单的心智过程对不熟悉的学生而言也可能很难，简单来说，难度和复杂度的感知受主客观两方面的影响，比如对于经验丰富的司机而言，多么复杂的路况也很容易驾驶。相较而言，马扎诺教育目标则考虑到了这一点：首先要启动自我系统，其次是元认知系统，最后是认知系统。这三个系统都会调用知识存储。

4. 面向深度学习的教学目标设计

第五章讲过深度学习，它是学习者能够主动地、批判性地整合新知识，并以深度理解为起点、以新情境中的迁移为导向、以解决复杂问题和培养创新能力为目标的一种高层次的学习方式。[②]学习目标高质量的达成源于深度学习过程中的高阶思维，这就要求教师确立能够促进高阶思维能力培养的教学目标，强调学习者复杂问题解决能力及创造力的培养。

要想提高学生的高阶思维能力，教师应适当增加中高阶目标，并将其作为教学目标的重点关注对象。当然，"分析、评价和创造"等高阶思维能力的发展一定是建立在"记忆、理解、应用"的基础上。"创造"类目标可以通过"让学生产出某种成果"来实现，例如："能对给定的课题制定一个可实施的研究计划"。

面向深度学习的教学目标设计可以从激发学生深度学习动机、深度学习投入、深度学习策略、深度学习能力几个方面入手。[③]其中，深度学习动机指推动学生深度学习的原动力；深度学习投入是学生付出的时间、精力和努力；深度学习策略是在学习活动中所采取的促进深度学习的策略方法，如反思性策略；深度学习能力包含创造力、问题解决、元认知、沟通交流合作能力等。教师可以从这样

---

① （美）罗伯特·J.马扎诺，约翰·S.肯德尔.教育目标的新分类学（第2版）[M].高凌飚，吴有昌，苏峻 译.北京：教育科学出版社，2012：10.
② 刘哲雨，郝晓鑫.深度学习的评价模式研究[J].现代教育技术，2017，27（4）：12—18.
③ 王智颖，翟芸，吴娟.在线异步讨论中角色轮换脚本对大学生深度学习的影响[J].现代远程教育研究，2021，33（3）：100—112.

几个深度学习的构成方面细化深度学习的目标设定。

（三）教学目标分类的脑科学依据

1. 记忆相关层次

记忆形成的过程可以分为三个阶段：感觉记忆阶段、工作记忆阶段和长时记忆阶段（见第二章）。还包括三项基本任务：编码（encoding）、存储（storage）和提取（retrieval）。

（1）编码阶段。就是对感觉系统的信息进行分类组织。在这一过程中，对不同刺激材料进行编码时所激活的脑区是不同的，比如，听觉形式呈现的数字所激活的脑区是前额叶、颞叶等[1]，视觉形式呈现的数字则会激活额叶、顶叶、双侧海马等[2]，而对空间信息进行编码时所激活的是顶叶、海马和小脑等区域[3]。

（2）存储阶段。即对编码的信息进行保留的过程。其中，有关事件和信息的记忆存储在整个大脑皮层中，比如声音存储在听觉皮层，视觉信息存储在视觉皮层，气味存储在嗅球中，海马体参与在各皮层之间建立联系的工作，帮助整合信息。

（3）提取阶段。即从长时记忆中将信息提取到工作记忆的过程。颞叶的活动强度反映了提取的努力程度[4]，同样，提取不同刺激材料时所激活的脑区也有定位的差异。

2. 理解相关层次

大脑会判断新信息与脑内原有信息是否有关联。如果两者毫无关联，则新信息无法被理解，如果两者存在某种联系，则新信息就更容易被理解，这个比较的过程称为匹配或模式识别。对语言的理解涉及很多层面的认知加工，包括词汇理解和句子理解，而句子理解包括了语法、语义、情境理解。

3. 迁移相关层次

信息加工系统很大程度上依赖过去的经验，新旧信息的联系不仅有助于巩固

---

[1] Shu S Y, Bao X M, Li S X, et al. A new subdivision of mammalian neostriatum with functional implications to learning and memory [J]. Journal of neuroscience research, 1999, 58(2): 242—253.

[2] 张增强，舒斯云，刘颂豪，等. 参与不同难度数字计算的脑区——脑功能磁共振成像研究 [J]. 生理学报, 2008,（4）: 504—510.

[3] 郑金龙，吴永明，舒斯云，等. 健康人大脑和小脑空间记忆认知功能的 fMRI 研究 [J]. 神经解剖学杂志, 2008,（2）: 127—130.

[4] 王婷婷，莫雷，舒斯云. 记忆编码与提取过程的脑机制——功能性核磁共振研究 [J]. 生理学报, 2009, 61(5): 395—403.

已有信息，而且会赋予新信息新的意义。当这些联系在课程之间扩展开时，可以建立关联性的认知网络，这种认知网络能为今后解决问题提供相关的线索。[①] 基于这种认知线索来解决问题，就会产生出应用或迁移。

4. 分析相关层次

人的大脑在加工信息时存在两种系统：一种是启发式系统，一种是分析式系统。前者是基于直觉的，其特点是快速、整体或全局的，无需努力，在很多情况下，这种策略是有效的，但有时会产生误导；后者则是缓慢、费力的，需要分析式策略，但总会得出正确答案。任何年龄的个体，在解决问题时，头脑里都是多种知识、多种策略并存并彼此竞争的。通常儿童和成人都会优先采用启发式策略，当启发式策略与问题冲突时，只有抑制住启发式策略的误导，才能启动分析式系统正确解决问题。[②]

在分析一个相对陌生的问题时，可以先抓住问题的主题词，认真探寻其含义，之后再看该问题属于所研究的主题词的哪个部分，这部分又包括哪些方面。这样一步一步地细化，将问题转化成小问题后就会离目标答案越来越近。[③]

5. 综合相关层次

从综合水平上进行分析，学习者需要将所学知识的各部分重新组合成一个新的知识整体、模式或者结构，在原有的知识经验的基础上主动建构内部心理表征和新知识的意义。自主建构包括认知建构和社会建构：认知建构需要学生联系已有知识经验与当前问题，寻找创造性的解决方案；社会建构强调教师和学生之间的行为互动、情感互动、思维互动。互动能促进创造性观点的产生，且人脑的前额叶和颞顶联合区的脑间同步性与团队的合作行为、团队创造性呈正相关。

6. 创新相关层次

创造性思维形成的一个重要特征就是突然性[④]，即百思不得其解时恍然大悟，所以说，创造力的形成与顿悟密不可分。腹外侧前额叶、左侧额下/额中回、额极、前扣带回、楔前叶、右侧颞上回及枕叶下回和小脑都对顿悟有重要作用。[⑤] 而

---

① 许红. 将脑科学运用于课堂——基于脑科学的课堂教学策略研究 [D]. 上海: 华东师范大学, 2007: 33.
② 李晓东. 数学问题解决背后的脑科学 [J]. 教育家, 2020, (48): 54—55.
③ 周加仙. 脑科学与教育研究 [J]. 全球教育展望, 2007, (4): 52—56.
④ Dietrich A. The cognitive neuroscience of creativity [J]. Psychonomic bulletin & review, 2004, 11(6): 1011-1026.
⑤ 刘春雷, 王敏, 张庆林. 创造性思维的脑机制 [J]. 心理科学进展, 2009, 17(1): 106—111.

发散性思维作为创新能力培养的重要方法，需要多个脑区共同作用。现有研究发现，言语创造性主要激活双侧额叶中央尤其是右侧额叶，以及左侧颞中回和缘上回；图画创造性除激活上述区域外还激活右前小脑。[①]

（四）教学目标的编写

编写教学目标（或称学习目标）有利于学生明确自己的学习目标，在学习中有明确的努力方向，进而能评估自己的学习是否接近目标。同时于教师而言，教学目标的编写是确定教学策略、组织教学内容、确定评价的基础，教学目标不明确的话可能就会导致过分关注记忆性或事实性认知。教学目标的表述应力求明确、具体、可观察和可测量，切忌含糊其词和不切实际。

1. 基本要求

美国心理学家罗伯特·马杰（Robert Mager）在1962年提出，一个学习目标应该包括三个基本要素：行为、条件、标准。后来在此基础上他又加入了行为主体，即教学对象。这样就形成了ABCD四要素：

A——对象（audience）：写明教学对象，即"谁要学习"；

B——行为（behaviour）：说明通过学习以后，学习者"能做什么"；

C——条件（condition）：说明上述行为"在什么条件"下产生；

D——标准（degree）：行为能达到的"最低标准是什么"。

如：给出20道加减混合算式（要素C），小学二年级学生（要素A），能算出正确答案（要素B），并且准确率达80%（要素D）。

来源于目标管理领域的SMART原则后来被用于教育领域，认为目标应该满足四个原则：

S——具体明确（specific）：使用具体的术语，明确阐明应该学会做什么；

M——可测量（measurable）：要达成的目标可以通过成果来衡量；

A——可达成（attainable）：学生通过努力能够实现；

R——相关的（relevant）：与其他目标、与主题具有相关性；

T——限时的（time-bound）：有明确的截止时间。

2. 编写方法

布鲁姆目标分类法提供了每个目标下的相应动词，可以在教学目标编写中直接使用。具体如表8-3所示。

---

① 刘春雷，王敏，张庆林.创造性思维的脑机制［J］.心理科学进展，2009，17(1)：106—111.

表 8-3 布鲁姆目标分类动词样例

过程/水平	定义/术语		例子	动词样例
认知领域				
记忆 (remembering)	从长时记忆中提取相关知识。			回忆、列表、识别、呈现、描绘、定义、讲述、标记、列出、背诵、再认、挑选、排列、陈述……
	定义		陈述牛顿运动定律。	
	标注		将直角符号标记在直角上。	
	回忆		秦统一六国的时间?	
理解 (understanding)	将材料内容转换为自己可理解的内容,进行意义建构。			联系、分类、比较、描述、区别、讨论、举例、解释、推断、阐释、改述、概括、翻译、描述理由、判定原因……
	总结		用自己的话来总结这段文字。	
	讨论		为什么用这个公式?	
	解释		为什么会产生彩虹现象?	
应用 (applying)	在新情境下使用概念或原理。			计算、证明、开发、使用、估价、实施、修改、概述、解决、应用、运用、构建、解决、选择……
	练习		用每个词造一个句子。	
	计算		计算操场的面积。	
	应用		运用牛顿运动定律解决简单问题。	
分析 (analyzing)	将概念加以分解,寻找它们之间的关系。			分解、组合、比较、区分、对照、辩论、实验、推算、组织、预测、质疑……
	分析		古诗中的山哪些是表意的?	
	对照		对速度与加速度进行比较。	
	区别		将这些图形分成三类。	
评价 (evaluating)	依据准则和标准作出判断。			估价、辩论、检查、总结、检测、评判、监控、评级、推荐、选择、测试、权衡、判断、赞成或反对、批评……
	赞扬		成语故事中的哪个人物可以称为谋士? 为什么?	
	评定		暴力在解决不公平问题上是正当的吗? 为什么?	
	判断		《郑人买履》中郑国人的做法是否可取? 为什么?	

（续表）

过程/水平	定义/术语	例子	动词样例
创造 (creating)	将要素整合为内在一致、功能统一的整体，或将要素重组成新的模式结构。		组合、建造、创作、构建、设计、规划、生成、整合、制作、计划、重置、创立
	总结	简述你对建构主义的理解。	
	讨论	谈一谈你对于"衰老与死亡"遗传学原理的认识。	
	设计	你会如何设计关于"原子"的教学活动？	

二、学习内容分析

学习内容分析与教学目标分析密切相关，在确定了一节课的目标之后就要做与目标相对应的内容分析。内容分析一般包括对学科课程标准、教材、教辅材料等所承载内容的分析。需要注意的是，学习内容不止于教材，还包括教材以外与生活与兴趣相关的经验。学习内容也不止于学习活动，学习活动能够让学生获得知识和直接经验，但是学习内容不仅包括直接经验的内容，也包括间接经验。学习内容更不止于学习经验，学习经验的获得具有主观性，受学生认知结构和情感的影响，而学习内容也包括客观的事实和概念。因此，学习内容是根据教学目标，有目的地选择的一系列直接经验和间接经验的综合，是从人类的经验体系中选择出来的，按照一定的逻辑序列组织编排而成的知识体系和经验体系。[①]

（一）学习内容的组织编排

学习内容的组织编排有多种不同的观点。

1. 螺旋式编排

螺旋式课程是由布鲁纳提出的，是说，从基础开始，在后面的反复学习中增加内容的难度和深度。[②]下面这一自然科学的例子就是遵循了螺旋式的课程编排。

一年级：学习小兔子、小豚鼠之类玩赏动物的常识；二年级：学习有关植物的常识；三年级：开始学习与植物、动物有关的生态；四年级：学习与人类有关的生态；五年级：学习动物、植物分类；六年级：学习物质世界——地球；七年级：学习基础化学；八年级：学习基础物理。[③]

[①] 全国十二所重点师范大学联合 编写，钟启泉 主编.课程论 [M].北京：教育科学出版社，2007：141.
[②] （美）布鲁纳.教育过程 [M].邵瑞珍 译，王承绪 校.北京：文化教育出版社，1982：65.
[③] 丁廷森.国际教育百科全书：第八卷 [M].贵阳：贵州教育出版社，1991：437.

螺旋式编排存在的问题包括：哪些内容适合组成一个"螺旋"？每两个"螺旋"之间的时间跨度应该是多长？每个"螺旋"应该什么时候给学生？因此，螺旋式内容编排要兼顾学生的思维发展水平。可以从深度、广度的维度逐级而上，也可以从抽象与类化（应用）的维度逐步深化。①

2. 直线式编排

加涅提出了直线式编排，认为知识的逻辑是直线前进的，人的认知遵循从简单到复杂、从具体到抽象、从易到难的发展规律，因此直线式就是把内容组织成前后联系的"直线"，后面的内容不重复前面的内容，因此效率相对较高，但是不适用于一些不容易理解的内容。

3. 渐进分化和综合贯通编排

奥苏贝尔在有意义学习基础上提出了渐进分化和综合贯通的原则。渐进分化原则即首先呈现最有概括性的学习内容，然后逐步分化出细节。综合贯通原则即让知识在不断分化的同时仍能相互融会贯通，建立知识之间的联系。

4. 逻辑顺序和心理顺序

逻辑顺序即按照学科知识的内在逻辑组织内容，心理顺序即按照学生心理发展和思维发展、经验和需要等特点组织内容。教师应将逻辑顺序和心理顺序统一起来，根据学生认识发展的特征和科学知识本身的逻辑特征来组织内容。②

在教学内容的组织中应根据学科特点综合运用上述观点，从整体到部分，从一般到个别，从已知到未知，按照事物发展规律，注意学习内容的横向联系。③为保证教学内容的组织符合学习需要，还应根据以下问题对内容进行评价：内容能否实现学习目标？是否需要补充？内容的组织顺序是否符合学生当前的认知发展和实际情况？本节课（或本知识点）的组织与整个单元和整个学期的内容有什么逻辑关系？

（二）学习内容的分析方法

在对学习内容进行组织的基础上，就可以对内容进行逐一分析，常见的有归类分析法、层级分析法、可视化分析法、信息加工分析法和卡片分析法等。

---

① 孔凡哲. 基础教育新课程中"螺旋式上升"的课程设计和教材编排问题探究［J］. 教育研究，2007，(5): 62—68.
② 全国十二所重点师范大学联合 编写，钟启泉 主编. 课程论［M］. 北京：教育科学出版社，2007: 160.
③ 乌美娜. 教学设计［M］. 北京：高等教育出版社，1994: 43.

1. 归类分析法

归类分析法，顾名思义，就是对知识点进行归类，比如将单词分为人体类词汇、植物类词汇、运输工具类词汇等。确定类别后，还可以用组织结构图展示。

2. 层级分析法

层级分析法就是从已确定的学习目标出发开始逆向思考，考虑要获得该目标需要具备哪些一级从属知识，而要获得一级从属知识又需要哪些必备知识（如图 8-5）。归类分析法是根据知识的类别进行分析，层级分析法是根据知识的逻辑进行分析。

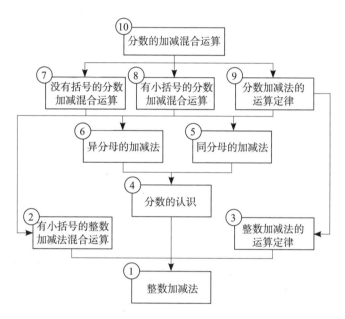

图 8-5 分数的加减混合运算学习内容的层级分析示意图

3. 可视化分析法

可视化分析法即用图、表、动画等来呈现知识内容及其联系的分析方法。作为一种思考工具，可视化基于图文双通道的原理[①]，可以让思维、思考过程被看见，从而系统地组织、整合、内化知识，将抽象内容具体化、隐性知识显性化，让信息更有意义地呈现、更深入地被挖掘（如图 8-6）。

---

① 李松清，赵庆柏，周治金，等. 多媒体学习中图文加工的认知神经机制[J]. 心理科学进展，2015，23（8）：1361—1370.

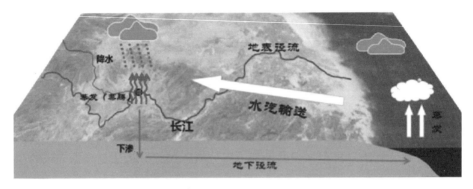

图 8-6 水循环的可视化呈现示意图①

4. 信息加工分析法

信息加工分析法是加涅在信息加工理论模型的基础上设计出的学习内容分析方法。他认为内容分析可以按照心理操作的过程进行，因而主张对终极目标行为进行梳理，用流程图把目标行为所包含的操作过程和内容呈现出来，提供一系列可供选择的行动路线（如图 8-7）。

教学目标：计算标准分数

| 第一步：获得每个学生的观察分数 x | 第二步：求所有学生的平均成绩 $\mu = (x1+x2\cdots\cdots) \div n$ | 第三步：观察分数与平均分之间的距离，$x-\mu$ | 第四步：求标准差 σ = 方差的算术平方根 | 第五步：求标准分数：$z = \dfrac{(x-\mu)}{\sigma}$ |

图 8-7 计算标准分数的信息加工分析示意图

5. 卡片分析法

卡片分析法是一种灵活调整学习内容的分析方法。每张卡片写一个目标及相对应的内容要点，可以按照颜色区分并建立卡片的编号，然后对卡片的位置关系进行安排（如图 8-8）。卡片可以方便地调整和修改各项内容，从而逐渐得到最终的计划。

---

① 余云，吴慧伟，叶滢. 指向地理核心素养培育的教学设计——以"水循环（第1课时）"为例［J］. 地理教学，2020，（13）：21—24.

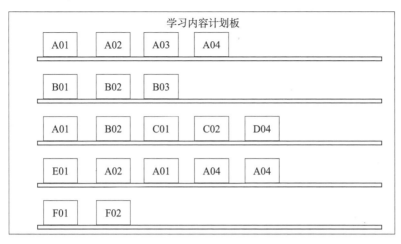

图 8-8 卡片分析法计划板示意图

(三) 教学重点与难点

1. 教学重点

教学重点是结合教材内容和教学目标而确立的最基本、最核心的教学内容，一般是一门学科所阐述的最重要的原理、规律。它是教学设计的主要线索，也是教学设计的重要内容。从学科知识的角度来说，教学重点是指那些与前面知识紧密相连，对后续的学习具有重大影响的知识与技能，在学科知识体系中具有重要地位和作用；从文化教育的角度来说，教学重点是指那些对学生有深远教育意义和功能的内容，主要指令学生终身受益的学科思想、精神和方法；从学习需要的角度来说，教学重点是指学生学习遇到困难需要得到及时帮助才能解决的疑难问题。[1]

2. 教学难点

教学难点是教学过程中学生不能轻易理解和掌握的教学内容，即学生学习过程中难度较高或受到阻力较大的节点。难点可以概括为以下几种类型：①远离学生生活，学生对其缺乏相应的感性认识；②对学生而言较为抽象，难于理解；③知识点过多、建构知识网络有困难；④与旧知识联系不大，或与掌握不牢、易于遗忘的旧知识相联系。

教学难点因人而异，不同的学生难度水平也不同，教师所确定的教学难点一般是基于学生的平均水平。这种对学习者而言难度和复杂度较高的学习任务会涉

---

[1] 王富英. 怎样确定教学的重、难点 [J]. 中国数学教育，2010，(Z3)：17—18+38.

及高级认知加工的脑区。当这些资源负载同步发生时，注意力资源分配会发生较大调整，目标定向时间增加，概念协商会变得更加多元、复杂，知识网络节点数呈指数级增长，因而学生在深度学习的早期阶段对信息的提取速度直接受阻。[①] 所以，学习者在学习难点内容时会比较吃力。

3. 教学重点与难点的区分

教学重点与难点是两个不同的概念，两者既有区别又有联系，是辩证统一的关系。教学重点的来源是知识本身，是由教学知识内在的逻辑结构决定的，对每个学生而言都是一致的、统一的。而教学难点则不同，它依赖于学生自身的理解和接受能力，是主观的、不确定的，依据所教授的学生而定。

从学习科学的角度来看，我们可以把某门学科的知识系统看作是一个立体式网络结构，教学重点正处于系统内部知识的网状结合点上，发挥着承上启下的关键作用，但教学难点不一定会处在网状结合点上，它具有不确定性。位置的不同，决定了它们性质的不同，也造成了它们本质的不同。但如果难点正好也处于这知识系统的网状结合点上，教学重点和难点就重合了，那么重点即难点。

4. 确定教学重点和难点的依据

（1）结合教学目标来确定教学重点。教学设计是为了实现教学目标而展开的，确定教学重点就是为了在教学过程中突出重要的内容，使教学目标主次分明，轻重得当。因此牢牢把握教学目标是确定教学重点的基础和前提，也是重要依据。

（2）结合教学内容来确定教学重点。在教材知识体系中具有重要地位和作用的知识、技能与方法称为教学重点，因此可以根据教学内容在教材体系中的地位和作用来确定其是否为教学重点。例如，基本的函数图像，它既是初等数学中研究函数性质的重要工具和手段，也是数学解题中"数形结合"的重要数学思想方法，所以它属于节点知识，是教学的重点。[②]

（3）结合现实来确定教学重点。即以培养良好的能力、方法以及正确的情感、态度、价值观为取向，通过所学知识对学生学习和生活的影响程度来确定教学重点。

5. 落实教学重点与难点的方法

（1）在教学设计中突破教学重点。①分明主次，突出重点。在教学过程中，

[①] 刘哲雨，王红，郝晓鑫. 复杂任务下的深度学习：作用机制与优化策略 [J]. 现代教育技术，2018，28（8）：12—18.

[②] 王富英. 怎样确定教学的重、难点 [J]. 中国数学教育，2010，(Z3)：17—18+38.

教师在组织教学内容时要懂得灵活调动,围绕中心内容合理变动教学顺序,在教学过程中做到有主有次,突出中心。②围绕重点,补充内容。对重点进行一些必要的补充可以使教学内容具体、深入、明确,使重点更加突出。另外,需适当精简非重点的教学内容。③加长时间,讲清讲透。在教授教学重点时,我们可以更充分地安排时间,这样一来老师有充分的时间将知识点讲透彻,学生也能加深印象,深入理解。通过时间的长短安排,突出知识点的主次地位,轻重得当,重点明确。

（2）在教学设计中突破教学难点。①直观突出,增强感知。借助多媒体技术让抽象的学习内容更加直观、具体,增强学生的感知,把抽象的知识具象化,使学生理解起来更加容易。②创设情景,结合实际。通过创设情景,使知识由抽象到具体,更易于应用。③补充材料,化解难点。对于结论性的难点,需要引用一些典型的事实材料,并以材料为依据进行分析,从而化解难点。④对比区分,总结特点。遇到易混淆的内容,可以运用对比的方法加以区分。⑤分散难点,各个击破。对于一些知识点较集中的难点,我们可以采取分层分点、化大为小、化整为零的方法,各个击破。

教学重点与难点是教学设计的主要线索和关键环节,一直以来,教学设计的研究致力于在设计中突出重点,在过程中突破难点。但教学重难点仍是学生学习过程中的一个拦路虎,一味地提供突破方法并不能解决一切问题,只有究其根本,才能对症下药。学习科学视域下的教学重难点并非局限于重难点的界定和突破,而是着眼于心智、脑与教育的桥梁关系,关注学生学习重难点的认知过程以及脑加工方式,从而给出更加科学有效的设计指导。

三、学习者分析

学习者是教学活动中的主体,学习者自身及其特征对教学过程以及教学结果都会产生一定的影响。在教学设计的过程中,教学策略、教学方法、教学媒体的选择应与学习者的特点相匹配,因此学习者分析是教学设计的前提,属于教学设计的前端分析,为编制教学目标、组织教学内容、选择教学媒体、创设教学环境等提供依据。

学习者既有共同的、相似的、稳定的特征,又有个性化的差异性特征,因此既要分析学习者的共同特征以开展集体化教学,也要分析差异性特征以实施个性化教学。影响学习者学习的因素包括智力和非智力因素,其中,智力因素包括了智力、知识基础、认知能力、认知结构等;非智力因素包括了动机、意志、态度、情绪、个性等。因此，学习者分析包括了对智力因素和非智力因素的分析。下面就简述常见的分析内容。

（一）起点水平

学习者起点水平主要包括学习者特定的知识和能力基础、认知能力、认知结构和信息素养等。

1. 特定的知识和能力基础

特定的知识和能力基础是指学习者在学习某个特定学科领域知识或技能时所具备的与当前学习内容相关的知识和能力的基础状况。只有清晰地了解学习者的知识能力基础，才能更好地组织教学。

前面讲过，学习者不是空着脑袋，而是带着先前经验走进教室的，这是因为大脑皮质中先前已有的图式会促进对新的相关信息的编码和记忆。[1]因此，学生的已有知识会促进或阻碍其学习。[2]学习者知道哪些，不知道哪些，知道的到底对不对，知道的能否被激活都会影响新知识的学习，也决定了教学起点知识水平。

通常，学习者知识基础的分析方法包括对学生进行课前测试、对学生进行提问。学生的能力基础分析不同于知识基础分析，知识基础是掌握了什么知识技能，掌握了多少知识技能，而能力基础是指达到了什么能力水平。比如，《普通高中数学课程标准（2017年版）》规定了数学的能力要求：从数学角度发现与提出问题的能力、分析与解决问题的能力。可见，对学生能力的培养是更高层次的培养要求，对学生能力的测评也影响接下来的教学方法和教学内容选择。

2. 认知能力

认知能力分析主要是了解学习者在不同阶段所表现出来的在感知、记忆、思维、想象等方面的特征。皮亚杰将儿童的认知发展过程分为四个阶段，依次为感知运动阶段（0~2岁）、前运算阶段（2~7岁）、具体运算阶段（7~12岁）、形式运算阶段（12岁以上），这部分内容详见第三章第四节。

皮亚杰认知阶段理论对开展教学具有很大的价值。针对每个阶段的儿童发展特点，教师可采用相应的教学策略。对前运算阶段的儿童，角色扮演的方式可以

---

[1] Van Kesteren M T R, Rijpkema M, Ruiter D J, et al. Building on prior knowledge: schema-dependent encoding processes relate to academic performance [J]. Journal of cognitive neuroscience, 2014, 26(10): 2250-2261.

[2] （美）苏珊·A. 安布罗斯，等. 聪明教学7原理：基于学习科学的教学策略 [M]. 庞维国等 译. 上海：华东师范大学出版社，2012: 14.

帮助他们形成站在他人角度理解和看待世界的能力，克服自我中心的弊端。对具体运算阶段的儿童，采用具体的道具和视觉表征更有帮助，比如用时间轴来讲解历史，训练一些需要逻辑分析和推理能力的问题，促进逻辑推理能力的发展。形式运算阶段的教学有助于学生探索假设性问题，为他们提供解决问题和科学推理的机会。

当代脑科学研究对皮亚杰的认知阶段理论进行了修改与完善，在保留皮亚杰关于儿童思维发展趋势和知识建构方面内容的基础上，增加了信息加工中关于注意、记忆和策略发展的新发现。哈佛大学心理学教授库特·费希尔（Kurt Fischer）将不同领域的认知发展与脑研究相结合后发现，儿童在进行阅读、数学时会采用不同的神经通路，但是这些技能的发展都遵循相似的发展阶段——完成单一动作（single actions）；建立对应关系（mapping）；整合为一个系统（system）。他认为，人们从出生到30岁，对技能的学习经历了三个阶段的发展。①感知动作阶段（action，3个月～2岁），儿童能够对环境中的物体进行感知和操作；②表征阶段（representation，2～12岁），儿童能够在心理上对具体的物体进行表征；③抽象阶段（abstraction，12～26岁），能将表征的序列加以结合，用一般的方式进行思考。①

对大脑发育时结构和功能的研究还发现，认知能力发展过程与大脑皮层发育成熟的顺序存在一定的一致性：与基本功能相关的大脑区域会提前成熟，即运动和感知觉皮层优先成熟；接下来成熟的是与空间定向、语言和注意相关的颞顶叶联合皮层；最后成熟的是与执行功能、运动协调相关的前额叶和外侧颞叶皮层。②因此，在对学习者进行分析时应该把握学生每个阶段的大脑发育特征，基于脑发育规律，不应超前学习或错过学习的敏感期（sensitive period）和关键期（critical period）。③

3. 信息素养

在如今的信息时代，学习者的信息素养水平对学习也非常重要。所谓信息

---

① Fischer K W. Mind, brain, and education: building a scientific groundwork for learning and teaching [J]. Mind, brain, and education, 2009, 3(1): 3-16.

② Gogtay N, Giedd J N, Lusk L, et al. Dynamic mapping of human cortical development during childhood through early adulthood [J]. Proceedings of the national academy of sciences of the United States of America, 2004, 101(21): 8174-8179.

③ 敏感期指，在这个阶段内，大脑特别容易受影响，对外部刺激非常敏感，错过这一阶段还可以发展；关键期是指，在这个阶段内某些功能如果没有得到发展，就难以发展，将受到永久影响。

素养，一般是指合理利用各种信息工具，特别是多媒体和网络技术工具，通过确定、获取、评估、应用、整合和创造信息，以实现某种特定目的的能力，其核心是信息能力，包括识别获取、评价判断、协作交流、加工处理、生成创造信息的能力，即运用信息资源进行问题求解的能力、批判性思维能力、决策和创新等高阶思维活动的能力。[①] 教师讲授新课、使用媒体、布置作业的各个环节，也要考虑学生的信息素养水平，合理应用新媒体技术。

（二）态度、动机与情绪

1. 学习态度

学习态度是指个体在自身学习过程中形成的一种相对稳定的，包括认知、情感和行为倾向等因素的心理倾向。学习态度是影响学生学习的重要因素，体现学习的很多方面。例如学习中的计划性表现、学习中的主动性表现、学习中的情感体验、学习中排除困难的行为表现等。[②]

学习态度作为一种重要的非智力因素，是学习者主动学习的根本动力，也是影响学习效果的重要因素，在学习过程中具有启动、定向、引导、维持、调节、强化、控制等功能。积极的学习态度是学习者持续发展的重要条件。对于学生的学习态度，目前尚无统一的测量工具，教师一般是通过问卷调查法、观察法、访谈法等教育研究方法来测量学生的学习态度。

2. 学习动机

第四章讲过学习动机，它是直接推动学习者进行学习的一种内部动力，是激励和指引学习者进行学习的需要。一般认为，对知识价值的认识（知识价值观）、对学习的直接兴趣（学习兴趣）、对自身学习能力的认识（学习能力感）、对学习成绩的归因（成就归因）四个方面，是学习者学习动机的主要内容。

当然，也不是说学习动机越强越好。第四章第二节就讲过，学习动机过强或过弱都会对学生的学习过程产生一定的影响。耶克斯-多德森定律显示，中等强度动机的激发或唤起，一般会产生最佳的学习效果。

约翰·凯勒（John Keller）于1987年提出了激发和维持学生学习动机的模型——ARCS模型。其中，A指Attention（注意力）。学习者的注意必须被唤醒和维持，才能激发学习动机。比如教学中采用新奇的材料吸引学生的注意力。R指Relevance（关联性）。当学习者注意被唤醒以后，学习者更偏向于探究与

---

① 钟志贤，汪维富. Web2.0学习文化与信息素养2.0 [J]. 远程教育杂志，2010，28(4)：34—40.
② 陶德清. 学习态度的理论与研究 [M]. 广州：广东人民出版社，2001：183—190.

他们的兴趣和目标相关的学习材料。比如，在课堂讲授中举跟学生相关的例子。C 指 Confidence（自信心）。学习者要有自信，在完成给定任务之前必须清楚地知道自己可能取得成功。比如，通过榜样示范让学习者感觉自己也能完成任务。S 指 Satisfaction（满足感）。如果学习者在学习结果方面达到期望值，并且对学习结果非常满足，他们的动机将再次被激发，这无疑有利于驱动下一轮学习活动。比如给予学习者积极的正向反馈。

教师对学生的动机水平进行分析可以借助问卷调查法、观察法、谈话法。问卷调查法即使用动机问卷对学生的动机情况进行调查，以发现在哪些因素上学生的动机水平比较低。观察法即通过观察学生的课堂和课下表现来判断其动机水平，动机水平较高的学生通常上课认真听讲，课下认真完成作业；相反，动机水平较低的学生会尽量避免参加课堂活动，作业完成不积极。谈话法即通过向学生询问与动机相关的问题，比如询问成功或失败的归因问题，来发现其归因特征。在学生总体动机水平和个体动机水平确定后，教师可根据学生情况决定采取哪些方面的动机策略。

3. 情绪状态

回想一下自己的学习经历，你会发现，当心情失落、焦虑、悲伤的时候你无法专注于学习内容。可见，情绪状态会影响学习。

其实，大量研究表明，与中立事件相比，学生对情感事件的记忆更加清晰，准确且持久。[1] 同时，情绪对认知过程，包括理解、注意力、记忆、推理、问题解决等有重要影响。[2] 先前的研究发现，杏仁核参与情绪唤醒，同时还参与记忆过程[3]；情绪刺激会诱发肾上腺应激激素的释放，同时增强情感体验的记忆巩固[4]。不同类型的情绪记忆涉及不同的脑回路，如，陈述型情绪记忆需要前额叶和颞叶的综合参与，在记忆巩固的早期和情绪回忆的早期，杏仁核、前额叶、内

---

[1] Tyng C M, Amin H U, Saad M N M, et al. The influences of emotion on learning and memory [J]. Frontiers in psychology, 2017, 8: 1454.

[2] Tyng C M, Amin H U, Saad M N M, et al. The influences of emotion on learning and memory [J]. Frontiers in psychology, 2017, 8: 1454.

[3] Richter-Levin G, Akirav I. Amygdala-hippocampus dynamic interaction in relation to memory [J]. Molecular neurobiology, 2000, 22(1): 11−20.

[4] McGaugh J L, Roozendaal B. Role of adrenal stress hormones in forming lasting memories in the brain [J]. Current opinion in neurobiology, 2002, 12(2): 205−210.

侧颞叶构成了综合的记忆系统。[①]因此，我们更容易记忆情绪性事件，比如让你感到快乐或伤心的事情。除了记忆和情绪的交互效应外，动机与情绪也存在交互效应。研究发现，学习动机是综合了认知和情感的，因为它们共享同一脑区——背外侧前额叶皮层。[②]积极的情绪对认知功能有益，能够增强认知灵活性、提供问题解决效率，相反，消极情绪，如长期焦虑和紧张，会降低免疫功能，影响记忆和思维能力，对身体和学习能力产生负面影响。[③]在课堂上，学生的情绪状态会对学习产生直接影响，因此教师要对学生的情绪状态进行观察，并采取一些措施营造积极的情绪氛围。

目前主要有三种方法来监测情绪状态的变化：主观方法评估主观感受和体验，如填写情绪自评问卷；行为调查，对面部表情、声音、手势变化等进行测评；客观方法评估生理反应，包括自主神经系统反应（心率、呼吸量）、中枢神经系统活动、皮肤温度、皮肤电等。在教学中，通常可以通过主观评估和行为调查来测评。正念训练和幽默、音乐等都是可以促进学习者情绪调整的方法。

（三）多元智能

人们对智力的认识从一元逐渐转向多元，哈佛大学霍华德·加德纳提出了多元智能理论（theory of multiple intelligences）。他认为，智能是个体使用所学技能制造产品或使用被社会认可的方法解决问题的能力[④]，以及处理信息的能力[⑤]。加德纳认为，我们每个人都拥有8种智能（后来他又丰富到了10种），只是每种智能的发展水平不同，很多时候也需要多种智能组合解决问题。[⑥]有学者对318篇关于八种智能的神经科学研究进行综述[⑦]，总结了每种智能的神经基础（下表8-4），发现每一种都有独特的神经结构。针对每种智能，教师都可以设计出相

---

① LaBar K S, Cabeza R. Cognitive neuroscience of emotional memory [J]. Nature reviews neuroscience, 2006, 7(1): 54-64.

② Cole M W, Schneider W. The cognitive control network: Integrated cortical regions with dissociable functions [J]. Neuroimage, 2007, 37(1): 343-360.

③ Li L, Gow A D I, Zhou J. The role of positive emotions in education: A neuroscience perspective [J]. Mind, brain, and education, 2020, 14(3): 220-234.

④ （美）戴维·A. 苏泽. 人脑如何学数学 [M]. 赵晖等 译. 上海：上海教育出版社，2019. 11: 27.

⑤ （美）霍华德·加德纳. 多元智能新视野 [M]. 沈致隆 译. 北京：中国人民大学出版社，2012. 05: 36.

⑥ （美）霍华德·加德纳. 多元智能新视野 [M]. 沈致隆 译. 北京：中国人民大学出版社，2012. 05: 26—27.

⑦ Shearer C B, Karanian J M. The neuroscience of intelligence: empirical support of the theory of multiple intelligences?[J]. Trends in neuroscience and education, 2017, 6: 211-223.

对应的教学活动，这里以针对数学概念（M.C.）的活动为例。①

表 8-4 多元智能及基于多元智能的教学活动

智能	核心能力	主要的脑区	活动
语言 （linguistic）	掌握和灵活运用语言的能力。能够熟练掌握语法、语言结构、发音以及语言的实际运用。 律师、演讲家、作家、编辑、记者擅长这一智能。	颞叶皮质是主要区域，颞上回中的威尔尼克区最为突出。额叶皮层为优势区域，下额叶的布洛卡区占优势，顶叶皮层中的顶叶下小叶、边缘上回、角回也是重要区域。	讲故事解释 M.C.； 就 M.C. 做报告； 组织关于 M.C. 的讨论。
逻辑-数学 （logical mathematical）	数学、逻辑推理、科学分析的能力。拥有较高逻辑-数学能力的学生能轻松进行数字心算，容易识别数字和几何模型，喜欢用逻辑的方法解决问题，能轻松地从具体到抽象。 数学家、物理学家、工程师、会计师、统计学家、科学家擅长这一智能。	顶叶皮层与逻辑数学智能高度相关，顶叶皮质内、顶叶内沟和顶叶上小叶、顶叶下小叶最为相关。内侧颞叶也是与逻辑-数学智能相关的区域。	包含 M.C. 的策略性游戏； 收集解读关于 M.C. 的数据； 推理验证。
空间 （spatial）	准确感知空间，想象并在大脑中呈现空间关系的能力。 司机、航海家、向导、工程师、建筑师擅长这一智能。	额叶皮层是与视觉空间智能最相关的区域。运动皮质和前额叶皮质最为重要，顶叶皮层是第二重要的神经区域，顶叶内沟和顶叶上小叶是最显著的区域。	为 M.C. 绘制图表； 制作关于 M.C. 的艺术品； 折纸或剪纸证明 M.C.； 探究建筑学中的 M.C.。
音乐 （musical）	在对音乐的感知和创作上，起着重要作用。具有高音乐智能的人对旋律、节奏、音调比较敏感。 作曲家、乐器演奏家、歌唱家擅长这一智能。	音乐智能与额叶皮层最为相关，其中运动皮质和辅助运动区是最重要的亚区。颞叶皮层中颞上回、初级听觉皮层最为相关。皮质下区也是相关的。	播放 M.C. 相关音乐； 解释音乐如何与 M.C. 关联； M.C. 相关的音乐节奏游戏。

---

① （美）戴维·A. 苏泽. 人脑如何学数学 [M]. 赵晖，等 译. 上海：上海教育出版社，2019: 178.

（续表）

智能	核心能力	主要的脑区	活动
身体－动觉（bodily kinesthetic）	能够灵活控制身体动作，熟练地操作物体。舞蹈家、运动员、外科医生擅长这一智能。	额叶皮层是身体－运动智能最重要的区域，其中，运动皮层是主要皮层。顶叶皮层是另一个相关的区域，基底神经节、丘脑、小脑是最为相关的。	排练解释M.C.话剧；创编展示M.C.的舞蹈；参加能展示或解释M.C.的实地考察；动手搭建解释M.C.的模型。
人际（interpersonal intelligence）	能够与他人良好互动和交流沟通，能够对他人的话语做出适当反应，能够识别和理解他人的情绪、意图、动机。销售员、心理咨询师、外交官擅长这一智能。	与额叶皮层联系最为密切，其中背外侧前额叶皮层是主要的区域，同时也与颞叶皮质联系密切，内侧颞叶、杏仁核和颞上沟是最主要的区域。	组织讨论M.C.的班级会议；小组讨论M.C.；参与使用M.C.的社区服务项目。
内省（interpersonal）	善于自我认识和有自知之明，并据此做出适当行为的能力。能够认识自己的长处和短处，以及内在爱好、情绪、意向、脾气和自尊。哲学家、有明确自我认知的人擅长这一智能。	内省智能与额叶皮层最为相关，其中，背内侧前额皮层和外侧前额皮层是最为重要的区域。前扣带回皮质、内侧颞叶皮质、杏仁核和前颞叶皮质是最主要的区域。	为完成M.C.设置目标；描述对M.C.的感受；创建关于M.C.的个性联想。
自然（naturalistic）	善于观察自然界，有强烈的好奇心和求知欲，能了解事物的细微差别，能对事物进行分类。天文学家、考古学家、生物学家擅长这一智能。	自然智能与颞叶皮质最相关，颞叶皮质内，颞上沟和杏仁核最为显著。皮质下区域如脑干、丘脑和基底节对自然智能非常重要。	解释环境中的M.C.；展示如何将M.C.应用于自然情境中。

以上八种智能是我们每个人在不同程度上都拥有的，也就是说，每个学生都会表现出不同智能的水平。课堂观察和研究表明，当设计多种教学活动去吸引在某一个或几个方面智能上有优势的学生时，能够激励他们并使他们在课堂中获得成功。[①] 元分析发现，基于多元智能的教学能够有效提升学生的学业成绩。[②] 因

[①] Shearer C B . Using a multiple intelligences assessment to facilitate teacher development [J]. Adult education, 2002: 28.

[②] Baş G. The effect of multiple intelligences theory-based education on academic achievement: a meta-analytic review [J]. Educational sciences theory & practice, 2016, 16(6): 1833−1864.

此，分析学生的不同优势智能以及兴趣，对于帮助他们以不同的方式学习是有必要的。

（四）学习风格

学习风格是学习者一贯的带有个性特征的学习方式，是学习策略和学习倾向的总和。学习风格由学习者特有的认知、情感和生理行为构成，它是反映学习者如何感知信息、如何与学习环境相互作用并对之做出反应的相对稳定的学习方式。

学习风格分类的代表性理论很多（见第四章第六节），诸如从信息加工、感知、输入、理解四个方面进行分类。根据所罗门学习风格量表，可以将学习风格分为四组、八类，分别为活跃型与沉思型、感悟型与直觉型、视觉型与言语型、序列型与综合型。根据周围的环境对学习者的知觉产生不同程度的影响，威特金将学习风格分为场独立型和场依存型。从学习者在空间和时间组织上的差别，格雷戈克将学习风格划分为具体序列、具体随机、抽象序列、抽象随机四种学习风格。从个体信息加工、形成假设和解决问题的速度和准确性角度，卡根将学习风格分为冲动型和沉思型。

第四章已经讲过如何根据学习风格设计教学策略，这里不再赘述。不过要再次提醒的是：第一，目前学习风格的分类还没有十分客观可靠的证据；[1]第二，依据学习风格选择合适的教学策略要受到很多限制，因而是比较困难的事情。

（五）信息化环境下学习者特征分析

在信息化环境下，学习者彰显出自己的特点，学习目标、学习类型和思维特征、学习态度等也随之变化。在此环境下，学习者更敢于发表自己的观点，认知策略发生了一定的改变，张扬个性的倾向增加，服从权威和从众的心理在削弱。[2]

另外，在信息化环境下，对学习者分析的方法和手段也发生了变化，随着人工智能、大数据技术的发展和成熟，学习分析逐渐成为学习者特征分析的重要方法和技术。关于学习分析，在第一章已经讲过，在第十一章还会详细介绍，这里不再展开。简单地说，学习分析就是利用数据挖掘等技术，对信息化学习环境中从多种来源积累的海量数据进行分析，挖掘学习者的学习状态和特征，发现学习

---

[1] Pashler H, McDaniel M, Rohrer D, et al. Learning styles: concepts and evidence [J]. Psychological science in the public interest, 2008, 9(3): 105—119.

[2] 何克抗, 林君芬, 张文兰. 教学系统设计（第二版）[M]. 北京：高等教育出版社, 2016: 99—100.

者取得的成就和存在的问题，并给予个性化的干预。

比如，美国奥斯汀皮耶州立大学（Austin Peay State University）推出了学习指南针系统以及学习分析工具SNAPP等。学习指南针系统通过学生成绩单和学生学习行为数据分析出学生的学习能力，以此为学生匹配更合适的课程。SNAPP通过分析所搜集的学习者学习数据，包括学生与教师的互动情况、学生之间的互动情况、讨论区的活跃程度以及回复帖子的频次等，将分析结果以可视化的形式呈现出来。再如陕西师范大学傅钢善等人以2800多名学习"现代教育技术"课程的大学生为研究对象，对网上学习产生的学习行为进行聚类分析后发现，学习者可分为高沉浸型（积极性高，自控力强，参与度高）、较高沉浸型（活跃型喜欢交流合作，沉思型喜欢反省，不参与交流）、中沉浸型（参与度一般，交流互动少，自我调控能力一般）和低沉浸型（学习积极性低，参与度低，自控力弱，倾向于突击式学习）。[1]在未来教育中，在线学习将成为主要的学习形式之一，因此准确把握和培养学习者在线学习行为特征非常重要。有学者认为，优秀的在线学习者需要具备四个特征：熟练掌握在线学习技术，尤其是交流和合作技术；有较强的学业自我概念和人际关系和交流技能；对合作学习有基本的理解且能够培养自己的相关技能；能够通过时间管理和认知学习策略获得自我导向的学习技能。[2]

四、教学策略

在进行教学目标分析、学习内容分析、学习者分析之后，就可以进行非常重要的教学策略的设计与选择了。

（一）教学策略的概念和内涵

教学策略（teaching strategy），是指在教学目标确定以后，教师根据已定的教学任务和学生的特征，选择性地采取一定的方法、手段，将其有针对性地应用在教学设计、教学实施和教学反思过程中。[3]其上位概念是教学模式，下位概念是教学方法。

教学模式，最早由乔伊斯等人在《教学模式》（Models of Teaching）中提出。

---

[1] 王改花，傅钢善. 数据挖掘视角下网络学习者行为特征聚类分析［J］. 现代远程教育研究，2018，(4): 106—112.

[2] Dabbagh N. The online learner: characteristics and pedagogical implications［J］. Contemporary issues in technology and teacher education, 2007, 7(3): 217-226.

[3] 袁振国. 当代教育学［M］. 北京：教育科学出版社，2010: 171.

学界认为，教学模式是构成课程、教材、指导教学活动的一种计划或范型①，是教学实践的理论化、简约化概括；是在一定理论指导下，为完成规定的教学目标和内容，所采用的教学活动序列及其方法策略②，它包含理论基础、目标倾向、实施条件、操作程序、效果评价五个基本构成要素③。

教学方法，是与一定教学目标和任务相关的具体操作方式或程序，包括学生学的方法和教师教的方法，是对工具和手段的选择和使用，比如有讲授法、实验法、练习法等。

根据以上概念可以看出，教学策略与教学模式、教学方法既有区别也有联系（图8-9）。其主要联系在于，从教学理论到教学实践的过渡转化，是从教学理论到教学模式到教学策略，再到教学方法，然后到教学实践④，教学策略是对教学模式的进一步具体化，而教学方法是教学策略的进一步具体化。其主要区别在于：教学模式具有简约化、概括化、理论性和相对稳定性的特点，是教师开展教学设计所遵循的计划和流程，教学模式属于较上位层次，规定了教学策略和教学方法；教学策略具有具体指向性、可操作性、灵活性的特点，既包含解决某一实际问题的教学理论，又包含了解决某一实际问题的带有规律性的教学方法，介于理论和方法之间。⑤

图 8-9 教学模式、教学策略、教学方法的关系示意

（二）教学策略的设计与选择

在本节我们主要介绍几个经典的教学策略，下一章会再仔细讲解更多的基于学习科学视角的教学策略。⑥

---

① 何克抗，吴娟.信息技术与课程整合［M］.北京：高等教育出版社，2007: 139.
② 何克抗，林君芬，张文兰.教学系统设计（第二版）［M］.北京：高等教育出版社 2016: 112.
③ 钟志贤.信息化教学模式［M］.北京：北京师范大学出版社，2006: 7.
④ 和学新.教学策略的概念、结构及其运用［J］.教育研究，2000,（12）: 54—58.
⑤ 袁振国.当代教育学［M］.北京：教育科学出版社，2010: 170.
⑥ 需要说明的是，在实际应用过程中，很多时候我们也没有严格地区分教学策略和教学方法。

1. 先行组织者策略

第三章讲过"先行组织者",这是由奥苏贝尔提出来的一种教学策略,是指为了使学习者更好地接受有意义的学习,在给学习者呈现新的学习材料之前,先向学习者介绍一些他们比较熟悉的且概括性高的学习材料,用先前学习过的知识去解释、整合当前的学习材料。[1]它可以在学习者已经掌握的知识与需要掌握的知识之间架起一座沟通的桥梁,使学生主动且快速地学习新材料。[2]先行组织者教学策略的教学过程主要包括以下三个阶段(表8-5)。[3]

表8-5 先行组织者的三个阶段

阶段	具体活动
1.呈现先行组织者	教师向学生阐述本节课的教学目标,呈现作为先行组织者的概念;举出例子,提供上下文;使学生意识到相关知识和经验。
2.呈现学习任务和材料	呈现逻辑顺序外显化的学习材料,使知识的结构显而易见。
3.扩充与完善知识结构	运用整合协调原则;促进接受学习;教师相应地提示新、旧知识之间的关联。

由于每一个学习者都有自己特殊的认知结构,为了使先行组织者对各种不同学习者有效,所以,先行组织者所呈现的抽象水平、概括水平以及包容水平都应该比学习材料本身更高。[4]

2. 九段教学法

在第三章,我们学习了建构主义学习理论的代表人物加涅的信息加工学习论,加涅还将认知学习理论应用于教学过程研究并提出了"九段教学法"。在加涅看来,人类从事的一切活动都是以一定目的为基础的,教学也不例外。因此最具体的教学设计是根据特定的目标来安排相应的教学活动。第三章也讲过,他将教学过程分为九个阶段,这里再详细解释一下(如表8-6所示)。

---

[1] 杨九民,梁林梅.教学系统设计理论与实践[M].北京:北京大学出版社,2008:118—119.
[2] (美)戴维·保罗·奥苏贝尔.意义学习新论:获得与保持知识的认知观[M].毛伟 译.杭州:浙江教育出版社,2018:13—14.
[3] 何克抗,林君芬,张文兰.教学系统设计(第二版)[M].北京:高等教育出版社,2016.
[4] (美)戴维·保罗·奥苏贝尔.意义学习新论:获得与保持知识的认知观[M].毛伟 译,盛群力 校.杭州:浙江教育出版社,2018:14.

表 8-6 加涅的九段教学法策略

阶段	教学事件	学习过程	心理加工过程	例子
1	引起注意	教学准备	接受神经冲动的模式	将一张 A4 纸对折 64 次,将会有多厚呢?
2	阐述目标		激活监控程序,选择性注意	告诉学生学习任务,并提供任务范例
3	刺激回忆先前所学的内容		从长时记忆中提取相关信息至短时记忆	还记得我们学过的次方吗?
4	呈现刺激材料	知识获得和作业表现	形成选择性知觉	呈现 PPT 讲解
5	提供学习指导		进行语义编码	对学生的提问予以回答,个别辅导
6	诱发学习行为		激活反应组织	让学生总结原理
7	提供反馈		建立强化	让一个小组评析另一个小组的答案
8	评价表现	保持和迁移	激活提取,促成强化	测验
9	促进记忆和迁移		为所需信息提供线索和策略	家庭作业,社会活动

3. 支架式教学策略

支架式教学思想来源于维果斯基的"最邻近发展区"理论。维果斯基认为,在学习活动中,学习者现有的独立解决问题水平与通过教师或者更有经验的同伴的帮助而能达到的潜在发展水平之间存在一定的差异,这个差异就称为"最邻近发展区"。[①]

所谓支架式教学,就是教师要在教学过程中事先把复杂的学习任务加以分解,并不断给学习者提供恰当的帮助——"支架",以便把学习者的理解逐步引向深入。一般来说,支架式教学分为如下五个步骤。

(1)搭脚手架。教师根据教学内容,结合"最邻近发展区"理论,为学生搭建概念框架。

(2)进入支架。创设问题情境,教师通过一定的手段,将学生引入一定的问题情境(知识框架中的某个位置),为学生建构活动提供基础。

(3)独立探索。让学生在支架的帮助下自主探索。随着教学的深入,教师的引导应随着学生解决问题能力的增强而逐渐减少,直至最终拆除支架。

(4)合作学习。进行小组协商、讨论,最终完成对所学知识的意义建构,培

---

① 余震球.维果茨基教育论著选[M].北京:人民教育出版社,1994:112—117.

养学生的交往、合作和互助能力。

（5）效果评价。评价主体包括教师、学生个体、学生团体等；评价的方式包括教师对学生的评价、学生的自我评价、学习小组对个人的评价等；评价的内容包括自主学习能力、对小组协作学习所做出的贡献、是否完成对所学知识的意义建构等。[①]

4. 抛锚式教学策略

抛锚式教学策略是在真实情境问题的驱动下，学习者主动探求新知，以提高复杂问题解决能力为目的的一种教学策略。

抛锚式教学中的"锚"是指为了驱动学习而创设的与学习内容相关的问题以及相应的故事情境。"锚"主要包括两方面含义：一是技术，强调技术在抛锚教学中的情境创设作用；二是境脉，强调为解决问题而创设的一个故事、一个情境等。[②] 著名的贾斯珀系列课程就是抛锚式教学的范例[③]，即将融合了数学探究问题的历险故事录像片段作为"锚"，让学生在真实情境中通过解决问题来学习数学。

抛锚式教学策略主要由以下五个教学步骤组成。

（1）引入锚，创设情境。教师根据教学内容和学习者的发展需求创设基于真实问题的情境。

（2）抛出锚，明确内容。在上述情境下，选择与当前学习主题密切相关的真实事件或真实问题作为学习的中心内容。这一环节所起的作用就是"抛出锚"，所谓的"锚"即是促进内容学习的真实事件或真实问题。

（3）面向锚，自主探究。抛锚式教学策略鼓励开展多种形式的自主学习和合作学习，鼓励学生自己发现解决问题的方法，同时利用合作学习提高学生与他人协作交流的能力。

（4）消解锚，解决问题。抛锚式教学不仅仅要让学生解决特定情境中的问题，还要发展学生的知识迁移能力，使学生能够解决新情境中类似的问题或复杂问题。

（5）返回锚，评价效果。抛锚式教学的学习过程就是解决问题的过程，即由该过程直接反映出学习者的学习效果，因此在实施学习者评价时，只需在学习过程中随时观察并记录学习者的表现即可。

[①] 吴锦程. 浅谈支架式教学[J]. 学科教育, 2003, (6): 29—32.

[②] 刘洋, 钟志贤. 论抛锚式教学模式[J]. 江西教育科研, 2005, (2): 9—11.

[③] Cognition and technology group at vanderbilt. The Jasper series as an example of anchored instruction: theory, program description, and assessment data[J]. Educational psychologist, 1992, 27(3): 291-315.

5. 启发式教学策略

启发式教学策略是指教师在教学过程中根据教学任务、教学的客观规律以及学生的实际情况，采用多种方式，以启发学生的思维为核心，调动学生学习的主动性和积极性，启发诱导学生学习活动的教学策略。[①]

孔子和苏格拉底分别是东、西方启发式教学的开创者，孔子的启发式教学思想集中体现为"不愤不启，不悱不发。举一隅不以三隅反，则不复也"（《论语·述而》）。"启发"一词便源于此。苏格拉底以"助产术"来隐喻启发式教学，他借助问答法的方式，让对方陷入前后矛盾之中，这种连续不断的提问可以引导学习者不断思考、回答问题，从而提高思维能力。

启发式教学策略强调学生是学习的主体，在教学过程要激发学生内在的学习动力，实现内在动力与学习责任感的结合。同时，注重促进学生智力的充分发展，实现学习系统知识与充分发展智力的结合。此外，启发式教学策略还要求理论联系实践，实现书本知识与直接经验的结合，以培养学生多方面的能力，包括获取知识能力、解决问题的能力以及创新思维。

五、教学评价

对于评价，我们都非常熟悉。在我们的认知里，评价无非就是考试测评，但是并非如此，考试测评只是教学评价的一种形式。良好的教学评价有助于教师全面把握学生的学习情况，并给学生提供有价值的反馈信息，促进学生的发展。那么，传统的教学评价是如何开展的呢？基于学习科学的教学评价又有何不同呢？

（一）教学评价的概念和功能

教学评价，是通过测量与系统地收集数据，对学生经过教学发生的行为变化予以确定。教学评价的对象是学生的学习过程及其结果，评价者主要是任课教师。[②]简单来说，评价就是确定学生在教学实施前的状况如何，在教学过程中如何学习，学得怎么样，以及实施教学后学生学到了什么，学得怎么样。

教学评价主要具有如下功能。

（1）诊断功能。教学评价能够帮助教育者了解教学结果及教学过程中存在的问题，并根据评价的结果分析成因。

（2）反馈功能。评价的结果是一种反馈信息。反馈对教和学都非常重要，及

---

① 刘臣宇，李卫灵，孙伟奇. 启发式教学的有效运用［J］. 中国校外教育，2018，(36)：114—115.
② 李秉德. 教学论［M］. 北京：人民教育出版社，1991：320.

时反馈和调控能让教师及时了解教学过程中存在的优势与不足，完善教学指导，使学生及时改变学习策略及方法，从而使教学活动进入良性循环。

（3）激励功能。及时又科学的评价对教师和学生是一种促进和强化，研究表明，即时反馈比远时反馈效果更显著。学生通过评价也可以发现学习过程中存在的问题，进而在一定程度上将其转化为继续努力的心向和动力。

（4）导向功能。教学评价以教学目标、任务、内容为基本依据，引导复杂的教学活动朝正确方向发展。

（5）教育功能。教学评价是他评和自评的结合，在此过程中教育功能会得到充分实现。首先，评价对象需按照评价体系进行评价，在此过程中他们会受到教育思想、教育方针和价值取向的熏陶。其次，现代教育评价重视动态的形成性评价，注重自我调节过程的发展，使评价过程成为"学习—比较—调节—改进—完善"的过程，有利于促进评价对象的自我认识与自我提升。

反馈实验

著名心理学家罗西（C. Ross）与亨利（I. Henry）曾做过一个实验（图8-10），对研究教学评价与反馈影响颇深。他们把一个班的学生分为三个平行组，接受相同的教学过程，并在每天学习后立即进行测试。但是差别在于：对第一组的学生，研究人员和教师每天都告诉他们测试结果；对第二组学生，只是每周反馈一次测试结果；而对第三组的学生，则从不反馈测试结果。第一轮实验持续了8周，结果表明：第一组学习成绩最高，第二组次之，第三组最低。在第二轮的8周实验中，研究者将第一组与第三组换位，也就是第三组为日反馈，第二组为周反馈，第一组为无反馈。结果除第二组稳步前进，继续有常态的进度外，第一组与第三组的情况大为转变：第一组的学习成绩逐步下降，而第三组的成绩则突然上升。这说明，及时知道自己的学习结果对学习有非常显著的促进作用。[①]

---

① 徐光艳. 教师不可不知的59个心理效应 [M]. 天津：天津教育出版社，2012: 48.

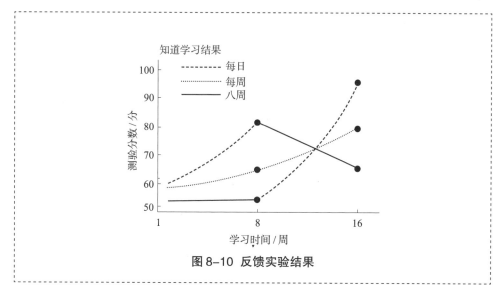

图 8-10 反馈实验结果

（二）课堂教学评价的基本步骤

课堂教学评价是教学评价的一部分，追求以"学"评"教"。课堂教学的评价对象不仅包括课堂教学中教师的活动，还包括学生活动以及教师与学生的交互活动。

一般而言，课堂教学评价可以分为三个阶段。

（1）准备阶段。准备阶段是在具体实施教学评价之前的预备阶段，是评价的前提和基础，直接影响评价功能的发挥。这一阶段是教师（或管理者）对即将进行的评价的构想与规划，主要工作包括组织准备、人员准备、方案准备以及评价者和被评价者的心理准备。

（2）实施阶段。实施阶段作为教育评价的中心环节，有着不可或缺的作用。这一阶段的主要工作包括运用各种评价方法和技术收集、整理和处理评价信息，并给出综合评价结果。为了保证评价工作的顺利进行，还需对评价者和被评价者的心理进行调控。

（3）评价结果的处理与反馈阶段。处理与反馈阶段的目的是正确运用评价结果来促进教学。要知道，评价的作用在于帮助被评价者找出现存的问题，并针对此问题采取正确的解决措施，而并非简单地进行优劣分类。这一阶段的主要工作包括检验评价结果、分析诊断问题、撰写评价报告、反馈评价结果。

> **拓展概念——晕轮效应**
>
> 晕轮效应（the halo effect）最早由美国心理学家桑代克提出，并由美国心理学家凯利（H. Kelly）进行了实验验证，是一种影响人际知觉的因素，指人们对他人的认知判断首先主要是根据个人的好恶得出的，然后再从这个判断推论出认知对象的其他品质，这种现象就像月晕的光环一样，向周围弥漫、扩散。如果认知对象被标明是"好"的，他就会被"好"的光圈笼罩着，并被赋予一切好的品质；如果认知对象被标明是"坏"的，他就会被"坏"的光环笼罩着，他所有的品质都会被认为是坏的。
>
> 在评价的时候，一定要注意晕轮效应，以便能做出客观的评价判断。

以上讲的实际上是传统的教学评价的概念、功能和步骤，在学习科学视角下，评价的目的、功能和手段都发生了一些变化，比如以学生为中心，注重形成性评价、促进学习的课堂评价，注重应用脑科学、人工智能、大数据等新技术。不过这些内容将在第十章详细讲解，这里不再展开。

第三节 基于学习科学的教学设计模式

近些年来，许多学者从学习科学的视角出发，提出了多种教学设计模式，下面就介绍其中三种比较流行的模式。

一、以脑为导向的教学模式

以脑为导向的教学模式（brain-targeted teaching，BTT）是一种基于学习科学的教学设计，是一种有效地计划教学的方式，综合了神经科学、认知科学的研究以及基于研究的有效教学方法。[①②] 它包括六个部分，其中前三个目标是情绪体验相关的，为正式学习打基础，后三个目标是学习本身相关的。

（1）脑-目标1——为学习营造情绪氛围（emotional climate）。情绪与认知

---

① Hardiman M. Informing pedagogy through the brain-targeted teaching model [J]. Journal of Microbiology & Biology Education, 2012, 13(1): 11-16.
② （美）玛丽亚·哈迪曼. 脑科学与课堂：以脑为导向的教学模式[M]. 杨志，王培培，等 译. 上海：华东师范大学出版社，2017: 27—30.

密切相关，其中，积极情绪能够提高注意广度、创造力等[①]，而消极的情绪如持续的压力会降低信息的获取、保持和再认能力[②]。教师可以通过积极的语言、有趣的课堂日常规程仪式、幽默、正念训练等方式为学生创造良好的情绪氛围。

（2）脑-目标2——为学习打造良好的物理环境（physical environment）。注意系统决定哪些感觉刺激被过滤掉，环境中的新异刺激会触发觉醒和定向系统，因此物理环境会影响学生的学习。[③]教师可以通过调换座位、改变照明、气味、将学生带入大自然等方法来改善环境、运用环境。

（3）脑-目标3——设计学习体验（learning design）。大脑总在寻求想法与信息之间的相似模式和关联，教师使用概念图呈现学习目标与学习内容的联系，可以提高学生对概念的理解，提高记忆力和成绩。[④]教师设计并呈现结构组织图，为学生呈现整体性概念，能够帮助学生加工、整合知识和建立知识之间的联系。

（4）脑-目标4——教授掌握内容、技能和概念（teaching for mastery）。根据信息加工模型，信息进入工作记忆后如果不被巩固和意义加工就无法进入长时记忆，而长时记忆的信息如果没有得到提取和应用，就容易被遗忘。反复练习、精细化加工、生成性加工、组块练习等方法可以帮助学生掌握知识技能。

（5）脑-目标5——教授知识的扩展和应用（teaching for application）。过去多年的大脑可塑性研究表明，重复的感觉经历能引起大脑发生变化。[⑤]因此，教师要为学生提供更多激发发散性思维、创造性行为的活动，以强化学生的创造性神经通路。

（6）脑-目标6——评估学习（evaluating learning）。评估的目的在于给学生提供有效的反馈，进而促进学生主动回忆、增强记忆。[⑥]教师要采用多种形式的

---

① Fredrickson B L, Branigan C. Positive emotions broaden the scope of attention and thought-action repertoires. [J]. Cognition & Emotion, 2005, 19(3): 313-332.

② JoeLs M, Pu Z W, Wiegert O, et al. Learning under stress: how does it work? [J]. Trends in cognitive sciences, 2006, 10(4): 152-158.

③ Smith S M, Glenberg A, Bjork R A. Environmental context and human memory [J]. Memory & Cognition, 1978, 6(4): 342-353.

④ Chiou C C. The effect of concept mapping on students' learning achievements and interests [J]. Innovations in education & teaching international, 2008, 45(4): 375-387.

⑤ Fu M, Zuo Y. Experience-dependent structural plasticity in the cortex [J]. Trends in neurosciences, 2011, 34(4): 177-187.

⑥ Karpicke J D, Roediger H L. The critical importance of retrieval for learning [J]. Science, 2008, 319(5865): 966-968.

评估方式，并且注意评估的时间安排。

以下是BTT模式下的教学案例（表8-7）。

表8-7 BTT模式教学案例[①]

学科：地理 单元标题：宇宙 年级：6年级 时间：3周 作者：罗兰公园小学佐治亚·沃纳（Georgia Woerner）
脑-目标1——为学习营造情绪氛围 1. 学生使用工具和操纵工具，如计算机、计算器和米棒，以及艺术材料，如记号笔、海报纸、纸板、箔纸、丝带和剪刀。 2. 最终要完成具有创意和活力，并具有艺术感的整合组件。 3. 为吸引学生的兴趣，选择与天文学相关的占星术导入。
脑-目标2——为学习打造良好的物理环境 1. 在教室里展示学生的作品。 2. 展出并提供天文学参考材料。 3. 展示天文海报。
脑-目标3——设计学习体验 1. 学生将为"天文"一词创建概念图。这将帮助他们收集他们之前关于天文学的知识，并作为本单元和下一个单元（太阳系）的高级组织者。 2. 使用流程图显示时间表（在纸上进行，并使用软件）。 3. 使用比较/对比图（类似于韦恩图）比较项目。
脑-目标4——教授掌握内容、技能和概念 教学目标：学生将了解宇宙的组成部分，并能够定义、描述和比较这些组成部分。 活动： 1. 学生将学习相关专业词汇，并使用游戏和闪存卡进行复习； 2. 学生将学习星座的本质，并将星座的星形图案与星座所代表的图像进行比较； 3. 学生将比较/对比星系的类型； 4. 学生将使用1厘米=1太阳直径的刻度构建各种恒星的模型。 教学目标：学生将了解宇宙的历史及其未来发展趋势。 活动： 1. 学生将阅读宇宙的历史，并使用软件构建流程图来说明这段历史； 2. 学生将构建一个恒星生命周期图； 3. 学生们将用"星系"画在吹气的气球上来模拟宇宙的膨胀。

[①] Hardiman. The brain-targeted teaching model in action [EB/OL]. [2020-05-06]. http://www.braintargetedteaching.org/sampleunits.cfm.

（续表）

教学目标：学生将了解天文学家是如何研究宇宙的，并能够详细说明各种天文学家的贡献。 活动： 1. 学生将研究各种类型的望远镜，并根据所用电磁辐射的功能和类型来描述每种望远镜； 2. 学生将检查恒星的光谱仪，并将其与已知的元素光谱仪进行比较，以确定恒星的组成； 3. 学生将研究他所选定的历史上某个天文学家的贡献。 教学目标：学生将了解黄道带星座的意义，并能够解释星座在太空中的位置。 活动： 1. 学生将构建太阳、地球和黄道带星座的三维模型，并操纵该模型来说明一年中的不同时间； 2. 在整个单元中，学生将通过各种阅读、课堂讨论、工作表、词汇活动和阅读理解题来为新术语和概念提供重复的练习。
脑－目标5——教授知识的扩展和应用 教学目标：学生将了解宇宙的组成部分，并能够分析这些组成部分，以识别其真实本质。 活动： 1. 学生将构建猎户座的三维模型，以便从地球以外的角度对其进行检查，并了解星座的性质； 2. 学生将分析现有星座是如何命名的，还将创建自己的星座并创作神话以匹配他们的星座。学生将像古希腊人一样，在随机的星形图案中找到秩序。 教学目标：学生将知道天文学家是如何研究宇宙的，并能够成为"天文学家"。 活动： 1. 学生将跟踪和讨论天文学中的时事／发现； 2. 学生将创建指定天文学家的传记，创建过程中需要收集天文学家的历史资料。
脑－目标6——评估学习 1. 单元期末测试，题型多，考核层次多。 2. 学生回答分析问题以展示理解力。 3. 老师给学生群体提出各种场景，学生用模型演示场景。 4. 模型完成后老师会评估准确性。

二、学习的通用设计模式

学习的通用设计（universal design for learning，UDL）这一术语来源于产品和建筑开发中的"通用设计"，指的是专门针对学习，围绕基于学习科学的三大原则来组织教学的框架。[①]

1. 三大原则及其对应的具体指南

（1）提供多种表征方式。指在"教什么"和"学什么"的呈现上提供多种灵

[①]（美）Tracey E. Hall，Anne Meyer，David H. Rose. 学习的通用设计：课堂应用［M］. 裴新宁，陈舒 主译. 上海：华东师范大学出版社，2019：1—3.

活的表征方式。包括：通过听觉信息、视觉信息等方式为感知提供多种选择，比如通过语音转为文字的技术让信息以声音和文字两种方式呈现，避免有些学生因为听觉不好而产生学习阻碍；通过多媒体、教具等让抽象的符号具象化；通过提供背景知识、模型、脚手架、可视化和操作等方式促进理解和信息加工。这一原则对应大脑的识别网络，即我们大脑中用于接收和分析信息的脑区。

（2）提供多种行动和表达方式，为"如何学习"和"如何表达我们所知"提供选择。通过诸如录音机、声音识别软件、控制手柄等方式为学习者提供多样的身体参与方式；为学生提供表达和交流的选择，比如首先训练学生对于个别单词的理解，继而促进流畅阅读；为执行功能的训练提供选择，比如为学生提供推进计划的审查清单，提示学生"停下来，想一想"。这一原则对应大脑的策略网络，即用于规划和执行动作的专门脑区。

（3）提供多种参与方式，为"为什么学习"提供灵活的选择，激发学生的参与兴趣。可以通过给学生选择的空间，赋予其权利，激发其兴趣；通过保证"挑战－支持"的平衡，提供有效反馈以促进学生的持续努力和坚持；通过让学生设定个人目标，以提升其情绪的处理策略，反思评价其进步、优势和不足，促进学习者的自我调节。这一原则对应情感网络，即用于评价和设定优先级的专门脑区。

2. 例举：关于《种子》的科学课的具体做法

本节课帮助学生理解并清晰说明植物的生命周期。开始上课时，教师切开各种不同的水果和蔬菜，并把它们的种子露出来。接着，给学生展示一些干的种子荚。把所有这些东西放到教室四周的桌子上，鼓励学生去探索，看一看，摸一摸，闻一闻。为学生提供放大镜和种子特征点的观察提纲。一旦学生有了探究的机会，就要求他们把种子荚分到不同的组中，并在日记里用文字或图画记录自己的观察。教师可以让学生给能识别出来的种子贴上标签，一同创建一个种子博物馆；鼓励他们在家中收集种子或种子荚，并带到学校的博物馆中。在阅读环节，让学生从不同的书中挑选有关种子生命周期的内容进行阅读。拿出播种的材料，包括向日葵或蚕豆之类能相对快速生长的各种植物的种子。对播种进行解释并说明步骤过程。做一张挂图，上面用文字和图片列出过程步骤，留出一块文字墙用来展示与本课有关的新词汇。随后，所有学生都可以在靠近窗子的植物箱子里播种自己的种子（天气允许的话，也可以在户外），他们可以在日记里用文字、图画、照片、简单的图形或图表等，记录接下来几个星期的进展。如果条件允许，让学生跟踪植物的成熟过程，采下种子，把它们放到博物馆中，并回顾植物的整个生命周期。

根据以上教学片段描述，接下来我们来看 UDL 是如何在该课例中进行应用的（表 8-8）。

表 8-8 UDL 教学设计案例[①]

UDL 原则	UDL 指南	具体做法
提供多种表征方式	为感知提供选择	把水果和蔬菜的种子放在桌子上，鼓励同学们摸一摸，看一看，闻一闻。
	为语言、数学表达式及符号的使用提供选择	通过多种方式阐明"种子"这一概念，让学生通过为真实的种子贴标签的方式认识种子的概念。
	为理解提供选择	分发任务单（包含要观察的要点），指导学生探索种子的特征；建立"种子博物馆"，识别、比较、贴标签、挑选种子，突出种子的关键特征。
提供多种行动和表达方式	为身体力行提供选择	对种子进行分类，为种植准备土壤、浇水、配肥料等。
	为表达和交流提供选择	以文字、图画、照片、图表等形式交流观察结果；提供任务单、观察日志撰写模板作为支持表达和交流的脚手架。
	为执行功能提供选择	在白板上布置任务时间表和工作流程，在墙上布置与主题相关的图表、线图和模型。
提供多种参与方式	为激发学生兴趣提供可供选择的参与方式	通过呈现学生所熟悉的色彩艳丽的水果吸引学生对其进行探索
	为学生的持续努力和坚持提供可供选择的参与方式	等待植物成熟，记日记，撰写植物成长档案。
	为学生的自我调节提供可供选择的参与方式	给学生提供关于合作中的参与度、表现的自我评价指标，以促进学生实现自我反思和调节： 水平 1：在团队中发生争吵，或者对团队没有任何帮助； 水平 2：在同一个小组中工作，但是单独行事； 水平 3：和另一个组员合作； 水平 4：组内每个成员都有自己的工作，且成员之间合作互助。

三、综合学习设计模式

传统的教学设计一般是把复杂的任务分解为子任务或子目标，然后选择不

[①]（美）Tracey E. Hall，Anne Meyer，David H. Rose. 学习的通用设计：课堂应用 [M]. 裴新宁，陈舒 主译. 上海：华东师范大学出版社，2019：122—134.

同的教学方法进行相对独立的干预，比如加涅将学习结果分为言语信息、智慧技能、认知策略、态度、动作技能，暗含"整体等于部分之和"的逻辑。[①]但是，学生在完成任务和解决问题的过程中，往往遇到的是各种目标的交互综合，也是各种知识、能力、态度的综合运用。孤立、碎片化的知识不利于应用到复杂、真实的情境中。在此背景下，诞生了综合学习的理念。

综合学习是指综合了知识、技能、态度目标，整合了校内所学和校外日常生活和工作情境的学习方式，像探究学习、发现式学习、项目式学习等都属于综合学习的方式。其中，四元教学设计模式（4-component instructional design，4C/ID）是由荷兰开放大学梅里恩波尔（Van Merrienboer）等人提出，用于复杂技能训练的设计模式（如图 8-11），是综合学习设计的代表性教学设计理论模式之一。

1. 4C/ID 所包含的四个基本元素[②③]

（1）学习任务（learning tasks）。是整个设计的核心，是基于现实生活任务的真实完整任务，任务中整合了知识、技能和态度。

（2）专项任务练习（part-task practice）。在完整的、有意义的任务之后，向学习者提供一定的练习题目，帮助学生将学习任务达到熟练和自动化的程度。

（3）支持性信息（supportive information）。是指对完成学习任务有帮助的信息。该信息包括有用的认知策略和对认知策略的应用示范，并且还包括反馈信息。

（4）程序性信息（procedure information）。提供掌握学习任务所需要的前提信息，包括操作规则的说明，即如何去做一件事情，以及使用信息的必备知识，如事实、计划、原理等。

---

① 冯锐，李晓华. 教学设计新发展：面向复杂学习的整体性教学设计——荷兰开放大学 Jeroen J. G. van Merrienboer 教授访谈［J］. 中国电化教育，2009，（2）：1—4.

② 冯锐，李晓华. 教学设计新发展：面向复杂学习的整体性教学设计——荷兰开放大学 Jeroen J. G. van Merrienboer 教授访谈［J］. 中国电化教育，2009，（2）：1—4.

③（荷）杰罗姆·范梅里恩伯尔，保罗·基尔希纳. 综合学习设计——四元素十步骤系统方法［M］. 盛群力，陈丽，王文智，等 译. 福州：福建教育出版社，2012：12.

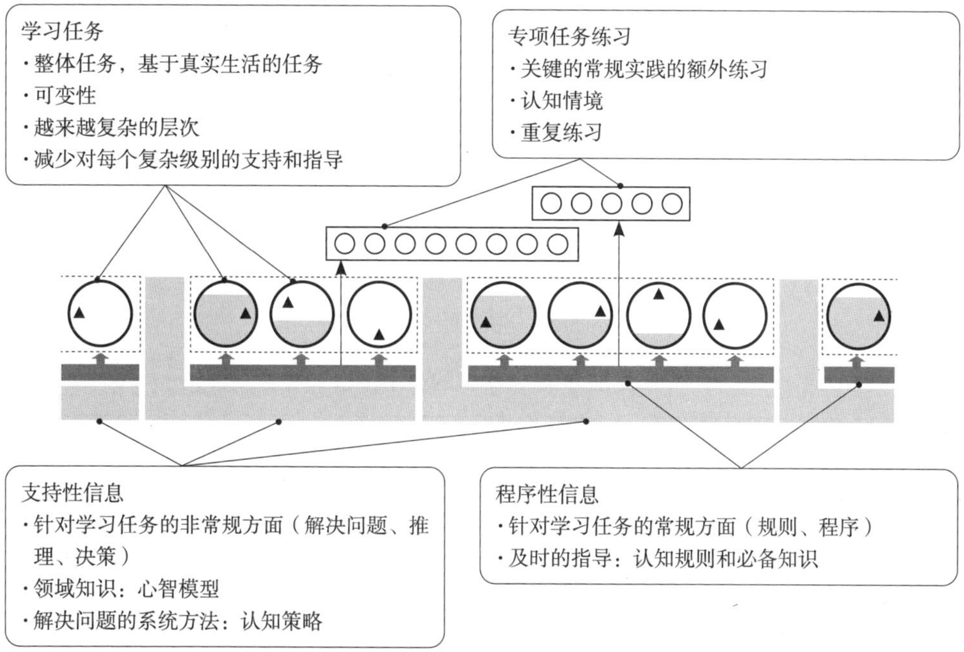

学习任务
- 整体任务，基于真实生活的任务
- 可变性
- 越来越复杂的层次
- 减少对每个复杂级别的支持和指导

专项任务练习
- 关键的常规实践的额外练习
- 认知情境
- 重复练习

支持性信息
- 针对学习任务的非常规方面（解决问题、推理、决策）
- 领域知识：心智模型
- 解决问题的系统方法：认知策略

程序性信息
- 针对学习任务的常规方面（规则、程序）
- 及时的指导：认知规则和必备知识

图 8-11 4C/ID 模型图[①]

2. 对图 8-11 的解释

我们可以结合以下几点来解释图 8-11，以便能更清楚地了解该模式。

（1）图中的大圆圈表示任务，虚线方框圈起来的圆圈表示同一复杂级别的任务序列，任务从易到难排序。

（2）圆圈中的阴影代表支持的力度，每一个任务模块内部都是从高支持过渡到低支持，而结束于无支持，也就是搭建脚手架和逐渐撤离脚手架的过程。

（3）每个圆圈内的小三角代表任务中的"变化"，即每个任务都彼此不同，有所差异。

（4）L 型条状代表对学习任务的支持性信息，帮助学生在新信息与先验知识之间建立联系，一般在新任务开始前就讲解到位，并在任务中可以随时调用。

（5）黑色长条及箭头代表的是程序性信息，提供给有需要的学生。学生即学即用，在后续的学习任务中这些信息将逐渐被撤除。

（6）长方形实线方框内的小圆圈表示需要熟练掌握的组成技能，可以为学生提供专项操练，比如九九乘法表。

（7）支持性信息中的"心智模型"是指学生的领域知识组织方式，比如人体

---

① （德）弗兰克·费舍尔，（美）辛迪·赫梅洛·西尔弗，（美）苏珊·戈德曼，等. 国际学习科学手册[M]. 赵建华，尚俊杰，蒋银健，等 译. 上海：华东师范大学出版社，2022：192.

结构知识就是关于如何建构的结构模型，器官系统工作的知识就是关于如何运作的因果模型。

（8）专项任务练习中的"认知情境"是指有意义的任务背景，比如真实的病人就诊情境。

图 8-11 把综合学习设计模式说得比较清楚，但是在具体应用时学生可能难以把握。所以，在具体应用时，我们可以采用如表 8-9 所示的包括十个步骤的实用版本。

表 8-9 综合学习的十个步骤

4C/ID 的基本元素	综合学习的十个步骤	备注
学习任务	1. 设计学习任务 2. 开发评估工具 3. 排序学习任务	1. 任务设计要能够培养综合能力。 2. 明确学习目标，设计评价量规。 3. 将学习任务由易到难排序。
专项任务练习	4. 安排专项操练	4. 对整个任务中的成分技能进行练习。
支持性信息	5. 安排相关知识技能 6. 厘清认知策略 7. 确定心智模式	5. 帮助学习者建立新旧知识之间的联系。 6. 可以给学习者提供操作性做法。 7. 确定学习者的心智模式。
程序性信息	8. 设计支持程序 9. 明晰认知规则 10. 弄清前提知识	8. 给学习者提供相应的支持程序、示例、规则和矫正性反馈。 9. 可以用出声思维等方式，确定学习者能否领悟认知规则。 10. 弄清楚学习者的知识起点水平。

3. 综合学习设计模式在文献检索学习中的案例

表 8-10 综合学习设计模式在文献检索中的应用案例[①]

任务 1：
学习者所要检索的相关概念已经界定清楚，然而所要检索的文献数量非常有限，所以，只要依据论文题目或少量检索词在一个数据库中进行检索，即可获取数量有限的文献。
程序性信息：示例 学习者观察一个专家完成文献检索并在检索过程中解释自己为什么要这样做。
程序性信息：厘清认知策略 呈现完成文献检索的四个阶段：①选择适当的数据库；②确定查询方式；③实际完成检索；④挑选结果。

---

① （荷）杰罗姆·范梅里恩伯尔，保罗·基尔希纳. 综合学习设计——四元素十步骤系统方法 [M]. 盛群力，陈丽，王文智，等 译. 福州：福建教育出版社，2012: 272.

（续表）

支持性信息：确定心理模式	
文献检索的相关概念；数据库的组织和使用；不同类型学术论文的差异。	
学习任务 1.1 案例学习法	
向学习者提供三个有关文献检索的正确样例，每个样例都说明了查询方式和实际检索到的文献。	
学习任务 1.2 填空解题	即时信息：提供支持程序。
向学习者提供研究问题和一个不完整的检索方式，以致查询结果不理想。请学习者改进查询词，实际完成检索。	提供实际检索所需要的数据库链接。
任务 2：	
学习者要检索的相关概念已经界定清楚，在这一领域所要检索的文献数量非常多，但是只涉及一个研究领域。所以，他只要依据论文题目或少量检索词在一个数据库中进行检索即可，但是需要使用布尔逻辑符进行检索，以便检索到的文献更加符合要求。	
程序性信息：示例	
向学习者提供三个文献检索的正确样例，每个样例都包括了检索词。	
学习任务 2.1 模仿解题法	程序性信息：提供支持程序。
向学习者提供三个有关文献检索的正确样例以及相似的研究问题，以便其模仿检索。	具体说明如何运用布尔逻辑符查询词。
学习任务 2.2 常规解题法	撤除以上支持程序。
向学习者提供研究问题，要求他实际检索 10 篇相关文献	
程序性信息：认知反馈	
向学习者反馈，他在完成学习任务 2.2 时所采用的方法是否合理有效。	

4C/ID 主要是用于复杂认知技能的训练，实际教学中则需要和教学系统设计模式一同使用。该模式非常好地适应了当下的教育趋势，聚焦于专业能力或复杂技能的训练，能提升学生将学校中所学知识迁移到新情境中的能力，其所提倡的自我导向和自我调节的学习技巧对于终身学习非常重要。①

四、其他新型教学模式

除了以上教学模式，针对不同知识领域和不同学习方式还涌现出了很多教学模式。比如，在情感教育领域，针对情感发展的六个维度（情绪发展、道德发展、社会发展、精神发展、审美发展、动机发展），芭芭拉·马丁（Barbara

---

① van Merriënboer J J G, Kirschner P A. 4C/ID in the context of instructional design and the learning sciences [M] //International handbook of the learning sciences. London: Routledge, 2018: 169-179.

Martin)和查尔斯·赖格卢斯(Charles Reigluth)设计了情感发展课程的应用模式。[①]再比如,针对问题探究性学习的5E学习环模式已经在科学课堂上成功用了几十年。[②③]相信在未来,教学设计的模式理论也将越来越丰富。

本章结语

随着学习内容、学习方式以及学习环境的巨大变化,教学设计的内在价值与实践应用也在不断丰富,但从未改变的是教学设计师对学习绩效的不懈追求。研究成果表明,学生的学习质量和学习效率,有赖于教学设计、教师的教学设计能力以及教师对大脑认知活动规律的认识程度。

在学习科学视域下,系统化规范教学设计是提升教学水平的重要途径,也是评估教育教学实践者水平的重要准绳。教学设计具有有序性和可预测性,像一门"纯净"(neat)学科,而学习科学则关注生活本身的自然杂乱,含有更多"芜杂"(scruffy)成分。学习是一个隐性、复杂性、社会性、情境性和建构性的过程,在真实的学习境脉中需要"纯净"与"芜杂"的平衡。

目前,想要实现"基于脑、适于脑、促进脑"的教学设计,需在充分了解和认识脑的认知功能、情感功能和自我意识等高级功能的前提下,选择或开发适应学生认知能力发展特点的教育教学方法、教学组织策略、教育评价方式方法等。学习科学下的教学设计更加重视认知主体,强调"学习的发生过程",同时飞速发展的信息技术也为设计者提供了试验不同设计的有力支持工具。从这个方面来讲,学习科学把学习当作复杂系统来看待和研究,其所从事的设计研究工作也是一门设计科学。

本章主要是从理论方面阐述了学习科学指导下的教学设计,在实际工作中,教师还需要结合实践案例来学习如何基于学习科学进行教和学。在交叉学科蓬勃发展的时代,教学设计研究领域的发展受到了各种学科理论的影响,教师只有全面整合各种理论和技术因素才能促进自己的长远发展。

---

① (美)查尔斯·M. 赖格卢斯. 教学设计的理论与模型:教学理论的新范式(第2卷)[M]. 裴新宁,郑太年,赵健 译. 北京:教育科学出版社,2011: 595.

② Bybee R W, Taylor J A, Gardner A, et al. The BSCS 5E instructional model: origins and effectiveness [M]. Colorado Springs, Co: BSCS, 2006: 88-98.

③ (美)托马斯·H. 埃斯蒂斯,苏珊·L. 明茨. 十大教学模式[M]. 盛群力,徐海英,冯建超,等 译. 上海:华东师范大学出版社,2019: 270.

> 重点回顾

1. 教学设计是基于学习规律和系统设计方法，利用教学资源，将学习理论、教学理论、教学内容转化为教学目标、教学活动、教学评价等教学环节的过程。
2. 迪克－凯瑞模型倡导系统化设计思想，其流程包含：评定教学目标、教学分析、学习者和情境分析、编写表现目标、开发评价工具、开发教学策略、开发和选择教学材料、开发构建形成性教学评价、开发构建总结性评价、修改教学。
3. 完整的学习目标应该包括四大部分：将要学什么，怎样学会，怎样运用所学，如何评估。
4. 布鲁姆将认知领域的目标分为记忆、理解、运用、分析、评价和创造六个层次，每个层次都有相应的脑科学依据。认知领域目标分类为确认学习者的学习水平标准建立了一个具有初步理论依据和层次差异的可操作性框架。
5. 加涅提出学习结果分类理论，认为有五种学习结果；比格斯提出学习成果分类体系（SOLO），具体地归纳出学习者思维水平的五个层次。
6. 马扎诺提出了教育目标二维分类体系，包括六大加工水平和三大知识领域。六大加工水平分别是信息提取、理解、分析、知识应用、元认知系统、自我系统，三大知识领域分别是信息、心智程序、心理动作程序。
7. 螺旋式内容编排就是说，从基础开始，在后面的反复学习中，增加内容的难度和深度。直线式内容编排就是把内容组织成前后联系的"直线"，后面的内容不重复前面的内容。渐进分化原则即首先呈现最有概括性的学习内容，然后逐步分化出细节。综合贯通原则即让知识在不断分化的同时也能相互融会贯通，建立知识之间的联系。逻辑顺序即按照学科知识的内在逻辑来组织内容，心理顺序即按照学生心理发展和思维发展、经验和需要等特点来组织内容。
8. 学习内容的分析方法主要包括归类分析法、层级分析法、可视化分析法、信息加工分析法和卡片分析法。
9. 学习者分析的内容包括起点水平分析、智能发展分析、认知能力发展、态度动机、情绪等方面。
10. 教学模式指向整个教学过程，具有相对的稳定性；教学策略指向局部的教学行为，具有明显的灵活性。与教学策略相比较，教学方法更加微观，适用于对小规模教学内容或教学活动的处理。

11. 美国认知教育心理学家奥苏贝尔提出了"先行组织者"教学策略,教学过程包括呈现先行组织者、呈现学习任务和材料、扩充与完善知识结构。
12. 课堂教学评价是教学评价的一部分,一般可以划分为准备、实施、评价结果的处理与反馈三个阶段。
13. 学习科学指导下的教学评价应以学生为中心。
14. 比较重要的基于学习科学的教学设计模式有:以脑为导向的教学设计模式、学习的通用设计模式、综合学习设计模式。

思考题

1. 名词解释:教学、教学设计、布鲁姆教育目标分类、马扎诺的学习过程模型、ABCD四要素、螺旋式编排、ARCS模型、多元智能、先行组织者策略、九段教学法、抛锚式教学、学习的通用设计(UDL)、四元教学设计模式(4C/ID)。
2. 根据布鲁姆认知学习领域目标分类体系,分析教师在课堂提问中应如何设计认知问题。
3. 支架式教学中,教师构建了概念框架并且设计了支架,那为什么支架教学依然是以学生为中心的教学过程呢?
4. 请结合"学习者分析"的内容,对自己的学习特征进行分析。
5. 请论述先行组织者教学策略、支架式教学策略、抛锚式教学策略、启发式教学策略的主要步骤。
6. 阅读下面的材料,结合当前的素质教育,谈谈现行教学评价存在哪些主要问题。

　　我是一名差生,我也曾努力过,刻苦过,但最后却被一盆盆冷水浇得心灰意冷。就拿一次英语考试来说吧,我觉得学英语比上青天还难,每次考试不是个位数就是十几分。一次教师骂我是蠢猪,我一生气下决心下次一定要考好。于是,我加倍努力,并且真的拿了个英语第一名。心想这次老师一定会表扬我了吧!可是出乎我意料,老师一进教室就当着全班同学的面问我:"你这次考得这么好,不是抄来的吧?"听了这话,我一下子从头凉到脚:难道我们差生就一辈子都翻不了身吗?

7. 结合本书附录中推荐的其他资源,去了解更多的基于学习科学的教学设计模式。

第九章 基于学习科学的教学实践

> **内容摘要**
>
> 接着上一章基于学习科学的教学设计，本章关注的重点是在对学习科学理论及原理有了初步了解和认识的基础上，如何将已有的相关成果应用于教学实践，以促进教学的科学化、有效性及教师的专业发展。
>
> 本章首先对学习科学和教学实践的关系进行了梳理，对于什么是有效教学和开展有效教学的原则进行了界定。
>
> 其次则梳理了基于学习科学的十大有效教学策略，包括：①教学起点是对学生自我系统的关注；②建立新旧知识联系的教学策略；③陈述性知识和程序性知识的教学策略；④教学节奏之分段教学策略；⑤课堂提问的教学策略；⑥提高课堂参与的教学策略；⑦促进应用练习的教学策略；⑧促进知识迁移的教学策略；⑨促进记忆保持的教学策略；⑩促进意义理解的教学策略。这十大教学策略是适用于任何学科的通用策略，可以在教学中灵活应用。
>
> 在此基础上，本章还探讨了教育神经科学对数学和语言教学的一些启示。

> **学习目标**

1. 了解学习科学与教学实践关系发展的三个阶段；
2. 理解有效教学的基本原则和影响因素；
3. 理解并熟练掌握基于学习科学的十大有效教学策略；
4. 了解教育神经科学对数学、语言等学科教学的启示；
5. 能分析课堂教学课例中的学习科学的应用并能基于学习科学开展教学实践。

思维导图

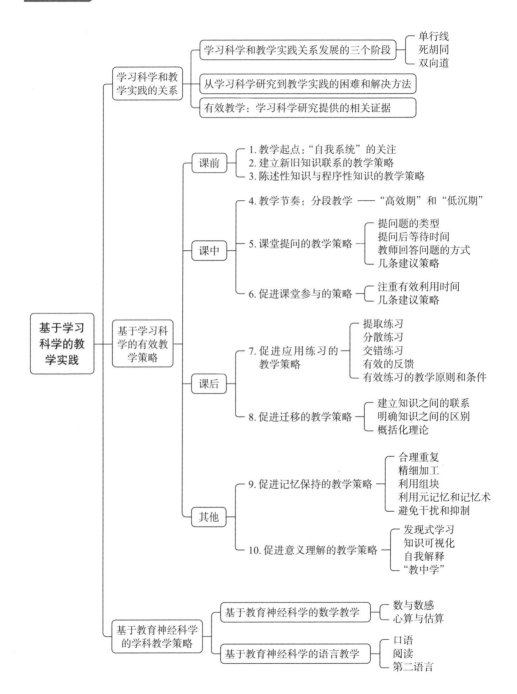

第一节　学习科学和教学实践的关系

第一章讲过，学习科学的诞生就是要在基础研究和教学实践之间架起桥梁。但是，要想真正借助学习科学促进教学实践发展，还是比较困难的。

一、学习研究与教学实践关系发展的三个阶段

美国著名教育心理学家梅耶指出："作为学校教师，我们如果想帮助学生学习，如果能够对于学生如何开展学习做到心中有数的话，学生就会获益良多。"[1] 然而，如何在学习研究和与教学实践之间架起有效应用的桥梁，却是一百多年来困扰人们的难题。

1899年，美国著名心理学家威廉·詹姆斯（William James）在《和教师的谈话》一书中谈道："教师要想在专业上获得长远的发展，要想在工作中体现出更大的热诚，那么，就越来越需要心理学家弄清楚一些基本的原理……例如，有关心智如何开展运作的知识能使得教师负责的几个班级的课堂管理工作，变得更加轻松且高效。心理学理应给教师提供很大的帮助……"然而詹姆斯发现，当时一线教师所处的现实却是，"实际结果却让教师们有些失望……如果你觉得心理学，即研究心智规律的科学，能够在课堂中立竿见影地得出明确的教学方案、教学计划和教学方法，那就大错特错了"。

在梅耶看来，究其原因，一是因为心理学研究人员未能提供与教育密切相关的学习科学，二是因为学习科学难以直接转化成一线教师需要的教学策略和教学方案。[2] 梅耶认真分析了将学习理论、学习科学研究成果转化为教学实践的问题，认为远没有人们初期想象的那么直接和简单，他总结了近一百年来学习研究和教学实践两者之间关系发展所经历的三个阶段：单行线、死胡同和"双向道"（表9-1）。

---

[1] （美）理查德·E.梅耶.应用学习科学——心理学大师给教师的建议[M].盛群力，丁旭，钟丽佳 译.北京：中国轻工业出版社，2016：原著序Ⅶ.
[2] （美）理查德·E.梅耶.应用学习科学——心理学大师给教师的建议[M].盛群力，丁旭，钟丽佳 译.北京：中国轻工业出版社，2016：原著序Ⅸ.

表 9-1 学习研究和教学实践两者关系发展的三个阶段

阶段	时间段	描述
单行线	20世纪早期	基础研究者建立学习科学，实践工作者将其应用到学习中。但最后却发现，这种"单行线"的方式无法解决实际问题。究其原因，一是因为当时的心理学家群体自身在学习理论上难以达成一致，二是这些有限的理论无法直接应用于教学实践。
死胡同	20世纪中期	基础研究者忙于在人为的实验情境下构筑自己的学习理论，例如研究老鼠如何走迷宫，而应用研究者（教学实践者）根本看不上这些研究成果；应用研究者则关注什么样的教学策略、方法是最有效的，至于这些教学方法究竟是如何起作用的，则不予深究，并且这种做法同样也为基础研究者所鄙视。简而言之，这一时期致力于学习科学研究的心理学家与关注教育科学的教育工作者之间并没有多少交流。
双向道	20世纪后期至今	心理学家与教育工作者之间开始趋向于寻求一种互惠互利的交流关系：心理学家逐渐将其研究领域扩大到真实的学习情境中，教育工作者开始重视心理学的相关研究，并要求学习科学的研究者构建一种学习理论，以解释真实教学情境中的学习问题。

而在国内，学习科学也在不断发展之中。21世纪初期，韦钰院士、高文教授等老一辈科学家和教育研究者共同将国外关于脑科学与学习科学的最新研究成果引入国内。[1][2] 此后经过众多教育研究者和决策者的持续努力，学习科学日益为广大实践者所熟悉和接受，学习科学正在成为教育教学实践变革的新引擎，在教育教学改革中引入学习科学是无可争议的立场。[3] 可以说，当前学习科学正在从学术研究的殿堂走向教育教学变革的实践，学习科学研究和教学实践之间的关系正在向第三个"互惠互利"的"双向道"阶段迈进。[4][5]

二、将学习科学应用于教学实践所面临的困难及解决的办法

学习科学在20世纪末期已经进入"双向道"阶段，至此它也已经发展了几十年，但是学习科学研究和教学实践之间依旧存在较大的鸿沟。《剑桥学习科学

---

[1] 韦钰.要研究学习的科学［J］.教师博览，2001，（10）：17.
[2] 高文.面向新千年的学习理论创新［J］.全球教育展望，2003，32（4）：26—31.
[3] 任友群，裴新宁，赵健，等.学习科学：为教学改革带来了新视角［J］.中国高等教育，2015，（2）：54—56.
[4] 梁林梅，李志.从学习科学到教学实践变革——教师学习科学素养提升的关键概念与有效教学策略［J］.现代教育技术，2018，28（12）：13—20.
[5] 梁林梅，蔡建东，周雅格.学习科学到教学实践变革——"转化者"的角色与作用分析［J］.现代教育技术，2020，30（2）：28—35.

手册》主编、美国知名学习科学家基思·索耶提道:"学习科学研究迄今已开展近30年,人们开始相信那些基于学习科学开展教学的学校和教师能给学生带来更有效的学习。但现实中学校却依然维持着几十年前的做法,学习科学研究与教学实践之间仍然存在脱节的现象。"① 美国国家教师专业发展委员会原主席戴维·苏泽(David Sousa)也曾感慨:"几百年来,教师们传道授业却并不太了解人脑究竟是如何运作的……教学就像早期的医学,实质上是一种艺术形式。"② 基于自己多年将学习科学应用于学校教学实践的经验,苏泽指出,将实验室的研究成果应用于实践并最终使课堂和学校发生转变,需要进行长期坚持不懈的努力。③

在将学习科学(包括脑科学、教育神经科学)的理论成果应用于改进学校教学实践方面,国内外研究者和教育专业人员已经开始了一些初步的探索。梅耶呼吁要将学习科学最重要的主张和观点向"入门者"普及,要加强"应用学习科学"的研究和实践,即"运用我们所了解的人是如何开展学习的知识,去开发有实证依据的教学方法(策略)来帮助人学习",并且要在学习科学研究和教学实践之间形成"应用学习科学"和"拓展学习科学"互惠互促的深度合作(图9-1)。④

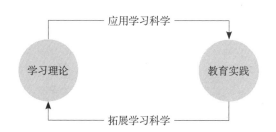

图9-1 学习理论与教学实践之间互惠互促的深度合作

德国乌尔姆大学成立了"神经科学与学习转化中心",以开展神经科学知识与教学方法相结合的研究。荷兰科学委员会和荷兰教育、文化与科学部协商建立

---

① 陈家刚,杨南昌.学习科学新近十年:进展、反思与实践革新——访国际学习科学知名学者基思·索耶教授[J].开放教育研究,2015,21(4):4—11.

② (美)David A. Sousa.心智、脑与教育:教育神经科学对课堂教学的启示[M].周加仙,等 译.上海:华东师范大学出版社,2013:3.

③ (美)David A. Sousa.脑与学习[M]."认知神经科学与学习"国家重点实验室 译.北京:中国轻工业出版社,2005:绪论.

④ (美)理查德·E.梅耶.应用学习科学——心理学大师给教师的建议[M].盛群力,丁旭,钟丽佳 译.北京:中国轻工业出版社,2016:6.

了脑科学与学习委员会，启动了一系列活动来激励脑科学、认知科学、教育科学领域的研究者以及教育实践领域的工作者之间进行主动积极的交流。① 在我国，也有许多学者正致力于在学习科学研究和教学实践之间架起桥梁。比如北京大学学习科学实验室和北京市海淀区教育科学研究院、北京市朝阳区教师发展学院等机构的老师们近几年来一直在探索"提升教师学习科学素养，促进学习科学与课堂教学融合"。

在推动将学习科学的学术成果应用到教学实践方面，研究者发现，除了学校和教师因素之外，教育政策的制定者也非常关键："学习科学家通常对'人如何学习'已有相当多的认识，但对教育政策、学校改革和机构变革所知不多……学习科学（脑科学）不能解决政策问题"②。鉴于"学习科学家不善于用教育者可理解的话语来传达关于脑与学习的研究成果，而现有教师由于知识结构的问题尚不具备开发基于脑的教学策略的能力"③，哈佛大学教授费希尔建议在二者之间加入一类"中介者"或"转换桥梁"的角色，并将该角色称为整合科学研究、教育实践与教育政策的"教育工程师"（图 9-2），其职责在于"专门负责创建实践和研究之间的有用联结"④，帮助教师理解和接受学习科学的新成果，并鼓励和支持教师在教学中加以运用。

图 9-2 教育工程师的桥梁角色

---

① 经济合作与发展组织. 理解脑——新的学习科学的诞生 [M]. 周加仙等 译. 北京：教育科学出版社，2010：174—184.
② 陈家刚，杨南昌. 学习科学新近十年：进展、反思与实践革新——访国际学习科学知名学者基思·索耶教授 [J]. 开放教育研究，2015，21（4）：4—11.
③ 高振宇. 教育神经科学视野下教师专业的重构与发展 [J]. 全球教育展望，2015，44（11）：95—103.
④ Kurt W. Fischer. 心智、脑与教育：创建教育的科学基础 [C] //（美）David A. Sousa. 心智、脑与教育：教育神经科学对课堂教学的启示. 上海：华东师范大学出版社，2013：译丛总序 1—10.

三、有效教学：学习科学研究为教学实践提供的相关证据

虽然将学习科学研究成果应用于课堂教学实践需要一个长期的过程，但是在学习科学快速发展的这三十多年来，许多学者也针对"如何进行有效教学"提出了一些具有启发性和指导意义的研究成果及相关建议。

例如，美国著名教学设计专家瓦尔特·迪克等指出："在过去的75年中，教育心理学家对'人类是如何学习的'这一问题做了大量研究。如果你对这类研究有所涉猎，你会感到它似乎很深奥，而且基本上与真实生活中的学习情境相脱节。尽管如此，心理学家们还是成功地识别出学习过程中的几个主要成分，当这些学习成分被呈现出来时，几乎总能促进学习。其中三种成分是：动机激发，预备从属技能，练习和反馈。"[1]

又例如，美国著名教育心理学家、概念图创始人约瑟夫·诺瓦克（Joseph Novak）提出了教学和学习的六大原则：①必须激发起学生的学习动机，他们必须有学习的意愿，否则什么学习都不会发生；②教师必须理解学生的先前知识；③教师应该对将要教授的概念性知识进行组织；④教师应该组织和创建教育情境以促进学习；⑤教师应该对学生的知识掌握情况和情绪、情感保持敏感；⑥教师应该对学生的学习进行持续的评估，并对学生的学习进行有效的指导和及时的激励。[2]

上一章讲了马扎诺的教育目标分类学，其实他还对影响有效教学的众多学习科学研究成果进行了系统的梳理和总结，见图9-3。[3] 马扎诺的研究发现，对有效教学影响较大（影响值超过30%）的教学策略因素包括练习、鞭策努力（即要让学习者看到努力程度和成功之间存在着直接的联系）、做学习笔记、总结、主动参与、教师的非言语表征（包括可视化策略）和反馈。其他能够促进有效教学的相关策略因素还包括目标、教师提出的高质量问题、提示、家庭作业、合作学习、先行组织者、学生的自我效能感和游戏。

---

① （美）迪克 W，凯瑞 L，凯瑞 J. 系统化教学设计［M］. 庞维国，等 译. 上海：华东师范大学出版社，2007：188.

② （美）约瑟夫·D. 诺瓦克. 学习、创造与使用知识——概念图促进企业和学校的学习变革［M］. 赵国庆，吴金闪，唐京京，等 译. 北京：人民邮电出版社，2016：5.

③ （美）罗伯特·J. 马扎诺. 教学的艺术与科学——有效教学的综合框架［M］. 盛群力，唐玉霞，曾如刚 译. 福州：福建教育出版社，2014：9—55.

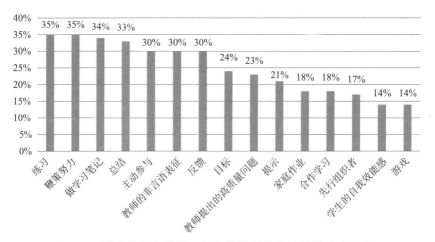

图 9-3 影响学生高效学习和有效教学的关键教学策略因素

从图 9-3 中可以看出,练习既是教师日常教学工作的重要环节,又是影响学生高效学习和教师有效教学的重要因素。教师要设法通过多种途径"让学生看到在努力程度和成功之间存在着直接的联系",要教会学生如何做学习笔记,如何积极进行学习总结,还要善于使用非言语表征(例如,肢体语言、微笑、可视化表征等)对学生进行鼓励、为学生的学习提供指导,并能够对学生的知识掌握和学习进步、学习问题等提供及时的个性化反馈,更要努力创设以学生为中心的、支持师生互动和生生互动的学习环境,通过多种方式激励学生积极主动的课堂参与。

综上,我们知道了有效教学的原则和影响因素,下一节将具体介绍基于学习科学的有效教学策略。

第二节 基于学习科学的有效教学策略

教学策略是学习科学研究成果向教师教学实践转化的关键环节和重要"桥梁"。[1] 因此,教学策略的设计和开发对于教师实施有效的教学至关重要,马扎诺将教学策略列为教师有效教学的三大元素之一(另两个元素是课堂管理技术及课程设计能力)。[2]

---

[1] 梁林梅,李志. 从学习科学到教学实践变革——教师学习科学素养提升的关键概念与有效教学策略[J]. 现代教育技术,2018,28(12):13—20.

[2] Robert J. Marzano, Debra J. Pickering, Jane E. Pollock. 有效课堂——提高学生成绩的实用策略[M]. 张新立 译. 北京:中国轻工业出版社,2003:11—12.

然而，过去教师的教学策略和方法主要来自经验以及通过思辨所得的理论，随着学习科学、脑科学及信息技术的飞速发展，并经过几十年的积累，已有研究成果已经可以为教学提供更多的基于实证研究的教学策略。基于美国教学设计专家迪克等提出的教学策略开发的五大成分（教学导入活动、内容呈现、学习者参与、评估及跟踪活动）[1]，结合我国课堂教学的实际情况，本书从"课前、课中、课后及其他"四个方面总结和介绍基于学习科学的有效教学策略。

一、课前教学设计策略

（一）教学起点：对学生"自我系统"的关注

大部分教师的教育经历和教学实践经验表明，学校教学始于大脑的认知系统（即知识的学习）。然而，上一章也讲过，马扎诺基于将脑科学及学习科学研究成果应用于教学实践的长期经验指出："所有学习始于脑的自我系统"[2]。因此，学校教学并不是始于大脑的认知系统，而是始于对学生"自我系统"的关注。"自我系统"由态度、信念和情感（包括情绪）构成，而态度、信念和情感之间的相互作用决定了学习者在学习过程中能够投入的学习动机和注意力。马扎诺进而提出了如下的"教学的思维系统图"（如图9-4）。[3]

图9-4 马扎诺提出的"教学的思维系统图"

---

[1] （美）迪克 W, 凯瑞 L, 凯瑞 J. 系统化教学设计 [M]. 庞维国, 等 译. 上海：华东师范大学出版社, 2007: 201.

[2] （美）唐娜·沃克·泰勒斯通. 提升教学能力的10项策略：运用脑科学和学习科学促进学生学习 [M]. 李海英 译. 北京：教育科学出版社, 2017: 17.

[3] （美）唐娜·沃克·泰勒斯通. 提升教学能力的10项策略：运用脑科学和学习科学促进学生学习 [M]. 李海英 译. 北京：教育科学出版社, 2017: 5—6.

图9-4提醒我们注意以下四点。

（1）在教学的思维系统中，通常情况下学习者会经历"从自我系统到元认知系统，再到认知系统，进而进入教师所期望的认知学习"这样一个序列性的转换过程。

（2）对学习者"自我系统"的关注是学校教学的起点，包括了对学生态度、信念和情绪－情感等状况的深入了解。"自我系统"对于学生的高效学习和有效教学至关重要，"自我系统"既决定了学习者是否愿意从事给定的任务，也决定了学习者在给定的任务中愿意投入多少精力。因此，可以把"自我系统"比喻为学习和教学过程的"过滤者"，它首先会对教师或环境输入的信息起过滤和筛选的作用。例如，关于脑与学习科学的已有研究表明，在大脑对信息的加工过程中，尤其是在感觉记忆这一阶段，存在一定的优先顺序，即影响个体生存和情绪的信息要比新认知学习的信息更优先被大脑关注（图9-5）。

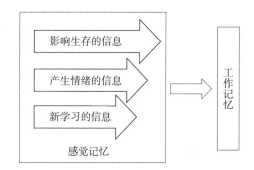

图9-5 影响个体生存和情绪的信息要比新认知学习的信息更优先加工[①]

这一发现告诉教育工作者：情绪与学习密切相关。与认知相比，大脑对情绪资料的加工具有较高的优先性。如果学习者的生存状态或情绪出现了问题，学习是很难发生的。因此，学生只有在感到身体安全（舒适）和情绪安定的情况下，才能将注意力集中在认知学习（知识）方面。而在学习和教学的过程中学习者的"自我系统"处于关闭状态，就相当于"把明亮的灯光放在关闭的百叶窗旁——教师希望光芒可以照射进去，然而，如果百叶窗紧紧关闭，无论外面的光芒多么强烈，都无法射入"！[②]

[①]（美）David A. Sousa. 脑与学习［M］."认知神经科学与学习"国家重点实验室 译. 北京：中国轻工业出版社，2005：36—37.

[②]（美）David A. Sousa. 脑与学习［M］."认知神经科学与学习"国家重点实验室 译. 北京：中国轻工业出版社，2005：46.

（3）新的信息或知识经过"自我系统"的筛选和过滤后，会进入元认知系统。研究者把元认知形象地比喻为学生学习过程中的"管理者"和"教练"，承担着监控和调节学习过程的职责，起到了"设计者"的作用。随着脑科学及学习科学研究的不断深入，研究者越来越意识到元认知对于学习的重要影响——学习者的元认知水平越高，其学业成绩就可能越好。[1]梅耶也将动机和元认知比作学习者有效学习的两个强大"基石"。[2]

（4）最后，学习者会进入学校和教师所期望的认知系统，此时知识的学习才会发生。因此，认知系统知识学习的前提就是自我系统和元认知系统能有效运行，即教师只有确保学习者的态度、情感、信念和元认知处于准备好的状态，才能促进其认知能力的提升和知识的建构。

（二）建立新旧知识联系的教学策略

学习科学中一项重要的研究发现："学习总是发生在原有知识背景下，学习者并非是等待灌输的空容器，而是带着对现实世界各种各样的认识来到课堂的。"[3]近年来，脑科学及教育神经科学的研究也再次表明：人类大脑总是为建立联系做准备，当学习者接收到新的信息时，大脑就会将其与过去的知识或经验联系起来。因此，教育从来都不是从白纸开始，教师要采用一些教学策略，尽可能将学生现在所学的知识与其原有的知识经验联系起来。在经典的行为研究中，要求被试听散文段落，然后测试他们的记忆情况。结果发现，那些在听散文前就接受了相关知识和线索的参与者，较之于没有接受相关知识和线索的参与者，表现出了更好的理解能力和回忆能力。[4]而基于功能性磁共振成像的相关研究证据也表明，内侧前额叶皮层和内侧颞叶区域可能参与了与先验知识相关的新信息编码过程，其中内侧前额叶皮层处理新信息与已有经验库的关联和集成，而内侧颞叶区域的海马参与识别和编码新信息以及处理与情境不一致的信息。[5]

---

[1]（美）简妮·爱丽丝·奥姆罗德. 学习心理学（第6版）[M]. 汪玲, 李燕平, 廖凤林, 等 译. 北京：中国人民大学出版社，2015: 272.

[2]（美）理查德·E. 梅耶. 应用学习科学——心理学大师给教师的建议 [M]. 盛群力, 丁旭, 钟丽佳 译. 北京：中国轻工业出版社，2016: 38.

[3]（美）R. 基思·索耶. 剑桥学习科学手册 [M]. 徐晓东, 等 译. 北京：教育科学出版社，2010: 2.

[4] Bransford J D, Johnson M K. Contextual prerequisites for understanding: some investigations of comprehension and recall [J]. Journal of verbal learning and verbal behavior, 1972, 11(6): 717-726.

[5] Brod G, Werkle-Bergner M, Shing Y L. The influence of prior knowledge on memory: a developmental cognitive neuroscience perspective [J]. Frontiers in behavioral neuroscience, 2013, 7: 139.

已有知识只有是正确的、充分的、恰当的且被激活的，才有助于新知识的学习。[①] 相反，不正确的、不充分的、不恰当的或不能被激活的，就无助于新知学习甚至会阻碍新知学习（表9-2）。

表9-2 已有知识类型及例子

已有知识的类型	举例	已有知识的类型	举例
正确的知识	在学自由落体定律前就知道两个铁球同时落地。	不正确的知识	在学自由落体定律前，认为"两个不同质量的物体不是同时落地的"。
充分的知识	在学圆柱的表面积计算之前，知道长方形的面积和圆的面积计算方法。	不充分的知识	在学圆柱的表面积计算之前，知道怎么算长方形的面积，但是不知道怎么计算圆的面积。
恰当的知识	在学正负强化前，知道负就是减掉，正就是加上，因而能理解负强化就是减去某些事物来增强期望行为。	不恰当的知识	在学正负强化前，认为不想要的、不好的就是负的。
被激活的知识	在探究空气是否有质量前，知道什么是质量，而且知道怎么测量质量。	未被激活的知识	在探究空气是否有质量前，想不起来什么是质量以及怎么测量质量。

激活已有知识的策略一般用于课前或者导入环节，包括：诊断性评估（提问、作业分析、课前练习）、画思维导图、K-W-L表[②]等工具方法，还可以使用先行组织者帮助学生建构能够贯穿整个单元的知识[③]，或使用线索问题帮助学生建立联系。最简单的方式就是口头提问，或者让学生浏览课本，看能否通过标题、图片等信息回忆出相关内容。在激活已有知识的过程中，对于学生不正确的知识要予以纠正，对不充分的知识要予以补充，对不恰当的知识要予以修正。

[①]（美）苏珊·A. 安布罗斯，等. 聪明教学7原理 基于学习科学的教学策略［M］. 庞维国，等 译. 上海：华东师范大学出版社，2012：11.

[②]（美）罗伯特·J. 马扎诺，黛布拉·J. 皮克林. 培育智慧才能——学习的维度教师手册［M］. 盛群力，何晔，张慧，等 译. 福州：福建教育出版社，2015：48—49.

[③]（美）唐娜·沃克·泰勒斯通. 提升教学能力的10项策略：运用脑科学和学习科学促进学生学习［M］. 李海英 译. 北京：教育科学出版社，2017：31—33.

> **资料：K-W-L 意义建构策略**
>
> K-W-L 是一个帮助学生建构意义的好方法，具体采用了三个简单的步骤：
>
> （1）在学习新的教学内容之前，学生要知道关于这个主题他们已经知道什么（K, know）；
>
> （2）接下来，学生要列出关于这个主题，他们想知道什么（W, want）；
>
> （3）在学习活动之后，学生要写出他们已经学到了什么（L, learned）。
>
> 实际上，K-W-L 不仅用于建立新旧知识之间的联系，而且贯穿于整个学习过程。

（三）陈述性知识与程序性知识的教学策略

第四章讲过，现代认知心理学一般把广义的知识分为陈述性知识和程序性知识两大类，分别对应日常教学中的知识目标和技能目标。认知心理学的研究还表明：不同类型的知识具有不同的学习过程。因此，陈述性知识和程序性知识的学习过程是非常不同的。教师需要在了解二者差异的基础上，采取针对性的教学策略。

1. 陈述性知识的学习过程

研究表明，陈述性知识学习的关键是"知道和理解"。有效教学的核心是：如果希望学习者获取新的信息和知识，就要把新的信息与先前学习的知识联系、整合起来。陈述性知识的学习和掌握一般来说需要经历如下的三个阶段——意义建构、信息组织和信息储存。

（1）阶段一：意义建构。关于人类记忆和学习的信息加工过程的研究表明，在信息从工作记忆向长时记忆转换的过程中，对于学习者而言，有两个重要的关键因素：理解和意义——"信息能否被个体所理解"和"信息对个体是否有意义"。

认知心理学研究进一步表明，当输入信息时，人脑不是一个被动接收、机械重复和简单再现的过程，而是一个积极主动的理解意义、形成联系的建构性过程，即需要学习者主动把输入的各类信息（包括那些不完整的线索和不准确的信息）变得对个体"有意义"。所谓"意义"，是指"学习者附加到新的学习中的关联性，是学习者将新的学习与过去的学习和经验联系在一起的结果"。它涉及诸如此类的问题：学习者为什么要学习和记住这些学习内容？这些新的学习内容是否与学习者有关？存在怎样的关系？有研究者提出了与学习者意义建构密切相关的三个因素：相关性、情绪及"背景和模式"（图 9-6）。

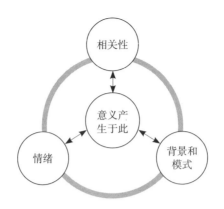

图 9-6 与意义建构相关的因素

（2）阶段二：信息组织。脑科学的研究表明：大脑很难处理凌乱的信息，而喜欢并倾向于寻找模式，所以学习陈述性知识的另一个关键环节是信息组织。学习者在短时间内接收到大量信息时，常常会感到焦虑和无所适从。因此，高效的学习者要学会对来自多种渠道的庞杂信息进行识别和判断，筛选出其中的重要内容，并设法弄清楚这些信息之间可能的关系和模式，然后把它们组织在一起。信息的组织过程既能够确保学生不再孤立地看待和机械记忆信息，也更加有利于信息的存储和提取。

马扎诺等人曾经总结了陈述性知识的六种常见组织模式（从最具体到最概括的等级顺序排列）。①描述：在最具体化的水平上，陈述性知识可以用来作为对具体的人、地方、观念、事物或事件的描述。例如比萨斜塔建造于1174年。②时间序列：两个具体的时间段之间发生的重要事件可以形成一个时间序列。例如小说或人物传记中的事件可以形成一个时间序列。③过程或因果关系：用来说明特定原因导致特定结果，或者形成一个导致特定结果的各个步骤的顺序。例如导致罗马帝国灭亡的事件能够被组织成一个因果网。④有具体情节的事件：这里的"事件"包含了场景、具体的参与者、特定的持续时间、具体的事件顺序、特殊的原因和结果等要素。例如，"第二次世界大战"就是一个典型的事件类知识。⑤概括和原理："概括"是对事例进行陈述，是对一组人、地点、生物和非生物以及事件等进行分类和抽象，对其突出特点进行抽象描述。例如，"爱是人类最伟大的情感之一"。⑥概念：概念是思考知识的最一般方法，也是最具概括水平的陈述性知识组织方式。①

---

① （美）罗伯特·J. 马扎诺，黛布拉·J. 皮克林. 培育智慧才能——学习的维度教师手册 [M]. 盛群力，何晔，张慧，等 译. 福州：福建教育出版社，2015: 41—43.

（3）阶段三：信息储存。为了便于获得和使用信息，学习者必须经常有意识地把它们储存在记忆里。研究者建议，学习者应该花费更多的时间来建构意义和组织信息，这样才能够更加高效地存储和提取长时记忆中的知识。

2.程序性知识的学习过程

认知心理学的研究表明，程序性知识的学习过程包括如下三个阶段：建构模型、固化和内化程序性知识（图9-7）。①

图9-7 程序性知识的学习过程

（1）阶段一：建构模型。学习和发展程序性知识的第一个关键环节是要求学生通过观察他人执行技能或操作程序，通过阅读操作手册或自己摸索，最终在头脑中建构起关于该技能（程序）的整体性操作步骤（流程）或大致模式。例如，学生通过观察老师来掌握解题思路或某种运动的基本流程。

教师可以借助多种方法帮助学生建构模型，例如示意图、流程图、心理预演等方式。另外，"出声思维"，即说出心中所想，也是建构初始模式时经常采用的一种行之有效的方法。

（2）阶段二：固化程序性知识。所谓固化，就是将新技能或程序变成学习者自己的东西的过程。固化是学习新技能或程序的最重要部分。固化的过程是学习者不断尝试新技能、及时纠错和反复练习的过程。

研究者强调，陈述性知识是程序性知识的学习基础，教师首先需要帮助学生理解相关的技能或程序，即知道、理解和掌握程序性知识所必需的陈述性知识，然后给学习者提供练习的机会，并在学习者操作的过程中及时纠正其在执行和操作程序性知识时所存在的错误。随着虚拟仿真技术的日益成熟，各类虚拟仿真系统为学习者的技能训练和固化提供了有效的支持。

（3）阶段三：内化程序性知识。学习和掌握一项新技能的最后步骤是"内化"，高水平的内化即自动化。比如不用想就会骑自行车。一项内化了的技能在使用时会相对容易许多。

---

① （美）罗伯特·J.马扎诺，黛布拉·J.皮克林.培育智慧才能——学习的维度教师手册[M].盛群力，何晔，张慧，等 译.福州：福建教育出版社，2015：75—83.

因为学习或掌握一项新的技能或程序需要花费大量的时间，学习者不可能对所有技能及程序都达到自动化水平。因此教师需要识别并告知学生，哪些技能和程序真正需要学生内化（自动化），哪些仅仅需要熟悉。

要使技能或程序过程被学生内化或熟练掌握，则需要广泛的练习。研究者还建议教师最好采取"先紧后松"的方式进行练习，即在开始学习新技能时采用集中练习的方式，之后则采取分散练习的方式。

最后，帮助学生发展新技能及程序的一个有效方法就是让他们在练习的同时记录自己的进步。随着信息技术的发展和不断普及，智能手机、平板电脑、专业录播设备等都为记录学生的技能操作过程和重复观看、分析反思自己的技能操作过程提供了十分便利的条件和支持。

二、课中教学策略

（一）教学节奏：分段教学策略

认知心理学的研究发现，当个体加工新信息的时候，信息的保留量最主要取决于它呈现在学习情境中的时刻。人们对最先出现的那些内容刺激记忆效果最好，其次是最后出现的那些刺激，而对在中间位置之后才呈现的刺激记忆效果更差。这就是人类记忆的"系列位置效应"（serial positioning effect），或称首因和近因效应（primacy effect and Recency effect），即人们对处于不同位置的信息或材料的记忆效果大不相同，其中首尾记忆效果最好。比如我们对一本单词书记忆最深刻的可能就是 abandon 和 zoo，因为它们分别位于开头和结尾，这是影响人记忆效果的一个普遍规律。1962年加拿大学者默多克（Murdock）向被试呈现一系列无关联的字词，如"肥皂""氧""枫树""蜘蛛""啤酒""火星""山""炸弹""木偶"等，让被试以任意顺序自由回忆，结果发现，回忆的字词与字词所处的位置有关，开始和末尾的词更容易被记住。[①]

学者认为，首因效应之所以存在，其原因在于开始的信息部分有较多的复述机会；而末尾信息是刚刚学过的，仍然保存在工作记忆中，更容易提取。[②]因此，在课堂教学中，首先要把握开始和结尾的时间，提供最准确和最重要的信息，以促进学生对信息的记忆；其次可以让学生分段记忆，这样他们可以更容易地记住每段的开头和结尾。

将"首因和近因效应"应用于学校中小学40分钟的课堂教学，研究者发现

---

① 孟昭兰. 普通心理学 [M]. 北京：北京大学出版社，1994: 189.
② 孟昭兰. 普通心理学 [M]. 北京：北京大学出版社，1994: 190.

实际上存在两个学习的"高效期"和一个学习的"低沉期",如图9-8所示。

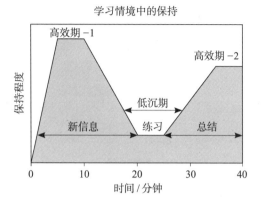

图9-8 学习情境中保持程度的变化及教学内容的合理安排[1]

基于上述原理,研究者建议教师根据不同的教学时间段来合理安排课堂的教学内容。具体而言,教师要把重要的、有一定难度和挑战性的学习内容放在课堂的第一个"高效期"进行讲解,因为学生会比较容易地记住这一阶段所学内容。而且,教师必须确保在这一段时间内所呈现的信息是正确的,要避免将宝贵的高效期时段用于课堂管理(比如讲纪律);在"低沉期"阶段,应该安排学生对新的学习材料进行练习和回顾,这一阶段的练习有助于帮助学习者将新的学习材料进行进一步的深度加工;在第二个"高效期"阶段,教师应该安排时间去总结和提炼学习内容,这一阶段是学习者领悟和理解意义的重要时机。因此,对于有效教学而言,课堂的结课环节同样至关重要。

不恰当的教学流程

教师开始上课告诉同学们今天课程的教学目标,然后开始把前两天布置的作业发下去,并将当天的作业收上来,还要检查一些同学的作业完成情况,宣布放学后的社团活动……

当教师开始讲授新的课程内容时,学生已经差不多进入了"低沉期"……在下课之前的"高效期-2"内没有进行学习总结,而是让学生在保持安静的条件下随意做一下他们想做的、与本节课学习内容关系不大的事情。

---

[1] (美)David A. Sousa. 脑与学习[M]. "认知神经科学与学习"国家重点实验室 译. 北京:中国轻工业出版社,2005: 72.

另外，认知心理学的进一步研究还发现："高效期"和"低沉期"会随着教学情境的长短变化而变化，而且随着课时长度的增加，低沉期增长的百分率大于高效期（图9-9）。具体而言，20分钟的教学时段"低沉期"最短（仅为2分钟），当学习的时长增加到80分钟时，"低沉期"会占到总学习时间的38%（表9-3）。

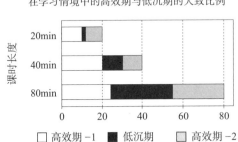

图9-9 "高效期"和"低沉期"会随着教学情境的长短变化而变化[1]

表9-3 不同学习情境中高效期和低沉期的平均时间[2]

课程时间	高效期		低沉期	
	总时间/分钟	所占总时间比例/（%）	时间/分钟	所占总时间比例/（%）
20分钟	18	90	2	10
40分钟	30	75	10	25
80分钟	50	62	30	38

基于上述研究结果，研究者认为，20分钟的学习时间段内学习效果最好。因此，建议教师采用分段教学的方法：2个20分钟的学习时间段比1个40分钟的课堂学习的"高效期"多了20%。同样，4个20分钟的时间段比1个连续80分钟的课堂学习更有效。不过，认知心理学的研究也表明，并不是学习时段越短学习效果越好，少于20分钟的学习时间段同样不利于学习内容的掌握。

美国策略教学组织主席唐娜·沃克·泰勒斯通（Donna Walker Tileston）在以上相关研究的基础上，进一步强调青春期前的孩子注意力持续时间为5~10分钟，而青少年的注意力持续时间为10~15分钟。因此，不同年龄段学生的学习

---

[1] （美）David A. Sousa. 脑与学习［M］."认知神经科学与学习"国家重点实验室 译. 北京：中国轻工业出版社，2005: 73.

[2] （美）David A. Sousa. 脑与学习［M］."认知神经科学与学习"国家重点实验室 译. 北京：中国轻工业出版社，2005: 74.

"高效期"时间长短应该有所不同。建议中学教师用 15 分钟左右的时间传递知识，然后通过活动或讨论巩固学生所学知识；而建议小学教师用 10 分钟左右的时间传递知识，然后开展多种活动。她还提出了有效教学的"节奏"建议（图 9-10）。①

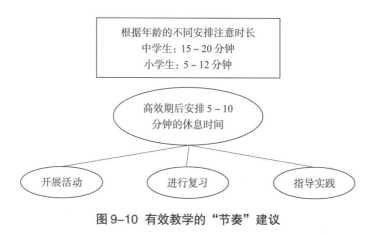

图 9-10 有效教学的"节奏"建议

课堂教学中的"三分钟停顿"教学策略

研究者建议教师在课堂教学活动中，每隔 10 分钟或者 15 分钟要"停一停"，让学生"想一想"或"说一说"他们正在学习的东西。学生可以两两配对，以小组形式或全班形式进行讨论。"三分钟停顿"教学策略可以有效促使学生从倾听和观察的学习状态转换到主动思考和讨论的角色，从而改变学生的学习方式。

（二）课堂提问的教学策略

提问是教师在教学中经常使用的一种教学策略，是实现师生互动的重要手段，是促进学生思维发展、实现教学目标的一种行之有效的教学行为方式。

课堂提问的最终目的，是吸引学生的注意力，使学生能够主动参与到课堂学习的过程中，从而激发学生的主动思考和深度参与，最终促进学生的理解和深度学习。如果教师能够通过一系列精心设计、类型丰富、质量优良的有效教学问题

---

① （美）唐娜·沃克·泰勒斯通. 提升教学能力的 10 项策略：运用脑科学和学习科学促进学生学习[M]. 李海英 译. 北京：教育科学出版社，2017: 21—22.

来贯穿教与学的全过程，将极大地促进学习者的深度学习、问题解决能力和高阶思维能力的发展。一般的课堂提问的流程，通常包含了提出问题、等待时间（给出思考时间）和回答/反馈三个环节。[①]

1. 关于课堂提问的问题类型

课堂提问的问题类型可以有多种分类方式。根据答案的特点，可以分为封闭性问题和开放（发散）性问题。其中，封闭性问题通常是严密的，一般只有一个正确或最佳答案，且答案很容易被评为"正确的"或"错误的"；而开放（发散）性问题则要求学生给出较为概括的、自由的答案，正确答案可能不止一个，学生在回答问题前需要花时间认真思考他们的答案。

也可以依据布卢姆教育目标将问题分为记忆性问题、理解性问题、应用性问题、分析性问题、评价性问题和创造性问题，并将前三类问题归入低层次（低阶），后三类归入高层次（高阶）。那些低阶问题不需要学生太多认知活动的参与，它们对学生参与程度、知识精细加工和学生能力的要求较低；而高阶问题需要学生付出更多的、持续性的思维参与和认知努力，对于学生参与程度、知识精细加工和学生间合作等提出了更高的要求，实施起来也更有挑战性。

美国学者伯妮斯·麦卡锡（Bernice McCarthy）将课堂问题分为如下的四种类型。[②]

（1）"是何"类问题。通常是指以"what、who、when、where"等关键词为引导，指向一些表示事实性内容的问题。这类问题主要涉及事实性知识的回忆与再现，该类问题的解决意味着事实性知识的获取。例如，苹果树是什么种类的植物？它的外形是什么样的？

（2）"为何"类问题。这类问题通常以关键词"why"为引导，指向一些表示目的、理由、原理、法则、定律和逻辑推理的问题。这类问题侧重于探寻事物之间，以及事物内部各部分之间的原理和逻辑关系，以便对时间、行为、观点、结果等进行合理的解释和推理。该类问题的解决意味着原理性知识的获取。例如，为什么苹果成熟后会从树上掉落地面？

（3）"如何"类问题。这类问题通常以"how"等关键词为引导，指向一些表示方法、途径与状态的问题。这类问题主要侧重于关注各类过程与活动中事关技能、流程的知识解答，通常蕴含于人们的技能与实践流程之中。该类问题的解

[①]（美）普莱斯顿·D. 费德恩，罗伯特·M. 沃格尔. 教学方法——应用认知科学，促进学生学习 [M]. 王锦，曹军，徐彬 译. 上海：华东师范大学出版社，2006: 161—163.
[②] 王陆，张敏霞. 课堂观察方法与技术 [M]. 北京：北京师范大学出版社，2012: 83—84.

决意味着策略性知识的获取。例如，怎样才能知道一个苹果的重量？

（4）"若何"类问题。该类问题通常指以"what……if"为引导的，指向一些表示条件发生变化、可能产生新结果的问题。这类问题侧重于要求学习者推断或思考，如果原有问题或事件的各种要素和属性发生了相应变化时，会产生什么样的新问题和新结果。这类问题复杂多变，其解决意味着创造性知识的获取。例如，在没有大秤或起重机，而只有船和石头的情况下，怎样才能知道一头大象的重量？

2.关于课堂提问后的等待时间问题

课堂提问后的等待时间，通常是指教师提出问题后，要求第一个同学做出回答之前的一段静默时间。合理运用课堂提问后的等待时间这一教学策略的目的，是给学生留出足够多的时间对问题做出思考和回应，这对于培养学生的高阶思维和深度学习能力至关重要。

在具体的等待时间设计方面，国外研究者建议通常情况下需要给学生留出至少3秒，但不要超过6秒的思考时间，因为几秒钟的停顿不仅可以帮助学生集中注意力，还能使学生的思维更加完善。[1][2]研究者发现，当教师能够在课堂上至少留出3秒钟的等待时间时，绝大多数学生，特别是那些学习慢的，或者是不主动思考的学生也能够多多少少参与到课堂的学习活动中来。当然，如果教师留给学生的等待时间太长，会增加一些学生的挫折感，而另一些学生则有可能不再专注于问题而开始做一些其他的事情。[3]

另外，不同学生对于教师提出问题后的反应是不同的：一些同学会很快做出回答问题的反应（也可能是一种无意识的行为），而另一些同学则需要一些时间深思熟虑。因此，研究者建议教师给这些同学同样多的等待时间，而不一定要叫第一个举手的同学来回答问题，尤其是尽量不要一有学生举手就叫他（她）来回答问题。实际上，只要教师叫起第一个同学回答问题，其他同学基本上就停止了信息加工，而失去了再学习的机会。在等待学生回答的过程中，研究者还建议教师采用精神和视觉策略与学生互动，即问题提出后，教师要尽量看着学生，

---

[1] （美）普莱斯顿·D.费德恩，罗伯特·M.沃格尔.教学方法——应用认知科学，促进学生学习[M].王锦，曹军，徐彬 译.上海：华东师范大学出版社，2006：164.

[2] （美）罗伯特·J.马扎诺.教学的艺术与科学——有效教学的综合框架[M].盛群力，唐玉霞，曾如刚 译.福州：福建教育出版社，2014：92.

[3] （美）普莱斯顿·D.费德恩，罗伯特·M.沃格尔.教学方法——应用认知科学，促进学生学习[M].王锦，曹军，徐彬 译.上海：华东师范大学出版社，2006：165.

多与学生进行目光的接触,观察学生的思考情况,监督和鼓励学生主动思考,积极参与。[1][2][3]

研究者发现,在教学实践中大多数教师在等待时间的设计上都不够充分。例如,国内有研究者分析数学课堂教学时发现,教师提问后没有停顿或等待时间不足的占到86.7%,只有7.6%的课堂提问后的等待时间为3~5秒钟。[4]研究者认为,过短的等待时间会限制学生对于问题的深度思考,这对于那些信息提取比较慢的同学尤其不利。国外的相关研究发现,当教师将等待时间延长到5秒钟的时候,学生会出现如下的可喜变化:学生回答问题的长度和质量增加,学习慢的同学能够更多地参与,学生在回答问题时开始更多地使用证据来支持自己的推断或结论,以及有更多的高阶思考。与此同时,教师也在教学行为方面出现了一些积极的变化:提出了更高级的问题,在反馈和评价学生的回答时,会表现出更大的灵活性,提高了对那些反应慢的学生的学习期望。[5]

3.教师回应问题的方式

在课堂问题的回应方式方面,有研究者将其做了如下的分类:提问前先点名,让学生齐答,叫举手者答,叫未举手者答,鼓励学生提出问题。[6]例如,首都师范大学教授王陆等人对小学三年级语文和高中语文课堂中"教师挑选回答问题的方式"进行课堂观察研究的结果如表9-4所示。可见,不同年龄阶段课堂上教师挑选回答问题的方式会有所不同。

表9-4 小学三年级语文课堂和高中语文课堂中"教师挑选回应问题的方式"所占的比例[7]

	提问前先点名	让学生齐答	叫举手者答	叫未举手者答	鼓励学生提出问题
小学三年级	0	15%	85%	0	0
高中	0	46.5%	8.5%	34.5%	8.5%

---

[1] (美)简妮·爱丽丝·奥姆罗德.学习心理学(第6版)[M].汪玲,等 译.北京:中国人民大学出版社,2015:218.
[2] (美)普莱斯顿·D.费德恩,罗伯特·M.沃格尔.教学方法——应用认知科学,促进学生学习[M].王锦,曹军,徐彬 译.上海:华东师范大学出版社,2006:164—165.
[3] (美)David A. Sousa.脑与学习[M]."认知神经科学与学习"国家重点实验室 译.北京:中国轻工业出版社,2005:100.
[4] 王陆,张敏霞.课堂观察方法与技术[M].北京:北京师范大学出版社,2012:88.
[5] (美)David A. Sousa.脑与学习[M]."认知神经科学与学习"国家重点实验室 译.北京:中国轻工业出版社,2005:100.
[6] 王陆,张敏霞.课堂观察方法与技术[M].北京:北京师范大学出版社,2012:81.
[7] 王陆,张敏霞.课堂观察方法与技术[M].北京:北京师范大学出版社,2012:90—98.

在教师对学生问题的回应方面，又分为肯定回应、否定回应、无回应、打断回答或教师代答及回复学生回答并做解释这几个维度。① 研究者建议尽量避免出现"无回应"的情况，因为如果教师对于学生的回答不做任何回应，通常情况下会给学生的学习（包括情绪）带来一定的消极影响。

4. 提高课堂问答深度的有效教学策略建议

（1）建议一：当教师提出问题后，若遇到无人回答或学生回答错误（不准确）的情况，该怎么办？这时教师要避免直接说出答案。否则，会让学生认为没有必要对问题进行思考。教师可以给出相关的提示，并通过言语或非言语信息（身体动作、目光接触、手势等）鼓励学生主动参与到思考活动中来。②

（2）建议二：当教师发现学生欠缺回答问题的先行经验（基础）时，该怎么办？如果教师发现学生欠缺理解和回答问题的先行知识及经验，就需要借助于先行组织者教学策略为学生提供必要的知识内容，为学生提供思维的脚手架，帮助他们有效地理解和学习课程内容。③ 另外，对于那些复杂的高阶问题，第一个学生的回答并不是问题的结束，可以借助于进一步的追问引导学生开展积极的、持续的问题探究，以不断理解和澄清答案，引发更多学生给出更加完整的、经过深思熟虑的回答，最终形成"问题和回答链"。④

（3）建议三：教师一定要对学生的回答做出积极的、及时的反馈。研究者建议教师及时对学生的作答给出回应，从而激励学生更加积极地参与课堂教学活动。研究者还特别强调，当学生回答错误时，如果经过教师的提示、师生讨论后学生给出的回答仍然不正确或不准确，这时教师一定要明确地给出正确的答案和改正学生回答中的错误之处，绝不能让学生带着对问题的错误理解进入下一个阶段的学习。⑤ 另外，在对学生的回答给出回应和反馈时，非语言的反馈与语言反馈同等重要，教师要学习和善于使用非言语信息（例如肢体语言、微笑、可视化表征等）与学生交流。

---

① 王陆，张敏霞. 课堂观察方法与技术［M］. 北京：北京师范大学出版社，2012：82.
② （美）普莱斯顿·D. 费德恩，罗伯特·M. 沃格尔. 教学方法——应用认知科学，促进学生学习［M］. 王锦，曹军，徐彬 译. 上海：华东师范大学出版社，2006：163.
③ （美）简妮·爱丽丝·奥姆罗德. 学习心理学（第6版）［M］. 汪玲，等 译. 北京：中国人民大学出版社，2015：168.
④ （美）罗伯特·J. 马扎诺. 教学的艺术与科学——有效教学的综合框架［M］. 盛群力，唐玉霞，曾如刚 译. 福州：福建教育出版社，2014：94.
⑤ （美）普莱斯顿·D. 费德恩，罗伯特·M. 沃格尔. 教学方法——应用认知科学，促进学生学习［M］. 王锦，曹军，徐彬 译. 上海：华东师范大学出版社，2006：165.

最后，教师还应当鼓励学生自己提出问题，而不仅仅是回答老师提出的问题。在教学中学生越是对自己的学习负更多责任，则越能投入学习的过程。

（三）促进学生课堂参与的教学策略

无论是教师的教学实践经验还是学习科学的已有相关研究都表明：课堂上学生的主动参与对于高效学习和有效教学至关重要，其影响程度大体上占到了30%左右。[1]因此，如何确保课堂上学生的主动参与，是有效教学的关键环节之一。

1. 注重有效利用课堂时间

课堂教学时间不等同于课堂参与时间，更不等同于学生的有效学习时间。已有研究表明，课堂上实际上存在多种维度的时间类型。例如，可以根据学生的学习情况将课堂教学时间分为如下的四个维度——课表上的教学时间、实际教学时间、学生的主动参与时间和学生的有效学习时间（图9-11）。[2]

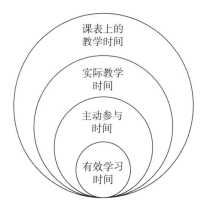

图9-11 关于课堂教学时间的不同类型

已有研究进一步发现，教学时间和学生的学业成绩没有直接的相关关系，但是学生的主动参与时间及有效学习时间却和学生的学业成绩密切相关。而且，对于那些学业成绩较低的学生来说，主动参与时间尤为重要。但是从图9-11中可以看出，现实课堂中宝贵的教学时间可能没有被充分利用，有效学习时间实际上相对较少。研究者还发现，既使在非常有经验的名师的课堂中，学生的有效学习

---

[1] （美）罗伯特·J. 马扎诺. 教学的艺术与科学——有效教学的综合框架[M]. 盛群力, 唐玉霞, 曾如刚 译. 福州：福建教育出版社, 2014: 84.

[2] （新西兰）约翰·哈蒂，（澳大利亚）格雷戈里·C. R. 耶茨. 可见的学习与学习科学[M]. 彭正梅, 邓莉, 伍绍杨, 等 译. 北京：教育科学出版社, 2018: 46—50.

时间只是占到了课表分配时间的一半。①

2. 促进学生课堂参与的有效教学策略

课堂参与主要指学生对课堂教学活动的投入程度，其中既有认知参与，也包含了情感参与和行为参与。②教师可以通过如下的教学策略来提高学生的课堂参与。

（1）建议一：鼓励并帮助学生设定自己的学习目标

已有研究表明，目标会显著影响学生的学业成绩（其影响值在24%左右③）。而且，在课堂上实际存在两类目标——教师为学生设定的统一、共性的目标和形成于学习过程的内部、由学习者自己设定的学习目标。与教学目标相比，学生自己设定的学习目标更为关键。当学生能够为自己设定学习目标时，他们会更加主动地参与到课堂的学习过程和学习活动中来，更愿意为自己的学习负责任。因为这一目标是他们自己选择和设定的，而不是别人强加的，其学习效果也会更好。④因此，为了促进学习者积极的课堂参与，在统一的教学目标之外，教师应该鼓励和帮助学生明晰并设定自己的学习目标。

（2）建议二：将教学内容或学习活动与学生的已有经验及现实生活相联系

近年来脑科学的研究不断表明，人类大脑似乎总是在为建立联系做好准备，每当学习者接收到新的信息时，大脑就会将其与过去的知识或经验联系起来。⑤同时，大量关于学习的已有研究还表明，当新学习的内容联系到相关的实际问题时，就增加了学生的学习兴趣和参与感。相反，"当学生看不到课堂学习和现实生活、个人目标或需求的相关性时，他们就不会去主动学习，并会感到厌烦或感到压力"⑥。因此，教师在教学中最好能够让学生明白即将学习的内容与个人生活、人生经验、个人经历（尤其是学生的情感经历）等之间的联系，并且在合适的时

---

① （新西兰）约翰·哈蒂，（澳大利亚）格雷戈里·C. R. 耶茨. 可见的学习与学习科学 [M]. 彭正梅，邓莉，伍绍杨，等 译. 北京：教育科学出版社，2018: 48—49.
② （美）罗伯特·J. 马扎诺. 教学的艺术与科学——有效教学的综合框架 [M]. 盛群力，唐玉霞，曾如刚 译. 福州：福建教育出版社，2014: 84.
③ （美）罗伯特·J. 马扎诺. 教学的艺术与科学——有效教学的综合框架 [M]. 盛群力，唐玉霞，曾如刚 译. 福州：福建教育出版社，2014: 8.
④ （美）简妮·爱丽丝·奥姆罗德. 学习心理学（第6版）[M]. 汪玲，等 译. 北京：中国人民大学出版社，2015: 375.
⑤ （美）唐娜·沃克·泰勒斯通. 提升教学能力的10项策略：运用脑科学和学习科学促进学生学习 [M]. 李海英 译. 北京：教育科学出版社，2017: 31.
⑥ （美）David A. Sousa. 教育与脑神经科学 [M]. "认知神经科学与学习"国家重点实验室 译. 上海：华东师范大学出版社，2014: 159.

机利用现实生活中的例子来说明所讲的知识内容，还可以带领学生开展联系现实世界的探究性学习、项目学习等，带领学生解决现实生活中的问题。这样都能够激发学生的动机和兴趣，进而愿意主动参与学习。

（3）建议三：在学生学习的过程中为其提供及时的、积极的反馈

大量研究都表明，反馈也能够大大促进学生的主动参与，进而提升学生的学业成绩，其影响值大约在30%左右。[1]所以，教师需要通过反馈帮助学习者调整或矫正自身的学习态度、学习行为、学习策略和方法等，从而使其更接近学习的目标。[2]反馈的形式可以多种多样，如课堂问答、教师的非言语信息、随堂测验、家庭作业等。无论何种形式，教师提供的反馈一定要具体，要明确指出哪些地方做得好，哪些地方需要改进。[3]

（4）建议四：适度的压力、争论和竞争可以促进学习者的课堂参与

研究者建议，适度的压力（例如课堂提问）能够促进学生的课堂参与。而且，只要合理把握，适度争论和竞争都能够提高学生的课堂参与度。竞争可以是个人的，也可以是团队的（组与组之间的竞争）。[4]因此，课堂问答、教学游戏都是提高课堂参与度的有效教学策略之一。

（5）建议五：创设高活力课堂

脑与神经科学、学习科学及教学实践经验都表明，"教师充满活力的行为能够唤起学生的参与行为"。教师的热诚和情感强度，也能影响学生的活力水平，并提高他们的主动参与性。[5]同样，"学生只有保持饱满的学习热情，才能够持之以恒地进行学习。不然无聊和疲惫就成为追求知识的敌人"[6]。

关于脑与神经科学的研究还表明，运动和锻炼与脑容量的增加、脑细胞的增

---

[1] （美）罗伯特·J. 马扎诺. 教学的艺术与科学——有效教学的综合框架［M］. 盛群力，唐玉霞，曾如刚 译. 福州：福建教育出版社，2014: 9.
[2] （新西兰）约翰·哈蒂，（澳大利亚）格雷戈里·C. R. 耶茨. 可见的学习与学习科学［M］. 彭正梅，邓莉，伍绍杨，等 译. 北京：教育科学出版社，2018: 77.
[3] （美）罗伯特·J. 马扎诺，黛布拉·J. 皮克林. 培育智慧才能——学习的维度教师手册［M］. 盛群力，何晔，张慧等 译. 福州：福建教育出版社，2015: 29.
[4] （美）罗伯特·J. 马扎诺. 教学的艺术与科学——有效教学的综合框架［M］. 盛群力，唐玉霞，曾如刚 译. 福州：福建教育出版社，2014: 87—88.
[5] （美）罗伯特·J. 马扎诺. 教学的艺术与科学——有效教学的综合框架［M］. 盛群力，唐玉霞，曾如刚 译. 福州：福建教育出版社，2014: 84—85.
[6] （美）David A. Sousa. 教育与脑神经科学［M］. "认知神经科学与学习"国家重点实验室 译. 上海：华东师范大学出版社，2014: 182.

殖、认知加工以及情绪调节都有着很强的联系。学习者在运动时脑更加活跃。运动向脑输送了带有额外能量的血液，并使得脑能够激活更多长时记忆的区域，从而帮助学习者在以往的学习与新的学习之间建立更多的联系。

因此，研究者建议，教师要尽量避免让学生长时间坐在座位上，应该鼓励学生在教室里经常站起来或者能够在教室里开展一些费时少、耗力多且简单易行的身体活动。课堂中的"身体动起来"活动多种多样，其核心是要让学生"站起来、动起来"。[①②]

（6）建议六：充分利用多媒体学习和可视化方法，引发学生的多感官参与

认知心理学的许多研究都证明了在大脑的信息编码过程中存在着"图像优势效应"——"以图示意是激发思维和促进学习的有效工具"……"视觉形象可以成为一种更加高效的信息编码方式"，即与以文字呈现的信息相比，人们更容易记住以图像呈现的信息。[③]因此，人们从"言语+图像"中学习比仅仅从言语中学习更能促进信息的深度加工，多感官参与可以增强记忆和学习的效果。教师应该在教学中广泛使用非言语信息、视觉记忆及包括游戏、仿真、模拟等在内的多种多媒体学习软件和可视化工具。

三、课后练习和迁移策略

（一）促进应用练习的教学策略

练习是一个不断重复技巧的过程，是能让学习者运用自己的知识或技能的任何活动，例如提出一个论点、做一道习题、解决一个问题或写一篇论文。

关于脑与学习的已有研究表明，脑的发展遵循着"用进废退"的原则。经过长期训练和反复练习，脑为这些任务分配了额外的神经元，就像计算机给复杂程序分配了更多的记忆内存一样。这个额外分配的神经元或多或少被永久保留下来。[④]因此，关于脑科学与学习科学的研究表明："练习的确能产生永久效应，也

---

① （美）David A. Sousa. 教育与脑神经科学［M］."认知神经科学与学习"国家重点实验室 译. 上海：华东师范大学出版社，2014: 180—186.

② （美）罗伯特·J. 马扎诺，黛布拉·J. 皮克林. 培育智慧才能——学习的维度教师手册［M］. 盛群力，何晔，张慧，等 译. 福州：福建教育出版社，2015: 22.

③ （美）简妮·爱丽丝·奥姆罗德. 学习心理学（第6版）［M］. 汪玲，等 译. 北京：中国人民大学出版社，2015: 155.

④ （美）David A. Sousa. 脑与学习［M］."认知神经科学与学习"国家重点实验室 译. 北京：中国轻工业出版社，2005: 78—79.

有助于学习保持……否认练习的重要性，实际上否认了孩子获得真正能力的途径"①。研究者还强调，尤其是程序性知识（技能）的掌握，更是离不开练习。练习的有效性很大程度上影响了知识习得的效果。

促进应用练习的教学策略包括提取式练习、分散性练习、交错练习等。

1. 提取练习

我们一般认为，学习主要发生在记忆、编码理解阶段，而测试只是看学习者的学习效果如何，并不属于学习。然而根据信息加工理论，编码、存储、提取三个过程都是学习和记忆的基本过程。其中，提取就是从长时记忆的存储位置调取信息到工作记忆。每提取一次，大脑中对于提取线索和提取信息的连接就会被加强一次。②

> **关键概念 —— 提取练习**
>
> 提取练习（retrieval practice）就是通过回忆，从长时记忆中调取知识的练习活动，日常的提问、测试都是提取练习的形式。
>
> 提取练习效应（或称测试效应）就是指，对学习内容进行一次或多次的测试会比相同时间内的重复学习效果更好。

2011年发表在《科学》上的经典研究对比了提取式练习与重复学习、概念图在促进学生记忆和理解有意义学习材料时的学习效果。该研究将学生分为普通学习组、重复学习组、概念图组、提取练习组，结果发现：在记忆类题目上，提取式练习成绩显著高于其他组别；在理解推论类题目上，提取式练习的成绩也显著高于其他组别；在简答题测试和概念图测试的成绩上，提取式练习同样显著更高；在长时记忆的测试问题中，提取练习的成绩也更高（图9-12）。③此后，该研究者又发表了一系列关于提取式练习的实证的文章，证明了提取式练习对真实课

---

① （美）罗伯特·J. 马扎诺. 教学的艺术与科学——有效教学的综合框架［M］. 盛群力，唐玉霞，曾如刚 译. 福州：福建教育出版社，2014: 50—51.

② （美）唐娜·沃克·泰勒斯通. 提升教学能力的10项策略：运用脑科学和学习科学促进学生学习［M］. 李海英 译. 北京：教育科学出版社，2017: 44.

③ Karpicke J D, Blunt J R. Retrieval practice produces more learning than elaborative studying with concept mapping［J］. Science, 2011, 331(6018): 772-775.

堂境脉下学生意义学习的有效性。[1]有关功能性磁共振成像的研究发现，提取练习比重复学习更能激活大脑的左下额回、腹侧纹状体和中脑区域，并且可能涉及通过纹状体动机和奖赏回路来增加努力的认知控制和记忆调节。[2]

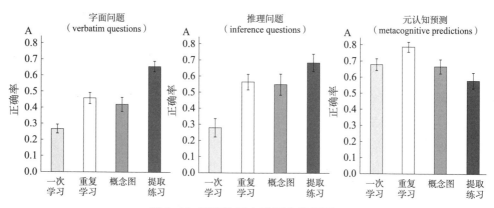

图 9-12 提取练习实验研究结果图示

那么，如何开展提取练习呢？开展提取练习，首先需要让学生意识到提取练习相比重复阅读的优势。研究发现，很多学生在自主学习中还是更多地选择重复看书看笔记的策略，并且认为提取练习并不是更有效的策略。[3]事实上，这种需要付出更多认知努力的策略是更有效的。开展提取练习最常见的方法就是单选题、多选题、填空题、简答题、综合题（既有选择题、填空题，又有简答题）。对几种题型的对比研究发现，多选题和简答题都能够对长时意义学习产生积极影响，在简答题无法为学生提供反馈时，多选题是提升学习成效的很好选择。[4]提取练习需要为学生提供提取线索和脚手架，比如提供部分未完成的概念图，同时也需要提供自由回忆的机会[5]，让学生自己创建提取的思路和结构。

---

[1] Karpicke J D, Blunt J R, Smith M A, et al. Retrieval-based learning: the need for guided retrieval in elementary school children [J]. Journal of applied research in memory and cognition, 2014, 3(3): 198-206.

[2] Van den Broek G S, Takashima A, Segers E, et al. Neural correlates of testing effects in vocabulary learning [J]. NeuroImage, 2013, 78: 94-102.

[3] Karpicke J D, Butler A C, Roediger III H L. Metacognitive strategies in student learning: do students practise retrieval when they study on their own? [J]. Memory, 2009, 17(4): 471-479.

[4] Smith M A, Karpicke J D. Retrieval practice with short-answer, multiple-choice, and hybrid tests [J]. Memory, 2014, 22(7): 784-802.

[5] Karpicke J D, Blunt J R, Smith M A, et al. Retrieval-based learning: The need for guided retrieval in elementary school children [J]. Journal of applied research in memory and cognition, 2014, 3(3): 198-206.

2. 分散练习

我们知道了提取练习的好处,那么提取练习时是集中练习(massed practice)好还是分散练习(spaced practice/distributed practice)好呢？研究表明,在练习内容和总时长相同的情况下,分散练习的效果会比集中练习的效果更好。[①] 这也就是"间隔效应"(spacing effect)——学习阶段之间的时间间隔通常会提高后续的记忆测试效果。

一项针对184篇文章的317项实验进行元分析发现,没有证据表明无论时间间隔是短（小于1分钟）还是长（超过30天）集中练习会比分散练习效果好。[②] 分散练习的效果体现在多个领域,包括单词、图片、运动技能习得以及更复杂的教育相关材料。[③] 同时,它在大学生、婴儿、学龄前儿童、小学、中学、老年人中都得到了证明。[④] 比如在数学领域的一项实验中,实验组（分散练习组）的大学生在两节课时中被分别布置了5道练习题,这两节课之间隔了两周,而对照组（集中练习组）在一节课中集中练习10道题。四周之后进行测试,结果发现,分散练习组的成绩比集中练习组高了两倍。由此可见,分散练习的优势可以拓展到数学问题解决上,而非仅仅是死记硬背的认知任务。[⑤] 再比如,让高中生学习外语词汇,分别在单独的30分钟内完成,或者在3天内每天10分钟。4天后的测试发现,分散组的学习效果比集中组高了35%。[⑥]

为什么会出现分散练习效应呢？对动物的研究表明,间隔练习对学习和记忆的影响可能至少部分归因于对突触可塑性的影响。突触连接的变化在产生学习和产生持久记忆的过程中起着关键作用,而突触连接的巩固往往需要时间去完成,

---

[①] Donovan J J, Radosevich D J. The moderating role of goal commitment on the goal difficulty-performance relationship: a meta-analytic review and critical reanalysis [J]. Journal of applied psychology. 1998, 83(2): 308−315.

[②] Cepeda N J, Pashler H, Vul E, et al. Distributed practice in verbal recall tasks: a review and quantitative synthesis [J]. Psychological bulletin, 2006, 132(3): 354−380.

[③] Benjamin A S, Tullis J. What makes distributed practice effective? [J]. Cognitive psychology, 2010, 61(3): 228−247.

[④] Gerbier E, Toppino T C. The effect of distributed practice: neuroscience, cognition, and education [J]. Trends in neuroscience and education, 2015, 4(3): 49−59.

[⑤] Rohrer D, Taylor K. The effects of overlearning and distributed practise on the retention of mathematics knowledge [J]. Applied cognitive psychology, 2006, 20(9): 1209−1224.

[⑥] Bloom K C, Shuell T J. Effects of massed and distributed practice on the learning and retention of second-language vocabulary [J]. The journal of educational research, 1981, 74(4): 245−248.

因此，间隔给了突触连接巩固的时间，并且在更长的时间间隔后进行练习，有助于新信息与相关信息的编码整合、巩固记忆。①

那么如何在教学中实施分散练习呢？①将内容分为几个部分，在不同的时间内练习，而不是集中在一个时间段内一次完成，如学习单词，分散到两节课进行而不是一节课集中学习完所有；②比起当天总结当天所学，在下一堂课开始时总结前一天的课程内容可能更有益处；③安排复习材料时，复习的间隔可以分布到一周、一个月等更长的时间里；④鼓励学生进行自我测试，并且在经过一段较长的时间后进行自我测试。

关于集中练习与分散练习的关系问题，认知心理学家建议，应该首先运用集中练习来快速学习，然后进行分散练习以达到保持。研究者还强调，相比于集中练习，分散练习有时候会使学习更缓慢，但往往也会提高对学习材料的永久记忆。因此，学生学习某些东西的速度并不一定是学得好的指标。②

3. 交错练习

交错练习不同于分散练习，也不同于集中练习，而是将不同知识内容进行交叉，比如，不是单独先练乘法再练除法，而是将乘除法混合在一起。现有研究显示，交错练习有助于语言学习、物理学习、数学学习、画作学习等。③比如，一项数学的研究将大学生被试随机分为两个组别：交错练习组和模块练习组。其中，交错练习组中，阅读所有立方体的指导（各种不规则立方体的介绍及体积的计算方法，如切掉尖的圆锥），然后16个题目按照随机顺序出现；模块练习组中，每个类型给定立方体的指导之后随即给出4个与该立方体相对应的体积计算问题。经过两周的干预后，第三周进行测试。结果发现，在练习环节，模块组的正确率高出交叉组29%，但是，在最终的测试中，交错练习组正确率高出模块组43%，差异达到显著性水平。④

因此，在平时练习中表现较好的教学策略，在测试中并不一定能取得同样的成绩；交叉练习的方式虽然在练习环节不能取得理想成绩，但是能够促使被试付

---

① Gerbier E, Toppino T C. The effect of distributed practice: neuroscience, cognition, and education [J]. Trends in neuroscience and education, 2015, 4(3): 49-59.

② （美）简妮·爱丽丝·奥姆罗德. 学习心理学（第6版）[M]. 汪玲，等 译. 北京：中国人民大学出版社，2015：170.

③ （英）塞尔吉奥·德拉·萨拉，（澳）迈克·安德森. 教育神经科学的是与非 [M]. 周加仙，陈菊咏 主译. 上海：上海教育出版社，2020：188.

④ Rohrer D, Taylor K. The shuffling of mathematics problems improves learning [J]. Instructional science, 2007, 35(6): 481-498.

出更多的认知努力进行信息提取,并且要更努力地进行不同任务的转换,而这有助于大脑保持更多内容。在教学中,练习的布置就可以采用交错练习的方式,将所学的各个模块的练习整合到一起,在每次学完新内容进行测试的时候,可以布置一些之前所学的其他内容。

4.有效的反馈

认知心理学的已有研究也不断表明,要想促进学生的学习,光有练习是不够的,还需要有效的反馈,练习和反馈在学生的有效学习中占有同等重要的地位。有效的反馈能告诉学生,哪些内容他们已经理解了,哪些还没有理解,哪些学习方面表现得好,哪些方面表现得差,以及如何确定自己未来的努力方向。练习很重要,反馈可以促进学习。只有把练习和反馈有效地结合起来,才能充分发挥二者的作用。当学生在练习过程中得不到足够反馈时,无效练习的问题会更严重。

在教学实践中,一些教师为学生提供了大量的练习,却缺乏及时而有针对性的反馈。一些教师为学生提供了大量的反馈,却没有提供相应的练习机会。事实上,有效练习取决于在练习和反馈之间所形成的"闭环":练习引出可观察的行为表现,接着要求针对性的反馈,反馈又能引导进一步的练习(图9-13)。

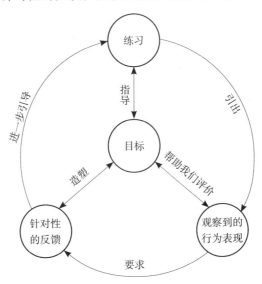

图9-13 练习和反馈的循环图[1]

---

[1] (美)苏珊·A.安布罗斯等.聪明教学7原理:基于学习科学的教学策略[M].庞维国,等 译.上海:华东师范大学出版社,2012: 80.

如何反馈才能够促进学生充分而有效的学习呢？研究者认为，这取决于下述两个方面：内容和时机。首先，反馈应该告知学生他们离学习目标还有多远，学习的哪些方面还需要改善。如果反馈能指出学生学习中需要改进的具体方面，而不仅仅给出一般性的学习评价（如等级、抽象的表扬或批评等），那么它的作用会更大。其次，要在适当的时间为学生提供反馈，以便学生能充分利用反馈信息。研究表明，经常性的反馈能帮助学生保持正确的学习方向，在错误根深蒂固之前予以纠正。然而受到现实因素（例如班级人数、教学时间等）的制约，在教学实践中采用经常性的反馈往往会面临很多困难。①

5. 有效练习的教学原则和条件

梅耶也曾经总结了有效练习的四条教学原则。①分步练习（也即分散练习）：将练习任务分成几个部分分段完成，比一次集中练习的效果更好（例如，学习者将一组50分钟的加法练习分五天做，每天做10分钟）。②及时、明确的反馈：当学习者及时收到针对其表现而给予的解释性反馈时，学习效果更佳（例如，在解完应用题后，教师逐步解答此题的各个步骤）。③提供样例、示范：在解决复杂问题时先提供样例（"例中学"），学习效果更佳（例如，学习者先完成 $3x-5=4$ 的步骤，再尝试解答 $2a-2=6$）。④指导发现：如果学习者在完成任务时得到示范、辅导和提供支架等帮助，而非单纯的发现，那么其学习效果更佳（例如，学习者在解答应用题时，教师给予提示，圈出重要数字，并告知学生可以采用什么样的解题方案）。②

除此之外，练习并不等于简单的操练。研究者认为："纯粹填空式的练习或者简单的数学计算，以及要求学生脱离课程内容孤立的记忆事实和操练技能的活动，实际上难以带来高效的练习。相反，大多数练习活动，都应该安排在具体的应用情境中。"③而且，教师应当基于学生的已有基础，为他们提供具有恰当难度水平的练习。太难会让学生疲于应对、容易犯错、可能放弃，太简单会让学生不费吹灰之力便能达成目标，能力并没有得到提高，甚至让一些学生产生枯燥的心理。总之，练习任务应该是具有挑战性的。

另外，研究者还总结了有效的练习需要遵循的如下条件：①学习者必须要有

---

① （美）苏珊·A.安布罗斯等. 聪明教学7原理：基于学习科学的教学策略 [M]. 庞维国，等 译. 华东师范大学出版社，2012: 80—95.
② （美）理查德·E.梅耶. 应用学习科学——心理学大师给教师的建议 [M]. 盛群力，丁旭，钟丽佳 译. 北京：中国轻工业出版社，2016: 72—73.
③ 盛群力，马兰. 现代教学原理、策略与设计 [M]. 杭州：浙江教育出版社，2006: 133.

足够明确的动机，愿意去提高学业成绩；②学习者必须具备足够多的先行知识，以理解新知识或应用技巧的不同方式；③在必要时为学生提供程度适度、方式得当的支持，学习支架（脚手架）就是为学生提供学习支持的一种有效方式；④练习要有足够多的数量和一定的频率。[①]认知心理学的研究表明，为了使学习更为有效，学生需要足够多的练习，即练习的效应是逐步积累起来的。

（二）促进迁移的教学策略

学校教育的最终目标就是让学生把学校中所学知识迁移到工作、生活等真实场景，因此，迁移对于学习而言非常重要。迁移在第四章也讲过，简单地说，就是把一个情境中所学到的知识应用到新的情境，或者说是原有的知识和经验对新的知识和行为的影响。学习迁移能够让学生认识到知识与经验之间的联系，是习得的经验得以概括化、系统化的有效途径，是能力与品德形成的关键环节。[②]

根据迁移工作过程，影响迁移的因素主要包括：提取速度和学习情境。信息提取速度会影响迁移发生速度：一方面，学生对原来学习内容的掌握程度只有达到一定的水平，迁移才会发生；另一方面，为新信息建立特别的感觉线索，以区别于同一记忆网络中的其他内容，能提升信息提取速度。而初始学习情境与新情境的相似性也会影响迁移，比如在菜市场里计算得心应手的商贩不一定能解决学校中的计算问题。在日常学习中，促进知识迁移的策略包括以下四点。

1.建立知识之间的联系

研究表明，明确先前知识与当前所学知识的联系，以及当前所学知识和以后知识的联系，帮助学生建立起知识之间的关联网络是促进迁移的重要策略。具体做法有三种。①图表组织法：建立知识之间的异同点和关联点，比如通过韦恩图区分相近概念；②相似情境设计法：将需要迁移的知识设置在相同或相似的情境下，比如为了便于学生掌握有关测量的知识，特意将测量知识和方法的学习安排在实际的测量环境中（如设计家具、测量操场等）展开；③通过提问引导学生建立联系：比如思考"你是否能够想起来之前所学的相关内容？""你认为今天所学的和你之前所学的有什么关系？"等。

2.明确知识之间的区别

区分关键属性的做法，有助于学生使用适当的线索将信息存储到记忆网络

[①] （美）David A. Sousa. 脑与学习[M]. "认知神经科学与学习"国家重点实验室 译. 北京：中国轻工业出版社，2005: 78—79.

[②] 李金钊. 基于脑的课堂教学[M]. 上海：华东师范大学出版社，2013: 172—174.

中，在信息提取时，大脑快速区分目标知识与其他知识的独特差异，增加提取的效率，有助于迁移发生。如质数的关键属性为"数值大于1的正整数，只有其本身和1这两个正因数"，而合数则是除了有自身和1两个正因数外，还可以有其他因数。了解这一本质区别后，随机给出一个数字，如12，就可以判定其是合数。

研究发现，对比不同案例的学生所学到的知识显著多于分析单独案例的学生，所以提供多个案例分析的机会，并区分案例的深层区别，明确知识的差异，可以使学生避免负迁移。[①] 教师可以提供两个表面特征相似但原理不同的案例，或提供两个表面特征不同但原理相同的案例。如在物理课上，展示两个都涉及滑轮的问题，但解题时一个采用摩擦系数的原理，另一个采用重力解题；或展示一个涉及滑轮的问题，一个涉及斜面的问题，但运用相同的重力原理解题。教师还可以应用反例增强学生对关键属性的理解[②]，使学生了解哪些特征与目标概念无关，如将线性函数与非线性函数对比。

3. 概括化理论，促进意义建构

概括化理论提出，概括出来的原理是迁移发生的主要原因，对原理的概括化程度越高，迁移效果就越好。[③] 这一原理实际上是从经验中抽象出来的表征，构成了思维中的图式。[④] 迁移过程中应用已有的图式去解决新的问题，能提高记忆的提取和迁移能力。

研究发现，帮助学生构建抽象层面的表征经验有助于迁移的表现。[⑤] 也就是说，过度情境化的知识不利于知识迁移，而知识的抽象表征有助于迁移。比如，比起逐个讲解图形的面积计算公式，对面积和面积单位的概念有更深刻的理解更有助于学习者解决各种不规则图形的面积。

---

① Loewenstein J, Thompson L, Gentner D. Analogical learning in negotiation teams: comparing casese promotes learning and transfer [J]. Academy of management learning and education, 2003, 2(2): 119–127.

② Bransford J D, Franks J J, Vye N J, et al. New approaches to instruction: because wisdom can't be told [M] //Vosniadou S, Ortony A. (Eds.), Similarity and analogical reasoning. Cambridge: Cambridge University Press, 1989: 470–497.

③ Judd C H. The relation of special training to general intelligence [J]. Educational review, 1908, 36: 28–43.

④ Holyoak K J. Analogical thinking and human intelligence [J]. Advances in the psychology of human intelligence, 1984, 2: 199–230.

⑤ Biederman L, Shiffrar M M. Sexing day-old chicks: A case study and expert systems analysis of a difficult perceptual-learning task [J]. Journal of experimental psychology: learning, memory, and cognition, 1987, 13(4): 640–645.

而知识的意义建构是促进知识迁移的基本前提，即，有意义的理解能促进知识的应用和迁移，而死记硬背的机械学习无法做到这一点。促进意义建构的方法包括撰写学科日志、让学生自己举例子、设想情境进行问题解决。撰写学科日志时，用自己的话来写学到了什么，所学的与以前所知道的有什么关系，以及所学到的怎么帮助自己在未来中应用。而让学生自己举例子就是令其尝试将知识用于多种不同的具体情境中。设想情境进行问题解决，就是通过"如果……怎么办""为什么不是"等此类引导性问题诱发学生思考如果在新的情境中会是什么样的结果。

4. 其他促进迁移的方法

除此之外，还包括其他各种学习方法，如基于问题的学习、认知学徒、游戏化学习（模拟仿真）都可以用于促进迁移。[1] 基于问题解决的教学模式中，学习者需要为解决问题而获取相应的知识，发展相应的能力，在自主解决问题的过程中发展迁移能力；认知学徒制就是学徒在专家/师父的教导下习得知识并将所学用于真实活动，在真实应用中使迁移能力得到提升；游戏化教学法（模拟仿真）则通过提供仿真情境，允许学生检验自己的理解在相对真实的情境中是否正确，比如 *SimCity* 中所学到的城市地理知识可以更好地迁移到真实的地理环境中。

四、其他教学策略

（一）促进记忆保持的教学策略

记忆，就是在大脑中对知识进行保持和提取的过程。根据本书第二章关于记忆的介绍，记忆包括三个主要阶段：编码——对输入的信息进行处理加工；存储——对信息进行长久记录，是获取和巩固的结果；提取——对信息的再认和回忆。根据信息维持时间的长短，记忆可以分为感觉记忆、短时记忆和长时记忆。感觉记忆：维持时间以毫秒或秒计算，例如我们可以记起某人刚刚说的话，只有少量信息得到注意并进入短时记忆或工作记忆；短时记忆：能够维持几秒钟至几分钟的记忆，例如记住一个刚刚听到的电话号码；长时记忆：短时记忆的信息进一步加工巩固后转入长时记忆，长时记忆能维持数日、数周、数月甚至数年之久。而工作记忆的提出是为了拓展短时记忆的概念，用以阐述信息在被保存的几秒钟甚至几分钟内的心理过程。[2] 工作记忆代表一种容量有限的，在短时间内保

---

[1] Hajian S. Transfer of learning and teaching: a review of transfer theories and effective instructional practices [J]. IAFOR journal of education, 2019, 7(1): 93–111.

[2] （美）Michael S. Gazzaniga, Richarel B. Ivry, George R. Mangun, et al. 认知神经科学：关于心智的生物学 [M]. 周晓琳, 高定国, 等 译. 北京：中国轻工业出版社, 2011: 275.

存,并对所保存的信息进行心理操作的过程。记忆的生物系统包括:内侧额叶,形成和巩固新的情节记忆,参与语义记忆;前额叶,参与信息编码和提取;颞叶,存储情节和语义知识。[1]促进记忆和保持的教学策略如下。

1.合理重复促进记忆保持

"重复是学习之母",重复练习促进记忆保持,而不复习、不回顾就会导致遗忘。赫布理论(Hebbian theory)是神经科学领域的经典理论,该理论提出:"特定突触重复的、一致的放电导致了永久的生理变化。"[2]也就是说,脑通过重复来加强突触功能以完成学习和存储记忆。近些年,赫布理论也得到了几位获诺贝尔奖的神经科学家的证实。记忆同样的内容,经过重复和再加工,可以促进记忆的保持。那么,怎么样才是科学的重复呢?

著名的遗忘曲线早在1885年由艾宾浩斯于其文章《记忆:对实验心理学的贡献》(Memory: A Contribution to Experimental Psychology)中提出。如图9-14所示,遗忘曲线为30天期间内个体记忆无意义音节的数量,刚开始第一天到第二天下降速率较高,五天之后遗忘速率降低,即"先快后慢"。因此,重复练习并非集中练习,而是分散到不同的时间,且在刚开始几天的复习频次需求较高,到后面时间间隔变长。如果对于学习的内容一直不进行复习,过了很长时间,考前抱佛脚就几乎等于需要重新学习了。因此要把握复习时机,合理复习。

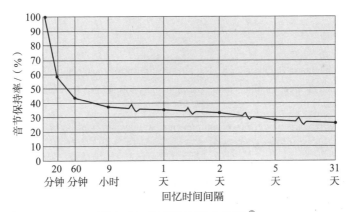

图9-14 艾宾浩斯遗忘曲线[3]

---

[1] (美)Michael S. Gazzaniga, Richarel B. Ivry, George R. Mangun, et al. 认知神经科学:关于心智的生物学[M].周晓琳,高定国等 译.北京:中国轻工业出版社,2011: 312.

[2] (澳)约翰·G.吉克.教育神经科学在课堂[M].周加仙 主译.上海:上海教育出版社,2020: 48.

[3] Weiten W. Psychology: Thernes and variations (3rd)[M]. Pacific Grove, CA: Brooks/Cole Publishing Company, 1995: 275.

2. 精细加工促进记忆保持

精细化是指对信息进行更深层次的编码和存储，以供后续的记忆保持和提取，它被多项研究证明可以改善长时记忆和工作记忆。[1][2] 精细加工实则是将新学习的信息与已知信息联系起来，建构意义，建立编码。

精细加工的方法包括视觉想象法、联想法、精细复述法等。①视觉想象法，即建立信息与图像表征的关系，比如记忆三个独立单词"football""cloud""flower"时，想象到一个人在充满花朵和云彩的地方踢足球；②联想法，即根据所给信息联想到相关的生活经验和背景信息，比如在学习化学中的干冰时想到舞台中的雾气效果，再如结合时代背景记忆重要历史事件；③精细复述法，即通过自己的话把新学信息进行复述。

3. 利用组块扩大工作记忆容量

人的工作记忆容量是有限的，就像内存条是有大小的一样。1956年，米勒发现了神奇的数字7，认为短时记忆的平均广度为 7 ± 2，即每次最多能记住5～9个信息组块（chunk）。[3] 此后，关于婴儿和脑损伤病人的实验研究都发现，视觉短时记忆的数量都没超过4。[4][5] 2001年，尼尔森·考恩（Nelson Cowan）提出了神奇的数字4，认为工作记忆的存储容量为3～5个组块。[6] 这一结果也得到了神经生物模型的支持。[7] 总之，工作记忆容量是有限的，但是可以通过增加组块大小来扩大工作记忆容量。

---

[1] Bartsch L M, Singmann H, Oberauer K. The effects of refreshing and elaboration on working memory performance, and their contributions to long-term memory formation [J]. Memory & cognition, 2018, 46(5): 796-808.

[2] Oberauer K. Is rehearsal an effective maintenance strategy for working memory? [J]. Trends in cognitive sciences, 2019, 23(9): 798-809.

[3] Miller G A. The magical number seven plus or minus two: some limits on our capacity for processing information [J]. Psychological review, 1994, 101(2): 343-352.

[4] Wynn K. Addition and subtraction by human infants [J]. Nature, 1992, 358(6389): 749-750.

[5] Raffone A, Wolters G, Murre J M. A neurophysioiogical account of working memory limits: between-item segregation and within-chunk integration [J]. Behavioral & brain sciences, 2001, 24(1): 139-141.

[6] Cowan N. The magical number 4 in short-term memory: a reconsideration of mental storage capacity [J]. Behavioral & brain sciences, 2001, 24(1): 87-114.

[7] Dehaene S, Cohen L. Dissociable mechanisms of subitizing and counting: neuropsychological evidence from simultanagnosic patients [J]. Journal of experimental psychology human perception & performance, 1994, 20(5): 958-975.

组块是重新组织项目的过程，把多个信息组成有意义的信息单元，就像"打包"成不同的包裹，每一块都是一个有意义的信息单元。组块的形式可以是字母或数字的组块，也可以是句子、要点的组块，在我们日常生活中最常用到组块的场合就是记忆电话号码。可以通过多种方式建立组块，包括：通过相似点和不同点组块（比如把词根相同的几个单词组成一个相似性组块），通过分类学组块（比如把一堆物品分成文具、食品、玩具等不同的类别组块），通过口诀组块（比如把二十四节气或化学元素周期表编成一个口诀），等等。

4. 利用元记忆和记忆术促进记忆

元记忆（meta-memory）就是对于自己记忆活动的监控和调整，是元认知的组成部分，也是当前神经生理学界研究元认知的主流方向之一。元记忆包括元记忆知识、元记忆监测和元记忆控制三个成分。元记忆知识包括记忆的策略性知识及内容性知识，就是"你知道自己拥有什么信息"。元记忆监测包括对任务难度的判断、学习的判断、知道感的判断和自信心的判断[1]，就是"你知道自己记住了和没记住什么"。而元记忆控制就是调整时间分配，调整加工策略，就是"你知道自己如何让自己记得更好"。毫无疑问，元记忆影响着记忆表现。[2]

记忆术（mnemonics）就是元记忆控制的重要策略，也是一种精细加工策略。指通过建立熟悉事物与学习材料之间的联系，巧妙提升记忆效果的方法。目前比较通用的记忆术包括视觉联想法（比如学习古诗时在大脑中构想诗中景象）、数字想象法（比如将数字和其他内容结合起来记忆圆周率）、浓缩记忆法（比如将历史事件浓缩成几个字）、位置编码法（将内容和空间位置联系起来）等。

5. 避免干扰和抑制

由于工作记忆的容量有限，所以容易受到其他信息的干扰。彼得森（Peterson）等人的实验发现，在让学生记忆无意义的字符串后，实验组进行计算任务，控制组不进行计算任务，结果实验组的遗忘率远远高于控制组，即计算任务干扰了被试的加工和记忆。[3]

详细来说，干扰包括了抑制（inhibition）现象，分为倒摄抑制（retroactive

---

[1] 张振新, 明文. 元记忆监测研究的横向比较 [J]. 心理科学, 2012, 35（5）: 1102—1106.

[2] Karably K, Zabrucky K M. Children's metamemory: a review of the literature and implications for the classroom [J]. International electronic journal of elementary education, 2009, 2(1): 32-52.

[3] Peterson L, Peterson M J. Short-term retention of individual verbal items [J]. Journal of experimental psychology, 1959, 58(3): 193.

inhibition）和前摄抑制（proactive inhibition）。倒摄抑制就是后面所学的信息干扰了前面所记忆的信息，比如，学生在学习了乘法之后，看到加法计算题，误用乘法解决加法问题。前摄抑制就是前面所学的干扰了后面信息的学习，比如小学生在学习了汉语拼音"c"的发音后，学习英语字母"c"时，就会把英文字母的发音混为拼音"c"的发音。总之，前后学习内容的相似性越大，干扰的程度就越大。相反，具有促进作用的影响被称为前摄促进和倒摄促进。前摄促进即先前所学的有助于新学习的，比如所学的汉语语法成分主谓宾，对于英语语法学习就是促进作用。后摄促进就是后面所学的有助于对先前的知识的记忆、理解，比如在小学阶段不能理解一元一次方程，在初中学了二元一次方程后就能深刻理解一元一次方程。

因此，为了避免干扰和抑制，要给新信息以加工和存储的时间，避免干扰。并且考虑到易混淆知识点造成的抑制，应及时纠正。最后，可以充分利用早晨醒来和晚上睡前的时间，这两个黄金时间段避免了更多的前摄抑制和后摄抑制。

（二）促进意义理解的教学策略

在第三章我们讲过机械学习和意义学习。机械学习就是死记硬背，得到的知识是零散的、孤立的；而意义学习是重塑认知结构、丰富认知结构并形成网络的过程，它能产生更好的学习和保持结果。意义学习中最重要的认知过程就是理解，下面就来看一些有助于促进意义理解的有效教学策略。

1.发现式学习促进意义理解

学生的学习方式大体上可以划分为接受学习和发现式学习（包括探究学习、研究性学习、项目学习等）。接受学习就是传统的以教师讲解为主的教学，教师将知识结论传授给学生。接受学习通常包括机械性接受式学习、被动性接受式学习和有意义的接受式学习。[1]机械式接受式学习就是机械模仿、不求甚解、死记硬背的学习；被动性接受式学习则是非主动的、不积极的参与学习活动。这两种接受式学习都是很难促进意义理解的学习。有意义的接受式学习则是学生虽然是被动接受知识，但是可以对知识进行理解、整合和内化。而发现式学习则是学生可以参与知识的发现过程，学生可以通过自主探究活动来获取知识，并把知识纳入自己的认知结构，实现意义建构。因此，发现式学习是促进意义学习的方式之一。

---

[1] 孟庆男.对接受式学习与发现式学习的比较分析［J］.中国教育学刊,2003,（2）:27—29.

在应用发现式学习的时候值得注意的有两点。①发现式学习需要指导，教师指导下的发现式学习更为有效。在一个学习编程的研究中，对照组采用纯发现式学习方法，实验组采用有指导的发现式学习方法，在学习过程中给学生提供相关的反馈、提示。结果发现，实验组学习效果更好。[1]因此，发现式学习方法需要给缺乏学习经验的学习者提供包括支架、示范、提问、反馈、辅导等帮助。[2]②发现式学习是一种调动学生主动思考、主动理解意义的方法。并非只要采用发现式教学，学生就一定能够达到意义理解的水平；只有认知活动水平足够高才能达到更深入的理解。

2. 用知识可视化促进意义理解

知识可视化（knowledge visualization）是应用视觉表征手段，将知识以图解的方式表示出来[3]，用以辅助和强化认知。与数据可视化和信息可视化不同，知识可视化不只是为了直观呈现和发现新结果，而且是为了促进对知识的理解和记忆保持。知识可视化最重要的理论基础是双重编码理论（dual coding theory）。

双重编码理论最早由加拿大心理学家艾伦·佩维奥（Allan Paivio）提出，而后在多媒体学习领域得到了广泛应用，并且得到了认知心理学和神经科学的验证研究。该理论认为，大脑中存在两个功能独立却又相互联系的加工系统——一个是言语表征（verbal mental representations）系统，专门处理言语信息（比如单词"book"的书写体和发音）；一个是非言语表征系统（nonverbal mental representations），包括图片、行为动作等的画面（比如听到铃声就想到铃铛的样子）。[4]两个系统的相对独立体现在前语义加工阶段，也就是在理解文字和图片含义之前，对图片和文字的加工是相对独立的，图片和文字加工所激活的脑区存在差异[5]，图片会激活与物体识别有关的右外侧枕叶，文字则激活与语音及拼字法有关的左侧颞顶皮层。两个系统的相互联系体现在：在语义加工阶段，图片和文本

---

[1] Fay A L, Mayer R E. Benefits of teaching design skills before teaching LOGO computer programming: Evidence for syntax- independent learning [J]. Journal of educational computing research, 1994, 11(3): 187-210.

[2] （美）理查德·E. 梅耶. 应用学习科学 心理学大师给教师的建议 [M]. 盛群力，丁旭，钟丽佳译. 北京：中国轻工业出版社，2016: 51-80.

[3] 王朝云，刘玉龙. 知识可视化的理论与应用 [J]. 现代教育技术，2007，(6): 18—20+17.

[4] Clark J M, Paivio A. Dual coding theory and education [J]. Educational psychology review, 1991, 3(3): 149-210.

[5] Moore C J, Price C J. Three distinct ventral occipitotemporal regions for reading and object naming [J]. NeuroImage, 1999, 10(2): 181-192.

存在很多共享的加工网络[①]；在信息整合阶段，图片和文字都激活了左侧颞下回和颞叶皮层[②]。也就是说，在理解图片和文字含义的阶段及整合两个系统信息的阶段，两个系统是共通的。因此，将知识以图解的方式表示出来，为基于言语的理解提供了辅助和补充，大大降低了言语通道的认知负荷。[③]图文结合是符合大脑认知规律的。

知识可视化的具体方法包括文本可视化、关系可视化、原理可视化。①文本可视化。是指把词汇或一段文字通过图片或动画、视频的方式呈现出来，比如通过连环画理解小学语文《司马光》的文言文含义。②关系可视化。是指用图形、图像更清晰地组织和表征知识点关系，比如并列、从属、因果等关系。关系可视化的工具包括思维导图（mind mapping）、概念图（concept mapping）、思维地图（thinking maps）和图表等。思维导图大家已经很熟悉了。概念图就是用图示表征概念和概念之间的关系的工具，能够让学生理解概念间的关系，并且理解这些概念所属的领域。[④]如图9-15所示，概念通常用圆圈或方框表示，概念之间的关系通常用一条连接两个概念的线来表示，线上的词称为连接词，用于说明两个概念之间的关系。[⑤]思维地图是一组思维可视化工具，通常包括八种思维图示法：圆圈图、气泡图、双气泡图、树状图、括号图、流程图、副流程图和桥形图[⑥]，每一种图都对应一种思维过程。③原理可视化。是指将科学规律或运作机制通过图片、动画、视频的方式展示出来，比如将汽车发动机的工作原理用图片或视频展示出来。

---

① Devereux B J, Clarke A, Marouchos A, et al. Representational similarity analysis reveals commonalities and differences in the semantic processing of words and objects [J]. The journal of neuroscience, 2013, 33(48): 18906−18916.

② 李松清，赵庆柏，周治金，等. 多媒体学习中图文加工的认知神经机制 [J]. 心理科学进展，2015, 23(8): 1361—1370.

③ 史忠植. 认知科学 [M]. 合肥：中国科学技术大学出版社，2008: 257.

④ Davies M. Concept mapping, mind mapping and argument mapping: what are the differences and do they matter? [J]. Higher education, 2011, 62(3): 279−301.

⑤ 赵国庆，李欣媛，路通，等. 从认知地图到认知图谱：相似概念的跨学科审视 [J]. 现代远程教育研究，2021, 33(5): 14—25.

⑥ Hyerle D. Thinking maps: seeing is understanding [J]. Educational leadership, 1995, 53(4): 85−89.

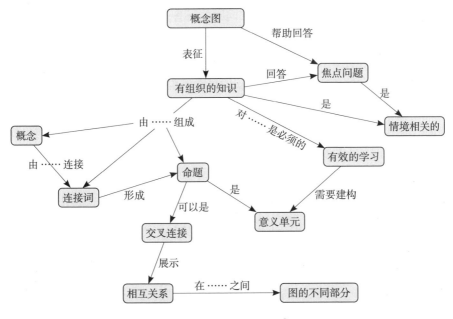

图 9-15 概念图示例①

以上思维导图、概念图和思维地图都属于图形组织器（graphic organizers）的具体种类。所谓图形组织器，就是用可视化方式表征信息的图形结构，是建构知识和组织信息的图形化方式。② 图形组织器种类繁多，核心要义就是通过图或表的形式建构知识，以便促进理解。

3. 使用自我解释促进意义理解

自我解释（self-explanation）是通过个体解读来学习内容，并加深对学习内容理解的学习策略，是知识的自我建构过程，是学习者对因果关系或概念关系进行推断的过程，让学习者自我解释比呈现给他们解释更有效。③

一项研究对比了自我解释和无解释在发现式学习和直接教学两种模式下的效果。结果发现，在直接教学下，较之于无自我解释的组别，自我解释组中学生答对数学计算问题的数量更多；而在发现式教学下，同样是自我解释组的学生正确

---

① 赵国庆，李欣媛，路通，等. 从认知地图到认知图谱：相似概念的跨学科审视[J]. 现代远程教育研究，2021，33（5）：14—25.
② 邱婷，钟志贤. 论图形组织器[J]. 远程教育杂志，2009，17（6）：61—66.
③ Bisra K, Liu Q, Nesbit J C, et al. Inducing self-explanation: a meta-analysis[J]. Educational psychology review, 2018, 30(3): 703−725.

率更高，并且自我解释组的学生在迁移问题的解答上正确率显然更高。[①]自我解释对学生学业成绩的积极影响也得到了实验的证明。[②]

自我解释的过程涉及元认知[③]，即对自身的思考、自己的表达和自己学习过程的审视和调整。使用中要注意几点。①自我解释不同于总结或出声说话：自我解释是针对自己的，使信息对自己有意义，整个过程可能是只有自己能够理解，只有自己能够知道。②自我解释也不同于其他类型的解释：自我解释是学习者自己生成的，而不是由教师、家长或同伴生成的，并且解释是为了学习者自己，而不是为了教给他人。[④]③自我解释也不同于出声思维（think-aloud）：出声思维是认知心理学的基本方法，指在解决问题、操作、思考的过程中，将正在进行的行为和思维用语言表达出来，但是出声思维的过程只是说出思考的过程，没有反思和合理化解释，只是工作记忆中信息的口头表达。

使用自我解释方法需要遵循七大准则：①尽量用自己的话来表达；②强调"如何"和"为何"，而不是"何事""何时"和"何处"；③尽量把新知识与之前所学知识联系起来；④提供自我解释的培训和支架，比如教师向学生提供自我解释较好的范例，或学生在教师的指导和反馈下练习自我解释；⑤设计说明提示，引导学生将注意力均衡分配到重要内容上，而不是只关注程序性知识而忽略概念知识；⑥促使学生解释正确的信息，而不是自己的推理，比如学生在解释分数加法的步骤时，给其提供信息"在数轴上操作或使用饼图表示"，学生就能学到更多的内容；⑦如果存在常见错误或误解，提示学习者解释为什么是不正确的。[⑤⑥]

4. 使用"教中学"促进意义理解

教中学（learning through teaching/tutoring），指的是让学生像教师一样参与

[①] Rittle-Johnson B. Promoting transfer: effects of self-explanation and direct instruction [J]. Child development, 2006, 77(1): 1-15.

[②] Chi M T H, Bassok M, Lewis M W, et al. Self-explanations: how students study and use examples in learning to solve problems [J]. Cognitive science, 1989, 13(2): 145-182.

[③] （美）丹尼尔·L. 施瓦茨，杰西卡·M. 曾，克里斯滕·P. 布莱尔. 科学学习：斯坦福黄金学习法则 [M]. 郭曼文 译. 北京：机械工业出版社，2018: 283.

[④] Chi M T H, Leeuw N D, Chiu M H, et al. Eliciting self-explanations improves understanding [J]. Cognitive science, 2010, 18(3): 439-477.

[⑤] （美）丹尼尔·L. 施瓦茨，杰西卡·M. 曾，克里斯滕·P. 布莱尔. 科学学习：斯坦福黄金学习法则 [M]. 郭曼文 译. 北京：机械工业出版社，2018: 283.

[⑥] Rittle-Johnson B, Loehr A M, Durkin K. Promoting self-explanation to improve mathematics learning: a meta-analysis and instructional design principles [J]. ZDM, 2017, 49(4): 599-611.

学习。这被证明是一种对学科态度、学科内容的理解，学业成绩效果显著的学习策略[1]，同时也是向他人解释的方法。教中学利用了门徒效应（protégé effect chase）[2]，学生为了教他人而学要比为自己而学付出的努力更多，花费的时间也更多。

教中学包括三个阶段：①为教学做准备工作，包括对所教内容的透彻理解和自我解释（如果自身对知识理解不透彻，不仅难以讲清楚而且也会给听者带来困惑）；②实际教学，在教学过程中充分阐释知识，并且解答学生问题；③观察所教学生的表现，通过观察来反思学生的学习，并为其提供有意义的反馈。[3]

教中学无法做到每个学生都给老师讲解，但是可以充分发挥同伴的价值。比如在一项针对大学生的阅读学习活动中，将学生分为5组：仅阅读的组；为了教而阅读，但不真正教学的组；阅读且真正要教学的组；只教不阅读的组；阅读且被教的组。结果发现，那些真正开展教学的组别里学生的学业成绩显著更高。[4] 显然，"教中学"在合作学习中应用价值比较大。

第三节　基于教育神经科学的学科教学策略

以上，我们知道了通用的教学策略，接下来，主要从教育神经科学在具体学科上的研究，来看有哪些新的教学策略。教育神经科学是指把神经科学、心理学和教育学等学科融合在一起，探索生物过程与教育之间相互作用的新兴科学领域，教育神经科学中关于学习的研究是学习科学的子领域，更聚焦于脑的研究。基于教育神经影像学技术的发展，其研究成果可以为开展教学设计和实践工作提供指导。

---

[1] Cohen P A, Kulik J A, Kulik C-L C. Educational outcomes of tutoring: a meta-analysis of findings [J]. American educational research journal, 1982, 19(2): 237-248.

[2] Chase C C, Chin D B, Oppezzo M A, et al. Teachable agents and the protégé effect: increasing the effort towards learning [J]. Journal of science education and technology, 2009, 18(4): 334-352.

[3] （美）丹尼尔·L. 施瓦茨，杰西卡·M. 曾，克里斯滕·P. 布莱尔. 科学学习：斯坦福黄金学习法则 [M]. 郭曼文 译. 北京：机械工业出版社，2018: 301.

[4] Allen V L, Feldman R S. Learning through tutoring: low-achieving children as tutors [J]. The journal of experimental education, 1973, 42(1): 1-5.

一、基于教育神经科学的数学教学

数学作为一门研究数量与空间关系的学科，无论在中小学还是在大学，抑或是终身学习中都是极为重要的基础学科，因此人们对于"人脑是如何学数学的"早有探索。比如，1980年《科学》杂志上有学者指出，16~30周的婴儿可以觉察到2~3个的数量变化。[1] 再比如，以往的功能性磁共振成像已经发现了数字认知的关键脑区——顶叶内部的顶内沟[2]（详见第二章第二节学习的脑机制）。教育神经科学在数学上的研究成果主要包括数感和计算等方面。

（一）数与数感

数的认识、表示、大小比较、运算、数量估计等是数学学习中重要的组成部分，而数感（number sense）在数学学科中指关于数与数量、数量关系、运算结果估计等方面的感悟，是指比较两组物体有多少的能力和记住连续呈现的物体数量的能力。[3] 婴儿和鸟、老鼠、狮子、黑猩猩等都具有数感。

1. 感数和数数

首先关于数，我们都知道，数包括实数和复数，实数包括有理数和无理数，而有理数包括正有理数、零和负有理数，其中，正有理数包括正整数和正分数。对于以上各种数的认识、表示、比较、估计和运算的能力就是数字能力。研究发现，人类的基础数字能力有两个不同的系统：近似数字系统和精确数字系统。[4]

近似数字系统和精确数字系统

近似数字系统，动物、婴儿、成人都有，是指不需要计数就能区别并表征所看到和听到的数，也就是我们通常说的估计；精确系统是对数量进行精确表征，也就是明确说出有多少。

---

[1] Starkey P, Cooper R G. Perception of numbers by human infants [J]. Science, 1980, 210(4473): 1033-1035.

[2] Dehaene S, Spelke E, Pinel P, et al. Sources of mathematical thinking: behavioral and brain-imaging evidence [J]. Science, 1999, 284(5416): 970-974.

[3] Devlin K J. The math gene: how mathematical thinking evolved and why numbers are like gossip [M]. New York: Basic Books, 2000: 86.

[4] （英）塞尔吉奥·德拉·萨拉，（澳）迈克·安德森. 教育神经科学的是与非 [M]. 周加仙，陈菊咏 主译. 上海：上海教育出版社，2020: 115—118.

视觉加工系统可以让我们不需要精确数就能又快又准地确定 4 个及 4 个以下的物体数量,这称为感数(近似数字系统),而数量增多之后就会存在困难,需要数数(精确数量系统)。如图 9-16,我们对于乱序排列的 4 很容易一眼看出,但是对于乱序排列的 8 就需要数一数。这种感数(subitizing)和数数(counting)所激活的脑区存在差异。PET 扫描研究发现,当被试感知 1~4 个物体数量时,激活的是视觉皮层区域;而数 5~8 个物体数量时,涉及视觉注意力的大脑顶部区域、认知加工有关的大脑前额叶区域等都得到激活。[1][2] 因此,感数是潜意识活动,而数数需要大量的脑皮层活动。基于这一点发现,我们在数学教学中要注重于训练基础的感数,尤其是具有排列规律的感数有助于儿童掌握数数所需要的抽象数字和算术策略,更值得训练。[3] 如图 9-16(左),对 8 的规律排列可以通过 3+2+3 的策略计算得出。

图 9-16 有规律排列的数量(左)和没有规律排列的数量(右)

2. 数的大小比较

数量比较试验中,顶内沟通常是唯一被激活的区域,当数字在被试的潜意识中呈现时,顶内沟也会被激活。[4] 在进行数的大小比较的实验中,研究人员让被试判断哪个阿拉伯数字更大,并进行反应时长的统计,结果发现,比较 8 和 9 的大小时的反应,比比较 1 和 2 时的要慢。[5] 这也就是距离效应和数值效应。

---

[1] (美)戴维·A. 苏泽. 人脑如何学数学 [M]. 赵晖,等 译. 上海:上海教育出版社,2019: 12.
[2] Piazza M, Mechelli A, Butterworth B, et al. Are subitizing and counting implemented as separate or functionally overlapping processes?[J]. Neuroimage, 2002, 15(2): 435-446.
[3] Clements D H. Subitizing: what is it? why teach it?[J]. Teaching children mathematics, 1999, 5(7): 400-405.
[4] (英)塞尔吉奥·德拉·萨拉,(澳)迈克·安德森. 教育神经科学的是与非 [M]. 周加仙,陈菊咏 主译. 上海:上海教育出版社,2020: 116—138.
[5] Moyer R S, Landauer T K. Time required for judgements of numerical inequality [J]. Nature, 1967, 215(5109): 1519-1520.

> **关键概念——距离效应和数值效应**
>
> 距离效应：指出哪个量更大时，量距越小，反应时间越长，错误率越高。如比较 34 与 36 的大小，比比较 1 与 36 大小时的反应时间更长，错误率也更高。
>
> 数值效应：两个量距离恒定，绝对数值越高，反应时间越长，错误率越高。如比较 197 和 187 的大小，比比较 18 和 9 的大小时的反应时间更长，错误率也更高。

而距离效应和数值效应的存在是因为我们的"心理数轴"（mental number line，图 9-17）。心理数轴与我们数学课上所学的数轴方向一致但是分布不一致。方向一致，是指都是从左往右数越来越大，这是受阅读习惯的影响；而分布却是不均的，随着数字增大，数轴上的数字距离越来越小，判断大小也更不容易（数值效应），如下图。

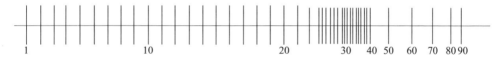

图 9-17 心理数轴示意图

心理数轴也反映了数量加工和空间加工的相关性。研究发现，数量加工区域与大小、位置、注视方向等空间维度的编码区域相邻，并且常常重合。[①] 这产生了空间-数字联合编码效应（spatial-numerical association of response codes, SNARC），即较小数字与左侧空间关联较大，而较大数字与右侧空间关联较大。

多项研究发现，儿童在数轴上估计数字位置的能力可以被用来预测其数学成绩、计算流畅性和分数理解能力。[②] 因此，教学中，可以通过数轴活动帮助儿童学习数数规则，比如提供彩色的带子在教室地板上做一个大的数轴[③]，让学生从一个

[①] （英）塞尔吉奥·德拉·萨拉，（澳）迈克·安德森. 教育神经科学的是与非［M］. 周加仙，陈菊咏 主译. 上海：上海教育出版社，2020: 116—138.

[②] Siegler R S, Booth J L. Development of numerical estimation in young children［J］. Child development, 2004, 75(2): 428—444.

[③] （美）戴维·A. 苏泽. 人脑如何学数学［M］. 赵晖，等 译. 上海：上海教育出版社，2019: 24.

数字向另一个数字移动，感受数的大小、运算甚至凑整的过程，可以在数轴上训练其整数、小数、分数的认知。

3. 三重数量编码

数字的表征与加工、数学知识的存储与提取以及数学计算过程的认知机制等，一直是数学认知能力研究的重点问题。由法国著名数学认知专家斯坦尼斯拉斯·德哈纳（Stanislas Dehaene）提出的三重编码模型（triple-code model, TCM）[1]，解决了数感、数量的语言表征和符号表征之间的连接问题，成为目前数学认知研究领域广为接受的理论模型之一。

TCM 模型（图 9-18）认为，数量认知加工能力的核心由三部分构成，每部分又分别与不同的编码类型对应。也就是说，大脑在完成数量加工任务时，会用三种不同的编码来表征数量。

（1）模拟数量编码（quantity system）。这是数量的非言语符号编码，用以表征数量之间的大小和距离。模拟数量编码主要由位于顶叶的双侧顶内沟参与完成，这里是产生数感的核心区域，是理解数量意义、执行数量比较和估算的关键。

（2）听觉言语编码（verbal system）。这是数量的言语编码，用数量词汇的发音和语义来表征数量，如中文里的"一、二、三"和英文里的"one、two、three"等。听觉言语编码需要外侧裂以及左侧角回的参与，左侧角回位于顶叶、枕叶和颞叶的联接区，在大脑语言加工中起着重要作用[2]，可将数量以可听、可读和可写的文字形式表现出来，是执行精算、数数以及数学知识记忆和提取的重要结构，比如记忆乘法表时左侧角回的作用就非常大。

（3）视觉数字编码（visual system）。这是数量的数字符号编码，将数量按规则表征为一系列阿拉伯数字串。视觉数字编码需要下顶－颞叶区和后上顶叶区的参与，前者是感知和传达数字符号的关键，负责数位操作、奇偶判断等认知功能，后者是大脑完成视觉空间任务的核心区域，当进行数字的进退位加减法时，下顶叶会显著激活。[3]

---

[1] Dehaene S. Varieties of Numerical Abilities [J]. Cognition, 1992, 44(1-2): 1-42.

[2] Dehaene S, Spelke E, Pinel P, et al. Sources of mathematical thinking: behavioral and brain-imaging evidence [J]. Science, 1999, 284(5416): 970-974.

[3] Dehaene S, Spelke E, Pinel P, et al. Sources of mathematical thinking: behavioral and brain-imaging evidence [J]. Science, 1999, 284(5416): 970-974.

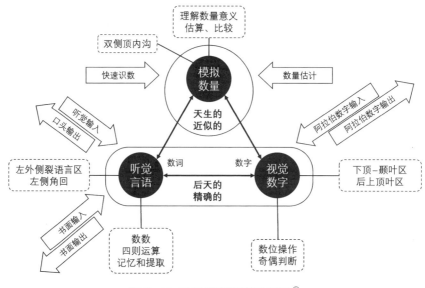

图 9-18 三重编码模型示意图①

数量加工任务的执行需要多个脑区协同参与，同样，这三种编码之间也是相互关联而非独立存在的，这一点在对计算障碍儿童展开大量研究后得到基本证实。所以基于三重编码模型理论，在教学中既要让学生熟练掌握每一种数量表征编码，还要让他们流畅地在不同编码之间相互转换，这样才能确保学生真正理解和掌握数量及其运算的真实意义。②

（二）心算与估算

计算能力是数学能力的基础和核心组成，也是数学核心素养之一。在计算方面，即使两个数相减，至少都有十个不同的皮层区域对其起作用，计算过程的脑机制也逐渐被脑成像技术揭开面纱。

1. 心算

简单的心算，比如 3×4、22+33 和 18-8，主要存储于语义信息网络中，通过算术事实的记忆提取就可以获得答案，涉及左半球的语言中枢。③ 计算变得复杂

---

① 裴蕾丝，尚俊杰，周新林. 基于教育神经科学的数学游戏设计研究［J］. 中国电化教育，2017，（10）：60—69.

② 裴蕾丝，尚俊杰. 学习科学视野下的数学教育游戏设计、开发与应用研究——以小学一年级数学"20以内数的认识和加减法"为例［J］. 中国电化教育，2019，（1）：94—105.

③ Pesenti M, Thioux M, Seron X, et al. Neuroanatomical substrates of Arabic number processing, numerical comparison and simple addition: a PET study［J］. Journal of Cognitive Neuroscience, 1998, 12(3): 461–479.

之后，会涉及运算法则。对于年幼儿童来说，前额叶皮层会更多地在进行计算任务时起作用，而前额叶与认知控制、工作记忆和注意等有关，也就是说，年幼儿童的计算任务还不够自动化，需要付出更多的认知努力。随着个人认知能力的不断发展，儿童就会建立起对算术事实的存储机制，无需费力就能完成计算。也就是说，越长大，越依赖在记忆中提取计算答案，而更少依赖计算。[①]

珠心算是一种结合了珠算和心算的中国传统计算方式，简单来说，就是让人在脑中打算盘，通过视觉空间表征进行计算。研究发现，珠心算能够大幅提升儿童的计算能力，促进儿童数字敏感性和数学认知的发展，并能够影响儿童的执行功能和工作记忆能力。[②]因此，在进行心算的练习中，可以进行珠心算的练习。

2. 估算

如上所述，我们有精确数量系统和近似数量系统。同样，教育神经科学表明，人脑具有估算（approximation calculation）和精算（exact calculation）两个数学认知系统。证据表明，估算（涉及双侧下顶叶皮层）与精算（涉及左侧顶叶以及额叶皮层）有各个不同的神经网络支持。[③]估算任务和个体的空间运动，与躯体运动感觉区联系紧密；而精算任务涉及的脑区则主要与语言区有明显重叠。[④]因此，估算和精算是需要专门教学和专门训练的。

首先，估算或精算的技能高低与算术策略的使用相关，提升估算和精算能力可以通过从小培养儿童的计算策略灵活意识[⑤]，比如巧算和记忆一些算术事实来实现。其次，加减乘除四种算术运算相关联的神经网络有其相对独有的，但是彼此存在重叠的脑区，尤其在额叶和顶叶区域，所以四种运算都需要专门的训练。[⑥]另外，估算和精算加工都会参与个体的计算过程，两种加工可以相互补充，相互协

---

① （英）塞尔吉奥·德拉·萨拉，（澳）迈克·安德森. 教育神经科学的是与非［M］. 周加仙，陈菊咏 主译. 上海：上海教育出版社，2020: 116—138.
② 周新林. 教育神经科学视野中的数学教育创新［M］. 北京：教育科学出版社，2016: 188.
③ （澳）约翰·G. 吉克. 教育神经科学在课堂［M］. 周加仙 主译. 上海：上海教育出版社，2020: 137—154.
④ Dehaene S, Piazza M, Pinel P, et al. Three parietal circuits for number processing［J］. Cognitive neuropsychology, 2003, 20(3-6): 487-506.
⑤ 周新林. 教育神经科学视野中的数学教育创新［M］. 北京：教育科学出版社，2016: 145.
⑥ （澳）约翰·G. 吉克. 教育神经科学在课堂［M］. 周加仙 主译. 上海：上海教育出版社，2020: 137—154.

作，提高数学计算加工的效率，发展数学计算能力。①比如，教师可以首先让学生结合自己已有知识进行估算，再接着基于运算规则和推理、策略进行精算。

二、基于教育神经科学的语言教学

语言是人脑强大且独特的功能，看似毫不费力，实则不然。第二章讲过，人脑的语言功能区主要有两个：威尔尼克区（左侧颞上回后部，布罗德曼分区22区）和布洛卡区（左侧额下回，布罗德曼分区44和45区），其中威尔尼克区负责感知理解，也就是"听"，而布洛卡区负责发音动作的执行，也就是"说"，两个脑区之间通过纤维束建立连接。实际上，语言的功能区不止以上两个，语言功能是脑中多个区域协同工作的结果（如图9-19为左脑中与语言相关的脑区），就像一支交响乐队（详见第二章第二节学习的脑机制）。语言不仅包括了说，还包括了阅读和第二语言的学习等，那么在这几方面，教育神经科学有哪些启发呢？

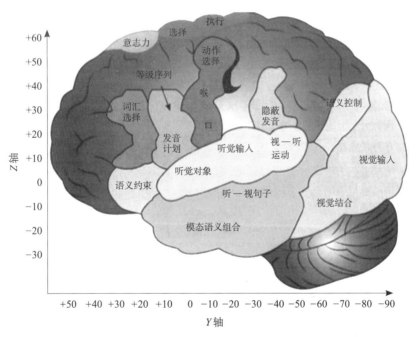

图9-19 左脑中与语言相关的脑区②

---

① 董奇，张红川.估算能力与精算能力：脑与认知科学的研究成果及其对数学教育的启示[J].教育研究，2002,（5）：46—51.
② （美）戴维·凯默勒.语言的认知神经科学[M].王穗苹，周晓林，等 译.杭州：浙江教育出版社，2017: 32.

（一）口语

研究发现，简单的语言加工都包括五种不同的网络，包括负责语义理解的网络（右侧颞叶中部和上部）、负责对协调性进行监控的网络（双侧背外侧前额叶）、负责文本整合的网络（左侧额下回、左侧颞叶前部皮层）、负责解释主体观点的网络（双侧额中回、右侧颞/顶后部皮层），以及负责想象空间信息的网络（双侧顶内沟）。[①]但维系言语和语言技能获得的脑发展会一直持续到成年早期，因此在发展过程中会产生个体差异，比如，同一个班的孩子可能有不同的语言技能，表现出不同的口语表达能力和书写能力，很大一部分原因在于他们正处在脑发展的不同阶段。

口语表达的组成要素就是词汇选择，而词汇的产生主要由两个系统控制：词汇选择系统，即在心理词典中识别出适当的词汇，组成语义结构；形式编码系统，即为词汇发声形态做准备，需要选择和拼写出目标词的音节音韵表征。[②]因此，我们可以知道，词汇的积累和词汇的正确读音对于口语表达是非常重要的，只有积累大量词汇，才可以在词汇选择的时候有合适的词汇。

除了词汇和词汇的组合可以形成意义外，语调是口语表达中极为关键的因素。同样一句话，用不同的语调所表达的含义和感情是不同的，包括英语的"content"，重音在前表示"内容"或"目录"，重音在后表示"满意的"。韵律就是包含了语调、音高、气息变化等的总称。并且大量的脑成像研究也发现：与情感韵律感知相关的脑区，比如双侧眶额及额下皮层，对包含情感色彩的声调含义进行外显判断；标识陈述句和疑问句的语音差异依赖于脑的左右两半球；对词汇重音进行分配和对音调进行控制的任务依赖于脑的左半球。[③]

（二）阅读

阅读实际上是一个很复杂的过程，它包含了识别词语、解码词语、读出语音语调、迅速移动眼睛、理解含义等，甚至我们的眼睛在看文字时，每秒钟会有4～5次不平稳的运动，即眼跳（saccades）。

[①]（美）David A. Sousa. 心智、脑与教育 教育神经科学对课堂教学的启示 [M].周加仙，等 译.上海：华东师范大学出版社，2013: 76.

[②]（美）戴维·凯默勒. 语言的认知神经科学 [M].王穗苹，周晓林，等 译.杭州：浙江教育出版社，2017: 239.

[③]（美）戴维·凯默勒. 语言的认知神经科学 [M].王穗苹，周晓林，等 译.杭州：浙江教育出版社，2017: 259.

提到识字阅读，不得不提的就是视觉词形区（visual word form area, VWFA）。该区域是对新生儿大脑扫描后发现的。[①]该区域的发现意味着，新生儿刚出生就可以接受单词和字母，正是这一点为阅读创造了条件。

视觉词形区

视觉词形区：在枕叶和颞叶联结区的腹侧，用于存储词形、字母结构及其相对应的语音，该区域的大小取决于阅读经验。

大量认知心理学和认知神经科学的研究已经发现了阅读的两条通路，也就是双通道理论：语音通路和直接通路[②]，或称词典通路和非词典通路。这两条通路在生理上相互分离，但是不断交替使用。①语音通路（非词典通路）是指，由视觉刺激经过初级加工激活相关的"形音"规则，从而解码字符，把字符转变为声音模式，然后从声音模式中获得字符的意义。语音通路依赖人脑左半球后的颞顶区域。②直接通路（词典通道）则会绕开语音通路。在直接通路中，视觉刺激经过分析加工直接进入心理词典，激活相应词条以及语音和语义，即直接将文字与意义匹配，用于加工非常熟悉的词汇和高频词汇。直接通路依赖于人脑左半球后的颞枕区。

除此之外，视觉加工、听觉加工、意义加工、推理和理解都对阅读学习至关重要。其中：①视觉加工包括两条通道，从枕叶到颞叶的腹侧通路（或称作 what 通道），用于加工字母、符号、形状、颜色、细节等；另一条是从枕叶到顶叶的背侧通路（where 通道），用于进行注视和扫视，参与眼动的控制。[③]②听觉加工主要是对语音信息的处理。在听觉加工中，语音意识非常重要，所谓语音意识即知道词汇的发音以及音节、音位的组成，比如 fox 是由 4 个音位组成的，语音意识可以培养，比如通过押韵游戏、背诵童谣、诗歌、打油诗等促进语音意识的发展。③意义加工，就是对于语义的加工。语义信息存储于不同的脑区，比如

---

① Li J, Osher D E, Hansen H A, et al. Innate connectivity patterns drive the development of the visual word form area [J]. Scientific Reports, 2020, 10(1): 1—12.
② （美）David A. Sousa. 心智、脑与教育 教育神经科学对课堂教学的启示 [M]. 周加仙，等 译. 上海：华东师范大学出版社，2013: 114—132.
③ （美）David A. Sousa. 心智、脑与教育 教育神经科学对课堂教学的启示 [M]. 周加仙，等 译. 上海：华东师范大学出版社，2013: 115—117.

telephone 这个词的意义包括了动作（拿起电话的样子）、触觉（电话的触感）、视觉（电话的样子）、听觉（听电话的声音）、正字法（词的拼写）和语音信息（词的读音），因此，在词汇教学中，应该按照多通道的方法教授词汇多方面的含义。④推理和理解是指阅读的过程涉及推理等高级认知参与，比如想象画面场景、预估接下来的情节、推理作者的中心思想、总结概括一段话的主旨等。训练推理理解的方法就是通过提问的方式，并对回答进行反馈，引导学生进行正确且具体的描述。

（三）第二语言

第二语言的语音学习存在关键期。关键期结束后，只是学习的"窗口"变小，仍然可以学习第二语言的语音，不过学习效果不如关键期内。脑成像研究发现，如果第二语言学习者习得年龄为1～3岁，其大脑加工语法的脑区跟母语者一致，但是如果第二语言的习得年龄为4～6岁，大脑将动用更多的脑区参与到第二语言的语法加工。①对28周到90岁人群的初级听觉皮层、威尔尼克区、布罗卡区三个脑区的突触密度进行监测，研究者发现，语言的敏感期大概分布在一岁到十二三岁之间。②对晚期语言学习者（成年后）和早期语言学习者第二语言的功能性磁共振成像研究发现，成人学习者的母语和第二语言在布罗卡区激活区域相对分离，而早期语言学习者的母语和第二语言往往出现在共同的额叶皮层区域。③因此，利用关键期给学习者提供第二语言环境是很重要的。

"脑神经科学与教育：中英语文教学研究计划"是香港中文大学等机构组织的研究课题。④该研究根据功能性磁共振成像实验数据和脑电图实验数据，对平调读法、韵律读法和唱咏法对中英文韵文诗教学活动的效果进行了分析。结果发现，在中英文韵文诗教学上，唱咏法对记忆最有效，韵律诵读法有利于增进理解和逻辑思维，平调读法的效果不如将三种方法结合。在学习英文韵文诗的开始阶段，用平调读法把握重点字词的发音及意义，再用韵律诵读法效果会较好。

---

① Uylings H B M. Development of the human cortex and the concept of "critical" or "sensitive" periods [J]. Language learning, 2006, 56(s1): 59−90.

② Huttenlocher, P. R. Synaptogenesis in human cerebral cortex [J]. Human hehavior and the developing brain, 1994: 137−152.

③ Kim K H S, Relkin N R, Kyoung-Min L, et al. Distinct cortical areas associated with native and second languages [J]. Nature, 1997, 388(6638): 171−174.

④ 曾晓洁, 蒋凯. 脑科学与教育应用研究——"脑神经科学与教育：中英语文教学研究计划"特点评析 [J]. 比较教育研究, 2008, (5): 11—15.

在英语教学中，整体语言教学法（whole language approach）和自然拼读教学法（phonic method）孰优孰劣得到了大量讨论。整体语言教学法强调先认识整个语篇及语篇的意义，以及先认识整个句子及句子的意思，然后认识单词和字母，根据上下文和插图理解单词的意义，而不需要先去教单词。这也就是我们通常说的根据上下文理解意义，不重视语音的教学。有的研究者认为，整体语言教学法割裂了听说读写，是双通道理论的简单滥用[1]，只强调了文字到含义的通道。并且也有研究者发现，整体语言教学法的实验证据不支持其成效。[2] 自然拼读教学法则是指先学习每一个字母的发音，再组合成音节，而这个过程实际上就是训练语音意识，而语音意识是阅读的预测指标。[3] 事实上，最好的方式就是将这两种阅读教学方法进行整合，通过整体阅读法提升阅读理解和分析推理能力，通过自然拼读法提升语音加工能力。[4]

三、基于教育神经科学的其他学科教学

除了以上对数学和语言教学的启示外，教育神经科学对道德教育、音体美教育等其他学科也有很多启示。比如，在道德教育中，认知神经科学的研究发现，道德判断是认知推理和情绪直觉共同作用的结果，道德情绪在道德判断和道德行为中发挥了重要作用。[5] 因此，可以通过让德育内容生活化的方式，给学生呈现情感丰富的道德教育。再比如，对音乐的研究发现，音乐训练对于空间认知能力、数学认知能力、语言认知能力等都有一定的促进作用。而一些体育运动对于儿童执行功能的发展、工作记忆的培养有改善价值。

不过，限于篇幅，本书不再对其他学科展开讲解，大家有兴趣可以去阅读相关专门书籍。

---

[1] （英）塞尔吉奥·德拉·萨拉，（澳）迈克·安德森. 教育神经科学的是与非［M］. 周加仙, 陈菊咏主译. 上海：上海教育出版社，2020: 6.

[2] （法）斯坦尼斯拉斯·迪昂. 脑与阅读［M］. 周加仙, 等 译. 杭州：浙江教育出版社，2018: 251.

[3] Stanovich K E. Matthew effects in reading: some consequences of individual differences in the acquisition of literacy［J］. Reading research quarterly, 1986, 21(4): 360—407.

[4] 周加仙. 整体语言教学法与拼读教学法孰优孰劣：脑与认知科学的证据［J］. 全球教育展望，2010, 39(6): 59—62.

[5] 江琦, 侯敏, 等. 教育神经科学视野中的道德教育创新［M］. 北京：教育科学出版社，2016: 98.

> **本章结语**

学习科学自诞生之日起，就受到了全球教育工作者的广泛关注，学习科学正在成为21世纪学校变革和教师专业发展的重要理论基础。充分借鉴和利用学习科学的已有研究成果，来提高学校教学的科学性和有效性，并促进教师的专业发展，已成为一种广泛共识。有学者呼吁："需要将学习科学和教师的经验结合起来，去创造一个让所有孩子都能有效学习的优质课堂。"[①] 香港大学原副校长程介明教授认为，教师专业发展的根本是以学生为重，以"学习"为主线索，经验与科学相结合。学习科学是教师专业发展的支撑，如果没有这个支撑，经验也许就停留在经验；如果加上学习科学的支撑，就不仅仅是经验，而是成为教师可以举一反三并广泛运用的理论。学习科学的研究成果，可以拿来支撑、确定、修订、否定、改进一些传统的教学观念，也可以开创一些新的教学理念。[②] 北京大学学习科学实验室执行主任尚俊杰等人也在呼吁：高水平教师需养成学习科学素养。在教师培养上应提升学习科学素养，促进学习科学与课堂教学融合。[③]

本章所总结和提出的基于学习科学已有研究的有效教学建议，可以帮助广大的一线教师及未来教师不断超越个人及所在环境经验的局限，使自身的教学更加科学、更加高效，从而促进学生的全面发展。需要指出的是，学习科学的研究仍在不断地发展完善，因此我们要时刻保持尊重科学的精神、批判的思维和创新实践的胆量，不唯书、不唯上，实事求是，努力提高自己对于学习科学教学策略的知识储备。[④]

> **重点回顾**

1. 根据马扎诺对学习科学研究成果的系统梳理和总结，对有效教学影响较大的教学策略因素包括练习、鞭策努力（即要让学习者看到在努力程度和成功之间存在着直接的联系）、做学习笔记、总结、主动参与、教师的非言语表征（包括可视化策略）和反馈等。

---

① （美）David A. Sousa. 心智、脑与教育：教育神经科学对课堂教学的启示[M]. 周加仙，等 译. 上海：华东师范大学出版社，2013：2.
② 程介明. 学习的专业 专业的学习[J]. 北京教育（普教版），2017，(4)：13—14.
③ 尚俊杰，裴蕾丝. 高水平教师需养成学习科学素养[N]. 光明日报，2018-09-08（第06版）.
④ 拓展学习资料：中国大学MOOC教师教育课程《应用学习科学改进教学策略》(https://www.icourse163.org/course/icourse-1003589005）。

2. 学校教学并不是始于大脑的认知系统，而是始于对学生"自我系统"的关注。也可以说，所有学习都始于脑的自我系统。

3. 已有知识只有是正确的、充分的、恰当的且被激活的，才有助于新知识的学习。相反，不正确的、不充分的、不恰当的或不能被激活的，就无助于新知学习甚至会阻碍新知学习。

4. 陈述性知识的学习和掌握一般来说需要经历如下的三个阶段：意义建构、信息组织和信息储存。

5. 根据课堂中的高效期和低沉期，教师要把重要的、有一定难度和挑战性的学习内容放在课堂的第一个"高效期"进行，因为学生比较容易记住这一阶段的所学内容。

6. 分段教学的方法：课堂学习中，2个20分钟的学习时间段比1个40分钟的学习时间段的"高效期"多了20%。

7. 教中学经过了三个阶段：为教学做准备工作，实际教学，观察所教学生的表现。

8. 提取练习效应（测试效应）就是指，对学习内容进行一次或多次的测试会比相同时间内的重复学习效果更好。

9. 在练习内容和总时长相同的情况下，分散练习的效果会比集中练习的效果更好。

10. 有效的反馈能告诉学生，哪些内容他们已经理解了，哪些还没有理解，哪些学习方面表现得好，哪些方面表现得差，以及如何确定自己未来的努力方向。

11. 提高课堂问答深度的有效教学策略建议：教师提出问题后，若遇到了无人回答或学生回答错误（不准确）的情况，这时要避免直接说出答案，可以给出相关的提示，并通过言语或非言语信息（身体动作、目光接触、手势等）鼓励学生主动参与到思考活动中来；教师发现学生欠缺回答问题的先行经验（基础）时，就需要借助先行组织者教学策略为学生提供必要的知识内容，为学生提供思维的脚手架，帮助他们有效地理解和学习课程内容；教师一定要对学生的回答做出积极的、及时的反馈。

12. 所谓概括化理论是指，概括出来的原理是迁移发生的主要原因，对原理的概括化程度越高，迁移效果就越好。

13. 促进记忆和保持的教学策略包括：重复练习、精细加工、组块、元记忆和记忆术、避免干扰和抑制、利用系列位置效应、用情绪设计。

14. 知识可视化是应用视觉手段，把知识以图解的方式表示出来。知识可视化方法包括文本可视化、关系可视化、原理可视化。

15. 自我解释是通过个体解读学习内容来加深对学习内容理解的策略，是认知过程的自我建构和说服，是学习者对因果关系或概念关系进行推断的过程。自我解释的过程涉及元认知，即对自身的思考、自己的表达和自己学习过程的审视和调整。
16. 距离效应：指出哪个量更大时，量距离越小，反应时间越长，错误率越高。数值效应：两个量距离恒定，绝对数值越高，反应时间越长，错误率越高。
17. 三重数量编码模型是指数量编码、言语编码、视觉编码。
18. 阅读的两条通路，也就是双通道：语音通路和直接通路。
19. 人脑的语言功能区主要有两个：威尔尼克区（左侧颞上回后部，布罗德曼分区22区）和布洛卡区（左侧额下回，布罗德曼分区44区和45区）。其中，威尔尼克区负责感知理解，也就是"听"；布洛卡区负责发音动作的执行，也就是"说"。两个脑区之间通过纤维束建立连接。

思考题

1. 名词解释：元认知系统、元记忆、系列位置效应、首因效应、近因效应、提取练习、感数、数数、数感。
2. 说出3个以上影响学生高效学习和有效教学的关键因素。
3. 当教师提出问题后，遇到了无人回答或学生回答错误（不准确）时，应该怎么办？
4. 促进记忆的策略有哪些？
5. 用可视化方法画出对本章节内容的理解。
6. 自我解释、出声思维、教中学有什么区别？
7. 即将期末考试了，你会选择（　　）进行复习？多选。

    A. 自己给自己出题

    B. 多看几遍书

    C. 把多个单元的题目混合在一起进行自测

    D. 每天复习一部分

    E. 重新抄写一遍笔记

8. 举例说明什么是距离效应？什么是数值效应？
9. 请解释三重编码模型，并讨论应该怎样培养学生的数感。
10. 请简要复述十条基于学习科学的有效教学策略。

第十章 学习评价

内容摘要

　　对学习的评价与评估自古有之。随着信息技术和学习科学的发展，学习评价与评估的技术手段越来越科学严谨，评价与评估的关注点、侧重点也发生了转变，新的学习评价和评估方法得以涌现。学习评价可以根据功能、基准、主题以及方法的不同进行分类，而一项实际的评价工作可以同时隶属于多个不同的分类。

　　常见的学习评价技术有标准化测试、自陈式量表、表现性评价和档案袋评价。这些评价技术带着不同时期学习理论的"烙印"，遵循一定的开发流程，能够在不同场景下发挥作用。

学习目标

1. 了解什么是学习评价，以及学习评价的历史发展过程；
2. 能够列举各类学习评价的实例；
3. 掌握常用的学习评价方法的基本流程与开发细节；
4. 了解常见学习评价方法的优点与局限，能够设计合适的评价方案；
5. 通过了解学习评价的发展历程，体会学习理论的发展对评价领域的影响；
6. 了解促进学习的课堂评价的含义及其重要意义；
7. 掌握促进学习的课堂评价的关键要素及策略。

思维导图

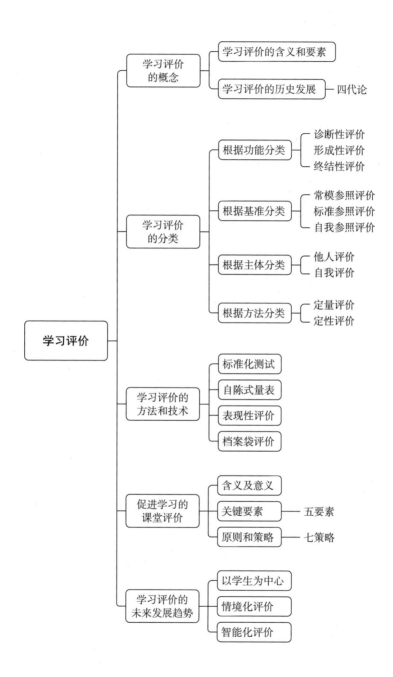

第一节 学习评价的概念

在教育领域,与评价相关的概念主要有三个:教育评价、教学评价和学习评价。其中,教育评价是指在一定教育价值观的指导下,依据确立的教育目标,通过使用一定的评价技术和方法,对所实施的各种教育活动、教育过程和教育结果进行科学判定的过程。教育评价包括教学评价、课程评价、学校评价、教师评价等各个方面的评价。当然,教学评价是教育评价的核心内容。

教学评价在第八章已经讲过,指的是依据教学目标对教学过程及结果进行价值判断并为教学决策服务的活动,是对教学活动现实的或潜在的价值做出判断的过程。教学评价一般包括对教学过程中教师、学生、教学内容、教学方法、教学技术、教学环境、教学管理等因素的评价,但主要是对教师的教学效果和学生的学习效果的评价。不过,对教师教学效果的评价一般也是通过评价学生的学习效果来进行的,所以教学评价的核心就是学习评价。

总而言之,学习评价是教育工作中最为重要且不可缺少的部分,在本节中,我们就对"学习评价"进行概念上的界定,并对学习评价的发展过程进行简单回顾。

一、学习评价的含义、要素和目的

在《学习科学百科全书》中,学习评价(assessment in learning)被定义为"通过正式或者非正式的方法,收集信息,判断学生的学习状态"。综合各类文献,本书将学习评价定义为"依据一定的学习标准或学习目标,收集相关证据,对学习者的学习过程或学习结果做出的描述或价值判断"。根据定义可以看出,学习评价是一个过程,其本质特征是对学习进行价值判断,这个判断过程是以一定的目标为依据的,整个过程涉及数据收集与分析手段。[1]

学习评价包含以下几个要素:①评价对象,即学习评价作用的对象,包括学习者的学习活动状态、质量以及学习结果,也就是"评价什么";②评价目的,即评价者希望通过评价要达到的目的,也就是"为什么要评价";③评价主体,即参与学习评价的评价者,主要是教师,也可以是家长、同伴或学习者自己,也就是"谁来评价";④评价过程,即评价主体按照一定的目的对评价对象的学习

---

[1] 胡中锋. 教育评价学 [M]. 北京:中国人民大学出版社,2013:227.

活动进行评价的操作流程，也就是"怎么评价"；⑤评价方法，即评价过程中所使用的技术、方法和手段，也就是"用什么来评价"；⑥评价结果及反馈，即在评价结束时评价者所获得的对被评价者学习情况的某种描述或价值判断，通常以考试分数、成绩分析、学习评语等形式来表现，也就是"评价结果意味着什么"。[1]

学习评价的功能，和第八章讲到的教学评价的功能类似，包括诊断功能、反馈功能、激励功能、导向功能、教育功能。国际评价学生项目PISA2015也列举了目前主要存在的11项学生评价的目的，包括：①指导学生的学习；②把孩子的进步告诉家长；③决定学生的升留级；④能够按照教学目的对学生进行分组；⑤把学校与区县、全市、全省或全国的成绩相比较；⑥检测学校每年的进步；⑦评判教师的效能；⑧发现教学或课程中可以改进的地方；⑨改进教学以适应学生的需求；⑩把本校与其他学校相比较；⑪给学生颁发证书。可以看到，这11项中有些侧重于评价为后续的教育教学改进服务，有些则侧重于评价为甄别、筛选学生服务。但总体而言，过去总是强调学习评价的甄别和选拔功能，评价就是要把学习者分成不同的等级；而现在更多的是强调通过学习评价，诊断出学生存在的问题，并给予积极的反馈，促使学习者更积极更有效地学习。[2]

评价和评估的区别

在英文中，评价、评估对应的单词是"assessment"和"evaluation"。但是，在中文文献中，这两个词的译法和使用比较混乱，很多研究者并不严格区分这两者的含义，有时甚至把它们看作是同义词。

如果严格地讲，评估的本质主要是事实判断，评价的本质主要是价值判断。评估强调客观性，强调数值，而评价可以带有大量的主观性，而且主要用于好坏和性质等。评价更加微观，更加关注评的技术细节，而评估则侧重于对证据分析结果的应用。不过，在实际研究中，很多时候人们并没有去严格区分两者的差异，所以本书中也不做区分，主要使用评价的概念。

---

[1] 石义堂，等.学习评价[M].北京：高等教育出版社，2007：5.
[2] 张娜.学习评价：理论与实践[M].北京：电子工业出版社，2019：47.

二、学习评价的历史发展

在 20 世纪之前，评价的方式以传统的考试为主。我国的科举考试制度就是这一时期的典型评价方式。科举考试主要以儒家经典著作为考察内容，通过笔试的方式，以"贤能"为标准，判断应试人是否具备为官入仕的资质。[①][②] 这一时期的评价主要依赖于经验，主观性较大。进入 20 世纪后，随着经济的发展，社会对具备读、写、算能力人才的需求量大大增加，传统的考试已不能满足人才选拔工作的需求，在这样的背景下，新的教育评价方式逐渐发展起来。

关于教育评价的发展历史，20 世纪 80 年代库巴（G. E. Guba）和林肯（S. Y. Lincoln）在其著作《第四代评价》(*Fourth Generation Evaluation*)[③] 中提出了现代教育评价发展的"四代论"，对教育评价的理论发展进行了如下系统的阐述。[④]

1. 第一代评价理论：测量时代（measurement generation）

19 世纪末至 20 世纪 30 年代期间的评价侧重于测量和测验，主要标志就是测量理论的形成和测量技术和手段的使用。在这一时期，教育领域掀起了测验与测量运动，专家们编制了大量的标准化测验，也发展出了除学业测验之外的智力测验、人格测验等。比如桑代克于 1904 年出版了《心理与社会测量导论》一书，比较系统地介绍了统计方法在测量中的应用和编制测验的基本原理，为教育测量的客观化和标准化奠定了基础。再如 1923 年，美国第一个标准化成绩测验——《斯坦福成绩测验》面世。这一研究为评价的正规化和系统化创造了条件。相比传统的考试，这一时期测验的科学性更强，评价和评估的目标主要是遴选人才，但人们仍将测量、测验与评价等同看待[⑤][⑥]，或者认为"评价就等于测量和测验"，因此这一时代被称为"测量时代"。

2. 第二代评价理论：描述时代（description generation）

20 世纪 30 年代至 50 年代期间的评价侧重于对"测验结果"做描述，以判断

---

① 黄光扬. 教育测量与评价（第 2 版）[M]. 上海：华东师范大学出版社，2012：10—11.
② 胡中锋. 教育评价学 [M]. 北京：中国人民大学出版社，2013：15.
③ Guba E G, Lincoln Y S. Fourth generation evaluation [M]. Newbury Park, Calif.: Sage Publications, 1989.
④ 卢立涛. 测量、描述、判断与建构——四代教育评价理论述评 [J]. 教育测量与评价（理论版），2009，(3)：4—7+17.
⑤ 黄光扬. 教育测量与评价（第 2 版）[M]. 上海：华东师范大学出版社，2012：14—17.
⑥ 胡中锋. 教育评价学 [M]. 北京：中国人民大学出版社，2013：13—14.

实际的教育活动是否达到了预期的教育目标，主要标志就是泰勒评价模式的形成及应用。在这一时期，随着教育测验与测量运动的推进，人们逐渐发现了标准化测验的片面性以及教科书中心主义等缺陷。于是美国在1933—1940年开展了著名的"八年研究"计划，课程与评价专家拉尔夫·泰勒（Ralph Tyler）担任评价小组的组长。在研究过程中，泰勒首次使用了"教育评价"的概念，他指出评价不是为了评价而评价，而必须是为了更好地达到教育目标的评价，评价应该用于确定课程与教学计划实际达到教育目标的程度。[①]这就是著名的教育评价"泰勒模式"。在这样的理念下，评价不仅仅是测验，也是过程，评价者不再是"测量技术员"，也是"描述者"，他们应描述教育活动结果和教育目标的一致性，因此，这一时代也被称为"描述时代"。

3. 第三代评价理论：判断时代（judgement generation）

20世纪50年代至70年代期间的评价不仅要进行"描述"，更要进行"价值判断"，主要标志就是用一定的标准去衡量所得结果是否达到了目标，并做出优劣判断。在这一时期，人们看到了泰勒评价模式的不足并提出了质疑：首先，教育目标确实很重要，但是教育目标本身的合理性和可行性怎么保证；其次，教育过程中还有许多非预期的教育效果（犹如"有心栽花花不开，无心插柳柳成荫"），而泰勒评价模式则忽视了对非预期和难以行为化的目标的评价。针对泰勒评价模式的不足，斯塔弗尔比姆（D. Stufflebeam）于1966年提出了以决策为中心的CIPP评价模式，他认为评价要通过找出"实际是什么"与"应该是什么"之间的差异来为决策者服务。[②]斯克里文（M. Scriven）于20世纪60年代提出了目标游离评价模式（goal-free evaluation），她认为要把教育目标与评价活动分离开来，目的是要考虑到教育活动的实际效果，而不只是预期效果。总之，在这一时期，评价者不仅需要去收集资料，进行描述，还要制定一定的判断标准与目标，进行价值判断，所以这一时代被称为"判断时代"。

4. 第四代评价理论：建构时代（construction generation）

20世纪80年代至现今期间的评价的标志就是"共同建构"。在这一时期，随着建构主义学习理论的兴起与发展，教育研究者们开始认识到学习者在学习过程中的主体性，教育研究的关注点也从"教"转向了"学"，评价领域也同样发生了转变，"共同建构""全面参与""价值多元化""建构主义评价法"等评价思

---

① （美）泰勒. 课程与教学的基本原理［M］. 施良方 译. 北京：人民教育出版社，1997：84—85.
② 吴钢. 现代教育评价教程［M］. 北京：北京大学出版社，2015：23.

想和方法不断提出,"学习评价"也作为一个明确的术语被提出。[①]1973 年,斯塔克(R. Stake)提出了"应答模式"(responsive evaluation,也称回应模式),他认为评价应首先关注服务对象所关注的问题和兴趣,而不是预期目标。20 世纪 80 年代,建构时代评价理论的代表人物库巴(Guba)和林肯(Lincoln)提出了"第四代评价理论",他们认为前三代理论有如下不足:①评价的"管理主义倾向"太浓;②忽视了"价值的多元化";③过分强调"科学实证主义",忽视了质性及其他评价方法的应用。在此基础上,他们认为评价应该是参与评价的所有人,特别是评价者与被评价者双方通过交互和协商,形成共同心理建构的过程。在这个过程中,评价者要收集各种资料,并通过协商,逐渐和被评价者及相关人员达成共识。正因为这一时期的评价特别注重"共同建构",所以被称为"建构时代"。

纵观以上四代评价理论,可以看出教育评价的范围不断扩大,评价方法越来越多元化,评价的结果也不再只用于甄别和选拔,而是更侧重于对教学的诊断,为教学改进提供启示,从而促进学生的全面发展。另外,以上每一代评价理论虽然是针对上一代评价理论的缺陷而发展起来的,但是事实上每一代评价理论都有其优点和不足,比如第四代评价理论虽然看起来容易,但是操作起来十分复杂,而第一代评价理论标准化测验虽然有其片面性,但是简单易行,在实践中仍然被广泛应用。所以,在具体评价过程中,应根据需要选择合适的评价模式和方法。

以上我们是以教育评价为主来讨论历史发展过程,不过,前面已经讲过,教育评价的核心是学习评价,所以学习评价的历史发展过程基本上可以参考上面教育评价的发展过程。

资料链接:教育评价模式

- 泰勒模式(行为目标模式、目标达成模式)。评价的目的是找出实际教学活动偏离目标的程度。因此,首先要确立教学目标并将其进行分解。随后,用行为术语界定具体的目标,给出达到具体目标的行为要求(比如,学生能够计算十位数的加法)。接下来,根据目标选择并组织学习经验,也就是设计教学过程。最后,选择与目标相适应的测量方法与工具收集数据(比如,一组十位数的加法题),进而判断目标的达成度。泰勒模

---

① 王中男. 学习评价:评价领域的哥白尼式转向[J]. 教育理论与实践, 2013, 33(34):56—60.

式结构紧密简洁，有一定的操作性，在教育评价领域占据主导地位三十年。但是，在界定教育目标时，泰勒模式要求使用可以直接观察的行为术语，因此过于侧重行为层面的定量评价，而忽视了定性的评价。此外，泰勒模式没有对教学目标本身进行评价。

- CIPP模式。CIPP模式由斯塔弗尔比姆于1966年提出，包括了背景评价（context）、输入评价（input）、过程评价（process）、成果评价（product）四个部分。在背景评价中，需要根据社会发展需要、评价对象的特征，对教育目标本身进行价值判断，从而弥补泰勒模式的不足。输入评价指对实现教育目标所需和可获得的条件进行评价，以判断教育方案是否可行。过程评价则是对整个目标实现的过程进行监督和检查，以便及时调整和改进。CIPP是一种决策导向的评价模式，目前国际上很多大型学业质量测评项目（例如国际学生评价项目［PISA］、国际数学与科学趋势研究［TIMSS］）都是用这一模式设计评价方案。

- 目标游离模式。目标游离模式由斯克里文于20世纪60年代提出。他在实践中发现，很多教育活动除了达到预期的目标外，往往还会产生"副效应"。因此，评价不应该只关注既定教育目标的达成情况，还要关注非预期的效果。目标游离模式的优点是考虑到了教育活动的效果的不唯一性和不确定性，但是，当评价需要关注的内容较多时，会大大增加操作的复杂度。

- 应答模式。应答模式由斯塔克于1973年提出，提倡要关注评价活动中所有人关注的现实问题、兴趣和需要，而不是预定的目标。这一评价模式主要采用非正式观察、访谈等方法，强调观点的多元性，但耗费的人力物力巨大，评价结果的适用范围也相对较小。

三、国际学习评价项目介绍

在过去的几十年内，国际上有一些重要的学习评价相关项目，下面简单介绍几个重要的项目。

1.国际学生评价项目（programme for international student assessment，PISA）[1]

PISA项目是经济合作与发展组织（OECD）负责组织实施的国际评价及比

---

[1] https://www.oecd.org/pisa.

—次。该项目旨在评估成员国15岁学生在阅...，以及跨学科的基础技能，并通过国家间的比...，社会和教育因素，从而为各国改善自身的教育...据。

...于终身学习的理念设计的，重点不是学生掌握了多少...在实际生活中创造性地应用这些知识和技能的能力。PISA...价主体，学生、家长、校长和教师一起从各个方面对学生进行...评价过程中也会采用多种收集信息的方式。①

...其科学性、可比性和时效性等特点，目前在全世界产生了比较重要...我国北京、上海、浙江、江苏等地的学生曾参与PISA测评，并取得了...的成绩。

2. 国际数学与科学趋势调查项目（the trends in international mathematics and science study，TIMSS）②

TIMSS项目是由国际教育成就评价学会（IEA）组织和实施，自1995年开始，每4年测试一次，测试对象是4年级和8年级的学生，测试内容主要是学生对数学和科学相关课程内容的掌握情况，并同时调查学生对数学和科学的态度与兴趣，其中包括对数学（科学）的学习态度、兴趣、看法、动机和自信心。

TIMSS目前已经成为国际教育成就评价学会自创办以来最成功的国际比较研究项目之一，在全世界也产生了很广泛的影响。

除了PISA、TIMSS项目外，实际上国内外目前还有很多很有影响力的学习评价相关项目，比如PIRLS（国际阅读素养研究）③、ICCS（国际公民素养调查）④、ICILS（国际信息素养研究）⑤、PIAAC（国际成人能力评估）⑥、TALIS（教学与学习国际调查）⑦，以及由中国基础教育质量监测协同创新中心开展的国家义务教育质量监测等。

---

① 胡中锋. 教育评价学[M]. 北京：中国人民大学出版社，2013: 241—243.
② https://www.iea.nl/studies/iea/timss.
③ https://www.iea.nl/studies/iea/pirls.
④ https://www.iea.nl/studies/iea/iccs.
⑤ https://www.iea.nl/studies/iea/icils.
⑥ https://www.iea.nl/studies/additional/PIAAC.
⑦ https://tilssc.naer.edu.tw/talis.

第二节　学习评价的分类

学习评价可以根据评价功能、评价基准、评价主体、评价方法的不同，进行不同的分类，但这些分类之间并不完全是互斥的。在实践中，通常会综合多种类别的学习评价。现在，设想你是一名语文教学论专业的大学三年级学生，将要在A初中进行为期一学年的教育实习。你的实习内容包括学科教学、班级管理、学校管理三个方面，分别由初三（4）班的语文任课教师刘老师、初一（1）班的班主任王老师、学校教导主任朱老师负责带教。本节将结合你在A初中的实习经历，阐述不同的学习评价方式。

一、根据功能的不同分类

根据评价功能的不同，可以把学习评价分为诊断性评价、形成性评价、终结性评价。

（一）诊断性评价

9月1日，你来到A初中开始为期一年的实习。教导主任朱老师告知你，为了更好地安排初三年级的复习教学工作，学校在开学前对新一届的初三学生进行了统一测试。他把初三（4）班的语文测试成绩拷贝给你，希望你协助语文任课教师刘老师一起制定该班级的语文复习教学工作。你和刘老师一起分析了学生的成绩后，发现学生的文言文翻译部分比较薄弱，因此刘老师计划在新学期着重加强这部分的复习。

上述情境中运用的评价方式就是"诊断性评价"。诊断性评价指在某一教学项目或教学活动开始之前，对学习者的学习进行评价。评价的结果既可以用于设置教学起点使其更加贴合学习者，也可以用于对学习者进行分层。例如，有些学校会对新生进行摸底考试，以了解学习者的基础，据此设置合适的教学起点。再如，一些大学会组织大一新生进行英语测试，根据测试成绩把学习者分为A、B、C、D不同的水平，形成不同的班级后再开展英语教学。

（二）形成性评价

刘老师计划上三次"文言文翻译"复习课。前两次课分别关注字词的翻译和句子的翻译。两次课结束后，你协助刘老师对初三（4）班进行了一次课堂小测验。根据测验的情况，刘老师发现学生对句子的翻译还存在困难，因此对第三节复习课的教学设计进行了调整。

在以上情境中，刘老师用到的就是"形成性评价"。形成性评价指在某一教学项目或教学活动的持续过程中，对学习者的学习进行评价。学习者和教师可以依据这一评价结果，对后续的教学、学习进行调整。最常见的形成性评价就是课堂作业、家庭作业、单元小测验。这些形成性评价的目的往往不是将学习者划分到所属的等级，而是了解已开展的教学和学习的效果，以便更好地促进学生的学习。

（三）终结性评价

第一个学期结束后，你帮助初一（1）班班主任王老师整理班级的期末考试成绩。你将每个学生的每门学科成绩汇总到一张表上。班主任王老师根据每一位学生的成绩，撰写了评语，塞到信封里发给每一位学生。学生和家长可以从成绩单和老师评语中了解本学期的学习效果。

在以上情境中，你接触到的就是"终结性评价"（也称为总结性评价）。终结性评价指在某一阶段性的教学项目或教学活动结束后，对学习者的学习进行评价。终结性评价的结果有时要用于对学习者的学习做出价值判断，因此有时会比较接近学习评估的概念。例如，一个学期结束后，根据学习者的期末考试成绩，给予优秀、良好、中等、及格、不及格等级，或是排名（不过目前中小学都非常强调要淡化排名）。

从上面的定义来看，似乎这三种评价都非常好理解。但实际上什么是诊断性评价、什么是形成性评价、什么是终结性评价并不绝对，这取决于是在什么样的时间尺度内去思考这件事情。比如，初三年级语文统测可以看作是为初三复习教学而准备的诊断性评价，也可以看作是对初一、初二语文教学的终结性评价。初一年级的期末考试可以看作是一学期结束后的终结性评价，也可以看作是整个初中阶段的一项形成性评价。

二、根据基准的不同分类

根据评价参照基准的不同，可以把学习评价分为常模参照评价、标准参照评价、自我参照评价。这三种评价通常都可能涉及对评价结果进行处理，做出价值判断。

（一）常模参照评价

你的实习进入了第二个学期。这个学期初三年级需要参加区级的一模考试。一模考试由各区域参照中考的标准统一命题、统一阅卷。教导主任朱老师告诉你，初三（4）班的张同学在一模考试中表现优异，排名区域前10，进入了重点高中推优名单。

在以上情境中，初三年级参加的区统考就属于"常模参照评价"。常模参照评价指根据学习者在团体中的相对位置评价学习者的学习效果。这种评价侧重于在一群人里面选拔、筛选出一部分人，也称为相对评价。由于每次的评价工具不同，群体的水平也不同，如果只看个人的评价结果并不能对其能力水平做出相对客观的判断。比如，一名学生在测验中考了85分。单看这个分数，并不能确定这名学生学得如何。但如果对照整个班平均分60分，最高分88分，我们就可以说这名学生在班上还是属于靠前位置的，可以推论该生学得还不错。

中考、高考、硕士研究生入学考试、公务员考试都是常模参照。考试的结果不但取决于你自己考得怎么样，还取决于别人考得怎么样。如果你考得好，大家考得不好，那么你很可能会"胜出"；如果你考得不好，大家考得好，那么你很可能会"落榜"。因此，这种评价最容易引发学习者之间的竞争意识。

（二）标准参照评价

在初三第二学期，A初中的全体初三学生还参加了初中毕业考试。只有通过了毕业考试，学生才可以拿到初中毕业证书。教导主任朱老师告诉你，初三（4）班所有学生的毕业考试都合格了，因此都能拿到毕业证书。

在以上情境中，毕业考试就属于"标准参照评价"。标准参照评价指根据某个具体的标准来评价学习者的学习。这种评价侧重于考察学习者对知识的掌握是否达到了一个既定的水平，而不是要筛选人，因此也称为绝对评价。中学毕业会考、大学生英语四六级考试、驾驶员考试都属于标准参照评价。这些考试的合格分数线是事先确定的，别人发挥得如何对你的考试结果没有影响。因此，这种评价比较不容易引发学习者之间的竞争。

（三）自我参照评价

在你实习的最后时光，A初中的初三年级学生参加了区域组织的第二次模拟考试。刘老师让每个学生对比自己在两次区域模考中语文成绩的变化情况，评价自己的复习是否取得了一定的效果、是否需要做进一步的改进。

在以上情境中，虽然二模考试依旧属于"常模参照评价"，但刘老师却让学生以自己为参照系进行评价，这种评价就是"自我参照评价"。自我参照评价指学习者和自己做对比。这种评价侧重于学习者的自身发展，在强调个性化教育和个性化学习的背景下受到了很多教育工作者的关注。比如，有学生A和学生B

在一次考试中都得了 85 分，但学生 A 在前一次考试中得了 83 分，而学生 B 在前一次考试中只得了 60 分。那么，尽管这次考试他们两人的分数一样，但根据自我参照评价的思路，学生 B 的进步更大（当然，这是排除了学生 B 在前一次考试中发挥失常的可能性）。这种评价也不容易引发学习者之间的竞争，同时还有可能让一些学习者树立起自信心。

三、根据主体的不同分类

根据评价主体的不同，可以把学习评价分为他人评价和自我评价。

（一）他人评价

回顾你的实习经历，不论是初三年级的学校统测、区域一模二模、课堂小测验，还是初一年级的期末考试和教师评语，都属于"他人评价"。他人评价指由他人，而不是学习者自己对学习者的学习进行评价。在过去，评价基本上都是他人评价。即使是现在，大多数评价也是他人评价。在这种评价中，评价者的偏见、评价者所掌握的信息等均会影响评价的结果，导致不公平、不客观的现象。比如，一名教师不太喜欢学生 A，但喜欢学生 B，那么他对这两名学生的评价有可能会不够客观。又比如，一名教师不太了解学生 C，他对这名学生的评价也可能是不够全面的。

（二）自我评价

在你实习的第二个学期，初一（1）班的王老师除了根据每位学生的期末考试成绩写评语外，还让学生给自己写评语，这就是"自我评价"。自我评价指学习者对自己的学习进行评价。随着对自主学习、个性化学习的强调，这类评价也越来越多。虽然这类评价可能会更贴近学习者自身的情况，但同样会受到评价者，也就是学习者本身的主观影响。比如，教师让班上的学生给自己这学期的表现打分，一些学生可能会根据实际情况如实打分，而另一些学生可能因为担心自己的分数太低，而故意把分数打高。此外，对自己比较严格的学生在评价时也可能会趋于严格，而对自己没那么严格的学生可能就会评得比较宽松。

因此，不论是他人评价还是自我评价，都会受到评价者主观因素的影响。在实际的评价工作中，这两种评价时常是结合在一起使用的。

四、根据方法的不同分类

根据评价方法的不同，可以把学习评价分为定量评价和定性评价。

（一）定量评价

在你为期一年的实习经历中，初三年级的学校统测、区域一模二模、课堂小测验、初一年级的期末考试都属于"定量评价"。定量评价指用数量化的方式进行学习评价，评价的结果也是数量化的。我们常见的纸笔测试就是一种定量评价，其评价结果是具体的分数或等级。这种评价方法在目前的评价工作中应用较多。它的优势是效率高，能够在较短时间内处理大量评价信息，但其弊端是容易忽视学习的复杂性和丰富性，从而让人"只见数字不见学习"。

（二）定性评价

前面提到，A初中初一（1）班的班主任王老师会给每位学生写评语，也让每位学生给自己写评语。这种评价方式就是"定性评价"。定性评价指使用语言、文字等方式进行学习评价，评价的结果并不是简单的数字。班主任对学生的评语就属于定性评价。现在，国内外不少高校在接受学生申请时，都会要求学生撰写个人陈述、个人成长经历、高中学习反思等文稿，这些也是定性评价。定性评价有助于呈现学习者学习的"全貌"，第四代评价理论也强调要重视定性的评价方法，但定性评价的缺点在于操作起来比较费时费力，最终的评价结果也不便于进行大量的汇总统计。

综合而言，定量评价和定性评价各有利弊，在实际的评价工作中，这两种方法也是时常结合在一起使用的。

根据以上四种分类方法，我们可以得到不同的学习评价的类别。而在实际情况中，具体的评价往往可以归属于多种类别。例如，高考作为大学入学考试，是一种诊断性评价。同时它也是常模参照评价、他人评价、量化评价。目前在上海试行的综合素质评价，作为大学招生的依据也是一种诊断性评价，同时融合了他人评价与自我评价、量化评价与定性评价等多种评价类别。

第三节　学习评价的方法和技术

在学习理论发展、转化的过程中，学习评价的技术也发生着变化。不同的学习评价也有着不同时期的学习理论"烙印"。在接下来的部分，我们主要关注标准化测试、问卷与量表、表现性评价、档案袋评价这四种常见的学习评价方法和技术。

一、标准化测试

（一）标准化测试与非标准化测试

标准化测试与非标准化测试对应，两者在形式上非常类似，通常都是纸笔测验。两者的区别主要在于其在设计与实施的程序上是否"标准化"。

教师在日常教学中编制的测验有很多都属于非标准化测试，例如，A 初中初三（4）班语文老师刘老师在两次文言文复习课后布置的课堂小测验。虽然对于一个班级的学生来说，单元测验也是统一试题，在统一时间内完成且由学科教师负责评分，但这类测验的编制通常主要依靠教师个人的直觉经验。其结果用于了解和比较一个班级内学生的学习情况，有着及时诊断教师教学、学生学习的作用，但测验流程的科学性、测试结果的可靠性、应用范围都比较有限。

标准化测试在前文提到的 20 世纪初的测验与测量运动中兴起，恰逢行为主义学习理论流行的时期。标准化测试是一种在试题编制、测试实施、测试评分、分数解释上都有明确的规范和标准的评价技术，比如 A 初中初三年级学生参加的两次区域中考模拟考试。因此，对于参加测试的人而言，试题是统一编制的、测试的实施是统一规定的、评分的方式是一致的、分数的解释也是一致的。由于使用标准和规范，标准化测试的流程严谨，结果可靠，因此适用于面向大范围群体的测试，比如中国的高考、美国的 SAT 考试、各类行业的执照考试等。[①]

（二）标准化测试的基本流程

由于面向的群体范围很广，标准化测试需要尽可能确保公平，让测试结果可信，使参加测试者的得分有互相比较的意义，因此在测试开发的每一个环节中都需要遵循一定的规范。

1. 确定测试目的与内容

首先，需要有明确的测验目的，划定测试的内容范围，编制双向细目表。双向细目表中的"双向"指表格的两个维度，即测试的内容和测试的目标。其中，测试目标维度通常参照布鲁姆的教育目标分类框架。

在教育评价的"泰勒模式"提出后，教育研究领域掀起了教育目标分类研究。其中，泰勒的学生布鲁姆提出了教育目标分类框架，把教育目标分为认知、

---

① Olson A M, Sabers D. Standardized tests [M]//Good T L. (Ed.) 21st century education: a reference handbook. Newbury Park, Calif: SAGE Publications, 2008: 423-430.

情感和动作技能三个领域,这也是目前一线教师们广为接受的分类方法。[1]其中的认知领域目标经布鲁姆的学生洛林·安德森(Lorin Anderson)等人修订后,分为六个依次递进的类别:记忆、理解、应用、分析、评价和创造。[2]随着类别层次的提升,对学习者认知水平的要求也逐渐提升,在评价时对应的题型也有所不同。表 10-1 是一份几何数学的双向细目表示例。表格中的每一行是一个知识点,也就是评价的内容。表格中的列是知识点所对应的目标层次,也就是测验目标,通常是根据教学标准决定的。

表 10-1 双向细目表示例

内容	目标层次		
	记忆	理解	应用
三角形的边角关系	√		
轴对称图形		√	
全等三角形判定(SSS)			√
全等三角形判定(ASA)			√
全等三角形判定(SAS)			√

2. 编制试题

试题的编制需要参照双向细目表。根据表格 10-1 这张双向细目表,学习者要记住"三角形的边角关系",可以使用填空题,让学习者填写三角形的边角关系是什么;学习者要能理解"轴对称图形",可以使用选择题,让学习者在一组图形中选择出轴对称图形;学习者要能应用三种"全等三角形判定"的方法,可以使用几何证明题,让学习者应用这些方法进行证明。

在实际的测试开发过程中,通常会事先多编制一些题目,然后经过多轮研讨,根据测试难度和时间,选定试题进行组卷。如果有条件,还会将试题进行试测后再进行选择和修订。

除了题型需要对应双向细目表所要求的目标层次外,试题的编制还要基于学习者的学情,以便为后续的教学改进提供启示。以选择题为例,除了正确的选项外,错误选项最好能够包括"真实的答案"。也就是说,这些选项不是任意的一个答案,而是学习者有可能会得出的错误答案。根据这些错误选项,教师可以推

---

[1] 陈玉琨. 教育评价学 [M]. 北京:人民教育出版社,1999: 79.
[2] Anderson L W, Krathwohl D R, Airasian P W, et al. A taxonomy for learning, teaching, and assessing: a revision of Bloom's taxonomy of educational objectives, abridged edition [M]. New York: Longman, 2001: 31.

断出学习者还存在哪些不足，从而改进后续的教学。下面我们用一个简单的例子示范一下如何设计选择题中的错误选项。

假设有如下语文方面的选择题：以下哪一项是诗圣所做，表达悲国情怀的诗句？

A．清明时节雨纷纷，路上行人欲断魂

B．竹外桃花三两枝，春江水暖鸭先知

C．国破山河在，城春草木深

D．江上往来人，但爱鲈鱼美

此题中的错误选项 A、B、D 就属于"非真实的答案"，即使不知道正确答案的人也可以猜出这三个选项不是正确答案，因为这三个选项表达的都不是"悲国情怀"。

可以把选项改为如下四个：

A．商女不知亡国恨，隔岸犹唱后庭花

B．山河破碎风飘絮，身世浮沉雨打萍

C．国破山河在，城春草木深

D．秦时明月汉时关，万里长征人未还

选 A 的学生可能知道诗圣姓杜，但不清楚是杜牧还是杜甫，或者不确定这句诗的作者是杜牧还是杜甫；选 B 的学生可能不知道诗圣是指唐朝的诗人，或者不知道这句诗的作者是宋代的文天祥；选 D 的学生可能知道诗圣是唐朝的诗人，但不知道具体是谁，或者不知道这句诗的作者是唐代的王昌龄。

有时候，"真实答案"和正确答案加在一起可能也不足四个（通常选择题的选项是四个）。此时，在选项中包含"真实答案"和正确答案外，也不得不加入"非真实答案"。在已经包含"真实答案"的前提下，"非真实答案"可以判断学习者是否在猜答案。

3.实施测试

确定试题并完成组卷后，需要制定规范的测试实施方案，明确测试时间、试卷拆封、试卷分发与收集、测试纪律等各类细节。施测人员需要经过一定的培训，确保每一个考场的测试都能按照规范执行。你可以回忆一下高考考场上的广播内容。监考老师会在广播播放的同时执行考试步骤，比如展示测试卷档案袋是密封的，在考前 2 分钟发放测试卷，考试时间到后立刻收集试卷，监考教师清点完试卷后考生再离场，等等。

4. 评分

测试完成的阅卷也同样遵循一定的评分规则。其中，客观题（例如选择题、填空题、判断题等）的评分标准相对比较确定，不同的评分人员只需要对照答案进行评分即可。在大型测试中，客观题的评分通常使用答题卡填写、机器评分的方法，以加快评分的效率。

主观题（例如简答题、作文等）的评分则需要先制定评分细则。这样的细则有较强的规范性和可操作性，便于为阅卷评分人提供统一的标准，减少评分过程中因评分者的不同而造成的误差。

比如，高考语文材料作文就有对应的评分细则："等级评分标准"。表格10-2呈现了这个标准的框架结构。标准首先被分为基础等级和发展等级两个方面。随后，基础等级又分为内容和表达，发展等级具体化为特征。在内容、表达、特征下又分出了四个等级，每个等级中有对应的描述。这些描述就像给评分者提供了一把公用的尺子，去衡量每一篇文章。比如，如果评分者认为一篇文章的内容"符合题意、中心突出、内容充实、思想健康、感情真挚"，那么就可以把它归为内容一等，打分在16～20分之间。评分者对每一篇文章的内容、表达和特征进行打分后，总分就是这篇文章的最后得分。

表 10-2 高考语文作文等级评分标准[①]

		一等 （20～16分）	二等 （15～11分）	三等 （10～6分）	四等 （5～0分）
基础等级	内容 20分	符合题意 中心突出 内容充实 思想健康 感情真挚	符合题意 中心明确 内容较充实 思想健康 感情真实	基本符合题意 中心基本明确 内容单薄 思想基本健康 感情基本真实	偏离题意 中心不明确 内容不当 思想不健康 感情虚假
	表达 20分	符合文体要求 结构严谨 语言流畅 字迹工整	符合文体要求 结构完整 语言通顺 字迹清楚	基本符合文体要求 结构基本完整 语言基本通顺 字迹基本清楚	不符合文体要求 结构混乱 语言不通顺，语病多 字迹潦草难辨
发展等级	特征 20分	深刻 丰富 有文采 有创意	较深刻 较丰富 较有文采 较有创意	略显深刻 略显丰富 略显文采 略显创意	个别语句有深意 个别内容较好 个别语句较精彩 个别地方有新意

---

① 高考语文作文等级评分标准［EB/OL］.［2020-06-13］. http://www.gaosan.com/gaokao/245996.html.

但是，即使有了这样清晰的评分细则和具体的水平描述，不同的评分者还是会有不同的理解。比如对什么是"有文采"，什么是"中心突出"，不同的评分者可能会有不同的想法。因此在评分之前需要培训评分者，并进行试评。试评通常是几位评分者对同一篇（或几篇）文章进行打分。试评结束后，评分者对试评结果，尤其是差异较大的试评结果进行研讨，尽可能把每一位评分者心中的这把尺子的刻度调成一致。在正式评分过程中，评分者遇到比较难把握或者有争议的文章也会再次研讨，协商出一个大家都认可的评分结果。在必要时也会对评分细则做进一步的说明。在条件允许的情况下，可以让至少两位评分者评判一篇文章，通过对比两位评分者的评分差异（参见资料链接：评分者信度），决定文章的最终得分。

> **资料链接：评分者信度**
>
> 评分者信度（scorer reliability）指由多名评分者给同一批人的答卷进行评分时，这些评分者给分的一致性程度。评分者信度是评价评分是否客观的指标之一。例如，有两位评分者给30篇文章进行打分，最终得到60个分数，每篇文章有2个分数。这两位评分者的一致性可以在这60个分数的基础上，计算Kappa系数、Spearman相关系数得出。关于具体的分析方法和可接受的结果，可以查阅统计学方面的书籍资料。

（三）标准化测试的局限

标准化测试是教育领域中最常见的学习评价技术，它有着科学严谨、结果可靠、高效等优势，因此在人才选拔、教育质量监控等方面扮演着几乎不可替代的角色。

但是，如前文所述，标准化测试兴起之时正值行为主义学习理论盛行。随着人们逐渐认识到行为主义学习理论的不足，对标准化测试的批判也开始出现。批判者认为，标准化测试通常局限于评价低水平的知识（比如记忆、理解），无法测量出学习者在真实世界中应用理解的能力，因此不太适用于对问题解决、创新能力、批判性思维等复杂能力的评价。此外，由于答题时间有限，这类测试能够覆盖到的知识点也是有限的，教师和学生很容易产生应试倾向，这不但不能很好地检验出学生的真实水平，还会增加学校、教师、学生的应试压力。[1] 此外，这类

---

[1] 王玉衡. 美国标准化测验的问题与质疑 [J]. 比较教育研究，2002，(9)：18—22.

测试中的题目通常只有唯一的答案，因此不利于培养学习者的创新思维。

二、自陈式量表

当你结束实习回到学校后，你和好朋友李明聊到各自的实习经历。李明说他实习的学校除了给学生安排期中、期末考试外，还会让学生填一份简单的问卷，帮助教师了解学生学习的状态，而不仅仅看学生的分数。实际上，随着人们对标准化测试缺点的认识，教育者们开始采用其他的评价技术，弥补标准化测试的不足。问卷就是其中应用最为广泛的一种评价技术。

（一）问卷与量表

问卷可以分为封闭式问卷、开放式问卷和半开放式问卷。在封闭式问卷中，每道题目下都有固定的选项让填写人选择，类似于选择题。在开放式问卷中，每道题目的回答都是开放的，由填写人自己回答，类似于简答题。在实际操作中，通常把这两种题型结合，形成半开放式问卷。

将问卷应用在学习评价中也体现出教育者们对学习者想法的关注，而不仅仅关注他们的行为表现。而学习者的想法可以通过开放式的问题进行了解。但是，完全让学习者自己写想法，得到的信息可能会各式各样五花八门，因此在问卷中也会使用自陈式量表（比如李克特量表）的方式，这类量表的编制以潜变量与显变量的概念为基础，评价学习者的态度、情感等。

关键概念 —— 李克特量表 (Likert scale)

李克特量表由美国社会心理学家李克特（Likert）于1932年提出。量表由一组题目（如"我对自己的前途充满了期待"）组成，每一题都配有"非常同意""同意""不一定""不同意""非常不同意"五种回答（当然，有时更多或更少），分别记为5、4、3、2、1。被调查人的得分能够反映出其相应的心理特质。

关键概念 —— 潜变量、显变量

显变量是指可以直接测量的事物。比如身高可以用尺子来测量，体重可以用称来测量。而潜变量是指不能直接测量的事物，比如性格、对某件事情的态度。

我们可以通过一系列题目来估计出潜变量。比如身体素质是一个潜变量，无法直接观测到，但可以通过身高、体重、肺活量、握力、跑步速度等相对更直观的变量来反映。又如，一个人的学习投入程度是无法直接测量的，但一个学习投入高的人可能会有一系列的行为表现，如学习的时候会忘了时间，愿意在学习上投入大量的精力等。表10-3是萧费利（Schaufeli）等人开发的测量学习投入程度的自陈式量表。这份量表包含精力充沛、尽心尽力、全神贯注三个维度，这些维度反映了学习投入的不同方面[①]，每个维度下又有若干题目，这些相对直观具体的题目可以帮助我们估计出潜变量。

表10-3 萧费利等人开发的学习投入自陈式量表

维度（潜变量）	题目
精力充沛	学习的时候，我意志坚强。
	我可以长时间地学习。
	学习的时候，我觉得自己充满了能量。
	在学习时我感到精力充沛。
	早上起床后我就很想到学校上课。
尽心尽力	我觉得学习很有意义。
	学习激励着我。
	我对学习饱有热情。
	我为自己的学习感到自豪。
	我的学习富有挑战。
全神贯注	学习的时候，我觉得时间过得很快。
	学习的时候我会忘了身边发生的事情。
	认真学习时我感觉到快乐。
	我走到哪里都在想着我的学习。

在使用时，学习者首先阅读量表中的每一道题目，然后对照自己的实际情况，对题目的同意程度进行打分（所以叫自陈式）。学习者的打分可以有不同的打分尺度。比如：5级自陈式量表中，1分至5分分别表示"非常不同意""不同意""中立""同意""非常同意"；7级自陈式量表中，1分至7分分别表示"非常不同意""不同意""比较不同意""中立""比较同意""同意""非常同意"；4级或6级自陈式量表中，通常会去掉5级或7级量表中的"中立"项。

---

① Schaufeli W B, Martinez I M, Pinto A M, et al. Burnout and engagement in university students: a cross-national study [J]. Journal of cross-cultural psychology, 2002, 33(5): 464-481.

评价者需要根据评价工作的实际情况进行选择。首先，在实际操作中，需要考虑被评价者的认知能力，低年龄段的学习者可能不太适合级数太高的量表，因为让他们区分出如此细的同意程度可能会有困难。其次，有些学习者会习惯于选择"中立"，因此可以选取偶数级量表，去除"中立"项，让学习者做出同意或不同意的判断。最后，在数据分析过程中，通常将5级以下量表的数据看作是定序变量，5级以上量表的数据看作是定距变量（参见关键概念——变量的测量尺度），对应的数据分析方法也是不同的。① 一些特殊的数据分析技术（比如结构方程模型）在量表等级高的情况下更适用。

> **关键概念 —— 变量的测量尺度**
>
> 变量的测量尺度从低到高可以分为定类、定序、定距、定比。
>
> 定类变量之间不存在孰高孰低的关系，不能比较大小，不能进行运算。比如性别分为男性、女性两类，这两类是平等的，因此是定类变量。将性别信息自身或与其他变量进行计算是没有意义的。
>
> 定序变量之间有一定的顺序，可以比较大小，但不能进行运算。比如受教育程度可以分为小学、初中、高中、大学等。这些类别存在一定的顺序（比如大学学历比小学学历高），但不存在中间状态（比如没有小学－初中学历，要么是小学学历，要么是初中学历）。同样的，将受教育程度自身或与其他变量进行运算也是没有意义的。正文中提到的"把5级以下量表的数据看作是定序变量"指的就是这类测量尺度。
>
> 定距变量之间有一定的顺序，而且可以进行加减。但是定距变量没有绝对零点，因此不能进行乘除。比如摄氏温度就是一种定距变量，30.8度比20度高，而且高出10.8度（30.8-20=10.8），而0度不代表没有温度。正文中提到的"把5级以上量表的数据看作是定距变量"指的就是这类测量尺度，而0也不代表"没有同意"。
>
> 定比变量有一定的顺序，而且有绝对零点，因此加减乘除都可以进行。比如月收入就是一种定比变量，0表示没有收入。3000元的收入比1500元的收入多1500元（减法），是1500元收入的两倍（除法）。

---

① 王济川，王小倩. 结构方程模型：Mplus 与应用（英文版）[M]. 北京：高等教育出版社，2012：14—16.

学习者填写后，评价者需要在每一题分数的基础上，计算量表的得分。通常的计算方法是求平均值、求总和，有时也会用因素分析的方法（有关因素分析的内容详见下文）。

（二）自陈式量表的编制

自陈式量表的编制通常有"自上而下"和"自下而上"两种途径。其中，"自上而下"的方法指以现有较为成熟的量表（比如提到的学习投入量表）为基础，进行适当改编后直接使用。"自下而上"的方法指开发原创的量表。

1. 借鉴已有成熟量表

这种方法可以在较短的时间内编制出具有较高信度和效度的量表。此外，如果在学习评价中使用了已有的成熟量表，那么学术领域中使用这一量表的其他研究都能够为评价结果的理解、解读提供支持。

虽然成熟的量表已经经过一定的实践检验，但如果量表为外文，通常需要经过以下四个步骤，来尽可能保证量表译文的质量。

（1）在理解题目含义的基础上，对题目进行适当的意译，尽可能表达题目的原有含义，并确保题目表述符合中文阅读习惯。可以邀请一些人审阅问卷，询问他们能否读懂，他们是怎么理解这些题目的表述的，看看他们的理解是否与原文有所偏差。

资料链接：量表的直译与意译

很多研究都会借鉴国外已有的成熟量表，将其翻译后直接使用。而中文的表述会影响学习者对题目的理解。

例如，在一套量表中有这样一题："I can identify the reason why I get a low score in test."如果进行直译，会表述为："我能识别我在考试中得低分的原因。"虽然意思上大致可以明白，但读起来总是有些别扭。如果学习者年纪比较小，可能会完全不理解这句话的意思。因此，可以将这道题目意译为"我能分析出自己考低分的原因"，或者"我能找出自己考低分的原因"。这样更符合中文的阅读习惯，也更容易被学习者理解。

在中国知网上，你可以找到很多借鉴国外量表的研究。一些学位论文的附录中还会附上中文量表。你可以去仔细阅读这些题目，看看它们是否在"讲中国话"。

除了需要谨慎翻译外，在借鉴已有量表时还需要谨慎思考量表中的题目是否适用于你想要评价的学习者群体。尤其是外文量表，其使用环境有特定的社会和文化背景。如果直接拿来使用，很可能会降低量表的效度。

> **量表应用案例：学生能用多种语言交流就代表其具有全球化素养吗？**
>
> 　　如今的世界是一个全球化的世界，因此培养学生的全球化素养也成为许多国家和国际组织关心的问题。国外的研究者们已经开发出了一些量表，用于测量学生的全球化素养。在其中一份量表中，有这样一道题目："你和你的父母用几种语言和其他人交谈？"
>
> 　　这道题目对于美国和中国的学生而言，意义是不同的。由于美国是一个移民国家，很多人除了会说英语，还会说西班牙语、汉语、法语等语言。因此，当学生回答 2 种及以上语言的时候，表明他们具有较好的语言技能，能够和来自不同语言背景的人交流。但是当中国学生看到这道题目时，首先想到的问题是"方言是否算一种语言？"因为中国不是一个移民国家，绝大部分的人都只说中文，倒是方言会有很多种。因此，当中国学生回答一种语言时，不一定代表他们就不能和来自其他国家的人交流，而是因为他们没有这样的环境。当他们回答两种及以上时，他们很可能把方言也计算在内了，那么研究者就需要确认和说不同方言的人交流是否也是全球化素养的一种表现。

（2）将中文题目再回译到外文。最好找外文比较好，同时比较了解心理测量，且不知道量表原文的人完成这项翻译工作。

（3）将量表原文和回译英文进行对照。可以找两到三个熟悉心理测量的人，让他们分别判断原文和回译英文是否基本一致，统计他们在多少题目上达成了一致（可以用前文提到的评分者信度的操作方法），并调整他们都认为不太一致的题目的表述。

（4）如果条件允许，在正式测量之前进行试测，并通过验证性因素分析，验证量表的结构是否合理，必要时进行题目删减或调整（见下页的资料链接）。

2. 开发原创量表

"自下而上"的方法指开发原创的量表。这一方法需要遵循较为严谨的心理学量表开发过程，耗时也通常较长。如果没有心理测量方面的专业背景，建议找专家完成这项工作，或直接借鉴已有的成熟量表。原创量表的开发通常要经过以下三个步骤。在实际工作中，为了形成科学合理的量表，这三个步骤常常会需要反复。

（1）通过理论调研、观察、访谈等途径，确定想要测量的潜变量（比如学习投入）有哪些具体的表现（比如看书时会忘了时间、上课时不会开小差等）。

（2）将这些表现转换成题目，形成题目库并进行试测。

（3）对试测数据进行探索性因素分析，根据提取的因子个数和题目的因素载荷值，将题目进行归类，同时删除不合适的题目。

资料链接：探索性因素分析与验证性因素分析

探索性因素分析和验证性因素分析是量表数据统计中常用的两种分析方法。其中，探索性因素分析的目的是形成理论，通常用于原创量表的开发。验证性因素的目的是验证理论，通常用于已有量表的验证。

我们以上面提到的萧费利等人的学习投入量表为例。如果你是萧费利，首先你形成了一项理论假设，认为学习投入可以分为精力充沛、尽心尽力、全神贯注三个维度，每个维度都有一些具体的表现。然后你和同事根据这些表现编制了一系列的问题并进行了试测。拿到试测数据后，你用所有题目进行探索性因素分析，发现这些题目可以抽取出三个因素。每个因素所包含的题目恰好是之前在三个维度中编写的题目，因此你的理论假设成立。当然这是一种非常理想的情况，现实情况中你可能要在编题、试测、分析、删题、分析、编题、再试测中不断反复，并对自己的理论假设进行必要的调整。

如果你是一个对学习投入感兴趣的研究者，发现萧费利等人的量表非常适用，于是你遵循之前我们提出的意译、回译、对照三个步骤，形成了中文版的量表并进行了试测。拿到试测数据后，你参照萧费利给出的结构，把属于精力充沛、尽心尽力、全神贯注三个维度的题目依次进行验证性因素分析，发现三次分析的结果都只抽取出了一个因素。选择所有的题目进行验证性因素分析，发现在抽取出三个因素后，每个因素下对应的题目正好与三个维度所属的题目一样。这样，你就验证了这份量表的结构是合理的。

> 关于探索性因素分析、验证性因素分析的具体操作方法以及删题的标准等，请参考教育统计方面的图书。

自陈式量表中有时也会加入反向题。比如在"学习投入"量表中加入"学习时间一长我就犯困"这样的反向题。通过这样的反向题，评价者可以判断学习者的回答是否有效。在后续的数据处理上，会对这些反向题进行反转处理，使其成为正向，以便于合并其他题目的得分。但是，也有研究者发现直接反转处理的不合理性，并建议如果反向题多于3题的话，可以考虑不做反转处理而是直接把它们作为一个反向维度来进行数据处理。①

（三）自陈式量表的局限

自陈式量表的开发过程科学严谨，一套成熟的量表可以进行多次使用。当结合在线问卷使用时，自陈式量表的效率非常高。自陈式量表关注的是学习者自身的想法，在实证研究领域中的应用非常广泛。

然而，自陈式量表也存在一些不足。

第一，自陈式量表是一种间接评价，评价的是学习者的想法、态度等，而不是他们实际的能力，因此会受到学习者主观因素的影响。学习者可能报告说他的学习习惯很好，但实际上也许他的习惯并不好。一位对自己要求比较高的学习者可能会觉得自己还不够努力，另一位对自己没有太高要求的学习者可能觉得自己已经很努力了。因此，在使用量表时，通常同时还应结合其他评价方法。

第二，一些量表的题目表述容易具有倾向性，学习者能够推测出测试人想要什么样的回答，或是什么样的回答是好的回答。而这些回答可能并不是受测人的真实情况。比如，学生看到"上完课后我会进行复习"这样的题目时，会觉得如果回答"不同意"教师可能会批评他，所以选择填写"同意"，而实际上他可能真的不会复习。因此，自陈式的量表不太适合于价值观、思想道德等的评价。针对这一不足，研究者们也提出了其他评价技术，比如情境任务（contextual task）和心理投射（psychological projection），具体解释见下页资料链接。

---

① 侯杰泰, Herbert W. Marsh, 孙晓燕, 等."开心"="不开心"（反向计分）？—正反题目在测量上的结构方程分析［C］// 中国心理学会成立90周年纪念大会暨全国心理学学术会议论文集.中国心理学会, 2011.

> **资料链接：情境任务和心理投射**
>
> 情境任务指设计一个活动或问题情境，以对学习者在该情境中的表现进行评价，它是后文中表现性评价的一种。例如，在一个评价儿童是否有自制力的任务中，评价者给儿童一块糖，并告诉儿童自己要离开5分钟，如果回来时发现糖没有被吃掉，那么会再奖励他/她一块糖。随后评价者离开，但同时录像记录儿童在评价者返回之前的表现。在评价者离开后，有些儿童立刻就把糖吃了，有些儿童挣扎纠结了很久最后还是忍不住把糖吃了，有些儿童则坚持到了评价者回来并且获得了另一块糖的奖励。评价者则根据录像中儿童的表现，对他们的自制能力进行评价。你可以在优酷等网络平台中搜索"经典心理实验——棉花糖实验"看看这些孩子们的表现。
>
> 心理投射的方法在人格测量中很常用，指个人把自己的思想、态度、愿望、情绪和性格等特征，不自觉地反映于外界或他人的一种心理过程。相比自陈式量表，心理投射法可以在人不知不觉时对其内心做深层的探索。比如给被试一些形象模糊的图片让他们说说这是什么，或是让他们自己画一个图，说一个故事等。心理投射任务的设计原理比较深奥，需要评价内容的设计者具有一定的专业素养，其结果的评价也受评价者主观因素的影响。[①]

三、表现性评价

除了李明提到的自陈式量表，你的同学钱睿向你介绍了另外一种非常新颖的评价方式。他的带教老师让学生组成小组，以"汉字的演变"为主题，自定视角、收集资料、撰写文本，最后完成一份小报告。这样的评价就属于"表现性评价"。

（一）表现性评价的概念

表现性评价是通过考察学习者在真实情境，或者模拟的真实情境里任务完成过程中的表现，对学习者的问题解决、交流与合作、创造性思维等复杂能力，以及在完成任务中所表现出来的情感意志等进行评价的方法。而这些考察内容是标准化测试、自陈式量表很难做到的。实际上，从古至今人们一直在生活实践中使

---

① 黄光扬.教育测量与评价（第2版）[M].上海：华东师范大学出版社，2012: 258.

用表现性评价。比如，苏格拉底的问答法、科举考试中的武试、驾照考试中的路考等。

20世纪80年代，建构主义学习理论在教育领域逐渐流行起来，推动了教育领域的变革，也对评价领域产生了影响。建构主义学习理论十分重视学习的情境性，主张学习不能与真实世界相剥离。因此，评价也需要选择现实生活中的真实任务。于是，在教育研究者与实践的重视下，表现性评价作为一种推动现代教育教学实践的重要评价方式开始兴起。①

（二）表现性评价的基本流程

表现性评价的基本流程分为确定要评价的能力、确定表现性任务、确定评分方法三个主要步骤。在这三个步骤中所形成的表现目标、表现任务、评分规则也就是表现性评价的三个核心元素。②③其中，表现任务的设计和评分细则尤为关键。

1. 确定要评价的能力

表现性评价是通过学习者的表现直接评价其能力的评价技术（在标准化测试中，学习者的能力是通过测试题上的得分间接估计的）。在设计表现性评价之前，首先要明确所评价的能力是什么。比如评价学习者的英语口语表达能力、英语发音等。

2. 表现性任务的设计

表现性任务首先需要符合评价的目标。比如，如果想要评价学习者的英语口语表达能力，那么就要设计英语对话、采访、问答之类的任务；如果想要评价学习者的英语发音，那么就要设计朗读英语报刊文章之类的任务。

其次，表现性任务必须是真实、有意义的，要源于生活，反映真实世界对学习者学习的要求。④这样的任务通常会有一个情境，比如，设计一个实验，比较不同类型洗衣粉的洗涤效果；针对共享单车停放不规范的现状，提出解决的方案；将一部短篇小说改编成舞台剧，等等。

但是，有情境并不一定代表任务是真实的。比如，我们在学数学的时候常常会遇到这样的题目：

某学校师生到距学校50千米的博物馆去参观。一部分同学骑自行车先走，

---

① 赵德成. 表现性评价：历史、实践及未来[J]. 课程·教材·教法, 2013, (2): 97—103.
② 王小明. 表现性评价：一种高级学习的评价方法[J]. 全球教育展望, 2003, 32(11): 47—51.
③ 周文叶. 超越纸笔测试：表现性评价的应用[J]. 当代教育科学, 2011, (20): 12—16.
④ 王小明. 表现性评价：一种高级学习的评价方法[J]. 全球教育展望, 2003, 32(11): 47—51.

过了 1 小时，其余的人乘汽车出发，结果他们同时到达。已知汽车的速度是自行车速度的 4 倍，求两种车的速度。

这样的题目乍看之下也有"某校师生去博物馆参观"的情境，但题目所描述的情境却不是真实的。通常一个学校组织校外参观都会统一出行，即使有同学自行前往，其他人也不太会算好时间在 1 个小时后出发。因此题目所描述的情境在现实生活中几乎是不会发生的，是一种"非真实的情境"。

此外，解答这样的数学题，也就是得出两种车的速度，不具有现实意义。而前文列举的三个任务的结果都有现实意义。比如，洗衣粉实验的结果可以帮助我们挑选更合适的洗衣粉，共享单车停放解决方案可以提交给政府部门做参考，改编后的舞台剧可以在校庆等场合进行演出。

表现性任务的形式可以有很多种，既可以是需要书写的纸笔任务，也可以是实验、演示、演讲、科研项目、编剧、作品创作等各种形式。只要任务是真实的、有意义的，学习者经过一定的探索可以完成即可。

资料链接：中国与丹麦中学教育比较研究中的表现性评价

大约在 2014 年，网络上的一部纪录片（总共三集，可以在视频网站中搜索"中国和丹麦中学教育的纪录片"）引起了广泛关注。在该片中，研究者选取了中国与丹麦的初中生，比较两国的中学教育。其中，研究者通过表现性评价的方式，考察了两国学生的合作能力、创造性思维。

1. 合作能力的表现性评价：制作纸屋

研究人员分别给中国、丹麦的学生小组（每组 4 个人）50 张白纸、4 卷透明胶，要求他们先花 5 分钟讨论，然后在 30 分钟的时间内搭建起一个能站立住的纸房子，并且让小组的 4 名成员都能进入这个纸房子里面。这是一个必须通过合作才能完成的有意义的任务。

整个任务过程都被录像记录，专家根据录像，对每一组学生进行评价。评价的重点不在于学生是否最终制作出了这个纸房子，而是在此过程中他们是否足够专注，是否能够聆听彼此的意见和想法，也就是他们的合作能力如何。

2. 创造性思维的表现性评价：创作画作

研究人员给每一位中国、丹麦学生发了一张印有如下图案（见图 10-1）的白纸，让他们在 15 分钟内，自由发挥添加新的内容，形成一幅画作并给画作起一个标题。这个任务既给学生提供了发散思维的空间，也让学生基于同一个图案进行创作，让学生的画作有一定的可比性。

图 10-1　给定的图形

来自两国的 4 名专家独立对学生的画作进行了打分。打分的重点不在于学生的画工怎么样，而是从画作中判断学生创造性和想象力的原创性、灵活性、思维开阔性、创意拓展性。图 10-2 中的四幅画作是专家认为创造力比较好的作品。

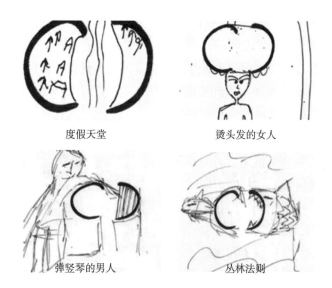

度假天堂　　　　　　　　　烫头发的女人

弹竖琴的男人　　　　　　　丛林法则

图 10-2　学生基于图形创作的画

合作能力、创造性思维是标准化测试、自陈式量表很难评价的两种能力。上面的两个案例让我们看到了表现性评价在评价此类能力时的优势。

3. 表现性任务的评分

在表现性任务中，学生不是从已有的选项中选择答案，而是自己创造出解决问题的方法，或用自己的行动表明自己的学习过程和结果。因此，表现性任务的回答是由学生建构起来的。[1][2]学生的回答通常是开放的、复杂的、各式各样的。因此，表现性任务的评分也具有更高的难度，也显得尤为重要。

表现性任务的评分可以分为两类：整体性评分和分析性评分。

其中，整体性评分指根据对学习者的表现、作品等的整体印象进行评判。比如，上文提到的通过画图评价创造性思维的例子中，在原创性、灵活性、思维开阔性、创意拓展性四条标准的指导下，专家根据自己对每一位学生画作的整体印象，将所有画作从低到高归为若干类进行评分。

分析性评分指对学生表现、作品等的各个部分或特点进行评分，然后在这些分数的基础上得出总分。在具体操作时，通常需要借助核查清单或评分量规。[3]核查清单用于核查学习者在完成任务的过程中是否表现出一些具体的行为，或者学习者制作的作品是否包含一些特定的特点。例如，使用核查清单评价学习者撰写的研究方案时，可以列举"是否有清晰的研究问题""研究方法的选取是否合适""数据的分析是否准确"等细则。

相比核查清单，评分量规的结构可以更加复杂，打分的层次也可以更加丰富，而不是简单的"是"或"否"。[4][5]评分量规的制定需要以任务的目标为基础，划分出具体的维度，并确保每个维度之间是互斥的。然后，在每个维度下列举出具体的评价点，并确保评价点和所属维度是一致的。在每个评价点后列出分值，也可以给出不同的水平描述。前文提到的高考作文的"等级评分标准"就是一种评分量规，作文也可以看成是一种表现性评价任务。

表现性评价的评分既可以针对学习者的作品（比如作文），也可以是针对学习者完成任务的过程。在针对后者的评价中，信息技术的介入能够大大提高评价的效率。例如，在2012年的PISA问题解决能力领域测试中，有这样一道题目：

你的朋友送了你一个MP3，但是说明书找不到了，请你探索如何播放一首歌曲、改变歌曲的风格效果和调节音量。

PISA将这道题目制作成了基于计算机的互动式任务，界面如图10-3所示。学习者可以用鼠标点击MP3上的按钮，MP3会做出相应的反应。在此过程中，

---

[1] 周文叶.超越纸笔测试：表现性评价的应用[J].当代教育科学，2011,(20):12—16.
[2] 赵德成.表现性评价：历史、实践及未来[J].课程·教材·教法，2013,(2):97—103.
[3] 王小明.表现性评价：一种高级学习的评价方法[J].全球教育展望，2003,32(11):47—51.
[4] 王小明.表现性评价：一种高级学习的评价方法[J].全球教育展望，2003,32(11):47—51.
[5] 朱伟强，崔允漷.基于标准的课程设计：开发表现性评价[J].全球教育展望，2007,(10):43—48.

学习者的鼠标点击行为都会被计算机自动记录下来。

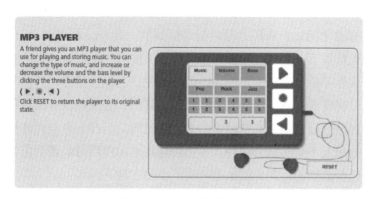

图 10-3 PISA 的测评题目

最终的评价不但关注了学习者是否成功播放了一首歌曲、改变了歌曲的风格效果和调节了音量,而且还通过计算机自动记录的学习者行为,分析了学习者解决问题的策略。比如,在完成播放一首歌曲的任务时,一名学习者点击了 ▶ 或 ◀,而另一名学习者却点了 MP3 中间的数字。那么前者在解决问题的时候可能是有一定的思考的,而后者可能完全没有头绪。

这种使用计算机记录学习者行为并进行分析的方法叫"行为数据分析",是学习分析的一种,也是当前研究领域中的热门主题之一。使用"行为数据分析"的评价通常在"证据中心的设计"理论(evidence centered design,ECD)的指导下进行开发。具体流程包括先确定评价目标有哪些具体的行为表现,然后围绕这些行为表现设计评价任务,实施这些任务并收集被评价者的行为数据,最后对这些行为数据进行分析。行为数据分析的难度在于要从大量杂乱的数据中识别出学习者的行为模式,并对这些行为模式所反映出的学习者思维过程进行评判。这一过程将外显的行为和内隐的认知联系起来。而这两者该如何联系起来则是"证据中心的设计"理论中最关键和最难的"概念评估框架"(conceptual assessment framework,CAF)层级需要解决的核心问题。[①] 在在线学习繁荣发展的今天,很多在线学习平台都会记录下学习者的行为数据,研究者们会通过这些数据分析学习者的在线学习情况,有时也会将分析的结果应用到在线课程的改进中。在本书的第十一章中将会详细介绍学习分析与技术方面的内容。

---

① Mislevy R J, Almond R G, Lukas J F. A brief introduction to evidence-centered design [J]. ETS research report series, 2003, (1): 1-29.

(三) 表现性评价的局限

表现性评价能够评价复杂的认知能力，也能评价学习者的情感、态度、价值观等。这是标准化测试、自陈式量表很难做到的。此外，在强调学习者主体性、真实学习的大背景下，表现性评价有着其他评价技术很难达到的优越性。

但是表现性评价也存在一定的局限性。首先，表现性任务的开发有很高的专业性，开发过程需要投入较多的人力、时间。其次，表现性任务的评价需要配套评价细则，评分过程也需要花费较多的人力和时间。因此，表现性评价的实施难度比较大，效率远不如测试和问卷。虽然信息技术的使用可以帮助记录用于评价的数据，但这些数据的后期分析也是一项不小的工程。

四、档案袋评价

回到学校后的第二周，你收到了 A 初中教导主任朱老师的邮件。朱老师说，初一(1)班王老师让学生给自己写评语、初三(4)班刘老师让学生评价自己进度的评价方式都很好。他希望学校有更多形式的评价，同时能够把各样的评价信息都汇总到一起，体现出学生在初中阶段的整体成长，并想让你提出一些建议。你找到自己的专业老师陆老师，她告诉你档案袋评价就是一种适用的方法。

(一) 档案袋评价

档案袋（portfolio）评价与上述评价技术都不太一样。

第一，它是使用档案袋汇集有关个人实践表现的各类证据的一种评价技术，侧重于评价信息的记录，而不是评价信息的产生过程。最早使用档案袋评价的是画家、摄影家等。他们把自己有代表性的作品汇集起来，向甲方展示。[①]

第二，由于可以存放不止一项作品，档案袋评价能够呈现出个人的发展历程，具有动态性。档案袋中可以存放各类材料，比如学习者撰写的研究报告、参加活动的照片、制作的作品等。[②] 也可以说，档案袋中可以包含在其他评价技术中所形成的作品，同时可以追踪学习者的成长路径。[③]

---

① 孟娟娟，夏惠贤. 档案袋评价：关注学生学习与成长的评价[J]. 外国中小学教育，2011，(2)：20—24.
② 钟启泉. 建构主义"学习观"与"档案袋评价"[J]. 课程·教材·教法，2004，(10)：20—24.
③ Tillema H H. Portfolios as developmental assessment tools[J]. International journal of training and development, 2001, 5(2): 126-135.

（二）档案袋评价的基本流程

档案袋评价的基本流程主要分为两步：计划组织、执行。

在计划组织阶段，首先要明确评价的目的，确定档案袋的类型，判断哪些材料可以放到档案袋中，哪些材料不能。必要时会提供详细的评价标准、所需的材料清单，以指导后续的材料挑选与整理。①

在执行阶段，教师或学习者自己收集材料，并决定要将哪些作品放到档案袋中，因此档案袋评价的主体可以是多元的。一些档案袋中还可以附上学习者对每一项作品的反思，进一步凸显学习者的主动性，帮助学习者学会如何进行自我反思和自我评价。②③

（三）档案袋评价的局限

档案袋为学习评价提供的证据是丰富的，提供了学习者成长过程的动态信息，并允许学习者通过自己挑选作品，参与到评价的过程中并进行反思。这是很多其他评价技术无法做到的。

和其他评价技术一样，档案袋评价也有一些局限。首先，档案袋中材料的选取、整理需要花费比较多的时间与精力。其次，即便是对放置的材料进行了一定的规范要求，档案袋评价的标准化和客观化程度也比其他评价技术要低一些。最后，和表现性评价类似，信息技术的介入可以提高档案袋评价的效率，将档案袋里的资料进行电子化保存与管理，便于资料的搜集和展示，但电子档案袋的建设通常要有一定的经费投入。④⑤⑥

---

① 胡中锋，李群．学生档案袋评价之反思［J］．课程·教材·教法，2006,（10）：34—40.
② 孟娟娟，夏惠贤．档案袋评价：关注学生学习与成长的评价［J］．外国中小学教育，2011,（2）：20—24.
③ 胡中锋，李群．学生档案袋评价之反思［J］．课程·教材·教法，2006,（10）：34—40.
④ 黄光扬．正确认识和科学使用档案袋评价方法［J］．课程·教材·教法，2003,（2）：50—55.
⑤ 雷彦兴，李香山．电子档案袋的开发——为表现性评定插上技术的翅膀［J］．外国中小学教育，2003,（4）：10—15.
⑥ 刘洋，兰聪花，马炅．电子档案袋评价与传统教学评价的比较研究［J］．电化教育研究，2012,33（2）：75—77+107.

第四节 促进学习的课堂评价

设想一下,你马上就要大学毕业,就要去中小学做一名教师了。在实习过程中你已经发现,教师大部分的时间是在备课、上课。于是,你非常想知道:究竟怎样才能在日常的备课、上课过程中,通过评价来促进学生的学习呢?下面就来探讨如何综合前面所讲的概念、类型、方法和技术,来实现促进学习的课堂评价。

一、促进学习的课堂评价的含义及其意义

(一)促进学习的课堂评价的含义

首先来看"课堂评价"。不同的学者从不同视角对这一概念进行了诠释。我国学者谭兵认为,狭义的课堂评价是指课堂中的语言点评活动,而广义上是指对学生学习情况、参与教学活动情况的了解、总结和反馈,包括肢体语言、课堂测验、问卷调查等多种形式。[1]古斯基(T. Guskey)认为,课堂评价是指围绕课堂教学活动的各种评价形式的总称。它既包括各种随堂练习、测验以及课后作业,也包括教学情境中师生的互动和交流,还包括教师对学生表情、行为、学习状态和个性特征等情况随时随地的观察和判断。[2]总而言之,课堂评价就是教师为了了解自己的教学效果和学生的学习情况,而使用各种工具收集、处理、分析和利用相关学习证据的过程。

再来看"促进学习的评价"(assessment for learning)。英国学者布莱克(Black)和威廉(William)在1999年首先提出了"促进学习的评价"这一概念,后来英国评价改革小组在此基础上将其定义为教师和学习者收集和解释证据,以决定学习者现在在哪里,将去哪里以及如何更好地到达那里的过程。[3]美国评价专家瑞克·斯蒂金斯(Rack Stiggins)等人则认为,促进学习的评价是在整个教与学的过程中诊断学生的学习需要,计划教学的下一步,给学生提供反馈,使他们可以改善学习的活动质量,并帮助教师理解学生、引领学生通往成功之路的评

---

[1] 谭兵. 课堂评价策略 [M]. 北京:北京师范大学出版社, 2010: 5.

[2] Guskey, T. Making standards work [J]. The school administrator, 1999, 56(9): 44.

[3] Assessment Reform Group. Assessment for learning: 10 principles [R]. Cambridge: University of Cambridge, 2002.

价。①2009年在新西兰召开的第三届促进学习的评价会议则这样下定义：促进学习的评价是指教师、学生和同伴日常学习实践活动的一部分，旨在通过对话、演示和观察来寻求、反思和回应信息，从而促进持续的学习。②尽管不同的定义有所差异，但是都有一些共同特征。①关注学习。促进学习的评价的核心就是学习，所以它要监控学习、追踪学习。②重视过程。它是发生在教师与学生教与学的日常活动中，是一个持续不间断的过程。③重视证据。它不是依据经验做出价值判断的过程，而是基于证据做出教学决策的过程。④重视学生的参与。它突出了学生在评价中的重要性，强调学生不仅是评价的对象，更是评价的主体。③

综合以上概念，并结合前面对学习评价的定义，可以将"促进学习的课堂评价"定义为：在课堂教学情境中，教师、学生和同伴依据一定的学习标准或学习目标，收集相关证据，对学生的学习过程或学习结果做出描述或价值判断，从而促进和支持持续的学习。

概念辨析："促进学习的评价"等概念

"促进学习的评价"的概念上面已经讲了，它和"形成性评价"比较相似，也有学者认为两者基本等同，可以交换使用，不过它们也存在一些细微的差异。④英国评价改革小组于2002年在布莱克和威廉研究的研究基础上提出了评价能促进学习的七个关键特征之后，发现形成性评价这个术语无法涵盖所有的这些特征，或者说不一定具有支持学生学习的所有特点。他们认为，形成性评价在帮助教师发现那些需要更多解释或者练习的地方时可能是形成性的，但对学生而言，评价或许简化成了分数或只是告诉了他们成功失败，而并没有告诉他们如何进一步学习。换言之，形成性评价强调的是课堂评价的功能，更多服务于教师后续的教学，而促进学习的评价

---

① Stiggins R J, Arter J A, Chappuis J, et al. Classroom assessment for student learning: doing it right-Using it well [M]. Portlan, OR: ETS assessment Training Institute. 2006: 31.
② Davies A, et al. Position paper on assessment for learning from the 3rd International Conference on Assessment for Learning [EB/OL]. (2009-12-08) [2021-11-13], http://www.fairtest.org/position-paper-assessment-learning.
③ 赵士果. 促进学习的课堂评价 [D]. 上海：华东师范大学, 2013: 10.
④ 丁邦平. 从"形成性评价"到"学习性评价"：课堂评价理论与实践的新发展 [J]. 课程·教材·教法, 2008, (9): 20—25.

强调的是课堂评价的目的或本质，直接服务于学生的学习。①

"关于学习的评价"（assessment on learning）侧重于学习结果和目标的达成情况，是一种较为传统的评价形式，指发生在某一课程学习阶段结束之后，由外界对学生学习结果的评价。它其实和终结性评价含义基本一致。

"作为学习的评价"（assessment as learning）侧重于学习者的知识掌握过程和元认知发展，它基于这样一种假设：学习者的自我评价是问题的中心，因而将评价作为发展和支持学生学习的一个过程。其最终目的是让学生获得技能和思维习惯，并随着独立性的提高而获得元认知意识。②

（二）促进学习的课堂评价的重要意义

当前的教育评价实践中依旧存在一些问题。

第一，当前我国绝大部分学生的升学途径依旧是中、高考。而以中、高考为主的选拔性考试作为标准化测试和常模参照测试，有固定且严格的评价标准和执行流程。这就对中小学的课程和教学产生过强的控制性。这样带来的问题就是应试教育比较流行，进而影响和控制了课堂中的评价。

第二，受到中、高考等选拔性考试的"指挥棒"的影响，加之评价工作对教师专业性的要求较高，我国的教育评价中还存在着重视单一的学业成绩评定而轻视综合素质的评价、重视量化取向的评价而轻视描述取向的评价、重视终结性评价而忽视形成性评价的问题。比如在评价中过分注重考试分数，忽视了其他方面的发展，忽视了表现性评价等其他评价方式，评价的主要目的是给学生分级分等，是甄别和选拔学生，而忽视了促进学习的功能。

以上问题综合在一起，最终导致了当前我国的课堂评价研究不够，质量不高。由于过去对课堂评价的忽视，课堂评价手段单一，因此对评价结果的交流和反馈比较缺乏等问题依旧存在。

正因为存在这些问题，所以我国现在对促进学习的课堂评价也很重视。教育部在2001年颁布的《基础教育课程改革纲要（试行）》中将评价改革作为课程改革的六大目标之一，要求"改变课程评价过分强调甄别与选拔的功能，发挥评价

---

① 赵士果.促进学习的课堂评价［D］.上海：华东师范大学，2013：10.
② 钟彩凤，吴刚平.作为学习的评价与对学习的评价概念辨析［J］.现代教学，2020，（7）：61—62.

促进学生发展、教师提高和改进教学实践的功能","建立促进学生全面发展的评价体系。评价不仅要关注学生的学业成绩，而且要发现和发展学生多方面的潜能，了解学生发展中的需求，帮助学生认识自我，建立自信。发挥评价的教育功能，促进学生在原有水平上的发展"。教育部等六部门也于2021年颁布了《义务教育质量评价指南》，其中指出要"注重结果评价与增值评价相结合、注重综合评价与特色评价相结合、注重自我评价与外部评价相结合、注重线上评价与线下评价相结合"，"要运用好学生发展质量评价结果。指导教师精准分析学情，因材施教，促进每个学生全面健康成长"。其实，这不但是我国教育教学改革的重要方向，也是全球教育教学发展的重要方向。美国、英国、澳大利亚等国家都有评价专家或评价机构在开展促进学习的课堂评价研究。

二、促进学习的课堂评价的关键要素

促进学习的课堂评价的要素和第一节讲到的学习评价的要素其实也差不多，主要就是评价对象、评价目的、评价主体、评价过程、评价方法、评价结果及反馈等部分。美国评价专家赫里蒂奇（M. Heritage）认为，可以将形成性评价当作促进学习的课堂评价，它包括10个组成要素（图10-4）。

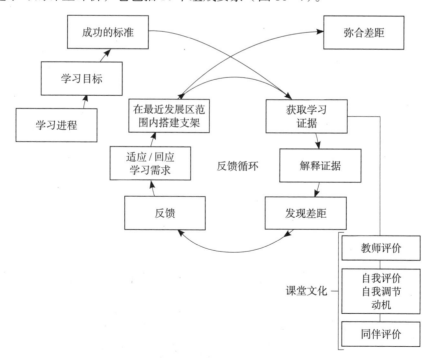

图10-4　赫里蒂奇提出的学习评价十要素

从一开始就需要根据学生的学习进程（learning progression），确定学习目标（learning goal），并设立成功的标准（criteria for success），即目标达成的标准。

然后就进入了"反馈循环"。其一，在课堂中借助各种工具、手段，获取有关学生学习的证据（elicit evidence of learning），比如教师评价、自我评价、同伴评价等。其二，解释这些学习证据（interpreting the evidence），并依据之前设定的成功标准，发现差距（identifying the gap）在哪里。再三，将发现的差距反馈（feedback）给学生，并将其整合到学生的学习需求中，或是对学生的学习需求进行回应（adapting/responding to learning needs）。其四，在学生的最近发展区范围内搭建支架（scaffolding in the zone of proximal development），以满足调整后的学习需求，再次进入证据的收集。如此循环，直至最终弥合差距（close the gap）。

简·查普伊斯（Jan Chappuis）和瑞克·斯蒂金斯等人也提出了如图10-5所示的优质课堂评价的五大关键要素。

（1）明确的目的。我们首先要明确评价的目的究竟是什么，然后好决定评价的类型、形式和频率，以及评价结果所需要的详细程度和类型。

（2）清晰的目标。除了明确的目的外，开始评价的时候就必须对被评价的学习内容有清晰的感知，也就是说要清楚地知道期望学生掌握的学业成就目标和作为教学重点的学科内容标准，这也就是通常所说的"学习目标"。因为对于不同的学习目标，评价方法可能是不一样的，比如对于算术能力和创造力，就需要采用不同的方法去评价。另外，这个学习目标对教师而言必须是清晰的，对学生而言也必须是清晰的，因为当学生清楚地知道他们需要做什么时，成功的机会就会提高。

（3）合理的设计。要想准确地评价，就需要进行科学的评价设计，以便能够反映预期的学习目标。所以，我们需要根据评价目的和学习目标，选择一种或多种恰当的评价方法，比如标准化测试、自陈式量表、表现性评价、档案袋评价或其他评价方法和技术。在评价过程中，我们需要在兼顾评价执行的时间成本的基础上，尽可能编制足够多的题目，并且要能够消除或控制偏差的来源。

（4）有效的交流。评价结果必须以及时和可被理解的方式，与预期的使用者进行交流。对于形成性评价信息，要给学生提供必需的描述性反馈，而不是一个简单的成绩。对于量化的评价结果，也可以让大家理解学生学习的有效性，因为它反映了学生在某一个时候取得的学业成就。

（5）学生的参与。课堂评价是为了促进学生的学习。因此在教学中，传统评价的角色需要转变，其重点就是让学生参与评价。因为让学生的学习获得成功的最有效的决定，不是由教师做出的，而是由学生自己做出的。学生可以自己决定：这个学习目标是否值得努力去实现？自己是否有能力去实现学习目标？是继续努力还是选择放弃？总之，只有学生做出了确切的决定，教师的教学才能促进他们的学习。因此课堂评价工作的一个重要部分就是，让学生了解他们作为学习者的进步情况，让他们相信自己是学习者，这样他们才会继续努力。[1]

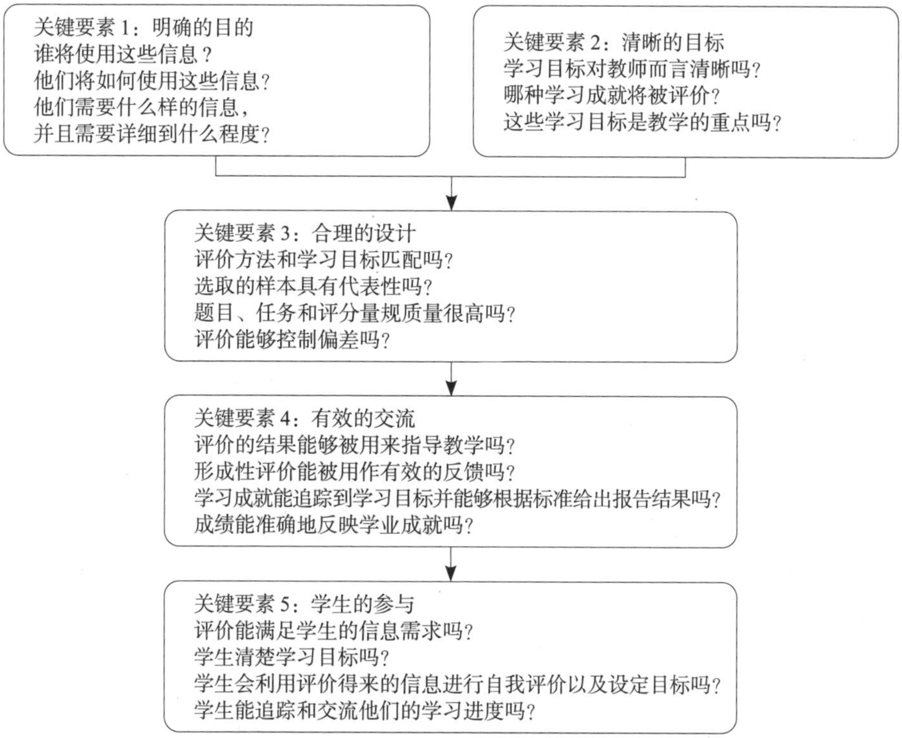

```
关键要素1：明确的目的              关键要素2：清晰的目标
谁将使用这些信息？                 学习目标对教师而言清晰吗？
他们将如何使用这些信息？           哪种学习成就将被评价？
他们需要什么样的信息，             这些学习目标是教学的重点吗？
并且需要详细到什么程度？

                  ↓

关键要素3：合理的设计
评价方法和学习目标匹配吗？
选取的样本具有代表性吗？
题目、任务和评分量规质量很高吗？
评价能够控制偏差吗？

                  ↓

关键要素4：有效的交流
评价的结果能够被用来指导教学吗？
形成性评价能被用作有效的反馈吗？
学习成就能追踪到学习目标并能够根据标准给出报告结果吗？
成绩能准确地反映学业成就吗？

                  ↓

关键要素5：学生的参与
评价能满足学生的信息需求吗？
学生清楚学习目标吗？
学生会利用评价得来的信息进行自我评价以及设定目标吗？
学生能追踪和交流他们的学习进度吗？
```

图 10-5 优质课堂评价要素

---

[1]（美）简·查普伊斯，瑞克·斯蒂金斯，史蒂夫·查普伊斯，等. 促进学习的课堂评价：做得对 用得好（第二版）[M]. 赵士果 译. 上海：华东师范大学出版社，2021: 4—8.

三、促进学习的课堂评价的原则和策略

（一）促进学习的评价原则

英国评价改革小组在布莱克等人的研究的基础上，于2002年研制了促进学习的评价（assessment for learning，AFL）十大原则：① AFL是有效教学计划的一部分；② AFL应关注学生如何学习；③ AFL应该被当作课堂实践活动的中心；④ AFL应该成为教师必备的专业技能；⑤ AFL应该是敏感的和建设性的，因为任何评估都会对情感、情绪产生影响；⑥ AFL应考虑学习动机的重要性；⑦ AFL应促进对学习目标的承诺以及对评估标准的共同理解；⑧ 学习者在AFL中应该能收到如何提升的建设性指导意见；⑨ AFL应该能培养学习者的自我评估能力，促使他们进行反思和自我管理；⑩ AFL应该认可所有学习者在各个领域的所有学习成就。①

我国学者丁邦平也认为，促进学习的评价有几个核心理念：① 评价是正常、有效的教学活动的必要组成部分，应贯穿于教学的全过程之中；② 评价是教师专业发展的一个重要部分，是教师必须而且能够练就的专业能力；③ 确立有效的学习目标和学业成功的标准，注重对学习状况进行及时、有效的反馈；④ 评价不仅要关注学生的认知发展，同时也要注重学生的学习动机；⑤ 教师在教学过程中要发展学生的自我评价和同伴评价能力，指导学生学会如何学习。②

总而言之，促进学习的评价要将评价当作教学和学习的一部分，特别是课堂教与学的一部分，要注重学习过程，要关注学生的学习动机，要促进学生的自我评估能力，要注重学习的目标，并促进学生的全面发展。

（二）促进学习的课堂评价策略

那么，在课堂中，怎样进行促进学习的评价呢？简·查普伊斯也曾提出了学习评价7策略（表10-4）。③ 这7个策略意在指导教师开展形成性评价（促进学习的评价），但是从学生的角度可以概括为三个问题：我将要去哪里？我现在在哪里？我如何缩小差距？每一个问题又有相应的策略。

---

① Assessment Reform Group. Assessment for learning: 10 principles [R]. Cambridge: University of Cambridge, 2002.
② 丁邦平. 从"形成性评价"到"学习性评价"：课堂评价理论与实践的新发展 [J]. 课程·教材·教法，2008，(09)：20—25.
③ （美）Jan Chappuis. 学习评价7策略：支持学习的可行之道 [M]. 刘晓陵，等 译. 上海：华东师范大学出版社，2018：7—10.

表10-4 学习评价7策略

我将要去哪里？
策略1：为学生提供清晰易懂的学习目标愿景。
策略2：用好作业和差作业作为示例。
我现在在哪里？
策略3：在学习进程中有规律地提供描述性反馈。
策略4：教学生进行自我评价以及为下一步学习设定目标。
我如何缩小差距？
策略5：根据学生的学习需求，确定下一步教学。
策略6：设计聚焦性教学，并配以提供反馈的练习。
策略7：为学生提供机会去追踪、反思和分享他们的学习过程。

1. 我将要去哪里？

策略1：为学生提供清晰易懂的学习目标愿景。前面也讲过，学生开始学习时课堂评价就应该参与进来。这样的评价才能满足老师和学生的信息需求，才能获得最强动机和最大成就。所以在刚开始教学时，或者在学生开始单独实践一项活动时，就要让学生清楚地知道学习目标到底是什么。教师可以把学习目标讲述一下，也可以把学习目标转换成学生喜欢的语言，还可以把评价量规转换成学生能理解的语言。

策略2：用好作业和差作业作为示例。从匿名作业、校外生活的例子以及自己的教学研究中找出好的和差的示例，让学生理解什么是合格的作业，什么是不合格的作业。让学生分析这些例子并做出判断，从而深刻体会到什么才是良好的知识理解、作品或者表现。当然，也要让学生知道一个优秀的作业也是一步步修改完善出来的。

2. 我现在在哪里？

策略3：在学习进程中有规律地提供描述性反馈。所谓给学生提供描述性反馈信息，就是说要帮助学生改善学习的信息。这些信息可以让学生意识到在达成目标过程中自己的优势和劣势，有助于学生理解"我现在在哪里"，明白自己和要求之间的差距，从而去努力改进。另外，要鼓励学生之间相互提供反馈。同伴反馈能够促进"共同建构"，从而给学习带来良好的收益。

策略4：教学生进行自我评价以及为下一步学习设定目标。建构主义、人本主义等学习理论都强调要"以学生为中心"，要让学生成为学习的主人，所以要让学生进行自我评价和为自己设定学习目标，教他们给自己提供反馈。学生要想成为准确的自我评价者，就需要对预期学习有清晰的愿景（策略1），练习识别各种例子中存在的优势和不足（策略2），然后提供反馈："我什么地方做得好，什么地方还需要努力？"（策略3）。

3. 我如何缩小差距？

策略5：根据学生的学习需求，确定下一步教学。可以根据学生已经掌握和尚未掌握的具体情况，指引我们核查学生的理解程度并判断下一步需要做什么。

策略6：设计聚焦性教学，并配以提供反馈的练习。针对学生的学习需求问题，设计针对性的教学策略。如果达到学习目标的能力由多个方面组成，那么你可以通过每次解决一个方面，来训练学生的一部分能力，并让学生明白这些能力最终将融为一体。另外，针对目标领域的教学结束后，要先让学生做练习，待能力有所提高之后再评价，最后给成绩，这样效果会更好。

策略7：为学生提供机会去追踪、反思和分享他们的学习过程。任何要求学生反映自己所学、分享自己进步的活动都能促进学习。这些活动让学生有机会去认识自己的长处和短处，感受自己如何掌控、获得成功的条件。通过反思自己的学习，学生加深了理解，将知识记得更牢。通过分享成果，学生追求进步的决心就会更大。

第五节　学习评价的未来发展趋势

从前面的讲述中可以看出，当前的学习评价相对于传统的学习评价已经发生了很大变化。随着学习科学的发展，学习评价在未来可能会呈现出如下发展趋势。

一、进一步确立并落实以学生为中心的评价理念

第三章讲过，罗杰斯从心理学角度解构教学过程，提出要"以学生为中心"。此后，许多学者对"以学生为中心"这一新视角展开持续研究。进入20世纪90年代以来，随着学习科学的发展，以学生为中心的教学思想及实践也得到了进一步的发展。

学习科学指导下的教学评价更加注重以学生为中心，注重"在学生的视野下探讨教学质量及其评价"[1]，因此要注重几点：①评价的目的不只是甄别和选拔，

---

[1] 章建石. 基于学生增值发展的教学质量评价与保障研究［M］. 北京：北京师范大学出版社，2014：7—8.

更重要的是要促进学生的学习和发展，因此要注重评价的过程性，更多地应用形成性评价（和促进学习的课堂评价）；②评价的主体要多元化，教师、校长、家长等都可以参与，尤其是要注重学生的参与（自我评价），学生对自身学习活动和教师教学活动的感知和满意程度，是评价的重要因素；③评价的内容不能局限于学业成绩，而要注重综合素质的评价，注重多元智能的评价，注重德智体美劳全面发展；④评价的方法不能过于依赖考试和测验，而要注重应用表现性评价、档案袋评价等多种形式的评价方法。

二、注重应用情境化评价

第三章中曾讲过情境认知与学习理论，该理论认为知识与情境不可分离，学习的本质就是个体参与社会实践，与他人、环境等相互作用的过程，所以真实的课堂教学不能脱离一定的情境。

同样，真实的评价也不能脱离一定的情境。目前很多考试和测验都是"去情境化"的评价，一方面可能难以测评出学生的真实水平，另一方面也不利于通过评价促进学生的学习。所以未来学习评价也需要立足于一定的情境，在情境中进行。所以评价者应该重视评价的情景化特征，创设适宜的物理环境和心理氛围，并依据符合该情境特征的评价标准，采取与之相匹配的个性化评价方法进行评价。[①] 比如，让学生分组讨论一个真实的项目，教师通过观察学生在讨论中的表现予以评价；再如在PISA测试中，让学生真的去播放一首歌曲，来评价学生的问题解决能力。

三、注重利用人工智能大数据等技术促进智能化评价

信息技术在中高考、英语考试、计算机等级考试的出题、测试和阅卷等各个环节中已经被广泛应用。未来，随着人工智能、大数据、脑科学等技术的进一步发展，信息技术应用的深度和广度都将得到进一步拓展。

首先，依靠人工智能和大数据技术，可以实现自动化评价，从而大大节省人力、物力和财力。比如针对中文或英文作文进行自动批改的技术，已经得到了应用。利用这样的方式，教师可以一遍又一遍地帮学生批改作文。其次，传统评价比较关注终结性评价，将最后的考试成绩作为学生能力评价的标准，但是现在利

---

① 卢立涛，梁威，沈茜. 我国课堂教学评价现状反思与改进路径［J］. 中国教育学刊，2012,（6）：43—47.

用大数据技术可以记录学生的历次测验、作业及各种学习行为数据，从而可以更好地实现过程性评价。比如，如果能够将一个学生从小学到高中的各种数学表现全部记录下来，在高考的时候就可以给他一个更加客观、公正的评价。再次，传统评价比较注重学业成绩，现在很重视综合素质评价，但是利用传统的纸笔测试较难测量高阶能力，未来则可以利用虚拟现实[①]、模拟仿真、游戏等技术创设一个近似真实的情境，让学习者在其中近似真实地解决问题，从而全面评价其问题解决、创造力、协作能力等高阶能力。最后，以前在涉及人格、心理、动机等评价时，一般使用自陈量表的方式进行，未来可以借助音视频设备、可穿戴设备、脑电仪、眼动仪等设备获取多模态数据，从而对学生进行更精确、更细致的评价。

总而言之，利用人工智能、大数据和脑科学等技术，使用更高效、更客观、更细致、更智能的手段整合作业、测验、考试、学习动机、学习行为等多维度多层次的数据，就可以形成更具准确性和解释性的学习评价方案，从而实现智能化评价。[②]

本章结语

本章介绍了学习评价与评估技术的相关术语、发展历程、分类与具体技术，并探讨了促进学习的课堂评价，展望了学习评价的未来发展趋势。

学习评价根据功能、参照基准、实施主体、使用方法，可以分成不同的类别。在不同视角下区分出来的类别是可以相互重叠交叉的。比如诊断性评价既可以是质性的，也可以是量化的。自我评价既可以是常模参照评价（和别人比），也可以是标准参照评价（和分数线比），还可以是自我参照评价（和自己过去的表现比）。

标准化测试是最常用的学习评价技术之一，它在评价目标的制定、试题编制、施测等环节都遵循一定的规范。自陈式量表也是目前教育领域中比较常用的评价技术，可以用于情感、态度、价值观等方面的评价。但因为学习者是自己进行报告，所以这种评价也是间接评价。表现性评价是受到很多教育研究者、实践者关注的新兴评价技术，可以用于复杂认知能力、情感、态度、价值观等的评

---

① Baker R S, Clarke-Midura J, Ocumpaugh J. Towards general models of effective science inquiry in virtual performance assessments [J]. Journal of computer assisted learning, 2016, 32(3): 267–280.

② 骆方，田雪涛，屠焯然，等. 教育评价新趋向：智能化测评研究综述 [J]. 现代远程教育研究，2021，33（5）：42—52.

价。表现性任务可以有多种形式，但必须是真实有意义的，并且遵照一定的评分规则进行评分。档案袋评价侧重于记录用于评价的信息，体现出学习者在一段时间内的成长和变化。每一种评价技术都有自身的优势与不足，适用于不同的情境，也可以结合在一起使用。

基于教师的视角，最需要重视的就是促进学习的课堂评价。当然，首先要明确一点的就是，课堂评价不是为了甄别和选拔，而是为了促进学生的学习，其核心是发现差距、弥合差距。在操作上，首先需要针对具体的教学目标，选择合适的评价方法和技术，设计合理的评价方案；在评价过程中，要注重评价主体的多元化，尤其是重视学生的参与，并且要围绕评价结果和学生交流，给予学生富有建设性的反馈意见，从而促进学生持续的学习。

未来需要进一步确立并落实以学生为中心的评价理念，评价的目的是促进学生的学习，评价的主体要多元化，评价的内容不能局限于学业成绩，要注重综合素质评价，评价的方法不能局限于测验和考试，要更多地采用表现性评价和档案袋评价等方法。此外，要努力应用人工智能、大数据、脑科学、互联网、虚拟现实、模拟仿真、游戏等技术实现情境化评价和智能化评价。

在下一章中我们将学习"学习分析"，这是一个和"学习评价"既相关又有区别的概念。首先，"学习分析"的目的通常就是进行"学习评价"。其次，"学习分析"更侧重于技术层面，也可以使用本章所提到的标准化测试、问卷和量表、表现形式评价等方式。最后，"学习分析"更强调相关证据的丰富性，力求描绘出"学习的全貌"，因此通常需要借助信息技术所获取的大量数据，根据一定的分析模型，使用较为复杂的数据分析技术。

重点回顾

1. 学习评价包含几个要素：评价对象、评价目的、评价主体、评价过程、评价方法、评价结果及反馈。
2. 学习评价根据功能的不同，可以分为诊断性评价、形成性评价、终结性评价；根据参照基准的不同，可以分为常模参照评价、标准参照评价、自我参照评价；根据主体的不同，可以分为他人评价、自我评价；根据方法的不同可以分为定量评价、定性评价。一项评价工作可以同时隶属于不同的评价类别。
3. 标准化测试在试题编制、测试的实施、测试评分、分数解释上都有明确的规范和标准。标准化测试的开发过程严谨，结果可靠，效率高，但容易局限于评价低水平的知识，容易引起应试倾向，不利于培养学习者的创新性思维。
4. 自陈式量表基于心理测量技术，在实证研究领域应用广泛，可以用于评价学习者的态度、倾向等。评价者既可以改编已有的成熟量表，也可以自主开发原创量表。自陈式量表关注学习者的想法，数据收集效率高，但评价结果的可靠性会受到学习者的主观因素影响。
5. 表现性评价通过考察学习者在完成真实任务过程中的表现或结果进行评价。表现性任务必须是真实且有意义的，表现性任务的评分需要依照一定的评分细则进行实施。表现性评价适用于创造性、合作能力、批判性思维等复杂认知技能的评价，但实施需要花费较多人力和时间。
6. 档案袋评价通过收集学习者在一段时间内的作品，侧重评价资料的记录，体现出学习者的成长历程。学习者可以自己挑选放入档案袋的作品，从而凸显出自主性。档案袋评价具有动态性，评价主体多元，但实施需要花费较多人力和时间，评价的主观性因素较多，客观性因素相对较少。
7. 评价也可以分为促进学习的评价、关于学习的评价和作为学习的评价。
8. 简·查普伊斯和瑞克·斯蒂金斯等人提出的优质课堂评价的五大关键要素，包括：明确的目的、清晰的目标、合理的设计、有效的交流和学生的参与。
9. 简·查普伊斯曾提出的学习评价七策略，包括：①为学生提供清晰易懂的学习目标愿景；②用好作业和差作业作为示例；③在学习进程中有规律地提供描述性反馈；④教学生进行自我评价以及为下一步学习设定目标；⑤根据学生的学习需求，确定下一步教学；⑥设计聚焦性教学，并辅以提供反馈的练习；⑦为学生提供机会去追踪、反思和分享他们的学习过程。

> **思考题**

1. 名词解释：教育评价、教学评价、学习评价、诊断性评价、终结性评价、常模参照评价、标准参照评价、自我参照评价、表现性评价、档案袋评价、促进学习的评价、关于学习的评价、作为学习的评价。
2. 请依据教育评价的"四代论"描述教育评价的历史发展过程。
3. 张磊同学在准备考研。他每周都会做一张考研英语真题卷，计算自己的得分并与当年的英语分数线进行对比，然后找出自己需要补足的地方，加强复习。你认为在这个过程中，张磊同学进行的是哪一种评价？
4. 请选定某学科的某个教学单元，根据新课标中的学业标准描述来设计相应的测试题目。

5. 以下评价学生绘制的理科类知识概念图的量规是否有不合理的地方？说说你的理由。

维度	细则
准确性（30分）	节点的层级准确无误（10分）
	节点之间的关系准确无误（10分）
	没有遗漏节点之间的关系（10分）
完整性（20分）	节点的数量和知识点的数量一致（10分）
	概念图简洁清晰，可读性强（10分）
美观性（50分）	概念图有一定的艺术性（30分）
	用了很多颜色绘制概念图（20分）

6. 如果要评价小学生的创造力，你会使用什么样的评价技术，设计怎样的评价方案？
7. 如果你是一名中学数学教师，请结合第四节内容探讨一下你准备如何去实施促进学习的课堂评价。

第十一章 学习分析

内容摘要

传统的学习评价和评估技术能对小范围群体的学习进行分析研究，而学习分析技术能够基于更加复杂的数据，在更大范围上为学习者的个性化学习提供支持服务。本章就对学习分析进行了全面而系统的介绍，首先探讨了学习分析的含义、要素、特征、应用价值、产生背景及发展历程；然后详细讲述了教育数据挖掘的概念、分析过程，并列举了常用的分析技术，如回归、分类、聚类、关联规则挖掘、序列模式挖掘、文本挖掘等方法和技术，并辨析了学习分析和教育数据挖掘的关系；然后讲解了学习分析中常用的社会网络分析、话语分析和内容分析的基本概念和分析方法；最后探讨了学习分析的主要研究内容和未来发展趋势。

学习目标

1. 了解学习分析的产生背景和发展历程；
2. 了解学习分析技术的出现会对学习研究领域带来哪些新的改变；
3. 能够意识到学习分析对学习者、教师、教学管理者的重要意义；
4. 基本掌握教育数据挖掘技术的主要方法和技术；
5. 基本掌握社会网络分析、话语分析、内容分析的概念、方法和技术；
6. 了解学习分析的主要研究内容及未来发展趋势；
7. 能够选择最适合的学习分析技术解决教育问题。

思维导图

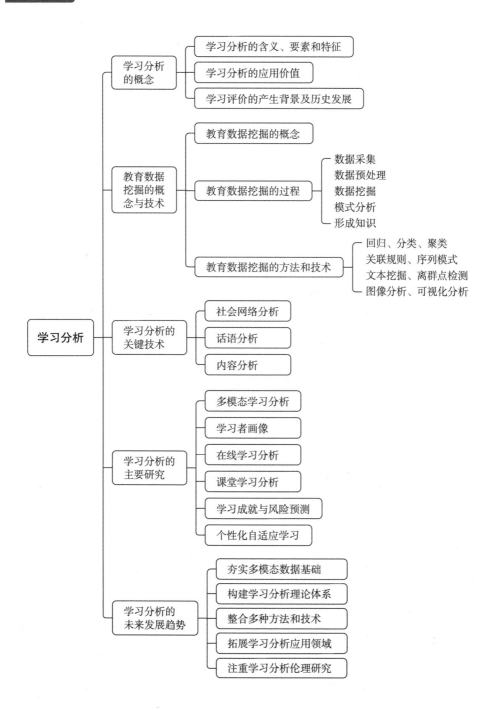

第一节 学习分析的概念

第一章中曾讲过，学习分析是学习科学的一个重要研究方向，简而言之，学习分析就是对学习者的学习行为、学习结果等各种数据进行分析，从而可以更清楚地了解学习者、评价学习者，或者给予个性化的干预策略。本节，我们就来详细了解学习分析的含义、特征和历史发展。

一、学习分析的含义、要素和特征

（一）学习分析的含义

学习分析（learning analytics）也经常被称为学习分析技术。2011年召开的首届学习分析技术与知识国际会议将学习分析定义为"测量、收集、分析、报告学习者及其学习情境的相关数据，以促进对学习过程的理解，并对学习及其发生的环境进行优化"[1]。美国新媒体联盟（The New Media Consortium）在《地平线报告》中认为，学习分析技术就是利用数据和模型，预测学习者在学习中的进步和表现，预测其未来表现和发现潜在问题；学习分析的作用是"松散地组合了一系列数据收集工具和分析技术，研究学生的投入情况、绩效和学习进展情况，以期及时将研究结果用于修订课程、教学和评估"[2]。

综合上述观点，本书提出的学习分析定义如下：

> **关键概念——学习分析**
>
> 学习分析就是利用促使学习发生的相关数据，揭示学习发生的表象与本质，预测阻碍学习发生的可能因素，并提供及时干预的依据。

（二）学习分析的要素

马尔科姆·布朗（Malcolm Brown）认为，学习分析包括以下五个要素。

（1）数据收集。用程序、脚本和其他方法来进行。数据可以来自单一数据源，也可以来自多个数据源，所包含的数据量非常大，并且是可结构化（例如服

---

[1] SoLAR. 1st international conference on learning analytics and knowledge 2011 (LAK'11) [EB/OL]. [2020-6-9]. https://tekri.athabascau.ca/analytics/.
[2] Johnson L, Smith R, Willis H, et al. The 2011 Horizon Report[R]. Austin, Texas: The New Media Consortium, 2011: 28-30.

务器日志）或非结构化（例如论坛的讨论帖）的。

（2）分析。非结构化的数据在进行分析之前通常要被预处理成某种结构。通过定量分析和定性分析相结合的手段，数据会以可视化、表格、图表和其他类型的形式呈现。

（3）学生学习。这一核心要素是学习分析与其他传统分析方法的重要区别。学习分析试图告诉我们学生学习的情况：学习者正在做什么，他们的时间主要花在什么地方，他们正在访问什么内容，他们的话语性质，他们的进展情况——在个体和（或）群体层面。

（4）听众。学习分析所回馈的信息可用于告知学生、教师或管理员。这三者的共同点是都可接受学习分析的适当干预。通常情况下，学生和教师接受的是课程层面的干预，而管理员接受的则是部门、区域和机构层面的干预。所使用的数据类型和分析方法取决于目标受众。

（5）干预。进行学习分析是为了能在个体、课程、部门和机构层面实施适当的干预。学习分析的价值不仅限于识别有风险的学生。通过分析学生在参与课程各个阶段时产生的"数字面包屑"，可以观察学生在一门课的特定阶段和特定活动中的进展情况。学习分析的潜在价值是能够以比以往更精细的粒度水平来寻找有效因素和无效因素，即使课程仍在开展中也能进行深入分析。[1]

（三）学习分析的特征

从学习分析的流程和组成要素中可以看出，其核心是收集和分析与学习者学习相关的数据，其目的是观察和理解行为，以便进行适当的干预。学习分析技术的应用程序可以为学生提供进度反馈，帮助教师掌握学生的学习进度和效果，告知管理员课程和学位的完成情况。

华东师范大学顾小清等人将学习分析的特征总结为复合化的数据采集、多重角度的分析技术、可视化的分析结果、微观化的服务层次和多元化的理论基础。[2]具体如下。

（1）复合化的数据采集。学习分析所采用的数据来源多样，不仅具有来自传统学习环境下的学习档案材料，还有各种学习管理系统中记录的数据。学习分

---

[1] Brown M. Learning analytics: the coming third wave.［EB/OL］.［2020-6-9］. http://net.educause.edu/ir/library/pdf/ELIB1101.pdf.
[2] 顾小清，张进良，蔡慧英. 学习分析：正在浮现中的数据技术［J］. 远程教育杂志，2012，30（1）：18—25.

析研究专家戴维·吉布森也认为,在进行学习分析时,任何与学习相关的数据来源,只要能连接到,我们都可以将它纳入分析中。[①]数据来源的多元化是学习分析技术未来发展的趋势,而针对这些多元渠道数据的整合将是学习分析技术的挑战。

(2)多重角度的分析技术。在学习过程中,学习内容的复杂性、学习者的特殊性,使得对学习的研究变得十分复杂。对其要进行有效的分析,必须使用多重研究方法、技术与工具。[②]学习分析技术不仅注重从定量的角度,通过聚类、分类等方法分析教育场景中的数据,而且关注质性的研究方法,通过对教育场景中特殊数据的分析来解读教学和学习。

(3)可视化的分析结果。学习分析服务的对象主要是教师和学生,所有工具和技术必须是低门槛的,因此其分析结果的呈现必须是可视化的、直观的,以便于不具备相关统计分析知识的学生和教师都能够理解。

(4)微观化的服务层次。学习分析主要面向微观层面的教师和学生,我们通过对学习过程、学习行为、学习网络的跟踪和分析,可以更好地理解教学和学习,为教师的教学干预提供依据,为学习者的适应性学习提供建议。

(5)多元化的理论基础。针对学习分析结果的解读,一方面要依据所使用的学习分析技术的理论,比如采用社会网络分析方法,分析所得到的各种参数代表的是什么含义,这需要依据方法本身的理论进行解读;另一方面由于学习分析技术采用的数据是教育情境中的数据,其代表的是学习过程,因此在对结果进行解读时就需要参考相关的教育教学理论、学习理论等。

二、学习分析的应用价值及案例

当前,学习技术系统中已经收集和存储了大量以学习者行为为主的数据,通过数据统计分析、数据可视化,就可以提供学习者的学习报告,揭示某种行为模式、趋势或可能的意外情况。[③]学习分析技术不仅可以从学习者行为角度了解学习

[①] 郑隆威,冯园园,顾小清.学习分析:连接数字化学习经历与教育评价——访国际学习分析研究专家戴维·吉布森教授[J].开放教育研究,2016,22(4):4—10.

[②] Kop R, Sitlia H. The value of learning analytics to networked learning on a personal learning environment[C]//International Conference on Learning Analytics and Knowledge. ACM, 2011: 104–109.

[③] 顾小清,张进良,蔡慧英.学习分析:正在浮现中的数据技术[J].远程教育杂志,2012,30(1):18—25.

过程的发生机制，还可以用来优化教学，以基于学习行为数据的分析为学习者推荐学习路径，开展适应性学习和自我导向的学习。另外，学习分析技术可用来评估课程、程序和机构，以改善现有的学校考核方式，提供更为深入的教学分析，以便教师在数据分析基础上为学生提供更有针对性的教学干预。下面就从不同视角探索学习分析的应用价值

（一）学习者视角

从学习者视角来看，学习分析具有如下价值。

（1）作为学生自我评估和自我导向的工具。学习分析可以作为学习者自我评估和自我导向的工具。学习者的自我诊断是指学习者在学习过程中不断进行反思、发现问题的过程，这个过程有利于帮助学习者形成更清晰的自我认知。[1] 利用学习分析工具，可以结合现有数据和同伴进度综合分析学习者的学习过程，有效评估学习者现有水平并实现实时反馈，帮助学习者认识自我、规划自我、发展自我，从而激发学习者的学习主动性。例如鲁汶大学学习分析仪表盘项目就利用可视化工具协助学生进行自我评估和自我导向。

案例：鲁汶大学学习分析仪表盘[2]

学习分析仪表盘最初起源于车辆仪表盘这一反映车辆运转信息的可视化支持工具，后来该仪表盘逐渐被引入商业领域，目前也被引入学习分析领域。它可以把数据分析结果以数字和图表等方式直观地呈现出来。

比利时鲁汶大学的研究人员与学习顾问一起设计了学习分析仪表盘（learning dashboard for insights and support during study advice, LISSA），将学生的学业成绩、全年的进步发展概况、在学习群体中的位置、未来几年的计划和基于历史数据对他（她）获取学位所需时间的预测进行了可视化呈现（图11-1）。学生通过了解自己的学习绩效，就可以对自己的学习目标和学习过程进行反思，调整学习节奏，做出更加合理高效的学习计划。

---

[1] 余胜泉，彭燕，卢宇. 基于人工智能的育人助理系统——"AI好老师"的体系结构与功能[J]. 开放教育研究，2019，25(1)：25—36.

[2] Charleer S, Moere A V, Klerkx J, et al. Learning analytics dashboards to support adviser-student dialogue [J]. IEEE transactions on learning technologies, 2017, 11(3): 389-399.

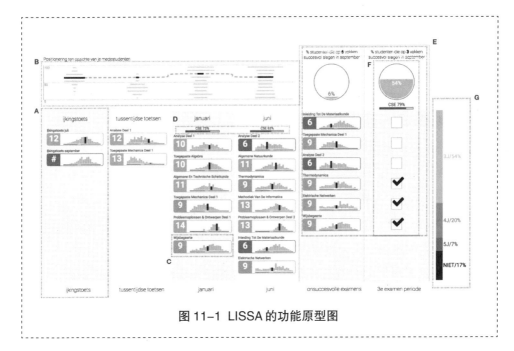

图 11-1 LISSA 的功能原型图

（2）作为学生学习需求的分析工具。学习分析技术可以建立学习者学习现状和学习目标之间的关联，诊断学习者的学习需求，从而促进其个性化学习。利用学习分析工具，我们可以通过数据更科学、客观地分析学习者在学习过程中所存在的问题和差异，发现学习者潜在的需求，实现大规模的个性化需求诊断分析。比如美国在线学习平台"牛顿"（Knewton）通过采集学习者的学习行为数据（知识概念掌握程度、学习投入程度、学习效率、优势劣势、活跃时间、预测分数等），对学习者的就绪状态、认知投入、学习偏好、学习风格、学习策略等多个方面的学习指标进行个性化评估，并在此基础上为学习者的学习表现和活动完成质量给予及时反馈，以为学习者提供最适宜的学习指导。[①]从亚利桑那州立大学的反馈来看，该平台确实起到了良好的作用，不少学生都在原定计划之前完成了学习任务。

（3）作为学习者学习危机的预警工具。目前，越来越多的学术机构频繁使用学习分析去评价和支持学生的学术表现，特别是对那些处在学习危机之中的学生来说，如果外界不给予提示或者预警，他们很难清楚地认识到自己的学习状态。

---

① 万海鹏，汪丹．基于大数据的牛顿平台自适应学习机制分析——"教育大数据研究与实践专栏"之关键技术篇［J］．现代教育技术，2016，26（5）：5—11．

如果能提前识别出这些学习者，教师就可以提供有意义的干预措施来改变这些学习者的学习行为，从而避免学习失败或者辍学现象的发生。有研究显示，对处在"危险"状态的学生确认时间越早，他们在学习成绩方面取得的进步就越大。① 在这方面，普渡大学的"课堂信号系统"就是一个比较成功的案例。

> **案例：普渡大学的"课堂信号系统"**②
>
> 国外的多数大学对新生留校率（retention rate）较为重视。所谓新生留校率，也就是一所大学的大一新生在完成第一年学业后继续学业的比例。2007年，美国普渡大学为了应对日益下滑的新生留校率研发了"课程信号系统"（course signals），该系统整合了学生的作业成绩和出勤情况，还有学生使用学术资源和实验室的情况。通过分析这些数据，帮助学生及时掌握自己在课程中的表现，知道自己是否有无法通过课程的可能，从而让他们可以更好地寻求帮助。
>
> 课程信号系统所依赖的核心算法为"学习者成功算法"（student success algorithm, SSA）。SSA算法由4部分组成。①课程表现：主要通过到目前为止学生所获得的学分百分比来衡量；②课程努力程度：主要通过学习者在教学平台上的访问和交互次数来衡量；③前期学业历史：主要通过高中GPA成绩和大学标准测验分数来衡量；④学习者特征：主要包括地区、种族、性别和奖惩情况等。SSA算法通过计算学习者在每一部分的得分，并乘以每一部分的权重值，相加所得的值作为最终预测的参考值。根据SSA算法的预测值，在每一个学生的学习页面上会显示红、黄、绿三种颜色的信号灯。其中，红灯表示失败的可能性非常大，黄灯表示有失败的可能，绿灯则表示失败的可能性很小。③ 对于识别出的有风险的学生，课程信号系统会直接触发教师设置的干预措施。

---

① Rosemary. How should I use "learning analytics"? [EB/OL]. [2011-09-26]. http://cetl.ucdavis.edu/learning-analytics.

② Arnold K E, Pistilli M D. Course signals at Purdue: using learning analytics to increase student success [A]. International conference on learning analytics and knowledge [C]. ACM, 2012: 267–270.

③ 刘艳华，徐鹏. 大数据教育应用研究综述及其典型案例解析——以美国普渡大学课程信号项目为例 [J]. 软件导刊（教育技术），2014, 13 (12): 47—51.

> 该系统在2009年春季实现了对实时数据的自动采集与分析，并建立了更加科学的SSA算法，在同年的秋季学期，有超过7000名学生参与了使用信号系统的课程，应用效果良好。

（二）教师视角

当前，教师的角色面临着巨大的挑战，课堂正在从原来的以教师为中心转变为以学习者为中心，而教师也需要从知识的传播者变为知识的引导者。这对教师的能力提出了很高的要求，尤其是要求教师对学习者有更深入的了解。学习分析能够帮助教师得到关于学生学习绩效、学习过程等的信息，这些信息可以从数据决策的角度，为教师的课堂教学、科研乃至职业发展提供有力的指导。

（1）作为开展智能化教学的工具。学习分析可以促使教师制定出基于实时数据的教学决策，为学生提供个性化学习内容和学习支持。[1] 利用学习分析技术，系统可以捕捉到过去教师无法关注到的学生学习行为数据，并进行实时采集和分析，将研究结果呈现给教师，从而帮助教师更全面地了解学生，为其提供个性化的学习内容和学习支持。例如，香港中文大学医学院课程管理系统中的实习日志管理模块就记录了学生在医院的实习过程和见习日志。通过分析这些数据，实习指导老师可以更好地制定下一步的实习计划和安排。

（2）作为反思和优化教学过程的工具。学习分析可以通过可视化数据报表的形式，给教师提供教学反馈，帮助教师反思和优化教学过程。过去，教师往往只能通过课堂观察和考试成绩来总结教学效果，而通过学习分析技术，系统可以对每堂课中学生的学习过程和教师的教学进行记录和分析，以此多方位地为教师提供教学指导，帮助其提升课堂教学的效率和质量，并提升其专业实践能力。

（三）教学管理者视角

学习分析可以通过其强大的数据分析和整合能力，为教学管理者提供管理和决策支持。通过学习分析技术，系统可以得到关于某门课程甚至学校的总体教学诊断情况，从而有助于管理者制定课程方案、教学方案和其他相关的教育决策。[2]

---

[1] 张进良，何高大. 学习分析：助推大数据时代高校教师在线专业发展［J］. 远程教育杂志，2014，32（1）：56—62.

[2] 胡艺龄，顾小清，赵春. 在线学习行为分析建模及挖掘［J］. 开放教育研究，2014，20（2）：102—110.

而学习分析还可以将先进的建模技术和学习成效评价结合起来，以更好地理解和评价学生。基于学习分析技术来评价课堂、项目和组织机构，势必有助于改革现有的教育评价方式，甚至促进更加深入的教育教学改革。[①]比如网络教育学院或在线教育机构通常会建立一个课程评价系统，其中会提供各门课程的总体情况，并呈现课程运行的关键指标，包括课程学习热度、活跃用户占比、教师辅导任务完成情况，还可以进行不同课程的对比分析，因而有助于更好地了解和评价学院的教学运行情况。

三、学习分析的产生背景和历史发展

（一）学习分析的产生背景

学习分析之所以在2010年左右开始受到各界人士的高度重视，自然有其深刻的时代背景。

最直接的动因就是大数据（Big Data）技术的发展。所谓大数据技术，是指借助数据挖掘等数据分析工具，对依靠信息技术积累的海量数据进行分析，以期发现模式和规律、预测用户和系统未来行为的技术。比如谷歌曾经在《自然》杂志上发表过一篇文章，讲解他们如何依靠分析人们的搜索记录来判断和预测流感的暴发与传播途径。这相对于依靠医生上报病例的统计方式速度更快、成本更低。百度也曾利用大数据技术，对其拥有的LBS（基于位置的地理服务）大数据进行计算分析，并采用可视化方式，动态、及时、直观地展示中国春节前后人口大迁移的轨迹和特征。大数据技术在2010年左右开始快速发展，自然吸引了教育研究者，他们希望将大数据技术应用到教育领域，通过分析各种教育教学系统所记录的海量数据，发现更多以前没有发现的教育教学规律，比如通过分析MOOC后台记录的学习行为等各种数据来了解学生的学习行为特征等，这些努力直接推动了学习分析的产生和发展。

另外一个直接原因就是个性化学习的助推。在第七章讲过个性化学习，简单地说，个性化学习就是根据学习者的个性化需求和特点，采取适合的方法和手段来满足学习者的学习需求，让学习者主动或被动地构建和内化知识系统的学习方式。传统班级式教学模式被广为诟病的地方就是它很难实现个性化学习，而利用学习分析，就可以通过深度挖掘和分析学生的基本信息数据、学习数据、活动数

[①] 李逢庆，钱万正. 学习分析：大学教学信息化研究与实践的新领域［J］. 现代教育技术，2012，22（7）：5—10.

据等数据集合来探索追踪学生的成长轨迹，发现和理解学生的身心发展规律，从而提炼出学生的真正需求，并给予适合的个性化的学习内容和学习干预，从而尽可能实现个性化学习。[1]进入21世纪以来，个性化学习越来越受重视，这也推动了学习分析的发展。

当然，学习分析的产生和发展归根结底是由教育信息化或者说智能教育的发展造成的。自20世纪90年代教育信息化发展以来，现代信息技术已经被广泛应用到了教育教学的各个环节中，但是人们希望进一步打造智能化学习环境，从而促进和实现个性化自适应学习，这就需要在课堂教学、教学支持和服务、教学评价等各个环节测量、收集、分析和呈现各种数据，从而全面、系统地追踪学习、理解学习和改变学习，这些自然从根本上推动了学习分析的发展。

（二）学习分析的历史发展

学习分析虽然是伴随着大数据浪潮的发展而发展起来的，但是学习分析的历史其实由来已久。在长期以来的传统教学中，教师和管理人员使用课堂观察、问卷调查和访谈等方式对学习者个体或小群体的学习过程进行分析、评价，理论上也都属于学习分析的范畴，只不过之前使用的分析技术比较简单而已。

20世纪60年代，计算机辅助管理（CMI）开始兴起，当时的CMI已经可以记录课程内容、学生的测验答案、学生成绩等数据，并可以进行一定的分析，从而为学习者提供适合的学习材料。所以说，CMI应该算是最早的与学习分析紧密相关的教育数据应用系统。

20世纪七八十年代，智能导师系统（ITS）开始流行，研究者此时更加重视学习数据的价值。ITS模型中就包括了专家模型、学习者模型和导师模型，其中自然需要记录学习者的学习行为数据，并给予个性化的回应。只不过，此时主要聚焦在学习者建模、学习路径规划和学习成绩评定方面，而能够记录和分析的数据有限，另外系统的适应性或者说智能性自然也有限。

进入20世纪90年代以后，伴随着多媒体技术和互联网技术的发展，智能导师系统能够记录的数据越来越多，有一部分相关领域的研究者开始收集和分析学习过程数据。与此同时，伴随着数据科学领域数据挖掘技术的发展，这部分研究者和关注CSCL等学习环境下学习过程数据的研究者们合作，逐渐提出了教育数据挖掘（educational data mining, EDM）的概念。2008年，蒂芙尼·巴恩斯

---

[1] 张琪.学习分析技术与方法［M］.北京：科学出版社，2018：15—17.

（Tiffany Barnes）、瑞安·贝克（Ryan Baker）等人牵头成立了国际教育数据挖掘协会[①]，并于2008年召开了第一届国际教育数据挖掘学术会议。

2010年左右，伴随着大数据技术的快速发展，系统可以测量、收集的数据也越来越多，可以使用的分析方法也越来越多，对教育数据的挖掘就成了研究热点。尤其是随着MOOC等形式多样的在线课程的大范围推行，对在线学习行为的数据分析吸引了教育学、管理学、信息科学等多领域的研究者，他们通过分析在线学习系统所记录的学习者行为数据，经过分类、聚类、关联分析以及可视化等操作，就可以生成实时的数据报告，或者生成预测模型。这一时期的研究就从学习过程数据挖掘逐渐拓展到了学生学业表现、学生学业风险预测、在线学习环境设计等多个方面。在这样的情况下，一个比教育数据挖掘涵盖面更广、更注重学习研究的群体就出现了。2011年，乔治·西蒙斯等人牵头召开了第一届国际学习分析与知识学术会议，并在2014年创办了《学习分析杂志》（*Journal of Learning Analytics*），正式宣告了学习分析领域的创立。

以上主要是从研究领域的视角来梳理发展历史的，其实在学习分析的发展过程中，还有许多分析技术对其作出了贡献，比如话语分析、社会网络分析、内容分析等，都可以看作学习分析的前身，而且它们现在也都成了学习分析的重要技术。

目前，随着大数据和人工智能技术的快速发展，学习分析仍然在快速发展，也成了学习科学领域内一个非常活跃的研究方向。而且，有学者认为，学习分析不能仅仅被看作一种技术，而是应该成为一个学科，所以他们认为应该将其称为"学习分析学"。不过本书还是把它当作一项分析技术，并将其称为"学习分析"或"学习分析技术"。

第二节 教育数据挖掘的概念与技术

前面多次提到教育数据挖掘，它和学习分析是两个具有密切关系的概念，相互之间既有联系，又有区别。本节就先来系统介绍一下教育数据挖掘。

一、教育数据挖掘的概念和过程

前面已经讲过，伴随着数据科学领域数据挖掘技术的发展，一部分教育研究

[①] http://www.educationaldatamining.org.

者逐渐提出了教育数据挖掘的概念,其定义如下:

> **关键概念 —— 教育数据挖掘**
>
> 教育数据挖掘,是指从大量不完全、有噪声、模糊、随机的教育数据中,提取隐含在其中、事先未知但又潜在有用的信息和知识的过程。

教育数据挖掘是一种深层次的数据分析方法,主要依靠数理统计、机器学习和人工智能等技术。[1] 比如,有学校根据学生在食堂的就餐数据就可以自动甄别出贫困学生,并给予补助。再比如,根据学生之前的学习行为数据,建立预测模型,就可以预测学生期末考试是否可以及格。

至于教育数据挖掘的过程,基本上和数据挖掘的过程是一样,包含数据采集、数据预处理、数据挖掘、模式分析、形成知识五个步骤,如图11-2所示。

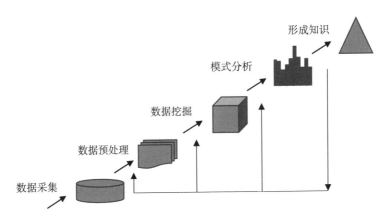

图 11-2 教育数据挖掘过程示意图

另外,这里说的教育数据当然泛指所有教育领域的数据,比如一个班级的学生成绩也可以称为教育数据。只不过,在大数据时代,教育数据更多的是指教育大数据。所谓教育大数据,杨现民等人认为,它是指整个教育活动过程中所产生的以及根据教育需要所采集到的,一切用于教育发展并可创造巨大潜在价值的数据集合。[2] 有时候,我们不去区分"大数据"和"大数据技术",所以也可以将教

---

[1] 张琪. 学习分析技术与方法 [M]. 北京:科学出版社,2018: 6.
[2] 杨现民,唐斯斯,李冀红. 发展教育大数据:内涵、价值和挑战 [J]. 现代远程教育研究,2016,(1): 50—61.

育大数据定义为：借助数据挖掘等数据分析工具，对依靠信息技术积累的海量教育数据进行分析，以期发现以前依靠简单数据分析而无法发现的规律，从而更好地促进学生的学、教师的教和学校的管理。

二、数据采集与预处理

进行教育数据挖掘，当然首先需要采集数据并进行预处理，然后才可以对其进行分析。

（一）数据采集

所谓数据采集，指的是通过调查问卷、量表、访谈、网络平台、脑成像技术设备、生理仪器设备、可穿戴设备、传感器等各种手段获取教育数据的过程。在教育领域，存在于线上线下学习活动、校内校外学习活动过程中的各种数据，会以不同的格式和粒度大小存储在各种载体中，如何有效收集这些数据，以便全面、深入地分析学生的学习状态是学习分析的关键。[1]

1. 数据层次和类型

从层次上可以分为国家、区域、学校、班级、课程、个体六个层面；从类型上可以分为基础数据、教学数据（学习数据）、管理数据、科研数据、服务数据、舆情数据等。如果继续细化，教学数据又包括学生的学习成绩、作业成绩、学习行为、学习动机、教学行为、课堂互动、教学录像、家校沟通、进出校园、日常管理、奖惩等各种数据。

2. 数据表现形式

就数据表现形式来讲，可以分为结构化数据、非结构化数据与半结构化数据。结构化数据指的就是类似电子表格（如成绩单）一样的数据，通常使用文字和数字，比较有规律，容易对其进行查询等操作；非结构化数据指的是图片、声音、视频等数据，这些数据通常难以直接知道其内容，规律性不强，对其进行查询等操作也比较困难；半结构化数据指的是有一定结构，但是结构变化比较大的数据。比如一批同学的简历，这些简历有一定规律，但是每个人的简历又不太一样，所以我们很难用一个电子表格来简单地存储这些简历。

3. 数据采集技术

数据采集技术通常包括以下几种。①依靠传统的问卷、量表、测验、访谈、观察等收集数据或学生作业等各种文档。②依靠计算机网络技术收集日志和学习

---

[1] 张琪.学习分析技术与方法［M］.北京：科学出版社，2018：68—81.

行为等各种数据。比如,利用在线学习平台收集学生参与互动讨论、观看视频、提交作业等的各种数据,也可以根据需要在系统中设置功能模块,以便收集相应数据。③依靠脑成像技术、眼动仪、生理仪器等技术设备收集相关脑活动及生理数据。比如,可以利用眼动仪收集学生在观看视频课件时的眼动数据,从而分析学习者的行为特征,进而指导教师的视频课件设计与开发。④依靠可穿戴设备、校园一卡通等物联网感知技术收集学生生理数据和校园生活数据。比如,在体育课上教师利用"手环"或"脚环"收集学生的步数等运动数据,自动给予学生更客观的评价;再如,利用校园一卡通收集学生进出教室、餐厅、图书馆和宿舍的校园生活数据。⑤还可以使用其他各种技术。比如,利用"网络爬虫"技术收集相关网页信息,利用视频技术收集学生线上线下学习时的表情数据。

(二)数据预处理

数据预处理指的是在数据挖掘和数据分析之前,对所收集的数据进行的审核、筛选、排序等必要的处理过程。因为在现实世界中收集的数据经常存在各种各样的问题,比如缺失了重要数据,或者有重复和冗余的数据,或者有错误或无效的数据。如果不进行预处理,就可能降低数据挖掘的效率,甚至导致错误的结果。

1. 数据预处理过程

(1)数据审核。主要审核以下四个方面。①准确性:主要是从数据的真实性和准确性角度审查,重点是对调查过程中的误差进行检查。②完整性:主要从数据的完整性方面审核,重点是检查是否缺失了重要数据,比如在进行成绩分析时看看是否缺失了部分学生的成绩。③一致性:主要审查各类数据的一致性,比如年龄和出生日期是否一致。④有效性(适用性):主要根据数据分析的目的,审查数据能否有效地解释、说明问题。

(2)数据筛选。是指根据数据审核的结果,对所发现的数据中的错误予以纠正,将某些不符合要求的数据或错误的数据剔除掉,或者将符合要求的数据筛选出来。

(3)数据排序。是指将数据按照一定的顺序排列,以方便分析者发现某种趋势和规律。比如,对数字类数据按照升序或降序排列,对文本类数据则按照拼音排序。

2. 数据预处理方法

常用的数据预处理方法包括:数据清洗、数据集成、数据转换、数据归约。

（1）数据清洗。是指通过填写缺失值、光滑噪声数据、识别或删除离群点、解决一致性等方式来清理数据。①填写缺失值指的是采用均值插补、回归插补等方法来填补缺失值，比如缺少某一位同学的一次期中考试成绩，就用该同学最近几次考试的平均成绩补上这个缺失值。②光滑噪声数据指的是利用回归法、均值平滑法等方法消除数据中存在的随机误差，比如利用回归函数拟合的数据替代有误差的数据。③离群点指的是明显偏离的数据，数据预处理过程中可以将其删除。

（2）数据集成。是指将不同来源、格式、性质的数据整合到一个数据表或数据库中，或者在逻辑上整合到一个虚拟的表格或数据库中，以方便进行数据挖掘。比如，将一个学生的姓名、籍贯、成绩等各种数据尽可能都放在一张表格中。当然，有时候数据非常大，无法存放到一张表格或一个数据库中，需要分布式存储，那也要在逻辑上建立一个虚拟的表格或数据库，就好像那些数据在一个表格或数据库中一样。

（3）数据转换。是指利用标准化、规范化等方式将数据转换为适合数据挖掘的形式。比如对于学生的评价，数据中记录的是"优秀""良好""合格""不合格"，但是可以将其转换为"1""2""3""4"这样的数字，就比较方便挖掘。

（4）数据规约。是指将数据集合进行简化，并使其仍然接近于数据的完整性，从而使分析结果和规约前的相同或几乎相同。因为数据量常常比较大，所以进行数据规约可以提升挖掘效率。常用的数据规约方法有属性（维度）选择或样本选择。属性选择指的是删除不相关的或者冗余的属性（维度），比如如果同时记录了年龄和出生年月，这两个属性是有相关性的，就可以将其中一个属性删除。样本选择指的是抽取能够代表总体样本的部分样本，或者删除一些不相关的样本。

3. 大数据的特点

目前我们已经进入大数据时代，大数据有几个特点。

（1）数据量足够"大"。大数据时代可以不再做抽样，而是尽可能收集全部对象的信息。比如因为现在计算机存储、处理数据的能力大大增强，所以数据规约的重要性就会相对降低。

（2）数据结构多元化。可存储和分析的数据类型越来越丰富，过去主要是文字和数字等结构化数据，现在有很多图片、声音和视频数据。

（3）数据来源广泛化。人们在生活中的行为方方面面都是数据的来源。

（4）数据产生实时化。大数据时代，很多时候要处理实时产生并且是分布式存储的数据，我们很难采用简单的数据存储和分析技术来处理，有时候甚至需要开发专门的处理系统。

（5）单个数据的精确性有所降低，但能靠海量的数据提高整体数据质量。

（6）与因果关系相比，大数据相对更加关注相关关系。当然，在教育中，我们也关注相关关系，但是也要探究背后的因果关系。

大数据技术现在发展得特别快，这使得数据采集、预处理和数据挖掘都发生了很多变化。不过本书不再展开，有兴趣的读者可以参考专门的著作。

三、数据挖掘的主要方法和技术

数据采集和预处理完毕以后，就可以正式进行数据挖掘和分析了。常用的数据挖掘技术主要有：回归分析、分类、聚类、关联规则挖掘、序列模式挖掘和文本挖掘等。

（一）回归分析

回归分析是一种预测建模技术，通过一些变量（自变量）来预测目标变量（因变量）的值。这是一种非常基础、非常重要的分析技术，被广泛应用在教育、经济和社会等领域中，比如根据学生的课后作业分数来预测学生的期末考试分数。

一般来说，事物之间的关系往往可以被抽象为变量之间的关系，而变量之间的关系有两种：一种是确定的关系，也叫函数关系，即知道一个变量的值，就能确定另外一个变量的值；另一种叫相关关系，即变量之间的关系不是非常精确，但是有一定相关性，比如学生的课后作业分数和期末考试分数就没有确定的函数关系，但是有一定相关性。

回归分析就是用来处理变量之间相关关系的一种数学方法，解决步骤大致如下：①收集包含自变量和因变量的数据，比如一组课后作业分数和期末考试分数；②建立自变量和因变量之间的关系模型，也叫回归方程，并采用最小二乘法等方法计算模型中的参数；③利用统计分析方法对不同的模型进行比较，找出拟合效果最好的模型；④利用这个模型就可以对因变量进行预测或解释，比如知道某一位新同学的课后作业分数，就可以预测他的期末考试分数。

常见的回归分析方法包括线性回归和逻辑回归，两者的区别在于对因变量的要求上：线性回归要求因变量必须是连续性数据变量，而逻辑回归要求因变量是二分变量（比如是、否）或多分变量（比如优秀、良好、合格）。同时，根据自变量的数量，可以分为一元回归和多元回归，如一元线性回归、多元线性回归、一元逻辑回归、多元逻辑回归。[1] 线性回归和逻辑回归是教育数据技术中最基础和常用的分析方法，两者的计算复杂度都比较低，但是只能处理线性数据。

以最简单的一元线性回归为例，如表 11-1 是学生的课后作业分数和期末考试分数。据此就可以画出如图 11-3 所示的散点图，从散点图中就可以看出两者近似为线性关系，可以使用线性回归方法建立回归模型。最后得到回归方程：$y = 0.7126x + 25.119$，并且 $P < 0.05$，表示课后作业分数和期末考试分数确实有显著的线性相关关系，据此就可以去预测其他同学的期末成绩。[2]

表 11-1 学生课后作业分数和期末考试分数

课后作业分数	64	38	32	69	49	67	27	64	72	51
期末考试分数	75	56	50	71	58	73	39	73	73	63

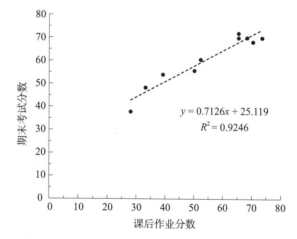

图 11-3 学生期中和期末考试成绩散点图和线性回归图

上面是一个最为简单的一元线性回归的例子，其他回归分析方法会复杂一些。但是万变不离其宗，一般都是建立一个回归模型（回归方程），来拟合相关数据，然后实现预测或解释的目的。

（二）分类

1.建立分类模型的一般方法和过程

分类也是一种预测建模技术，主要目的就是确定对象属于哪个预定义的目标

---

[1] 对于逻辑回归，有人也把它归到了下面要讲的"分类"技术中。
[2] 张琪.学习分析技术与方法［M］.北京：科学出版社，2018：96—100.

类。比如，根据学生是否按时上课、按时提交作业等数据将学生分到"存在学习风险类"或"不存在学习风险类"中，从而实现学习预警的目的。

分类的目的就是要建立一个分类模型（也称分类器），然后据此将数据库中的记录映射到给定的类别中，也就是将记录分到给定类别中。其一般过程如下。

（1）准备数据。首先将数据分成两部分：一部分为训练集（training set），由类标号已知的记录组成；一部分为检验集（test set），由类标号未知的记录组成（实际上也是已知的，但我们不会告诉系统）。

（2）建立模型。使用一种学习算法（learning algorithm）建立分类模型，这个模型能够很好地拟合训练集中所记录的属性集和类标号。

（3）检验模型。根据这个分类模型，对检验集中记录的属性集和类标号进行检验，如果误差比较小，检验效果良好，就表示这个分类模型是可行的。

（4）进行分类（预测）。即应用这个分类模型就新的记录进行分类。建立模型的过程大致如图11-4所示。

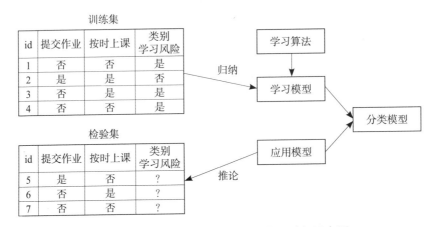

图11-4 建立分类模型的一般方法和过程示意图

从以上建立分类模型的过程中，可以看出使用的学习算法很重要。究竟使用什么样的算法来建立这个分类模型呢？目前常用的分类算法有基于规则的分类法、KNN（K-近邻，也称最近邻分类法）、贝叶斯分类法（Bayes classifiers）、决策树（decision tree）、人工神经网络（ANN）、支持向量机（SVM）等方法。

2. 以决策树为例简要介绍具体的算法

这是一种简单但又使用广泛的分类方法。决策树的使用过程和图11-4基本一样，首先利用归纳算法产生分类规则和决策树，然后再对新数据进行预测分析。在生成决策树的过程中，实际上是通过提出一系列精心构思的关于检验记录属性的问题而进行的,每当一个问题得到答案,后续的问题随之而来,直到我们得到记录的类标号。这一系列的问题及其可能的回答就可以组成决策树的形式。比如,针对图11-4中的学习风险问题,我们可以先提问:"是否可以按时上课?"然后继续问:"是否可以按时提交作业?"经过一系列问题,就可以形成图11-5所示的决策树。这是一种由"节点"和"有向边"组成的层次结构,其中包含三种结点:

(1) 根节点（root node）。它没有入边,但有零条或多条出边;

(2) 内部节点（internal node）。恰有一条入边和两条或多条出边;

(3) 叶节点（leaf node）或终节点（terminal node）。只有一条入边,但没有出边。[①]

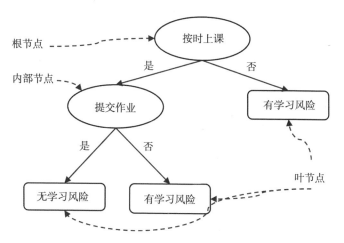

图11-5 学习风险预警分类问题的决策树

随着人工智能技术的发展,将人工神经网络（ANN）应用在分类预测中也越来越受重视。人工神经网络也常简称为神经网络,就是模拟人类大脑的神经网络而构建的数学模型,实质上就是由一些人工神经元和彼此的连接构成的网络结构。如图11-6就是一个三层的神经网络（当然也可以多层）,图中的每一个圆圈就是一个人工神经元,每个神经元其实就是一个函数,都有一些参数（权重系数）,通过调整这些参数就可以构建一个神经网络模型,用来处理分类预测等任务。

[①] （美）Pang-Ning Tan, Michael Steinbach, Vipin Kumar. 数据挖掘导论（完整版）[M]. 范明,范宏建 译. 北京:人民邮电出版社,2011: 91—93.

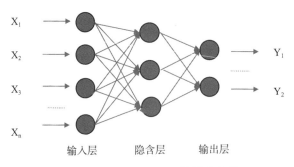

图 11-6 人工神经网络的基本结构

比如现在构建一个预测高考作文分数的神经网络，首先可以给这些参数赋一个初值，然后拿若干篇已经由人工打好分数的作文作为训练集，将这些作文逐篇输入这个模型，接下来调整参数，使得输出值可以拟合由人工打好的分数。待训练集中的作文都拟合好以后，这个神经网络模型就建好了，我们就可以用它来预测分数了。再拿一篇新作文输入这个模型，就会输出一个分数，这就是预测值。

不过有意思的是，调整参数的工作并不是由人类进行的，而是由计算机按一定的算法实现的，连神经网络的设计者也不知道具体调整过程。或者可以把神经网络看作一个"黑箱"，只要输入一些变量，就可以输出一个变量，但是具体过程人类并不清楚。

人工神经网络的优点是可以处理非线性数据，目前最受大家重视的机器学习算法，也被广泛应用在图像处理、语音识别和模式识别中。不过神经网络通常比较复杂，可能有很多层，因此收敛速度慢、计算量大、训练时间长。

（三）聚类

1. 聚类的定义和起源

聚类（clustering）指的是在没有任何先验知识的前提下，根据数据的相似性将对象聚合为不同的簇（类），让同一簇里的对象尽可能相似，而与其他簇里的对象尽可能相异。我们通常所说的"物以类聚，人以群分"，其核心思想就是聚类。聚类目前也被广泛用在教育领域中，比如根据学生的人口学数据、心理学量表数据以及线上和线下学习行为数据，就可以将学生"聚"成几类。

从以上定义可以看出，聚类和分类是有关系的。聚类实际上起源于分类，在分类的时候，我们一般会根据一定的经验和专业知识进行分类，但是后来发现有时候仅靠经验和专业知识很难准确分类。于是我们逐渐把数学工具引入分类中，通过分析这些数据进行分类，也就是说根据数据的特点"聚"成几类，如此一来就逐渐形成了聚类。由于聚类不需要任何指向性的数据作为聚合依据，也就是说不需要"训练集"，因此又常被称为无监督分类（unsupervised classification）。[①]

2. 聚类的核心和算法

聚类的核心就是要把相似的对象分到一簇（类）中，那么我们怎么判断两个对象是相似的呢？从数学的角度讲，"距离"和"相似系数"就是常用的度量方式。其中，距离用来度量样本之间的相似性，相似系数用来衡量变量之间的相似性。对于距离，一维、二维、三维空间中的距离自然好理解，其实多维空间也可以计算距离，只是比较复杂而已，常用的有闵可夫斯基距离、兰氏距离、马哈拉诺比斯距离；对于相似系数，常用的有夹角余弦和相关系数。

基于不同的距离和相似系数度量方式，人们提出了很多种聚类算法，大致包括：基于划分的方法（partitioning method）、基于层次的方法（hierarchical method）、基于密度的方法（density-based method）、基于网格的方法（grid-based method）、基于概率模型的方法（model-based method）、模糊聚类方法（fuzzy method）、基于图论的方法、基于分形的方法、神经网络聚类方法、仿生法、核聚类法。

3. 示例

下面就以实践中常用且比较简单的 K-means（K-均值）为例具体讲解聚类的思想和方法。K-means 是一种基于划分的聚类方法，它的基本思想是这样的：首先给定一个有 N 个对象的数据集合准备分成 K 簇（类），$K<N$，然后要求每一簇至少包含一个记录，每一个记录都属于且属于一个簇。对于给定的 K，算法首先给出一个初始分组，然后不断地迭代，直到每一簇中的数据对象尽可能相似，不同簇中的数据对象尽可能不相似。图 11-7 展示了一个具体的 K-means 聚类步骤：

第 1 步：首先选定 K（3）个点作为初始质心（也可以理解成中心）；

第 2 步：将每个点指派到（距离或相似系数）最近的质心，形成 K 个簇；

第 3 步：重新计算每个簇的质心；

重复第 2 和第 3 步，直到质心不再发生变化。

[①] 张琪. 学习分析技术与方法 [M]. 北京：科学出版社，2018: 109—110.

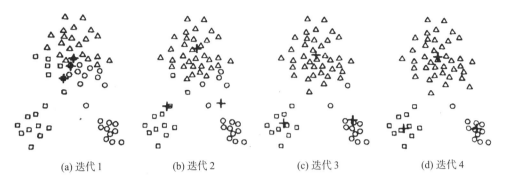

(a) 迭代 1　　　(b) 迭代 2　　　(c) 迭代 3　　　(d) 迭代 4

图 11-7　使用 K-means 算法找出样本数据的中的三个簇

聚类技术不仅可以用来对学习者进行分类，实际上也可以用来对教师、教育机构、教材等各种对象进行分类。

（四）关联规则挖掘

1. 关系挖掘及其下的关联规则挖掘

关联规则挖掘属于关系挖掘，关系挖掘就是从拥有大量变量的数据中集中挖掘变量之间的相互关系，这种相互关系可以是空间中的共现关系，也可以是时间上的序列关系。比如，最经典的研究就是超市通过分析购物小票，发现"啤酒"和"尿布"有很强的联系，很多购买尿布的顾客也会购买啤酒。在教育领域，我们可以发现不同学科成绩的联系，也可以发现学生不同在线学习行为之间的联系。

常见的关系挖掘包括：①关联规则挖掘（association rule mining），②相关挖掘（correlation mining），③因果数据（causal mining）和④序列模式挖掘（sequential pattern mining）。[①] 关联规则挖掘和序列模式挖掘来自数据挖掘技术，相关挖掘来自统计学分析，而因果挖掘来自数据挖掘与统计学分析技术的交叉应用。不同类型的关系挖掘的目的以及对应的适用场景如表 11-2 所示。

表 11-2　关系挖掘技术的主要应用场景

类型	目的	结果应用场景
关联规则挖掘	挖掘学习过程中存在的"如果-就"（if-then）的关系：如果一组变量呈现出某种状态，那么另外一组变量通常会呈现出特定的状态。	发现学习者的学习特征，如成功学习者和失败学习者的典型特征，用于学习激励和学习预警。

[①] 彭亚，于翠波，张勍. 教育数据挖掘技术应用研究 [J]. 中国教育技术装备，2017，(18)：1—5+13.

（续表）

类型	目的	结果应用场景
序列模式挖掘	找到事件之间在时间上的关系。	寻找两个变量的相关关系，比如数学成绩和物理成绩的相关关系。
相关挖掘	找到变量之间的正向或者负向的相关关系。	往往用于提取关键维度的指标，如筛选变量。
因果数据挖掘	找出事件之间是否存在因果关系，一个事件是否是导致另一事件发生的原因。	探究造成某些学习状态或者学习结果的影响因素。

2. 关联规则挖掘和序列模式挖掘

关联规则挖掘可以根据学生学习行为特征和内容的关联关系，给学生推荐合适的学习资源和支持。比如教师根据学生在答题过程中出现的共现错误（经常共同出现的错误），分析这些错误类型，探究出错误的根源，并给学生提供相应的支持。

3. 关联规则挖掘的常用算法

关联规则挖掘常用的算法有 Apriori 算法，它目前是数据挖掘中简单关联规则挖掘的核心算法。通常有三步。[①]

第 1 步：产生频繁项集。通过扫描所有数据集，找出所有的频繁 1 项集的集合，把该集合记为 L1，比如在购物小票中 {啤酒} 就是一个 1 项集，然后根据 L1 找出所有的频繁 2 项集的集合 L2，比如 {啤酒，牛奶} 就是一个 2 项集，再根据 L2 找 L3。如此下去，直到不能再找到任何频繁 k 项集。

第 2 步：产生关联规则。从所有的频繁集中，筛选出支持度大于或等于最小支持度和置信度大于或等于最小置信度的频繁项集，从而导出最有价值、最有意义的关联规则。其中支持度是个百分比，它指的是某个项目组合出现的次数与总次数之间的比例，比如 {啤酒，牛奶} 出现的次数与总次数的比是 0.4。支持度比较低的规则是偶尔出现的规则，意义不大。置信度指的是项目 A 出现后，项目 B 出现的概念，比如当你购买了啤酒，会有 0.5 的概率购买牛奶。置信度比较高的规则说明出现的可能性比较大。

第 3 步：通过以上分析，得出结论"啤酒"和"尿布"是有意义的频繁集。

---

① 丁继红.教育数据挖掘技术与应用［M］.北京：中国工信出版集团 & 电子工业出版社，2021：166.

（五）序列模式挖掘

序列模式挖掘（sequential pattern mining）主要用来发现时间上先后出现的事件之间的关联关系。比如通过分析学习者在 MOOC 中观看视频、做练习题、参与讨论等学习行为数据，就可以挖掘出学生的学习行为特征，如有的学生是先看视频再做测验，有的学生则是先做测验然后看视频，这样不同的行为转换就组成了不同的行为序列。

目前在教育、心理学和社会学领域中，对行为序列进行挖掘常用的方法是滞后序列分析法（lag sequential analysis，LSA）。该方法由萨克特（Sackett）于1978年提出，主要用来检验一种行为之后出现另外一种行为的概率及其统计学意义上的显著性。比如学习者登录系统后先看视频，然后开始做练习题，这就形成了一个行为序列。学生的整个学习过程当然会产生许多行为序列，有的是非常普遍的，具有特殊意义，有的则是偶然发生的少数，无实际意义，滞后序列分析就是要找出其中达到显著性意义的行为序列。

滞后序列分析常用的软件有 GESQ、ProM、Tramine。以 GESQ 为例，步骤大致如下。

第1步：首先需要对每个行为进行编码，将具体的行为用字母来表示。

第2步：确定分析单元（如以每个学生的每次登录作为一个分析单元），在每个分析单元内按行为发生的时间顺序生成编码序列，并将其转换为符合 GESQ 分析要求的序列（图 11-8）。

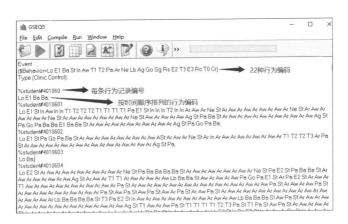

图 11-8 GESQ 软件分析要求的格式示意图

第3步：GESQ 软件对输入的数据进行编译，生成一个 MDS 编码文件，然后计算出行为转换频率表（图 11-9）和调整后的残差表（图 11-10），表中的数据分别指从第一列的行为转换到后面几列行为的序列所对应的频次和残差表的 z 值。如频次表中第三列第二行的 734 表示的是 Lo 行为转换到 E1 行为的频次一共有 734 次，相对应的残差表中 Lo 行为转换到 E1 行为的 z 值为 164.24。

```
GSEQ Results
File  Edit  Window

JNTF     Target:
Given:   Lo    E1      Ba      St      In      Aw       T1      T2      Pa      Ar
Lo       0     734     261     0       1       2        0       0       0       1
E1       0     359     428     2633    0       11       0       0       0       25
Ba       0     446     5773    2551    0       3        0       0       1       18
St       0     0       1       5       6232    6586     188     97      2739    17597
In       0     1       0       0       1105    2012     103     48      763     4379
Aw       0     304     67      21      380     0        127     220     1871    108085
T1       0     0       0       1       36      302      146     274     64      335
T2       0     0       0       0       10      347      160     581     41      619
Pa       0     463     1149    4160    0       5        0       0       2       13
Ar       0     128     26      48      698     109917   428     615     2235    0
```

图 11-9 行为转换频次表示意图

```
GSEQ Results
File  Edit  Window

ADJR     Target:
Given:   Lo     E1       Ba       St        In        Aw        T1       T2        Pa        Ar
Lo       0.00   164.24   31.17    -13.38    -6.30     -29.07    -2.43    -3.08     -6.43     -31.45
E1       0.00   47.84    30.73    123.86    -9.83     -44.01    -3.70    -4.68     -9.78     -47.09
Ba       0.00   32.30    338.16   56.19     -15.73    -70.98    -5.93    -7.49     -15.59    -76.32
St       0.00   -20.62   -32.87   -62.32    203.47    -56.47    6.98     -6.85     73.14     60.80
In       0.00   -9.85    -15.89   -30.14    65.08     -18.97    13.83    0.20      40.74     28.41
Aw       0.00   -34.79   -70.34   -135.90   -56.91    -296.78   -17.09   -20.76    -21.80    469.57
T1       0.00   -3.75    -5.99    -11.26    1.26      -6.53     69.08    103.24    6.58      -6.98
T2       0.00   -4.74    -7.57    -14.36    -5.45     -14.68    59.21    174.67    -0.78     -4.84
Pa       0.00   40.70    64.24    133.79    -13.92    -62.75    -5.24    -6.63     -13.71    -67.57
Ar       0.00   -44.35   -76.92   -146.37   -55.11    483.13    -1.48    -5.02     -19.70    -345.82
```

图 11-10 调整后的残差表示意图

第 4 步：根据调整后的残差表中 z 值大于 +1.96 来筛选出统计学意义上达到显著水平的行为转换序列。

第 5 步：将这些显著的行为转换序列进行可视化。显著的行为序列数量比较少的可以手动画图，数量比较大的可以借助一些工具。比如图 11-11 就是借助 Gephi 软件，将显著的行为序列数据进行可视化而得到的学习行为转换路径示意图，其中每个节点代表一种学习行为，节点之间的有向线段表示的就是具有显著意义的行为转换序列，比如 Pa（暂停）到 Rs（重新开始）的转换就是显著的，代表学生产生 Pa（暂停）行为后紧接着产生 Rs（重新开始）行为，产生这样的学习行为序列在统计学意义上是达到显著水平的。Ar（回答正确）和 Aw（回答错误）之间的相互转换也是显著的。

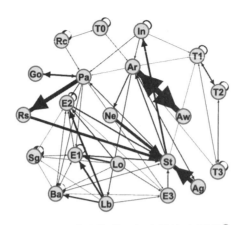

图 11-11 学生的学习行为转换路径图[1]

滞后序列分析目前已经被广泛应用在学习分析中。比如，李爽等人利用滞后序列分析法对开放大学的学生在 Moodle 平台上的日志数据进行了在线学习行为序列和参与模式探索。[2]再如，郑勤华等人采用滞后序列分析法，探究了网络课程中学生观看视频和完成作业这两种学习活动的发生顺序所揭示的行为逻辑，并借助 Gephi 软件生成了可视化的学习路径图。[3]佩雷拉（Perera）等人的研究则成功揭示了学生协作学习的顺序路径如何导致了更好的学习成效。[4]

（六）文本挖掘

1. 文本挖掘及其应用

文本挖掘一般指从非结构化的文本数据（例如：文档、聊天信息和邮件）中发现和提取有用的模式、模型、方向、趋势或者规则，最终形成用户可理解的信息与知识的过程。[5]比如通过文本挖掘甄别垃圾邮件。

---

[1] 张媛媛."玩"还是"学"——游戏化学习中学生的行为特征及其影响因素探究［D］.北京：北京大学，2021.

[2] 李爽，钟瑶，喻忱，等.基于行为序列分析对在线学习参与模式的探索［J］.中国电化教育，2017，38(3)：88—95.

[3] 胡丹妮，章梦瑶，郑勤华.基于滞后序列分析法的在线学习者活动路径可视化分析［J］.电化教育研究，2019，40(5)：55—63.

[4] Perera D, Kay J, Koprinska I, et al. Clustering and sequential pattern mining of online collaborative learning data［J］. IEEE transactions on knowledge and data engineering, 2009, 21(6): 759–772.

[5] Reategui E, Epstein D, Lorenzatti A, et al. Sobek: a text mining tool for educational applications［C］// Proceedings international conference on data mining(DMIN). Las Vegas: ACM Press, 2011: 59–64.

文本挖掘最早的应用领域是语言学。目前随着互联网的发展，人类积累了越来越多的文本类数据，所以文本挖掘在很多领域，例如智能商务（个性化推荐）、信息检索（互联网检索）、新闻传播（舆情分析）等，都扮演了重要角色。对于教育领域而言，目前我们从教学平台等来源获取的数据，大约80%也都是非结构化的文本[1]，比如师生或生生交互信息、作业信息、课程笔记、课程评价以及课程简介、教学内容等信息，如何对这些非结构化文本中所蕴含的有教育价值的信息进行挖掘提炼，最终生成可以指导教学干预的证据，自然是文本挖掘的主要任务。

在学习分析视角下，文本挖掘可以从以下几个方面对教学实践进行支持和改进。①学习者知识能力测评。根据学习者在课程中产生的主观文本数据来测评其知识结构、高级思维技能等。比如根据学生撰写的作文，不仅可以用来评价其写作能力，也可以用来评价其想象能力和创造能力。②学习者情感情绪测评。从学生的笔记、作业及发表的各种帖子中，不仅可以挖掘其情感情绪，研究情感情绪和学习成效的关系（见下面的案例），还可以根据文字中传递出来的言语信息推断个体的意志和心理行为现象，为教师及时掌握学习者的思想状况及行为危机预警提供可靠的决策支持。[2]③个性化学习资源智能推荐。通过对相似内容的分析、标注，发现特征相似的文本内容，从而提供更符合用户需求的学习内容，实现个性化推荐。④和其他分析技术相结合产生更大的作用。比如，与后面要讲的社会网络分析法结合，关注论坛上学生关心的知识热点的演变过程。

> **文本挖掘案例：远程学习者学业情绪分析**[3]
> 该研究通过分析学习者在教学平台的发帖内容计算学业情绪，挖掘了学习者学业情绪与教师情绪、学习效果和在线学习行为之间的关系。
> 研究所使用的数据是一门英语教学课程中11位老师、82位同学在教学

---

[1] Xu Y, Reynolds N. Using text mining techniques to analyze students' written responses to a teacher leadership dilemma [J]. International journal of computer theory & engineering, 2012, 83(2): 575-578.

[2] 刘三女牙, 彭晛, 刘智, 等. 基于文本挖掘的学习分析应用研究 [J]. 电化教育研究, 2016, (2): 23—30.

[3] 宗阳, 陈丽, 郑勤华, 等. 基于在线学习行为数据的远程学习者学业情绪分析研究——以Moodle平台为例 [J]. 开放学习研究, 2017, 22(6): 11—20.

平台的论坛中所发的3586条帖子。研究者使用玻森NLP情感引擎API对所有帖子内容进行了情感指数计算，该引擎就可以基于文本内容赋予相应的情感值。根据规则，情感值在0~0.5之间的为负面情绪，0.5~1之间的为正面情绪。由此得出，学习者帖子中有84.7%为正向情感帖子。另外，研究也对行为进行了分析。结果显示：学习者学业情绪会正向影响学习效果，教师情绪倾向会正向影响学习者的学业情绪，学习者的实时学业情绪与增加、删除、更新等创作型在线学习行为显著相关。

2. 怎样进行文本挖掘

其实文本挖掘是集数理统计、机器学习、数据挖掘及自然语言处理等理论和技术为一体的综合性技术，涉及三层。①底层技术。文本挖掘作为数据挖掘的一个分支学科，其底层技术包括数理统计、机器学习、自然语言处理等领域的技术方法。②进阶技术。也即是文本挖掘的基本技术，面向不同的应用，分为五大类：信息抽取、文本分类（比如将学生对课程的评价文本分为正面和负面两类）、文本聚类（将学生写的作文聚成几类）、文本数据压缩、文本数据处理。③应用领域。文本挖掘的最终目的如其定义中所描述的，包括信息访问与知识发现。其中，信息访问包括信息检索、信息浏览、信息过滤和信息报告，知识发现包括数据分析和数据预测。目前在文本挖掘领域运用较多的方法包括关联规则分析、语义分析、话语分析等。在进行文本挖掘时，可以使用的工具有NVivo、Wmatrix、Cohere、LIWC等。

3. 文本分析案例

接下来就以文本挖掘中最经典的应用"垃圾邮件分类"为例讲解一下具体的文本挖掘技术。①

第1步：首先对采集到的邮件进行数据清洗，比如把邮件中的空格、标点符号等删除掉，整理成干净的文本。

第2步：分词。分词是文本挖掘中最重要的工作，需要根据词典并使用机械分词模型将邮件内容分解成词语。

第3步：需要像前面讲的"分类"一样，准备两组邮件，一组是训练集（这里准备5封邮件），一组是检验集。将训练集邮件按照垃圾邮件和普通邮件分成两

---

① 任昱衡，姜斌，李倩星，等. 数据挖掘：你必须知道的32个经典案例[M]. 北京：电子工业出版社，2018：160—164.

组，为它们分词后，统计每组邮件中出现的高频词语及频率（如表11-3所示）。

表11-3 训练邮件的词频统计表

	尊敬的	顾客	活动	促销	欢迎	朋友	宠物	约会	有趣	属性
1	1	1	0	1	1	0	0	0	1	垃圾邮件
2	1	1	1	1	0	1	0	0	0	垃圾邮件
3	1	0	1	0	0	0	0	0	0	垃圾邮件
频数	3	2	2	2	1	1	0	0	1	
频率	0.25	0.17	0.17	0.17	0.08	0.08	0	0	0.08	
4	0	0	0	0	0	1	0	1	0	正常邮件
5	0	0	0	0	0	1	1	1	1	正常邮件
频数	0	0	0	0	0	2	1	2	1	
频率	0	0	0	0	0	0.33	0.17	0.33	0.17	

注：频率的计算是用频数除以总的频数和，比如"尊敬的"频数为3，垃圾邮件中总的频数为12，所以 $3 \div 12 = 0.25$。

第4步：我们根据训练集得出模型参数后，还需要利用检验集邮件测试检验模型的准确率。

第5步：通过检验后，就可以用该模型来甄别新邮件了。首先对新邮件进行清洗、分词，然后统计高频词的出现频率。比如对于一封含有"尊敬的""欢迎""朋友""约会""有趣"等词的邮件来说，它属于垃圾邮件的概率：$1 \times 0.25 + 0 \times 0.17 + 0 \times 0.17 + 0 \times 0.17 + 1 \times 0.08 + 1 \times 0.08 + 0 \times 0 + 1 \times 0 + 1 \times 0.08 = 0.41$，属于正常邮件的概率为 $1 \times 0 + 0 \times 0 + 0 \times 0 + 0 \times 0 + 0 \times 0 + 1 \times 0 + 1 \times 0.33 + 0 \times 0.17 + 1 \times 0.33 + 1 \times 0.17 = 0.83$，因为 $0.83 > 0.41$，所以新邮件属于正常邮件。

以上只是一个简单的文本分析案例，使用了最简单的方法，其实在分词方面除了机械分词模型外，还可以使用神经网络或贝叶斯决策等方法分词，或者使用支持向量机或 K-means 聚类方法来对邮件进行分类。总之，还可以使用许多更为复杂的方法。但是不管多复杂的方法，文本挖掘的根本思想都是对文本进行清洗、分词，并将其转换成计算机能够处理的数据，或者简单地说转换成数字，之后就可以统计频率、提取信息、寻找词语之间的关联。

（七）其他方法和技术

除了以上常用的方法外，还有离群点检测、图像分析、可视化等。

1. 离群点检测（outlier detection）

离群点检测是为了检测出那些与正常数据行为或特征属性差别较大的异常数

据或行为，这些数据和行为也常被叫做孤立点、异常点或离群点，不过离群点的叫法比较普遍。要注意，离群点不是误差，只是一些特殊的点而已。比如一个班级中的某位同学成绩远远低于其他同学，就是一个离群点，检测出来后，就可以给予特殊的干预。

2. 图像分析（image analysis）

图像分析又称景物分析或图像理解，一般利用数学模型并结合图像处理的技术对图形图像的内容进行分析、解释和识别，它和计算机科学领域的模式识别、计算机视觉、计算机图形学关系比较密切。最典型的应用就是"人脸识别"。不过在教育领域，还有别的更有意义的应用。比如，对学生画的作品进行图像分析，以评价学生的创造力。再如，对学生的表情进行分析，以判断学生的注意力。

3. 可视化（visualization）

可视化是利用计算机图形学和图像处理技术，将数据转换成图形或图像在屏幕上显示出来，再进行交互处理的理论、方法和技术。其实，在传统的数理统计以及各种各样的分析方法中，使用的直方图、饼图、折线图等也都属于可视化，只不过在大数据时代，研究者可以对海量实时数据进行更加复杂的分析，实时呈现分析结果。在这方面，目前学习分析仪表盘比较受重视。前面讲过（图11-1），它最初起源于车辆仪表盘这一反映车辆运转信息的可视化支持工具，目前也被引入学习分析领域，可以把分析结果以数字和图表等方式直观地呈现出来，非常受师生欢迎。

四、教育数据挖掘与学习分析的关系

学习分析的兴起离不开教育数据挖掘。两者有紧密的联系，都是在数据驱动下的教育领域的分析技术，在研究内容和研究者方面都有一定的重合，在研究目标方面都是为了通过数据分析来指导和促进教与学。[1]

两者之间的区别包括如下几点。[2][3]

（1）研究目的。学习分析更多关注教与学的过程与规律，强调发现学习者的潜在问题，解释问题产生的原因。通过追踪、分析学习者的学习行为，理解学习

---

[1] Baker R, Siemens G. Educational data mining and learning analytics [M] //R. Keith Sawyer. Cambridge handbook of the learning sciences (Second Edition). 2014: 253—274.

[2] 张琪. 学习分析技术与方法 [M]. 北京：科学出版社，2018: 6—7.

[3] 王良周，于卫红. 大数据视角下的学习分析综述 [J]. 中国远程教育，2015，(03): 31—37.

者的学习特征，并以此为依据进行形成性评价及个性化干预策略。我们或许可以简单地将其理解为"以学习为中心"。教育数据挖掘侧重开发分析数据的方法和技术，重在进行数据挖掘、改进算法、提升精度、指出趋势或计算目标。尤其注重比较不同建模方法的异同，发现模型和结构的合理性。因此我们也可以简单地将其理解为"以数据为中心"。

（2）研究方法。虽然学习分析强调自动发现，比如发现不同数据的相关关系，但是学习分析也注重人工干预，这样可以让我们对现象有更多的解释，产生更多容易让人理解的模型。比如通过学习分析，我们能发现教室环境和学生成绩有相关关系，同时还能关注背后的因果原因；教育数据挖掘则更加强调自动发现，侧重于建立模型和发现模式，这样就可以帮助我们建立最有可能的预测模型，比如发现、利用几个行为数据就可以判断、预测学生的期末成绩。

（3）具体分析方法和技术。教育数据挖掘综合使用统计学、数据挖掘、机器学习、深度学习等方法，通常可以使用的分析技术包括分类、聚类、关联规则挖掘、序列模式挖掘、文本挖掘等；学习分析除了使用这些方法外，还可以使用社会学、心理学和学习科学的分析方法，比如社会网络分析、话语分析、内容分析等。

（4）研究者。两者的研究者其实有很多是重合的，很难绝对区分。不过学习分析的研究者可能更多地来源于"教育科学领域"（教育类），教育数据挖掘的研究者可能更多地来源于"数据科学领域"（计算机类）。

总体而言，两者关系密切，都是为了通过数据分析来促进学习，不过教育数据挖掘或许可以看作更为底层的技术，它对数据进行挖掘、建立模型、发现模式。而学习分析或许可以看作相对顶层的技术，它在教育数据挖掘的基础上，更加注重回应学习的需求，根据需求去追踪学习、理解学习和改变学习。

第三节 学习分析的关键技术

学习分析可以使用传统的统计分析技术，也可以使用上一节讲的教育数据挖掘的方法和技术，还可以借鉴教育学、心理学、社会学、传播学等领域中的方法和技术，以形成学习分析中常用的一些关键技术，比如社会网络分析、话语分析、内容分析等。

一、社会网络分析

社会网络分析（social network analysis, SNA）是社会学和人类学为了研究社会关系而逐渐发展出来的一种定量的分析方法，可以追溯到 20 世纪 30 年代的社会计量学，当时，莫雷诺（J. Moreno）等社会计量学家和人类学家尝试用图论的方法来研究人际关系和社区结构。20 世纪 50 年代，哥伦比亚学派的拉扎斯菲尔德（P. Lazarsfeld）等人采用社会网络的方法来研究社会传播，给社会网络研究带来了新的活力。1967 年，哈佛大学心理学教授米尔格拉姆（S. Milgram）通过连锁信件实验验证了六度分隔理论（six degrees of separation）[①]。20 世纪 70 年代，这些研究在哈佛大学汇聚并正式诞生了社会网络分析，哈佛教授怀特（H. White）将矩阵理论应用于社会网络研究写出了一系列重要论文，并培养了一批学者。20 世纪 90 年代以来，随着信息技术的快速发展，社会网络分析研究实现了分析方法的突破和多学科的深入参与，参与学者从社会学、人类学、统计学拓展到了物理学、计算机科学、传播学、情报学、政治学、文学、生物学等多个学科。[②]在教育领域，因为我们也利用信息技术积累了大量关系数据，比如在线学习参与者的关系、不同知识点之间的关系等，这些数据特别适合使用社会网络分析方法和技术来研究，所以社会网络分析在教育学科也越来越受重视，经常被用来分析学习者与学习者、学习者与学习内容之间的关系。

（一）社会网络分析的概念和特征

1. 社会网络和社会网络分析

所谓社会网络（social network），是指由多个点（行动者，比如人、单位等）和各点之间的连线（关系）组成的集合，也称为社会关系结构（如图 11-12）。比如一个班级中的学生通过彼此的朋友关系就组成了一个社会网络，一个在线社区中的参与者通过发帖、回复帖子、引用帖子等关系也组成了一个社会网络。

[①] 六度分隔理论又称小世界现象，简单地说就是：“你和任何一个陌生人之间所间隔的人不会超五个，也就是说，最多通过六个人你就能够认识任何一个陌生人。”

[②] （美）约翰·斯科特. 社会网络分析法 [M]. 刘军 译. 重庆：重庆大学出版社，2016: 11—44.

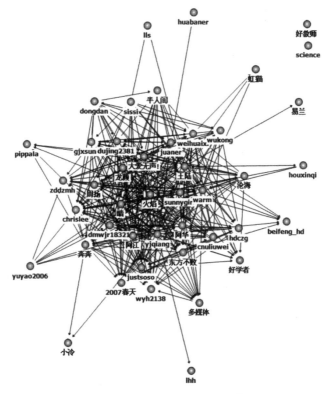

图 11-12 社会网络示意图[①]

而社会网络分析则是社会学家根据图论、网络等数学方法发展起来的对社会网络及其属性加以分析的一套定量的规范和方法。该方法是借鉴现代社会学的分析技术,在计算机的辅助下,通过使用图论、网络、概率、几何等理论,考察并可视化社会关系结构,以节点代表人物角色或其他个体单位,以边缘或链接代表关系或交互,以此表征社会网络。并针对各种互动关系数据进行精确量化分析,测量和评价行动者彼此交换、分享、传递和接收了哪些内容,以及获得了哪些结果。[②]

2. 社会网络分析的特征

①采用图论等数学方法,将不同行动者之间的关系转换成点、线组成的图并进行分析;②重在对"关系"数据进行分析,比如同学之间的关系、论文作者之间的关系;③能够以多种形式(社群图和社群矩阵等)可视化表达社会网

[①] 王陆. 虚拟学习社区的社会网络分析[J]. 中国电化教育, 2009, 30(2): 5—11.

[②] Scott J. Social network analysis: a handbook [M]. Thousand Oask: Sage Publications, 2000: 1—6.

络结构（如图 11-12）；④能够提供多种分析单位（行动者、关系、连接）分析社会网络结构；⑤在微观行为与宏观现象之间搭建了桥梁，既可以了解宏观关系情况，又可以了解不同的行动者的微观行为和作用。

（二）社会网络分析的重要概念及工具软件

经过九十多年的发展，社会网络分析的理论体系已经比较完整，涉及的概念和技术也非常多，下面简要介绍几个重要的概念。[①]

1. 社会网络的基本概念

图论是社会网络分析的重要理论基础，根据行动者之间的关系，我们就可以生成如图 11-13 和图 11-14 所示的社会关系矩阵图和社会关系网络图。当然，这里是一种最简单的无向关系图，两者之间有关系，就是 1；没有关系就是 0。既不考虑关系的方向，也不考虑关系的强弱。

	A	B	C	D	E
A	0	1	0	1	0
B	1	0	0	1	1
C	0	0	0	1	0
D	1	1	1	0	1
E	0	1	0	1	0

图 11-13 社会关系矩阵图

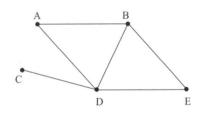

图 11-14 社会关系网络图

对于 11-14 这样的图，可以看出图中共有 5 个点（用 n 表示）、6 条线（用 l 表示），据此可以计算如下的概念。

（1）度数（degree）。对于上面的简单的无向矩阵图，一个点的度数用该点所对应的行或者列的各项中的非 0 值总数来表示，比如点 A 的度数就是 2。如果是有向图，还会分"点入度"（in-degree）和"点出度"（out-degree）。

（2）度数总和。所有点的度数的总和，最多为 $n(n-1)$，这里度数总和为 12。

（3）途径（path）。各个点之间可以通过若干条线相连接，这条线路就称为途径。比如点 A 和 D 之间的途径是 AD、ABD 或 ABED。

（4）长度（length）。构成途径的线的数量叫做长度，比如途径 ABDE 的长

[①] 朱庆华，李亮. 社会网络分析法及其在情报学中的应用[J]. 情报理论与实践，2008，(02)：179—183+174.

度为 3。

（5）距离（distance）。连接两点的最短途径（捷径），比如点 A 和 D 之间的距离为 1。

（6）密度（density）。图中实际拥有的连线数（l）与最多可能拥有的线数之比，计算机公式为"$l/[n(n-1)/2]$"，取值范围为 [0, 1]。图 11-14 的密度为 0.6。

（7）内含度（inclusiveness，也称包含度）。总点数减去孤立点的个数，不过一般会用相对值，计算公式为"(n– 孤立点数)$/n$"，取值范围为 [0, 1]。图 14-11 中独立点数为 0，所以内含度为 1。

（8）完备图（complete）。指的是一个所有点之间都相互临接（有直接连线）的图。一个完备图的密度为 1。

2. 中心性分析

中心性主要用来测量个体或组织在社会网络中具有什么样的地位。比如，在一个班级的学生关系网络中，哪些同学是具有影响力的重要人物？用来测量中心性的概念有点度中心度 – 点度中心势、中间中心度 – 中间中心势、接近中心度 – 接近中心势等。下面简述常用的概念。

（1）点度中心度（point centrality，也简称中心度）。用来衡量一个行动者在网络中的重要程度。主要是测量一个点和其他点的连接关系：如果一个点在其紧邻的环境中与很多点有关联，就称为局部中心点，也就是与其直接相连的点的个数，如图 11-15 中的点 A、B 和 C；如果一个点在网络结构上占据比较重要的位置，就称为整体中心点，也就是一个点在图中和其他许多点的"距离"之和最小，如图 11-15 中的点 B。

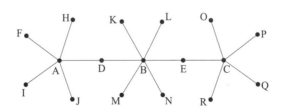

图 11-15 社会关系网络示意图

（2）点度中心势（centralization，也简称中心势）。特指一个整体的图的中心度。它指的不是点的相对重要性，而是整个图的总体凝聚力或整合度。计算公式是"最核心的点的中心度和其他点的中心度之差的总和 / 最大可能的差值总和"，取值为 [0, 1]。以一点为中心的星形网络（图 11-16），就是一个高度中心化的图。

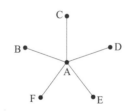

图 11-16 星形网络示意图

（3）中间中心度（between degree）。用来衡量一个行动者是否处于许多其他两点之间的路径上，也就是它控制其他行动者交往的能力。可以说它是重要的桥梁人物。比如图 11-15 中的点 D 和 E。

（4）中间中心势（betweenness dentralization）。与点度中心势类似，也是分析网络整体结构的一个指数。比如一个网络中的多个小团体都过于依赖某一个节点联系，这个点的中间中心度就很高，同时这个网络的中间中心势就很高。

3. 凝聚子群分析

在一个社会关系网络中，有一些点的关系非常紧密，就会形成一些小团体，这样的团体就成为凝聚子群。对这样的凝聚子群进行的各种分析就叫做凝聚子群分析，也常称为"小团体分析"。比如在一个班级的学生关系网络中，一般会形成若干个内部关系比较紧密的小团体。

凝聚子群中常用的概念有派系（cliques）、成分（components）、聚类（clusters）、核（cores）、圈子（circles）等。这些概念差不多，以派系为例，是指这样一种行动者子集，派系内部成员之间的关系相对于外部来说有更加紧密的联系。从图论的角度来说，派系是指一个由至少 3 个点组成的最大完备子图。[①]由于这种严格的限制条件，在实际的社会网络中存在符合严格标准的派系的情况较少，所以发展出了条件相对宽松的 n-派系、n-宗派、n-俱乐部、k-丛等相关概念。

4. 位置角色分析

在社会网络中，不同的行动者居于不同的位置，扮演不同的角色。对位置、角色进行的分析就成为位置角色分析。比如在一个班级的学生关系网络中，有的

---

① 最大完备子图的含义是指图中的所有节点之间均存在直接关系，再增加一个点，那么就不再是完备子图了。

学生和老师一起扮演了重要领导的角色，有的学生就是班级中的边缘人物。

常见的位置角色分析模型是"核心－边缘"（core-periPhery）结构分析，它用来研究哪些节点处于核心地位，哪些节点处于边缘地位，哪些节点处于中介地位。据此，可以将行动者分为几类。

（1）核心人物。如果一个行动者在社会网络中拥有许多与其他成员的连结，处于网络的中心，则称其为社会网络中的核心人物，比如前面提到的局部中心点和整体中心点。相对于那些处于边缘的行动者，核心人物拥有更多的连结，也更活跃、更有声望和更有权力，对其他行动者的控制能力比较高，自己也容易获得高绩效的帮助和社会支持。[①]

（2）边缘人物。如果一个行动者在社会网络中拥有很少甚至没有与其他成员的连接，处于网络的边缘，则称其为社会网络中的边缘人物。

（3）桥梁人物。桥梁人物即社会网络中中间中心度相对较高的行动者（图11-15中的点D和E）。桥梁人物在不同派系间扮演联系的角色，两个或者两个以上的派系越是依赖某个行动者，而无其他替代沟通管道时，该行动者所占据的桥梁位置就越重要。

伯特（R. S. Burt）在1992年提出了"结构洞"（structural holes）理论。[②] 所谓"结构洞"，就是指社会网络中的空隙，即社会网络中某个或某些行动者和有些行动者有直接联系，但与其他行动者无直接关系或关系间断，看来好像网络结构中出现了洞穴。此时缺乏直接联系的两者，必须通过第三个行动者才能形成联系，那么第三者就在社会网络中占据了一个结构洞，就拥有了信息优势和控制优势。个体或组织要想在竞争中保持优势，就应该尽量占据结构洞位置。从结构洞的定义中可以看出，结构洞和桥梁人物有相似性。

5.社会网络分析工具软件

常见的社会网络分析工具有：SNAPP、Gephi、UCINET、NetMiner、Pajek、GUESS、JUNG、NodeXL、Cohere等。

下面简单介绍四种主要工具。

（1）SNAPP（social networks adapting pedagogical practice）是由澳大利亚伍伦贡大学（Universiy of Wollongong）开发的基于Java的开源的社会网络适应教学

[①] Ibarra H. Personal networks of women and minorities in management: a conceptual framework [J]. Academy of management review, 1993, 18(1): 56-87.

[②] Burt R S. Structural holes: the social structure of competition [M]. Cambridge, Massachusetts: Harvard University Press, 1995.

实践工具。它可以从 Blackboard、Moodle 等在线学习平台或社交平台上自动提取所需要的行为数据，以可视化的形式呈现更加直观简洁的学习者交互行为示意图，甚至可以保留动态变化过程。

（2）Gephi 是由来自多国的工程师和科学家联合研发的开源软件，2008 年于法国开始使用，它提供了常用的社会网络分析功能，尤其是可视化效果非常突出，开发者希望它成为"数据可视化领域的 Photoshop"。

（3）UCINET 是由加州大学欧文（Irvine）分校开发的软件，它能读取文本文件等多种格式的文件，并可用于中心性分析、凝聚子群分析、角色分析和基于置换的统计分析等许多分析功能。

（4）Pajek 是面向大型复杂网络的分析工具。复杂网络的复杂性主要表现在节点数目庞大，通常达到几千甚至几万个。除支持普通网络外，Pajek 还支持多关系网络、二分网络以及暂时性网络。同时提供了一些可视化操作的工具。

（三）社会网络分析在教育中的应用

社会网络分析其实都可以应用在线下线上学习中，比如对于线下协作学习，只要根据他们的协作关系建立社会网络，就可以按照上面介绍的分析方法进行分析。当然，因为线上数据比较容易收集，所以现在的研究比较多的是关注线上学习，一般来说它们主要是从事在线关系分析和在线行为分析。[1]前者以学习网络作为研究对象，分析网络中各个体之间的关系、角色、网络形成的过程与特点、网络中学习信息的分布以及学习进展等。[2]后者以学习个体为研究对象，关注某个体在学习平台中的活跃程度如何，与哪些学习同伴交互信息，从哪些同伴处得到了哪些启示，对哪些内容存在认知困难，哪些因素影响了学习者的知识建构，等等。[3]

王陆等人曾经采用社会网络分析分析了在线课程中潜在的助学者群体以及其网络结构特征。[4]又使用社会网络分析中的"α-密度指标块模型"分析方法，针

---

[1] 孙洪涛. 开源工具支持下的社会网络分析——NodeXL 介绍与案例研究 [J]. 中国远程教育, 2013,（2）: 14—20.

[2] Haythornthwaite C. Using social network perspectives to understand social learning [C]//Proceedings of the 7th International Conference on Networked Learning. Lancaster: Lancaster University, 2010: 183-190.

[3] 孟玲玲,顾小清,李泽. 学习分析工具比较研究 [J]. 开放教育研究, 2014,（4）: 66—75.

[4] 王陆. 虚拟学习社区社会网络位置分析与助学者群体的发现 [J]. 中国电化教育, 2010,（3）: 23—27.

对虚拟学习社区中的社会网络进行了凝聚子群分析，发现可以将社会网络简化为由若干个凝聚子群组成的简化视图，并且高互惠性（具有相对较强的、直接的、紧密的、经常的或积极的关系）的凝聚子群中的成员，其学习成绩显著高于低互惠性的凝聚子群中成员的成绩。①

拓展：认知网络分析方法②

认知网络分析方法（epistemic network analysis，ENA），是一种以认知框架理论为基础，通过建构动态网络模型对学习者个体和群体的认知元素间的网络关系进行可视化表征、分析的方法。该方法包括"基于节的编码"和"创建动态模型"两个阶段和八个具体操作环节，ENA Webkit 是其中一个重要的工具软件。更多资源可参考资源网站（http://www.epistemicnetwork.org）。

认知网络分析方法可对学习者在交互过程中产生的文本记录进行量化分析，并形成动态网络模型以表征学习者认知元素间的关联结构，衡量网络中认知元素的关联强度，还能够表现认知框架的结构和强度随着时间的变化。同时，认知网络分析方法能够进一步表征学习者的认知特征，还可以预测学习者可能产生的学习行为。③④

二、话语分析

话语分析（discourse analysis）最早由美国语言学家泽里格·哈里斯（Zellig Harris）于1952年提出，随后这个术语逐渐被人们熟悉，一批研究者相继进入这个研究领域。在20世纪60年代末、70年代初，从事话语分析的学者越来越多，研究成果大量出现，话语分析逐渐形成一门新的学科。20世纪80年代末以后，

---

① 王陆. 虚拟学习社区社会网络中的凝聚子群［J］. 中国电化教育，2009，（8）：22—28.
② 王志军，杨阳. 认知网络分析法及其应用案例分析［J］. 电化教育研究，2019，40（6）：27—34+57.
③ Shaffer D W, Collier W, Ruis A R. A tutorial on epistemic network analysis: Analyzing the structure of connections in cognitive, social, and interaction data［J］. Journal of learning analytics, 2016, 3(3): 9-45.
④ Shaffer D, Ruis A. Epistemic network analysis: a worked example of theory-based learning analytics［C］//Handbook of learning analytics. SOLAR, 2017: 175-187.

话语分析进入了快速发展和兴盛阶段，逐渐被不同学科的人应用到语言修辞、课堂话语、法律语篇、职业交际、翻译研究、语言与性别等领域中，目前也被学习分析用于分析课堂中或线上师生的对话、交流等语言信息。

（一）话语分析的概念、特征及分析维度

1. 话语（discourse）

话语是特定的社会语境中人与人之间从事沟通的具体言语行为，及一定的说话人与受话人之间在特定社会语境中通过文本而展开沟通的言语活动。包括说话人、受话人、文本、沟通、语境等要素。这里说的话语简单的说就是指语言的使用，但是它不局限于语言本身，还包含了铭刻于语言中并通过语言来表达的社会关系，是社会成员借助各种语言和非语言符号交流协商、构建身份、调整关系乃至推动社会变迁的重要手段。比如，同样的话，不同的人在不同的情境中说出来就不一样，医生在家里向配偶解释疾病和在医院里向病人解释疾病可能就不一样；不同的人听到同样的话，回应可能也不一样；用不同的语气说出同样的话也不一样；同一段话对不同的人说，最后的效果可能也不一样。在美国话语分析专家詹姆斯·保罗·吉（James Paul Gee）看来，话语是用来说事（传递信息）、做事（采取行动）、成事（构建身份）的。[1]

2. 话语分析

话语分析就是研究语言的一种方法。通过对特定社会语境中的语言的观察，探索语言的组织特征和使用特征，并从语言的交际功能、语言使用者的认知特征等方面来解释语言中的制约因素。其实不同的学科对话语分析的定义不太一样，不过本书可以把话语分析简单地理解为对话语的分析方法和技术。

话语分析作为语言研究的一个重要视角，关注比句子更长的语言单位，强调借助上下文语境、社会文化背景、说话人和受话人的身份和思维等信息解读语言交际过程。

基于不同学科的关注点，话语分析一般可以分为三个维度。[2]

（1）话语的结构。这个维度的研究处于语言学的研究框架中，关注比句子更长的语句或语篇的结构，认为话语分析的基本任务就是寻找句子与句子之间

---

[1]（美）詹姆斯·保罗·吉.话语分析导论：理论与方法[M].何清顺 译.重庆：重庆大学出版社，2021：1—3.
[2] 熊涛，毛浩然.话语分析的三个维度和一个转向[J].外国语言文学，2012，29（2）：90—95.

在形式上的对等关系，并且将这些分布结构总结成一种语法，以解释话语的生成过程。

（2）话语的功能。这个维度的研究仍然处于语言学的研究框架之中，但是将研究视野从形式延伸到了功能、意义和使用，因此话语可以理解为做事，即要采取何种行动、参与何种行动。

（3）话语和社会的关系。这个维度的研究引入了人类学和社会学的原理，将语言看作社会行为和社会事实，将话语分析拓展至人类学和社会学分析的范畴。包括四个分支：①人类学取向的社会语言学，注重对特定言语共同体的说话方式进行研究；②交互社会语言学，侧重对语言形式和意义的阐释；③会话分析（conversation analysis），以会话结构为研究对象，解释人们是如何有序地进行互动的，侧重研究话轮（turn）转换机制[①]；④社会语言学变异分析，强调不能仅从语言结构本身和认知因素上进行解释语言变异现象，而且须同时考虑社会因素。

自20世纪70年代来，批评话语分析（critical discourse analysis，CDA）逐渐受到重视，简单地说，批评话语分析同时采用了社会和政治的分析方法，关注社会权力关系是如何通过语言的运用被确立和加强的。另外，目前的话语分析也拓展到了多模态话语分析（multimodal discourse analysis，MDA），不再局限于文本信息，而逐渐拓展至图形、图像、超文本乃至手势、表情、音调等多种符号类型。

（二）课堂话语分析

当前，以研究师生在课堂中的言语、行为交互等目的的课堂话语分析（classroom discourse analysis）很受重视。其实，自20世纪五六十年代以来，西方语言学界就开始系统而深入地观察、理解、研究课堂教学。弗兰德斯（Flanders）在20世纪60年代提出了弗兰德斯课堂互动分析框架（Flanders interaction analysis categories system，FIAC），用于分析师生在课堂中的言语行为。该分析框架将课堂上的言语互动行为分为教师语言、学生语言和无有效语言活动，共3类10种（见表11-4）。弗兰德斯指出，根据学生在课堂上的言行表现和反应，教师可以采用不同的方法来完成教学活动，学生在课堂上的言行很大

---

① 话轮转换是人类会话中特有的言语机制，两个特点为：第一，在一个时间里一般维持一个人说话；第二，发话者不断轮流变化。

程度上取决于教师的授课方式。

表 11-4 弗兰德斯课堂互动分析框架

分类		编码	内容
教师语言	间接影响	1	接受学生表达的情感（accepts feelings）
		2	表扬或鼓励（praise or encouragement）
		3	接受或使用学生的想法（accepts or uses ideas of pupils）
		4	提问（asking questions）
	直接影响	5	讲授（lecture）
		6	给予指导或指令（giving directions）
		7	批评或维护权威性（criticizing or justifying authority）
学生语言		8	学生被动应答（pupil talk response）
		9	学生主动说话（pupil talk initiation）
无有效语言		10	沉寂、停顿或混乱（silence or pause or confusion）

1975 年，英国伯明翰大学的辛克莱（Sinclair）和库尔哈特（Coulthard）提出了"伯明翰学派话语分析模式"，重点考察的材料是课堂内教师与学生的对话语言，重点研究其话语功能、语句序列及话轮转换。他们通过分析小学课堂中的言语，认为课堂中师生交互的基本结构序列是：initiation（教师提问）—response（学生应答）—feedback（教师跟进，后改为 follow-up），简写为 IRF。同一时代，美国哈佛大学的卡兹登（Cazden）与加州大学圣地亚哥分校的米恩（Mehan）提出了类似的话语结构：initiation（教师提问）—response（学生应答）—evaluation（教师评价），简写为 IRE。IRF/IRE 课堂语言交际模式自 20 世纪 70 年代以来在话语分析领域产生了比较重要的影响。

20 世纪七八十年代以来，有更多的学者开始对课堂中的教师反馈、教师提问等教师语言进行研究。这些研究发现，课堂上教师语言在语音、词汇、句法、语篇上有其形式和互动上的特点。比如在语音方面，教师经常使用夸张的发音，或延长停顿、放慢速度或扬声扩音；在词汇方面，则尽量多地使用基本词汇，尽量少地使用缩合式、中性风格词等；句法方面的特点是尽量使用短句，较少使用从句，大量使用现在时，句子结构完整而规范；语篇方面也有一些特点：大量使用第一人称，大量开展教师引发式言语活动、对话和自我重复；在交互中，教师处于主动地位，控制话题，并多以主动发问来获取信息和启发学生思考。[1]

20世纪90年代以来，随着信息技术和学习理论的发展，课堂话语分析有了新的进展，呈现出新的发展趋势：①言语虽然仍是课堂话语分析的重点，但是已经不局限于课堂中的对话等文本信息，而可以借助信息技术来获取师生的所有言语、行为、表情、眼动甚至脑电信息；②可以借助人工智能、大数据等技术，并开发专门的课堂话语分析工具对课堂视频进行智能辅助分析（见下面的案例）；③随着智能化课堂教学环境（智慧课堂）的推广，课堂话语分析不仅可以用来支持研究，而且将来可以在课堂中即时呈现分析结果，以便教师及时调整教学语言和教学策略；④课堂话语分析最初主要是针对传统课堂的，但是经过调整后也可以用于研究在线学习中的言语互动行为，比如对讨论区中的帖子进行话语分析。

案例：香港大学课堂话语分析与可视化工具[2]

有效课堂话语是促进学生知识学习和思维发展的关键，然而，老师如何组织和引发有效的课堂对话一直是课堂教学的难点。针对这一问题，香港大学教育学院陈高伟等人在研究如何从课堂教学视频中提取话语信息，为老师呈现数据分析与可视化反馈，从而促进老师对课堂对话的反思和实践，提升课堂教学和学生学习成效。

研究团队开发了课堂话语分析与可视化工具，以可视化的方式呈现课堂视频中的话语信息（如师生的发言类别、话语长度和发言次数分布等）。如图11-17所示，视频下方显示了一节课（大约40分钟）中老师的八种发言类别的可视化分布，从上到下依次为："say more"（老师邀请学生阐述）、"revoicing"（老师重述学生发言）、"press for reasoning"（要求学生解释个人发言）、"challenge"（老师质疑学生发言）、"restate"（要求学生重述他人发言）、"agree/disagree"（要求学生评价他人发言）、"add on"（鼓励学生补充他人发言）、"Explain other"（要求学生解释他人发言）等。

---

[1] 李华. 从话语分析理论的发展看国内教师话语的研究[J]. 外语界, 2007, (5): 83—90.
[2] Chen G, Chan C K K, Chan K K H, et al. Efficacy of video-based teacher professional development for increasing classroom discourse and student learning [J]. Journal of the learning sciences, 2020, 29(4-5): 642-680.

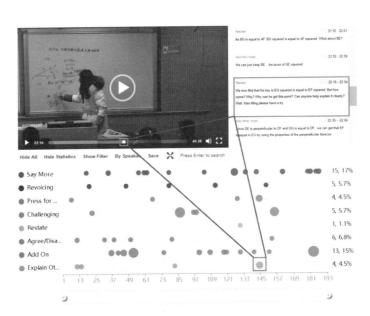

图 11-17 课堂话语分析与可视化工具界面图

在图 11-17 中，每一种颜色的气泡代表一种发言类别，气泡的大小表示老师每次发言的话语长度，右侧对应的数值为老师一节课中此类发言的次数和所占老师总发言次数的百分比统计。老师可以通过点击感兴趣的气泡以互动的方式查看详情，比如，老师通过点击第 145 条发言可以同步到对应的视频时间线和话语文本，对前后相关对话进行深入查看和反思。

该团队的实证研究发现，老师通过使用此话语分析与可视化工具来辅助教学反思，可以有效提升课堂话语技巧和课堂教学成效。

三、内容分析

内容分析（content analysis）最早产生于新闻传播学领域。20 世纪初，有学者开始借用自然科学领域的数理统计方法对文献的内容进行深入分析。20 世纪 50 年代，美国学者贝雷尔森（B. Berelson）发表了权威的著作《内容分析：传播研究的一种工具》（*Content Analysis in Communication Research*），确立了内容分析法在传播学领域的地位。20 世纪 80 年代，美国作家奈斯比特运用内容分析法，研究美国社会变化的动态和趋势，并出版了《大趋势》（*Megatrends*）一书，在全球产生了轰动效应。[①] 内容分析最初主要是分析报纸、文献等内容，后来逐渐扩大到了电影、电视、广播、杂志、信件、演讲、日记、对话、图片等内容，甚至包括音乐、手势、姿势、艺术作品等。另外，自20世纪60年代以来，计算机逐步被应用到了内容分析中，大大促进了内容分析技术的发展。近些年来，随着人工智能和大数据技术的发展，内容分析有了新的发展。目前，内容分析也被广泛应用到了教育学领域，亦被学习分析用来分析文献、学习材料、作业文档、课程评论、线上线下学习行为等各种信息。

（一）内容分析的概念、特征及应用模式

1. 内容分析的概念

所谓内容分析，是指一种对传播内容进行客观、系统和定量分析的方法。其目的是了解传播内容中本质性的事实和趋势，揭示传播中隐含的信息，对事物发展进行预测。严格地说，内容分析是一种半定量研究方法，其基本做法就是把各种媒介上的信息转换为定量的数据，并建立有意义的类目，然后以此来分析信息的某一些特征。比如20世纪80年代，一些学者采用内容分析方法，借助计算机，通过比较词频、用词习惯等指标，来判断《红楼梦》后四十回的作者是不是曹雪芹，就产生了比较大的影响。在教育领域，常有学者采用内容分析方法，通过分析一段时期内关于某一研究主题的论文文献数量等指标，来判断研究热点及未来发展趋势。

2. 内容分析的特征[②③]

（1）明显性。被分析的对象应该是以任何形态被记录下来，并具有传播价值的内容。明显性指的是分析传播内容所表现的直接意义，而不是其包含的潜在动机。内容分析就是要通过对直接内容的分析来研究间接、潜在的动机、反应和效果。

（2）客观性。在内容分析的过程中，必须按照预先制定的分析类目表格进行判断和记录出现的客观事实，继而根据客观事实做出描述分析。理论上说任何研究者都应该得出同样的结论。

（3）系统性。对内容的判断、记录和分析过程是以特定的表格形式按一定

[①] 邱均平,余以胜,邹菲.内容分析法的应用研究[J].情报杂志,2005,(8):11—13.
[②] 李克东.教育技术研究方法[M].北京：北京师范大学出版社,2003:228—229.
[③]（美）金伯莉·纽恩多夫.内容分析方法导论[M].李武,等 译.重庆：重庆大学出版社,2020:17—37.

的程序进行的,也就是说自始至终只能使用一套评价规则,不能交替使用不同的规则。

(4)定量性(量化)。在内容分析的过程中,要使用数理统计方法对类目出现的频数等指标进行计量分析,并用数字或图表的方式来表述内容分析的结果。

(5)概括性。内容分析的目标就是对信息的内容特征进行总结和概括,而不是详细汇报细枝末节。

(6)全面性。全面性有两个含义:①指内容分析的应用不局限于大众传播领域,只要具备其本质特征(如属于量化研究、强调概括总结),对文本、图片、图像等任何信息的研究都可以被视为"内容分析";②可以用于内容分析的信息类型和信息特征,如表11-5所示。

表11-5 信息类型和信息特征

	类别	解释	解释及举例
信息类型	显性内容	信息中明显和清晰的部分	比如学生撰写的作文
	隐性内容	信息中细微和隐蔽的部分	比如学生的作文中的价值观
信息特征	实质特征(实质内容)	信息的内容属性,即能够被任何媒介所呈现的部分	比如学生作文的文字内容
	形式特征	信息的形式属性,即与传播的媒介形式有关的成分	比如学生作文的字体大小

3.内容分析的应用模式[①]

(1)特征分析(也称意向分析)。这种分析通过对某一对象在不同问题上,或在不同场合上显示出来的内容资料的分析,将这些不同样本的量化结果加以比较,便可找出这一对象的特征。比如,对某一位同学初中三年撰写的所有作文进行分析,来了解其语言能力发展状况。

(2)趋势分析(也称发展分析)。这种分析通过对某一对象在不同时期对同一问题所显示的资料进行比较,找出其中发生变化的因素,从而判断这一对象在该问题上的某种思想内容的发展过程及发展趋势。比如,对过去十年间公开发表的学习分析文献进行分析,以了解学习分析的未来发展趋势。再如,对某一同学过去一学年的在线学习行为进行分析,了解他的学习特征的发展趋势。

(3)比较分析。这种分析是通过对不同对象或不同来源的样本在同一问题上

---

① 李克东.教育技术研究方法[M].北京:北京师范大学出版社,2003:234—237.

所显示出来的资料进行比较，从而找出它们之间的异同。比如，对优秀同学和普通同学的在线学习行为进行分析，了解这两类同学的学习特征的差异。

> **内容分析与文献分析的区别**
>
> 两者都是对利用文本、图形、图像、声音等记录下来的资料进行分析，都不与资料记录的人和事直接接触，所以都被称为非接触研究方法。
>
> 两者在分析的重点与分析的手段上有不同。文献分析会根据研究需要，对一系列文献进行比较、分析、归纳，并做出评述性的说明。而内容分析重在将非定量的资料转换为定量的数据，然后进行定量分析，并做出统计描述。

（二）内容分析的基本步骤

内容分析的基本步骤包括确定分析模式、确定研究总体、确定抽样单元与分析单元、设计分析类目、评判记录、信度分析、信息分析和统计描述。下面简单描述。[1][2][3]

1. 确定分析模式

根据研究课题的需要，选择或者设计准备进行内容分析的模式，比如前面讲到的特征分析、趋势分析和比较分析，以便后面选择合适的内容资料，并设计相应的分析类目。

2. 确定研究总体

根据研究目标确定要分析资料的来源。例如，如果准备分析某初一班级学生数学作业题目的错误类型，那么研究总体就是这个初一班级全部学生的全部数学作业的答案。在确定研究总体时，要注意内容的完整性和特殊性，完整性是指要包含所有的相关资料，特殊性是指要包含那些与研究假设相关的特定资料。

3. 确定抽样单元与分析单元

通常情况下，我们很难对研究总体样本进行分析，因此，就需要从中抽取一

---

[1] 李克东. 教育技术研究方法 [M]. 北京：北京师范大学出版社，2003: 229—233.
[2] （美）金伯莉·纽恩多夫. 内容分析方法导论 [M]. 李武，等 译. 重庆：重庆大学出版社，2020: 244—273.
[3] （美）罗伯特·菲利普·韦伯. 内容分析方法导论（第二版）[M]. 李明 译. 上海：上海人民出版社，2019: 56—99.

部分资料，这个过程称为"内容抽样"。在进行内容抽样时，要考虑抽样来源、抽样日期和抽样单元。抽样来源指的是选择什么来源的材料，抽样日期指的是抽样时要注意日期，比如只抽每个周日的报纸，结论可能就会有偏颇。

抽样单元是指抽取自研究总体的信息或信息的组成部分，它可能是一份、一篇、一段、一页。比如从学生的全部数学作业中抽取若干份作业，这里的抽样单元就是一份。

还有一个概念是分析单元，它是指在评判分析时的最小单位。它可以是一篇文章、一个段落、一个句子或者一个词；也可以是视频中的一个镜头或一个场景；还可以是时间间隔，比如将课堂实况录像按5分钟为一个单元进行分析。分析单元和抽样单元可以一致，也可以不一致。比如研究论文时，抽样单元是一篇文章，分析单元也是一篇文章。而对于研究数学错误类型来说，抽样单元是一份数学作业，分析单元则是一道题目。

4. 设计编码类目

内容分析本质上就是要把质性的材料转换为定量的数据，那么究竟该怎么转换呢？这就需要提前设计编码类目。所谓编码类目，就是根据研究假设的需要，把资料进行分类或定量的项目。比如，我们可以把数学作业错误分为"基础知识""基本能力"与"马虎"三类错误，这样在分析数学作业时，如果有一道题目是因为基础知识掌握不牢固而产生的错误，就可以给"基础知识"这一类的数量加1。

设计类目时要注意几点：①类目的意义要明确，不能含糊不清，要让评判员能准确地归类；②类目的类型要完备，不能让某些分析单元无法归类；③类目必须在分析前制定，不能一边分析一边制定。

设计类目对于内容分析来说至关重要。如果设计不好，最后可能无法产生有意义的结论，所以要根据自己的研究问题、研究假设提前确定分析时要使用的变量，并据此设计类目。比如，如果要分析视频课件的质量与受观众欢迎的关系，那么视频的分辨率可能就是一个重要的变量，研究者就需要设计相应的类目。

设计完编码类目以后，还要生成编码指南和编码表格。编码指南是用来指导编码人员进行编码的说明，编码表就是编码人员要填写的表格。

5. 进行编码（也称评判记录）

对内容进行抽样，并设计好编码类目后，就可以正式进行编码了。所谓编码，就是按照事先设计的编码类目表格，按分析单元顺序，客观、系统地判断并记录各编码类目出现的频数等事实数据。

编码的时候需要注意以下几点：①对于编码类目的评判，必须有两位以上的编码员进行编码；②编码员必须客观记录资料中呈现的事实，要避免带着主观感情色彩进行评判；③过去通常是人工进行编码，后来随着信息技术的发展，使用计算机进行编码逐渐成为一种趋势，比如用计算机自动统计每个分析单元中出现的高频词语等。随着自然语言理解技术、人工智能技术的发展，用计算机进行编码的发展前景一定会越来越广阔。

6. 信度分析

编码完毕后，还需要进行信度分析。所谓信度分析，指的是两个以上编码员对相同编码类目判断的一致性。显然，一致性越高，内容分析的可信度就越高；一致性越低，内容分析的可信度就越低。

内容分析的信度公式如下：

$$R = \frac{n \times K}{1+(n-1) \times K} \qquad K_{12} = \frac{2M}{N_1 + N_2}$$

其中，R 为信度；n 表示编码员的人数；K 为平均相互同意度，也就是后面所有 K_{12} 的平均值；K_{12} 为两个编码员的相互同意度，如果只有两个编码员，则 $K=K_{12}$；M 为两者都完全同意的类目；N_1 为第 1 个编码员分析的类目数；N_2 为第 2 个编码员分析的类目数。

如果在一项研究中，只有 A、B 两个编码员，对 10 个类目进行了编码，编码相同的类目有 9 个，那么可以计算得知：

$$K_{12} = \frac{2 \times 9}{10+10} = 0.9 \qquad R = \frac{2 \times 0.9}{1+(2-1) \times 0.9} = 0.95$$

如果有 3 个以上的编码员，则需要首先计算两两相互同意度（K_{12}），然后再计算平均相互同意度（K），最后计算信度（R）。

7. 统计分析和汇报结果

经过信度分析，并对编码表格进行适当的预处理（类似于第二节的数据预处理），就可以正式统计分析了。一般来说，在将质性资料编码为定量数据后，统计分析的各种方法基本上都可以被使用，比如百分比、平均值、众数、卡方检验、单因素方差分析、多因素方差分析、回归分析、相关分析、因子分析、聚类分析等。下面简单介绍几个比较特殊和常用的方法。

（1）类目计数。这是最简单的统计分析方法，只是简单地将每个编码类目的数量记录一下，比如，对于学生的不同类型的数学错误，统计其出现的数量。

（2）词频列表。是指列出出现次数比较高的高频词及其频次（频数）。一般来说高频词的数量远远低于低频词语，所以研究者一般应该将精力聚焦在高频词上。比如，可以借高频词比较优秀教师和新手教师的教学语言差异。

（3）共现（cooccurrence）。是指两个或多个一起出现的词语，这是很有意义的指标。比如发现资料中"VR/AR"和"游戏"经常一起出现，这可能表明两者的相关性比较强，比较容易融合。对于共现分析，有两个难点，一个是事先需要知道哪些组合有意义，当然这一点现在可以利用大数据技术来自动发现；另一个是不经常出现的组合可能具有实质性意义。

（4）关键词上下文索引（key word in context, KWIC）。是指列出每个关键词（单词或词语）出现位置的上下文。这可以使研究者注意到单词的含义及用法，另外可以判定关键词的含义是否依赖于它们在特定短语或习惯用语中的用法。

（5）时间线（趋势线）。是指按照时间序列呈现研究结果。比如在一些基于内容分析的文献综述类文章中，可以采用折线图或直方图呈现不同年度的研究论文的数量，让人一目了然地看清楚该研究领域的发展趋势。当然，还可以采用滞后相关和时间序列分析进行更复杂的分析，以发现两种现象在时间上的相关性。

（6）其他分析。前面已经讲了，还可以对多个变量（类目）使用相关、回归、因子、聚类因子分析等进行更复杂的分析。比如利用聚类分析，根据学生的数学作业错误类型将学生分成几类。

关于内容分析，值得提醒的是，在进行编码和统计分析时，我们都可以借助一些工具软件来提升效率。常用的工具软件有 CATPAC、NVivo、DIMAP、Concordance、General Inquirer 等，借助这些软件，我们可以快速进行分词、词频统计、共现、关键词上下文索引、时间线等分析。另外，内容分析也可以和教育数据挖掘、课堂话语分析、社会网络分析等方法相结合，借助人工智能和大数据技术，更高效地进行更复杂的内容分析。

（三）内容分析在教育中的应用

内容分析目前在教育领域有比较广泛的应用。就研究材料的性质而言，它适用于各种形式的材料，包括文本（教材、报告、论文、作业、作文等）、图片、图像（课堂实况录像、视频课件、在线学习实况）、声音（广播和演讲等）等；就研究材料的来源而言，可以是现有的各种材料（教材、规章制度、学生作业），也可以是为研究专门收集的材料（访谈、观察、测验、问卷调查、网络后台数据）；就分析重点而言，可以是分析材料的内容，也可以是分析材料的形式。比如对于视频课件，可以侧重分析教师讲课内容，也可以侧重分析视频分辨率、教师头像位置等形式。

内容分析可以用于多种研究用途，包括特征分析、趋势分析和比较分析等。

（1）可以通过研究论文或研究报告等文献的分析，来预测未来某一个研究领域的发展趋势。比如，有学者采用内容分析方法，对国内的非正式学习相关论文进行综述。[1]也有学者通过对美国新媒体联盟发布的若干份《地平线报告》中包含的共54项新兴技术进行内容分析，得出了若干关于新兴技术在高等教育领域的发展状况与趋势。[2]

（2）可以用来分析教材的内容和结构，对教材进行定量分析。比如，有学者通过对两版小学数学教科书习题的呈现方式、作答方式和考察内容等类目进行了比较分析，让我们了解到两版教科书的差异。[3]

（3）可以对学生的作业、测验、作文等进行内容分析，以便了解学生存在的问题及表现的特点，并给予干预。

（4）也可以用来分析学生的各种作品、语言、动作、手势、姿势等，以便了解学生的学习风格和学习特征。

第四节 学习分析主要研究及未来发展趋势

前面讲解了学习分析技术，那么基于这些分析技术，究竟能开展哪些学习分析研究，学习分析未来又会呈现怎样的发展趋势呢？

一、学习分析的主要研究及应用

在本章第一节讲过，学习分析最初主要被一批智能导师系统的研究者用于分析学习过程数据，不过目前已经被用到了学习的各个环节的研究中。第一章中也谈到过学习科学的三个主要研究方向，而事实上，这三个方向是有交叉的，学习

---

[1] 王妍莉，杨改学，王娟等.基于内容分析法的非正式学习国内研究综述[J].远程教育杂志，2011，29（4）：71—76.
[2] 张屹，朱莎，杨宗凯.从技术视角看高等教育信息化——历年地平线报告内容分析[J].现代教育技术，2012，22（4）：16—20+39.
[3] 裴蕾丝，尚俊杰，马云鹏.两版小学数学教科书习题设计的比较研究——以"20以内数的认识和加减法"为例[J].课程·教材·教法，2016，36（6）：68—75+61.

分析技术也被应用在学习基础机制和学习环境设计研究中，比如分析学生脑成像数据，再如分析学生的在线学习行为以改进学习环境的设计。

基于以上原因，当前学习分析研究比较多元化，具体来说，大致可以分为如表 11-6 所示的追踪学习、理解学习、改进学习和其他研究四大类。[①]

表 11-6 学习分析的主要研究内容

类别	研究内容	具体内容
追踪学习	多模态学习分析	多模态生物识别技术
	线上线下一体化学习分析	全面收集线上线下学习数据
理解学习	学习者建模	学习者认知建模；学习行为建模；学习风格建模；情感建模
	在线学习行为分析	学习者特征及行为分析；学习者交互分析；学习者行为与学习成效的关系；在线文本和话语分析
	课堂学习行为分析	课堂情境中的话语分析（课堂话语分析）
	心理测量和情感分析	表情识别；多模态学习情感分析
改进学习	学习设计与学习政策	基于学习分析的学习设计；基于学习分析的学习政策
	学习评价和学习反馈	数据驱动的学习评价研究；可视化学习分析
	学习成就与风险预测	学习成就与风险预测指标和模型；学习风险预警和有效干预
	个性化自适应学习	个性化推荐；学习路径推荐；自我调节学习支架
其他研究	学习分析理论研究	融合多种理论构建学习分析理论框架
	学习分析研究方法和技术	融合定量和定性的混合式分析方法；学习分析模型构建及工具研发
	学习分析伦理研究	学习分析中的伦理道德问题

下面展开讲解几个主要研究。

(一) 多模态学习分析

1. 模态和多模态

所谓模态（modality）指的是每一种信息的来源或形式，比如人有视觉、听

[①] 吴永和，李若晨，王浩楠. 学习分析研究的现状与未来发展——2017 年学习分析与知识国际会议评析 [J]. 开放教育研究，2017，23（5）：42—56.

觉、触觉、嗅觉；信息的媒介有文字、图片、音频、视频；学生的数据有成绩数据、行为数据、生理数据（脑电、眼动、心跳、皮肤电等）。所谓多模态（multimodal），是指在同一个环境中，采用多种模态的信息。

2. 多模态学习分析（multimodal learning analytics）

多模态学习分析是指综合利用学习成绩数据、行为数据、心理数据、生理数据等多模态数据，来研究复杂学习环境中的学习。目标是通过收集多种形式的数据，从多个维度全面、精准地采集、记录、存储和分析真实的学习情境，掌握学习者的基本信息、行为、心理和生理特征，将复杂的学习行为与学习理论等联系起来，从而更好地追踪和理解学习过程。[1] 在研究取向上，多模态学习分析侧重对情境学习活动中自然、丰富的交互，包括演讲、写作、对象操作、工具使用、制品搭建、非语言交互（手势、面部表情、注视）等进行分析。[2]

随着物联网技术、可穿戴设备、脑成像等设备和技术的发展，多模态学习分析应用越来越广泛。比如，贝克（J. E. Beck）等人通过对语音进行分析从而判断学生的阅读能力。[3] 再如，沃斯利（M. Worsley）等人通过分析学生在建造活动中的手势来了解他们的学习过程。研究者记录、编码和分析了音频、视频和手势数据，其中音频用来记录学生完成任务中和完成任务后有意义的话语，视频用来记录学生完成任务的过程中物体的移动轨迹，手势数据用来记录学生的 11 种手势动作。该研究结果显示，对于这类学习活动，采用多模态学习分析有利于帮助我们对复杂的学习活动理解得更加透彻。[4]

（二）学习者画像

1. 用户画像

所谓用户画像，最初是在商业领域提出的，是指基于大量而真实的用户数据抽象（建构）出来的用户模型。其本质是对用户的各种数据进行挖掘，利用回

---

[1] 吴永和，李若晨，王浩楠. 学习分析研究的现状与未来发展——2017年学习分析与知识国际会议评析［J］. 开放教育研究，2017，23（5）：42—56.

[2] 牟智佳. 多模态学习分析：学习分析研究新生长点［J］. 电化教育研究，2020，41（5）：27—32+51.

[3] Beck J E, Sison J. Using knowledge tracing in a noisy environment to measure student reading proficiencies［J］. International journal of artificial intelligence in education, 2006, 16(2): 129-143.

[4] Worsley M. Blikstein P. Toward the development of multimodal action based assessment［C］// Proceedings of the Third International Conference on Learning Analytics and Knowledge (LAK2013). New York, NY: ACM, 2013: 94-101.

归、分类、聚类、关联规则等技术给用户贴上各种各样的标签（比如游戏公司可以给用户贴上"新增用户、普通用户、活跃用户、核心用户、流失用户"等标签），从而可以更全面、更细致地描述用户的信息全貌，然后就可以表征和预测用户行为，并帮助企业提升用户体验、实现精准服务、促进科学决策。

2. 学习者画像

学习者画像是用户画像在教育领域的应用。根据用户画像的定义，学习者画像是指基于学习者的基本属性和学习过程数据而抽象出来的学习者模型。其本质上是针对学习者的各种数据进行挖掘，给学习者贴上各种各样的标签（比如"自主学习者""被动学习者"），据此勾勒出学习者形象，还原学习者的心理特征、行为特征、社会背景、兴趣爱好，甚至揭示出学习者的内心需求、动机水平等潜在属性，从而更全面、更细致地描述学习者的学习特征，为后面要讲到的学习风险预测、促进个性化自适应学习、个性化推荐等打下基础。①

一般来说，学习者画像包括知识状态建模、学习风格建模、学习行为建模、认知能力建模、学习情感建模等建模方式。知识状态是指对某一知识领域的掌握水平；学习风格在第四章讲过；学习行为是指学习者为达成学习目标而进行的一系列学习活动；认知能力主要是对学习者的感知觉、记忆、理解、问题解决能力、决策能力等已有认知水平的描述；学习情感是指学习者在学习过程中的情绪、情感状态等。具体来说，在进行学习者画像时可以收集学习者人口统计学数据、学习结果数据、知识基础和认知能力数据、线上线下学习行为数据、心理数据、生理数据等各种数据。

学习者画像实际上是学习分析的基础，所以现在备受学习分析研究者的重视，人们在数据采集、模型构建等方面也进行了大量的探索。②③ 比如，有学者使用 Felder-Silverman 学习风格模型，来确定在线课程对特定学习风格的支持程度，从而帮助教师改进课程设计，提高课程与不同学习风格的匹配度。④ 德斯马拉

---

① 张琪. 学习分析技术与方法[M]. 北京：科学出版社，2018: 135.
② Avsec S, Szewczyk-Zakrzewska A. Predicting academic success and technological literacy in secondary education: A learning styles perspective[J]. International journal of technology and design education, 2017, 27(2): 233-250.
③ 徐鹏飞，郑勤华，陈耀华，等. 教育数据挖掘中的学习者建模研究[J]. 中国远程教育, 2018, (6): 5—11+79.
④ El-Bishouty M M, Aldraiweesh A, Alturki U, et al. Use of Felder and Silverman learning style model for online course design[J]. Educational technology research and development, 2019, 67(1): 161-177.

斯（M. C. Desmarais）等人提出了一个对学习建模技术的全面总结，包括动机、情感、注意力、元认知、自我调节和集体学习模型。[1] 郑勤华等人也以学生综合评价为目标，通过理论演绎和专家访谈构建了以投入度、完成度、调控度、联通度和主动性为核心的五维度学生综合评价参考模型，并通过学习行为数据聚合特征变量，构建了相应的计算模型。[2] 肖君等人则围绕在线学习者画像模型的个人特征、行为特征和环境特征三个维度，基于"ODAS（Object，Data，Analysis，Service）"开放学习分析概念模型，设计了一套在线学习者画像构建流程，包括画像构建目标、数据收集、标签分析、画像服务输出四个阶段。[3]

（三）在线学习行为分析

第七章讲解过在线学习，因为在线学习在过去几年备受重视，并且在线学习有助于快速获取大量数据，所以很多学习分析学者都热衷于在线学习的相关研究，基本思路就是基于网络获取的海量学习行为数据，并结合学习者的个人信息、问卷调查、测验等数据，对学习者的学习行为特征进行描述，探索学习行为与学习成就之间的关系，并据此对学习者的学习行为及学习成就进行预测。

1. 学习者行为特征

学习者行为特征实际上也属于学习者画像的一种。近几年来，研究者主要是利用聚类等方法对学习者的行为特征进行描述。比如，汪琼等人发现了MOOC重复注册者的典型类型，可分为四类：反复缺席、虎头蛇尾、执着地为结课而努力、持续学习与实践。[4] 再如，马志强等人建立了面向即时过程数据采集与分析的学习投入纵向框架，综合采用经验取样法、交叉滞后分析法与聚类分析法对混合式学习投入进行分析，发现基于认知、情感与行为子投入水平可将学习者聚类成浅层投入、中等投入、深层投入与愉悦投入四类群体。[5]

---

[1] Desmarais M C, Baker R S J d. A review of recent advances in learner and skill modeling in intelligent learning environments [J]. User modeling and user-adapted interaction, 2012, 22(1-2): 9-38.

[2] 郑勤华，陈耀华，孙洪涛，等. 基于学习分析的在线学习测评建模与应用——学习者综合评价参考模型研究[J]. 电化教育研究，2016, 37（9）：33—40.

[3] 肖君，乔惠，李雪娇. 大数据环境下在线学习者画像的构建[J]. 开放教育研究，2019, 25（4）：111—120.

[4] 范逸洲，张国罡，陈伯栋，等. 他们为什么回来？——MOOCs中重复注册者行为与动机分析. 开放教育研究[J]，2008, 24（2），89—96.

[5] 马志强，岳芸竹. 面向即时数据采集与分析的学习投入纵向研究——基于经验取样法与交叉滞后分析的综合应用[J]. 电化教育研究，2020, 41（4）：71—77.

在学习行为中，比较突出的一种行为就是交互（互动），包括学习者与教师、学习者与学习者、学习者与学习内容的交互。[①]近几年来，研究者对交互类型、交互方式、交互对学习成效的影响等进行了深入的探究。比如，李曼丽等人探究了中文在线学习者交互学习状况及其对学习效果的影响，发现多层次的交互有助于激发学习者的深度学习。[②]再如，黄昌勤等人分析了学习者在讨论板中的互动模式如何影响到其学习进程和学习情绪，提出了一个四阶段循环模型用以解释学生的交互行为与学习情绪状态的关系。[③]

2. 关于在线学习

在线学习平台一般会存储学生的会话、讨论等文本信息，对这些文本信息进行挖掘，有时候会得到一些有意义的发现。比如，有学者针对MOOC中学习者发表的课程评论信息，采用文本挖掘和统计分析相结合的方法，分析两个组（完成者和非完成者）在话语行为和内容上的差异。结果显示：完成者和非完成者在话语行为和关注话题上存在显著差异。[④]刘三女牙等人分析了一门在线课程中评论信息的特征结构和语义内容，以此发现热点话题的演化趋势。[⑤]通过对课程论坛发帖中产生的回复关系和引用关系进行分析，研究者发现，相对于回复网络，引用网络能更真实地反映学习者实际发生的交互关系。[⑥]

关于在线学习，有一类研究关注的是学习者观看视频课件时的行为。杨九民和皮忠玲等人采用眼动仪、脑电仪等技术，对学生在观看教学视频时的学习行为进行分析，深入研究了教学视频的设计要素对学生注意力和学习成效的影

[①] 韩琴，周宗奎，胡卫平. 课堂互动的影响因素及教学启示[J]. 教育理论与实践，2008，(16)：42—45.

[②] 张晓蕾，黄振中，李曼丽. 在线学习者"交互学习"体验及其对学习效果影响的实证研究[J]. 清华大学教育研究，2017，38(2)：117—124.

[③] Huang C Q, Han Z M, Li M X, et al. Investigating students' interaction patterns and dynamic learning sentiments in online discussions[J]. Computers & education, 2019, 140: 103589.

[④] Peng X, Xu Q. Investigating learners' behaviors and discourse content in MOOC course reviews[J]. Computers & education, 2019, 143: 103673.

[⑤] 刘三女牙，彭晛，刘智，等. 面向MOOC课程评论的学习者话题挖掘研究[J]. 电化教育研究，2017，38(10)：30—36.

[⑥] 刘三女牙，韩雪，柴唤友，等. SPOCs论坛中学习者的交互模式研究——基于回复网络和引用网络的比较[J]. 中国电化教育，2019，(11)：73—79.

响。① 张婧婧等人还对视频教学网站中的弹幕数据进行了数据分析和文本挖掘，发现弹幕有助于促进老师和学习者、学习者和学习者之间的情感交流，缩小学习者、老师之间的距离，增强学习者的社会临场感，减少其在网络学习过程中的孤独感。②

就在线学习来说，学习行为与学习成效的关系研究是重点。有学者曾经开发了一门生物学入门MOOC，帮助那些已经被加州大学欧文分校录取但是准备不足的学生获得技能和知识，以便增加他们在大一生物学课程中成功的可能性。其研究结果表明：MOOC可以帮助学生在进入大学之前就学习到相关知识，为大学学习做好准备。③ 加迪里（Ghadiri）等人结合麻省理工学院的电路MOOC课程在大学开展翻转课堂教学，他们的研究结果表明，混合使用高质量的MOOC内容和适合的课堂教学方法，可以显著提升学习成效。④ 也有学者探索了学生网课学习背后的直接因素和间接因素，发现网络学习环境中技术特性的交互性、媒介丰富性等性质影响了学习者的远程在场感和社会存在感，进而影响了学习者的心流体验和其继续学习的意愿。⑤ 贾积有等人曾经针对北京大学六门MOOC课程的82352位注册学员的学习行为数据进行了分析，其研究结果表明，取得了期末成绩的学员的学业成绩与在线时间、观看视频次数、观看网页次数、浏览和下载讲义次数、平时测验成绩之和、论坛参与程度（发帖、回帖）呈正相关关系。⑥

（四）课堂学习行为分析

课堂学习行为分析主要指前面讲过的课堂话语分析，也就是学习分析在课堂

---

① Pi Z L, Xu K, Liu C X, et al. Instructor presence in video lectures: eye gaze matters, but not body orientation [J]. Computers & Education, 2020, 144: 103713.

② 张婧婧，杨业宏，安欣. 弹幕视频中的学习交互分析 [J]. 中国远程教育，2017,（11），22—30+79—80.

③ Jiang S H, Williams A E, Warschauer M, et al. Influence of incentives on performance in a pre-college biology MOOC [J]. International review of research in open & distance learning, 2014, 15(5): 99–112.

④ Ghadiri K, Qayoumi M H, Junn E, et al. The transformative potential of blended learning using MIT edX's 6.002 x online MOOC content combined with student team-based learning in class [J]. Environment, 2013, 8(14): 14–29.

⑤ Zhao Y M, Wang A F, Sun Y Q. Technological environment, virtual experience, and MOOC continuance: a stimulus–organism–response perspective [J]. Computers & education, 2020, 144: 103721.

⑥ 贾积有，缪静敏，汪琼. MOOC学习行为及效果的大数据分析——以北大6门MOOC为例 [J]. 工业和信息化教育，2014,（9）: 23—29.

教学中的应用。过去进行的许多研究都表明，有丰富对话（提问、回答、质疑、解释等）的课堂教学容易促进有效学习的发生，只不过这些对课堂学习的研究主要依靠传统的人种学或社会科学研究方法，编码和分析工作量比较大，而现在学习分析技术、教育数据挖掘技术等新技术给课堂学习研究提供了新方法，也使得课堂学习分析研究呈现出很多新的气象。

1. 将人工智能、大数据等技术应用到课堂话语分析中

前面已经讲过香港大学课堂话语分析与可视化工具的案例。[①] 此外，埃尔肯斯（Erkens）等人在努力将机器学习应用到小组讨论的分析中，这样可以从数据中快速寻找有意义的语言学模式。[②] 当然，也不一定都要用非常复杂的高新技术，比如有学者就利用课堂教学视频，并结合观察和访谈方法分析了沉默学生参与课堂交流的模式，发现成绩优异的和成绩差的沉默学生的参与模式存在差异。[③]

2. 提供实时的课堂话语分析

过去的课堂话语分析通常都是课程结束后才能分析出结果，然后给教师以反馈，指导教师改进课堂教学策略。不过随着技术的发展，我们可以在教师上课过程中，实时分析学生的进展和存在的问题，从而实时指导教师改进教学策略，或者实时自动给予学生干预策略。[④] 比如在库玛（R. Kumar）等人开展的一项研究中，与同伴合作学习的学生在利用实时动态协作学习支持（可看作机器代理）时学到的内容要比对照组的学生多了 1.24 个标准差。[⑤]

3. 关注对翻转课堂、混合学习课堂的话语分析

现在翻转课堂、混合学习越来越受重视，如何对这样的课堂学习进行分析也

---

① Chen G, Chan C K K, Chan K K H, et al. Efficacy of video-based teacher professional development for increasing classroom discourse and student learning [J]. Journal of the learning sciences, 2020, 29(4-5): 642-680.

② Erkens G, Janssen J. Automatic coding of dialogue acts in collaboration protocols [J]. International journal of computer supported collaborative learning, 2008, 3(4): 447-470.

③ Sedova K, Navratilova J. Silent students and the patterns of their participation in classroom talk [J]. Journal of the learning sciences, 2020(1): 1-36.

④ Holstein K, Mclaren B M, Aleven V. Intelligent tutors as teachers' aides: exploring teacher needs for real-time analytics in blended classrooms [C]//The Seventh International Learning Analytics & Knowledge Conference. ACM, 2017.

⑤ Kumar R, Rose C P, Wang Y C, et al. Tutorial dialogue as adaptive collaborative learning support [C]// 13th International Conference on Artificial Intelligence in Education: Building Technology Rich Learning Contexts That work. AIED 2007, Amsterdam, The Netherlands: IOS press, 2007, (158): 383-390.

成了新的热点。比如黄国桢等人曾经采用EAP（学术英语）课堂互动行为分析模型对在线翻转课堂中的学生口语的表现进行分析，结果显示，在线翻转教学比传统的基于视频的教学具有更积极的效果。[①]上海市普陀区推出了"普陀J课堂"平台（http://jclass.pte.sh.cn），它可以记录并收集学生在预习阶段产生的数据，通过对预习数据的精准挖掘，对学生的预习成效实施精准定位，辅助教师开展精准教学决策。[②]

4. 关注对智慧课堂的话语分析

过去这些年，先后产生了信息化课堂、数字化课堂、翻转课堂、智能课堂、智慧课堂等多个概念。[③]但是，其本质都是利用多媒体互联网、人工智能、大数据、物联网等技术打造智能、高效的课堂。有许多学者也在探索如何对这样的课堂学习进行分析。比如，穆肃等人提出了一种基于教学活动的"课堂教学行为分析系统"（teaching behavior analysis system，TBAS），其中提出了一套定量分析教学过程的方法，包括各种课堂教学行为类别的分类表和相关数据的分析与挖掘方法。[④]此外，郁晓华等人也从学习分析的视角提出了数字化课堂互动的优化框架。[⑤]

（五）学习成就与风险预测

学习成就与学习风险预测是学习分析的核心研究内容，主要是基于学生的人口学统计信息、以往的学习成就、学习行为来预测未来的学习成就及学习风险，来识别出有潜在学习风险的学生，以便教师进行适当的教学调整或干预。其基本思想也很简单，一般用回归或分类等方法来实现，比如现在有1000名学生的学习数据，就可以参照第二节讲述的分类方法，利用决策树或人工神经网络建立分类模型，进而预测新同学的学习成就或学习风险了。

[①] Lin C J, Hwang G J. A learning analytics approach to investigating factors affecting EFL students' oral performance in a flipped classroom [J]. Educational technology & society, 2018, 21 (2): 205−219.

[②] 雷云鹤，祝智庭. 基于预学习数据分析的精准教学决策 [J]. 中国电化教育，2016，(6)：27—35.

[③] 祝智庭. 智慧教育新发展：从翻转课堂到智慧课堂及智慧学习空间 [J]. 开放教育研究，2016，22(1)：18—26+49.

[④] 穆肃，左萍萍. 信息化教学环境下课堂教学行为分析方法的研究 [J]. 电化教育研究，2015，36(9)：62—69.

[⑤] 郁晓华，黄沁. 学习分析视角下的数字化课堂互动优化研究 [J]. 中国电化教育，2018，(2)：12—20.

1. 确定预测指标和构建预测模型

这方面的第一类也是最重要的研究就是确定预测指标（变量）和构建预测模型。在传统教学领域，布朗（Brown）等收集了566名大学生的基本信息（包含个人、机构和学科相关的各种因素）来预测学生的学业表现。[1] 阿德基坦（A. I. Adekitan）等人收集了尼日利亚1841名工程专业学生的前三年GPA成绩以预测学生第五年的毕业成绩，研究发现第三年的成绩是最关键的预测指标。[2]

在在线学习领域，罗梅罗（C. Romero）等人从在线学习系统中收集了438名大学生的学习数据，并从中提取出与课程、作业、测验相关的变量，从而预测出学生课程最终的成绩。[3] 贝克（R. S. Baker）收集了北美2000余名中学生在虚拟科学探究学习平台中的行为日志数据，并从中抽取了48个行为特征变量来预测学生的成绩；[4] 迈特（U. B. Mat）等人通过文献梳理了学习者过往学业表现、课程参与情况、学习者背景、社交表现等多个预测学业表现的重要指标。[5] 范逸洲和汪琼也通过文献梳理了倾向性指标、人机交互指标和人际交互指标三种类型的常用预测指标。[6] 贺超凯等人以edx平台上的课程为研究对象，选取了学习时间、学习事件次数、抽样统计学习次数、观看视频次数、学习章节数以及学习论坛上的发帖数等作为预测指标，并采用逻辑斯谛回归方法对成绩进行预测。[7] 李爽等人提出了在线学习行为投入分析框架，该框架包含参与、交互、坚持、专注、学术挑战、学习的自我监控6个维度下的21个具体指标，研究发现"提交的作业数"

---

[1] Brown M G, Demonbrun R M, Lonn S, et al. What and when: the role of course type and timing in students' academic performance [C] // Proceedings of the sixth international conference of learning analytics and knowledge. SoLAR, 2016: 459-468.

[2] Adekitan A I, Salau O. The impact of engineering students' performance in the first three years on their graduation result using educational data mining [J]. Heliyon, 2019, 5(2): e01250.

[3] Romero C, Espejo P G, Zafra A, et al. Web usage mining for predicting final marks of students that use Moodle courses [J]. Computer Applications in Engineering Education, 2013, 21(1): 135-146.

[4] Baker R S, Clarke-Midura J, Ocumpaugh J. Towards general models of effective science inquiry in virtual performance assessments [J]. Journal of Computer Assisted Learning, 2016, 32(3): 267-280.

[5] Mat U B, Buniyamin N, Arsad P M, et al. An overview of using academic analytics to predict and improve student's achievement: A proposed proactive intelligent intervention [C] //Engineering Education. IEEE, 2014: 126-130.

[6] 范逸洲, 汪琼. 学业成就与学业风险的预测——基于学习分析领域中预测指标的文献综述 [J]. 中国远程教育, 2018,（1）: 5—15+44+79.

[7] 贺超凯, 吴蒙. edX平台教育大数据的学习行为分析与预测 [J]. 中国远程教育, 2016,（6）: 54—59.

等 4 个指标对于课程成绩有显著预测作用。① 武法提等人基于视频学习次数、文本学习次数、评价参与时长、评价参与次数和论坛主题发起数这几个主要预测指标构建了 MOOC 中的学习结果预测模型，并构建了学习结果干预框架和学习干预模型。②③④

随着多模态学习分析的进展，目前也有学者会收集学习者的脑电、眼动、表情等数据，并把这些数据和学生基本信息、学习行为、学习结果等数据整合起来，进行学习成就和学习风险预测。比如格拉斯加德（J. F. Grafsgaard）等人通过系列实验，发现面部上扬的特征可以预测学习投入和学习效果，抿嘴动作与学习成效正相关，面部和手势特征可以预测学习状态，面部和身体姿势特征可有效预测学习成效。⑤⑥

2. 对预测结果的可视化分析

第二类研究就是对预测结果的可视化分析，用直观醒目的图形图像方式呈现分析结果，从而方便管理者、教师和学生了解情境、进行反思和干预。第一节讲到的普渡大学的"课堂信号系统"和鲁汶大学学习分析仪表盘就是这方面的典型案例。

（六）个性化自适应学习

个性化自适应学习在本书中被归到了学习环境设计研究方向中，但是它和学习分析其实有非常密切的关系。事实上，学习分析为学习环境（学习设计）的有效性和适当性提供了证据；而学习环境则为学习分析提供了数据，学习分析的结果要想对学习者真正产生影响，也需要通过设计学习工具等干预措施来具体实

---

① 李爽，王增贤，喻忱，等. 在线学习行为投入分析框架与测量指标研究——基于 LMS 数据的学习分析［J］. 开放教育研究，2016，22（2）：77—88.
② 牟智佳，武法提. MOOC 学习结果预测指标探索与学习群体特征分析［J］. 现代远程教育研究，2017，（3）：58—66+93.
③ 武法提，牟智佳. 基于学习者个性行为分析的学习结果预测框架设计研究［J］. 中国电化教育，2016，（1）：41—48.
④ 李彤彤，黄洛颖，邹蕊，等. 基于教育大数据的学习干预模型构建［J］. 中国电化教育，2016，（6）：16—20.
⑤ Grafsgaard J F, Wiggins J B, Boyer K E, et al. Automatically recognizing facial expression: predicting engagement and frustration［C］//Proceedings of the 6th International Conference on Educational Data Mining. EDM, 2013: 43–50.
⑥ Grafsgaard J F, Wiggins J B, Boyer K E, et al. Predicting learning and affect from multimodal data streams in task-oriented tutorial dialogue［C］//Proceedings of the 7th International Conference on Educational Data Mining. EDM, 2014: 122–129.

现，所以两者是相辅相成的关系。目前，世界上也有很多学者在致力于将学习分析和学习设计连接起来。① 比如，香港大学罗陆慧英等人提出了以综合型学习设计模式语言把学习设计和学习分析加以可操作性连接的方法，并开发了学习设计系统（learning design studio, LDS），以便帮助教师更好地进行学习设计。②

从学习分析的角度看，个性化自适应学习系统中的研究主要包含学习者模型、个性化推荐、学习路径规划等。③ 其中，学习者模型是个性化自适应学习的基础，不过和前面讲到的学习者画像是相似的，这里不再展开。

1. 个性化推荐

个性化推荐也称学习资源精准服务，指的是基于学习者画像结果，为学习者推荐适合其学习需要的或者他感兴趣的学习资源（也包括学习路径、学习同伴等）。比如，可汗学院会根据对学习过程和学习效果的分析给学生推荐合适的数学试题和课件。个性化选择一般是通过建立学习者与学习资源之间的二元关系，利用已有的选择过程或相似性关系来挖掘适合每个学习者的资源，进而进行个性化推荐，其本质就是信息过滤。④ 按实现算法和方式的不同，个性化推荐技术可以分为基于关联规则的推荐、内容过滤推荐、协同过滤推荐等。

个性化推荐是个性化自适应学习系统的核心，许多学者就此进行了研究。比如，王永固等人就提出了一个优化的基于协同过滤技术的学习资源个性化推荐系统的理论模型；⑤ 姜强等人也提出了以本体技术为核心，以用户模型为依据的个性化本体学习资源推荐系统 SAEL（semantic adaptive e-Learning system）。⑥ 陈敏和余胜泉等人以泛在学习资源——"学习元"为例，提出了一种针对泛在学习的内容个性化推荐模型。⑦ 在进行个性化推荐时，也可以整合多模态分析技术，比如哈

---

① 罗陆慧英. 连接学习设计和学习分析的国际努力［J］. 开放教育研究，2020，26（2）：49—52.
② Law N, Liang L M. A multilevel framework and method for learning analytics integrated learning design［J］. Journal of learning analytics, 2020, 7(3): 98-117.
③ 吴永和，李若晨，王浩楠. 学习分析研究的现状与未来发展——2017年学习分析与知识国际会议评析［J］. 开放教育研究，2017，23（5）：42—56.
④ 刘建国，周涛，汪秉宏. 个性化推荐系统的研究进展［J］. 自然科学进展，2009，19（1）：1—15.
⑤ 王永固，邱飞岳，赵建龙，等. 基于协同过滤技术的学习资源个性化推荐研究［J］. 远程教育杂志，2011，29（3）：66—71.
⑥ 姜强，赵蔚，杜欣，等. 基于用户模型的个性化本体学习资源推荐研究［J］. 中国电化教育，2010，31（5）：106—111.
⑦ 陈敏，余胜泉，杨现民，等. 泛在学习的内容个性化推荐模型设计——以"学习元"平台为例［J］. 现代教育技术，2011，21（6）：13—18.

伯德（R. Hubbard）等人将虚拟现实技术与脑电反馈技术相结合，通过监测并采集虚拟学习环境中学习者的脑电数据，分析学习者的认知和学习状态，并据此推荐合适的学习资源。①

2.学习路径规划

学习路径是指在线学习过程中形成的学习者对学习资源进行选择和学习的时间线索记录。简单地说，就是指先学什么，后学什么。而学习路径规划是指通过合理安排和管理学习者的学习路径，以达到最佳的学习结果。比如一般的MOOC平台，都会在课程学习页面中清晰地呈现其所建议的学习路径，包括每一讲的活动列表和学习任务。

一般来说，系统可以给定一个静态的学习路径，要求学习者都按照这个路径学习，不过系统也可以根据学习者的学习行为和学习效果动态地调整和优化他的学习路径，并据此调整和优化其他学习者的学习路径，比如，库里洛夫（E. Kurilovas）等人就应用群体智能模型和蚁群优化算法，为学习者寻找个性化学习路径。研究结果表明，该方法提高了学习效果，节省了学习时间。②唐烨伟和钟绍春等人设计了一种基于学习者画像的精准个性化学习路径规划框架。③赵蔚等人基于Moodle平台中的学习过程数据，采用SSAS顺序分析和聚类分析算法、SPSS分层聚类分析等学习分析方法，挖掘不同学习风格、学习成绩、学习偏好学习者的学习路径，分析不同类型学习者的路径特征，并在此基础上为学习者提供知识地图、学习路径、学习结果等反馈。④

二、学习分析的未来发展趋势

2011年，学习分析作为高等教育中教育技术的重要进展开始出现在《地平线报告》中，并连续四年被列为重要的发展趋势。另外，自2011年起，国际学

---

① Hubbard R, Sipolins A, Zhou L. Enhancing learning through virtual reality and neurofeedback: a first step [C]//Proceedings of the 7th International Learning Analytics & Knowledge Conference. Vancouver, British Columbia, Canada, ACM, 2017: 398−403.
② Kurilovas E, Zilinskiene I, Dagiene V. Recommending suitable learning paths according to learners' preferences: experimental research results [J]. Computers in human behavior, 2014, 30: 550−557.
③ 唐烨伟, 茹丽娜, 范佳荣, 等. 基于学习者画像建模的个性化学习路径规划研究 [J]. 电化教育研究, 2019, 40 (10): 53—60.
④ 赵蔚, 李士平. 基于学习分析的自我调节学习路径挖掘与反馈研究 [J]. 中国电化教育, 2018, (10): 15—21.

习分析研究协会每年都会举办学习分析与知识国际会议。从这些报告和会议内容中可以看出：从学科内整合到跨学科融合，从多模态追踪学习到多角度理解学习，再到多方位支持学习，学习分析研究领域已经进入了全方位的系统化发展阶段，未来也可能会呈现出如下的发展趋势。[①]

（一）夯实多模态数据基础

人们对数据的重视其实是自古就有的，行为主义者当年进行研究时，也特别强调研究可测量的行为，只不过限于当时技术设备的条件，能够测量和记录的行为数据有限。而今天借助于脑成像技术、眼动技术、传感器技术、音视频技术、可穿戴设备等技术设备，我们可以收集学习者的人口学统计数据、学习结果（学习成绩数据）、行为数据（课堂学习行为数据、在线学习行为数据）、心理数据（情感情绪数据）、生理数据（脑神经数据、眼动数据）等多模态数据，这样就可以全面记录、观察和分析学习者，以期从本质上理解学习，从根源上改进学习。

（二）构建学习分析理论体系

学习分析是一个跨教育学、心理学、数据科学、信息技术等学科的跨学科研究领域，其中教育学和心理学为学习分析提供了理论支持，数据科学和信息技术为学习分析提供了技术支持。目前学习分析尚欠缺完整的理论体系，所以可以看到，研究同一问题（比如学习预测）的不同学科的研究者的话语体系可能不一样。未来需要融合多学科理论基础，尤其是融合学习理论和数据科学的理论，构建完备的、科学的学习分析理论体系。

（三）整合多种方法和技术

从前面的讲述中可以看出，学习分析并不是一种专门的方法和技术，而是整合了数理统计、教育数据挖掘、社会网络分析、话语分析、内容分析、人工智能和大数据等多学科的分析方法和技术。可以说，任何方法和技术，只要有助于分析学习数据，都可以被用到学习分析中。这当然是学习分析的优点，但是也可能是学习分析的缺点。目前它还不能像传统的统计分析一样，使用 SPSS 等成熟的软件就可以解决大部分问题；而需要研究者有比较高水平的数据分析技术，能

---

① 吴永和，李若晨，王浩楠. 学习分析研究的现状与未来发展——2017 年学习分析与知识国际会议评析 [J]. 开放教育研究，2017，23（5）：42—56.

够熟练使用各种分析软件，甚至能够自己编程序解决特殊问题——这样可能会限制学习分析的发展和普及。所以未来需要整合多种方法和技术，尽可能提供像SPSS这样比较成熟的软件，以比较方便地解决大部分的学习分析问题。

（四）拓展学习分析应用领域

本书把学习科学分为学习基础机制、学习环境设计、学习分析技术这三个主要的研究方向。但是从本章的分析可以看出，学习分析和另外两个方向并不是截然分开的，比如前面讲到的个性化自适应性学习系统中就会用到学习者画像、个性化推荐、学习路径规划等学习分析技术。在学习基础机制研究中，分析脑成像数据或眼动数据的时候，其实也会用到学习分析技术。事实上，本书前面讲到的协作学习、项目学习、游戏化学习、移动学习、虚拟世界中的学习等各种研究中基本上都会用到学习分析。即使在政策领域，现在强调基于数据的科学决策，其实它也需要学习分析的支持。[1]

（五）注重学习分析伦理研究

学习分析注重收集多模态数据，从而能够对学习者进行全方位的分析，这样就可能带来一系列泄露学习者隐私和社会伦理道德的问题。目前学者们达成了基本共识，就是学习分析研究者应该将研究结果分享给利益相关者（教师、学生或管理人员），但是分享的内容必须是有益的而不是有害的，要充分考虑到被研究对象的隐私和权利，并且要从社会批判的视角来看待学习分析的过程和结果。[2]教育管理人员在使用学习分析的结果进行决策时，也一定要考虑伦理道德、公正公平等问题。未来学习分析领域需要对伦理道德、公正公平等进行更多的研究，以便更好地促进学习分析的发展。

> 本章结语

本章主要介绍了学习分析的概念、相关背景、主要技术和方法以及相关研究案例，并展望了学习分析的未来发展趋势。大数据时代下学习分析技术为个性化学习的真正实现提供了契机。在传统教育模式下，尽管我们强调教师要因材施教，但是这样的实施方式与真正的个性化教育之间还有很大的差距。一方面，在

---

[1] （美）瑞安·贝克，乔治·西门子.教育数据挖掘与学习分析［C］//（美）R.基思·索耶.剑桥学习科学手册（第2版）·上.徐晓东，杨刚，阮高峰，等 译.北京：教育科学出版社，2021: 260—274.

[2] Slade S, Prinsloo P. Learning analytics: ethical issues and dilemmas［J］. American behavioral scientist, 2013, 57(10): 1510-1529.

传统模式下，无论是学习者自身还是教育者的认识都具有很强的主观性和随意性，缺乏科学的评价机制；另一方面，在传统教育模式中教师很难每时每刻都关注到每一个学习者，导致个性化教育难以真正落实和规模化。

通过学习分析技术，教师可以挖掘多模态的学习过程数据，并发现挖掘数据之间的规律和价值，从而更加全面地了解学习者的学习情况，并以此为基础，判断适合不同学习者的学习模式，结合教育理论提供科学化的学习指导。建立在大数据基础之上的学习分析技术，为教育指导提供了科学化的解决方案，使得大规模应用的个性化教育的实现成为可能。

当然，我们也要认识到学习分析还在不断发展中，希望未来学习分析能够整合多学科的理论、方法和技术，给广大研究者、实践者、一线教师甚至学生提供更多更为成熟的理论、方法、技术和软件，从而使学习分析能够应用到教学、研究、服务和管理等更广泛的领域中。

重点回顾

1. 学习分析的要素包括：数据收集、分析、学生学习、听众、干预。
2. 学习分析的特征包括：复合化的数据采集、多重角度的分析技术、可视化的分析结果、微观化的服务层次、多元化的理论基础。
3. 对于学习者，学习分析可以让他们更加了解自身的学习情况，作为自我导向的工具；对于教师，学习分析可以帮助他们了解学习者的学习需求，从而改进教学过程，实现智能化教学；对于教学管理者，学习分析可以提供教学诊断情况，作为其科学决策的依据。
4. 教育数据挖掘包含数据采集、数据预处理、数据挖掘、模式分析、形成知识几个步骤。
5. 常用的数据预处理方法包括：数据清洗、数据集成、数据转换、数据归约。
6. 数据挖掘的主要方法和技术有：回归分析、分类、聚类、关联规则挖掘、序列模式挖掘、文本挖掘、离群点检测、图像分析、可视化分析等。
7. 社会网络的重要概念包括：度数、度数综合、途径、长度、距离、密度、内含度、完备图、中心度、中心势、派系、核心人物、边缘人物、桥梁人物等。
8. 课堂中师生交互的基本结构序列是：initiation（教师提问）—response（学生应答）—feedback（教师跟进，后改为 follow-up），简写为 IRF。
9. 内容分析的特征：明显性、客观性、系统性、定量性（量化）、概括性、全面性。

10. 内容分析的主要应用模式有：特征分析（意向分析）、趋势分析（发展分析）、比较分析。
11. 内容分析的基本步骤为：确定分析模式、确定研究总体、确定抽样单元与分析单元、设计编码类目、进行编码（也称评判记录）、信度分析、统计分析和汇报结果。
12. 内容分析中常用的分析技术包括：类目计数、词频列表、共现、关键词上下文索引、时间线等。
13. 学习分析的主要研究和应用包括：追踪学习、理解学习、改变学习。
14. 学习者画像包括知识状态建模、学习风格建模、学习行为建模、认知能力建模、学习情感建模等建模方式。
15. 学习成就与学习风险预测是学习分析的核心研究内容，主要是基于学生的人口学统计信息、以往的学习成就、学习行为来预测未来的学习成就及学习风险，旨在识别出潜在的有学习风险的学生，使得教师可以进行适当的教学调整或干预。
16. 从学习分析的角度看，个性化自适应学习系统中的研究主要包含学习者模型、个性化推荐、学习路径规划、促进自我调节学习等。

思考题

1. 名词解释：学习分析、教育数据挖掘、社会网络分析、话语分析、课堂话语分析、内容分析、多模态学习分析、学习者画像、学习成就与风险预测。
2. 请简述学习分析的应用价值。
3. 请叙述学习分析的产生背景和发展历程。
4. 请分析学习分析和教育数据挖掘的关系。
5. 常用的教育数据挖掘技术有哪几种？请给出它们的定义，并举例说明它们的适用场景。
6. 请简述社会网络分析的主要概念，并举例说明它们的适用场景。
7. 请结合课堂教学谈谈话语分析的应用价值。
8. 请结合一项具体研究简述内容分析的基本步骤。
9. 请结合本书及其他论文、著作比较内容分析、文献分析、文本分析的差异。
10. 请谈一下当前主要的学习分析研究，并结合自己的思考谈一下学习分析的未来发展趋势。

附录　推荐资源

附录 A　推荐著作

1. （美）约翰·D. 布兰思福特，等. 人是如何学习的：大脑、心理、经验与学校[M]. 程可拉，孙亚玲，王旭卿 译. 上海：华东师范大学出版社，2013.
2. （美）科拉·巴格利·马雷特，等. 人是如何学习的 II：学习者、境脉与文化[M]. 裴新宁，王美，郑太年，等 译. 上海：华东师范大学出版社，2021.
3. （美）R. 基思·索耶. 剑桥学习手册[M]. 徐晓东，等 译. 北京：教育科学出版社，2010.
4. （美）R. 基思·索耶. 剑桥学习手册（第 2 版）[M]. 徐晓东，杨刚，阮高峰，等 译. 北京：教育科学出版社，2021.
5. （美）J. Michael Spector, M. David Merrill. Jeroen van Merrienboer, et al. 教育传播与技术研究手册（第三版）[M]. 任友群，焦建利，刘美凤，等 译. 上海：华东师范大学出版社，2012.
6. （德）弗兰克·费舍尔，（美）辛迪·赫梅洛·西尔弗，苏珊·戈德曼等. 国际学习科学手册[M]. 赵建华，尚俊杰，蒋银健，等 译. 上海：华东师范大学出版社，2022.
7. 经济合作与发展组织. 理解脑：新的学习科学的诞生[M]. 周加仙，等 译. 北京：教育科学出版社，2014.
8. （美）理查德·E. 梅耶. 应用学习科学[M]. 盛群力，丁旭，钟丽佳 译. 北京：中国轻工业出版社，2016.
9. （美）苏珊·A. 安布罗斯，等. 聪明教学 7 原理：基于学习科学的教学策略[M]. 庞维国，等 译. 上海：华东师范大学出版社，2012.
10. 高文，等. 学习科学的关键词[M]. 上海：华东师范大学出版社，2009.
11. 郑旭东，王美倩，吴秀圆. 学习科学：百年回顾与前瞻[M]. 北京：科学出版社，2021.
12. （英）丹尼斯·马雷沙尔，布赖恩·巴特沃思，安迪·托尔米. 教育神经科学[M]. 周加仙 主译. 上海：上海教育出版社，2020.

13. 陈琦，刘儒德. 当代教育心理学（第3版）[M]. 北京：北京师范大学出版社，2019.

14. 冯忠良，伍新春，姚梅林，等. 教育心理学（第三版）[M]. 北京：人民教育出版社，2015.

15. （美）Rober J. Sternberg, Karin Sternberg. 认知心理学 [M]. 邵志芳 译. 北京：中国轻工业出版社，2016.

16. 张亚旭，周晓林. 认知心理学 [M]. 长春：吉林教育出版社，2001.

17. （美）Michael S. Gazzaniga, Richard D. Ivry, George R. Mangun. 认知神经科学 [M]. 周晓林，高定国，等 译. 北京：中国轻工业出版社，2011.

18. （美）戴尔·H. 申克. 教育视角下的学习理论 [M]. 周宇芬 译. 上海：华东师范大学出版社，2022.

19. （法）安德烈·焦尔当. 学习的本质 [M]. 杭零 译. 上海：华东师范大学出版社，2015.

20. （丹）克努兹·伊列雷斯. 我们如何学习：全视角学习理论（第2版）[M]. 孙玫璐 译. 北京：教育科学出版社，2021.

21. （美）Davied A. Sousa. 脑与学习 [M]. "认知神经科学与学习"国家重点实验室 译. 北京：中国轻工业出版社，2005.

22. （美）Marilee Sprenger. 脑的学习与记忆 [M]. 北京师范大学"认知神经科学与学习"国家重点实验室 译. 北京：中国轻工业出版社，2005.

23. （美）Patricia Wolfe. 脑的功能：将研究结果应用于课堂实践 [M]. 北京师范大学"认知神经科学与学习"国家重点实验室 译. 北京：中国轻工业出版社，2005.

24. （美）R. M. 加涅，W. W. 韦杰，K. C. 戈勒斯，等. 教学设计原理（第5版修订本）[M]. 王小明，庞维国，陈保华，等 译. 上海：华东师范大学出版社，2018.

25. （美）戴维·A. 苏泽. 人脑如何学数学 [M]. 赵晖，等 译. 上海：上海教育出版社，2016.

26. （法）斯坦尼斯拉斯·迪昂. 脑的阅读 [M]. 周加仙，等 译. 北京：中信出版社，2011.

27. （美）罗伯特·J. 马扎诺，约翰·S. 肯德尔. 教育目标的新分类学（第2版）[M]. 高凌飚，吴有昌，苏峻 译. 北京：教育科学出版社，2012.

28. （新西兰）约翰·哈蒂. 可见的学习（教师版）[M]. 金莺莲，洪超，裴新宁 译. 北京：教育科学出版社，2015.

29. （美）巴克教育研究所. 项目学习教师指南——21 世纪的中学教学法 [M]. 任伟 译. 北京：教育科学出版社, 2008.
30. 刘三女牙, 杨宗凯. 量化学习：数据驱动下的学习行为分析 [M]. 北京：科学出版社, 2016.
31. （美）戴维·涅米, 罗伊·D. 皮, 博罗·萨克斯伯格, 等. 教育领域学习分析 [M]. 韩锡斌, 韩赟儿, 程建钢 译. 北京：清华大学出版社, 2020.
32. 尚俊杰. 在线教育讲义 [M]. 上海：华东师范大学出版社, 2020.

附录 B 推荐期刊

1. 《学习科学杂志》（*Journal of the Learning Sciences*）
   https://www.tandfonline.com/toc/hlns20/current
2. 《计算机支持的协作学习国际杂志》（*International Journal of Computer Support for Collaborative Learning*）
   http://ijcscl.org
3. 《心智、脑与教育》（*Mind, Brain and Education*）
   https://onlinelibrary.wiley.com/journal/1751228x
4. 《自然合作期刊——学习科学》（*npj Science of Learning*）
   https://www.nature.com/npjscilearn

附录 C 推荐学会

1. 国际学习科学学会（The International Society of the Learning Sciences）
   https://www.isls.org
2. 国际心智、脑与教育学会（International Mind, Brain, and Education Society）
   https://www.imbes.org
3. 中国高等教育学会学习科学研究分会（The Committee of Learning Sciences Research of China Association of Higher Education）
   https://www.cahe.edu.cn/site/content/13803.html

附录 D 推荐会议

1. 国际学习科学会议（International Conference of the Learning Sciences，ICLS）
   https://www.isls.org/annual-meeting/icls

2. 计算机支持的协作学习国际会议（The International Conference on Computer-Supported Collaborative Learning, CSCL）

   https://www.isls.org/annual-meeting/cscl

3. 学习分析与知识国际会议（International Conference on Learning Analytics & Knowledge, LAK）

   https://www.solaresearch.org/events/lak

4. 中国高等教育学会学习科学研究分会年会（Annual Meeting of Research Association of Learning Sciences of China Association Higher Education）

5. 美国教育研究协会年会（American Educational Research Association Annual Meeting, AERA）

   https://www.aera.net/Events-Meetings/Annual-Meeting

6. 混合式学习国际会议（International Conference on Blended Learning，ICBL）

   http://aimtech.cityu.edu.hk/icbl2022/history.html

7. 国际计算机教育应用大会（International Conference on Computers in Education, ICCE）

8. 全球华人计算机教育应用大会（Global Chinese Conference on Computers in Education, GCCCE）

9. 北京大学学习科学与未来教育前沿论坛（Frontier Forum on Learning Science and Future Education of Peking University，FFLSFE@PKU）